隆林年鉴

2019

LONGLIN NIANJIAN

隆林各族自治县县志编纂委员会　编

方志出版社
Publishing House of Local Records

图书在版编目（CIP）数据

隆林年鉴．2019 / 隆林各族自治县县志编纂委员会编．-- 北京 ：方志出版社，2019.12

ISBN 978-7-5144-4097-3

Ⅰ．①隆… Ⅱ．①隆… Ⅲ．①隆林各族自治县—2019—年鉴 Ⅳ．① Z526.73

中国版本图书馆 CIP 数据核字(2019)第 298296 号

隆林年鉴（2019）

编　　者：隆林各族自治县县志编纂委员会

责任编辑：范　静

出 版 者：方志出版社

地址　北京市朝阳区潘家园东里 9 号（国家方志馆 4 层）

邮编　100021

网址　http://www.fzph.org

发　　行：方志出版社图书经销中心

电话（010）67110500

经　　销：各地新华书店

装帧设计：南宁市佳彩广告设计有限公司

印　　刷：深圳市精一瑞兰印刷有限公司

开　　本：889 ×1194　1/16

印　　张：22

字　　数：620 千字

版　　次：2019 年 12 月第 1 版　2019 年 12 月第 1 次印刷

印　　数：001 ～ 500 册

ISBN　978-7-5144-4097-3　　定价：180.00 元

编辑说明

一、《隆林年鉴》是隆林各族自治县主办的地方综合性年刊。《隆林年鉴》的编纂始终坚持以马克思列宁主义、毛泽东思想、邓小平理论、“三个代表”重要思想、科学发展观、习近平新时代中国特色社会主义思想为指导，坚持辩证唯物主义和历史唯物主义的立场、观点和方法，贯彻中国共产党和国家的各项方针政策，按照“实事求是、严谨办鉴”的要求，全面反映隆林各族自治县人民在中国共产党领导下建设中国特色社会主义和谐社会的伟大实践。

二、《隆林年鉴》自2007年创刊后，每年出版一卷。2019年卷全面记录2018年隆林经济和社会发展的基本情况、重大成就和深刻变化，旨在为社会各界了解和研究隆林提供权威的基本资料。

三、2019年卷基础框架保持稳定，其基本内容分为综合情况、动态信息、辅助资料三大部分。综合情况部分设特载、隆林概貌2个专栏；动态信息部分设中共隆林各族自治县委员会、隆林各族自治县人民代表大会、隆林各族自治县人民政府、中国人民政治协商会议隆林各族自治县委员会、群众团体、机构编制·人力资源管理、法治、军事、经济管理与监督、工业、农林·水利、商贸业·旅游业、财政·税务·金融、交通·邮政·通信、城建·市政·房地产、国土资源·环境保护、民政·民族·库区移民、科技·教育、文化·卫生·体育、社会生活、乡镇、人物22个类目；辅助资料部分设有大事记、统计资料、附录、索引4个类目；概貌及动态信息各类目的内容均作条目化处理，以方便读者检索。

四、本年鉴采用分类编辑法，按类目、分目、条目三层次的体例编辑，以不同字体、字号及版式设计区分不同层次，条目标题加【 】表示。内容层次的安排，完全为方便于读者分类系统阅读和检索，并表示类目与条目之间的层次关系，但不反映严格的科学分类体系，机构、企事业单位等排序和层次一般不表示其地位和规模。

五、本年鉴所记述的“自治区”或“广西”指广西壮族自治区；“自治区党委”“自治区政府”指中国共产党广西壮族自治区委员会、广西壮族自治区人民政府；单位名称首次出现时用全称，在后面括注简称，以后均用简称，如“中国共产党隆林各族自治县委员会”简称“自治县委”、“隆林各族自治县人民政府”简称“自治县政府”等。

六、本年鉴涉及的历史纪年，清及清以前使用朝代帝王纪年，括注公元纪年，民国纪年使用阿拉伯数字，括注公元纪年。数字、计量、面积用法按国家法定规定书写，数据一般保留小数点后两位。涉及自治县国民经济和社会发展全局性数据以自治县统计局提供的为准（特载类目中各工作报告中数据为快报数据）；其他数据以供稿部门提供的为准。

七、本年鉴稿件主要由自治县直各部门、各乡镇提供并核实。

八、本年鉴图片专辑、特载、概貌所记述的内容不受2018年度限制，为保持内容的连贯性和完整性，个别条目记述的时间适当上溯或下延。

九、本年鉴配备双重检索系统：书前刊有详细目录，书后备有索引。索引采用内容分析法，款目按汉语拼音字母顺序（同单字按声调）排列，索引范围详及条目、文献、图片、表格等。

《隆林年鉴·2019》编纂委员会

主　　任：张启胜　百色市政协副主席、自治县党委书记
　　　　　杨　科　自治县党委副书记、人民政府县长
副 主 任：钟永锋　自治县党委副书记
　　　　　潘顺丹　自治县党委常委、人民政府副县长
　　　　　申　毅　自治县党委常委、宣传部部长、人民政府副县长
　　　　　夏景超　自治县党委常委、办公室主任
　　　　　龚永超　自治县人大常委会副主任
　　　　　童江帆　自治县人民政府副县长
　　　　　杨必飞　自治县政协副主席
成　　员：韦达兵　自治县人大办公室主任
　　　　　陶世清　自治县人民政府办公室主任
　　　　　李武华　自治县政协办公室主任
　　　　　蒙绍文　自治县纪委副书记
　　　　　韦　强　自治县党委组织部副部长
　　　　　林　斌　自治县党委宣传部副部长
　　　　　李文学　自治县政法委副书记
　　　　　黄建新　自治县地方志编纂委员会办公室主任
　　　　　覃贞木　自治县文化体育广电和旅游局局长
　　　　　肖　兵　自治县发展和改革局局长
　　　　　农良壮　自治县财政局局长
　　　　　陆绍兵　自治县住房和城乡建设局局长
　　　　　杨胜奇　自治县教育局局长
　　　　　潘文高　自治县农业农村局局长
　　　　　张星军　自治县工业和信息化局局长
　　　　　杨金良　自治县卫生健康局局长
　　　　　龙海甲　自治县林业局局长
　　　　　姚团结　自治县自然资源管理局局长
　　　　　罗前华　自治县交通运输局局长
　　　　　陈国宇　自治县民族宗教事务局局长
　　　　　梁春云　自治县统计局局长
　　　　　吴林芳　自治县审计局局长
　　　　　黄立英　自治县党史资料征集办公室主任

《隆林年鉴·2019》编辑部

总　　纂：黄建新
副 总 纂：王海燕
编　　辑：何建文　黄炳传　汪春妮
工作人员：王家勤
校　　对：何建文

隆林各族自治县地图

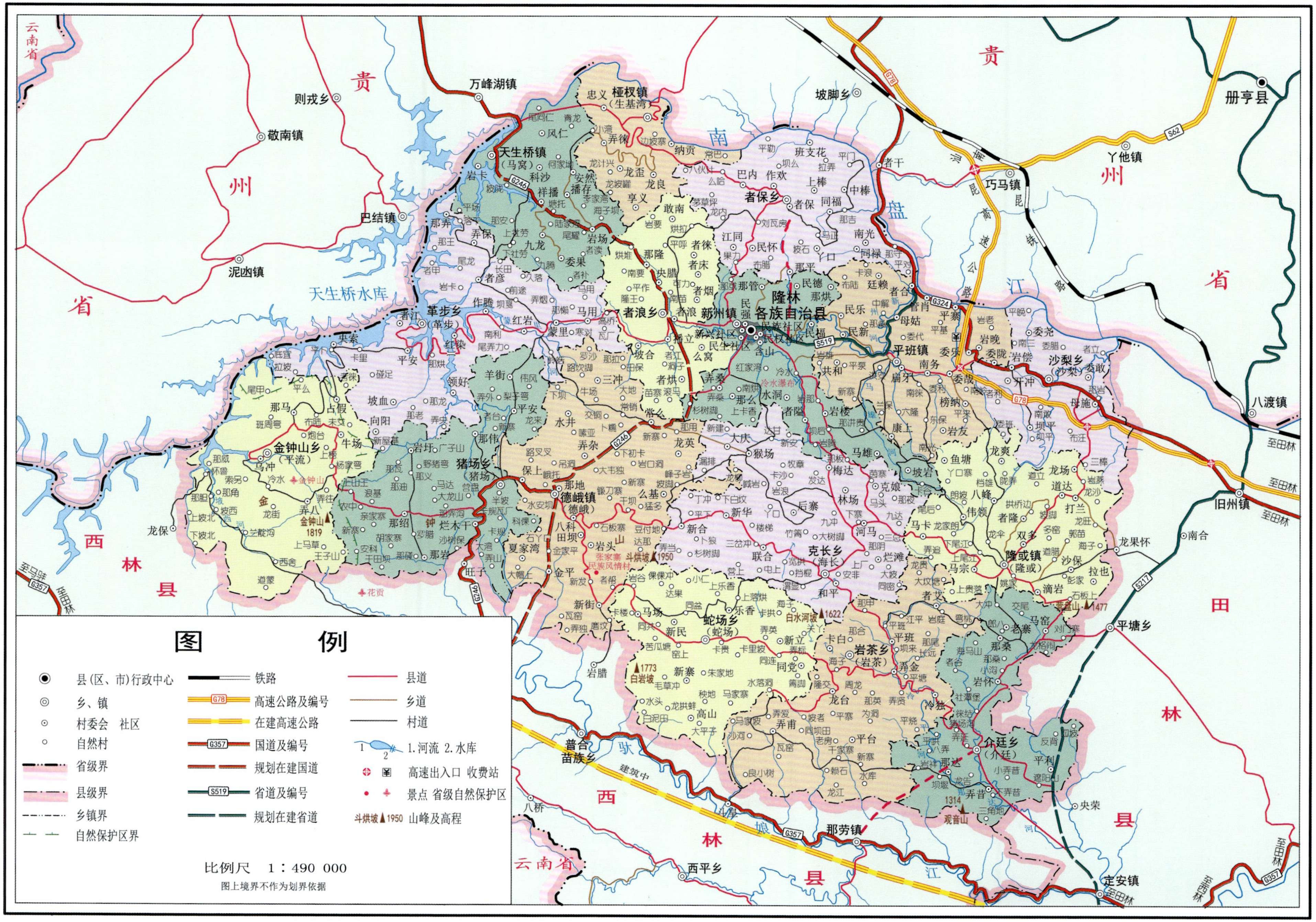

广西壮族自治区地图院编制

审图号：桂S（2019）128号

2019年4月

隆林风光

克长乡和平村秋色　　曾书奇　摄于 2018 年 9 月

者保乡秋色　　曾书奇　摄于 2018 年 9 月

县城夜景

平班镇民新村秋色

曾书奇　摄于 2018 年 9 月

新州镇含山村六楼梯田

曾书奇　摄于 2018 年 5 月

曾书奇　摄于 2018 年 5 月

新州镇弄搡村镇凉水井云海

曾书奇　摄于 2018 年 4 月

天生桥镇天湖秋色　　曾书奇　摄于 2018 年 10 月

者浪乡敢南村坡雅岩洞奇观　　曾书奇　摄于 2018 年 4 月

新州镇冷水瀑布　　曾书奇　摄于2018年7月

新州镇红家湾瀑布　　曾书奇　摄于2018年6月

天生桥一级水电站　　曾书奇　摄于2018年10月

上级领导考察指导

2018年7月30日，民建中央调研部原巡视员、民建中央2018年对口广西脱贫攻坚民主监督工作组组长郭群峰（主席台中）带领督查组到隆林各族自治县开展脱贫攻坚民主监督工作

陆宗正　摄

2018年4月26日，第十二届自治区政协主席、党组书记蓝天立（左三）率自治区调研组一行到隆林各族自治县克长乡大庆村马海坝农光互补科技扶贫产业园加工基地调研

黄仁雄　摄

2018年5月16日—17日，自治区党委副书记孙大伟（前排左二）到隆林各族自治县开展深度贫困地区精准扶贫精准脱贫工作调研，实地考察德峨镇深度贫困村三冲村晓云屯、三冲村茶叶基地产业扶贫工作和村集体经济发展情况　　韦珺儒　摄

2018年2月9日，自治区党委常委、自治区常务副主席秦如培（左二）到隆林各族自治县开展春节前慰问先进工作者活动。图为慰问县工人文化宫主任韦海平（左三）

韦珺儒　摄

2018 年 12 月 20 日，自治区应急管理厅党组书记许建忠（左二）一行到隆林各族自治县调研安全生产工作，实地走访县消防大队
黄仁雄　摄

2018 年 11 月 2 日，自治区移民工作管理局党组书记、局长韦朝永（左一）到隆林各族自治县调研易地扶贫搬迁和水库移民安置有关工作　韦珺儒　摄

2018 年 7 月 18 日，百色市政协主席、党组书记陈丽华（前排中）率领政协考察组到隆林各族自治县民族中学参观考察非遗文化进校园活动情况　黄仁雄　摄

2018 年 9 月 27 日，中国农业发展银行行长助理朱远洋（正面中）一行到隆林各族自治县调研产业扶贫工作　陆宗正　摄

2018年12月6日，百色市委副书记、政法委书记、市人大常委会党组副书记周武红（右一）到隆林各族自治县调研精准扶贫工作，实地了解猪场乡特色产业发展情况

黄仁雄　摄

2018年4月27日—28日，中国农业发展银行党委副书记、副董事长、行长钱文挥（中）一行5人到隆林各族自治县开展扶贫调研督导工作，实地考察异地扶贫搬迁城西安置点

韦珺儒　摄

2018年2月23日—24日，百色市委常委、统战部部长黄建宁（中）到隆林各族自治县岩茶乡者艾村仡佬湾屯调研民族工作　黄仁雄　摄

2018年11月22日，百色市委常委、宣传部部长、副市长黄彩毕（左二）到隆林各族自治县调研控辍保学工作落实情况　韦珺儒　摄

2018 年 5 月 30 日—31 日，百色市委常委、组织部长黄智宇（正面中）一行到隆林各族自治县天生桥镇开展“乡村教师队伍建设”工作调研　　黄仁雄　摄

2018 年 1 月 23 日，百色市委常委、常务副市长容贤标（中）到隆林各族自治县开展服务就业情况调研　　韦珺儒　摄

2018 年 7 月 9 日，百色市副市长罗试坚（前排右一）一行到隆林各族自治县开展中央环保督察“回头看”问题整改督导工作，到平班镇管肖村坂坝码头实地检查　　黄仁雄　摄

重大活动

2018 年 1 月 16 日，中国共产党隆林各族自治县第十四届代表大会第三次会议在县城召开

韦珺儒　摄

2018 年 1 月 18 日—19 日，隆林各族自治县第十五届人民代表大会第三次会议在县城召开

韦珺儒　摄

2018 年 1 月 17 日—18 日，中国人民政治协商会议隆林各族自治县第九届委员会第三次会议在县城召开

韦珺儒　摄

2018 年 2 月 25 日，市政协副主席、自治县党委书记张启胜（中）带领自治县相关领导到百色百矿集团有限公司走访慰问　　黄仁雄　摄

2018 年 2 月 6 日，百色市政协副主席、自治县党委书记张启胜（前排中）代表百色市四家班子慰问自治县武警中队官兵　　韦珺儒　摄

2018 年 2 月 15 日春节，自治县县长杨科（左排一）走访慰问消防官兵　　韦珺儒　摄

2018 年 8 月 1 日，自治县县长杨科（前排中）带领在家四家班子领导及相关部门领导到县人民武装部慰问部队官兵　　黄仁雄　摄

2018 年 1 月 4 日，隆林各族自治县经济工作会议在县民族民俗文化展示中心召开　韦珺儒　摄

2018 年 3 月 6 日，隆林各族自治县 2018 年农村工作会议在县民族民俗文化展示中心召开
韦珺儒　摄

2018 年 5 月 21 日，隆林各族自治县 2017 年质量强县工作总结暨第二届县长质量奖表彰会在县民族民俗文化展示中心召开　韦珺儒　摄

2018 年 8 月 2 日，隆林各族自治县年中工作会议暨县域经济发展、乡村振兴推进大会在县民族民俗文化展示中心召开　黄仁雄　摄

2018年5月31日“六一”儿童节前夕，百色市政协副主席、自治县党委书记张启胜（正面右一）到新州二小、城西幼儿园、者浪中心校走访慰问广大师生　　　　陆宗正　摄

2018年6月4日，自治县县长杨科（左一）到隆林中学检查指导高考考务工作，查看考点考试环境　　　　韦珺儒　摄

2018年4月10日，隆林各族自治县科级领导干部学习贯彻习近平新时代中国特色社会主义思想和中共十九大精神专题培训班开班仪式在县人民会场举行　　　　韦珺儒　摄

2018年10月10日—12日，隆林各族自治县2018年村（社区）“两委”干部业务培训示范班在县人民会场举行　　　　韦珺儒　摄

2018年3月12日，中共隆林各族自治县委员会第十四届常委会第30次会议在县委会议室召开。图为百色市政协副主席、自治县党委书记张启胜（正面中）主持会议　　　　黄仁雄　摄

2018 年 1 月 22 日，隆林各族自治县监察委员会正式挂牌成立。图为百色市政协副主席、自治县党委书记张启胜（左一）揭牌　　韦珺儒　摄

2018 年 5 月 8 日，百色市重点产业（深圳）投资推介会暨项目签约仪式在广东省深圳市福田区举行，百色市政协副主席、自治县党委书记张启胜，自治县党委常委、副县长陈东，副县长童江帆等参加签约仪式　　韦珺儒　摄

2018 年 2 月 22 日，百色市政协副主席、自治县党委书记张启胜（中）率自治县四家班子领导与县直部门干部职工到平班镇管肖村北楼桥附近开展“兴水利、种好树、助脱贫、惠民生”活动　黄仁雄　摄

2018 年 4 月 9 日，隆林各族自治县 2018 年“深化领导班子建设年活动”动员会在县民族民俗文化展示中心召开

韦珺儒　摄

2018 年 7 月 11 日，隆林各族自治县“乡村振兴·争创五旗”活动动员会在县民族民俗文化展示中心召开

陆宗正　摄

2018 年 12 月 7 日，隆林各族自治县党政领导在县休闲广场开展公开接访活动　黄仁雄　摄

2018 年 4 月 23 日，隆林各族自治县政法工作会议暨扫黑除恶专项斗争动员部署会在县人民会场召开　韦珺儒　摄

2018 年 2 月 9 日，隆林各族自治县“一村一警务助理”装备发放暨成果展示活动在县城东广场举行　　黄仁雄　摄

2018 年 10 月 12 日，百色市公安机关深化“一村一警务助理”改革工作现场推进会在隆林各族自治县民族民俗文化展示中心召开　　韦珺儒　摄

2018 年 4 月 22 日，隆林各族自治县“天生桥、平班库区”水面整治工作动员会在县民族民俗文化展示中心召开　　韦珺儒　摄

2018 年 1 月 23 日，自治县党委、人民政府组织天生桥镇、革步乡、金钟山乡、畜牧、公安、“两违”执法大队联合开展天生桥库区底宜水域（革步境内）专项清理整治活动　　黄仁雄　摄

2018 年 5 月 18 日，隆林各族自治县万峰湖综合整治成效现场核验点评会在天生桥镇召开　　陆宗正　摄

2018 年 5 月 31 日，隆林各族自治县迎接中央环境保护督察“回头看”暨第二次全国污染源普查工作动员会在县政府会议室召开　　韦珺儒　摄

2018 年 8 月 2 日，隆林各族自治县生态环境保护大会在县民族民俗文化展示中心召开　　黄仁雄　摄

2018 年 3 月 28 日，庆祝隆林各族自治县成立 65 周年招商推介会在县民族民俗文化展示中心召开　　韦珺儒　摄

2018 年 12 月 28 日，百色右江华润村镇银行隆林支行开业仪式在县城举行　　黄仁雄　摄

2018 年 7 月 27 日，隆林各族自治县 2018 年 7 月重大项目集中开工仪式在新州镇水洞村水洞屯举行

韦珺儒　摄

2018 年 11 月 19 日，隆林各族自治县“广西金联胜实业有限公司年产 10 万吨高性能铝合金电工通信新材料项目”开工仪式在新州轻工业集中区举行

黄仁雄　摄

2018 年 12 月 18 日上午，广西隆林银峰铝线科技有限公司改扩建项目开工仪式在新州轻工业园区举行　　黄仁雄　摄

2018 年 11 月 30 日，隆林各族自治县 2018 年第四季度重大项目集中开工仪式在新州镇泥浪屯举行　韦珺儒　摄

2018 年 11 月 16 日，中铁二院工程集团有限公司副总工程师胡光常（正面中）带领踏勘组专家一行到隆林各族自治县开展高速铁路“百色至兴义（隆林段）”预可研工作　黄仁雄　摄

2018 年 9 月 13 日，隆林各族自治县代表团赴南宁参加第十五届中国—东盟博览会期间，到南宁市邕宁区新兴产业园区参观考察　韦珺儒　摄

2018 年 9 月 20 日，广西首届“中国农民丰收节”启动仪式暨百色系列欢庆活动在百色市江滨半岛举行。图为隆林各族自治县的风味食品在活动中进行展示

黄仁雄　摄

2018 年 11 月 2 日，百色市、隆林各族自治县两级专利执法组在县龙江百货超市开展专利执法检查

黄小虎　摄

2018 年 5 月 19 日，隆林各族自治县专利产品参加全自治区专利产品展销推广会。图为百色市领导到自治县展区观展　　黄小虎　摄

脱贫攻坚

2018 年 1 月 12 日，隆林各族自治县迎接国家 2017 年财政专项扶贫资金绩效评价第三方抽查评价工作会议在县民族民俗文化展示中心召开　　韦珺儒　摄

2018 年 2 月 25 日，2018 年“粤桂协作就业帮扶”（隆林专场）招聘会在城东文化体育广场举行　　韦珺儒　摄

2018 年 3 月 6 日，隆林各族自治县 2018 年贫困人口脱贫和贫困村摘帽初步计划审核会议在县民族民俗文化展示中心召开　　黄仁雄　摄

2018 年 3 月 27 日—28 日，深圳市罗湖区区委书记贺海涛（左二）一行到隆林各族自治县考察东西部扶贫协作工作，并举行罗湖区对口帮扶隆林资金捐赠仪式，现场捐赠价值 50 万元的医疗设备和物资　　　韦珺儒　摄

2018 年 3 月 30 日，中国扶贫基金会副会长、广东省老区建设促进会会长、广州市政协原主席、百色市人民政府原顾问、百色市荣誉市民、百色市教育基金会名誉会长陈开枝（右四）一行到隆林各族自治县考察帮扶工作，随行的田阳明珠建材市场董事长李志伟（右三）向隆林苗冲记忆留守妇女作坊旅游产品开发扶贫项目暨抢救传承苗族文化遗产培训基地捐款 6 万元　　　韦珺儒　摄

2018 年 4 月 9 日，隆林各族自治县 2018 年脱贫攻坚工作推进大会暨新选派队员驻村工作动员会在县人民会场召开　　　韦珺儒　摄

2018 年 5 月 15 日，广西香蕉产业科技扶贫优质种苗赠送仪式在者保乡举行　　黄小虎　摄

2018 年 6 月 12 日，深圳市开扬实业有限公司总经理黄保发（右一）率队到隆林各族自治县开展“医疗帮扶”工作调研，并捐赠给自治县妇幼保健院价值 30 万元的医疗设备　　陆宗正　摄

2018 年 6 月 16 日，隆林各族自治县 2018 年度村民合作社劳务服务促进劳动力转移就业政策宣传暨现场招聘会在平班镇平寨村举行　　韦珺儒　摄

2018 年 6 月 27 日—28 日，由百色市第四届人大代表“隆林团、田东团、那坡团”组成的视察组到县城西扶贫异地安置点进行实地视察调研　　黄仁雄　摄

2018 年 7 月 10 日，中国移动广西有限公司百色分公司“中国移动扶贫爱心卡”赠卡仪式在县城中休闲广场举行　　韦珺儒　摄

2018 年 7 月 13 日，隆林各族自治县精准帮扶“三方”见面活动现场观摩会在克长乡大庆村举行　　黄仁雄　摄

2018 年 7 月 18 日—19 日，深圳市罗湖区委常委、组织部长范德繁（正面中）带队到隆林各族自治县慰问派驻干部及考察交流东西部扶贫工作　　陆宗正　摄

2018 年 7 月 18 日—19 日，罗湖·隆林对口帮扶隆林黑猪扶贫产业园项目开工仪式在平班镇平寨村举行。图为深圳市罗湖区委常委、组织部部长范德繁（中）一行参加开工仪式　陆宗正　摄

2018 年 8 月 10 日，隆林各族自治县健康扶贫“一站式”报销服务中心揭牌仪式在县新农合办公楼举行　　黄仁雄　摄

2018 年 8 月 21 日，中国农业发展银行资助隆林中学贫困大学新生仪式在隆林中学举行　　陆宗正　摄

2018 年 9 月 3 日，中共隆林各族自治县委员会第十四届常委会扩大会议（脱贫攻坚专题）在县委会议室召开　　陆宗正　摄

2018 年 10 月 17 日，隆林各族自治县 2018 年“10・17”全国第五个“扶贫日”系列活动启动仪式在县城东广场举行
曾书奇　摄

2018 年 10 月 18 日，深圳市中医院对口帮扶隆林各族自治县人民医院帮扶协议签订仪式在县人民医院举行

县人民医院　提供

2018 年 10 月 19 日，自治区人民检察院“法治进校园”全区巡讲团巡讲暨送法进村助力脱贫攻坚“一村一法治巡讲”活动在隆林二中举行

黄仁雄　摄

2018 年 11 月 18 日，隆林各族自治县易地扶贫搬迁百色市深圳小镇（一期）交房仪式在县人民会场举行　韦珺儒　摄

2018 年 11 月 18 日，隆林各族自治县易地扶贫搬迁百色市深圳小镇（一期）劳务招聘等工作现场会在县人民会场举行

韦珺儒　摄

2018 年 10 月 19 日，隆林湖南商会“送温暖、献爱心”精准扶贫爱心捐赠活动在隆林各族自治县蛇场乡同党村举行

黄仁雄　摄

2018 年 12 月 25 日，“粤桂协作·消费扶贫”隆林黑山羊进深圳（华润超市）启动仪式在县电子商务服务中心举行

黄仁雄　摄

教科文卫体事业

2018年1月14日—15日，隆林中学创建自治区示范性普通高中通过自治区级复查验收评估。图为自治区示范性普通高中区级复查评估组一行到隆林中学考察

韦珺儒　摄

隆林二中学校图片　　曾书奇　摄

2018年7月2日，百色市人民政府教育督导委员会到隆林各族自治县进行义务教育均衡发展市级复核审验

韦珺儒　摄

2018 年 9 月 8 日，隆林各族自治县庆祝第 34 个教师节暨“三考”奖励、中职招送生表彰大会在县人民会场召开

韦珺儒　摄

2018 年 5 月 15 日，广西香蕉产业技术服务团队在者保乡班支花村香蕉种植基地进行技术指导

黄小虎　摄

2018 年 8 月 25 日，隆林各族自治县科技特派员在者浪乡坡合村黄金百香果种植示范基地进行技术指导

黄小虎　摄

2018 年 2 月 2 日，隆林各族自治县文联、书法家协会等单位到城西易地扶贫安置点开展送春联活动　　黄仁雄　摄

2018 年 2 月 23 日，隆林各族自治县壮族民间八音队集中展演活动在县城城东广场举行。图为壮族八音队在进行“八音坐唱”　　黄仁雄　摄

2018 年 2 月 24 日，2018 年隆林各族自治县苗族跳坡节在德峨镇坡场举行　　韦珺儒　摄

2018 年 3 月 27 日，中国新闻摄影学会“国家级摄影创作基地”授牌仪式在隆林各族自治县举行　　韦珺儒　摄

2018 年 3 月 28 日，自治县成立 65 周年文艺晚会——《畅想隆林》在城东民族文化广场举行　　韦珺儒　摄

2018 年 4 月 27 日，2018 年“壮族三月三”山歌进警营警民联欢活动新州镇民族社区头塘屯举行　　黄仁雄　摄

2018 年 7 月 2 日，隆林各族自治县新州镇泥浪屯和者保乡八达屯“泥巴妹组合”在湖南长沙举行的“2018 湖南（南山）六月六山歌节”全国少数民族地区山歌邀请赛总决赛上获优秀奖　　黄仁雄　摄

2018 年 7 月 26 日，隆林各族自治县彝族火把节在县城东广场举行　　曾书奇　摄

2018 年 5 月 16 日，百色市人民医院、隆林各族自治县人民医院医疗联合体建设工作座谈会在县人民医院召开　　县人民医院　提供

2018 年 6 月 19 日—21 日，隆林各族自治县巩固自治区卫生县城工作汇报暨技术评估反馈会在县政府二楼会议室召开，会上顺利通过自治区级卫生县城复审检查验收　　陆宗正　摄

2018 年 9 月 26 日，中国·隆林第四届"南盘江杯"全国龙舟邀请赛暨庆祝自治区成立 60 周年·2018 广西龙舟系列赛（隆林站）开幕式在南盘江龙舟基地举行　　黄仁雄　摄

图为龙舟系列赛（隆林站）比赛现场

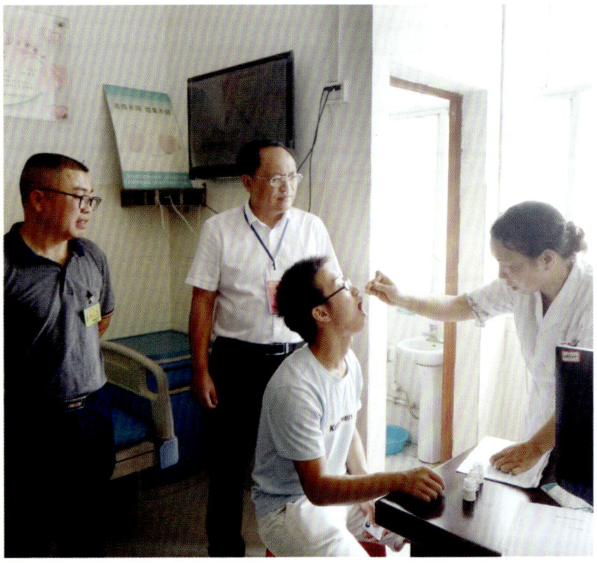

2018 年 8 月 9 日，隆林各族自治县人民医院开展新兵体检工作。图为自治县县长杨科（左二）到该院指导工作　　县人民医院　提供

2018 年 10 月 14 日，"红狼"杯 2018 年中华垂钓大赛广西隆林选拔赛在南盘江自然水域垂钓基地开赛　　陆宗正　摄

目　录

特　载

大事记

隆林概貌

中共隆林各族自治县委员会

隆林各族自治县人民代表大会

隆林各族自治县人民政府

中国人民政治协商会议
隆林各族自治县委员会

群众团体

机构编制·人力资源管理

法　　治

军　事

经济管理与监督

工　业

农林·水利

商贸业·旅游业

财政·税务·金融

交通·邮政·通信

城建·市政·房地产

国土资源·环境保护

民政·民族·库区移民

科技·教育

文化·卫生·体育

社会生活

乡　镇

人物

统计资料

附录

索引

特　　载

开拓创新　担当作为
奋力谱写新时代隆林高质量发展壮美篇章

——在中共隆林各族自治县第十四届代表大会第四次会议上的报告（节选）

张启胜

（2019 年 1 月 20 日）

一、2018 年工作回顾

2018 年，是全面贯彻党的十九大精神的开局之年，是我国改革开放 40 周年、自治区成立 60 周年和自治县成立 65 周年，是自治县决战贫困决胜小康、实施“十三五”规划承上启下的重要一年。一年来，面对错综复杂的经济形势，面对艰巨繁重的脱贫任务，面对 42 万各族人民向往美好生活的迫切愿望，我们以新发展理念为指导，以高质量发展为根本要求，团结和带领广大党员干部扎实做好稳增长、促改革、调结构、惠民生、防风险各项工作，较好地完成了年度发展任务。预计完成地方生产总值（GDP）增长 7%；财政收入完成 6.88 亿元，增长 8.63%；固定资产投资增长 13%；社会消费品零售总额完成 19.28 亿元，增长 12%；农村居民人均可支配收入 9283 元，增长 10.5%；城镇居民人均可支配收入 30698 元，增长 6%。

一年来，我们始终站在长远和政治全局高度，突破重点推进整体，抓住关键带动全局，集中力量抓好八件大事，带动各项工作全面提高、全面进步。一是持续掀起学习贯彻习近平新时代中国特色社会主义思想和党的十九大精神的热潮。自治县党委理论中心组带头学习，引领全县各级各部门掀起理论学习新高潮，为加快隆林发展提供了强大的思想动力。二是深入开展深化领导班子建设年活动。大兴学习之风、解放思想之风、调查研究之风、求真务实之风，打造“五个过硬”领导班子，各级领导班子凝聚力创造力战斗力不断增强。三是全力推进脱贫攻坚取得重大进展。顺利通过了市级、区级核验，预计完成 33 个贫困村 24612 贫困人口脱贫任务，贫困发生率降至 8.41%。四是成功举办自治县成立 65 周年系列纪念活动。举办系列活动，展示了自治县改革发展的辉煌成就，传递了各族人民加快发展的愿望和心声。五是同时推进 7 所学校开工建设。在半年的时间内完成新建学校征地拆迁、招投标等前期工作，同时启动民高、四中、五中、五小、六小、四幼、五幼等 7 所学校建设，义务教育均衡发展迈出坚实步伐。六是举全县之力开展万峰湖综合治理并取得巨大成效。用不到两个月的时间完成万峰湖生态环境综合整治任务，共拆除养鱼网箱面积 278 万平方米，万峰湖生态得到全面恢复，自治区领导批示推广，并作为典型广泛宣传报道。七是成功破解一批制约发展的瓶颈问题。“一村一警务助理”工作经验在全区全市推广并获自治区公安厅表彰；解决遗留 10 多年的马文新村、“隆林欢迎您”、坡南远等地块等挂牌出让；用活土地增减挂钩政策实施跨省交易，预计可实现3亿元收入。八是成功创建国家电子商务进农村综合示范县。获得中央1500万元资金支持。同时，现代特色农业核心示范区创建工作实现零的突破，油茶产业示范园区成功建成自治区四星级核心示范园区。

2018年，自治县党委提出“1236”工作思路。一年来，全县各级各部门紧紧围绕这一工作思路，全力推进隆林经济社会各项事业快速发展。

（一）围绕“一个中心”，脱贫攻坚成效显著

一年来，面对近年来最繁重的脱贫攻坚任务，我们紧紧围绕“两不愁、三保障”和贫困村“十一有一低于”的目标，构建“1451”工作机制，推行“五化一表”工作法，充分利用隆林扶贫APP系统，划分四大战区16个分战区，强力开展“百日攻坚”及“突击月”、“扶贫日”系列活动。我们进一步加大资金投入，全年共投入资金9.68亿元，补足基础设施短版，补齐公共服务弱项，补全集体经济盲点，认真抓好产业扶贫、就业扶贫、教育扶贫、健康扶贫、金融扶贫、易地扶贫搬迁等工作。强化党建引领，凝聚巨大合力，激发内生动力，尽锐出战，优选派强第一书记和工作队员。进一步深化三级农发行定点帮扶和深圳市罗湖区对口帮扶及区、市各单位帮扶，动员全社会会力量，构建大扶贫工作格局，顺利完成年度脱贫任务，脱贫出列村数和搬迁百色深圳小镇人数均名列百色市第一。

（二）打造“两个园区”，工业经济较快发展

一年来，面对铝产品价格下跌、原料价格上涨和国家政策趋紧的严峻形势，我们进一步加快推进桂黔产业合作园区和轻工业园区建设步伐，百矿20万吨煤电铝一体化项目一期已进入设备安装阶段，创胜金属有限公司、辉煌金属材料有限公司和铭剑铝业公司铜包铝项目一期已竣工投产。金联胜实业有限公司年产10万吨高性能铝合金项目已开工，利通线缆科技有限公司正式入驻，“铝二次创业”再上新台阶。翔吉公司环保未批先建问题妥善解决。帮助各类工业企业融资8.2亿元，调配自主电量11.4亿度，是全市唯一工业投入实现正增长的县份。创胜、潮韵等两家企业实现上规入统。工业园区产值占全县工业产值比重28.4%，增长16%。

（三）实施“三大攻坚战”，短板难点有效破解

一年来，我们大力实施三大攻坚战役并取得阶段性成果。通乡（镇）油路提级改造迈出新步伐，天生桥至西林二级路将建成投用，新州经者保至腊仁、沙梨至隆或三级公路建设有序推进，新州至克长二级公路已开工建设，11条乡（镇）公路提级改造前期工作已启动。城乡风貌改造实现新突破。高分通过自治区卫生县城复审，城区面貌焕然一新。进城大道半幅实现通车，棚户区改造加快推进，“两违”治理保持高压态势。“美丽隆林·宜居乡村”活动全面开展，农村人居环境整治行动成效显著。义教均衡发展再上新台阶，学校布局调整进一步优化，校园标准化建设基本完成，教育教学质量稳居全市前列，顺利通过自治区义教均衡发展评估验收。

（四）抓好“六项重点工作”，经济社会高质量发展

一年来，我们紧扣经济社会发展主要矛盾，强力推进六项重点工作，促进经济社会高质量发展。农业产业转型步伐加快，“四个万亩”特色示范园区基本建成，黄金百香果成为新兴产业。特色乡村旅游快速发展，“两赛一展”和民族节庆活动成功举办，全年接待游客132万人次，增长36%，实现旅游总收入14.71亿元，增长35%。项目建设加快推进，全年推进实施重大项目161个，新开工项目24个，完成投资14.3亿元，鹤东大道、中医院整体搬迁、体育活动中心等项目加快实施。民生保障水平持续提高，全年财政保障和改善民生投入28.67亿元，占一般公共预算支出的87.42%。社会治安明显好转，安全生产责任制全面落实，食品药品监管体系进一步完善。重点领域改革成效明显，经济体制改革各项措施和重大改革任务全面落实，县级机构改革加快推进。生态建设取得重大成果，中央环保督察反馈意见整改全部通过审验销号，山水林田湖保护修复工程全面启动，生态红线划定取得新进展。

一年来，我们认真践行新时代党的建设总要求，自觉担负管党治党主体责任，推进全面从严治党向纵深发展。统筹推进基层组织建设，持续打造“民族团结携手先锋行”和“农事集办”党建品牌，“234党建工程”取得阶段性成效，五个基层党建示范带创建活动深入开展，“对标定级·整体提升”工作全面推进，支部规范化建设得到提质升级，“乡村振兴·争创五旗”活动成为党建促脱贫的重要抓手。党员干部教育培训扎实开展，干部选拔任用机制不断完善。我们落实意识形态工作主体责任制，积极弘扬主旋律、传播正能量，持续巩固团结奋斗的思想基础。社会主义核心价值观深入人心，文明城市创建活动有序推进，网络舆情可管可控，文明乡风有效培育，民族文化繁荣发展。党风廉政建设和反腐败工作全面加强。巡视反馈问题得到全面整改，完成处置巡视反馈问题线索9条。扶贫领域腐败和作风问题专项治理成效明显，“四风”和违反中央八项规定精神问题整治持续推进，实现深度贫困村巡察全覆盖，各种违法违纪违规行为和侵害群众利益的“蝇贪”、微腐败得到坚决查处。年内纪检监察机关共立案155件，增长11.5%，结案156件，给予党纪政纪处分148人，反腐败斗争取得压倒性胜利。作风建设持续加强，以提高执行力为重点，全面推行“7355”工作法，切实解决机关作风涣散和干部不担当、不作为、慢作为、乱作为问题。同时，我们积极发展社会主义民主政治，民主法治建设持续加强，坚持党委统揽全局、协调各方，支持人大、政府、政协履行职责，巩固壮大最广泛的爱国统一战线，民族、宗教、外事、对台、港澳等工作取得新成绩，工会、共青团、妇联、科协、工商联等群团发挥作用明显，党管武装、民兵预备役建设持续加强，科普、普法教育成效显著。法治隆林、平安隆林建设不断深化，严密防范和依法打击各种违法犯罪活动，各类矛盾纠纷得到依法妥善化解，信访乱象得到有效治理，群众安全感得到进一步提升，社会更加和谐稳定。

同志们，一年来取得的成绩不是天上掉下来的，而是全县各族人民用勤劳、智慧、勇气干出来的，是广大党员干部挥洒汗水拼出来的。这是中央、自治区党委和市委亲切关怀、正确领导的结果，是自治县四家班子和各级各部门精诚团结、群策群力的结果，是各级党组织和广大党员解放思想、锐意进取的结果，是各族人民自强不息、拼搏奋斗的结果，集中了全县人民的智慧和力量，凝聚了各人民团体、无党派、非公经济人士和社会各界的信任和支持。在此，我代表中共隆林各族自治县第十四届委员会，向全县各族人民、广大党员干部，向各人民团体、工商联、无党派人士和社会各界，向离退休老同志，向驻隆林部队指战员、武警官兵以及所有关心、支持隆林经济社会发展的同志们、朋友们，致以崇高的敬意和衷心的感谢！

在肯定成绩的同时，必须清醒看到，我们面临的形势仍然十分严峻。脱贫攻坚任务依然艰巨，经济发展质量和效益不高，一铝独大的局面并未根本改变，农业产业化程度不高，一些主要经济指标在全市排名靠后甚至出现负增长，经济下行压力很大。发展不平衡不充分的问题依旧突出，基本公共服务水平不高，影响社会和谐稳定的因素依然存在，党建科学化水平有待提升，干部作风仍需进一步扭转，个别领导和党员干部顶风违纪违规，一些领域和行业依然存在腐败隐患等等。对此，我们必须全面分析，深入研判，切实采取措施全力加以解决。

二、深入学习贯彻习近平总书记在庆祝改革开放40周年大会上的重要讲话精神，全面开启新时代隆林改革发展新征程

2018年12月18日，习近平总书记在庆祝改革开放40周年大会上作了重要讲话。总书记的重要讲话，着眼中华民族实现伟大复兴的历史大势，深情回顾改革开放40年的光辉历程，深刻总结改革开放的伟大成就和宝贵经验，郑重宣示了将改革开放进行到底的信心决心，明确提出了把新时代改革开放继续推向前进的目标要求，是一篇马克思主义纲领性文献，是新时代改革开放再出发的“宣言书”和“动员令”。学习好、宣传好、贯彻好习近平总书记重要讲话精神，是当前和今后一个时期的重要政治任务。

开启改革发展新征程，必须牢牢把握加强党的领导这个根本保障。习近平总书记强调，正是因为始终坚持党的集中统一领导，我们才能实现伟大历史转折、开启改革开放新时期和中华民族伟大复兴新征程。推进新时代改革开放，我们要毫不动摇坚持党对一切工作的领导，牢固树立“四个意识”、坚定“四个自信”，坚决维护习近平总书记中共中央的核心、全党的核心地位，坚决维护中共中央权威和集中统一领导，把党的领导贯彻和体现到改革开放各个领域全过程，在思想上政治上行动上同以习近平同志为核心的中共中央保持高度一致，切实为新时代改革开放提供坚强的政治保证和组织保障。

开启改革发展新征程，必须始终坚持中国特色社会主义道路。习近平总书记强调，改革开放40年来，我们党全部理论和实践的主题是坚持和发展中国特色社会主义。推进新时代改革开放，我们要坚定对中国特色社会主义道路自信、理论自信、制度自信、文化自信，一以贯之坚持和发展中国特色社会主义，坚持和发展中国特色社会主义的总目标、总任务、总体布局、战略布局和发展方向、发展方式、发展动力、战略步骤、外部条件、政治保证等基本要求，在推进改革开放中全面准确贯彻落实。

开启改革发展新征程，必须始终坚持加快发展第一要务。习近平总书记多次强调，发展是党执政兴国的第一要务，是解决我国一切问题的基础和关键。改革开放特别是党的十八大以来，隆林与全国全区全市一样，经济社会有了很大发展，但作为集“老、少、边、山、穷、库”于一体的极度贫困县，后发展欠发达仍然是当前隆林最大的县情、最大的常态。推进新时代改革开放，我们要坚定不移把加快发展作为第一要务，抓住我国发展重要战略机遇新内涵，落实高质量发展根本要求，以脱贫攻坚统揽经济社会发展全局，加快建设现代化经济体系，坚持深化市场化改革，扩大高水平开放，推动经济社会持续较快健康发展。

开启改革发展新征程，必须始终坚持以人民为中心的发展思想。习近平总书记强调，为中国人民谋幸福，为中华民族谋复兴，是中国共产党人的初心和使命，也是改革开放的初心和使命。推进新时代改革开放，我们要始终把全县各族人民对美好生活的向往作为奋斗目标，忠实践行党的根本宗旨，坚定贯彻党的群众路线，切实担负起脱贫攻坚的政治责任，集中力量解决好群众最关心的就业、社保、教育、医疗、住房、交通等民生问题，不断提高基本公共服务水平，通过改革开放让人民群众有更多获得感、幸福感和安全感，让人民过上更加幸福美好的新生活。

开启改革发展新征程，必须坚持正确处理改革发展稳定关系。习近平总书记强调，当前我国正处于一个大有可为的历史机遇期，发展形势总的是好的，但前进道路不可能一帆风顺，越是取得成绩的时候，越是要有如履薄冰的谨慎，越是要有居安思危的忧患，决不能犯战略性、颠覆性错误。推进新时代改革开放，我们要始终站在战略和长远全局高度，坚持问题导向，保持战略定力，正确处理好改革发展稳定关系，坚持方向不变、道路不偏、力度不减，推动新时代改革开放走得更稳更好更远。

当前，隆林正处于转型发展、创新发展、绿色发展、高质量发展的关键时期。面对新时代新使命新要求，我们要高举改革开放伟大旗帜，以更大的决心和勇气，在新时代推动改革开放再出发，坚持解放思想不停息，坚持深化改革不止步，坚持扩大开放不动摇，坚持创新不停歇，加快走出具有隆林特色的新时代改革开放之路。

三、聚焦建设壮美广西、共圆复兴梦想总目标总要求，扎实做好2019年各项工作

2019年是新中国成立70周年、百色起义90周年，是决胜全面建成小康社会的关键之年，是我国开启改革开放新征程和全区全面贯彻落实习近平总书记重要题词精神的第一年，也是自治县如期实现脱贫摘帽目标非常关键的一年。做好2019年工作至关重要、意义重大。

2019年全县工作的指导思想是：以习近平新时代中国特色社会主义思想为指导，全面贯彻党的十九大和十九届二中、三中全会精神，坚持稳中求进工作总基调，坚持新发展理念，推动高质量发展，深入贯彻自治区党委、市委各项决策部署，坚决打赢“三大硬仗”、努力实现“三大突破”、着力推进“三大提升”、不断强化“三大保障”，统筹推进经济、政治、文化、社会、生态文明和党的建设，保持经济持续健康发展和社会大局稳定，为打赢脱贫攻坚战和全面建成小康社会打下决定性基础，为建设壮美广西、共圆复兴梦想作出新贡献。

2019年全县经济社会发展主要目标是：地方生产总值(GDP)增长9%；规上工业增加值增长11%；财政收入增长2%；固定资产投资增长12%；社会消费品零售总额增长11%；城镇居民人均可支配收入增长6%，农村居民人均可支配收入增长10%。

（一）坚决打赢三大硬仗，促进经济社会快速发展

坚决打赢脱贫攻坚硬仗。自治县将于2020年脱贫摘帽，目前全县仍有37个村33112贫困人口未脱贫。2019年，我们必须完成25个贫困村17009贫困人口的脱贫任务，使贫困发生率降至4.09%，才能确保自治县2020年如期脱贫摘帽。当前，脱贫攻坚已到了打硬仗中的硬仗的关键时刻，我们必须以深度贫困村为重点，用足用活极度贫困县扶持政策。聚焦基础设施建设。以大会战的方式，基本完成水电路网和公共服务等基础设施建设，全面完成危房改造任务，拿下易地扶贫搬迁这块硬骨头。聚焦特色产业发展。依托特色优势产业，大力推广“公司+合作社+贫困户”模式，实现贫困村“一村一产”和贫困户“一户一业”，使贫困群众实现持续稳定脱贫，实现产业富民。聚焦发展壮大村集体经济。推广资源开发型、资产盘活型、产业带动型等创新发展模式，确保村集体经济收入达到要求并巩固发展。聚焦教育医疗住房“三保障”。抓好贫困子女入学、健康扶贫“七个一行动”、农村危房改造等工作。同时，抓好对口帮扶和定点帮扶工作，加强教育宣传，激发贫困户脱贫内生动力，加强扶贫干部队伍管理，以极致的拼搏和过硬的作风，助力啃下脱贫攻坚硬骨头。

坚决打赢工业发展硬仗。深入开展“铝二次创业”，以打造两个工业园区为重点，做大做强生态铝产业，推进工业高质量快速发展。加快桂黔产业合作园区建设，重点加快推进百矿集团20万吨煤电铝一体化项目，确保一期、二期在年内竣工投产，早日实现年产20万吨电解铝目标。抓好园区入园大道、铝深加工区、林产品深加工区以及安置点建设。进一步延长铝产业链条，抓好金联胜10万吨特种通信线缆、利通3万吨铝镁合金线铜包铝等两个在建项目建设，确保浩瀚盛怡、定宇、辉煌、创胜、宏诚、金联胜等6家铝深加工企业满产达产，力争年内4家企业上规入统。加大轻工业园区清理力度，力争年内再引进一批铝精深加工企业。争取翔吉7.5万吨电解铝恢复全部产能，启动桂鑫7.5万吨电解铝异地技改搬迁项目。继续抓好发电公司电站技改项目实施，协调推进木材、石材加工企业整合入园，抓好年产5万吨生物颗粒、天生桥稀有金属探矿等新兴产业发展，培育工业经济新的增长点。

坚决打赢项目建设硬仗。开展“重大项目建设攻坚突破年”活动，抢抓机遇积极争项目争资金。深入研究政策，借助国家、自治区加大对深度贫困地区和极度贫困县扶持的利好政策，争取一批重大项目落户隆林。充分利用三级农发行定点帮扶隆林的优势，多渠道多方式为项目建设融资。加大经费投入，强化项目前期工作，加强土地储备，为项目建设提供用地保障。按照“四个一批”的思路，在全县范围内掀起新一轮项目建设高潮。实施一批工业发展项目，重点抓好两个工业园区基础设施建设，为做大做强铝产业提供强力支撑。实施一批农业农村项目，抓好水电路网、产业发展、示范园区和石漠化、河流水库、农村污垃治理等项目，为脱贫攻坚和乡村振兴夯实基础。实施一批城建交通项目，继续强力推进通乡公路提级改造和城乡风貌改造三年攻坚行动，抓好鹤东大道、民族国际大酒店改扩建、棚户区改造、街道基础设施改造等城建项目和新州至克长、克长至介廷、国道联接线等交通项目，继续协调争取百色至兴义高铁项目过境隆林并设立站点，为促进经济高质量发展插翅展翼。实施一批民生领域项目，抓好7所新建学校、中医院整体搬迁、民族体育活动中心、文化体育公园和农村公共服务设施建设，为提高民生保障水平提供条件。

（二）努力实现三大突破，促进经济社会提速发展

在实施乡村振兴战略上有新突破。习近平总书记强调，经济形势越复杂，越要稳住“三农”。坚持农业农村优先发展，实施好乡村振兴战略。深入实施农村人居环境整治三年行动方案、乡村风貌提升三年行动方案，开展“美丽广西·幸福乡村”建设活动。按照前端有技术支撑、中间有龙头企业或合作社带动、后端有市场营销的要求，大力推进农村一二三产业融合发展。实施“特优农产品加工提升”行动，加强引进农产品精深加工龙头企业，力争做到每个特色产业有一个企业带动，推进特优农产品深加工。实施“新型经营主体质量提升”行动，积极培育农民合作社、家庭农场等新型经营主体，加强指导管理，注重解决生产经营面临的困难，促进经营质量提升。实施特优农产品“驻邕出桂·入粤进深”行动，不断拓宽外销渠道、增加销量，打响隆林特优农产品品牌。

在特色旅游发展上有新突破。在继续办好“两赛一展”和各民族节庆活动的基础上，深入开展广西全域旅游示范县创建活动，进一步加强宣传营销和项目招商，大力发展以民族风情、水上运动、徒步旅游、垂钓休闲、路亚竞技、养生度假为重点的特色旅游。尽早完成雷公滩峡谷地质公园的前期规划编制；引进社会资本参与冷水河休闲度假村、德峨风情小镇、民族风情园等项目建设，加快征地等前期工作，力争早日开工；充分利用上级安排的专项资金，尽快启动扎云山杜鹃花风景区、腊仁小镇欢乐水乡等旅游基础设施；主动加强与广东国地、广西源能等公司的对接洽谈，建设万峰湖景区客服中心，完成游船购置，尽早向游客开放，力争年内实现境内具有实质效益的景区景点运营零的突破。

在优化营商环境上有新突破。按照“一年重点突破、两年全面提升、三年争创一流”的目标要求，聚焦企业和群众反映强烈的突出问题，深入开展“优化营商环境攻坚突破年”活动，努力在优化营商环境上实现新突破。着力抓好企业发展协调服务。深入推进放管服改革，建立“多证合一”“一张网”“最多跑一次”或“一次不用跑”服务机制。继续帮助企业做好“惠企贷”申报续贷工作，协调有关金融机构加大对企业的帮扶力度，重点协调解决各企业项目建设、实现满产、扩大生产资金短缺问题，帮助中小微企业破解融资难融资贵问题。按照“早对接、优服务、强管理”的原则，实行责任领导和责任单位企业项目审批全程代办制，集中整治企业引进落地过程中存在的干部作风问题、用地落实顽疾、资金融通难题，破解长期以来存在的企业“引进落地难、建设进度慢”和“开工轰轰烈烈、施工冷冷清清、竣工遥遥无期”等问题。进一步加强招商引资工作，加快完善招商引资优惠政策和企业发展奖励扶持办法，力争在引进投资和企业落地方面有新突破。

（三）着力推进三大提升，促进经济社会和谐发展

着力推进民生保障水平大提升。坚持以人民为中心的发展思想，不断提升民生保障水平。持续加大民生投入，集中力量支持民生领域，保证财政用于民生支出占一般公共预算支出比重超过80%。突出稳就业工作，全面推进就业创业政策落实落地，进一步提高职业技能培训能力建设，统筹抓好高校毕业生、农村转移劳动力、退役军人、就业困难人员等重点群体就业工作。优先发展教育事业，继续实施义教均衡发展攻坚战，确保年内通过国家级督导评估验收。巩固提升基础教育普及程度，加大教师队伍提质增量力度，稳步推进教育信息化建设工程和农村校点优化布局，努力做大做强做优职业教育，办好人民满意的教育。推进健康隆林建设，深化医药卫生体制改革和计划生育服务管理改革，实施健康乡村振兴计划，全面提高卫生计生工作优质服务水平，促进全民健康。开启创建国家卫生县城工作，为城乡居民创造优美整洁的生活环境。加强社会保障体系建设，完善失业保险、养老保险、社会救助、社会福利、慈善事业、优抚安置等制度，抓好棚改、危改等工程。加强残疾康复服务，加快老龄事业和养老产业发展，保障妇女儿童合法权益。

着力推进环境保护能力大提升。深入贯彻落实习近平生态文明思想，坚持"绿水青山就是金山银山"的理念，继续打好污染防治攻坚战。按照坚守阵地、巩固成果的原则，深入开展环境突出问题和隐患大排查大整改活动。实施城镇污水处理提质增效三年行动，持续抓好万峰湖和平班水库综合治理，落实大气和土壤污染防治措施，确保完成年度空气质量任务指标，做好疑似污染地块土壤监测评估。抓好中央环保督察"回头看"反馈意见整改成果巩固提升。加强生态环境保护和修复，严格落实主体功能区规划，强化资源环境承载力管控，全面落实河长制，探索实施林长制。加强做好生态公益林管护、植树造林和石漠化治理。加快推进自然保护区、永久基本农田和城镇开发边界确界工作。谋划推进南盘江和境内河流流域生态环境保护和建设，申报和实施水林田湖生态保护修复试点项目。

着力推进社会治理能力大提升。严格落实维护社会稳定责任制，健全社会治安综合体系。加强信访工作，精准排查和精细化解矛盾纠纷，及时解决群众合法诉求。深入开展扫黑除恶专项斗争，依法严厉打击涉枪涉爆，持续强化禁毒严打整治，严厉打击非法宗教、非法传销、走私贩私、电信网络诈骗等各类违法犯罪行为，增强人民群众安全感。完善安全生产责任制，全面加强风险管控和隐患排查治理，强化应急管理和救援能力建设，妥善处置各类突发事件，坚决杜绝重特大事故发生。统筹抓好食品药品安全工作。推进法治隆林建设，加强党对法治建设的统一领导、统一部署和统筹协调。坚决维护宪法权威，统筹推进严格执法、公正司法、全民守法。加强推进依法行政，健全依法决策机制，加大政务公开力度，努力建设法治政府。深入开展法治宣传教育，健全公共法律服务制度，营造尊法学法守法用法的良好氛围。

（四）不断强化三大保障，为高质量发展提供坚实基础

加强思想文化建设，强化团结奋斗的思想保障。全面贯彻落实习近平总书记关于宣传思想工作的重要思想，切实担起举旗帜、聚民心、育新人、兴文化、展形象的使命任务。加强理论武装，抓好党委（党组）中心组理论学习，坚持用习近平新时代中国特色社会主义思想武装头脑。切实履行意识形态主体责任，落实主管主办和属地管理原则，加强阵地建设和管理，做好意识形态领域重大问题研究和处置，牢牢把握意识形态工作领导权、话语权。把握正确舆论导向，精心组织形式多样的主题宣传，创新传播手段和话语方式，积极稳妥地做好热点问题、重大突发事件的信息发布，有效应对网络舆论舆情。积极培育和践行社会主义核心价值观，深入实施公民道德建设工程，着力推进文明城市创建工作。繁荣民族文化事业，加快完善公共文化服务体系，充分发挥隆林独特的民族文化资源优势，强化各民族节庆活动策划包装和宣传推介，全面擦亮"五彩隆林"名片。

加强党的组织建设，强化推动落实的组织保障。深入贯彻习近平总书记关于党的建设和组织工作的重要思想，坚持和加强党的全面领导，不断提高党的建设质量。突出抓好党的政治建设。精心组织开展"不忘初心、牢记使命"主题教育，深入开展"领导班子建设提升年"活动，教育引导党员干部增强"四个意识"，坚定"四个自信"，坚决做到"两个维护"，确保在思想上政治上行动上同以习近平同志为核心的中共中央保持高度一致。加强基层组织体系建设。持续强化"脱贫攻坚先锋行""乡村振兴·争创五旗"、基层党建示范群创建、党支部"对标定级·整体提升"、"党员教育提升年"、"基层党建五大工程"等活动，继续打造"民族团结携手先锋行""农事集办"等党建品牌，实施村级党组织带头人整体优化提升、干部素质能力提升和年轻干部储备工程，强化脱贫攻坚（乡村振兴）工作队伍管理，持续整顿软弱涣散基层组织，推动基层党组织标准化、规范化建设。建设敢担当善作为的干部队伍。牢固树立"担当为要、实干为本、发展为重、奋斗为荣"理念，强化"真抓实干、马上就办"的工作作风，大力推行"7355"工作法，以狠抓工作落实为突破口，以提高执行力为重点，全面提高干部的执行力和战斗力。坚持严管和厚爱结合、激励和约束并重，针对群众反映突出的推诿扯皮、慵慢懒散、敷衍塞责等问题，强化督查问责；建立健全容错纠错机制，鼓励干部敢试敢闯敢干，为担当者担当，为干事者撑腰。

加强党风廉政建设，强化严管严治的纪律保障。加强对反腐败工作的集中统一领导，依规依纪依法惩治腐败，有力削减存量、有效遏制增量，一体推进不敢腐、不能腐、不想腐机制建设，巩固发展反腐败斗争压倒性胜利。深入贯彻落实党内问责条例，正确运用监督执纪"四种形态"，对失职失责、敷衍塞责的党组织和党员干部严肃问责。持续推进纪检监察体制创新，完善纪律监督、监察监督、派驻监督、巡察监督"四位一体"监督工作格局，深入开展巡察活动，着力在日常监督、长期监督上探索创新、实现突破。持之以恒落实中央八项规定精神和各级党委实施细则，严肃查处不敬畏、不在乎、喊口号、装样子的问题，坚决破除形式主义、官僚主义，坚定不移纠"四风"、树新风。持续整治群众身边腐败和作风问题，严查小官大贪和"微腐败"，深挖严查涉黑涉恶关系网、保护伞。从严从实加强纪检监察队伍建设，努力做到政治过硬、本领高强，打造忠诚干净担当的纪检监察铁军。

同志们，新时代新征程任重道远、使命光荣，做好今年各项工作任务艰巨、责任重大。让我们更加紧密地团结在以习近平同志为核心的中共中央周围，坚持以习近平新时代中国特色社会主义思想为指导，不忘初心，牢记使命，开拓创新，担当作为，全力决战贫困决胜小康，奋力开创新时代隆林改革发展新局面，为建设壮美广西、共圆复兴梦想做出更大贡献，以优异成绩迎接新中国成立70周年和百色起义90周年！

（自治县党委办提供）

人大常委会工作报告

——在隆林各族自治县第十五届人民代表大会第四次会议上（节选）

韦世光

（2019年1月22日）

2018年工作回顾

2018年，自治县人大常委会（以下简称常委会）始终坚持以习近平新时代中国特色社会主义思想为指导，认真学习贯彻习近平总书记关于坚持和完善人民代表大会制度的重要思想，在自治县党委的坚强领导和百色市人大常委会的具体指导下，牢牢把握人大工作的正确方向，找准服务大局的结合点、监督工作的切入点和推动经济社会发展的着力点，以深化领导班子建设年活动为契机，勇担当善作为，把宪法和法律赋予人大及其常委会的四项职能和代表工作做细做实，在推动全县经济社会各项事业健康发展和民主法治建设中作出积极贡献。

全年召开常委会会议11次，听取政府专项工作报告16项，进行满意度测评3次，审议决定重大事项8项，依法作出决议决定7项，提出审议意见11项，任免国家公职人员19人次，补选市人大代表2名；开展专题调研10次，组织代表集中视察4次132人次，学习培训3期197人次；开展执法检查5次，协助区、市人大常委会开展调研21次。在视察、调研、执法检查中发现问题、提出问题、解决问题57个，高效圆满地完成了自治县十五届人大三次会议确定的任务。2018年，常委会荣获“自治区人大宣传工作先进单位一等奖”、“全市人大代表建议办理、人大宣传工作、人大代表活动二等奖、人大法制建设工作、人大监督工作先进单位”等荣誉称号。

一、准确定位，把牢方向，坚持在党的领导下开展人大工作

党政军民学，东西南北中，党是领导一切的。中国共产党是中国特色社会主义事业的领导核心，因此，坚持党的领导是做好人大工作的首要政治原则。在日常工作中，自觉将党的领导贯穿于人大依法履职整个过程，落实到人大工作方方面面，避免走弯路误入歧途。2018年初，常委会党组围绕全县在改革发展稳定大局的热点、难点问题，制定详实的工作要点，呈报自治县党委审定，然后逐项抓落实，并加强请示汇报制度的落实，确保规定动作不漏项，自创动作有亮点，使各项工作在自治县党委的重视支持下圆满完成。一年来，常委会党组主动向自治县党委报告重要活动36次、“一府一委两院”专项工作报告审议意见书11项、人事任免5次、满意度测评结果3次。百色市政协副主席、自治县党委书记张启胜同志先后对《〈森林法〉贯彻执行及全县木材加工企业规范管理和发展规划情况报告》等审议意见和人大代表外出考察调研报告作出8次批示，促使各项工作得到有效推进。

二、创新方式，依法履职，在推动发展中充分彰显人大作用

2018年，常委会围绕自治县党委“1236”工作思路，紧扣党委决策部署，回应人民群众关切，严格依法履职，切实担负起使命责任，推动人民代表大会制度和人大工作与时俱进。

（一）立足县情，通过立法推动隆林旅游业发展

自治县是民族区域自治县，有自治条例和单行条例立法权。本届常委会将制定《隆林各族自治县非物质文化遗产保护条例》《万峰湖保护与开发条例》两部单行条例。《隆林各族自治县非物质文化遗产保护条例》历经两年的起草、调研、论证、修改，于2018年9月提请自治区人大常委会审查，因为该条例前期立法工作深入扎实有效，立法质量高，所以未受到颠覆性的修改。根据区人大常委会提出的八点修改意见进一步修改完善后，12月13日常委会第十八次会议第三次审议通过并报请自治县党委审定，即将提交本次大会审议表决，获得通过后报自治区人大常委会批准实施。届时，隆林将成为广西对“非遗保护”立法第一县。该条例的实施，必将有力地推动隆林旅游业的发展，为把隆林打造成为“民族风情、生态垂钓和休闲养生旅游目的地”奠定坚实的法律基础。

（二）创新监督方式，提高监督工作实效

人大监督是党和国家监督体系的重要组成部分，是具有法律效力的监督。人大常委会依法对“一府一委两院”进行监督，既是一种制约，也是一种支持，使之形成加强和改进工作的合力。常委会坚持把人大监督工作融入到自治县党委中心工作中，突出重点、突破难点、不断创新工作凸显亮点。2018年，常委会对“一府一委两院”采取下列办法进行监督：

一是善于“跟踪检查”，加强重点领域工作监督。4月，常委会组织开展了《隆林城区管理工作专题质询审议意见》落实情况“回头看”，专题听取自治县人民政府整改落实情况报告，提出审议意见12条，并进行满意度测评。与去年相比，满意率从35.71%提到62.50%，不满意率从10.71%降到4.17%。这“一提一降”体现出政府对县城区人居环境改善、城市品位提升做出的不懈努力，初步扭转县城区脏乱差的状况。7月，常委会组织开展了《2017年全县重大项目推进情况审议意见》落实情况“回头看”，听取自治县人民政府整改落实情况报告，提出审议意见9条，并进行满意度测评。与去年相比，满意率降低，不满意率提高，引起自治县党委高度重视。百色市政协副主席、自治县党委书记张启胜同志在审议意见上批示：“从自治县人大常委会对2017年重大项目工作测评情况看，大家对自治县重大项目满意率不升反降，8月份的审议意见比2月份的审议意见，满意率从48.28%下降到17.86%，不满意率从6.90%提升到35.71%，出现‘一提一降’状况，应该引起我们抓重大项目的高度重视和警醒。请政府分管领导专题研究，拟出整改意见，报县委研究，并按审议意见的要求及时报县人大常委会。”正因有了县委的高度重视，“隆林欢迎您”土地开发平整项目、进城大道B段、轻工业园区入园道路、民族高中、鹤东大道、体育中心等重大项目于年底才先后得到实质性地开工建设。

二是善审“专题报告”，加强财政经济运行监督。首先是关注经济社会发展，加强财经审查监督。常委会听取和审议了自治县2017年决算、2018年预算方案、2018年上半年计划、预算执行情况等，对存在问题，提出有针对性的审议意见，得到自治县党委的充分肯定。其次是加强政府债务监督，严把债务风险关。常委会听取和审议了2018年政府新增债券资金调整预算方案，建议政府严格依法举借债务，切实加强项目建设，加强债券资金管理，切实强化债券监督。最后是加大审计查出问题整改的跟踪监督力度。常委会听取和审议了2017年财政预算执行和其他财政收支情况的审计报告及2016年、2017年度审计查出突出问题整改情况报告，全力支持审计部门加大对涉及民生的公共资金、政府重大投资及重点项目建设资金的审计力度，依法处理违规资金，挽回经济损失3713.92万元。

三是善听“专项报告”，推动人大监督与时俱进。7月，自治县监察委员会主动向人大常委会报告2018年上半年扶贫领域腐败和作风问题专项治理工作情况。12月，自治县人民政府分管副县长报告全县脱贫攻坚工作情况、“两院”分别报告开展司法体制改革、基本解决执行难、扫黑除恶专项斗争、公益诉讼等专项工作，促使依法行政、公正司法的要求得以贯彻落实。

四是善用“电子表决”，拓宽代表意愿的表达。12月，召开对自治县人民政府脱贫攻坚专项工作暨部门主要领导履职评议会，63名代表使用电子表决器进行表决，以无记名方式行使宪法和法律赋予的权力，更加方便、直接、简洁，更显客观、公平、公正，代表表达个人意愿更加充分。这是常委会信息化建设的一个重要标志，也是常委会在民主法治建设进程中迈出的一大步，为拓宽民主监督创新了手段。

五是依法“否决”，发挥人大常委会监督实效。8月23日，常委会召开主任会议对《隆林各族自治县总体规划(2015—2035)》进行初审时，已经指出问题所在，要求进一步修改完善。但在8月28日召开的自治县十五届人大常委会第十五次会议对该规划进行审议时，委员们又提出七类39个问题，经表决，反对票超过常委会组成人员半数。会后，常委会依法作出了审议意见，要求人民政府重新修改完善后再报人大常委会审定。百色市政协副主席、自治县党委书记张启胜同志在审议意见书上批示：“请县政府按照人大审议意见，认真负责严肃地修改完善再报人大审定。对不认真履职的相关人员要严肃问责。”该规划经住建部门和设计单位认真修改后，最终在8月30日召开的常委会第十六次会议审议时获得通过。

（三）加强执法检查，促进法治隆林建设

一是深入开展执法检查。5月10日至25日，常委会组织三个检查组对贯彻落实《中华人民共和国森林法》及全县木材加工企业规范管理和发展规划情况进行检查，针对《中华人民共和国森林法》的宣传、森林资源保护、保护区建设管理、林业产业结构调整、森林资源管理队伍建设、村屯绿化管理、全县木材加工企业科学管理和规划发展等存在的七个方面突出问题，提出了具体的审议意见，送自治县人民政府研究解决，为推进自治县生态文明建设、规范企业发展、增加财政收入提供参考。9月，常委会组织开展了全县及周边砂石料市场专项调研，通过对比分析，针对存在的砂石料市场管理缺失，采石场布局不合理，砂石料成本高，爆破公司独家经营，各采石场规模较小、产量不高，税收甚少等问题，提出审议意见送政府及相关部门研究落实。6月，对自治县人民政府贯彻执行《中华人民共和国义务教育法》进行检查，对存在问题提出了20条建议意见，进一步推动《中华人民共和国义务教育法》有效实施，为促使自治县义务教育均衡、优质、健康发展提供人大智慧。此外，积极配合区、市人大常委会开展《自治区少数民族语言文字工作条例（草案）》立法等调研、执法检查8次，收集上报《百色市市容管理条例（草案）》《百色市停车设施与停车秩序管理条例（草案）》《百色市右江生态保护条例》等立法建议79条。

二是加强司法工作监督。4月至11月，常委会结合当前群众普遍关注的行政诉讼、婚姻家庭、未成年人犯罪案件审理、纠纷诉讼、法律援助等进行调研。此外，组织人大代表参加“两院”庭审、现场执行活动6次20多人次，有效促进司法公正、执法公平。

三是依法做好规范性文件备案审查。对“一府一委两院”的2件规范性文件进行备案审查，维护法律权威。

四是高度重视人大信访工作。全年共受理群众来访34批41人次，来信8件。通过及时交办、加强督办，维护了人民群众的合法权益，畅通了民意诉求的渠道。

（四）依法作出决定，落实党委决策部署

常委会坚持围绕中心、服务大局，依法行使重大事项决定权，批准了2017年政府债务限额、2017年自治县决算、2018年政府新增债券资金调整预算方案、2018年预算调整方案、隆林各族自治县总体规划（2015—2035）等，依法作出决议决定5项，讨论决定重大事项7项，确保党的主张通过法定程序转变为国家意志。

（五）做好人事任免，加强任后干部工作监督

坚持把党管干部原则与人大依法行使任免权紧密结合起来，不断探索创新任后监督方式，促进公职人员依法行政、勤政廉洁。一是开展“集中谈话”。5月4日，人大常委会召开“正确理解地方人大及其常委会职权，切实提高依法履职实效”专题会议，对政府24个组成部门和4个工作部门主要领导进行集中谈话。其间，围绕相关法律，对“一府一委两院”为何要受人大及其常委会监督等作了详细解读；围绕全县发展大局和自治县党委中心工作，对自治县人民政府部门领导如何主动作为，提出明确要求；围绕代表关注、群众关心的民生问题，对政府部门如何抓好人大代表建议办理提出具体要求。二是开展“满意度测评”。12月，召开专题会议听取和审议政府组成和工作部门（30个）主要领导履职情况报告，并进行满意度测评，有效促进人大任命人员依法行政和接受常委会依法监督的自觉性和主动性。同时，加强对常委会任命的人民陪审员进行培训。

三、强化措施，改进服务，在依法履职中发挥代表主体作用

中华人民共和国的一切权利属于人民。人民行使国家权力的机关是全国人民代表大会和地方各级人民代表大会。县乡人大代表是由选民直接选举产生的，是本级人民代表大会的组成细胞，受人民委托，代表人民的利益和意志，依法参与管理国家事务，管理经济和文化事业，管理社会事务。常委会全力支持和保障代表履行好宪法和法律赋予的各项职权。一是加强代表培训。7月23日至26日，组织县级人大代表参加集中履职培训，并到巴马、田东、靖西、德保、田林等开展集中考察学习，进一步提高代表政治素质和履职能力。此外，邀请代表参加各类视察调研、执法检查20多次，列席常委会会议11次，进一步拓宽代表知情知政渠道，不断提高代表履职能力。二是加强履职平台建设。在沙梨、平班、新州、德峨、天生桥等分别建立“四跨”代表联络站，为代表提供规范的活动场所和理论学习阵地。三是架起“沟通桥”。开通了“隆林人大微信公众号”“常委会组成人员工作群”“人大代表交流群”“人大机关工作群”“乡（镇）人大主席工作交流群”等“一号四群”手机履职平台，定期向各级人大代表及人大工作者传播履职知识和通报工作动态。四是印发履职笔记本。将《宪法》等6部法律以及人大代表议案、建议、批评和意见撰写范例编入《人大代表履职笔记本》，印发给所有县级代表，作为代表履职考核的重要依据。五是接受选民监督。12月，11名常委会组成人员分别到各自选区向选民述职，并接受选民满意度测评，使选民多角度、多层次地了解、理解和认可代表工作，了解县域经济社会各项事业发展情况，赢得选民的普遍赞誉。六是加快实施代表建议项目。全年财政预算安排400万元解决县乡人大代表建议项目31个，并已于11月25日前完工，惠及群众3000多户18000多人。七是扎实办理代表建议，推动问题解决。通过召开代表建议交办会，将十五届人大三次会议代表建议178件转交县直相关部门办理，按照代表建议办理绩效考评办法，组织开展办理情况跟踪督办，有效提高办结率。其中，A类24件，占13.48%，B类104件，占58.43%，

C 类 42 件，占 23.59%，D 类 8 件，占 4.49%。八是对外交流得到拓展。2018 年 6 月，成功申请加入“全国部分少数民族自治县（旗）人大工作联席会”，6 月和 10 月分别组织人员参加环江毛南族和湖北五峰土家族自治县全国部分少数民族自治县（旗）人大工作联席会，在学习交流中不断提高隆林人大依法履职能力。

四、围绕中心、服务大局，在为民代言中切实改善民生福祉

“围绕中心、服务大局”是人大工作的基本要求，2018 年，人大机关全体工作人员认真贯彻执行自治县党委决策部署，顾全大局、自觉融入、勇于担当、善作善为，圆满完成各项中心工作任务。一是融入脱贫攻坚工作。严格按照自治县党委“决战贫困、决胜小康”的工作部署，以饱满的工作激情和斗志全身心地投入到全县脱贫攻坚战，多次爬山头、走田坎，进村入户，耐心仔细地向贫困户宣讲扶贫政策、核实相关信息、填写帮扶手册、制定脱贫方案、落实帮扶措施。同时，多方筹措资金帮助天生桥镇岩场、祥播、科沙、九龙村和革步乡者彦村及者保乡南光村解决实际困难，有效改善了贫困村的办公条件。二是融入重大项目建设。按照《2018 年隆林各族自治县领导联系推进重大项目（事项）责任制工作方案》要求，常委会班子成员认真负责、主动联系、积极协调，确保所联系项目有序有效推进。三是完成自治县党委临时交办任务。高质量完成桂黔工业园区协调、天生桥库区环境综合治理、鹤东大道征地、义教均衡发展、创卫复审等重点工作，抓好全县重点项目及其他工作的督查、检查等。

五、加强学习，落实责任，在开拓创新中不断强化自身建设

一是加强理论学习，坚定政治方向。一年来，常委会党组班子积极参加党委理论中心组学习、人大常委会党组理论中心学习和人大机关集体学习，深入学习十九大和十九届历次会议精神，认真领会习近平总书记治国理政新理念新思想新战略，认真践行习总书记扶贫开发战略思想，牢固树立“四个意识”，在思想上政治上行动上同以习近平同志为核心的中共中央保持高度一致，讲规矩守纪律，坚决贯彻中央和区、市、县党委决策部署，确保政令畅通。二是扎实开展领导班子建设年活动。在百色市委和自治县党委的统一部署下，结合推进“两学一做”学习教育常态化、制度化，人大机关党员干部职工严格按照“五个过硬”目标，自觉开展“四个大兴”活动，聚焦学思践悟，能力提升的要求，通过深入地学习、深刻地反思、认真地整改，广大党员干部思想上受到警醒，政治上得到提升，观念上得到端正，精神和工作作风有了不同程度的改变，为决战贫困决胜小康开启新时代隆林发展新篇章提供坚强的组织保障。三是认清形势，落实好党组从严治党的主体责任。认真贯彻落实《关于新形势下党内政治生活若干准则》《中国共产党党内监督条例》，履行党组从严治党主体责任，把党风廉政建设与人大工作同研究、同部署、同落实、同督查，牢固树立“抓好党建是当前最大的政绩”的观念，以高度的政治责任狠抓党组自身建设，贯彻落实好民主集中制原则，全面履行好党风廉政建设第一责任人的职责，班子成员把“一岗双责”落到实处。坚持学习制度常态化，开展交心谈心活动，公开征求党组班子及成员意见，开好民主生活会，认真开展批评与自我批评，让“扯袖子、红红脸、出出汗”成为常态。同时，指导人大机关党支部开展标准化建设，对“三会一课”、组织生活会等方面作出明确要求。全年召开党组会议 11 次，党组民主生活会 1 次，开展交心谈心活动 60 人次。

各位代表，过去一年工作成绩的取得，是自治县党委的正确领导，人大常委会组成人员、全体人大代表和人大工作者辛勤工作的结果，离不开自治县人民政府、监察委员会、人民法院、人民检察院的积极配合和各乡（镇）人大的大力支持，离不开全县各族人民、社会各界的热情参与和帮助。在此，我谨代表常委会向大家致以崇高的敬意和衷心的感谢！

在总结成绩的同时，我们也清醒地认识到，常委会刚性监督办法不多，效果不理想；人大代表联系服务群众方式方法简单，代表活动载体单一；指导乡（镇）人大工作有待加强等，对于这些问题，我们将高度重视，在今后的工作中努力改进。

2019 年工作计划

2019 年是中华人民共和国成立 70 周年，是决战脱贫攻坚、决胜全面小康的关键之年。常委会工作的总体要求是：坚持以习近平新时代中国特色社会主义思想为指导，深入贯彻落实党的十九大和十九届二中、三中全会精神，深入学习贯彻习近平总书记关于坚持和完善人民代表大会制度的重要思想，坚持党的领导、人民当家做主和依法治国的有机统一，主动顺应新时代人大工作的新任务新要求，认真总结，精心谋划，为加快隆林经济社会高质量发展、完成决战贫困决胜小康伟大使命、建设壮美广西、共圆复兴梦想作出新的更大的贡献，以优异成绩庆祝新中国成立 70 周年和百色起义 90 周年！

一、坚持党的领导，努力在围绕中心依法履职上取得新成效

认真贯彻落实习近平总书记关于坚持和完善人民代表大会制度的重要思想，坚决贯彻落实自治县党委工作部署，进一步增强“四个意识”，坚定“四个自信”，做到“两个维护”；自觉在思想上行动上同以习近平同志为核心的中共中央保持高度一致，确保人大工作政治方向正确。坚持民有所呼、我有所应，以提高人大常委会履职工作质量，提升人大工作效率为目标，全面推进立法、决定、监督、任免及代表工作等各项工作有效开展。

二、牢记新使命，努力在依法履职实效上再求新突破

（一）依法行使立法权，为改革发展再添活力

按照常委会五年立法规划，本着“质量优先，管住管用”的立法理念，开展《万峰湖保护与开发条例》立法工作，确保届内完成任务，为隆林的生态文明建设和旅游业的兴旺发达奠定法律基础。

（二）依法行使监督权，提高工作执行力

依法行使监督权是县级以上地方人大常委会的重要职权。我们要深入贯彻落实党的十九大精神，担当作为，务实创新，认真做好人大各项工作，围绕中心、服务大局，保证党的决策部署在本行政区域内落地生根，保证人民当家做主在国家政治生活和社会生活中落到实处。我们要把宪法和法律赋予的监督权用好，坚持问题导向，完善监督工作方式方法，加强跟踪问效，推动解决人大代表、人民群众普遍关心的热点难点问题，保证法律法规有效实施，推动隆林县域经济发展，让全县各族人民有更多的获得感、幸福感、安全感。

（三）依法行使决定权，贯彻落实党委决策部署

人大常委会将把党委决策同人大依法行使重大事项决定权有机结合起来，围绕党委中心工作和全县工作大局，对带有根本性、全局性、长远性和人民群众普遍关心的重大事项进行广泛深入的调研，适时依法审议并作出决议决定，送相关部门研究落实，并对决议、决定的贯彻落实情况进行督促检查、跟踪问效，以维护其法定性、权威性和严肃性。

（四）依法行使任免权，保证干部任后监督落到实处

坚持党管干部和人大依法任免的有机统一，确保组织意图通过人大法定程序转化为人民意愿。坚持新任命人员公开进行宪法宣誓、任职表态发言和颁发任命书制度。继续听取和审议“一府一委两院”专项工作报告，听取和审议政府组成部门和工作部门主要领导履职情况报告，并进行满意度测评，加大干部的任后监督的力度。对作风不正、能力不足、履职不力、满意度测评为“不满意”者及时谈话提醒，并向自治县党委报告。

三、把握新要求，努力在代表服务上再有新提升

紧紧围绕“要把人大机关建设成为全面担负起宪法法律赋予的各项职责的工作机关、同人民群众保持密切联系的代表机关”的新要求，深入推进“两个机关”建设。一是以多种形势开展代表履职培训，实现由灌输式授课向调研、考察、交流的形式转变，在提高代表综合素质中提升履职实效；二是加强“一号四群”建设，推进人大代表学习交流网络化；进一步规范“四跨”代表联络站建设，不断丰富代表履职载体；三是开展基层人大“7+6”工程，激活代表履职自觉性、积极性、主动性，进一步提升履职实效；四是建立完善新形势下代表联系群众的新途径、新方法，扎实开展向选区选民述职评议活动，听取选民意见，回答选民提问，接受选民监督；五是强化代表履职管理，进一步深化代表履职登记制度；六是加强代表建议选题指导，改进代表建议督办程序，强化对办理代表建议过程的监督，努力提高代表建议的办结率，从而激发全县代表的履职热情，树立人大监督权威。

四、适应新形势，努力在能力建设上再上新台阶

深入学习贯彻习近平新时代中国特色社会主义思想，特别是把学习研究宣传贯彻习近平总书记关于坚持和完善人民代表大会制度的重要思想摆在首要位置，进一步加强理论武装，提高政治站位，切实增强做好人大工作的使命意识和责任担当，不断提高人大工作质量和水平，更好发挥地方国家权力机关作用：一是加强学习。邀请专家就人大工作新形势、新知识作专题辅导；采取集中培训、交流讨论、考察学习等形式，提高人大机关干部的业务素质、工作水平和创新能力；二是搞好调研。建立常态化调研机制，安排法律专业人员参与调研，提高调研层次，保证调研质量；三是注重作风建设。认真执行民主集中制，加强纪律教育，强化纪律执行；进一步充实完善人大机关相关工作制度、规范工作程序、健全规章制度，促进人大干部严格依法履职、照章办事；四是加强联系和指导。通过会议传、培训帮、活动带、考评促等方式，指导乡（镇）人大主席团在闭会期间依法听取专项工作报告、开展执法检查、联系和组织代表活动，听取和反映代表、群众的意见建议，保障乡（镇）人大依法履行职责；五是加强人大宣传工作。探索创新人大宣传工作机制，加强对人大通讯员的业务培训，增强人大宣传效果；六是加强人大信访工作。

（自治县人大办提供）

政府工作报告

——在隆林各族自治县第十五届人民代表大会第四次会议上(节选)

杨 科

(2019 年 1 月 22 日)

一、2018 年工作回顾

刚过去的 2018 年,我们以习近平新时代中国特色社会主义思想为指导,深入学习贯彻党的十九大和十九届二中、三中全会精神,积极贯彻落实自治区党委、自治区人民政府,市委、市人民政府和自治县党委的决策部署,在自治县党委的坚强领导下,在自治县人大、自治县政协的监督和支持下,按照“1236”工作思路,在稳增长、促改革、调结构、惠民生、防风险上努力作为,较好地完成自治县十五届人大三次会议确定的目标任务。预计地方生产总值完成 54.49 亿元,增长 7%;固定资产投资增长 13%;财政收入完成 6.88 亿元,增长 8.63%;社会消费品零售总额完成 19.28 亿元,增长 12%;农村居民人均可支配收入完成 9283 元,增长 10.5%;城镇居民人均可支配收入完成 30698 元,增长 6%;金融机构存贷款余额分别完成 77.38 亿元、54.82 亿元,存贷比 70.85%,增长 5.48%;城镇登记失业率 2.19%;城镇化率提高到 43%;森林覆盖率提高到 69.35%;节能减排降碳指标控制在自治区下达的范围内。投资 12.8 亿元推进 7 所学校开工建设,义务教育均衡发展通过自治区督导评估。城乡风貌改造实现新突破,高分通过自治区级卫生县城复审。万湖峰整治工作经验获自治区领导批示推广,并作为典型广泛宣传报道。成功破解一批制约发展的瓶颈问题。“一村一警务助理”工作经验在全区推广;解决了妈文新村地块长达 10 多年的历史遗留问题;完成了“隆林欢迎您”地块挂牌出让,有序推进了坡南远地块遗留问题的理顺工作。用活土地增减挂钩政策实施跨省交易,可实现 3 亿元收入。成功创建国家电子商务进农村综合示范县,获得中央 1500 万元资金支持。县级财政管理绩效综合评价进入全国前 200 名。2018 年,我们解决了一批长期想解决而没有解决的难题,办成了一批过去想办而没有办成的实事,推进全县经济社会稳步向前发展。

一年来,我们主要做了以下几方面工作:

(一)对标对表,脱贫攻坚扎实推进

2018 年,是自治县近年来扶贫工作任务最重的一年,我们坚持以脱贫攻坚统揽经济社会发展全局,紧紧围绕“两不愁三保障”总脱贫目标,紧盯年度脱贫任务,继续加大脱贫攻坚工作力度。不断完善贫困村基础设施,建设了 395 条通屯水泥路,246 处安全饮水工程,452 个安全用电工程;改造了 2020 户危房,建成易地扶贫搬迁安置房 2218 套,1771 户 7811 人住进易地搬迁新房;建成了 20 个村级公共服务中心,25 个村卫生室。大力促进村集体经济发展,彻底消除了集体经济收入“空壳村”,97 个贫困村的集体经济收入都达 3 万元以上,82 个非贫困村的集体经济收入都达 2 万元以上。继续实施贫困户产业“以奖代补”和产业扶持巩固提升项目,贫困户产业覆盖率超过 80%。教育扶贫持续发力,发放教育资助金 7998.46 万元,资助贫困学生 15.56 万人次;控辍保学成效明显,贫困辍学学生劝返率 100%。健康扶贫稳步推进,医疗救助政策全面落实,贫困户住院报销、特殊慢性病门诊医疗费用报销比例分别达 90.91%、80%。贫困群众生活基本保障,5017 户 17651 名贫困群众享受农村低保 4159.7 万元。金融扶贫扎实推进,向贫困户发放小额扶贫贷款 2.5 亿元,农业产业扶贫贷款风险补偿基金正式运营。联系帮扶机制进一步落实,选派 472 名脱贫攻坚(乡村振兴)工作队员,结对帮扶干部 7151 名,脱贫攻坚合力进一步增强。对口帮扶工作不断深化,中国农业发展银行、自治区政协办公厅等中直区直帮扶单位综合运用金融、就业等各类政策,对贫困群众住房、基础设施、扶贫产业发展和就业创业等给予倾力支持;东西部扶贫协作力度加大,落实资金 3000 万元,实施了扶贫产业园等 8 个项目。2018 年,我们有望实现 33 个贫困村 24612 人脱贫,贫困发生率将首次降至个位数(8.41%),脱贫攻坚工作取得历史性突破。

（二）迎难而上，经济保持平稳发展

我们始终把经济工作摆在政府工作的重要位置，开展稳增长攻坚行动，推动经济持续平稳发展。全力以赴稳农业。农业增加值预计增长4.5%。稳定粮食生产，全年粮食总产量9.17万吨，连续5年实现增长。创建了73个现代特色农业示范区，其中油茶产业核心示范区被认定为自治区级示范区，金钟山杉木产业示范区被认定为百色市现代特色农业县级示范区。"三品一标"认证和特色产品质量工作有新突破，新增翅东、潮韵、山樵饲料3个广西著名商标，新增翅东牌三冲精制茶、山樵配合饲料2个广西名牌产品，新增建成家庭农场生产的稻谷、香蕉2个广西无公害产品。积极推进畜牧业发展，年产10万头黑猪产业园开工建设，有效防控非洲猪瘟疫情。新型农业经营体系建设有新成果，新增农民专业合作社66家，家庭农场7家。

克难攻坚稳工业。工业投资完成10亿元，预计增长7%，是全市唯一实现正增长的县份。桂黔（隆林）经济合作产业园、百矿煤电铝一体化等重点工业项目建设有序推进；园区经济建设步入正轨，工业园区产值占全县工业总产值的28.4%，增长16%。解决了困扰翔吉铝厂近10年的环保未批先建历史遗留问题，保住了隆林铝产业的根基。有效解决企业融资难问题，帮助企业融资8.2亿元。企业引进和培植工作力度增强，新引进4家铝深加工企业，新增2家规上工业企业。万元工业增加值综合能耗预计同比下降6%，超额完成市下达的目标任务。

大力发展服务业。服务业增加值预计增长11%，占GDP比重达46%。电子商务进农村成为常态，县乡村电子商务服务站点增至276个，物流配送覆盖108个行政村，注册电商品牌商标2个，农副产品线上线下交易平台逐步完善。生态旅游工作有效推进，完成万峰湖国家水利风景区规划编制；蛇场扎云山生态休闲旅游景区、腊仁小镇欢乐水乡旅游景区基础设施建设，德峨镇三冲村、蛇场乡马场村等乡村旅游项目建设加快推进；全年共接待游客132万人次，增长36%，旅游总收入14.71亿元，增长35%。市场消费保持活跃，批发业、零售业、住宿业、餐饮业商品销售额均增长15%，全年新增9家商贸限上企业，有效拉动了社会消费。

（三）强化措施，项目工作成效明显

我们建立健全重大项目工作责任制，对重点项目实行清单管理，压实抓项目抓投资的工作责任。积极争取项目。争取到农村饮水安全巩固提升、坡耕地水土流失综合治理等中央预算内投资项目9个，排在全市第三位；争取到鹤东大道一期工程、桂黔（隆林）经济合作产业园入园大道等自治区乡村振兴产业发展、基础设施和公共服务项目28个，总投资28.62亿元；百色经隆林至兴义高铁项目进入了预可研编制阶段。实施精准招商。全县招商引进项目28个，总投资122.2亿元；实现区外境内到位资金9.72亿元，完成任务的108%，区内到位资金4.75亿元，完成任务的118.75%。力推项目建设。民族高中、四中、五小、六小等一批社会关注度高的民生项目动工开建；三轮河水库等重大项目建设加快，石漠化治理等一批惠民项目竣工交付使用发挥效益。推进通乡（镇）公路提级改造攻坚战，天生桥至西林二级路将建成投用，新州经者保至腊仁、沙梨至隆或三级公路建设有序推进，新州至克长二级公路已开工建设，G324国道至G246国道者浪连线、岩茶弄金经蛇场至德峨等11条乡（镇）公路提级改造前期工作已启动。项目用地保障更加给力，逐步扭转土地供应滞后的被动局面，扶贫领域、民生领域等重大项目用地应保尽保。项目融资难瓶颈有效破解，争取到自治区支持新增政府债券3.03亿元，融资总量实现新增长。全县上下抓项目、扩投资的氛围更浓。

（四）统筹发展，城乡面貌不断改善

隆林各族自治县县城总体规划（2015—2035）修编获市政府批复，完成了乡（镇）总体规划、鹤东新区控制性详细规划，城乡建设有规可依。鹤东新区建设大幕拉开，鹤东大道、中医院整体搬迁破土动工，民族体育活动中心等基础配套项目顺利实施，县公安局、检察院新业务技术用房主体工程完工。老城区功能得到完善，城西轻工业集中区入园大道如期建成，完成迎宾路、富康小区等路面提升改造；进城大道即将建成通车；供销社、饮食服务公司、印刷厂棚户区改造顺利实施，矿产林业片区改造有新进展。城区道路综合整治成效明显。城区环卫保洁范围不断扩大。扬尘管理得到有效控制。"两违"治理保持高压态势。农村人居环境持续改善。

（五）突出重点，改革创新有新成效

深入推进"放管服"改革，政务服务事项办理时限均压减50%以上。"多证合一""一照一码"等商事制度改革持续深化。全面落实税收减税优惠政策，累计为企业减税降税7289万元。稳步推进县级公立医院综合改革，完成两项制度整合，药品采购实行"两票制"，公立县级医院全部取消药品加成，执行零差率销售。扎实推进农村金融改革，创建信用乡10个、信用村105个、信用户5万户，农村信用体系建设走在全市前列；全市第一家"多县一行"村镇银行，百色右江华润村镇银行隆林支行开业运营。深化投融资体制改革，完成了“政银企”平台的搭建，促进政府投融资平台市场化转型，组建华隆集团，成立合资公司和小微企业融资担保有限公司，帮助企业协调解决融资难等问题。推进财政事权和支出责任划分改革，财政预算管理、绩效管理机制不断完善。防范化解金融风险，加强政府债务管理，债务增量得到严格控制，债务存量得到逐步化解。农村土地承包经营权确权登记颁证工作、农业水价综合改革和小型水利体制改革工作稳步推进。完成低保审批权限下放乡（镇）改革工作。完成国有林场改革目标任务。

（六）重点突破，生态建设质量提升

坚持环境保护和生态建设双向发力，重点突破，生态隆林建设取得新进展。严格执行国家环保政策，全面整改完成中央环保督察反馈意见 6 个问题 17 项销号任务和中央环保督察“回头看”交办的 7 件群众举报案件。投入 8500 万元，完成了万峰湖生态环境综合整治老大难任务，共拆除网箱 278 万平方米。全县实施综合治理，环境空气质量优良天数达 328 天。256 条河流全部纳入“河长制”管理。饮用水源水质、地表水主要指标达到国家要求。建成乡（镇）村垃圾处理中心 27 座，城镇污水处理率达 90%。划定生态保护红线面积 995 平方千米。划定饮用水源地保护区 6 个。划定永久基本农田 61.64 万亩，实现耕地保有量 75.11 万亩。实施水土流失综合治理 53.59 平方千米，新增造林面积 3.5 万亩。德峨镇八科村团石屯等 4 个屯荣获自治区级绿色村屯称号，新州镇马雄村等 11 个村荣获百色市生态示范村称号。

（七）民生为本，社会事业不断进步

全年民生支出 28.67 亿元，占一般公共预算支出的 87.42%，增长 10.8%。社会保障切实加强。城镇新增就业 1318 人，农村劳动力转移 4932 人。城乡低保、特困供养标准提高，发放各类社会救助资金 1.2 亿元。教育事业稳步提升。全年共投入教育事业经费 5.51 亿元；新建和改造校舍 1.79 万平方米，公开招聘教师 635 名，办学条件、师资不足问题进一步得到解决；教学质量不断提高，高考重点本科上线人数及上线率连年“双增长”。卫生计生事业不断发展。落实国家基本公共服务项目，城乡居民健康档案建档率达 93%，3 家县级公立医院与 8 个乡（镇）卫生院组建了医共体；新建县人民医院外科医技综合楼、9 个乡（镇）卫生院业务用房，医疗硬件设施逐步完善。跨省（区）联合治理“两非”经验在全区推广。文化体育事业健康发展。辣椒骨制作技艺等 4 个项目列入自治区级非物质文化遗产名录，汉族袍汤节等列入市级非物质文化遗产名录。建成 16 个乡（镇）应急广播系统和 2 个全民健身活动中心。完成电网投资 1.16 亿元，新增配变容量 3.43 万千伏安，城乡用电同网同价。水库非农业移民与农村移民同等享受后期扶持资金补助，天生桥一级水电站库岸失稳处理工作取得实质性进展。积极创建广西食品安全示范城市和农产品质量安全县，食品药品安全形势总体平稳。“七五”普法深入推进，179 个村（社区）实现法律顾问全覆盖。深入开展扫黑除恶专项斗争，社会治安持续向好，刑事案件发生率下降 13.91%，破案率上升 5.2%。信访维稳形势平稳可控。妥善处置龙滩“8·4”“8·28”安全事故，应急管理、防汛抗旱、森林防火等工作平稳有序，全县安全生产形势保持稳定。全面完成了社保、健康、教育、水利、安居、农补、生态、文化、扶贫、科技等十大类惠民工程。

民族团结进步创建活动深入开展，成功举办自治县成立 65 周年纪念活动，圆满完成庆祝自治区成立 60 周年隆林承接的各项工作任务。

国防后备力量建设和双拥共建取得新成果。宗教、侨务、税务、统计、供销、农机、调处、消防、海事、气象、地震、救灾减灾、保险、邮政、通信各项工作取得新成绩。哲学社会科学、地方志、档案、法律援助、老龄等事业健康发展。工青妇、工商联、残联、红十字会、科协、文联等群团组织在经济社会发展中发挥了重要作用。

一年来，我们全面推进依法行政，不断加强政府自身建设，不断深化领导班子建设，不断激发干部干事创业热情。推进反腐倡廉，认真落实党风廉政建设主体责任，严厉整治各种违纪行为。推进实施“互联网+政务服务”，完善政府重大决策程序和机制，进一步规范政府权力运行。把政府活动全面纳入法治轨道，认真执行自治县人大及其常委会的决议、决定，自觉接受人大依法监督、政协民主监督和社会监督，广泛听取各民主党派、工商联、无党派人士意见，178 件人大代表议案、建议和 32 件政协委员提案全部办复，办复率 100%。自觉接受司法监督，落实行政机关负责人出庭应诉制度，认真办理司法建议，积极履行法院生效判决。审计监督进一步增强。广泛接受社会群众监督和舆论监督，充分发挥县长信箱、公开电话、群工系统联系服务群众作用，群众关心关注的热难点问题得到有效解决。

一年的成绩来之不易。这是自治县党委总揽全局、科学决策的结果，是自治县人大法律监督、自治县政协民主监督支持的结果，是各乡（镇）各部门和全县各族人民团结奋斗、顽强拼搏的结果。在此，我代表自治县人民政府，向全县各族人民，向人大代表、政协委员，向各民主党派、无党派人士、各人民团体和各界人士，向离退休的老领导、老同志，向驻地武警官兵和公安干警，向所有关心支持隆林发展的各界朋友，致以崇高的敬意和衷心的感谢！

各位代表，回顾一年来的工作，我们清醒地看到，全县经济社会发展还面临一些困难和问题，主要表现在：脱贫攻坚任务仍然艰巨，作为极度贫困县，高质量脱贫难度大。经济下行压力大，对照高质量发展要求，经济增长内生动力明显不足。工业不强、三产不旺，农业规模化不高，民生领域仍存在短板。营商环境与市场主体的期待仍有差距。政府自身建设有待进一步加强，部分干部存在思想观念落后，担当意识不强，落实决策不力，等等。特别要报告的是，去年一些发展目标没有达到预期，尤其是民间投资增势疲弱，制约项目建设的融资难、融资贵、耕地占补平衡缺口大的问题突出；城乡居民持续增收制约因素增多，城镇居民收入增长较慢，财政保工资、保运转、保民生支出压力大。这些问题，我们必须高度重视，采取切实措施，努力加以解决。

二、2019 年工作的总体要求和目标任务

今年是新中国成立 70 周年，百色起义 90 周年，是决胜全面建成小康社会第一个百年奋斗目标的关键之年，也是自治县脱贫攻坚补短板、提质量最为关键的一年。做好全年各项工作，意义重大。

今年工作的总体要求是：以习近平新时代中国特色社会主义思想为指导，全面贯彻党的十九大和十九届二中、三中全会精神和中央、自治区、市经济工作会议精神，按照“建设壮美广西，共圆复兴梦想”的总目标总要求，统筹推进“五位一体”总体布局，协调推进“四个全面”战略布局，坚持稳中求进工作总基调，坚持高质量发展要求，坚持以供给侧结构性改革为主线，坚持全面深化改革、扩大对外开放，按照自治县党委坚决打赢“三大硬仗”、努力实现“三大突破”、着力推进“三大提升”、不断强化“三大保障”等决策部署，继续打好三大攻坚战，优化营商环境，提升创新能力、培育发展动力、释放内需潜力，扎实推进乡村振兴战略，着力保障和改善民生，为决战贫困决胜小康打下决定性基础，以优异成绩庆祝中华人民共和国成立 70 周年和百色起义 90 周年。

经济社会发展主要预期目标是：地区生产总值增长 9%，其中，一、二、三产业增速分别为 4%、10.5%、11%；规上工业增加值增长 11%，财政收入增长 2%，固定资产投资增长 12%，社会消费品零售总额增长 11%，城镇居民人均可支配收入增长 6%，农村居民人均可支配收入增长 10%。25 个贫困村 17009 人脱贫出列。节能减排控制在上级下达的目标任务以内。社会各项事业不断进步，社会治理更加规范，民生福祉持续改善，人民群众幸福感显著增强。围绕这些目标，重点抓好以下工作：

（一）补短板强弱项，坚决打赢脱贫攻坚硬仗。以《中共中央国务院关于打赢脱贫攻坚战三年行动的指导意见》为纲领，整合资源，聚集力量，坚决打赢脱贫攻关键一战。

加快补齐基础设施短板。我们将筹集投入 6 亿元以上，实施 434 条通屯水泥路、235 处农村饮水安全巩固提升、720 千米电网升级改造以及通村网络通讯、公共服务中心等基础设施项目。我们要理解好、利用好、落实好自治区针对极度贫困县出台的特殊政策，积极争取上级在财政、土地、专项债券等多方面的倾斜支持，不断改善人民群众生产生活条件，确保在硬件上达到脱贫要求。到今年年底，所有贫困村的基础设施将全部得到改善，贫困群众走水泥路、用安全电、喝放心水的梦想将全部实现！

加大产业扶贫力度。按照贫困村“一村一产”、贫困户“一户一业”和“5+2”“3+1”县村主导产业的目标要求，启动 26 个贫困村集体经济产业项目，继续扶持贫困户发展家庭式脱贫产业项目，确保每个贫困村建成 1 个主导产业、每户贫困户有 1 个以上增收项目。下大力气培育龙头企业和农民合作社、家庭农场等新型经营主体，带动贫困群众发展扶贫产业，不但让贫困群众脱得了贫，而且还要致得了富。

强化教育医疗住房“三保障”。增加贫困农村教育资源供给，全面落实从幼儿园到大学的资助机制。抓好控辍保学，坚决不让贫困家庭子女因贫辍学，让贫困学生都享受到良好的教育，隔断贫困代际相传。继续推行贫困对象县内定点医院住院“先诊疗后付费”、费用一站式结算做法，想方设法减少大病患者诊疗自付费用负担，让所有贫困群众有病能就医、敢就医，不让贫困群众因病致贫、因病返贫。切实提高住房保障水平，对住房困难家庭，逐户提出改造、新建计划，确保年底全部完成建档立卡贫困户危房改造任务。强化措施，完成“十三五”期间易地扶贫搬迁安置任务。严格落实保障性政策，不断扩大覆盖范围、提高保障标准，有效防止因灾、因残返贫。

深化对口帮扶和扶贫协作。充分发挥中直区直等帮扶单位的优势，争取在政策、资金、项目等方面获得更多的帮助和支持。持续加强与深圳罗湖区在教育、医疗卫生、产业、就业等领域协作，扩大扶贫车间、危房改造等扶贫协作成果。

加强扶贫领域作风建设。持续开展扶贫领域腐败和作风问题专项治理，着力查处扶贫领域腐败案件，整治扶贫领域不正之风。健全工作考核、监督、评估机制，树立鲜明奖惩导向。精简督查考核频次，减轻基层工作负担。

（二）调结构促转型，推动工业稳步增长。坚持强龙头、补链条，引导企业稳产增产扩产，促进工业经济稳增长，快转型、高质量发展，打赢工业发展硬仗。

扎实推进铝产业“二次创业”。要紧抓“铝”不松手，推进百矿20万吨煤电铝一体化项目一二期工程年内全部竣工投产，争取翔吉7.5万吨电解铝产能全部恢复生产，启动桂鑫7.5万吨电解铝异地技改搬迁项目，抓好金联胜10万吨特种通信线缆、利通3万吨铝镁合金线铜包铝等两个在建项目建设，确保创胜等6家铝深加工满产达产，争取年内4家企业上规入统，促进自治县工业迈上新的台阶。

继续推进工业园区建设。重点抓好桂黔（隆林）经济合作产业园区的入园大道、铝深加工区、林产品深加工区的场地平整以及污水处理等项目的建设，加快推进安置点建设，完成妈陇屯的整体搬迁。加强城西铝精深加工园区规划，加大园区清理整治工作力度。

着力抓好企业发展协调服务。协调帮助县内中小微企业破解融资难融资贵问题，重点协调百矿等项目建设、满产、扩产资金短缺问题。继续帮助各企业做好“惠企贷”申报或续贷工作，确保各规上企业全年产值平稳增长。继续抓好发电公司电站技改项目实施。协调推进木材、石材加工企业整合，使之成为工业经济新的增长点。

（三）兴产业强基础，加快农业农村发展。围绕产业发展、基础设施和公共服务能力提升三大专项行动，千方百计补齐短板，增强乡村发展活力和动力，力争在实施乡村振兴战略上有新突破。

大力发展特色产业。落实粮食安全行政首长责任制。在稳定全县粮食生产面积、粮食产量的基础上，科学划定12万亩粮食生产功能区。推进“四个万亩”特色示范园区拓展辐射，巩固提升沙梨油茶示范园建设，再建1个以上星级示范点；争取完成3万亩以上板栗低产改造，力争年内成功创建自治区级示范园区；继续扩大西贡蕉种植规模，加大种桑养蚕发展力度，力争年内成功创建2个市级示范园区。努力稳住烤烟种植面积和产量，加强“两黑一黄”品牌建设，扶持电商进农村等新兴产业发展壮大，在做好规划、保证环保的前提下适度发展特色渔业生态养殖。推进“大棚房”问题清理整治。

改善农村人居环境。持续推进“美丽隆林·幸福乡村”建设。深入实施乡村风貌提升三年行动。加强农田水利、中小河流治理、水土流失治理和新建水源工程建设。落实耕地保护责任制，严格执行“城乡土地增减挂钩”制度，保护永久基本农田。推进农村“厕所革命”，大力提升村容村貌。做好农业气象灾害监测、预警、服务，提高农业生产防灾减灾能力水平。推进乡风文明建设和乡村治理。

（四）挖内涵寻突破，推进现代服务业发展。坚持规划引领、项目带动，促进旅游业发展，提升电商物流产业，推动现代服务业实现发展提速、水平提升。

做大电商物流业。深入实施《电子商务进农村三年行动计划》（2018—2020年），推进电子商务进农村综合示范县项目实施。深度挖掘本地农特资源优势，大力开发适合网销的农特产品。建设完善县乡村三级物流体系，提高工业品下乡、农产品进城的运输能力和送达时效。开展电子商务人才培训计划，积极发展农村电商经纪人，带动贫困户通过电子商务或参与电商产业链脱贫致富。创建电商绿色生态产业联盟，搭建农特产品进深圳等地各大超市对接平台，促进消费扶贫。

突破性发展旅游产业。深入开展广西全域旅游示范县创建活动，加快全县全域旅游总体规划编制，依托自治县少数民族风情和自然山水风光，科学规划“一城二带三环线”的旅游空间布局。力争完成扎云山生态休闲旅游风景区、腊仁小镇欢乐水乡风景区基础设施建设，推进万峰湖国家水利风景区、德峨风情小镇、冷水河休闲度假村等旅游项目建设，推进雷公滩峡谷地质公园风景区、民族文化旅游商品生产基地等项目工作，力争年内实现境内具有实质效益的景区景点运营零的突破。

（五）抓项目促投资，蓄积经济发展后劲。抢抓发展机遇，继续抓项目、促投资，全面拉开项目大会战，坚决打赢项目建设硬仗。

积极主动争项目。把握国家深入实施乡村振兴战略、基础设施领域“补短板”、西部地区陆海新通道建设等机遇，积极跟进国家、自治区、市产业政策、资金投向和扶持动态，主动谋划、包装、储备、申报一批拉动强、利长远、增后劲的重大项目，主动向上对接，争取更多的项目落地自治县。

大干快上建项目。力争新入库项目100个以上。谋划安排政府投资项目200个以上，总投资400亿元以上，年度投资25亿元以上。全力保障鹤东大道等一批投资规模在亿元以上重大项目建设，开工建设新州至克长公路、桂黔（隆林）经济合作产业园入园大道和总投资3.9亿元的农网改造等项目，继续跟进百色经隆林至兴义高铁项目前期工作。

聚焦产业招项目。认真实施产业大招商三年行动计划，在基础设施、产业转型、城镇化和生态环保、民生社会事业，以及脱贫攻坚、承接产业转移等领域，大力开展驻点招商、节会招商、协作招商，力争引进项目10个以上。

我们要继续落实重大项目责任制，强化项目协调服务，积极破解项目立项审批、征地拆迁、资金筹措、用地保障等困难和问题，确保项目建设按时序进度推进，彻底扭转项目审批慢、上马慢、建设慢的被动局面。

（六）强统筹互促进，构筑新型城镇化格局。推进县城总体规划实施，优化城市空间布局，提升城镇基础设施和公共服务水平。

重点开发鹤东新区。加快推进交通、文化、教育、医疗等功能性设施规划建设。完善城东集中办公区基础设施建设，为干部群众提供良好的工作办事环境。加快民族体育活动中心、民高、四中、五小、四幼和中医院整体搬迁等项目建设，让鹤东新区成为项目建设的主战场，掀起项目建设新高潮，争取项目早日建成，惠及于民。

完善主城区功能。推进"多规合一"。完善主城区公共厕所设施。持续推进城区路网建设，加快G324国道与G246国道联接线等道路建设前期工作。实施南林片区开发，对城南旧农贸市场进行升级改造。加快建筑公司片区、四家班子机关大院片区棚户区改造，推进矿产林业片区改造项目上马，协调推进"隆林欢迎您"片区开发建设，促进房地产行业再发展。

加强城市管理，为全县人民营造安全、舒适、有序的城市环境。启动数字隆林建设，城区街道全部纳入网格化管理。完善市政设施，美化市容市貌。继续规范城区道路交通秩序。进一步强化市政管理，整治环境卫生，开展生活垃圾分类处理。深入推进"两违"专项治理工作。巩固自治区卫生县城成果，推进自治区文明城市创建工作。

（七）促改革破难题，激活发展内生动力。以全面深化改革为契机，创新体制机制，在优化营商环境上有新突破。

优化经济发展环境。深化"放管服"改革，进一步简政放权，建成政务服务"一张网"，实现90%以上的行政审批事项和公务服务事项"只跑一次"。深入推行"一事通办"改革，企业开办、不动产登记、投资项目审批等行政审批时限在现有基础上再压缩一半以上。深入商事制度改革，深入推进"证照分离"改革，全面推行以"双随机、一公开"为重点的监管制度。

支持民营企业发展壮大。对接"国10条""区55条"，聚焦"三去一降一补"，积极构建亲、清新型政商关系，完善支持民营经济发展举措，打通政策落实"最后一千米"。坚持"一个企业、一名领导、一个部门、一套方案、一抓到底"，在用工、用地、融资等方面发力，扎扎实实帮企业解难题、渡难关。继续抓好"个转企、小升规"工作。

深化医药卫生体制改革。深入推进药品采购"两票制"，加快"医共体"建设，提高家庭医生签约服务质量。加快形成以县级医院能力提升、乡（镇）卫生院标准化建设、村（社区）卫生服务全覆盖为重点的三级医疗卫生服务网络，消除基本公共卫生服务盲区。加快按病种收付费信息平台建设。推进医养结合工作。

扎实推进政府机构改革。全面落实中央、自治区、市机构改革工作要求，严格按照时间节点落实改革方案，确保政府机构编制、人员有序流动，政府工作有力有序。

深入推进财税金融改革。推进财政事权和支出责任划分改革，推动预算绩效管理向纵深发展。按照坚定、可控、有序、适度的要求，坚决遏制政府隐性债务增量，妥善化解隐性债务存量，完成年度化债任务。继续推进农村金融改革，引导金融机构不断提升服务"三农"领域的效率和水平。

（八）守红线严治理，推进生态文明建设。牢固树立"绿水青山就是金山银山"的理念，持之以恒保护生态环境，全面提升自治县生态环境质量。

扎实开展环境整治。强化大气环境治理，重点治理工业、移动源、扬尘等大气污染源，加大县城区扬尘治理力度，确保空气质量优良率达91%以上。强化水环境整治，实施水污染防治计划，全面落实河长制，开展集中式饮用水水源地、重点区域环境综合治理，巩固万峰湖库区水环境整治成果。强化土壤污染防治，推进土壤污染风险防控和修复治理。开展农村生态环境突出问题整治，建设完善农村生活污水、垃圾收集处理设施。持续开展各类环保执法专项行动。

加大生态系统保护力度。加强生态环境治理，严守生态环境保护红线，加快实施“山水林田湖草”生态保护与修复工程。持续推进植树造林、封山育林、退耕还林等工程，巩固“自治区级园林城市”成果。加强石漠化、水土流失综合治理，继续开展天然商品林停伐补助、集体林地林权证发放查缺补漏、国有林场林地被侵占综合整治等工作。加强自然保护区综合整治，保护生物多样性。

（九）谋民生强保障，提升群众幸福指数。我们要把维护群众利益时刻放在心坎上、落实在工作中，促发展、富百姓、保平安，推进民生保障水平大提升、社会治理能力大提升。

加强就业和保障工作。促进农村劳动力特别是贫困劳动力实现转移就业，做好易地扶贫搬迁对象就业创业工作，新增城镇就业1000人以上、农村劳动力转移就业3500人以上，城镇登记失业率控制在3.8%以内。抓好保障农民工工资支付工作。强化对低收入群众的生活兜底保障。

加快教育事业发展。巩固提升义务教育均衡发展区检成果，确保通过国家达标验收。扎实开展高中阶段教育普及攻坚工作。支持和规范社会力量兴办教育。加快推进民族高中等7所学校（园）项目建设，有效解决大班额问题，让更多的子女共享到优质的教育资源，促进教育质量不断提高。

扎实推进健康隆林建设。加大基层卫生人才队伍建设力度，提高乡村医生待遇。完善计划生育服务管理。加快推进妇幼保健院整体搬迁建设，完善村卫生室建设，切实做好重大传染性疾病防控工作，进一步提升公共卫生服务。

推动文化体育健康发展。弘扬社会主义核心价值观，加强思想道德建设。加快文化广电体育旅游综合服务体系建设，开展文化下乡惠民活动，加强文物保护利用和文化遗产保护传承。鼓励文艺精品创作，倡导全民阅览。支持办好五个民族节庆活动和开展全民健身运动。探索运用市场化运作模式，办好“两赛一展”赛事活动。

我们要扎实做好水库移民工作。加强应急管理能力建设。严格落实安全生产责任制。加强食品药品监管。深入推进法治隆林、平安隆林建设，构建完善社会治安防控体系。完善公共法律服务体系，推进执法规范化建设。加强国家安全教育，维护国家安全。深入开展扫黑除恶专项斗争，依法打击各类违法犯罪行为。加强信访工作，夯实信访基础。深化社会组织管理制度改革，推进城乡社区建设。

继续实施为民办实事工程。千方百计筹措资金，集中力量抓好社保、健康、教育、水利、安居、农补、生态、文化、扶贫、科技等十大类惠民项目。

继续加强和改进新形势下民族工作，深入开展民族团结进步创建活动。依法管理宗教事务。加强国防教育，加大国防动员、国防后备力量建设力度。深入开展双拥共建活动，促进军民融合发展。做好退役军人服务管理工作，切实维护军人军属合法权益。

我们要充分发挥工会、共青团、妇联、工商联、残联、红十字会、科协、文联等群团组织作用。继续做好侨务、调处、统计、质监、气象、地震、编制、档案、老龄、地方志、哲学社会科学等工作。

三、全面加强和改进政府自身建设

坚持党的领导是政府工作的最高政治原则，让人民满意是政府工作的最高追求。我们将不断强化思想保障、组织保障、纪律保障，始终把加强政府自身建设摆在突出位置，牢记使命、依法行政、提能增效、廉洁从政，努力打造人民满意政府。

（一）加强政治建设，增强“四个意识”

自觉以习近平新时代中国特色社会主义思想为指引，增强政治意识、大局意识、核心意识、看齐意识，坚定道路自信、理论自信、制度自信、文化自信，坚决维护习近平总书记中共中央的核心、全党的核心地位，坚决维护中共中央权威和集中统一领导，始终同以习近平同志为核心的中共中央保持高度一致，推动中央方针政策、上级党委政府工作部署落地生根。

（二）坚持依宪施政，推进依法行政

严格遵守宪法和法律，依照法定权限和法定程序行使权力、履行职责，把政府工作全面纳入法治轨道。坚持民主集中制，严格执行“三重一大”制度，完善重大行政决策征求公众意见的程序规则。自觉接受人大的法律监督和工作监督、人民政协的民主监督，主动接受群众监督和舆论监督。强化审计监督，支持监察监督和司法监督，进一步加快建设法治政府。

（三）加快作风转变，强化责任担当

以机构改革、优化营商环境为抓手，加强作风建设，提升工作效能，提高工作质量，集中破除庸、懒、散、慢、拖现象，继续推行“7355”工作法，真抓实干，马上就办，全力营造便捷、高效、灵活、公平、透明的发展环境，推进县域经济持续快速发展。

（四）恪守公仆本色，坚持廉洁底线

严格落实全面从严治党主体责任，严格执行党内法规，深入贯彻落实中央八项规定精神，驰而不息整治“四风”。以更高标准加强党风廉政建设，始终保持反腐败高压态势。进一步规范权力运行，扎紧国有资产管理、财政性资金使用、公共资源交易、政府采购等制度笼子。加强警示教育，强化法纪意识，促进干部清正、政府清廉、政治清明。

《政府工作报告》名词解释

1. “1236”工作思路：围绕坚决打赢脱贫攻坚关键之战“一个中心任务”；打造桂黔（隆林）产业合作园区、轻工业铝精深加工集中区“两个工业园区”；实施通乡（镇）公路提级改造、城乡风貌改造、义教均衡发展“三大攻坚战”；抓好乡村振兴战略、特色乡村旅游、重大项目推进、保障改善民生、深化体制改革、生态文明建设“六项重点工作”。

2. 两不愁三保障：不愁吃、不愁穿；义务教育、基本医疗、住房安全有保障。

3. 东西部扶贫协作：既是中央扶贫开发战略部署的重要组成部分，也是推动贫困地区加速发展的重要举措，以东部发展优势弥补西部发展短板，以东部先发优势促进西部后发崛起，变“输血式扶贫”为“造血式扶贫”。深圳市于2016年9月启动深圳·百色河池对口扶贫协作工作。根据达成共识，由罗湖区对口帮扶隆林，并于2016年11月正式开展扶贫协作工作。

4. 三品一标：无公害农产品、绿色食品、有机农产品和农产品地理标志。

5. 11条乡（镇）公路提级改造：G324国道至G246国道联接线、新州至克长二级公路、克长至介廷二级公路、岩茶（弄金）经蛇场至德峨公路、新州（泥浪）经者保至桠杈（羊场坪）公路、隆或经介廷至平利公路、常么至者隘公路、者浪（播立）至金钟山公路、岩场至（桠杈）羊场坪、者保（那立）至桠杈公路、隆林板坝至田林八渡公路。

6. 放管服：简政放权、放管结合、优化服务。

7. 多证合一、一照一码：商事主体的营业执照、组织机构代码证、税务登记证、刻章许可证、社保登记证、统计登记证、住房公积金缴存单位登记等，在商事登记部门“一表申请、一门受理、一次审核、信息互认、多证合一、档案共享”登记模式的基础上，只发放记载有统一社会信用代码的营业执照，不再发放商事主体的组织机构代码证、税务登记证、刻章许可证、社保登记证、统计登记证等，赋予营业执照具有以上证（照）的全部功能。

8. 两票制：药品从药厂卖到一级经销商开一次发票，经销商卖到医院再开一次发票，以“两票”替代目前常见的七票、八票，减少流通环节的层层盘剥，并且每个品种的一级经销商不得超过2个。

9. 多县一行：经过国务院批准、中国银行保险监督管理委员会（银保监会）同意实施的组建村镇银行新的方式。

10. 两违：违法用地和违法建设行为。

11. 两非：非医学需要的胎儿性别鉴定；非医学需要的选择性别的人工终止妊娠。

12. 五位一体：经济建设、政治建设、文化建设、社会建设和生态文明建设协同推进。

13. 四个全面：全面建成小康社会、全面深化改革、全面依法治国、全面从严治党。

14. 三大硬仗：脱贫攻坚硬仗、工业发展硬仗、项目建设硬仗。

15. 三大突破：在实施乡村振兴战略上有新突破、在特色旅游发展上有新突破、在优化营商环境上有新突破。

16. 三大提升：民生保障水平大提升、环境保护能力大提升、社会治理能力大提升。

17. 三大保障：思想保障、组织保障、纪律保障。

18. 陆海新通道：全称国际陆海贸易新通道，通过利用铁路、公路、水运、航空等运输方式，将中国西部省份的货物由重庆向南通过广西北部湾等沿海沿边口岸，通达新加坡等东盟国家主要物流节点，成为衔接中国“一带一路”倡议中“一带”“一路”的通道。

19. 5+2、3+1：隆林县根据实际特色产业所定的5个主导产业和2个自选产业（优质稻、猪、鸡、杉木、桑蚕+油茶、板栗）；村级“3+1”特色产业，根据贫困村的特色产业发展优势，由贫困村遴选“3+1”特色产业，3个主导特色产业必须在县级5个特色产业中选定，1个非主导特色在县级“5+2”或者自治区特色产业目录里选，贫困村根据自身特色选定“3+1”特色产业，并组织贫困户发展壮大特色产业。

20. 四个万亩：万亩油茶、万亩西贡蕉、万亩桑蚕、万亩板栗。

21. 大棚房：以农业大棚为名进行非农业建设，属违法建设。

22. 两黑一黄：隆林黑山羊、隆林黑猪、隆林黄牛。

23. 土地增减挂钩:城镇建设用地增加与农村建设用地减少相挂钩。依据土地利用总体规划,将若干拟整理复垦为耕地的农村建设用地地块(即拆旧地块)和拟用于城镇建设的地块(即建新地块)等面积共同组成建新拆旧项目区(简称项目区),通过建新拆旧和土地整理复垦等措施,在保证项目区内各类土地面积平衡的基础上,最终实现增加耕地有效面积,提高耕地质量,节约集约利用建设用地,城乡用地布局更合理的目标。

24. 一城二带三环线:隆林县城;百色至隆林至贵州山水文化旅游带、南盘江滨水生态休闲旅游带;南环民族风情、西环山水生态、北环滨水休闲旅游线。

25. 多规合一:将国民经济和社会发展规划、城乡规划、土地利用规划、生态环境保护规划等多个规划融合到一个区域上,实现一个县一本规划、一张蓝图,解决现有各类规划自成体系、内容冲突、缺乏衔接等问题。

26. 双随机一公开:在监管过程中随机抽取检查对象、随机选派执法检查人员,抽查情况及查处结果及时向社会公开。

27. “国10条”“区55条”:国务院办公厅印发《关于进一步激发民间有效投资活力促进经济持续健康发展的指导意见》,提出10个方面激发民间有效投资活力措施。自治区党委、自治区政府下发《关于促进民营经济发展的意见》出台55条具体措施。

28. 三去一降一补:去产能、去库存、去杠杆、降成本、补短板。

29. 四个意识:政治意识、大局意识、核心意识、看齐意识。

30. 四个服从:党员个人服从党的组织,少数服从多数,下级组织服从上级组织,全党各个组织和全体党员服从党的全国代表大会和中央委员会。

31. 三重一大:重大事项决策、重要干部任免、重要项目安排、大额资金的使用。

32. 7355工作法:为确保工作顺利推进,在工作任务落实后,各单位各部门要在7天之内作出回应,对落实困难的及时汇报自治县分管领导;自治县分管领导接到汇报后在3天之内作出回应,对落实困难的及时汇报自治县人民政府县长;自治县人民政府县长接到汇报后在5天之内作出回应,对落实困难的及时汇报自治县党委书记;自治县党委书记接到汇报后要5天之内作出回应,对落实仍然困难、无法推进的工作,提交自治县党委常委会或者党政联席会议审定。

33. 两赛一展:江钓大赛、龙舟邀请赛、民族文化展示活动。

34. 四风:形式主义、官僚主义、享乐主义和奢靡之风。

(自治县政府办提供)

政协常委会工作报告

——在政协隆林各族自治县第九届委员会第四次会议上(节选)

黄子锋

(2019 年 1 月 21 日)

2018 年工作回顾

2018 年,政协常委会在自治县党委的坚强领导下,深入贯彻落实习近平新时代中国特色社会主义思想,牢牢把握团结和民主两大主题,紧紧围绕自治县党委提出的战略目标,认真履行政治协商、民主监督、参政议政职能,充分发挥协调关系、汇聚力量、建言献策、服务大局的作用,为加快建设美丽幸福新隆林、奋力谱写新时代隆林发展新篇章做出了积极贡献。

一、增强定力,凝聚共识,筑牢思想政治基础

全面落实从严管党治党责任。自治县政协党组全面压实党组管党治党责任,认真履行“一岗双责”,以加强政治建设为基础,进一步规范党内政治生活,确保党对政协工作的绝对领导。坚持召开党组会议专题研究党建工作,深入推进深化领导班子建设年活动。常态化、正常化开好“三会一课”,积极开展民主评议党员、“主题党日”等活动,进一步增强党组织的凝聚力和向心力。强化委员中的中共党员以及政协机关党员干部的标杆引领作用,促进政协工作科学化、规范化、制度化。持续深化作风建设,深入贯彻落实中央八项规定精神及其实施细则,坚决反对“四风”,深入基层、深入群众、深入实际,增强议政建言的针对性和可操作性。强化纪律建设,加强党风廉政建设和反腐败斗争,注重抓早抓小、抓苗头抓细节,加强廉政警示教育,强化日常管理监督,支持自治县纪委监察委派驻纪检监察组履行纪检监察职责,做到真管真严、敢管敢严、长管长严,持之以恒正风肃纪。

把理论武装摆在突出位置。我们始终把学习摆在突出重要的位置,党组召开十九大精神、《关于加强新时代人民政协党的建设工作的若干意见》等理论学习会,逐步形成学习的氛围、研究的氛围。通过召开常委会议、主席会议、界别小组会议和机关集中学习会议等,组织广大政协委员、政协机关干部认真学习习近平总书记系列讲话、新党章和全国全区全市政协系统党建工作座谈会精神等,引导广大政协委员和机关干部进一步增强政治意识、大局意识、核心意识、看齐意识,自觉讲政治、守规矩、做表率。7 月 25 日在河北师范大学举办“政协委员综合能力提升”培训班,重点学习党的十九大精神和全国两会精神、习近平关于人民政协的重要论述、提案写作和社情民意信息收集等政协理论和业务知识,以促学带动委员履职能力不断提升。

坚持与党委工作同频共振。自治县党委高度重视政协工作。6 月 22 日,市政协副主席、自治县党委书记张启胜到自治县政协听取政协党组工作汇报,11 月 14 日对全县政协系统学习贯彻习近平总书记关于加强和改进人民政协工作的重要思想和党的建设情况开展工作调研,就如何加强政协委员和政协机关干部队伍建设,进一步提高履职能力和水平提出了具体工作要求。自治县政协党组坚决把贯彻党委意图、落实党委要求作为首要政治任务,做到思想上与党委同心同德、目标上与党委同心同向、行动上与党委同心同行。始终坚持“围绕中心、服务大局”原则,紧紧围绕党委的重大决策部署,切实发挥好政协党组把方向、管大局、保落实的重要作用,自觉把政协工作放到工作大局中谋划。年度协商计划、全体会议、党组重要工作等重大事项及时向党委请示报告。动员全体政协委员和参加单位,以高度自觉的政治意识和极端负责的工作态度,带头宣传讲解、贯彻落实党委决策部署,以正面宣讲引导群众、以实际行动带动群众、以诚心实意团结群众,努力为全县经济社会发展凝聚社会力量。

二、立足民情,关注民生,及时反映群众意愿

精心组织,协商议政显成效。全体委员会议是政协委员就经济社会发展中的重大问题发表意见、建言献策的重要平台。自治县政协九届三次全体委员会议组织委员认真听取并协商讨论“一府两院”工作报告及其它报告，紧紧围绕问题进行广泛协商，通过大会发言、小组讨论、撰写提案等形式踊跃建言。我们精心安排了6位委员分别就改善投资软环境、蔬菜种植产业、打造农旅结合新型产业、构建公共文化服务体系等作大会发言，提出多条有价值的意见和建议。一年来，共召开14次主席会议、4次常委会议，分别对全会筹备、重点视察调研、重点提案办理、精准脱贫、服务重大项目等重要工作进行研究部署，就热点难点问题进行讨论协商，提出意见建议，对相关工作起到了积极的促进作用。

聚焦重点，调研视察促发展。我们把搞好专题调研作为履职尽责的重要抓手，按照“求精品、重实效”的要求，选择自治县党委政府重视、人民群众关注、政协有条件做好的题目进行深入调查研究，提出有价值的意见和建议，促进重大问题决策的民主化、科学化。一年来，分别组织委员开展了5次专题考察调研、2次专题视察活动，形成了《发展全域旅游助推区域经济振兴》《从静态保护到动态传承打造非遗民族原生态文化品牌》《高起点规划引龙头企业实现生态黑猪良性循环养殖》等7篇专题调研视察报告呈报自治县党委、政府，为党委政府提供决策依据。

狠抓落实，提案工作有实效。我们紧紧围绕自治县党委、政府的决策部署和人民群众普遍关心的热点难点问题，撰写了许多立意高、选题准、分析透、建议实的提案。自治县政协九届三次会议期间，委员和政协专委会共向大会提交提案34件，经审查，立案32件，占提案总数的94%，共涉及19个承办单位。为促进提案成果转化，重点加强与自治县党委、政府督查室的密切配合，采取“督重点、促全面、分层次、多形式”的督导方法，通过主席会议重点督办、承办重点单位主席会议专题督查、机关全员协办等强力推进提案办理工作，转办的32件提案办复率为100%。争取自治县党委和政府的大力支持，财政安排政协提案项目经费实施民生工程14个，将提案成果直接转化为实实在在的项目。同时，积极引导驻隆林的百色市第四届政协委员认真履职，向百色市政协四届三次会议报送提案11件，其中《关于打造隆林各族自治县、田林县、西林县民族文化长廊，促进旅游发展的建议》得到自治区政协副主席、百色市委书记、市人大常委会主任彭晓春批示，并被评为优秀提案。12月28日，自治县在全市提案工作座谈会上作典型经验交流发言。

积极参与，民主监督更有力。自治县政协积极探索民主监督的有效途径，充分运用提案、视察调研、特邀监督等途径，广泛开展民主监督，不断增强民主监督实效。一是注重提案监督，主席会议从立案的提案中遴选出7件事关全县经济发展和民生热点难点的提案进行重点督办，并由政协班子领导领衔督办，通过重点提案办理带动其他提案落实。二是强化主体监督。充分发挥委员在民主监督中的主体作用，积极组织委员列席自治县党委、政府召开的重要会议，参与民主评议和目标考核、社会评价等活动，为委员知情明政和开展监督工作创造条件。一年来，共选派政协委员167人次参加人民法院案件庭审旁听、检察院开放日活动和公职人员招考面试现场监督等方面的民主监督活动，充分发挥政协的民主监督作用。

三、围绕中心，服务大局，积极助推科学发展

主动助力乡村振兴。积极开展“双联双创”活动，认真贯彻落实上级关于脱贫攻坚的部署要求，政协领导班子成员带头深入村屯、企业和扶贫联系点开展脱贫攻坚暨“换位沉底”、“走改解”等活动，积极为推进脱贫攻坚和乡村振兴献计出力。自治县政协领导班子成员共联系5个乡(镇)，结合帮扶乡(镇)、村实际情况制定了扶贫帮困计划，并多方协调争取项目7个，落实项目资金400多万元，帮助办实事31件，化解矛盾纠纷38起，慰问基层老党员、困难党员和困难群众150人次，慰问金额4.5万元。抓住自治区政协办公厅对口帮扶隆林的机遇，积极开展对外交流，为助推隆林脱贫攻坚引资引智。争取区政协办公厅帮扶资金40万元，专项用于克长乡大庆村、梅达村，新州镇弄桑村和者浪乡么窝村脱贫攻坚工作；争取区政协协力基金会援助克长乡大庆村屯级道路建设和梅达村发展竹鼠养殖项目资金共23.9万元，资助贫困大学生8人4.8万元，资助隆林少数民族爱心协力班70人21万元。政协机关联系克长乡后寨村和海长村，共筹集资金7.8万元用于解决联系村的基础设施建设和产业发展问题，其中，筹集资金3万元专项用于后寨村集体经济发展蜂糖李种植。工商联界的政协委员积极响应号召，充分发挥自身优势，通过提供就业岗位、捐资助学等方式大力开展产业扶贫、就业扶贫、智力扶贫、基础设施建设扶贫等扶贫济困活动。据统计，共投入80多万元开展扶贫基础设施和爱心助学等活动。在2018年全县脱贫攻坚表彰大会上，有7名委员企业荣获脱贫攻坚“十佳民营企业”荣誉称号。7月18日至19日，全市政协助推“脱贫攻坚、乡村振兴”工作经验交流会在隆林召开，打出了乡村振兴委员行的“隆林模式”。

主动助推中心工作。自治县政协紧扣发展主题，主动助推全县中心工作。班子成员服从自治县党委工作安排，积极做好扶贫、城建、工业、文教卫等各项工作，经常深入一线，协调相关部门抓调度、抓督查、抓落实，及时研究协调解决困难问题，推动工作有序开展。政协领导班子成员坚持不定期深入所联系的乡（镇），研究指导脱贫攻坚、信访维稳等工作，帮助乡（镇）理清工作思路，协调解决发展中遇到的困难和问题，督促各项工作落实。

四、抓好队伍，加强联络，着力提升自身形象

切实加强班子队伍建设。按照自治县党委深化领导班子建设年活动实施方案的要求，自治县政协抓住“关键少数”扎实推进领导班子建设。在活动中，班子成员以身作则，以“五破五立”“三查三看”为标尺，按党章党规、中央八项规定精神等严格要求自己，认真完成好各项规定动作。根据学习实际，结合自身工作情况，认真撰写学习心得体会，使自己在思想和行动上，都能与中共中央保持高度一致。此外，政协班子成员都能够按照自己分管的工作履职尽责，建立完善了班子内部自我监督、自我约束的机制，促进了决策的科学化、民主化，提高了班子的团结协作、和谐共事的能力。

切实加强政协机关建设。加强对常务委员会工作制度、党组议事规则、机关学习制度等多项制度修改完善，使机关各项工作更加高效严谨、规范有序。扎实推进“两学一做”学习教育常态化、制度化，在深入学习党章党规、习近平新时代中国特色社会主义思想、加强基层党组织建设等方面狠下功夫，推动党建工作规范化、精准化。以开展扶贫领域腐败和作风问题专项治理活动为契机，切实加强机关组织作风和党风廉政建设，持续改进作风，逐步开创政协机关工作清正廉洁、务实高效的新局面。

切实增强创新突破能力。把创新作为政协事业发展前进的动力之本、活力之源，在履职实践中与时俱进，不断增强自治县政协工作的实效性和影响力。在深入考察调研基础上，率先在全市政协系统中开通隆林政协综合业务管理云平台，将隆林政协履职服务、提案办理等12个管理系统，通过网站、手机APP等载体，运用图、文等多种方式展现，包括提案管理、会议活动、参政议政、履职管理等板块，以及政协委员提案的交办、承办等程序均可在平台里完成，形成了一个面向全县政协委员的综合管理与交流互动平台，确保政协委员能够随时提供微咨询、提出微建议、开展微协商、实施微监督。隆林政协云平台的开通，对提高委员履职考核的科学性、提升委员履职实效、拓展履职方式，加强委员之间、委员与政协机关之间沟通交流等方面发挥了积极作用，做法得到百色市政协陈丽华主席的肯定并作了批示。

切实加强对外互动联络。密切与区、市政协的联系，积极配合区、市政协开展各类扶贫调研活动，认真完成自治区、市政协提案征集工作，积极参与市政协开展的“扎实推进实施乡村振兴战略—着力培育新型经营主体，促进农村特色产业发展”、“加强河长制的落实，推进水生态文明建设”、“扎实推进重点项目实施，加快左右江革命老区振兴规划落实”、“加强易地扶贫搬迁后续管理与发展，助推精准扶贫”等专题协商调研活动。注重对外联络，积极做好各级、各地政协到隆林调研考察活动的协调服务工作，积极参加桂滇黔三省（区）“两江一河”二十一县（市）政协联席会第31次、第32次会议，积极推介宣传隆林。

切实加强对外宣传工作。密切与宣传部门、新闻媒体的联系与协作，加大政协履职宣传力度，组织广大政协委员、政协机关干部和政协信息员在广西政协报、广西政协网、右江日报、百色政协、百色政协网、广西隆林网等各级各类媒体刊载稿件589篇，深入宣传报道政协履职活动，不断提高社会知名度，扩大社会影响力。自治县政协先后荣获2018年度全区政协报刊宣传工作先进单位一等奖，荣获2018年度百色市政协新闻宣传工作先进单位一等奖，荣获2018年度百色市政协理论研究工作先进单位。其中，宣传自治县党委和人民政府实施“三三”工作法，发展壮大村集体经济的做法刊登在《广西政协报》专版位置。

切实加强文史资料工作。为全面、系统地宣传和展示隆林政协30多年来的历史贡献，自治县政协及时启动《隆林政协历史沿革》书籍编辑出版工作，该书重点以隆林政协发展历程为主线，通过280多张图片和图表，将勾勒历史与总结经验相结合、文字叙述与图片资料相结合，全面宣传和展示了历届政协委员履行政治协商、民主监督、参政议政的成果，为存史资政作出了积极贡献。

各位委员，同志们，过去的一年，全县政协工作迈出了新的步伐，取得了新的成绩。这些成绩的取得，是自治县党委正确领导、政府和人大大力支持的结果，是社会各界广泛关注和帮助的结果，是政协各参加单位、广大政协委员通力合作和不懈努力的结果。在此，我谨代表自治县九届政协常委会，向所有关心、支持自治县政协工作的各位领导和同志们表示衷心感谢，并致以崇高敬意！

回顾一年来的工作，我们取得了一些成绩，但也存在一些不足。如政治协商的形式和程序有待进一步规范；委员主体作用发挥不够充分；调研和协商成果转化效果不够明显;政协机关的服务质量和水平需要进一步改善等。这些都需要我们认真研究,并在今后的工作中切实加以改进。

2019 年工作意见

2019 年是全面建成小康社会的关键之年,做好政协工作意义重大。自治县政协工作的总体要求是:坚持以习近平新时代中国特色社会主义思想为指导,深入学习贯彻党的十九大和十九届二中、三中全会精神,聚焦自治县坚决打赢“三大硬仗”、努力实现“三大突破”、着力推进“三大提升”、不断强化“三大保障”,围绕团结和民主两大主题,突出协商和监督两大特点,认真履职,主动作为,不断提高政治协商、民主监督和参政议政工作水平,全面开创新时代政协工作新局面,以协商的诚意和履职的实效为打赢脱贫攻坚战和全面建成小康社会贡献智慧和力量。

一、打造学习型政协,进一步把握正确的政治方向。深入学习贯彻党的十九大精神和全国、全区、全市政协系统党的建设工作座谈会精神,强化党建引领,着力抓好党员固定活动日“2+1”活动机制和管理、规范党支部组织生活“五化五提升”活动,促进政协机关党组织生活制度化、规范化、常态化,确保把握正确政治方向。组织委员和参加单位继续学习党的十九大精神,深刻领会、准确把握党的十九大精神实质,牢固树立“四个意识”、增强“四个自信”,自觉同以习近平同志为核心的中共中央保持高度一致。坚持和维护党的领导,坚决贯彻落实自治县党委的决策部署,严格执行请示汇报制度,切实把自治县党委的意图贯穿于政协工作的始终。进一步加强和改进自治县政协党组对政协工作的领导,深入贯彻全面从严治党要求,做到始终把政协工作置于党的领导之下,确保政协工作始终保持正确的政治方向。

二、打造创新型政协,进一步提升委员的履职能力。深入开展“双联双创”活动,落实好“主席会议成员联系常委、常委联系委员、委员联系群众”“专委会联系界别、界别联系委员、委员联系群众”和“委员立足岗位创先争优、带动群众创新创业”的“双联双创”活动,使政协委员联系基层更经常,调查研究更深入。充分发挥自治县政协作为专门协商机构的优势和作用,通过健全联系基层机制,提高调查研究能力和建言献策能力,把更多协商意见转化为自治县党委和政府的决策部署。积极推进专题协商,围绕脱贫攻坚、民生保障、文化惠民、生态环保治理等课题,进行深入调查了解、分析现状、提出建议。利用好隆林政协综合业务管理云平台,搭建委员与自治县党委政府及其相关部门协商沟通的平台,促进问题得到反映、意见得到沟通、工作得到改进。抓好重点专题调研,围绕乡村振兴战略、文化旅游融合发展、壮大实体经济等工作,深入开展调查研究,为党委政府科学决策提供参考。要充分发挥委员的岗位优势、技能优势、资源优势,围绕经济建设、城市管理、社会事业、法制建设等方面,通过亲身参与、撰写提案、反映社情民意等形式,助推经济社会发展。

三、打造监督型政协,进一步助推全县的科学发展。坚持把协商民主的理念贯穿于政协工作的各方面,全面把握协商式监督的参政性、合作性和建设性,围绕群众关心关注的问题,在各种协商活动中增加民主监督内容,增强民主监督实效。要进一步优化全体会议、常委会议、协商座谈会的形式,把监督建言放在更加重要位置,帮助党委政府了解决策部署的贯彻落实情况,推动部门改进工作,真正做到“寓监督于协商之中”。要坚持在考察、专题调研等活动中开展监督,重视发挥提案、建议案、大会发言、社情民意信息等在民主监督中的作用。要着眼提高民主监督实效,探索开展民主评议专项监督、委员视察监督、提案办理监督等多种形式的民主监督。落实视察机制,组织主席会议成员、相关委员就重大决策重大项目落实落地及群众普遍关注的热点难点问题,进行现场视察,听取情况通报,提出工作批评和改进意见,推动工作更好落实。

四、打造和谐型政协,进一步展现良好的内外形象。政协自身建设水平,关系到履行职能的成效。要进一步深入推进全面从严治党,全面落实党风廉政建设。要按照习近平总书记提出的政协委员要“懂政协、会协商、善议政”和“守纪律、讲规矩、重品行”的要求,不断提高政治把握能力、调查研究能力、联系群众能力和合作共事能力,为政协履职提供坚实保障。要进一步发挥政协委员的主体作用,组织好委员学习和培训工作,为委员履行职责、发挥作用创造更好条件;引导委员自觉锤炼道德品行,不断提升履职能力素质。要落实委员履职工作规则,完善委员履职考核机制。要探索完善“政协智库”建设,充分发挥政协“人才库”的优势,为健全党委、政府决策咨询机制,推进党委、政府决策科学化、民主化提供更有力的智力支持。要进一步加强政协机关建设,努力营造政协机关“讲质量、讲效率、讲规范、讲协作、讲奉献”的工作氛围,着力提升政协机关服务中心、服务委员、服务基层的能力和水平。

(自治县政协办提供)

大事记

1月

2日 截至当日，自治县新华书店完成对全县16个乡（镇）179个农家书屋中共十九大辅导读物895册（含《中国共产党章程》、十九大报告单行本、《中国共产党第十九次全国代表大会文件汇编》以及《十九大报告辅导读本》）的配送工作，并在者浪乡组织学习交流，推动中共十九大精神进基层、进农村。

3日 根据国家质检总局印发的2017年第117号公告，“隆林板栗”获国家地理标志保护产品。

4日 自治区人大常委会法工委副主任顾忠东率调研组到自治县开展《广西壮族自治区少数民族语言文字工作条例（草案）》立法调研活动。

同日 自治县2018经济工作会议在自治县民俗展示中心召开。会议学习贯彻落实中共十九大和中央、自治区和百色市经济工作会议精神，总结2017年全县经济工作，全面分析当前经济形势，部署2018年经济工作。

同日 下午，百色市发展壮大村级集体经济工作第二督导组到沙梨乡委敢村开展督导工作。

同日 自治区林业厅副厅长骆振严率工作组到自治县介廷乡弄昔村检查脱贫攻坚工作情况。

11日 自治县金钟山乡乌冲村、克长乡梅达村、隆或镇者隆村、蛇场乡马场村、新州镇那么村、岩茶乡平班村、者浪乡者浪村7个村被授予“自治区级生态村”“百色市级生态村”称号。

12日 自治县迎接国家2017年财政专项扶贫资金绩效评价第三方抽查评价工作会议在县民族民俗展示中心一数会议室召开。自治县党委副书记钟永锋在会上汇报自治县开展年度财政专项扶贫资金绩效评价工作。

13日 隆林者保乡《上棒村志》（内部版）出版发行。该志全面、系统地反映上棒村自然、气候、地理位置、建置历史、人口、政治、经济、文化、教育，民俗、民族风情、家族传承史、人物等的历史和现状，共31万字、图片300余幅。《上棒村志》是自治县第一部村志，王宗利主编。

14—15日 自治区示范性普通高中区级复查评估组一行对隆林中学创建自治区示范性普通高中进行区级复查验收评估。

15日 晚，中共产党隆林各族自治县第十四届委员会第四次全体会议在自治县民族民俗文化展示中心一楼会议室召开。

15—19日 自治县组织执法力量近200人，依法对城西易地扶贫搬迁安置点东侧片区43户共13254.02平方米“两违”（违法占地和违法建设的建筑）存量进行拆除。

16日 中国共产党隆林各族自治县第十四届代表大会第三次会议在县城召开。

17—18日 中国人民政治协商会议隆林各族自治县第九届委员会第三次会议在县城召开。

18—19日 隆林各族自治县第十五届人民代表大会第三次会议在县城召开。会议补选隆林各族自治县第十五届人大常委会副主任；选举隆林各族自治县监察委员会主任。

19日 者保乡中心卫生院、隆或镇中心卫生院被国家卫计委评为“2016—2017年度群众满意乡（镇）卫生院”。

同日 广西阳光爱心助学志愿者协会秘书长梁文波带领百色市分协会及隆林协会会员到隆或镇龙爽村小学开展“温暖大山与爱同行”慰问活动，为龙爽小学76名儿童筹集购买衣服、鞋袜御寒物资及笔盒等学习用具。

同日 自治县开展普惠贫困户的国寿农村小额人身全家福保险工作，共为贫困户代缴保费82.60万元。

21日 自治县文化艺术界联合会组织书法、音乐、舞蹈等协会以及部分民间文艺队到岩茶乡卡白村开展迎新春文化惠民活动，为当地群众送春联、送书籍、送音像制品，宣讲中共十九大精神。

22日 自治县四家班子主要领导张启胜、杨科、韦世光、黄子锋到轻工业园区进行专题调研。

同日 自治县监察委员会正式挂牌成立，与自治县纪委合署办公。

23日 百色市委常委、市政府常务副市长容贤标到自治县开展易地扶贫搬迁、政务服务、服务就业、农民工工资保障及编制工作调研。

同日 自治县党委、政府组织天生桥镇、革步乡、金钟山乡、畜牧、公安、"两违"执法大队联合开展天生桥库区底宜水域(革步境内)专项清理整治活动，当天共清理整治非法养殖网箱2万平方米。

24日 广西林业设计院党委书记黄光银一行到自治县岩茶乡龙台村开展春节慰问贫困户活动。

25日 上午，自治区新闻出版广电局副局长朱日荣一行到自治县德峨镇德峨村、保上村、三冲村开展结对帮扶贫困户春节慰问活动。

同日 百色市政府副市长、市公安局局长秦运彪到自治县猪场乡烂木干村和岩圩村扶贫联系点走访慰问16名村"两委"干部和40户建档立卡贫困户。

同日 上午，自治县残疾人联合会第六次代表大会在自治县民族民俗文化展示中心一楼会议室召开。大会选举产生自治县残疾人联合会第六届主席团委员、主席、副主席和出席百色市第四次代表大会代表、盲人协会及聋人协会等五个专门协会主席、副主席，推荐并通过廖友广等4人担任百色市残疾人联合会第四届主席团委员等事项。

同日 全县60个贫困村全部成立法律援助联络点，律师和法律服务工作者定期进村提供义务法律服务，做到县、乡、村三级法律援助工作全覆盖，实现群众不出村即可享受到基本法律服务。

26日 自治区林业厅副厅长黄政康带领帮扶单位一行到自治县介廷乡弄昔村慰问192户贫困户、驻村第一书记和扶贫工作队员。

同日 上午，自治县人民防空办公室新建的户外多媒体多功能防空预灾预警报知系统通过专家组验收。这是百色市县级建成的首台户外多媒体多功能防空预灾预警报知系统。

28—31日 自治县遭寒潮袭击，全县气温降幅8℃~12℃，局部达13℃以上，高寒山区气温降至0℃以下，出现冻雨、降雪、降霜等。在德峨、隆或、蛇场、金钟山等海拔相对较高的乡(镇)，呈现山头银装素裹、冰花姿态万千、冰挂晶莹剔透的冰霜美景。

30日 中国农业发展银行总行驻隆林三人小组成员、自治县县党委常委、政府副县长邱广华到者浪乡、德峨镇、介廷乡、新州镇开展"冬日送温暖·爱心棉被"捐赠活动，共为526户贫困户捐赠棉被。

31日 2018年百色市文化卫生计生"三下乡"活动首站在自治县隆或镇中心小学举行。

2月

1日 自治县首座环境空气自动监测站正式运行，由空气参数监测仪、数据传输与网络化平台、气象参数监测仪等专业设备组成，可对空气中的主要污染物可吸入颗粒物、细颗粒物、二氧化硫、氮氧化物、臭氧、一氧化碳等主要指标以及温度、湿度、气压、风速、风向等气象参数进行24小时连续、自动监测。

2日 自治县党委宣传部组织自治县文联、书法家协会等单位到城西易地扶贫安置点举行送春联活动。

同日 自治县工会系统中共十九大精神宣讲会在县委党校会议室举行。自治县人大常委会副主任、县总工会主席杨登祥在会上做专题辅导报告。

4日 猪场乡采取一事一议筹资和财政奖补相结合的办法，累计投资88.74万元(其中群众筹资14.42万元，财政奖补74.32万元)对那绍村那弄沟上、下屯、那绍村核桃湾屯、那绍村梨树坪屯4条屯级道路共3730米进行全面硬化，解决群众出行难问题。

5日 百色浙江商会、深圳市嘉勤劳务派遣有限公司(总公司)、隆林多多盟劳务服务有限公司到德峨镇开展关爱"留守儿童和孤寡老人"爱心捐赠活动。

6日 百色市政协副主席、自治县党委书记张启胜代表百色市四家班子慰问自治县武警中队全体官兵。

同日 百色市西北五县2018年春节联欢晚会隆林专场在县文化体育广场举行。来自隆林、西林、乐业、凌云、田林5个县的演员参加演出。

同日 自治区人力资源和社会保障厅和广东省人力资源和社会保障厅联合组织开展"精准扶贫满关爱，回家路上暖人心"为主题的在粤务工建档立卡贫困劳动力返乡过年活动，百色籍600余名在粤务工的建档立卡贫困人员乘坐D3782次列车从广州南站开往百色市，隆林县共有29名农民工乘坐"爱心专列、爱心大巴"返乡。

6—7日 广西人民广播电台党委书记、台长范易率队到结对扶贫联系点沙梨乡委敢村和者浪乡播立村、者徕村、者烘村开展春节前走访慰问暨调研活动。

7日 在百色市首届最美医生、最美护士和最美乡村医生评选活动中，自治县人民医院医生莫益斌和护士雷漫雪分别获百色市首届"最美医生""最美护士"称号，桠杈镇纳贡村卫生室医生王昌照获"最美乡村医生"称号。

同日 百色市政府副市长罗试坚一行到自治县检查春运安全生产工作，先后到扁牙高速路口、城东汽车站，在候车室、安检口、检车室及GPS交通监控中心，现场检查交通运营企业安全管理情况。

同日 "SingingKids"儿童原创歌曲大赛颁奖晚会在云南省西双版纳梦幻傣秀剧场举行，隆林小歌手韦嘉桦演唱的《乡下有个家》曲目获2017年度天籁童声奖。该作品由李尚朝作词，周亚辉、李祥彬、陈家娴作曲。

8日 自治区第十一届政协主席陈际瓦一行到克长乡大庆村开展工作调研及春节慰问贫困户活动。

9日 自治区党委常委、自治区常务副主席秦如培到克长乡大庆村马海屯开展春节慰问活动。

同日 自治县党委常委班子2017年度民主生活会在党委会议室召开，百色市委常委、纪委书记、监察委员会主任覃荣化到会指导，并对民主生活会进行点评。

同日 自治县"一村一警务助理"装备发放暨成果展示活动在县城东广场举行。

同日 自治县统战宣传信息工作获全自治区统战宣传信息工作优秀奖，获统战宣传优秀信息员1人，并在会上就"民族团结"工作进行经验交流发言。

11日 上午，2018年"把幸福带回家，幸福健康过大年"流动人口卫生计生关怀关爱现场主题宣传活动在自治县城中休闲广场举行。

同日 下午，自治县举行2018年新春团拜会，邀请各界人士欢聚一堂，共话新春，共谋发展。百色市政协副主席、自治县党委书记张启胜在会上致辞，并携自治县四家班子向全县各族人民拜年。

同日 中共隆林各族自治县委员会第十四届常委会第29次会议在召开。

15日 农历大年三十，自治县政府县长杨科、自治县政协主席黄子锋、自治县人大常委会副主任龚永超分别走访慰问县公安局、消防大队、人民医院、市政局环卫站等在春节期间坚守岗位的一线工作人员，向他们送去节日的问候和祝福。

22日 张启胜、杨科、韦世光、黄子锋等自治县四家班子领导与县直部门160余名领导干部职工到平班镇管肖村北楼桥附近开展"兴水利、种好树、助脱贫、惠民生"活动。此次活动结合乡村振兴战略，坚持农业优先发展，以强化产业发展助推脱贫攻坚为主线，把植树活动改成种植西贡蕉活动，共种植西贡蕉苗1万棵。

23日 自治县在脱贫攻坚战指挥部召开各综合协调、资金、宣传、贫困监测、基础设施、产业开发、移民搬迁、公共服务、组织保障、督查考评等10个专责小组工作会议，要求明确2018年脱贫攻坚工作思路，把握工作重点，抓好产业发展、稳固住房、基本保障、基础设施会战、感恩教育等十大工程，确保脱贫攻坚各项工作有序开展。

同日（正月初八） 自治县开展壮族民间八音队集中展演活动，来自各乡（镇）17个民间八音队近600人到县城参加"八音坐唱"展演，共贺新春。

23—24日 百色市委常委、统战部部长黄建宁到岩茶乡者艾村仡佬湾屯调研民族工作。其间，调研组还到德峨镇参加县苗族跳坡节，实地考察隆林民族文化。

24日（正月初九） 2018年苗族跳坡节自治县德峨镇坡场举行。各地苗族同胞穿着节日盛装，按传统习惯集聚到坡场，开展苗族传统祭坡仪式、苗族服饰展示、喊坡敬酒歌、芦笙坡脚舞、爬坡杆等竞技活动。

同日 自治县"2018年春节卫生计生政策宣传"活动在德峨镇举行。

同日 深圳市罗湖区笋岗街道马领会调研员一行到德峨镇开展脱贫攻坚工作调研，就如何实现脱贫、走向致富奔小康进行探讨交流。并向德峨镇、德峨村捐赠帮扶经费5万元作为产业发展启动经费。

25日 2018年度"粤桂协作就业帮扶（隆林专场）招聘会"在城东文化体育广场举行。深圳市罗湖区的骨干企业和本地的明星企业提供4000多个岗位，招聘会共有入场求职人员5000多人，达成就业意向1087人，达成培训意向308人。

同日 下午，百色市政协副主席、自治县党委书记张启胜带领自治县相关领导到百色百矿集团有限公司走访慰问。

26日 2018年“贫困人口脱贫和贫困村摘帽”计划制定工作部署会在自治县县城召开。会议传达自治区、百色市2018年贫困人口脱贫和贫困村摘帽计划制定工作部署会精神，部署全县2018年贫困人口脱贫和贫困村摘帽计划制定工作。自治县人民政府副县长黄桂华出席会议并讲话。

27日 自治区移民局副局长杜勇一行到革步乡那昌移民点开展天生桥一级水电站库区移民遗留问题处理调研工作。

27—28日 深圳市罗湖区桂园街道办调研组一行到者浪乡开展考察调研，交流东、西部扶贫协作工作。罗湖区桂园街道办、蔡屋围实业股份有限公司向者浪乡政府、么窝村分别捐赠5万元、4万元帮扶经费，并到那隆村草莓基地、么窝村茶园实地考察脱贫产业。

28日 百色市委常委、政法委书记周武红一行到新州镇检查指导全国“两会”期间信访维稳工作。

3月

1日 自治县人民法院在全市基层法院2017年度“全面从严治党和党风廉政建设责任制考评”工作中被评为全市“党风廉政建设责任制考评一等奖”和“全市法院绩效考评二等奖”。

同日 自治县农村能源办、乡村办、林业厅驻隆林扶贫工作队联合在新州镇民德村召开“新型太阳能沼气池”现场推介会。

1—5日 广西百大农业集团有限公司及北海恒兴特种饲料有限公司对参与深圳帮扶隆林黑猪养殖项目374户贫困户捐赠价值9万元的饲料。

5日 自治县召开县乡公路提级改造大会战项目建设洽谈会。自治县领导张启胜、杨科、韦世光、夏景超、卢吉方、赵隆生、张顺国、黄世恩及缅甸汪洋洋国际、广西五建、自治县交通、发改、财政、国土等部门领导、负责人参加会议。

6日 自治县2018年农村工作会议在自治县民族民俗展示中心一楼会议室召开。会议学习贯彻中共十九大和中央、自治区、百色市农村工作会议精神，总结中共十八大以来全县“三农”工作，分析当前农业农村形势，部署实施乡村振兴战略工作。

同日 自治县2018年贫困人口脱贫和贫困村摘帽初步计划审核会议在民族民俗展示中心一楼会议室召开。

同日 百色市人大常委会调研组到自治县开展基层立法联系点建设工作及《百色市市容管理条例（草案）》基层部门走访座谈调研活动。

7日 “粤桂协作　就业帮扶”隆林2018年第一批赴深圳罗湖区务工人员欢送仪式在自治县人社局举行。

同日 晚，自治县纪念庆“三八”国际劳动妇女节108周年文艺晚会在人民会场举行。晚会在舞蹈《中国美》中拉开序幕，有独唱、舞蹈、男女对唱、音乐剧、歌伴舞、旗袍秀等22个节目，3000多名群众观看演出。

9—15日 自治县人大常委会主任韦世光率队赴全国人大深圳培训基地参加为期5天的2018年第一期人大常委会组成人员履职培训。自治县人大常委会组成人员等24人参加本期培训班。

12日 中共隆林各族自治县委员会第十四届常委会第30次会议在召开。

14日 自治县水产畜牧兽医局组织渔政站及水产站20余名工作人员，到天生桥库区开展年度渔业增值放流活动，将35万尾人工增殖的各类鱼苗放入南盘江。

14—15日 自治区新闻出版广电局局长黄宇一行到德峨镇开展扶贫工作调研，实地考察德峨镇三冲村黄牛养殖基地、三冲茶叶基地、保上村黑猪养殖基地、金平村野生茶育苗基地，了解联系帮扶贫困村的帮扶产业和村集体经济发展情况。并召开座谈会，总结分析帮扶工作成效，研究部署驻村帮扶工作。

15日 自治县“3·15”国际消费者权益日宣传活动在县城休闲广场举行。

同日 自治县2018年迎接自治区卫生县城复审工作布置会在民族民俗展示中心一楼会议室召开。

同日 晚，深圳市罗湖区驻自治县医疗专家组在县人民医院三楼会议室举办专题学术讲座，专家们分别就儿科、泌尿外科、妇产科、内科、麻醉科等方面作了专题学术讲授，并对与会人员提出的疑难问题一一作答。

16日 深圳市罗湖区驻隆林医疗专家组在县人民医院开展泌尿科、内科、儿科、内分泌科、筋伤科义诊服务活动。共接诊300余人，接受群众咨询150余人，发放宣传资料1000余份。

21日 深圳市罗湖医院集团党委副书记兼纪委书记林志文率深圳市中医院、罗湖医院集团第二批专家组一行到自治县开展专题学术讲座、业务指导、教学查房、惠民义诊、慰问帮扶对象等系列帮扶活动。

21—22日 深圳市罗湖区莲塘街道一行到沙梨乡开展结对帮扶对接工作调研。并召开座谈会就如何开展下一步结对帮扶工作以及如何推动产业致富、实现脱贫、共同携手奔小康进行探讨交流。向沙梨乡捐赠帮扶经费5万元，支持沙梨乡建设及产业发展。

22日 重庆猪八戒网有限公司一行到自治县开展产业调研活动。

24日 由深圳市罗湖区医院集团博士杨江根率领集团著名医学专家一行到自治县人民医院开展"走遍中国前列县(腺)——诊疗泌尿疾病，关爱老年健康"(第七期)公益活动。

26日 维都林场对口帮扶隆林蛇场乡新寨村贫困户到林场务工开工仪式在雅江分场举办。共有15名新寨村贫困村民到雅江分场务工。

同日 深圳市罗湖区医疗帮扶专家刘杰波到自治县妇幼保健院进行新生儿窒息复苏相关理论授课及操作培训。

27日 中国新闻摄影学会"国家级摄影创作基地"授牌仪式在自治县举行。中国新闻摄影学会常务副会长霍玮在仪式上讲话，自治县政府县长杨科在仪式上致辞，自治县党委副书记钟永锋主持揭牌仪式。

27—28日 深圳市罗湖区区委书记贺海涛，区委常委、区委(政府)办公室主任李小宁，区政府副区长左金平等一行到自治县开展东西部扶贫协作工作考察并召开座谈会和举行罗湖区对口帮扶隆林资金捐赠仪式。共捐赠罗湖区2018年财政对口帮扶隆林资金500万元，罗湖区对口帮扶隆林基层领导干部产业提升、精准扶贫政策培训经费27.40万元，深圳盐业公司向隆林贫困山区学校捐赠10万元帮扶资金，向自治县卫计局捐赠一批价值50万元医疗设备和物资，罗湖区工商联与自治县工商联签订扶贫共建和精准培训合作协议。期间，罗湖区考察组实地考察自治县城西易地扶贫搬迁安置点、平班镇西贡蕉基地。

28日 百色市中级人民法院党组书记、院长刘红云一行到自治县人民法院克长人民法庭就家事审判工作进行专题调研。

同日 自治县成立65周年招商推介会在自治县民族民俗展示中心一楼会议室召开。共签约隆林旅游投资开发项目、年产2800千米电线电缆项目、铝深加工项目、金刚石线锯项目、隆衢中学项目、年产5万吨生物质颗粒项目、缫丝厂二期项目、百果园项目、旅游合作项目、隆林蚕丝项目、推动水果产业发展项目、茶行业协会合作项目、点筹网合作项目，签约的项目涉及旅游、农业、铝深加工等10个领域共13个项目，总投资约56亿元。杨科、韦世光、黄子锋、钟永锋、潘顺丹、龙涛、张素兰、夏景超等自治县四家班子领导以及百色市文化旅游发展有限公司、广东金联胜电缆实业有限公司、广东揭西棉湖正兴大铝材厂等66家企业代表参加推介会。

同日 自治县成立65周年文艺晚会——《畅想隆林》在自治城东民族文化广场举行。各级领导、嘉宾及全县各民族同胞近万人在现场观看演出。

同日 根据《中国儿童发展纲要(2011—2020年)》《全区中小学生贫血监测项目实施方案》要求，自治县卫计局、教育局组织县妇幼保健院医务人员先后到民族实验小学、新州镇小学、隆林三中、隆林中学等7所学校开展中小学贫血检测工作，建立中小学生贫血数据库，采取有效防治措施，为增强中小学生体质提供科学依据。

30日 中国扶贫基金会副会长、广东省老区建设促进会会长、广州百色市政协原主席、百色市政府原顾问、百色市荣誉市民、百色市教育基金会名誉会长陈开枝一行到自治县考察帮扶工作。先后到张家寨民族新村、德峨镇保上小学实地考察，观看苗族芦笙舞及苗族艺人现场刺绣、画蜡，并对隆林苗族文化挖掘、保护和传承等，随行的田阳明珠建材市场董事长李志伟向隆林苗冲记忆留守妇女作坊旅游产品开发扶贫项目暨抢救传承苗族文化遗产培训基地捐款6万元，广西石龙酒业董事长顾家奕向培训基地捐款6万元，广西壹鼎人力资源有限公司董事长宋成祥向基地捐款3万元。

同日 "12331系列食品药品安全主题"宣传活动在自治县县城休闲广场举行，并将货值近2万元的不合格食品药品进行无害化销毁。

4月

2—3日 自治县水产畜牧兽医局联合交通、环保、水利、司法、电力、公安局等县直相关部门以及天生桥镇派出所、卫生院、包村工作队员等对天生桥水库新码头和老码头一带非法网箱进行全面拆除，当天拆除非法网箱面积3万平方米。

2—3日 百色市2018年度"三大纠纷"调处培训班暨"田林、隆林、西林"片区案件交流会在自治县林举行。

3日 隆林东部壮族山歌集《北楼山歌九百九》由团结出版社

公开出版发行，共收录山歌994首，分“初探”“追求”“相恋”“谈婚”“分别”“困难”“其他”七部类，由隆林壮学会会员韦文宏收集整理。

4日 百色市政府副市长罗试坚带领市林业局负责人到自治县沙梨乡委敢村、平班镇检查森林防火工作。

同日 西林县“龙英水库扩容工程”隆林各族自治县境内被淹没土地征地工作座谈会在猪场召开。

9日 自治县2018年“深化领导班子建设年活动”动员会在自治县民族民俗展示中心召开。

同日 上午，自治县2018年脱贫攻坚工作推进大会暨新选派队员驻村工作动员会在自治县人民会场召开。

同日 自治县整治“两违”综合执法大队出动38名执法人员、6辆执法车辆，依法对高速路沿线、坡瓜、民福、民新等地新增新冒“两违”行为进行强制拆除，依法拆除高速路口旁临时棚8平方米、坡瓜违法建筑模板80平方米、违法建筑墙砖30平方米，张贴《隆林各族自治县人民政府关于依法严厉打击违法用地违法建设行为的公告》20份。

9—10日 百色市政府副市长古俊彦先后到自治县沙梨、平班、德峨等乡（镇）进行走访调研。

10日 自治县科级领导干部学习贯彻习近平新时代中国特色社会主义思想和中共十九大精神专题培训班在自治县人民会场开班。自治区党委党校、广西行政学院教授王介明就十九大精神专题进行授课。各乡（镇）、县直各单位在职科级领导干部共计360多人参加学习培训。

11日 自治区林业厅扶贫办公室主任朱春林到介廷乡弄昔村考察草药通草、油茶、桑树等帮扶产业发展情况，督促钦廉林场、七坡林场、东门林场三家帮扶单位抓好2018年产业帮扶工作。

同日 百色市人大农业与农村委员会调研工作组一行到沙梨乡岩偿村油茶种植基地工作调研。

13日 自治县档案馆在德峨镇保上村阿搞屯征集到1954年2月12日桂西僮族自治区隆林各族联合自治区人民政府颁发给该县第五区保上乡（镇）上垌屯居民杨世超、杨亚坡和王亚值3人的土地房产所有证。为建国初期珍贵历史档案资料。该档案为该档案为杨世超后人捐赠，内容保存完好。

14日 上午，自治县克长乡新华村“扶贫车间”举行揭牌开工仪式，由广西隆林润绅玩具有限公司开办，安装生产设备40台，有生产工人40人，其中安置建档立卡贫困户20人、残疾人2人。

15—16日 百色市委副书记、政法委书记周武红率调研组到自治县开展扶贫专题调研和“换位沉底”及“走改解”活动，走访脱贫户和贫困户，实地考察德峨镇德峨村黑猪养殖、新街村巴西菇种植等项目。

17日 全县党的政治工作会议在自治县民族民俗展示中心一楼会议室召开。百色市政协副主席、自治县党委书记张启胜在会上作重要讲话。自治县党委副书记钟永锋主持会议。

同日 自治县政府颁布《关于依法整治天生桥、平班水库辖区水域养殖活动及相关设施的通告》。

同日 自治县“2018年民营企业招聘周”活动在自治县城中广场举行，自治县有9家用工企业提供就业岗位152个。入场就业咨询和求职近500余人，达成就业意向登记11人。

18日 广东深圳罗湖医院集团、深圳市中医院专家组成的驻自治县帮扶医疗队联合自治县中医医院在县城东体育文化大广场开展宣传义诊活动，中医内科、壮医科、儿科、泌尿外科、筋伤科、内分泌科6个专科义诊平台共接诊约100余人次，免费量血压60余人次，发放卫生宣传资料100余份。

同日 自治县2018“百村千人”壮族歌会在自治县城东广场举行。来自桂滇黔三省（区）46个村寨1500多名壮族、布依族歌手用盘江调、驮娘江调、沙梨调演、哥（侬）呵调演唱山歌同台献技，赛山歌。

22日 中共隆林各族自治县委员会第十四届常委会第32次会议在自治县县委三楼会议室召开。

同日 自治县“天生桥、平班库区”水面整治工作动员会议在民族民俗展示中心召开。自治县领导张启胜、杨科、黄子锋、钟永锋、廖锋安、杨付文、罗忠胜、潘顺丹、龙涛、张素兰、陈东、夏景超等参加会议。

23日 自治县“政法工作会议暨扫黑除恶专项斗争”动员部署会在县人民会场召开。

24日 环境保护部华南督察局副局长何向红一行到自治县开展调研督察，了解自治县落实中央环保督察反馈问题中万峰湖水环境保护污染治理整改工作情况，并到天生桥水电站库区实地察看网箱养殖及水质检测情况。

同日 广东深圳市罗湖区清水河街道办考察组一行到者保乡开展对口帮扶工作调研，并向乡政府捐赠扶贫产业资金10万元。

同日 广东深圳市罗湖区对口协作办组织辖区旅游协会、知名旅游企业等到蛇场乡斗烘坡考察杜鹃花旅游资源项目，并组织会计师事务所对2017年度罗湖区财政帮扶资金项目（德峨镇三冲村晓仁屯乡村振兴示范点项目和者浪乡么窝片区种桑养蚕示范点项目）进行绩效评估。

25日 自治区国土厅厅长陈建军率队到自治县开展国土资源管理工作调研，先后到城西易地扶贫搬迁安置点、桂黔（隆林）经济合作产业园进行实地调研。

同日 自治区新闻出版广电局局长黄宇一行到自治县开展扶贫慰问及调研，到者浪乡播立村看望慰问结对帮扶户，了解村集体经济、基础设施、社会事业、教育帮扶等方面的相关情况及存在困难，并到在结对帮扶户黄佩乳、陶妹家中进行慰问。

同日 自治区林业厅厅长黄显阳到自治县调研精准扶贫工作，并组织召开林业厅驻县精准扶贫工作座谈会。先后到沙梨乡和平班镇实地调研油茶产业。

同日 百色市教育局局长苏元东一行到自治县开展乡村教师待遇落实及教育扶贫领域腐败和作风问题工作检查。先后到民强小学、央腊小学等学校，通过现场核实、查阅档案和台账资料、访谈经办人汇报工作材料等方式核查相关情况。

同日 “广西新的社会阶层人士采风团”一行到自治县德峨镇开展采风创作活动，先后到德峨镇龙洞大寨、张家寨新农村建设点实地采风，从不同的角度创作出10多幅反映张家寨秀丽风景的作品。

25—26日 百色市教育、人社、编办3部门组成联合调研组到自治县就乡村教师待遇落实及教育扶贫领域腐败和作风问题进行专题调研。调研组先后深入者浪乡央腊教学点、者浪乡中心小学、天生桥镇初中、天生桥镇中心幼儿园4所乡村学校，查看教师待遇、教师职称评聘、岗位设置、专项资金、专项工程、控辍保学等工作档案资料。

26日 自治区政协主席、党组书记蓝天立率自治区调研组到自治县调研精准扶贫工作，先后到城西易地扶贫搬迁安置点、克长乡大庆村马海坝农光互补科技扶贫产业园加工基地调研，了解项目建设、企业发展等情况，并走访慰问贫困户，召开调研座谈会，听取百色市委常委、常务副市长容贤标代表百色市委、市政府作经济社会发展的相关情况，百色市政协副主席、自治县党委书记张启胜作经济社会发展情况、脱贫攻坚工作情况和区直5个对口帮扶单位的对口帮扶联系点的脱贫攻坚工作情况的汇报。

同日 百色市人大常委会副秘书长、办公室副主任零达将率市人大常委会执法检查组到自治县开展《中华人民共和国民族区域自治法》执法检查，先后深入到德峨镇易地扶贫搬迁安置点、三轮河水库实地检查自治县依法落实民族优惠政策、帮扶少数民族和民族地方发展情况。

26—27日 自治区教育厅总督学黄华吉率队到自治县调研义务教育均衡发展工作推进情况。先后到德峨镇常么村小学、德峨镇初中、猪场乡中心小学，实地察看教室、操场、功能室、校园文化美化等情况。

27日 云南省砚山县政协考察组一行到德峨镇张家寨开展考察学习活动。

同日 自治县2018年“4·25”全国儿童预防接种日、“4·26”全国疟疾日和“职业病防治法”一系列宣传活动在自治县城中休闲广场举行。

同日 上午，新州镇民族社区头塘屯与县武警中队官兵共同举行“2018警民联欢”活动。民族社区头塘文艺队和武警官兵先后为现场群众献上舞蹈、山歌、乐器合奏等9个精彩的节目。同时壮族同胞还与官兵们一起舂糍粑、制作五色糯米饭，体现警爱民、民拥警、警民和谐一家亲的鱼水深情。

同日 隆林、西林、田林三县运政部门组成联合执法队伍，对隆林城区维修企业开展安全专项整治行动，重点整治维修企业违法经营、超范围经营和从业人员无证上岗等问题，全面排查维修企业各类安全隐患，并对部分维修店存在的隐患问题及相关从业人员未持证上岗等违规违章行为责令其立即整改或限期整改。共抽查维修企业25家，下达整改通知书22份，查扣违章经营设备18台。

27—28日 中国农业发展银行党委副书记、副董事长、行长钱文挥一行到自治县开展扶贫调研督导工作，实地调研督导隆林脱贫攻坚工作，先后到隆林易地扶贫搬迁城西安置点、新州镇水洞村实地调研。

5月

2日 百色市人大常委会党组副书记韦瑞灵、副主任阙建林率调研组到自治县开展全市“铝二次创业”实施推进情况专题调研，先后到桂黔（隆林）经济合作产业园区、翔吉铝厂、城西轻工业园区的定宇科技有限公司、创胜双金属材料有限公司等处实地调研。

同日 自治县万峰湖天生桥

库区水面整治工作研判会在天生桥召开，天生桥、革步、金钟山、者保、平班等乡(镇)所涉水域工作组汇报近期开展工作情况，对工作开展中存在的问题进行分析、研判，安排部署下一步工作。

2—3日 百色市林业局局长蒋正辉率西林县林业局一行到金钟山保护区开展如何践行绿水青山就是金山银山的专题调研。

4日 自治县2017年扶贫开发成效考核国家反馈问题整改布置会暨2018年脱贫攻坚推进大会在自治县人民会场召开。

同日 2018年隆林各族自治县纪念“五四运动”99周年座谈会在自治县人民会场召开。

5日 隆林疾病预防控制中心鼠疫监测点被中国疾病预防控制中心鼠疫布氏菌病预防控制基地授予“优秀国家级鼠疫监测点”称号。

同日 2018年千彝古茶野生古树茶祭茶典礼在德峨镇八科村塘石屯举行。中国茶叶学会、广西桂林茶叶科学研究所、百色市农业局等10余名茶叶领导、茶叶科学专业人士及各界人士数百人参加祭茶典礼。

6日 百色市民族宗教事务委员会党组书记杨明福带领民俗专家和旅游投资商到蛇场乡新寨村调研民族特色村寨建设、乡村生态建设、民族风情等情况。

8日 百色市政协副主席、自治县党委书记张启胜，自治县党委常委、人民政府副县长陈东，自治县人民政府副县长童江帆等到广东省深圳市福田区参加百色市重点产业(深圳)投资推介会暨项目签约仪式。当天，共签约项目18个，总投资119亿元。

8—9日 百色市人大常委会副主任黄运志率检查组到自治县开展全市贯彻实施《中华人民共和国教育法》情况执法检查，先后到隆林民族幼儿园、隆林中学、隆林二中及隆林民族实验小学等学校实地开展执法检查，并在自治县民族民俗文化展示中心3楼会议室组织召开座谈会。

9日 自治区信访工作联席办常务副主任、信访局局长卢万兵一行到德峨镇综治信访维稳中心开展工作调研活动。

10日 百色市民政局党组书记、局长封志武率队到自治县开展民政系统扶贫领域腐败和作风问题专项治理工作督查活动。

11日 中共隆林各族自治县委员会第十四届常委会第33次会议在自治县党委会议室召开。

12日 百色市政协副主席、自治县党委书记张启胜，自治县政府县长杨科到天生桥镇开展特色小镇旅游项目工作调研。

14日 自治县党委组成8个巡察组对扶贫工程项目和涉农惠农资金、各单位党组织建设情况、领导班子及干部职工在精准扶贫工作中主体责任的履行情况和主体作用的发挥情况、工作纪律情况、各单位在脱贫攻坚工程项目管理和涉农惠农资金使用方面是否存在滥用职权、以权谋私、贪污腐败、优亲厚友、弄虚作假、虚报冒领等情况开展全面巡察工作。

14—15日 自治区“县域经济发展分类考核工作”第一考核组组长温秀坤一行到自治县开展“2017年度县域经济发展分类考核”工作。

14—18日 财政部驻广西专员办办公室副主任赵来率财政部驻广西专员办调研组到隆林县调研财政运行情况，调先后到自治县第三中学、第三小学、德峨中学、德峨镇常么小学、德峨镇中心小学等学校进行实地调研。

15日 上午，自治县“碘亮智慧人生，共享健康生活”、“5·15”全国防治碘缺乏病日宣传活动在自治县城中休闲广场举行。

同日 广西农科院生物科技研究所、广西香蕉产业科技服务团团长牟海飞等一行到者保乡班支花村开展科技服务交流活动。并赠送种苗“金粉1号”“纷杂1号”组培苗1000株、“大红1号”火龙果组培苗1000株、“台农1号”百香果嫁接苗500株。

15—16日 广西林科院副院长马锦林率油茶专家一行到平班镇洪安村开展加快油茶产业发展推进精准扶贫专项调研。

15—17日 自治区新闻出版广电局党组成员、副局长吴晓丽一行到德峨镇对口定点帮扶贫困村(金平村)开展帮扶调研工作。

16—17日 自治区党委副书记孙大伟开展深度贫困地区精准扶贫精准脱贫工作调研。期间到德峨镇德峨村生态黑猪放养场、德峨镇深度贫困村三冲村晓云屯、三冲村茶叶基地考察产业扶贫工作和村集体经济发展情况，了解深圳对口帮扶建设苗寨新村示范点项目筹划情况，看望慰问贫困群众和驻村第一书记、帮扶干部；到城西易地扶贫搬迁安置点走访项目工地了解易地扶贫搬迁工作推进情况；到天生桥镇万峰湖综合整治指挥部调研河长制工作开展及万峰湖水面整治情况。

17日 自治区民政厅党组成员、副厅长陈佳克一行到自治县调研社会组织登记管理工作，调先后到自治县离退休人员协会、新兴八音艺术团及隆林荣光公司百合种植协会进行调研。

18日 自治县开展万峰湖综合整治成效现场核验点评活动。张启胜、杨科、韦世光、黄子锋等自治县四家班子领导乘船到天生桥、革步、金钟山等乡(镇)水域实地核验各水域整治成效。

21日 自治县2017年质量强县工作总结暨第二届县长质量奖表彰会在自治县民族民俗展示中心一数会议室召开,为获得第二届县长质量奖的企业颁奖。

同日 以缅甸教育部团长木木昂为代表的缅甸青年教师代表团到自治县访问,在新州第三小学举行中缅青年教师交流团座谈会。

21—23日 自治县人大常委会考察组到西林、那坡、德保县参观考察,学习借鉴各兄弟县人大在代表履职平台建设、人大代表建议项目建设管理和监督等方面的做法和机制建设的先进经验。

22日 广西深度贫困村屯宣传画册和纪录片拍摄组到自治县猪场乡猪场村革鸟屯进行"深度贫困村"题材拍摄取景。

同日 自治县2018年行政村扶贫信息员(档案员)培训班在县人民会场举行,全县320名扶贫信息员(档案员)参加培训。

23日 深圳中医院、罗湖医院集团携手在自治县人民医院开展儿科、泌尿外科、内科、妇科、急诊科、针灸科、内分泌护理7个科目义诊活动,共接诊200余人次,免费量血压、测血糖150余人次,发放卫生宣传资料500余份。

同日 上午,百色市水产畜牧兽医局到德峨镇德峨村黑猪放养场举行捐赠猪苗发放仪式,现场捐赠价值5万元的黑猪45头、原生态发酵猪饲料38袋。

同日 自治县学生资助政策宣传活动在自治县城中休闲广场举行,共发放宣传资料5500多份,接待资助政策咨询500多人次。

同日 上海复凯儿童教育研究院院长、复旦大学出版社副总编、学前分社社长张永彬教授一行到德峨镇田坝村张家寨非正规早期教育点捐赠价值3万元的幼儿图书绘本、3万元的教学一体机(含教学软件)1台、1.20万元的奥尔夫乐器及现金7万元。

23—24日 自治县政协主席黄子锋,自治县党委常委、政府副县长陈东到德峨镇八科村团石屯彝族村寨现场调研蚕桑产业发展情况。

24日 自治县项目规划设计评审会在县政府二楼会议室召开,南宁市城规院交通所所长、高级工程师黄勇等组成的评审专家组,自治县领导黄子锋、张顺国及相关部门领导,部分党员代表、人大代表、政协委员参加会议,对《隆林各族自治县城区道路交通管理组织方案设计》(以下称为《方案设计》)进行点评,征求《方案设计》的意见和建议。

25日 自治县2018年城西安置点易地扶贫搬迁第一批抽签仪式在者保乡举行,共安置者保乡易地扶贫搬迁户52户。

同日 百色市2018年小学"有效课堂教学展示评比活动"在平果县闭幕。活动覆盖全市12个县(区、市),有18名语文、12名数学参赛选手参加展示评比活动,300多名教师参加观摩学习。自治县新州第二小学教师韦圆、新州第三小学教师徐素英、新州第一小学教师罗丽牡分获"课堂教学"一等奖。

25—31日 自治县2018年全县职工气排球比赛在自治县总工会球场开赛。设有乡(镇)男(女)组、县直单位男(女)组两个比赛项目,来自全县各基层工会的85支球队共900多人参加比赛450场次。

26日 自治县2018年党外干部综合素质提升研修班在清华大学开班,全县各乡(镇)、县直有关单位的43名党外领导干部参加培训。

28日 上午,自治县公安局深入民族实验小学开展"先进典型宣传"推介活动,以案说法为师生们上禁毒法制课。

29日 上午,自治县"保障儿童权益关爱儿童成长"主题宣传活动在自治县城中休闲广场举行。对《2011—2020年全国、自治区、百色市及自治县妇女儿童发展规划(纲要)》、未成年人保护法、妇女权益保障法、义务教育法、反家暴法等法律法规进行宣传。

同日 自治县纪委监委第一批46名纪检监察干部前往上海交通大学(法华校区)参加"上海交通大学—隆林各族自治县纪检监察干部综合素能提升培训班"学习。培训内容有中共十九大精神、职务犯罪证据收集运用认定实务、法纪衔接相关制度、监察法下职务犯罪调查手段、刑事诉讼法、新形势下纪检监察机关办案规范化制度、违纪违规案件查办实务、纪检监察人员开展问责监督技巧和方法等。本次培训分为两批,每批培训时间为期一周。

30—31日 百色市委常委、组织部部长黄智宇一行到天生桥镇开展"乡村教师队伍建设"工作调研,并召开乡村教师队伍建设调研座谈会。

31日 中央电视台财经频道拍摄的大型纪录片《改革开放四十年》导演侯珍玛一行到德峨镇进行纪录片第十一集《一个都不能少》拍摄踩点调研。

同日 自治县“迎接中央环境保护督察回头看暨第二次全国污染源普查工作动员会议”在自治县政府会议室召开。

同日 百色市政协副主席、自治县党委书记张启胜到新州二小、城西幼儿园、者浪中心校走访慰问儿童，为孩子们送上“六一”节慰问品，并向辛勤耕耘的教育工作者致以亲切问候。

同日 万年昇农业科技公司总经理农贵一行到新州镇弄桑村小学开展“六一”儿童节慰问活动，并捐赠爱心土鸡蛋60件。

6月

1日 中国扶贫基金会“加油计划”项目部到新州镇大树脚小学、弄桑小学，德峨镇保上小学、革步乡蒙里小学等8所“加油计划项目学校”开展慰问活动，并为孩子们送去了节日祝福和礼物。此次活动共捐赠体育包(春季两套运动服和一双运动鞋)800套。

3日 下午，“北京培植公益基金会”理事长郑重率领帮扶调研组到自治县民族中学开展调研工作，了解该校基础设施建设、民族文化教育、贫困学生生活等情况。

3—15日 中央电视台大型记录片《改革开放四十周年》栏目摄制组一行到德峨镇常么小学、克长乡克娘村、者保乡巴内村等地进行实地拍摄。

4日 自治县政府县长杨科，自治县党委常委、宣传部部长、人民政府副县长潘顺丹到隆林中学检查指导高考考务工作，察看隆林中学考点的考试环境，详细询问今年高考考场安排、试卷保密、考场监控、食品安全、周边治安交通噪音环境管制、后勤保障、复习备考、考场电力等情况。

5日 百色市政协副主席徐钦恒一行到自治县中医院考察民族医药与健康养生产业情况，先后深入针灸推拿科、脾胃病科、壮医科、治未病科考察，围绕民族基本药物、民族制药制剂原材料、民族医药人才培养、民族医药传承开发和研究创新等问题进行研讨交流，共同探讨解决制约发展的瓶颈和难题，为两地民族医药发展建言献策。

同日 广西师范学院“国培计划——双师教学试点培训项目小学语文送教下乡活动”在新州镇中心校进行，现场开展示范课，传送课堂教师技艺，百色市第一小学教师苏雪春与自治县新州镇中心校教师杨艳分别展示小学语文课。

同日 自治县人民检察院首次启用诉讼式审查模式对一起失火案进行审查，突破以往以书面式审查办案模式的局限，给予犯罪嫌疑人充分发表意见的机会，实现审查过程由封闭式向开放式转变，增强审查逮捕过程的公开性和透明度。

6日 国家统计局广西调查总队处长谢胜一行到平班镇廷赖村对“贫困村脱贫情况、贫困帮扶措施、贫困人员就业情况及城乡居民收支情况”等工作进行实地调研，并开展对住户调查电子记账工作进行宣传。

8日 自治县开展“‘非遗’文化进校园”活动，在新州第三小学、民族中学举行非物质文化遗产壮族山歌、八音坐唱、踩风车等项目表演。

8—9日 百色市“2018年文化和自然遗产日非物质文化遗产宣传展示主场活动”在自治县民族文化体育广场举行。活动分别展示德保南路壮剧《宝葫芦》、乐业唱灯《唱灯盘歌》、自治县彝族民间体育竞技《打磨秋》、平果县壮族嘹歌《寄语》、田阳壮族舞狮《刀尖狮技》等12个县(区、市)的“非遗”节目。

11—15日 2018“隆林、西林非公有制经济人士精准培训班”在深圳市罗湖区举办，自治县有20名非公有制经济人士参加培训。

12日 深圳市开扬实业有限公司总经理黄保发率队到自治县开展“医疗帮扶”工作调研，并捐赠自治县妇幼保健院价值30万元的医疗设备。

13—23日 自治县分别到云南文山学院、广西师范学院、玉林师范学院、百色学院开展乡村教师现场招聘面试会，主要针对百色市艰苦边远一类地区深度贫困村村校、教学点及二类地区村校、教学点小学教师岗位进行招聘，专项计划招聘有招聘乡村教师120个岗位共162人。

14日 自治县金钟山乡党委、政府依托地处广西金钟山黑颈长尾雉国家级自然保护区的生态资源优势，引进隆林代氏蜂业有限公司，通过企业+合作社+农户的发展模式，由企业出资出力，群众以劳力入股(养蜂管理人)分红的方式发展生态养蜂产业，为群众拓宽致富路。带动金钟山、猪场、桠杈、革步等乡(镇)230户贫困户养养殖蜜蜂6000多箱，帮助群众创收60多万;并与云南、贵州、湖南等10个省37家企业加盟合作。

15日 全县网评工作业务培训会在自治县委党校召开，邀请百色市委宣传部副部长、市网宣办主任覃蔚峰、右江日报社主任、资深记者韦克家到会授课。各乡(镇)宣委、县直相关单位通讯员、网评员共200多人参加业务培训。

15—16日 中国扶贫基金会“加油计划项目”体育课程中级培训会在自治县职业技术学校举行。由首都体育学院、体育教育训练学院副教授培训师马克主讲，主要开展教学运动策划方案、教学设计、理论与实践相结合以及室内、室外课的教学技巧等内容授课。自治县“加油计划项目”8所项目学校体育教师及相关工作人员21名参训。

16日 自治县2018年中小学教师招聘面试(岗位适应测评)在隆林中学举行。本次面试岗位246个，有546名报考人员参加“岗位适应性测评”面试。

同日 2018年度村民合作社劳务服务促进劳动力转移就业政策宣传暨现场招聘会在自治县平班镇平寨村举行。本次招聘会有4家企业和2家经营性人力资源服务机构参会，提供62个就业岗位，可招2531人。当天共有47名求职者现场达成就业意向，152名求职者达成培训意向。

18日 自治县创建广西卫生县城自治区级技术评估复审迎检工作布置会在县政府二楼会议室召开。

19—21日 自治区爱国卫生委员会组织专家考核评估组一行分为8个小组，根据《广西壮族自治区卫生县城标准》对自治县城区主次干道、背街小巷、机关单位、企业、学校、医院、车站、广场、食品餐饮和“五小”公共场所、农贸市场、公厕、居民区、建筑工地、垃圾中转站、垃圾处理场、污水处理厂、城区水体、城中村和城乡结合部村庄等进行现场检查，随机走访市民，检查相关资料，全面考察全县巩固自治区级卫生县城工作情况，自治县顺利通过自治区级卫生县城复审检查验收。

21日 上午，自治县“政协九届委员会民族宗教法制、文化界别反映社情民意工作座谈会”在自治县县政协五楼会议室召开。政协主席黄子锋、副主席张顺国、黄世恩民族宗教法制、文化界别部分委员，民宗局、商务局及城区部分社区委员参加会议。会议围绕如何助推民族节庆文化长足发展，如何推广提升、传承民族文化等内容进行座谈，并要求做好与民宗、旅游、招商、旅投的对接，政协办要拿出方案，做好全域旅游的招商引资工作。

同日 自治区党委政研室原副巡视员、研究员冯汉发一行到自治县开展实施乡村振兴战略工作调研。

21—22日 中国公民科学素质抽样调查组到新州镇开展以全国为总体、32个省级单位为子总体进行分层多阶段PPS(不等概率)抽样调查，共对新州镇10个村(社区)100户农户进行抽样调查。

22—24日 自治县辖区遭强降雨袭击，降雨量为144.10毫米。全县278户烟农种植的1346.90亩烤烟遭受30%~100%不同程度损害，预计损失烟叶98.40吨、价值约210万元。

23—27日 北京大学生态系方精云院士研究组到广西金钟山黑颈长尾雉国家级自然保护区开展《中国植物志》国家重点研究计划项目广西落叶栎林调查研究，按生境类型统计了植物种类比例特征，采集标本进行科、属、种的鉴定。

25—26日 自治县农产品产销代表团到北京参加全国2018年首场贫困地区农产品产销对接活动，主要展出隆林三冲茶叶、隆林黑猪、腊肠、辣椒骨、黑粽子等具有自治县特色的产品。

25—26日 自治区新闻出版广电局党组成员、副局长朱日荣，局党组成员、驻局纪检组组长李晓泉等一行到德峨镇开展扶贫工作调研。

27—28日 百色市第四届人大代表隆林团、田东团、那坡团组成的视察组到自治县视察工农业产业结构发展项目，先后到沙梨乡板栗基地、嘉利茧丝绸有限公司、定于科技有限公司、创胜双金属表面处理有限公司、城西异地安置点、桂黔经济合作园区百矿集团煤电铝项目基地、平班电站等处行进实地视察调研。

28日 百色市政协副主席韦晓东一行到自治县开展“扎实推进实施乡村振兴战略——着力培育新型经营主体，促进农村特色产业发展”专题工作调研，先后到隆林三冲茶叶有限公司茶叶基地、克长乡大庆村马海农业科技扶贫示范基地进行调研。

同日 百色市举行全市招商推介PPT大赛，来自全市12个县(区)、市直各单位、直属国有企业的23个代表队参加比赛。自治县代表队以总分95.44分的成绩获二等奖。

29日 由广西隆林红谷农业开发投资有限公司总经理李隆雷牵头，克长乡猴场村青年创业者带头，发动该村外出就业、创业者融资成立的“隆林大民安种养专业合作社”黑猪养殖场在猴场村开工建设。

7月

2日 百色市政府教育督导委员会到自治县进行义务教育均衡发展市级复核审验。自治县进行义务教育均衡发展达到国家和自治区规定的义务教育发展基本均衡县评估标准。

同日 “2018湖南(南山)六月六山歌节”全国少数民族地区山歌邀请赛总决赛在湖南长沙举行,由自治县新州镇泥浪屯和者保乡八达屯4个民间女歌手组成的“泥巴妹组合”获总决赛优秀奖。

6日 广西首个“新时代空中讲习所”在者浪乡者徕村开播。

9日 百色市政府副市长罗试坚一行到自治县开展中央环保督察“回头看”问题整改督导工作,先后到平班镇管肖村坂坝码头、新州镇含山村红家湾采石场实地检查,详细了解自治县对群众举报环境问题处置情况并听取自治县开展中央环境保护督察回头看问题整改工作情况汇报。

9—10日 自治区林业厅副巡视员蒋桂雄一行到沙梨乡开展“沙梨油茶产业扶贫示范区”建设规划评审工作。

10日 “中国移动扶贫爱心卡”赠卡仪式在自治县城中休闲广场举行,中国移动广西有限公司百色分公司共为自治县1.98万户贫困户赠送“中国移动扶贫爱心卡”,并随卡赠送价值950万元的通讯费(每月每户提供通讯费20元,连续赠送2年)。

11日 根据国务院《全国地方志事业发展规划纲要(2015—2020年)》《广西地方志事业发展规划(2016—2020年)》地方志及综合年鉴实行一年一鉴公开出版发行全覆盖的“两全”目标工作要求,《隆林县志(1996—2005)》《隆林年鉴(2016)》《隆林年鉴(2017)》于2017年12月、2018年2月分别公开出版发行,在全市率先实现一年一鉴、公开出版的“两全”工作目标。

同日 自治县“乡村振兴·争创五旗”活动动员会在自治县民俗展示中心召开。

同日 “广西金钟山森林生态系统野外科学观测研究站”建设研讨会在广西金钟山黑颈长尾雉国家级自然保护区管理局召开,正式成立广西金钟山森林生态系统野外科学观测研究站。

13日 自治县脱贫攻坚指挥部组织全县16个乡(镇)分管扶贫工作领导到克长乡大庆村“三方见面”活动现场观摩学习。“三方见面”活动是脱贫户代表、贫困户代表、帮扶干部代表三方面对面座谈,共话脱贫致富。见面活动结束后,第一书记和帮扶联系人还将贫困户提出的困难和问题,分类列出清单,共同商讨解决办法,力争推动帮扶措施落到实处,提高帮扶成效及帮扶满意度。

同日 自治县政法委、纪委、组织部、法院、检察院、公安局、司法局、人社局等多部门在县人民法院开展集中约谈公职“老赖”。此次集中约谈公职被执行人15人,涉及借款合同、侵权责任、建设工程合同纠纷等17个案件,涉案标的358.87万余元。当天下午,4案4名公职被执行人当场履行完毕,兑现执行案款35万元,其余公职被执行人向法院签订承诺书及申报财产,并分别与申请人达成执行和解协议,制定还款计划。

14日 自治县定点帮扶单位中国农业发展银行(简称农发行)审批通过自治县义务教育均衡发展6亿元扶贫贷款项目,用于支持2所初中、2所小学、2所幼儿园的校园及配套设施建设,将有效解决多年来困扰隆林教育发展的大班额、大通铺问题。

15—22日 南京林业大学林学院袁发银教授一行到广西金钟山黑颈长尾雉国家级自然保护区开展为期8天的“青钱柳”天然更新调查研究。科研组结合最新的科学研究,重点对青钱柳生物学特性、资源培育、化学成分及物活性等方面的研究,并对其存在的问题进行分析,为青钱柳的保护与综合利用提供科学依据。

16日 自治县党委、政府决定对2017年脱贫攻坚工作突出贡献的单位和个人进行表彰,分别授予自治县党委办公室等17个单位为脱贫攻坚先进单位;中、区、市直18个单位为脱贫攻坚先进后援单位;新州镇等8个乡(镇)为脱贫攻坚先进乡(镇);介廷乡弄惜村等16个村为脱贫攻坚先进村;韦世烨等100人为脱贫攻坚先进工作者、覃华海等9人为脱贫攻坚优秀第一书记;天生桥安然村李建等126户为脱贫攻坚示范户;隆林三冲茶叶有限公司等10家企业为脱贫攻坚产业示范企业。

17日 自治县纪委监委领导班子成员、党风、信访等科室工作人员利用德峨镇常么村圩日到常么街上举行“自治县扶贫领域作风和腐败问题专项治理大接访”活动,共接待来访群众200多人,收到群众反映问题30多个,当场解决答复问题10个,并收到来访群众对精准扶贫、民政低保、危房改造、社保、计生等工作的意见建议8个,发放《隆林各族自治县开展扶贫领域腐败和作风问题专项治理监督卡》和《隆林各族自治县纪委监委阳光信访便民卡》等宣传资料600多份。

18日 百色市政协主席、党组书记陈丽华率领政协考察组到自治县民族中学参观考察非遗文化进校园活动,参观该校的非遗文化长廊并观看民族中学学生表演的竹杆舞《竹杆迎宾》、踩风车《壮乡情》、爬坡杆《闹坡》、跳绳《绳韵》、打磨秋《磨秋转转》等非遗展演以及《苗岭琴韵》、芦笙舞《滚地龙》等歌舞,晚上还参加篝火《彝山火》和摸黑脸互动活动。

18—19日 深圳市罗湖区委常委、组织部部长范德繁带队到自治县慰问派驻干部及考察交流东西部扶贫工作,并到平班镇平寨村参加罗湖隆林对口帮扶隆林黑猪扶贫产业园项目开工仪式。

19日 自治县"迎接2018年国务院大督查工作"动员部署会在自治县民俗展示中心二楼召开。会议传达学习百色市"迎接2018年国务院大督查工作"动员部署会议精神,对全县迎接"2018年国务院大督查工作"进行安排部署。

20—21日 广东省第二扶贫协作工作组成员、深圳市发改委副主任谭茂芹带队到自治县开展"粤桂扶贫协作项目"专项督查,并到平班镇扁牙村深圳对口扶贫协作资金沃柑项目点进行现场调研督查。

21日 自治县2018年公开招聘事业单位人员面试在隆林中学开考,共设12个考场,305名考生参加面试,竞争事业单位110个职位。

23—25日 自治县"三区"文化人才能力提升培训班在自治县人民会场开班。全县16个乡(镇)综合文化站工作人员、179个村级公共服务中心管理员和农家书屋管理员、文化馆、图书馆、博物馆、文化志愿者共220人参加培训。

25日 2018年百色市第一期动物疫病防控技术(隆林)培训班在县人民会场开班。全县16个乡(镇)站负责人、动物防疫合作社社员及县动物疫病防控中心工作人员170余人参加培训班。培训班聘请哈药集团生物疫苗有限公司博士王凤亮、自治区兽医研究所高级兽医师陶立、百色市动物疫病预防控制中心主任蒙振亩3位专家进行授课。专家分别就禽流感流行状况及其防控技术、牛羊疫病防控技术、百色市动物疫病防控管理工作等疾病的流行特征、临床诊断及防控技术进行讲授。

26日 中共隆林各族自治县委员会2018年度议军会议在自治县县委会议室召开。会议审议自治县人民武装部提交的《隆林各族自治县人武部规范化建设方案》、关于要求补充3名事业编制职工的请示、关于要求增加财政经费预算的请示,自治县武警中队提交的关于要求解决随军家属就业的请示、关于要求解决科技强勤智慧磐石工程建设的请示、关于要求解决新营房附属设施建设的请示和自治县消防大队提交的有关事项。

27日 自治县"2018年7月份重大项目"集中开工仪式在新州镇水洞村水洞屯举行。此次集中开工的重大项目是2018年财政专项扶贫资金基础设施建设和2017年(第一批)20户以上通屯水泥路建设项目,总投资3.07亿元,惠及16个乡(镇)4万多贫困群众。

同日 团县委"2018年大、中学生1+1社会实践"培训会在自治县民族民俗展示中心召开。此次培养计划共选派本县19名大学生分别到新州、天生桥、者保等11个乡(镇)所辖的19个村(社区)团组织挂职锻炼,开展进村屯(社区),说民情、察民意;进企业,听创业事迹、促发展;进农家,听心声、送温暖等志愿服务活动。

28日 自治县"2018汛期泄洪突发事件应急救援演练"在平班库区举行。百色市政府应急办副主任唐伟民、自治县政府副县长卢军静、广西平班水电开发有限公司总经理赖斌到场观摩指挥。市应急科、靖西、平果、德保、田阳、那坡、田林、西林、凌云应急办领导及各涉水域乡(镇)、海事办、公安、交通、水利、渔政、贵州安龙县地方海事处、平班水电公司等12家部门近150名代表现场观摩。本次演练设置演练的项目有:事故船客转移及落水人员搜救、医疗救助、船舶失火救助、下游群众疏散转移、大型漂浮物清除、安全泄洪等6个科目。

同日 2018年县级公立医院招聘考试在自治县新州第一小学举行。设置卫生专业技术人员岗位350个,其中县人民医院200个、中医医院100个、妇幼保健院50个。考试开设考场24个,参加笔试的考生722人,取得初级师以上资格的免笔试人员242人。

同日 自治县第四届农民工技能大赛暨"两后生"农民工现场招聘会在自治县职业技术学校举行。技能比赛区共设置砌筑工、钢筋工、家政服务、中式面点等8个比赛项目,各工种参赛选手共230人;招聘区提供建设类、电子科技加工类等300多个就业岗位,现场达成就业意向登记20余人。

30日 民建中央调研部原巡视员、民建中央2018年对口广西脱贫攻坚民主监督工作组组长郭群峰带领督查组到自治县开展脱贫攻坚民主监督工作。督查组分两个工作组走访督查德峨镇、新州镇、沙梨乡、平班镇的部分深度贫困村、贫困户和产业扶持发展情况等。

31日 自治县政府县长杨科,自治县党委常委、武装部政委张志文等领导到百色军分区走访慰问部队官兵。

同日 自治县"全国教师管理信息系统应用培训班"在隆林中学学术报告厅开班。全县各级各类学校校(园)长、分管领导及信息管理人员共计180余人参与培训。

8月

1日 "八一"建军节,自治县政府县长杨科带领在家四家班子领导及相关部门领导到县人民武装部、武警中队、消防大队走访慰问,代表县委、县政府及全县人民向官兵们致以亲切的问候和节日的祝贺,对他们为隆林经济社会发展所做出贡献表示感谢。

2日 自治县"年中工作会议暨县域经济发展、乡村振兴推进会议"在自治县民族民俗文化中心召开。会议深入学习贯彻习近平新时代中国特色社会主义思想和中共十九大精神,传达学习贯彻全自治区、全市年中工作会议暨县域经济发展、乡村振兴推进大会精神,总结全县上半年工作,分析当前形势,研究部署下半年工作及"县域经济发展、乡村振兴"工作。

同日 自治县"生态环境保护大会"在自治县民族民俗文化展示中心召开。会议学习贯彻习近平生态文明思想,贯彻落实全国、全自治区、全市生态环境保护大会精神,分析辖区生态环境保护存在的困难和问题,研究部署下一阶段生态文明建设和环境保护工作。

同日 自治县召开退役军人服务管理工作会议在自治县民族民俗文化展示中心召开。会议学习贯彻全国退役军人工作经验交流会议精神以及全自治区、全市退役军人服务管理工作会议精神,研究部署全县退役军人服务管理工作。

4日 金钟山自然保护区与猪场乡那绍村农中屯交界发现一落差达50多米的瀑布。

同日 13时40分,自治县岩茶乡政府接报,该乡平台村黄泥堡矿山矿洞(广西南宁荣安矿业有限公司)洞口发生事故,造成3名正在洞内开展测量工作的广西地质队员工被困。自治县党委、政府主要领导接报后立即成立救援指挥领导小组,启动事故灾难突发事件Ⅲ级应急响应。自治县政府主要领导和分管领导组织安监、公安、国土、消防、卫计等相关部门迅速赶往现场开展救援,市安监局领导也带领矿山救护队赶到现场开展救援。5日凌晨4时10分,经过近15小时争分夺秒的紧张施救,3名被困人员全部成功救出。

5日 "爱德基金会"派出两名工作人员到自治县调研"爱德基金会e万行动"项目实施情况,与自治县统战部和隆林中学"e万行动"项目负责人以及隆林中学受资助的4名学生进行面谈交流,查阅"e万行动"项目资料、银行账单等,详细了解"e万行动"项目实施情况以及存在困难和问题,并针对存在困难与自治县项目负责人员进行沟通交流,共同探讨解决办法和措施,并向受资助的学生赠送学习用品。

同日 中华两岸文创富农交流协会理事长、台湾少数民族经济研究中心主任洪天盛率领台湾少数民族交流参访团一行到德峨镇参加2018年彝族火把节活动。

同日 (农历六月二十四日)自治县2018彝族火把节在德峨镇举行。傍晚时分,彝族同胞举着数千火把从四面八方汇入活动广场,点燃广场中心的火堆,拉开篝火晚会序幕。彝族同胞身着节日盛装,与包括来自台湾地区少数民族代表团成员、自治区内旅行社组织的游客及自治县成千上万各族群众汇聚在德峨共同欢度火把节。

5—11日 第九届"加油!乡村夏令营"公益活动在自治县"加油计划项目学校"新州镇弄桑小学、新民小学举行。由中国扶贫基金会主办,为乐志愿服务与研究中心(简称为乐公益)具体承办。参加本次夏令营活动有新民小学、弄桑小学共57名学生、巴马大学生联合会10名大学生志愿者及隆林加油计划项目办公室工作人员。

10日 健康扶贫"一站式"报销服务中心揭牌仪式在自治县新农合办公楼5楼举行。。

14日 上午,自治县"新型职业农民中等职业教育班"在县职业技术学校开班,为农村经济综合管理课程。以自学为主、函授为辅的方式实施教学,课程涉及乡村基层组织建设、农民信息化基础知识、计算机应用管理、现代农业生产经营等16门课程,学习年限为2年制,通过考试考核,成绩合格即可毕业,获得自治区教育厅颁发中等职业教育学历证书。来自全县16个乡(镇)村干、合作社负责人等36名学员参加学习。

16日 "中华两岸台商和平发展促进协会"副会长、台湾农产品流通经纪人协会常务理事、尚台兴业有限公司董事長孙保霖一行到自治县考察农业投资项目。考察期间,双方就隆林农业投资项目进行了洽谈。有意向就隆林西贡蕉、生物质肥料等农业项目进行合作。

20日 深圳市罗湖区工商联、深圳市湖贝股份公司考察团到自治县开展扶贫共建活动,先到革步乡平安村,走访贫困户,并向平安村贫困学生捐赠价值2万余元的爱心书包、爱心文具等学习用品。随后到隆林三冲茶叶有限公司参观三冲茶叶种植基地，与三冲缘茶叶公司负责人在产业扶持等各方面进行交流。

同日 中共隆林各族自治县委员会第十四届常委会第37次会议在自治县县委三楼会议室召开。会议传达学习习近平总书记在第十九届中央政治局第六次集体学习讲话精神，习近平、陈希同志在全国组织工作会议上的讲话精神，自治区政府副主席方春明到自治县暗访讲话精神。审议扶贫领域专项巡察工作、《罗湖·隆林对口帮扶隆林黑猪扶贫产业园实施方案》、设立自治县教育扶贫发展投资基金的相关事宜、出让"隆林欢迎您"A地块相关事宜、《县城规划区违法用地违法建设行为处理办法(试行)》等议题。

同日 自治县校园安全协管员安保技能培训暨警务实战演练活动在自治县城东广场举行。县公安、教育、保安公司及47所中小学领导、校园安全协管员共400人参加活动。

21日 中国农业发展银行资助隆林县建档立卡贫困大学生发放仪式在隆林中学举行，对隆林中学上本科线的建档立卡学生162人进行捐助，每人5000元共81万元。

22日 "自治县法律援助中心人民检察院工作站"正式挂牌成立，实行律师值班制度，主要负责解答法律咨询、代写法律文书、宣传法律援助制度、接收登记初审法律援助申请并转交法律援助机构、参与化解和代理涉法涉诉信访案件等工作。

22—26日 自治县各乡(镇)政府按照自治县扶贫攻坚指挥部的要求，开展易地扶贫搬迁贫困户安置分房抽签工作。通过公开抽签，第二期818套易地扶贫搬迁安置房如期分到建档立卡贫困户手中。

24日 自治县人民医院医疗服务共同体(简称医共体)单位揭牌仪式在新州镇卫生院举行。

28日 岩茶乡乡平台村黄泥堡一探矿矿洞口(广西南宁荣安矿业有限公司)发生塌方，塌方处位于探矿洞洞口处，造成3人被埋。8月29日0时35分，搜救出3名事故被掩埋人员，经现场医护人员确认已无生命迹象。

同日 自治县第十五届人大常委会第十五次会议在县人大会议室召开。会议听取和审议《自治县人民政府关于提请审议隆林各族自治县总体规划(2015—2035)的议案》《自治县人民政府关于提请审议自治县2018年上半年国民经济和社会发展计划执行情况的报告的议案》《自治县人大财政经济委员会关于对自治县2018年上半年国民经济和社会发展计划执行情况的报告的初审意见》《自治县人民政府关于提请审议自治县2018年上半年预算执行情况的报告的议案》《自治县人大财政经济委员会关于2018年上半年自治县财政预算执行情况的报告的初审意见》等;表决通过《自治县人大常委会代表资格审查委员会关于个别代表变动情况报告》。

同日 《隆林各族自治县志(1996—2005)》公开出版发行，率先在百色市第二轮实现地方志出版发行工作零的突破，实现志鉴工作"两全目标"。

28—30日 中国人民解放军187中心医院派驻的心血管肾病内科副主任陈生晓、儿科主任王敏、输血科主任曾学平3位专家到自治县人民医院开展对口帮扶工作，帮助县人民医院相关专业科室开展新技术、新项目，通过专题讲课、教学查房、手术示教、疑难病例讨论、门诊坐诊等多种方式，全方位开展传帮带及专科特色建设。

29日 自治区人大常委会民族工作委员会副主任吴穆鹏率调研组一行到自治县开展自治县、民族乡脱贫攻坚工作专题调研。先后到德峨镇保上村人大代表产业基地、德峨村村集体经济黑猪放养项目点、德峨镇满落丫口易地扶贫搬迁安置点、天生桥镇祥播村坡陇屯移民新村、小蚕共育点等地调研。

31日 《百色市隆林各族自治县万峰湖跨省联合旅游项目(一期)策划及规划设计方案》评审会在自治县党委会议室召开。会议听取项目设计单位对《百色市隆林各族自治县万峰湖跨省联合旅游项目(一期)策划及规划设计方案》介绍，评审专家和与会人员针对方案相关内容提出了修改意见和建议。

同日 上午，自治县公安局向社会公开招聘35名警务辅助人员在隆林中学进行招聘笔试考试。通过公平、公正、公开应考和资格审查，有201人参加笔试，开考为比例1∶6。

9月

2日 自治县对60名农村计生"两户"(农村独生子女户及双女户)家庭子女考入大学给予补助。补助标准为:非贫困户子女考入一本院校每人补助3000元，二本院校每人补助2500元，专科院校每人补助1500元。贫困户子女考入一本、二本院校每人补助6000元，专科院校每人补助5000元。全县共发放补助金额171500元。

2—3 日 自治区林业厅副厅长陆志星到结对帮扶的新州镇马雄村参加一帮一联金秋助学慰问活动，对贫困户学生进行现场捐款慰问，慰问对象为 87 户贫困户学生，共发放助学金和慰问金共 8.90 万元。

3 日 中共隆林各族自治县委员会第十四届常委会第 38 次会议在县委三楼会议室召开。会议听取扫黑除恶、打击农村赌博、禁毒严打三个专项斗争汇报，传达《广西巡视整改专题民主生活会实施办法（试行）》并汇报贯彻落实自治区党委第二巡察组反馈意见整改情况，传达全国宣传思想工作会议精神，审议 2017 年全县村（社区）“两委”干部年度业绩考核结果。

同日 中共隆林各族自治县委员会第十四届常委会扩大会议（脱贫攻坚专题）在县委会议室召开。会议要求各乡（镇）、各部门要进一步提高抓扶贫工作的紧迫性和危机感，认真学习吸收别人成功成熟的先进经验，结合自治县实际，进一步解放思想、理清思路，改革创新，完善措施，补齐自治县脱贫攻坚工作中的短板。

4 日 百色市市长助理娄奎良到自治县对“冷水水库枢纽项目规划设计”情况工作调研，到新州镇者隘村、冷水河中段进行实地踏勘，对拟建水库枢纽工程坝址、库区淹没区、溢洪道出口点、灌溉区等地进行调研考察。

5 日 自治县第十五届人民政府第 50 次常务会在县政府二楼会议室召开。会议审议 2018 年教师节表彰教育工作先进集体、先进个人、三考先进集体、先进个人、中职招送先进集体、先进个人和中国扶贫基金会加油计划隆林项目区先进个人，自治县城区街道名称、广西隆林万峰湖旅游景区项目、自治县粤桂扶贫协作优惠政策、龙滩至平台等 5 条 2018 年度农村公路安防工程项目资金预算、自治县革命烈士纪念公园项目工程款支付问题，自治县坟墓搬迁补偿标准，实施隆林各族自治县 2018 年深圳隆林易地扶贫搬迁城西安置点扶贫车间就业产业园等相关事宜。

6 日 自治县优秀年轻干部座谈会在县委会议室召开。会议围绕全县广大年轻干部如何跟上新时代发展要求成长为优秀年轻好干部，更好地担当起时代赋予的使命责任进行深入交流。5 名优秀年轻干部代表围绕新时代新隆林、新担当新作为主题就个人的工作实践和学习思考作专题发言。百色市政协副主席、自治县党委书记张启胜对全县广大年轻干部进行寄语。

7 日 上午，“2018 年百色市重要经济目标防护演练现场会”在自治县 220 千伏变电站举行。由百色市人民防空办公室、广西电网百色供电局联合主办，自治县人民防空办公室、百色供电局 220 千伏隆林变电站具体承办。市直、县直有关单位、各县（区）人防系统等各级领导、嘉宾共计 60 余人到场观摩。自治县消防、医疗救护、抢险抢修、防化防疫、治安等人防专业队伍参加演练，演练指挥长由自治县政府副县长赵隆生担任。

8 日 自治县“庆祝第 34 个教师节暨‘三考’奖励、中职招送生表彰大会”在自治县人民会场召开。大会表彰自治县 2017—2018 学年度教育工作先进集体、先进教育工作者、优秀教师、优秀班主任、最美乡村教师、师德标兵，2018 年“三考”先进集体、“三考”教师指导奖，2017 年中职招送生先进单位、先进个人和中国扶贫基金会“加油计划”隆林项目区先进个人等奖项的集体和个人颁奖。获得自治县“先进教育工作者”“优秀教师”“优秀班主任”“最美乡村教师”“师德标兵”代表分别作典型发言。

10 日 自治县 2018 年“服务百姓健康行动”大型义诊活动在自治县休闲广场举行。自治县人民医院、中医医院、妇幼保健院、疾控中心、皮防站及新州镇卫生院等相关医疗卫生单位医疗人员共 35 人参加义诊活动，解放军第一八七医院专家组援助此次义诊活动。共为 500 余人进行义诊，解答咨询 300 余人，发放宣传资料 1.30 万份。

12 日 在第十五届中国—东盟博览会百色市重点产业投资推介会暨项目签约仪式上，自治县成功签约 3 个项目，总投资 13.20 亿元。分别是与广西隆林辉煌金属材料有限公司签订年产 2 万吨铜包铝芯线项目（投资 2 亿元）；与贵州省黔南亮众皮革系列制品有限公司签订隆林皮革制品生产项目（扶贫车间）（投资 1.20 亿元）；与碧桂园集团签订碧桂园·隆林综合体项目（投资 10 亿元）。

13 日 自治县赴南宁参加第十五届中国—东盟博览会的代表团成员到南宁市邕宁区新兴产业园区参观考察。实地参观广西申龙汽车制造有限公司、南宁中车轨道交通装备有限公司、南南电子汽车新材料精深加工技术改造项目基地、广西桂合集团有限公司等企业，并与邕宁区相关领导、企业负责人交流如何加快园区开发建设、招商引资、项目服务、创新发展等问题。

14 日 上午，自治县 2018 年全国科普日活动和八桂科普大行动暨中国流动科技馆隆林站巡展活动启动仪式在新州第二小学举行。中国流动科技馆在自治县开展为期2个月的巡展活动。是由中国科协主办，以体验科学为主题，设置有主题展区7个、展品56件，主要涉及声光体验、电磁探秘、运动旋律、数字魅力、健康生活、安全生活、数字生活、科学实验、科普影视、机器人表演等方面，为公众提供参加科学实践的场所。

15日 自治县县直学校、新州镇（县城驻地）小学公开选调选教师面试工作结束，共有185名通过资格审查中小学教师报名，竞争10个科目90个教学岗位。

20日 上午，广西首届"中国农民丰收节"启动仪式暨百色系列欢庆活动在百色市江滨半岛举行，自治县政府副县长黄桂华带领自治县团队参与活动。

同日 下午，自治县盐业监管体制改革职能交接仪式在自治县政府3楼会议室举行。自治县经贸局与食药监管局在仪式上签署食盐监管职能交接备忘录。

21日 中共隆林各族自治县委员会第40次会议在县委三楼会议室召开。会议传达学习自治区脱贫攻坚问题整改工作推进电视电话会议精神，分析研判自治县县关于扶贫巡察、督查、评估、民主监督等发现问题的整改情况。会议还传达学习习近平总书记关于宗教工作的重要批示指示精神及自治区、百色市宗教会议精神；审议华隆集团提交的相关事宜。

同日 2018年全县第三季度经济运行分析调度会在自治县政府会议室召开。会议贯彻落实自治区、百色市经济工作各项决策部署，要求按照高质量发展要求，聚焦脱贫攻坚中心任务，全面落实稳增长、促改革、调结构、惠民生、防风险各项措施，确保全县经济社会发展总体平稳。自治县领导杨科、潘顺丹、陈东、潘乃师、赵隆生、卢军静及各乡（镇）人民政府主要领导，县直各有关单位主要负责人参加会议。

同日 晚，中国（隆林）第五届"南盘江杯"江钓大赛、2018年中国（隆林）第四届"南盘江杯"全国龙舟邀请赛暨庆祝广西壮族自治区成立60周年·广西龙舟系列赛（隆林分站赛）、隆林各族自治县民族文化展示活动在自治县城东文化体育广场开幕。来自广东、湖南、浙江等全国各地的钓鱼爱好者和宾客共人参加。

22日 上午，"全市民族文化传承与创新研讨会"在隆林民族国际大酒店8楼会议室举行。百色学院教授凌春辉、市社科联副主席梁韶玫以及全市各县（区）的社会科学界联合会代表，自治县社科联常委、委员，县直部分单位代表60余人参加研讨会。

22—23日 2018年中国（隆林）第五届"南盘江"杯江钓大赛在南盘江自然水域垂钓基地开赛。来自云南、广东、湖北等省（自治区）的120支队伍480名队员参赛。

23日 在南宁美丽南方忠良村民族风情园举行的八桂民俗盛典·广西优秀民间艺术表演（民歌）评选活动上，自治县壮族民间歌手盘江村姑组合（第二代）获得十佳民歌手奖。

同日 晚，自治县汉族非遗及民族文化展示活动在自治县民族文化广场举行。苗、彝、仡佬、壮、汉民族乐器艺人60人共凑一曲《禧乐姻缘》汉族婚俗乐器交响曲《校园靓丽树音音》和《太极秋韵》，东望文艺队带来的《弟子规》《丰收颂》、隆林民间乐队的《将进酒》、红枫叶艺术团表演的《丰收乐》《团结大舞》等节目，让市民了解自治县传统文化的传承与创新。

25—30日 在林市举办的自治区第九届残疾人运动会暨第四届特殊奥林匹克运动会上，自治县残疾人运动员代表队参加田径、乒乓球、羽毛球三项比赛，获金牌2枚、银牌5枚、铜牌1枚的成绩。

26日 中国·隆林第四届"南盘江杯"全国龙舟邀请赛暨庆祝自治区成立60周年·2018广西龙舟系列赛（隆林站）在南盘江龙舟基地举行开幕式。此次龙舟赛竞赛项目有男子22人龙舟200米直道竞速和男子22人龙舟500米直道竞速，邀请浙江、宁波、广东、广西等自治区内外16支龙舟队伍参加。

27日 中国农业发展银行行长助理朱远洋一行到自治县调研产业扶贫工作，到桂黔（隆林）工业园区、沙梨乡岩偿村油茶基地、母施村板栗基地考察并召开座谈会，自治县政府分别与部分企业签约，项目涉及金融、工业、农业、旅游等7个领域，共12个项目，总投资约50亿元。农发行总行向自治县捐赠扶贫基金200万元，相关企业捐赠资金150万元。

29日 自治县第十五届人大常委会第十七次会议在自治县人大会议室召开。会议听取和审议自治县人民政府关于自治县2017年财政决算草案的报告、自治县人民政府关于2017年度自治县本级财政预算执行和其他财政收支审计工作报告、自治县人大财经委的审查结果报告，审查和批准了自治县2017年决算。听取和审议自治县人民政府关于自治县2018年新增债券资金调整预算方案和人大财经委的审查报告。听取和审议自治县人大常委会代表资格审查委员会关于个别代表变动情况的报告及苏定章辞去人大代表的申请等，会议还表决通过相关事项。

10 月

9 日 中共隆林各族自治县委员会第十四届常委会扩大会议在自治县民族民俗展示中心一楼会议室召开。会议传达学习习近平总书记 2018 年春节前夕赴四川看望慰问各族干部群众时的的重要讲话精神；习近平总书记在打好精准脱贫攻坚战座谈会上的重要讲话精神，要求各级各部门牢牢把握总书记扶贫开发战略思想的深刻内涵，牢牢把握总书记对打好精准脱贫攻坚战的重要要求，将全县各族干部群众的思想和行动高度统一到习近平总书记重要讲话精神上来，迅速深入开展查问题、找不足、补短板攻坚行动，更加扎实、务实、真实地做好脱贫工作，坚决打赢年度脱贫攻坚战。

10—11 日 自治区新闻出版广电局党组成员、副局长吴晓丽一行到德峨镇金平村、德峨村开展帮扶调研工作，到德峨镇金平村、德峨村走访察看危房改造、屯级道路硬化、村部建设等扶贫项目进展情况，并在金平村部召开座谈会。

10—12 日 自治县“2018 年村（社区）两委干部业务培训示范班”在自治县人民会场举办。邀请自治县党委党校、纪委、组织部、法院、农业局、扶贫办等相关部门人员就中共十九大报告解读、党风廉政建设专题辅导、村干部规范管理、特色产业发展等内容进行专题培训。

11 日 自治县党委统战部、自治县工商联组织自治县工商联执委、女子商会、湖南商会、百矿集团等商会成员、非公经济人士等约 80 人组成参赛队，赴百色市参加“2018 年百色市非公有制经济人士纪念改革开放 40 周年红歌比赛”，其中，自治县参赛队节目《祖国颂》《爱我中华》两首曲目获二等奖。

12 日 百色市公安机关深化“一村一警务助理”改革工作现场推进会在自治县召开。

同日 由“百色市医学会儿科分会、护理分会”组织右江民族医学院附属医院儿科教授潘红飞，百色市人民医院教授冯尚克，右江附属医院教授李强，百色市护理分会副理事长、百色市妇幼保健院副院长、主任护师陈晓云，百色市护理分会副理事长、百色市人民医院科护士长、主任护师莫佩妙，百色市护理分会副秘书长、百色市妇幼保健院护理部主任、副主任护师李艺等专家等专家到自治县开展“儿科常见病多发病最新诊疗指南、专家共识基层行巡讲培训班”“基层护理人员能力提升培训班（隆林站）”授课。

14 日 “红狼”杯 2018 年中华垂钓大赛广西隆林选拔赛在南盘江自然水域垂钓基地开赛。来自全国各地的 112 支队伍 448 名钓鱼选手参加比赛。

15 日 据百色市投资促进局核实通报，自治县 2018 年 1 月—9 月招商引资项目建设区外到位资金 8.33 亿元，完成年度目标任务的 92.56%，完成进度排全市第一；自治区外到位资金同比增长 30.67%，增速排全市第一。自治区内到位资金 3.65 亿元，完成年度目标任务的 91.25%。

同日 下午，田林县对口扶贫协作办一行到自治县交流学习东西部扶贫协作档案收集管理和扶贫协作项目建设相关经验。双方就东西部扶贫协作各项工作进行探讨交流。

17 日 玉林市陆川县人大常委会主任陈前驱率考察组一行到天生桥镇岩场村黑猪养殖基地进行考察学习。

同日 自治县“我为隆林脱贫攻坚作贡献，不等不靠、主动摘帽”为主题的 2018 年度全国第 5 个“扶贫日”系列活动启动仪式在自治县城东广场举行，同时举行粤桂协作就业帮扶专场招聘会、扶贫产业农产品展销会、扶贫成果展、扶贫政策宣传、易地扶贫搬迁现场交钥匙、现场募捐等活动。共有 15 家自治区内外企业到场招聘，提供就业岗位 1051 个，吸引近 2000 多名群众前来咨询，现场达成就业意向 115 人；有 8 家企业、商家代表现场展示隆林黑猪肉、清水鸭、野生蜂蜜、茶叶等 40 多种本地特色商品；来自该县 16 个乡（镇）的 248 名贫困户领到了城西易地扶贫搬迁安置点第二批交房活动的钥匙，现场获捐赠资金 176.2265 万元及物资一批。

18 日 自治县 2018 年精准脱贫帮扶干部培训班在隆林中学图书馆 6 楼开班。自治县直各单位分管的领导、各乡（镇）分管扶贫的领导及业务骨干等 200 余人参加学习培训。

19 日 “法治进校园”全自治区巡讲团巡讲暨送法进村助力脱贫攻坚“一村一法治巡讲”活动在隆林二中举行。活动由自治区人民检察院、自治区教育厅主办，百色市人民检察院、教育局及自治县人民检察院、教育局、隆林二中等单位承办。

同日 下午，隆林湖南商会到蛇场乡同党村开展“送温暖、献爱心”精准扶贫爱心捐赠活动，给该村 22 户贫困户送上总计价值 5 万余元床上用品(四件套)、木衣柜及生活用品。自治县领导杨付文出席捐赠仪式活动。

22日 百色市政府公布百色市第六批市级非物质文化遗产代表性项目,隆林汉族的“隆林汉族打鸡儿棒”“隆林汉族哭妈娘习俗”“隆林汉族袍汤节”3个传统项目列入非物质文化遗产项目。此外,“隆林壮族山歌(南盘江调)”入选传统音乐项目,“隆林辣椒骨制作技艺”“隆林壮族背带制作技艺”“隆林壮族传统染布技艺”入选传统技艺项目,“隆林彝族火把节”入选民俗项目。

24日 自治区政府副秘书长文世峰到自治县金钟山保护区管理局、马雄村、沙梨乡调研,先后到金钟山自然保护区管理局、马雄沃柑种植基地和沙梨乡油茶基地进行实地调研。

25日 自治区林业厅副厅长黄政康一行到介廷乡弄昔村开展脱贫攻坚工作调研活动,并召开调研座谈会,听取乡村干部、村民代表汇报脱贫攻坚工作情况,并向弄昔村捐赠2万元,用于解决产业项目发展资金困难问题;自治区林业厅推广站牵头组织贫困户100人次开展新时代讲习所林业工作课堂(通草)栽培技术培训。

26日 上午,自治区纪委驻文化厅纪检组办公室主任叶培启、文化厅公共文化处主任吴熙威一行到新州镇文化站检查指导工作,主要针对免费开放经费使用、活动开展情况以及上级所赠送乐器设备使用情况进行检查,参观新兴社区老年协会演奏八音坐唱《迎宾曲》、演唱壮族山歌《歌颂十九大》。在含山村妈文新村察看村级服务中心建设情况,参观图书室、文艺舞台。

同日 下午,自治县2018年第四季度经济运行分析会议在自治县政府会议室召开。会议贯彻落实自治区2018年第四季度全区经济运行分析电视电话会议精神,通报自治县前三季度经济运行完成情况,分析当前经济形势,对照全年经济发展目标任务,深入查找存在的困难问题,针对性的制定措施办法,奋力抓好第四度工作,确保圆满完成全年经济发展目标任务。

26—31日 自治县2018年“八桂科普大行动”即“科普赶集”活动党分别在新州镇、者保乡、克长乡、天生桥镇开展。参加活动的县直单位17个,科普工作者、科技人员121人次,向群众送发各行各业的科普知识常用手册1.24万册、种养致富技术书籍13878本、各种科普资料1.22万份、科普彩图2100张、科普手提袋7300个、科普围腰2100张,内容涉及科协、环保、水利、食药监、扶贫、卫计、农业、林业、畜牧、农机、文广、烤烟、地震等部门的科普知识。

29日 自治县工会代表会议在县人大常委会主任会议室召开。会议审议通过《隆林各族自治县工会代表会议选举产生出席百色市工会第四次代表大会代表的办法》(草案)、总监票人、监票人建议名单、代表候选人名单。选举产生隆林县出席百色市工会第四次代表大会正式代表18名。

29—30日 深圳市罗湖区莲塘街道党工委副书记、人大工委主任谭启辉率街道党工委委员、莲塘商会企业人士一行到自治县调研脱贫帮扶工作,到对口结对帮扶点沙梨乡开展精准扶贫活动。先后参观沙梨乡万亩板栗、万亩油茶扶贫产业园和西贡蕉核心示范区,听取了沙梨乡建设及产业发展、脱贫攻坚情况介绍,就双方今后开展结对帮扶的项目进行商讨,莲塘社区党委、骏烨股份公司党支部分别和沙梨乡委敢村党支部签署党建共建合作协议。并向沙梨乡人民政府捐赠10万元精准扶贫慰问金,慰问30名留守儿童共计2.4万元和计生特困户、贫困户10户共1万元。

30日 乐业县党委常委、政法委书记冉福兵,乐业县政府副县长陈允刚一行到自治县开展网箱整治工作经验考察,双方重点围绕网箱养殖污染治理、网箱取缔拆除工作举措及后序综合管理等方面内容进行实地考察和座谈交流。

30—31日 自治区林业种苗管理总站站长李富福一行到国有金钟山林场自治区级杉木良种基地开展调研,了解国有金钟山林场杉木良种基地各项建设工作情况,并就如做好杉木良种基地今后发展工作方向做出指导。

11月

1—8日 自治县选派相关业务技术骨干8人到云南省普洱市参加国家卫生计生委举办的国家卫生城市(县城、乡(镇))创建工作培训班学习。全国爱卫会专家委员会组长何爱华采用互动的形式给大家生动地讲授健康中国、创建国家卫生城市的重要意义;如何创卫、如何迎接检查等创国卫相关专业技术知识。培训班还邀请军事医学科学院流行病微生物研究所媒介生物学和防治研究室副主任董言德,北京市疾控中心副主任曾晓芃等专家进行专业授课。同时培训班还进行现场考察学习,先后实地观摩了普洱市鸿丰精品集贸市场、农垦花园小区的规范性管理等场所。

2日 自治区移民工作管理局党组书记、局长韦朝永到自治县调研易地扶贫搬迁和水库移民安置有关工作，到德峨镇易地扶贫搬迁安置点、城西易地扶贫搬迁安置点了解群众入住率、后续扶持和住房建设进度等情况，到天生桥镇岩卡村尾三、那林、下寨、云上等屯查看“库区失稳隐患户”情况。

7日 上午，自治县人民医院携手医共体单位深圳市中医院、新州镇卫生院的专家和医生12人到新州镇岩楼村开展健康扶贫义诊服务活动，为贫困户提供中医推拿、妇科、儿科、内科、五官科等方面进行诊断，共免费测血压40余人次，提供健康咨询50余人次，免费发放宣传资料160份，环保袋100个，围裙50张。

同日 上午，自治区新闻出版广电局到自治县德峨镇保上村保上小学开展“党旗领航脱贫攻坚 你我同行”文艺联欢活动。其间向德峨镇保上小学捐赠图书、期刊1000册。

7—9日 农发行总行基础设施部副总经理于合军带领督查组对隆林县党政履行脱贫攻坚主体责任情况开展督促检查，先后到脱贫攻坚办指挥部、财政局、扶贫办、新州镇那么村、德峨镇三冲村和易地搬迁安置点、桂黔经济合作产业园区扶贫产业园等地查阅资料、走村入户，了解隆林县脱贫攻坚工作的现况和工作中存在的困难、问题。

8日 中共隆林各族自治县委员会第十四届常委会第41次会议在召开。会议审议《桂黔（隆林）经济合作产业园入园大道项目建设方案》、自治县坟墓搬迁补偿标准相关事宜、专题研究盘活存量土地工作、《隆林各族自治县学校食堂大宗食品原料定点供应商招标工作方案》、自治县粤桂扶贫协作优惠政策相关事宜、自治县对口扶贫协作项目与资金管理使用暂行办法、使用（EPC）工程总承包模式建设隆林各族自治县2018年深圳·隆林易地扶贫搬迁城西安置点“扶贫车间”就业产业园事项、自治县矿产公司改制方案、《城西易地扶贫搬迁城西安置点工程项目用地红线和规划方案局部调整》《隆林各族自治县农业产业扶贫贷款风险补偿基金管理办法》、政府隐性债务风险化解实施方案、自治县党委常委会扩大会议（扫黑除恶专题）等议题。

9日 自治县“2018年新闻写作培训班”在自治县委党校举行。邀请广西日报通联采访部主任庞东霞，右江日报社编委、编辑中心主任赵新伟，广西人民广播电台时政记者刘晓宇授课。来自全县宣传文化系统干部职工、各乡（镇）宣委，县直各部门、各乡（镇）通讯员，部分贫困村驻村第一书记、工作队员等共120多人参加培训。

同日 百色市教育基金会在隆林中学召开2018年资助两特学生助学金发放暨座谈会，会上广西永祥工程咨询有限公司捐助12万元助学金。百色市教育基金会理事长石卫武，副理事长李俊斌，自治县党委书记助理言东华以及爱心企业广西永祥工程咨询有限公司董事长王章权现场为受助学生发放助学金。此次两特学生助学金发放的对象是446名品学兼优、家庭贫困的学子，覆盖全县中小学困难家庭学生，发放金额90万元。他们将受到资助直至大学毕业。

14日 文化和旅游部《扶贫路上》音乐创作团队一行到自治县开展原生态音乐采风，先后到德峨镇张家寨参观苗族文化展示，现场观看苗族民歌和彝族民歌表演，与当地少数民族同胞进行交流互动；到新州镇观看哥依呵山歌、壮族八音坐唱等原生态民歌表演，还现场观摩了壮族衮服、苗族服饰制作技艺，深入了解自治县民歌、民俗、民情，为《扶贫路上》音乐创作采集创作素材。

16日 中铁二院工程集团有限公司副总工程师胡光常带领踏勘组专家到自治县开展高速铁路“百色至兴义（隆林段）”预可研工作，并召开项目预可研征求意见会，向自治县征求项目实施意见。先后深入平班镇扁牙村、共和村、新州镇含山村、天生桥镇坝索村开展站点选址考察、路线核对和资料信息采集等，完善项目预可研方案。

17日 自治县出台《隆林各族自治县人才引进工作暂行管理办法》，对人才引进范围、引进方式、激励办法、审批程序等方面作出明确规定。此外还就解决子女就学、安排家属就业、探亲休假等作出具体规定。

同日 自治县“广西隆林山樵饲料有限公司、隆林三冲茶叶有限公司、隆林天桥水泥有限公司”被自治区工商局授予2017年度“广西壮族自治区守合同重信用”荣誉称号。

18日 自治县“易地扶贫搬迁百色市深圳小镇（一期）”交房、入学、劳务招聘等工作现场会在自治县人民会场举行。此批次共安排自治县16个乡（镇）546户2403名贫困群众领到新房钥匙。其中来自新州、隆或、沙梨等乡（镇）的贫困群众现场领到新房钥匙。活动现场还同步进行2019年春季学期幼儿园、小学、初中入学报名登记及劳务招聘等工作。

19日 “广西金联胜实业有限公司年产10万吨高性能铝合金电工通信新材料项目”开工仪式在自治县新州轻工业集中区举行。

20日 “广西隆林天湖(天生桥库区)旅游景区总体规划征求意见座谈会”在自治县民族民俗文化展示中心二楼会议室召开。会议听取规范设计方(北京巅峰智业旅游文化创意股份有限公司)代表介绍项目规划基本情况,并就规划进行探讨、交流意见。

21日 国家督学、南宁学院原党委书记夏建军率自治区义务教育均衡发展评估专家组一行到自治县开展督导评估工作,在自治县民族民俗展示中心一楼会议室召开会议,听取百色市政府教育督导委员会对隆林县义务教育均衡发展核查情况及隆林县推进义务教育均衡发展工作情况汇报,就相关问题进行交流。会后,评估专家组还深入随机抽样学校实地评估检查。23日召开自治县县域义务教育均衡发展工作自治区级督导评估反馈会。

21—23日 自治区林业局、百色市林业局一行到金钟山国家级自然保护区开展保护区一期基础设施项目竣工验收工作。

22日 百色市委常委、宣传部部长、政府副市长黄彩毕到自治县调研控辍保学工作落实情况。

26日 “顺丰暖心”孤贫先心病患儿医疗救助项目在自治县人民医院举行启动仪式。由顺丰公益基金会、罗湖区卫生和计划生育局、深圳市儿童医院、自治县卫生和计划生育局联合举行。

29日 下午,中共隆林各族自治县委员会第十四届常委会第42次会议在自治县县委三楼会议室召开。会议学习《中国共产党纪律处分条例》,专题听取自治区成立60周年庆典全县信访维稳工作汇报和意识形态工作汇报;审议大中型水库非农业移民享受后期扶持资金同等待遇问题、采用EPC模式实施隆林至克长公路问题、《自治县2018年电子商务进农村综合示范方案》、自治县本级招商引资优惠政策暂行办法、隆自治县机构改革方案及实施意见等议题,通报2017年党政实绩考核情况

30日 自治县“2018年第四季度重大项目集中开工”仪式在自治县新州镇含山村泥浪屯举行。此次集中开工的重大项目共4个,总投资8.3亿元,分别为自治县民族高级中学、自治县第四中学、自治县第五小学、自治县第四幼儿园。

12月

4—5日 驻桂部分全国人大代表和自治区人大代表组成视察组到自治县开展集中视察活动,先后到沙梨乡岩偿村万亩油茶产业扶贫示范区、德峨镇三冲村三冲茶业有限公司进行视察,详细了解油茶和茶叶生产、销售、研发情况以及发展前景。

5日 “2018年百色市关爱女性‘两癌’保险工作表彰会暨2019年工作启动会”在自治县民俗展示中心召开。会议表彰关爱女性健康“两癌”保险工作成绩突出的单位,并现场赠送30名贫困妇女“两癌”保险。

同日 《隆林各族自治县天生桥水库辖区渔业产业发展规划(2018—2025)》通过专家组评审。

6日 百色市委副书记、政法委书记、市人大常委会党组副书记周武红到自治县调研精准扶贫工作,先后到猪场乡烂木干村瓦厂屯、德峨镇新街村、德峨镇移民安置点进行实地查看,详细解特色产业发展、易地扶贫搬迁安置、帮扶措施、保障措施及当前精准扶贫工作开展情况。并在德峨镇新街村召开调研座谈会,与镇村干部、党员、群众代表探讨研究下一步脱贫攻坚工作。

同日 自治县2018年基层党务干部业务培训班在自治县县委党校举办,各乡(镇)党委组织委员、组织干事、党建工作组织员、县直机关各党(工)委党务干部、党建工作组织员等50余人参加培训。

同日 农发行总行扶贫工作驻点市、县致富带头人交流会议在自治县举行。会上,自治县致富带头人做经验介绍,贵州、云南与会代表分别进行交流发言。

7日 自治县党政领导在县休闲广场开展公开接访活动,张启胜、杨科、廖锋安、罗忠胜、潘顺丹、龙涛、夏景超、赵隆生等自治县领导及县信访联席会议成员单位负责人参加活动。此次公开接访活动共接待来访群众22批149人次,共受理信访22件。

11日 下午,中共隆林各族自治县委员会第十四届常委会第43次会议在自治县党委会议室召开。会议审议《隆林各族自治县现代特色农业示范区建设增点扩面提质升级(2018—2020年)三年行动实施方案》、提高全县高龄老人生活补贴事宜、《隆林各族自治县2018年财政预算调整方案》等议题。

12日 上午,来自天生桥、岩茶、德峨、新州、沙梨、隆或、平班等七个乡(镇)的贫困村易地搬迁户2298户9989人在自治县城西易地搬迁安置点排队领取住房金钥匙。

同日 下午，自治县货运物流行业联合工会成立暨第一次会员代表大会在自治县交通运输局会议室召开。来自货运物流行业的26名会员代表参加会议。会上，货运物流行业联合工会筹备组长王军作筹备工作报告，选举自治县货运物流行业联合工会第一届委员会和经费审查委员会，并选举产生联合工会主席、副主席及经费审查委员会主任。

13日 自治县第十五届人大常委会第十八次会议在自治县人大会议室召开。会议听取和审议《自治县人民政府关于2018年预算调整方案的报告》《自治县人民政府关于2017年自治县预算执行和其他财政收支审计查出突出问题情况报告》《自治县人民政府关于全县砂石料市场管理工作情况的报告》《自治县人大财经委关于自治县2018年预算调整方案的审查报告》《自治县人大常委会关于2017年自治县预算执行和其他财政收支审计查出突出问题情况跟踪调研的报告》《自治县人大常委会调研组关于对全县及周边砂石料市场进行专项调研的报告》《隆林各族自治县人民法院关于开展司法体制改革、基本解决执行难、扫黑除恶专项斗争、公益诉讼等专项工作情况的报告》《隆林各族自治县人民检察院关于开展2018年公益诉讼等专项工作情况的报告》《隆林各族自治县非物质文化遗产保护条例(草案)》审议(三审)情况说明、个别代表出缺及相关情况报告等；表决通过《隆林各族自治县2018年财政预算调整方案》、张素兰辞去隆林各族自治县人大常委会委员职务、《隆林各族自治县人民政府关于提名卢军静同志挂任免职的议案》及个别代表有关情况说明。

同日 自治县全面启动“国奶”扶贫工程项目。该项目由北京联慈健康扶贫基金会出资，通过“国奶”扶贫工程项目，以2018年建档立卡预脱贫贫困户为重点，全额捐助160名困难家庭7~536个月的婴幼儿，每月可免费领取1罐安全优质的婴幼儿配方奶粉，直至孩子年满3周岁；遵照自愿原则，对一般家庭7~36个月无母乳或母乳不足的婴幼儿，给予差额资助，直至孩子年满3周岁；为全县0~3岁婴幼儿家长提供以优生优育、科学喂养知识为主要内容的健康教育；建立基层贫困儿童志愿者服务体系，基金会聘请儿童福利主任，并为合格的儿童福利主任每年给予一定的志愿者服务津贴。该项目涉及自治县16个乡(镇)179个行政村(社区)，3年内为全县2018年建档立卡预脱贫贫困户及一般家庭7~36个月婴幼儿全额或差额资助国产奶粉。

17日 截至当日，自治县财政收入完成6.84亿元，完成年初预期目标的100.15%，比上年财政增长8.04%，提前14天超额完成全年财政收入计划。

18日 上午，广西隆林银峰铝线科技有限公司改扩建项目开工仪式在新州轻工业园区举行。自治县人大常委会副主任卢吉方主持仪式。自治县政府副县长赵隆生致辞。项目企业负责人介绍项目概况。施工单位负责人作表态发言。自治县人大常委会主任韦世光宣布项目开工

20日 自治区应急管理厅党组书记许建忠一行到自治县调研安全生产工作，实地走访自治县消防大队、安监局，看望消防官兵、安监干部，分别了解各个队伍建设及安全生产综合监管等情况，并召开调研座谈会。

24日 截至当日，自治县引进招商项目共28个，项目总投资122.20亿元；在建招商引资项目11个，1—11月，自治县招商引资项目建设到位资金14.47亿元，完成年度指标任务的111.30%，其中自治区外境内到位资金9.72亿元，完成自治区外境内到位资金指标任务的108%，自治区内到位资金4.75亿元，完成自治区内到位资金指标任务的118.75%（百色市政府下达隆林2018年度招商引资指导性任务为：招商引资实际到位资金13亿元，其中自治区外到位资金9亿元，自治区内到位资金4亿元）。

25日 自治县档案馆珍品档案陈列室建成并正式对外开放。珍品档案陈列室位于档案馆二楼，展厅面积115平方米，布展方式为资料、照片、视频和实物档案。共陈列自治县各时期馆藏珍品档案资料照片120多份(张)和部分实物，各种简介说明文字1万多字，内容涉及馆藏概况、历史沿革、清朝时期、民国时期、建国初期、“文化大革命”时期和改革开放初期等资料。

同日 自治县“粤桂协作·消费扶贫”隆林黑山羊进深圳(华润超市)启动仪式在自治县电子商务服务中心举行。自治县党委副书记钟永锋出席仪式并宣布仪式启动。自治县党委常委、副县长陈东出席仪式并致辞。自治县政协副主席、对口帮扶协作办主任陈晓慧主持启动仪式。自治县领导赵乐欣、黄桂华出席启动仪式。当天首车200头隆林黑山羊，回收4户贫困户黑山羊1150余公斤，户均销售收入1万余元。

26日 自治县“加强非洲猪瘟防控工作”专题会在自治县政府

二楼会议室召开。会议通报近期全国非洲猪瘟疫情流行情况及自治县非洲猪瘟防控工作情况，传达12月11日全国、全自治区非洲猪瘟防控工作电视电话会议精神。

27日 广西金钟山森林生态系统野外科学观测研究站共建协议签署暨揭牌仪式在金钟山黑颈长尾雉国家级自然保护区管理局举行。由中国科学院植物研究所、北部湾环境演变与资源利用教育部重点实验室、南宁师范大学、右江民族医学院、金钟山保护区管理局等单位联合举行。该站成为广西第3个进入全国森林生态系统科学观测站的成员之一，也是百色市首家森林生态科学观测站。

28日 百色右江华润村镇银行隆林支行开业仪式在自治县城举行。

同日 在自治区政府批准自治区文化和旅游厅公布的的第七批自治区级非物质文化遗产代表性项目名录上，隆林辣椒骨制作技艺、隆林壮族背带制作技艺、隆林壮族蓝靛染布技艺、隆林壮族南盘江调入选该批名录。

29日 上午，中国农业发展银行党委副书记、副董事长、行长钱文挥在百色市鑫鑫大酒店会见自治县党政领导张启胜、杨科等成员，并召开座谈会。双方就隆林脱贫攻坚工作以及定点帮扶的重点进行交流。

同日 18.00时，受北方强冷空气影响，自治县辖区内克长河马至介廷乡公路K4–K11（布蒙至龙家朗丫口）、德峨镇至岩茶乡弄金公路K7–K13（张家寨至新街坡）、猪场乡水头至金钟山乡公路K4–K9（那弄沟至庆林坡）山区路段积雪结冰，自治县立即启动重大气象灾害（低温、雨雪、冰冻）IV级应急响应，督促各相关部门和广大人民群众做好防御工作；同时，交警、公路等部门及相关乡（镇）工作人员全力保障交通安全、畅通，确保人民群众生命财产安全。

隆林概貌

基本情况

【建置沿革】 距今5万年前的旧石器时代晚期,隆林各族自治县(简称自治县)就有古人类活动。春秋时期,隆林境域隶牂牁国。战国时期,隶属夜郎与句町国之间。秦代,隶属黔中郡,郡治在今贵州省。汉代,隶属益州的牂牁郡句町县。晋初,仍属句町县地,后属广郁县地。唐代,隶属岭南西道福禄州地。唐开元中开蛮洞设田州,天宝元年(742)改为横山郡,天宝六年复为田州,隆林隶属横山郡的武龙县。宋代,隶属泗城州的安隆洞。元致和元年(1328)置安隆州于兴义郡之南境安隆寨,隶属云南行省,建州当年即废为安隆寨,并改隶属广西行省来安路泗城州。明永乐元年(1403)即建文四年(1402)十二月,在今田林县旧州置安隆长官司,属泗城州,后直隶广西布政司。清康熙五年(1666)改土归流后,始置西隆州(州治在今田林县旧州),隶属思恩府所辖,雍正五年(1727)升为直隶州辖西林县;雍正七年(1729)西隆州治从旧州迁到隆盛里(现新州地名)为州府驻地;雍正八年(1730)复降为西隆州属泗城府辖。民国元年(1912),西隆州遂改为西隆县。民国2年(1913)8月,西隆县隶属田南道,民国18年(1929),西隆县直隶广西省政府,民国19年(1930),西隆县隶百色民团,民国23年(1934)3月,西隆县改隶百色行政监督区。民国24年(1935)1月,西隆县划出旧州、南角两乡隶田西县,10月,将苗冲、乌梅两乡分别易名为德化、长发乡。民国29年(1940)4月,西隆县隶属第十区行政督察专员兼保安司令公署。民国31年(1942)3月,西隆县改隶第五区行政督察专员兼保安司令公署。中华人民共和国建立后,1951年经国务院批准,将西隆县与西林县大部分合并成立隆林县,县治新州。1953年1月,实行民族区域自治,建立隆林各族联合自治区(县级),1955年改称隆林各族自治县。1963年划出那劳、那左、西平、古障、马蚌、八达6个人民公社,恢复西林县制。

【地理位置】 自治县位于广西西北部,地处滇、黔、桂三省区结合部,地理坐标为北纬24° 22′ ~24° 59′,东经104° 47′ ~105° 41′,东靠田林县,南接西林县,北以南盘江为界与贵州省兴义市、安龙县、册亨县毗邻。县境东西最大横距86千米,南北最大纵距59千米。县境由北部的大哄豹山脉和南部的金钟山山脉组成,两大山脉自西向东延伸,西南高,东北低,山岭连绵,层峦迭障,山峰与山谷纵横交错,地形复杂,山高谷深。最高峰斗烘坡海拔1950.80米,最低处是沙梨河与南盘江汇合处,海拔380米,最高与最低处垂直相差1570.80米。境内有土山区和石山区两大类。土山区面积2.46万公顷,占总面积的69.30%;石山区面积1.09万公顷,占总面积的30.70%。为广西西部边缘县、"钟鸣三省"之地。县人民政府驻地位于新州镇,距首府南宁市478千米、百色市220千米,距贵州省兴义市92千米。总面积3551平方千米。

【土地资源】 2018年,自治县土地利用现状为:土地总面积35.51万公顷,其中耕地5.08万公顷,园地1.02万公顷,林地22.81万公顷,草地1.44万公顷,城镇村及工矿用地7366.67公顷,交通运输用地2933.33公顷,水域及水利设施用地7926.67公顷,其他土地3万多公顷。园地主要分布在东部公路沿线的沙梨、新州等乡(镇);林地主要集中在金钟山为主的乡(镇);牧草地均由天然草地构成,其中平班镇面积最多;未利用土地约占17%~18%。

【矿产资源】 2018年,自治县境发现有金矿、锑矿、石灰岩矿、辉绿岩、水晶矿、石英岩(硅石)、铝土矿、铜矿、磷矿、锰矿、赤铁矿、菱铁矿、磁铁矿、黄铁矿、铅锌矿、汞矿、钼矿、泥页岩矿、萤石矿等20种矿藏。其中已查明10种矿藏储量及矿产地106处，其中大型矿床3处、中型矿床4处、小型矿床46处，矿（化）点53处。已探明的主要矿产资源有石灰岩矿、辉绿岩、铁矿、煤矿、锑、金，其它矿种地质勘查程度低，探明资源储量少。隆林生产的各种金属冶炼产品主要出口日本、韩国、巴西、美国，并销往国内的上海、广东、浙江等地。

【水资源】 2018年，自治县境河流属珠江流域西江水系。以金钟山山脉为南北分水岭。北侧属于南盘江水系；南侧属于右江水系。流入南盘江水系的河流流域面积2959.62平方千米，占总流域面积83.30%；流入右江水系的河流流域面积593.34平方千米，占总流域面积的16.70%。流域面积在25平方千米以上的地表河有21条。其中注入南盘江水系的有怀鲁河、领好河、祥播河、新州河、北楼河、那东河、乌冲河、那伟河、岩圩河、蒙里河、那前河、播立河、冷水河、马雄河、三道河15条。流入右江水系的有冷平河、龙英河、周帮河、岩茶河、介廷河、平利河6条。

【电力资源】 2018年，自治县水电资源丰富。全县大小河流118条。县境河流落差大，水力资源丰富，是国家实施“西电东送”战略的重要电源点。境内建有小型水电站21个，总装机容量55台，容量4.80万千瓦，其中县电网骨干电站9座，装机28台，容量3.71万千瓦；民营电站12座，总装机27台，容量1.09万千瓦。有国家重点水电站天生桥一、二级水电站和广西重点水电站平班水电站，其中天生桥一级站装机容量120万千瓦、天生桥二级站装机容量132万千瓦；平班电站装机容量40.50万千瓦，年发电量1.60亿千瓦时；拥有天生桥一级站1.80亿千瓦时、二级站5.30亿千瓦时优惠留成电量和平班水电站10%股份折合1.60亿千瓦时的电量；自然落差484米的冷水河现建有7个梯级电站，总装机容量3万千瓦时，年发电量1.50亿千瓦时。是全国第二批200个农村水电初级电气化县。

【生物资源】 2018年，自治县林业用地面积26.62万公顷，占全县土地总面积的75.66%。林业用地中有林地面积19.38万公顷，其中生态公益林面积11.64万公顷，经济林面积1.92万公顷，其他林5.82万公顷。活立木总蓄积量1044.64万立方米，森林覆盖率65.23%。人工用材树种主要有杉木、马尾松，经济林树种主要有油茶、板栗。境内有广西金钟山黑颈长尾雉国家级自然保护区、广西大哄豹自治区级自然保护区。有国家一级重点保护野生植物贵州苏铁、伯乐树，国家二级重点保护植物地皮枫、任豆、榉树、红椿、毛红椿、香果树以及50多种珍稀兰科植物；国家一级重点保护野生动物蟒蛇、金鹏、黑颈长尾雉、黑叶猴、林麝及国家二级重点保护动物虎纹蛙、黑冠鹃隼等共30多种。

【气候】 2018年，自治县平均气温19.70℃，与历年平均比偏高0.40℃，年极端最高温度37.80℃，出现在4月；年极端最低温度2.10℃，出现在2月9日和12月30日。总降雨量1072.80毫米，比历年平均雨量1149.20毫米偏少76.40毫米。雨量最高月为6月，雨量值295.70毫米。6月24日最大雨量86.90毫米。最长连续降水日数出现在10月12日至10月19日共8天；最长无降水日数出现11月22日至12月7日共16天。全年降雨139天。日照，年总日照1261.10小时，与历年比少310小时。

表1 **2018年隆林各族自治县温度(℃)相对湿度(%)表**

要素 年份	当年平均气温	历年平均气温	与历年平均偏高	年极端最高温度和出现月、日	年极端最低温度和出现月、日	年平均相对湿度	日最小相对湿度及出现月
2018	19.70	19.30	0.40	37.80/4.13	2.40/2.9、12.30	81	13/3.3

表2 **2018年隆林各族自治县雨量(毫米)表**

要素 年份	当年总降雨量	历年平均雨量	与历年平均雨量偏多	与历年平均雨量偏少	雨量高峰月及雨量值	一日最大雨量及出现月、日	全年降水日数（天）	月最多雨日及出现月份	月最少雨日及出现月份	最长连续降水日数及出现月、日	最长无降水日数及出现月、日
2018	1072.80	1149.20		76.4	6/295.70	86.90/6.24	139	6	2	8/10.12~10.19	16/11.22~12.07

表 3　　2018 年隆林各族自治县风速表(米 / 秒)表

要素 / 年份	平均风速	定时最大风速
2018	1.50	6.10

【水文】 2018 年,自治县水位年变幅 2.03 米,年平均水位 573.91 米,年平均流量 9.38 立方米每秒,与上年平均流量 9.89 立方米每秒相比较偏少 0.51 立方米每秒,偏少 5.20%。全县年平均降雨量 1418 毫米,与上年年平均雨量 1413.70 毫米相比偏多 4.40 毫米,偏多 0.30%。在 62 个降雨监测站中,降雨年总量最大的站为隆或站,雨量 1979 毫米;降雨年总量最小的站为红岩站,雨量 993 毫米。新州河出现洪水 2 场,出现时间分别是 6 月 24 日、8 月 7 日。新州河最大的洪水出现在 6 月 24 日,起涨水位 574.02 米,相应流量 9.85 立方米每秒,洪峰水位 575.63 米,洪峰流量 125 立方米每秒,水位涨幅 1.61 米。

【行政区划】 2018 年,自治县行政区划 11 个乡、5 个镇、175 个行政村、4 个社区,2619 个村民小组。其中,新州镇辖 13 个村、4 个社区、190 个村民小组;沙梨乡辖 7 个行政村,121 个村民小组;平班镇辖 17 个行政村、251 个村民小组;者保乡辖 13 个行政村、208 个村民小组。者浪乡辖 11 个行政村、129 个村民小组;桠杈镇辖 7 个行政村、96 个村民小组;天生桥镇辖 10 个行政村、224 个村民小组;革步乡辖 15 个行政村、178 个村民小组;金钟山乡辖 6 个行政村、87 个村民小组;猪场乡辖 8 个行政村、127 个村民小组。德峨镇辖 15 个行政村、290 个村民小组;隆或镇辖 15 个行政村、173 个村民小组;克长乡辖 13 个行政村、182 个村民小组;岩茶乡共辖 9 个行政村、158 个村民小组;介廷乡共辖 8 个行政村、104 个村民小组;蛇场乡共辖 8 个行政村、101 个村民小组。

【民族】 2018 年,自治县境内主要居住苗、彝、仡佬、壮、汉 5 个民族,是百色市唯一的少数民族自治县,也是全国仅有的 2 个各族自治县之一。苗族主要分布在德峨镇、猪场乡、克长乡、蛇场乡、岩茶乡等乡(镇),这些乡(镇)苗族同胞人数均在 1 万人以上,其次是新州镇、平班镇、者浪乡、桠杈镇、天生桥镇、革步乡、金钟山乡、隆或镇也有分布,全县只有沙梨、者保两个乡没有苗族村寨。按服饰语言不同分为偏苗、红头苗、花苗、白苗、青水苗和素苗 6 个支系。彝族主要分布在德峨、猪场、者浪、克长、新州、岩茶等乡(镇),其中以德峨最多,多数居住在石山地区。仡佬族主要分布在德峨、岩茶、者浪、克长、新州、蛇场、沙梨等乡(镇),其中分布最多的是德峨和克长。该县仡佬族主要分为 3 个支系:多罗支(郭氏)、哈给支和布流支(俫)支系。壮族是隆林古老的土著民族,主要分布于河谷盆地,聚居在新州、沙梨、平班、者浪、者保、天生桥、革步、克长、金钟山、岩茶、介廷等生产条件好的乡(镇),有少部分壮族和汉族、苗族、彝族、仡佬族杂居。汉族主要分布在隆或、天生桥、者保、桠杈、金钟山、蛇场、介廷等乡(镇)。隆林民族风情多姿多彩,苗族的“跳坡节”、彝族的“火把节”、仡佬族的“尝新节”、壮族的“三月三”排歌节等原汁原味的少数民族风情,少数民族服饰、蜡染、刺绣等手工艺品及黑粽子、羊瘪汤、辣椒骨、五色糯饭、枕头粑等民族风味小吃享誉自治区内外,隆林北路壮剧、隆林苗族服饰制作技艺、彝族祭送布谷鸟、族八音坐唱、彝族打磨秋等项目进入自治区非物质文化遗产名录,被誉为“活的少数民族博物馆”。

【人口】 2018 年,自治县总人口 43.55 万人。其中,汉族 8.59 万人,占 19.75%;少数民族 34.95 万人,占 80.25%。有苗、彝、仡佬、壮 4 个世居少数民族。其中,苗族 11.41 万人,占总人口 26.21%;彝族 4025 人,占总人口 0.92%;仡佬族 2855 人,占总人口 0.66%;壮族 22.77 万人,占总人口 52.28%,其他民族 821 人,占总人口 0.18%。

【语言】 自治县世居的 5 个民族都有自己的语言。同一个民族又因支系不同、分布不同而在语音上有一定的差异。不同民族也因杂居生活,语言互相交流,多能熟悉 2~3 种语言。在壮族地区多数熟悉壮语、汉语,苗族地区不同民族大多能用苗语、汉语交流,彝族地区以彝语为主,也会说苗语、汉语,县城能说壮语、新州话等。长期以来,壮族人民广泛使用汉语和汉文,而居住在壮族地区的汉族和其他民族大多数也会说壮话。县城通用“新州话”,虽有 90% 属西南官话,但带有明显的“土腔(壮语)。如“挖田”称“挖那”(那,壮语田之意)。这种特殊的语言正是多民族杂居互相影响和渗透的结果。仡佬族人数比较少,分布零星,会说本民族语言的也只是少数老年人,绝大多数人以汉语作为通常的交流工具,本民族语言近趋消亡,保存下来的也只是少量词汇。彝族保存有古彝文。

【宗教】 2018年末,自治县有天主教信仰人数约3402人,其中经过正式洗礼的信徒3042人,主要分布在新州镇、平班镇、者保乡、沙梨乡、介廷乡5个乡镇、29个行政村、101个自然屯。设有2个天主教活动场所,其中教堂1个(即者隘教堂;另外,自治县城望城坡教堂正在申办手续,占地约300平方米、建筑面积约1230平方米);1个专门活动室(即那立活动室),16个简易家庭聚会点。长驻自治县内的神职人员3人,其中神父1人,修女2人。另外成立有天主教爱国会,设主任1人(神父兼),副主任2人,专门管理宗教内部日常事务。

(黄 河 潘建长 陶德光 王小宁)

经济社会发展

【经济建设】 2018年,自治县实现地区生产总值比上年增长3.10%。其中第一产业增长3.60%,第二产业下降0.60%(工业同比下降0.80%),第三产业增长5%。人均地区生产总值1.48万元。财政收入6.88亿元,其中公共财政收入3.21亿元;公共财政支出3.28亿元。固定资产投资增长16.10%。社会消费品零售总额增长8.50%。外贸出口总额533.11万元。城镇居民人均可支配收入3.05万元,增长5.20%;人均消费性支出1.54万元。农村居民人均可支配收入9107元,增长8.40%;人均生活消费支出9779.20元。城乡居民年末储蓄存款余额56.91亿元。

【社会事业】 2018年,自治县民生支出28.67亿元,占一般公共预算支出的87.42%。城镇新增就业1318人,农村劳动力新增转移就业4932人。推进保障性安居工程,完成保障性住房建设3766套。实施全民参保计划,社会保险参保人数8076万人,城乡36.21万人参加居民基本医疗保险,参保率98.63%,实施51个基建项目及购置教育教学设备,办学条件改善。推进计划生育工作,跨省打击"两非"(非医学需要的胎儿性别鉴定、非医学需要的选择性别的人工终止妊娠)工作经验在全市推广。发展群众文化体育事业,自治县文体广电局被国家体育总局评为全国群众体育先进单位。

招商引资

【招商机构及概况】 2018年,隆林各族自治县招商促进局(简称自治县招商局)内设办公室、投资投诉服务中心、招商股、项目管理股4个部门,有人员编制20名,实有16人,办公地址在新州镇民权街200号。年内,百色市人民政府下达自治县招商引资到位资金指导性任务为13亿元,其中自治区外到位资金9亿元,自治区内到位资金4亿元。全县实际引进招商项目共29个,推进洽谈项目12个,项目总投资122.20亿元;在建招商引资项目11个,实现招商引资项目建设到位资金13.89亿元,完成年度指标任务的106.85%。其中自治区外境内到位资金9.14亿元,完成指标任务的101.56%,自治区内到位资金4.75亿元,完成指标任务的118.75%。

【投资环境建设】 2018年,自治县党委办公室自治县政府办公室印发《隆林各族自治县2018年招商小分队工作方案〉的通知》,自治县政府办公室印发《隆林各族自治县2018年重点产业大招商"百日行动"工作方案的通知》,建立招商引资项目代办服务平台、优化营商环境投诉举报平台、政企服务沟通平台"三大平台",优化隆林营商环境。

【招商引资推介】 2018年,自治县组织参加深圳推介会、第26届广博览会、第十五届中国中国—东盟博览会等大型会展外,举办庆祝隆林各族自治县成立65周年招商推介会、中国农业发展银行助推隆林各族自治县产业扶贫招商引资对接会等活动,共推介57个招商项目,签约引进28个引资项目,总投资122.20亿元,引进项目数和投资额分别同比增长52%和85%。

【项目引进】 2018年,自治县签约引进28个招商项目:旅游投资开发项目、铝深加工项目、金刚石线锯项目、隆衢中学项目、年产5万吨生物质颗粒项目、缫丝厂二期项目、百果园项目、旅游合作项目、隆林蚕丝项目、推动水果产业发展项目、茶行业协会合作项目、点筹网合作项目、年产2800千米电线电缆项目、广西隆林辉煌金属材料有限公司年产2万吨铜包铝芯线项目、贵州省黔南亮众皮革系列制品有限公司隆林皮革制品生产项目、碧桂园集团碧桂园·隆林综合体、隆林扶贫产业园区项目、隆林华润村镇银行、隆林腊仁旅游小镇项目、天津宝迪生态养殖示范基地暨“产业扶贫”项目、铝镁合金(丝)生产项目、隆林生猪养殖及农产品物流项目、隆林年产10万吨高性能铝合金电工通信高新材料项目、隆林教育扶贫基金项目、隆林美丽乡村综合能源项目、隆林仿野生中药材种植与加工康养旅游项目、隆林基础设施建设项目、隆林油茶种植及深加工项目。

【项目实施】 2018年,自治县推进实施重大招商项目11个,总投资额50.30亿元。其中,续建项目为万峰湖标准化养殖基地建设项目(一期)、隆林黑猪特色产业项目、隆林瑞福小黄姜种植与加工项目、隆林铝金属表面处理及延压加工项目、年产5万吨生物颗粒项目、隆林迷石田园综合体、隆林鹤东大道项目7个;新建项目为隆林农光互补科技扶贫产业园、广福·万象广场、年产2万吨铜包铝芯线项目、隆林煤电铝一体化项目20万吨铝水工程4个。

园区建设

【园区概况】 2018年,桂黔(隆林)经济合作产业园(简称产业园)抓住百色与黔西南州开展区域经济合作的机遇,围绕基础设施建设和产业发展布局两个重点,推进园区各项建设。年底,完成312.60公顷土地征用,征地范围涉及平班镇母姑村布东屯、那去屯、妈陇屯和民新村迷石屯那他社,其中213.87公顷兑付征地补偿款,办理土地转用指标17公顷。

【场地平整工程】 2018年,产业园按照发展规划,一期场地平整工程约42.67公顷,工程采取委托代建方式由百矿集团面向社会公开招投标,中标单位为广西十一冶建设集团有限责任公司。项目于2017年3月开工建设,至2018年底完成土石方开挖357万立方米,工程投资7473.47万元(含322省改道工程、爆破工程、排水涵洞工程等附属设施)。

【入园大道项目】 2018年,产业园入园大道项目起点位于县城鹤东新区规划路口,与省道S322公路相衔接,起点桩号K0+000,路线沿东北方向布线,终点至母姑村附近,终点桩号K6+338.70,线路全长6338.70米,路基宽度18米,行车道宽度15米,公路等级为二级,设计行车速度为每小时40千米。建设内容包括路基、路面、排水工程、桥涵工程、交通工程及管线设施工程等。项目概算总投资21787.11万元。至年底,完成74.53公顷的项目预征地,可行性研究报告批复,初步施工设计、审图及批复,用地预审、环评等相关前期工作。

(陈　志)

党政群团及直属企事业单位及其领导人

表4　**党政群团及直属企事业单位及其领导人名录**

单位	职务	姓名	职级	备注
自治县委领导班子	百色市政协党组成员、副主席,自治县委书记	张启胜	副厅	
	自治县委副书记、自治县县长	杨　科	正处	
	自治县委副书记、党校校长(兼)	钟永锋	副处	
	自治县党委常委、人民武装部副部长	张志文	正团	
	自治县委常委、自治县副县长	潘顺丹	副处	
	自治县委常委、统战部部长	杨登祥	副处	
	自治县委常委、宣传部部长、自治县副县长	申　毅	副处	
	自治县委常委、政法委书记	黄　云	副处	
	自治县委常委、纪委书记	黄玉勉	副处	
	自治县委常委、自治县副县长	陈　东	副处	挂职
	自治县委常委、自治县委办主任	夏景超	副处	
	自治县委常委、自治县副县长	赵乐欣	正处	挂职

续表 4

单位	职务	姓名	职级	备注
自治县委领导班子	自治县委常委、自治县副县长	潘乃师	正处	挂职
	自治县委常委、组织部部长	谢太良	副处	
自治县人大常委会领导班子	自治县人大常委会主任、党组书记	韦世光	正处	
	自治县人大常委会副主任	龚永超	副处	
	自治县人大常委会副主任、党组副书记	卢吉方	副处	
	自治县人大常委会副主任、党组成员	张恺婧	副处	
	自治县人大常委会副主任提名人选、党组成员、新州镇党委书记	施　斌	副处	
自治县人民政府领导班子	自治县委副书记、自治县长	杨　科	正处	
	自治县委常委、自治县副县长	潘顺丹	副处	
	自治县委常委、宣传部部长、自治县副县长	申　毅	副处	
	自治县委常委、自治县副县长	陈　东	副处	挂职
	自治县委常委、自治县副县长	赵乐欣	正处	挂职
	自治县常委、自治县副县长	潘乃师	正处	挂职
	自治县副县长	赵隆生	副处	
	自治县副县长、党组成员	黄桂华	副处	
	自治县副县长、党组成员	童江帆	副处	
	自治县人民政府党组成员、公安局局长、党委书记	王太兴	副处	
	自治县人民政府党组成员、广西金钟山黑颈长尾雉国家级自然保护区管理局局长、金钟山国有林场场长(兼)	蒋正杰	副处	
自治县政协领导班子	自治县政协主席、党组书记	黄子锋	正处	
	自治县政协副主席、党组副书记	张顺过	副处	
	自治县政协副主席	杨必飞	副处	
	自治县政协副主席、党组成员	黄世恩	副处	
	自治县政协副主席	陈晓慧	副处	
金钟山黑颈长尾雉国家级自然保护区管理局	自治县人民政府党组成员、广西金钟山黑颈长尾雉国家级自然保护区管理局局长	蒋正杰	副处	
自治县委办公室	自治县委常委、自治县委办主任	夏景超	副处	
	副主任、机要保密办主任(兼)	许万林	正科	
党委巡察办	主任	王雄光	正科	
	第一巡察组组长	杨显华	正科	
	第二巡察组组长	周顺国	正科	
	第三巡察组组长	周定明	正科	
	第四巡察组组长	张　燚	正科	
	第五巡察组组长	黄世承	正科	
	第六巡察组组长	虞静雪	正科	
机要保密办	主任	许万林	正科	
纪委、监委	自治县党委常委、纪委书记,监察委主任提名人选	黄玉勉	副处	
	纪委副书记、自治县监察委副主任	蒙绍文	正科	
	纪委副书记、正科级纪律检查员、监察委副主任	陈朝忠	正科	

续表 4

单位	职务	姓名	职级	备注
纪委、监委	纪委常委、正科级纪检监察员、监察委委员	吴小华	正科	
	纪委常委、正科级纪检监察员、监察委委员	周神锋	正科	
	纪委常委	蒋彦成	正科	
	纪委常委	张新文	正科	
	监察委委员	黄永彪	正科	
	监察委委员、正科级纪律检查员、纪检监察一室主任	杨朝文	正科	
组织部	自治县常委委、组织部部长	谢太良	副处	
	组织部副部长(正科长级)	韦　强	正科	
	组织部副部长、老干局局长(兼)	朱寿雄	正科	
	副部长、非公党工委书记(兼)、基层办主任	王林鹤	正处	
	组织部副部长、公务员局局长(兼)正科长级)	陆韬奇	正科	
远程办公室	组织部部务委员、远程办主任	韦文华	正科	
宣传部	自治县委常委、宣传部部长、自治县副县长	申　毅	副处	
	副部长、融媒体中心主任(兼)	林　斌	正科	
文明办公室	主任	覃志明	正科	
统战部	自治县委常委、统战部部长	杨登祥	副处	
	副部长、工商联党组书记(兼)、非公党工委副书记(兼)	邓红萍	正科	
	副部长	黄艳春	正科	
政法委	自治县委常委、政法委书记	黄　云	副处	
	副书记	李文学	正科	
	副书记	梁茂春	正科	
	副书记	陆宗发	正科	
信访局	政府办副主任、信访局局长(兼)	徐佐文	正科	
编委办公室	主任	岑艳香	正科	
	副主任	张顺刚	正科	
事业单位登记管理局	编委办副主任、事业单位管理局局长(兼)	巫林徽	正科	
直属机关工委	书记(空缺)			
老干局	组织部副部长(兼)、老干局局长、新农办主任(兼)	朱寿雄	正科	
人大机关	人大党组成员、办公室主任	韦达兵	正科	
	人大常委会办公室副主任	王朝林	正科	
	人大常委会办公室副主任	覃国华	正科	
	人大法制监察与内务司法委员会主任委员	岑　军	正科	
	人大财经委主任委员	黄色秋	正科	
	教科文卫与民族工委主任	吴建林	正科	
	选举联络工委主任	李玉鲜	正科	
	社会建设和农业农村与环资城建工作委员会主任	李政权	正科	
政协机关	党组成员、秘书长提名人选、办公室主任	李武华	正科	
	经济人口环保联谊外事和农业农村委员会主任	黄海壮	正科	

续表 4

单位	职务	姓名	职级	备注
政协机关	教科文卫体文史和学习委员会主任	陈隆英	正科	
	提案和民族宗教法制委主任	岑雄强	正科	
法院	自治县人民法院院长、党组书记	梁光辉	副处	
	党组副书记、副院长	梁　波	正科	
	党组成员、副院长、克长人民法庭庭长(兼)	梁绍山	正科	
检察院	自治县人民检察院检察长、党组书记	申书敏	副处	
	党组成员、副检察长	班应钦	正科	
总工会	自治县人大常委会副主任、党组副书记、总工会主席(兼)	卢吉方	副处	
	常务副主席	唐杰忠	正科	
团委	书记	黄　芳	正科	
妇联	主席	杨　翊	正科	
科协	党组书记、主席	王镜程	正科	
	副主席	罗光灿	正科	
	党组成员、副主席,秘书长(兼)	李建军	正科	
文联	主席	蔡　良	正科	
	副主席	覃世衡	正科	
残联	理事长	黄祖旺	正科	
	副理事长	杨行香	正科	
	副理事长	黄善存	正科	
工商联	工商联党组书记(兼)	邓红萍	正科	
社科联	主席	韦达书	正科	
党史办公室	主任	黄立英	正科	
	副主任	王仁海	正科	
档案局	局长	黄云峰	正科	
党校	自治县党委副书记、党校校长(兼)	钟永锋	副处	
	常务副校长	黄双令	正科	
政府办公室	党组成员、主任	陶世清	正科	
	副主任(正科长级)	杨俊平	正科	
	副主任、信访局局长(兼)	徐佐文	正科	
	副主任	李　彪	正科	
政府督查室				合并为党委政府督查绩效办公室
应急管理局	党组书记、局长	吴再杰	正科	
	党组成员、副局长	陈　瑄	正科	
接待办公室	主任	李顺仙	正科	
移民局	党组书记、局长	肖　兵	正科	
	党组副书记、副局长	黄家庆	正科	

续表 4

单位	职务	姓名	职级	备注
移民局	党组成员、副局长	李　忠	正科	
	党组成员、副局长	黄云忠	正科	
扶贫办公室	党组书记、主任	刘　杰	正科	
司法局	党组书记、局长	韦燮奕	正科	
	党组副书记、副局长	顾家敏	正科	
	党组成员、副局长	翟天军	正科	
		黄子斌	正科	
发政局	党组书记、局长	肖　兵	正科	
统计局	党组书记、局长	梁春云	正科	
工业和信息化局	党组书记、局长	张星军	正科	
	党组副书记、市场服务中心主任(兼)	王翰泽	正科	
	党组成员、副局长	韦必达	正科	
	党组成员、副局长	李勇学	正科	
市场服务中心	党组副书记、市场服务中心主任(兼)	王翰泽	正科	
商务局	局长	王俊文	正科	
教育局	教育工委书记、教育局党组书记、局长	杨胜奇	正科	
	教育工委专职副书记、教育局党组副书记、副局长	黄秀美	正科	
科技局	局长	李顺朋	正科	
民政局	党组书记	罗桂峰	正科	
	局长	虞静云	正科	
财政局	党组书记、局长	农良壮	正科	
	党组副书记、副局长	梁秋昌	正科	
卫生健康局	卫生健康工委书记、局党组书记、局长。	杨金良	正科	
人社局	人社局党组书记、局长	黄勇健	正科	
	党组成员、副局长	许顺成	正科	
社保局	人社局党组副书记、社保局局长	熊海仁	正科	
自然资源局	党组书记、局长、不动产服务中心主任(兼)	姚团结	正科	
	党组副书记、副局长	罗潮荣	正科	
文体广电局	党组书记、局长	覃贞木	正科	
	党组副书记、副局长	杨朝林	正科	
农业农村局	党组书记、局长	潘文高	正科	
	党组成员、副局长	辛荣高	正科	
	党组成员、副局长	骆弟祥	正科	
	党组成员、副局长	黄世峥	正科	
	副局长、蚕业办主任(兼)	王彩琴	正科	
水利局	党组书记、局长	林世能	正科	
	党组副书记、副局长	王新学	正科	
林业局	党组书记、局长	林世能	正科	

续表 4

单位	职务	姓名	职级	备注
林业局	党组副书记、副局长	王新学	正科	
	党组副书记、副局长	韦光贵	正科	
森林公安	林业局副局长(兼)、森林公安局局长、督查长	韦德辉	正科	
	政委	苏　林	正科	
	副局长	李教明	正科	
住建局	党组书记、局长	陆绍兵	正科	
交通局	党组书记、局长	罗前华	正科	
民族宗教事务局	党组书记	李景优	正科	
	局长、民语委办主任(兼)	陈国宇	正科	
	党组成员、副局长	杨朝方	正科	
审计局	党组书记、局长	吴林芳	正科	
环保局	党组书记、局长	黄显信	正科	
	副局长	班绍彪	正科	
市场监督管理局	党组书记、局长、食安办主任(兼)	彭明剑	正科	
	党组副书记、副局长、	王思庭	正科	
	党组成员、副局长	董　健	正科	
公安局	自治县人民政府党组成员、公安局局长、党委书记	王太兴	副处	
	自治县公安局政委、党委副书记	黄国章	副处	
	党委委员、公安局副政委	韦　勇	正科	
	党委委员、主任科员、副局长	田茂芳	正科	
	党委委员、主任科员、副局长	李传元	正科	
	党委委员、主任科员、副局长	周　巍	正科	
	主任科员、副局长	岑海成	正科	
	党委委员、副政委	黄云飞	正科	
自治县志办	主任	黄建新	正科	
机关事务局	局长	梁正林	正科	
	副局长	岑怒潮	正科	
烟办	主任	吴永卫	正科	
	副主任	李永顺	正科	
	副主任	杨玉龙	正科	
招商局	局长	黄立高	正科	
房改办(房产局)	主任(局长)	陆代传	正科	
调处办	主任	岑元辉	正科	
供销联社	理事会主任	陈　琦	正科	
乡村办	主任	黄明伟	正科	
人民医院	院长	阮清锋	正科	
卫生监督所	所长	倪尔江	正科	
疾控中心	主任	郑传金	正科	

中共隆林各族自治县委员会

【自治县党委机构概况】 2018年，中共隆林各族自治县委员会（简称自治县党委）设书记1人，副书记2人，常委12人，委员33人，候补委员5人，党代表292人。自治县党委机关内设办公室、组织部、宣传部、统战部、政法委、中共直属机关工委、机构编制委办公室7个工作机构和纪律检查委员会。自治县党委机关办公地址在新州镇民权街200号。

重要会议

【中共隆林各族自治县第十四届委员会第三次全体会议】 2018年1月15日—16日在自治县人民会场召开，出席会议代表302人（缺席16人）。大会议程：听取和审查中共隆林各族自治县第十四届委员会作2017年工作报告《迈进新时代　谋求新发展　为开创隆林脱贫奔康新业绩而努力奋斗》；审查中共隆林各族自治县第十四届纪律检查委员会2017年工作报告；审议中国共产党隆林各族自治县委员会第十四届代表大会第二次会议上党代表提案、意见、提议办理情况报告；审议2017年2月至2018年1月党费收缴、使用和管理情况报告。

【中共隆林各族自治县第十四届委员会第四次全体会议】 2018年1月15日在民族民俗文化展示中心一楼会议室召开。全会深入学习贯彻中共十九大精神；听取和讨论自治县党委常委会所作的工作报告；表决通过《关于召开中国共产党隆林各族自治县第十四届代表大会第三次会议的决议》；审议通过提交自治县第十四届代表大会第三次会议的《自治县党委工作报告》（讨论稿）和《自治县纪委工作报告》（讨论稿）。

【中共隆林各族自治县委员会常委会议】 2018年，自治县党委在隆林各族自治县民族民俗文化展示中心二楼党委会议室召开38次常务会议，即26~63次会议。会议由市政协副主席、自治县党委书记张启胜主持。

第26次会议审议自治县人民政府党组提交的2018年国民经济主要指标事项。

第27次会议审议中国共产党隆林各族自治县第十四届代表大会第三次会议相关材料、自治县第十五届人民代表大会第三次会议相关材料、政协隆林各族自治县第九届委员会第三次会议相关材料，《政府工作报告（送审稿）》。

第28次会听取禁毒工作情况汇报，审议自治县党委组织部提交的相关议题。

第29次会议审议自治县节假日值班带班补助相关事宜、易地扶贫搬迁城西安置点项目规划红线调整相关事项、自治县革命烈士公园项目后续工作相关问题、关于拨付鹤城东区土地开发平整工程款相关问题，《隆林各族自治县预发2017年绩效考评奖励方案》《200km金刚石线锯项目投资协议》《自治县年产2800km电线电缆项目投资协议》《自治县易地扶贫搬迁城西安置点项目调整规划方案》。

第30次会议传达学习中纪委领导在广西调研督导讲话精神，审议自治县鹤东大道新建工程征地红线相关事宜、隆林超细碳酸钙项目用地土石方平整相关事宜、2017年政法综治维稳防邪和平安建设工作先进集体和先进个人表彰事宜、2017年度自治县文明村镇（社区）表彰相关事宜、表彰自治县十四届党代会第二次会议优秀提案和承办先进单位相关事宜、自治县纪委提交的有关议题，《自治县鹤东大道路线走向设计方案》《2017年度全县“美丽广西”乡村建设（扶贫）工作分队、工作组和工作队员考核结果》《自治县抽借调乡（镇）基层干部现状及整改建议》。

第31次会议传达学习自治区党委书记、自治区人大常委会主任鹿心社在百色调研时的讲话精神，市委考察团赴井冈山、兰考县考察学习情况，百色市扶贫领域腐败和作风问题专项治理工作例会精神，审议《自治县人大常委会2018年工作要点》《自治县政协2018年工作要点》《自治区下达隆林2018年第一批中央和自治区财政专项扶贫资金项目计划》《2017年脱贫攻坚奖表彰对象推荐情况说明》。

第32次会议审议《2018年自治县领导联系推进重大项目(事项)责任制工作方案》《自治县天生桥、平班水库养殖网箱自拆奖励方案》《隆林各族自治县农业产业扶贫贷款风险补偿基金实施方案》《自治县设立党员能人创业发展基金工作方案》《关于表彰自治县"勤廉榜样"的决定》《关于表彰自治县2017年度党风廉政建设工作先进集体的决定》《自治县2018年统筹整合扶贫资金扶持贫困户产业项目发展实施方案》《自治县2018年度水果生产发展方案》以及自治县华隆开发投资集团有限公司董事会及监事会成员名单。

第33次会议专题传达学习宪法和《中华人民共和国监察法》及自治区党委常委、自治区纪委书记、自治区监委主任房灵敏在全区深化扶贫领域腐败和作风问题专项治理工作第一季度约谈会上的讲话精神。

第34次会议专题听取万峰湖库区水面整治工作情况汇报，并对下一步工作进行研究部署。

第35次会议专题传达学习自治区政协主席蓝天立到隆林调研讲话精神。

第36次会议审议《自治县2018年易地扶贫搬迁工作实施方案》《自治县鹤东大道新建工程EPC项目施工合同》《自治县2018年发展壮大村级集体经济实施方案》《自治县2018年政法工作要点》《自治县扫黑除恶专项斗争工作方案》《自治县扶贫领域腐败和作风问题问责办法(试行)》《自治县"7355"问责办法(试行)》以及2017年脱贫攻坚奖表彰对象名单和自治县机关公务移动通讯补贴相关事宜。

第37次会议传达学习习近平总书记在十九届中央政治局第五次集体学习时的讲话精神、《地方党政领导干部安全生产责任制规定的通知》的精神、《关于进一步激励广大干部新时代新担当新作为的意见》的精神，审议《挂牌出让坡南远地块到自治县华隆集团用于融资开发的请示》《隆林各族自治县公安机关警务辅助人员招聘方案》《自治县部分学校办学情况进行调整的决定的请示》和城西安置点2018年一期子项目"以购代建"采购商品房、自治县纪委监察委提供的相关议题和组织部相关议题。

第38次会议专题传达学习《全区社会稳定动态八项工作情况排名通报评分办法》，并听取政法工作汇报。

第39次会议传达自治区党委书记、自治区人大常委会主任鹿心社在《5月份以来我区发生多起学生溺水事件造成17人死亡》上的批示精神、审议《实施各级各类学校班主任岗位奖励性绩效工资及落实乡村教师生活补助标准》《义教均衡学校招标控制价及付款方式相关问题》《2017年度绩效考评结果、2017年度绩效考评结果运用兑现乡(镇)和县直机关年度绩效奖励方案及关于对隆林各族自治县受党纪政纪轻处分公职人员年终绩效奖励按比例发放的意见》和组织部相关议题。

第40次会议听取城乡风貌改造工作情况汇报、义教均衡发展工作情况汇报、通乡(镇)公路提级改造工作情况汇报。

第41次会议审议《隆林各族自治县房屋建筑和市政基础设施工程总承包EPC项目操作流程》《隆林各族自治县2018年度现代特色林业(核心)示范区创建工作方案》《自治县2018年度统筹整合使用财政涉农资金实施方案》《棚户区(危旧房)改造拆迁安置方案》《隆林各族自治县房屋征收补偿安置办法(试行)》《隆林各族自治县"7355"问责办法(试行)》《2018年度脱贫产业项目发展巩固扶持实施方案》《隆林各族自治县科级领导班子和领导干部2017年度考核结果评定方案》，鹤城东区地方开发平整项目预算的相关事宜、调整发行2018年新增政府债券资金项目相关事宜以及自治县纪委监察委、党委组织部提交相关议题。

第42次会议审议设立自治县教育扶贫发展投资基金相关事宜、出让"隆林欢迎您"A地块的相关事宜，《罗湖·隆林对口帮扶隆林黑猪扶贫产业园实施方案》《县城规划区违法用地违法建设行为处理办法(试行)》《2018年隆林各族自治县"两赛一展"活动方案》。

第43次会议传达习近平总书记在第十九届中央政治局第六次集体学习时的讲话精神、习近平和中央政治局委员、中央组织部部长陈希在全国组织工作会议上的讲话精神。

第44次会议专题传达学习自治区政府副主席方春明到隆林暗访反馈讲话精神。

第45次会议专题听取自治县第四轮巡察工作关于开展扶贫领域腐败和作风问题专项巡察工作汇报。

第46次会议传达自治区政府副主席方春明讲话精神、传达参加国务院扶贫办深度贫困地区激发内生动力专题研讨班学习情况、传达百色市党政代表赴四川考察学习情况，听取扶贫办汇报2017年自治县党政实绩考核情况、听取财政局汇报2017年扶贫资金绩效评价工作情况。

第47次会议听取扫黑除恶、打击农村赌博、禁毒严打三个专项斗争汇报，传达《广西巡视整改专题民主生活会实施办法（试行）》并汇报贯彻落实自治区党委第二巡察组反馈意见整改情况、传达全国宣传思想工作会议精神，审议《2017年全县村（社区）“两委”干部年度业绩考核结果》。

第48次会议传达全自治区脱贫攻坚作风建设年推进电视电话会议精神，通报宁夏回族自治区固原市委原常委、西吉县委原书记马志宏等人失职失责问题，听取扶贫领域作风建设年专项工作情况汇报，审议《2018年教师节表彰就教育工作系列先进集体、先进个人的请示》《庆祝第三十四个教师节活动暨2018年“三考”、中职招送生、中国扶贫基金会“加油计划”隆林项目区先进个人表彰会经费的请示》以及自治县党委组织部提交相关议题。

第49次会议听取城乡建设用地增减挂钩项目建设推进工作情况和自治县国土资源局关于利用石材产业助推脱贫攻坚的汇报。

第50次会议传达全自治区脱贫攻坚问题整改工作推进电视电话会议精神，传达学习习近平总书记关于宗教工作的重要批示指示精神及自治区、百色市宗教会议精神，审议华隆集团公司提交的相关事宜。

第51次会议传达学习《习近平扶贫论述摘编》，听取易地扶贫搬迁专责小组、产业发展专责小组、基础设施专责小组、控辍保学专责小组汇报。

第52次会议专题听取自治县人口计生工作年度工作任务指标完成情况、存在问题及工作建议等汇报。

第53次会议专题传达学习自治区政协主席蓝天立到隆林调研、开展精准扶贫精准脱贫调研工作座谈会上的讲话精神。

第54次会议听取自治县财政局汇报当前全县防范化解隐形债务工作情况，研究讨论相关事宜。

第55次会议专题传达学习贯彻习近平总书记关于脱贫攻坚重要讲话精神和李克强总理批示要求。

第56次会议专题听取全县前三季度经济运行情况汇报。

第57次会议专题听取自治县开展“扫黑除恶”专项斗争工作情况汇报及全县政法系统队伍建设深入推进全面从严治警“五查五整顿”专项行动工作情况，并就下一阶段工作进行安排部署。

第58次会议审议自治县坟墓搬迁补偿标准相关事宜、隆林各族自治县粤桂扶贫协作优惠政策相关事宜、研究盘活存量土地工作相关事宜、使用EPC（总承包）工程模式建设隆林各族自治县2018年深圳·隆林易地扶贫搬迁城西安置点“扶贫车间”就业产业园事项，《桂黔（隆林）经济合作产业园入园大道项目建设方案》《隆林各族自治县学校食堂大宗食品原料定点供应商招标工作方案》《隆林各族自治县对口扶贫协作项目与资金管理使用暂行办法》《自治县矿产公司改制方案》《城西易地扶贫搬迁城西安置点工程项目用地红线和规划方案局部调整方案》《隆林各族自治县农业产业扶贫贷款风险补偿基金管理办法》《政府隐性债务风险化解实施方案》。

第59次会议听取自治县国土资源局汇报当前全县城乡建设用地增减挂项目开发工作情况。

第60次会议传达学习自治区党委书记、自治区人大常委会主任鹿心社关于2018年国务院大督查发现问题整改工作的批示及自治区主席陈武、副主席秦如培在2018年国务院大督查发现问题整改工作电视电话会议上的讲话精神，中央和自治区党委领导对坚决纠正和严肃查处扶贫形象工作的批示精神，自治区中央环保督察“回头看”及固体废物环境问题专项督察反馈意见及鹿心社在中央第五环境保护督察组对广西开展“回头看”情况反馈会上的讲话精神和《中国共产党纪律处分条例》；审议大中型水库非农业移民享受后期扶持资金同等待遇问题，采用EPC模式实施隆林至克长公路问题，关于支付进城大道B段农民工工资有关事项、特岗教师、聘用教师控制数、高中教师、幼儿园教师、中等学校教师、自治县合同聘用教师、专职安全协管员享受伙食补助政策事项，《隆林各族自治县本级招商引资优惠政策暂行办法》《自治县“十三五”期间易地扶贫搬迁安置点入住户家具购置经费问题》《隆林各族自治县机构改革方案及实施意见》《自治县2018年电子商务进农村综合示范方案》。

第61次会议专题听取自治区成立60周年庆典全县信访维稳工作汇报。

第62次会议专题听取意识形态工作汇报。

第63次会议审议各分指挥部万峰湖库区水面综合整治工作经费和干部职工差旅费问题、提高全县高龄老人生活补贴事宜、自治县干部职工伙食补助一卡通（饭卡）限额消费和年底清零问题、县级财政代缴2014年和2015年退出户养老保险个人缴费补贴资金事宜、关于要求审定百色市总工会借款相关事宜、金钟山乡关于要求解决整屯搬迁对象自筹资金问题、支付自治县进城大道B段项目部分工程款事宜，《隆林各族自治县现代特色农业示范区建设增点扩面提质升级（2018—2020年）三年行动实施方案》《鹤城东区土石方平整项目（已完工部分）结算报告》《隆林各族自治县2018年财政预算调整方案》以及自治县人力资源和社会保障局相关议题和自治县党委组织部相关议题。

重大决策

【确定经济社会发展主要预期目标】 2018年，自治县党委印发《2018年工作要点》，确定全县经济社会发展的主要预计目标：地方生产总值完成54.49亿元，增长7%；固定资产投资增长13%；财政收入完成6.88亿元，增长8.63%；社会消费品零售总额完成19.28亿元，增长12%；农村居民人均可支配收入完成9283元，增长10.50%；城镇居民人均可支配收入完成3.07元，增长6%。

【推进“平安隆林”建设】 2018年7月10日，自治县党委办公室、自治县政府办公室印发《关于全力推进“平安隆林”建设优化营商治安环境的实施意见》，从同年7月始，开展为期三年全力推进“平安隆林”建设、优化营商治安环境大行动。以解决制约营商环境优化的社会治安突出问题，牢固树立以人民为中心的发展思想，主动作为，勇于担当，创新机制，全面加强社会治安综合治理，为隆林发展营造良好的社会治安环境。

【加强巡察工作】 2018年5月28日自治县党委办公室印发《隆林各族自治县2018—2022年巡察工作规划》，要求2018—2022年，全县巡察工作要科学把握政治巡察定位，坚定政治方向、坚持问题导向、坚守价值取向，结合基层党组织实际，聚焦全面从严治党，紧扣“六项纪律”，紧盯党的领导弱化、党的建设缺失、全面从严治党不力“三大问题”，紧抓重点人、重点事、重点问题“三个重点”的落实。

【发展百香果产业】 2018年5月21日，自治县党委办公室、自治县政府办公室印发《隆林各族自治县2018年百香果生产发展实施方案》，按照“县扶持、乡实施、群众主导”的总体思路，因地制宜发展百香果66.67公顷（1000亩），安排在新州、者浪、天生桥、平班4个乡（镇）种植，要求落实种植面积要相对集中连片，起到示范引领作用。

【棚户区（危旧房）改造】 2018年4月28日，自治县党委办公室、自治县政府办公室印发《隆林各族自治县棚户区（危旧房）改造工程实施方案》，从同年起，力争用3年时间，基本完成全县棚户区改造任务。其中，2018年拆迁改造占棚户区总量的70%，到2020年底前基本完成拆迁改造任务。

【深化医药卫生体制改革】 2018年1月31日，自治县党委办公室、自治县人民政府办公室印发《隆林各族自治县关于进一步推广深化医药卫生体制改革经验的实施方案》，自2017年起至2020年，建立比较完善的公共卫生服务体系和医疗服务体系、比较健全的全民医保制度、比较规范的药品供应保障体系和综合监管体系、比较科学的医疗卫生机构管理体制和运行机制，实现人人享有医疗卫生服务的目标，基本适应人民群众多层次的医疗卫生需求，促进人民健康与经济社会协调发展。

【履行全面从严治党主体责任】 2018年9月4日，自治县党委办公室印发《隆林各族自治县委员会履行全面从严治党主体责任清单》，强化主体责任，把“强化管党治党主体责任和监督责任”作为从严管党治党的主要措施，按照“抓思想从严、抓管党从严、抓执纪从严、抓治吏从严、抓作风从严、抓反腐从严”要求，推动全面从严治党走深走实，不断向纵深发展。

县委综合事务

【县党委办概况】 2018年，隆林各族自治县委办公室（简称自治县党委办）内设自治县党委信息中心、自治县党委政策研究中心、自治县保密技术检查中心、自治县党委值班室4个部门，机要局（国家密码局）、督查室、国家保密局属县委挂牌机构，归属县委办公室编制，共有行政人员编制13名、后勤服务事业人员编制10名，实有14人（行政编制11人，事业编制3人）。办公地址在新州镇民权街200号。

【办文办电办会】 2018年，自治县党委办做好文、电、会工作。办文坚持严把“三关”（起草关、审核关、收发关）。共办理县委隆发文件23件、隆委文件103件、隆办发文件61件、隆办通文件105件，审核文稿292件，传阅上级文件596份（秘级文件166个文号，自治区党委电子公文传输文件430个文号），均无差错。办电做到不误时、不误传、不漏办、不漏报，坚持24小时领导带班和干部值班制度，做到件件有登记，件件有着落，确保县委各项工作及时、准确地贯彻落实。办会根据不同会议规格和要求，做好会场布置、材料准备、会议服务、会议食宿等工作，共承办县委及全县政治、经济等重要会议30余个。

【综合协调】 2018年，自治县党委办做好统筹全局、协调各方工作，在加强本办各股（室、局）做好工作的同时，做好县委及全县的调查研究、综合协调，促进县委重大决策和各项工作开展。围绕全县经济社会发展中的热点问题开展调研活动15次，撰写调研报告10余篇。撰写汇报材料、领导讲话200余篇，共100万余字。

【信息报送】 2018年，自治县党委办落实信息工作“三项制度”（信息上报工作制度、信息工作例会制度、信息工作奖惩制度），信息报送做到及时、无误、不漏报、不瞒报、不误报、不迟报，为县委决策提供及时的信息参考服务。共向自治区上报信息496条，向市委上报信息251条，超额完成年度信息报送工作任务。

【督查工作】 2018年，自治县党委督查室按照县委重大决策做好督查工作。一是围绕县委重大决定开展重点督查。一年来牵头组织开展重大督查8次，编印督查通报，表扬先进、鞭策后进，使县委重大决策及时贯彻落实。二是紧扣领导批示件开展专项督查，跟踪督办领导交办及批示件11件，全部按时办理，并及时向领导及有关部门反馈督查情况，做到件件有回音，事事有结果。

【机要保密】 2018年，自治县党委办在做好自身机要保密工作的同时，加强对全县机要、保密工作的指导、督促和检查，严格机要保密文件的阅办、保管、清退、归档和销毁。机要人员坚持24小时值班，处理好机要保密件，全年没有出现泄密事件，确保县委与上级机关的工作联系和信息畅通。

（岑　坚）

组织工作

【组织工作机构概况】 2018年，中共隆林各族自治县委员会组织部（简称自治县党委组织部）内设办公室、干部股、组织股、调查研究室、干部调配股、干部监督股、干部教育股、人才股8个部门，共有人员编制12名，实有10人。下设远程办、党建办、考评办3个二层机构，非公党工委1个挂靠机构，村集体经济办1属管理事业单位。办公地址在新州镇民权街200号。

【基层党组织建设】 2018年，自治县党委组织部按照“一轴两翼沿湖南线”进行布带，计划利用三年时间创建5个基层党建示范带.年内，完成“五彩隆林”民族党建示范带创建工作，覆盖新州、德峨、蛇场、猪场等少数民族聚居的乡（镇），示范带共覆盖117个党组织，占全县基层党组织总数的22%；全面开展党支部“对标定级、整体提升”工作，发挥好百色基层党建管理平台“线上线下”双向监督作用，全县党支部建设逐步规范化、正常化、常态化；通过社会购买服务、公开招聘方式为16个乡（镇）党委和部分县直党（工）委至少安排1名基层党建组织员，共招聘30名基层党建工作组织员，充实各基层党（工）委党建工作力量；实施本县基层党建“234”年度工作计划，即实施“百名党员能人培育”“千名党员干部轮训”2项计划，开展基层党建“逐村逐乡观摩互评、整乡整县推进提升”、支部联建“1+1 > 2”、党建综合示范村创建工作活动，实施党建引领扶贫突破战、支部规范化建设升级战、壮大村级集体经济攻坚战、基础保障持久战4大战役，着力夯实基层党建基础，推动基层组织建设全面进步全面过硬。

【“两新”组织党建】 2018年，自治县党委组织部结合“百日攻坚”工作，新成立“两新”组织党组织7个（其中非公企业党组织3个，社会组织党组织4个），累计有非公有制企业党组织44个，社会组织党组织19个，非公有制企业党组织覆盖率84.9%，社会组织党组织覆盖率100%，“两个覆盖”巩固扩大提升；做好选派“两新”党建工作指导员工作，非公企业、社会组织党建工作指导员做到全覆盖。重点培育自治县离退休人员协会党支部等5个党支部，完成桠杈镇商会党支部、天生桥水上联合党支部2个软弱涣散党组织整顿转化工作；组织开展“采茶大比武，党员齐参与”等系列活动，提高支部党员参与党组织生活的积极性和主动性；抓好“两新”组织党员理论学习，开展“两新”组织党组书记、党务工作者培训理论学习，举办非公经纪人士参与脱贫攻坚专题等系列培训班，持续开展“关注党员成长·激发组织活力”大培训；全面推进“党旗领航·电商扶贫”工作和助力精准扶贫工作，深入实施“爱在两新·扶贫同心”助力扶贫行动。

【干部选拔任用】 2018年，自治县党委组织部在全县相关乡（镇）开展民主推荐、考察等环节并征求纪委监委、卫计、综治等部门政审意见后，对全县15名相关乡（镇）团委书记进行补充调整配备；完成16个乡（镇）工会的换届选举工作，推进乡（镇）妇联换届工作；配合百色市公安机关执法勤务警员与警务技术职务序列改革工作，完成全县公安机关执法勤务警员与警务技术职务序列改革工作；印发《隆林各族自治县领导干部容错纠错实施办法（试行）》，调动全县干部改革创新、攻坚克难的积极性；强化纪委监委力量，推进监察体制改革涉改部门干部转隶工作和监察委员会领导班子配备工作，重点从检察院反贪、反渎职等局转隶7名领导干部到纪委监察系统，并配备6名监察委员会领导班子，助推监察体制改革，提升干部队伍建设整体合力；派出工作组分别到16个乡（镇）和县直相关单位开展科级领导干部选任回访谈心谈话活动；持续开展选人用人突出问题专项整治，通过规范抽借调干部工作程序、强化抽借调干部日常管理、落实违规抽借调干部工作责任等方式，开展违规抽借调干部清理规范工作，理顺并整改71人，清退回乡（镇）21人，进一步规范干部抽借调管理工作；县委全年召开8次县委常委会研究人事安排议题，涉及调整领导干部176人次。

【优秀年轻干部队伍建设】 2018年，自治县党委组织部坚持以建设高素质专业化干部队伍为目标，立足于基层一线发现优秀年轻干部，以“新时代·新隆林、新担当·新作为”为主题召开2018年隆林各族自治县优秀年轻干部座谈会；抓好选调生和公务员招录和后续培养工作，选派选调生参加全自治区选调生培训和各级跟班学习。全年选派3名选调生到自治区、市级单位跟班学习，选派1名处级选调生参加全自治区党性修养专题培训班培训，选派4名科级选调生外出参加专题培训；加强对选调生的跟踪培养力度，注重基层实践锻炼和外派学习锻炼，促进选调生健康成长，全年选派5名选调生担任脱贫攻坚（乡村振兴）工作队员。

【干部监督管理】 2018年，自治县党委组织部抓好全县职务与职级并行工作，对全县第五批拟晋升职级人员按现任职务的管理权限进行审批38人。加强因公和因私出国审批管理工作，规范因公出国和因私出国审批程序；开展党政领导干部和国有企业领导人员承包经营农村土地问题专项清理工作，共有3名科级领导干部存在承包经营农村土地情况，全部办理清退手续；在全县开展超职数配备干部问题整治情况自查自纠，核定乡科级领导职数614人，其中实配541人，按照全县乡科级领导职务职数总数50%的比例可核定乡科级非领导职务职数307人，实配296人，没有出现新超配领导干部的现象；加强干部日常管理监督，坚持领导干部谈话、戒勉、函询制度和经济责任审计制度，定期对领导班子和领导干部的情况尤其是思想政治素质状况进行分析研究，力争把问题解决在萌芽状态；加强群众举报信访受理工作，针对部分信访难题推行“牵手结对”办访和“亲情联动”息访，形成干部监督股跟踪督办、分管领导指导督办、部务会集中审核督办的信访工作综合督办格局。全年共接受市委组织部转办信访件4件，其中书面信访材料2件，“12380”举报件2件，信访办结4件，办结率100%。

【人才工作】 2018年，自治县党委组织部牵头制定印发《自治县党委人才工作领导小组职责》《自治县党委人才工作领导小组工作规则》《自治县党委人才工作领导小组办公室职责》《自治县党委人才工作领导小组成员单位职责分工》4个制度，制定出台《自治县人才引进工作暂行管理办法》引才育才新措；与广西财经学院等院校搭建合作关系，会同该校组织80余名优秀骨干学生到自治县实践锻炼；选派到深圳市培训、交流学习的专业技术人才共45人，深圳市选派支援自治县的专业技术人才6人；完成2018年农村订单定向免费培养定向就业的医学生培养任务75人，其中本科医学生15人，专科医学生20人，中专医学生40人；开展“十百千”人才工程，引进10名左右急需紧缺专业技术人才，引进100名左右大学毕业生，培训1000左右名农村实用人才。

【党员队伍建设】 2018年，自治县

党委组织部抓好发展党员工作，新发展党员211人；利用百色基层党建管理平台，对全县510多个基层党组织和1.20万多名党员实施精准管理；制定印发《隆林各族自治县村（社区）干部管理办法（试行）》，继续推行农村党员积分管理制度，开展不胜任现职村干部调查摸底和调整撤换工作，全年共调整撤换12名村干部；开展党员民主评议工作，对评为不合格的12个党员给予相应组织处理；开展机关党组织和党员到社区“双报到”“双在”活动，深化“城乡联建、攻坚同行”活动，全县在职党员到社区报到2100多人次，为群众办好事实事165件，化解矛盾纠纷9件。

【“脱贫攻坚先锋行”活动】 2018年，自治县党委组织部启动开展“乡村振兴·争创五旗”活动，评出“产业兴旺红旗村”“生态宜居红旗村”“乡风文明红旗村”“治理有效红旗村”“生活富裕红旗村”等31个红旗村，发挥“红旗村”示范引领、激励带动作用，助推全县脱贫攻坚和乡村振兴工作；深入实施以“头雁引领”“堡垒筑强”“素质提升”“先锋示范”“基础保障”五大工程为主要内容的“脱贫攻坚先锋行”活动，共完成18个软弱涣散村党组织整顿工作，解决基层党组织战斗力不强、服务脱贫攻坚不力的问题；加强易地扶贫搬迁安置点党建工作，先后在鹤城新区、德峨镇成立2个党组织，把党组织建到脱贫攻坚一线；制定《自治县脱贫攻坚（乡村振兴）工作队员“大讲堂”》活动方案，举办各级各类村干部及村民合作社社长业务培训班8期，培训工作队员（含第一书记）2800多人次，培训村“两委”干部1655人次、党员6522人次，全县179个村（社区）党组织书记中有117名创办有致富项目，辐射带动462户贫困党员群众发展产业致富；制作工作队员公示牌9万多张、工作牌472张、连心服务卡近5000张、驻村工作手册600册，使每一位驻村工作队员主动亮明身份，接受群众监督。

【干部教育培训】 2018年，自治县党委组织部把学习贯彻中共十九大精神作为干部教育的主要内容，结合党性修养、政治素养、廉政教育、履职能力等方面开展干部教育培训。一是举办自治县县直副职领导干部学习贯彻习近平新时代中国特色社会主义思想和中共十九大精神培训班、全县科级领导干部学习贯彻习近平新时代中国特色社会主义思想和中共十九大精神专题培训班，联合贵州大学举办组工干部学习贯彻中共十九大精神专题培训班，全县43名组工干部参加培训，使基层组工干部不忘初心、牢记使命。二是在湖南大学举办1期优秀副科级领导干部履职能力提升专题培训班及1期领导干部履职能力提升专题研修班，全县96名领导干部参加培训。三是在延安南泥湾干部培训学院举办领导干部党性修养专题研修班，全县38名领导干部参加培训。四是结合深圳市罗湖区对口帮扶，选派乡（镇）党政主要领导、县直单位主要领导到罗湖区进行产业提升、精准扶贫政策专题培训，培训领导干部40名；利用三级农发行定点帮扶优势，选派农业、扶贫领域相关人员到苏州培训，培训领导干部48名；开展帮扶责任人培训，共培训干部7151人次。五是选派41名处级和100名科级领导干部参加上级部门组织举办的各类专题培训班学习；选调自治县16个乡（镇）的领导班子成员参加百色市乡（镇）党政领导干部脱贫攻坚专题培训班学习。

【党员远程教育】 2018年，自治县党委组织部抓好远程教育站点提升改造，更新完善软硬件设备，每月对全县的故障站点排查1次，各乡（镇）站点每月进行自查1次，共将26个站点的电视机更新为55寸智能液晶电视；抓好“八桂先锋”智慧党建手机APP（应用软件）的推广应用，全年“八桂先锋”手机APP注册用户为9690人，占全县党员总数的80%，点击量累计142万次，参加中共十九大精神知识竞赛1.27万人次；结合各乡（镇）远教站点实际，创建果蔗种植、西贡蕉种植、板栗种植等各类学用示范基地，创建自治区级示范站点1个、市级示范点1个、县级示范点3个；对远教站点管理员进行培训，利用党员远教信息平台开展党员大培训；摄制“不忘初心”百部系列党员教育电视片《覃书记养猪之路》和党员微故事《我是党员——敖德金》等；摄制上报《百色党建》栏目新闻题材共16条，被采用播报10条。

【基层党组织基础保障】 2018年，自治县党委组织部加强村级组织活动场所规范化管理，与县直相关部门联合下发通知，从规范硬件设施、规范工作制度、规范资料档案、规范“三会一课”（定期召开支部党员大会、党支部委员会和党小组会，按时上好党课）、规范管理使用等多方面下功夫，逐步规范村级活动场所使用管理，提高农村基层党组织凝聚力、战斗力和向心力；制定《自治县设立党员创业发展基金工作方案》，扶持5名党员发展产业，发放扶持资金23万元；发展壮大村级集体经济，整合各类涉农整合投入各类资金5013.28万元（贫困村3373.28万元、非贫困村1640万元）用于发展村级集体经济。全县以“因村施策、稳妥兜底、抱团发展、示范带动”为主要工作思路，通过采取“1+N”发展模式，探索公司引领、自我发展、股份合作、产业带动等发展模式，发展壮大村级集体经济。全县179个行政村（含社区）中有村级集体经济收入共179个村（贫困村占97个，非贫困村占82个），总收入546.37万元，村均收入3.05万元，完成集体经济空壳村“清零”任务，所有贫困村集体经济收入均达3万元以上。

【农事集办服务】 2018年，自治县党委组织部提升“一办三中心”（党政综合办公室、产业服务中心、社会服务中心和政策法律服务中心）、“农事村办”等村级便民服务平台功能，深化“农事集办”服务机制，拓展“六大服务”（党员服务、生产服务、文化服务、卫生服务、法律服务、政务服务）内容，组织村“两委”干部于当地乡（镇）赶集日集中办公，为前来赶集的群众办理低保、合作医疗、产业奖补、贷款等脱贫攻坚相关事宜，方便贫困群众办事。坚持选优配强服务队伍，加大扶贫力量精准投入，将扶贫力量精准前移到村屯一线。坚持健全网络科学管理，建立扶贫数据库，利用县乡村互联互通的网络办公系统，强化网上办公功能，通过在乡（镇）“一办三中心”设立“民情集中处理平台”，实现扶贫数据精准共享。坚持健全人员值班制度，落实绩效奖励。

【组织部门自身建设】 2018年，自治县党委组织部推进组织部门自身建设。一是抓好部机关学习教育。坚持示范带头，部党支部深入落实“三会一课”制度和“党员固定活动日”制度，采取部机关专题学习研讨、党支部或党小组组织学习、个人自学、微信公众号交流等方式，坚持组工干部上讲台制度，组织开展部机关集中学习活动12次，联合贵州大学举办组工干部学习贯彻中共十九大精神专题培训班，到百色起义纪念馆等开展“不忘初心　牢记使命”主题教育，开展谈心谈话30余人次，围绕中共十九大精神、十九届三中全会精神、新党章等内容开展专题学习讨论5次，部领导班子带头上党课4次，组织全体支部成员收看《十九大党章公开课》等节目，提升组工干部党性修养和专业能力。二是抓好组织部门文化建设，精心维护“党员活动室”和支部文化墙，打造本部深化领导班子建设年活动专栏展板，组织本部干部职工参加纪念建党97周年七一“党建杯”气排球比赛及自治县庆祝“三八”国际劳动妇女节108周年文艺晚会，增强组工干部创新工作的热情，营造良好机关文化氛围。三是抓好调查研究和宣传工作，开展广西党建研究会重点课题《以提升组织力为重点加强基层党组织建设研究》等课题调研工作，在全市首届党的组织生活情景案例评选暨知识竞赛活动中获情景案例评选一等奖、知识竞赛二等奖。全年共向自治区、市级以上刊物报送信息80余篇，被《广西组工信息》《人民网——广西频道》等自治区级刊物（网站）用稿6篇，被《右江日报》《百色组工》《百色党建》等市级刊物（网站）采用38余篇，向外宣传推广经验做法。

（黄秋玉）

宣传工作

【宣传工作机构概况】 2018年，中共隆林各族自治县委员会宣传部（简称自治县党委宣传部）内设办公室、理论股、宣传股、新闻股、未成年人思想道德建设股5个部门，有人员编制10名，实有10人，办公地址在新州镇民权街200号。隆林各族自治县精神文明建设委员会办公室（简称自治县文明办）在自治县委宣传部挂牌。隆林各族自治县对外宣传网络办公室（简称自治县外宣网络办）为宣传部二层机构，财政全额拨款，相当副科级事业单位，有人员编制5名，实有3人，办公地址在新州镇民权街200号。

【理论学习】 2018年，自治县加强理论学习工作。自治县党委中心组围绕中共十九届三中全会和全国“两会”精神等内容共组织集中学习4次，参学200余人次，处级领导干部及各单位科级领导撰写心得体会800余篇。按照“六有”的标准在179个行政村（社区）创建新时代讲习所，组织“双语讲习所”“流动讲习所”“摩托车队讲习分队”“党员夜课”、苗语讲堂开展巡回讲习活动，深入宣传党的理论和政策，推进理论宣讲常态化。其中，者浪乡者徕村首创的“空中讲习所”是全县理论宣讲新亮点，通过高音喇叭与调频发射向村民进行空中讲习，周边5千米范围内的群众不用放下农活，不用集中到场就可以在家里、在地头听到讲习内容。自治县四家班子领导到各县直单位（系统）、各乡（镇）、村（社区）新时代讲习所宣讲100余场次，各乡(镇)举办各类讲习活动500余场次,参学3万余人次。开展“我为隆林献一策”活动,征集到有效建议83条。开展调查研究,全县各级领导干部围绕脱贫攻坚、创新理论、生态文明、旅游文化、经济社会发展等方面开展大调研活动,撰写理论文章或调研报告400余篇。

【社会宣传】 2018年是改革开放40周年和自治区成立60周年,自治县党委宣传部做好相关宣传工作。一是利用户外大型宣传牌、LED(发光二极管)显示屏等宣传阵地为庆祝改革开放40周年、自治区成立60周年营造社会氛围。二是举办“聚力脱贫攻坚　共筑幸福隆林”征文、书画摄影作品展等活动,展示全县上下决胜全面建成小康社会的精神风貌,凝聚各族人民团结奋进的强大力量,共享改革开放40周年和自治区成立60周年的发展成果。三是先后配合中央电视台、广西电视台完成《一个都不能少》《壮美广西》《锦绣广西》等专题的拍摄,宣传推介隆林。

【新闻宣传】 2018年,自治县党委宣传部重点组织开展脱贫攻坚先进典型、万峰湖库区综合整治、深化领导班子建设年等三大新闻战役。定期发布新闻报道工作重点,指导各乡(镇)、县直各单位开展新闻报道工作,共在国家级媒体发稿30篇,自治区级媒体发稿100余篇,市级媒体发稿700余篇,广西隆林网发稿5000余篇,隆林电视台、电台发稿2000余条。11月9日,正式推出“五彩隆林”官方微信公众号,每天推出3~5条隆林新闻,扩大外宣影响力。

【社会风尚引领】 2018年,自治县党委宣传部组织开展社会主义核心价值观进机关、进农村、进社区、进学校、进企业、进军营“六进”活动,组织开展“隆林最美家庭”、道德模范等评选活动。弘扬宣传全国优秀法官黄登林、百色市道德模范人物杨必昌的典型事迹,以模范引领人、以先进鼓舞人,积德行善培育和践行社会主义核心价值观。向上争取扶贫电视,获得中央文明办免费赠送贫困户电视机38台。

【思想道德建设】 2018年,自治县党委宣传部推进文明单位道德讲堂建设,道德讲堂活动扎实开展。组织开展清明祭英烈、经典诵读、优秀童谣征集、参加百色市二十五届青少年爱国主义读书教育演讲和讲故事比赛等活动,组织“我们的节日”系列活动,加强未成年人思想道德建设;加强乡村学校少年宫项目建设。年内,新州镇、革步乡中心小学获中央专项公益金建设学校少年宫、自治县财政拨款70万元,开展自建沙梨乡、介廷乡、者保乡、桠杈镇、克长乡、蛇场乡中心小学等7个乡村学校少年宫,全县实现乡乡有学校少年宫。

【精神文明创建活动】 2018年,自治县党委宣传部推进创建文明城市活动。7月召开创建第八轮自治区(县级)文明城市动员大会,对全县创建文明城市作动员和部署。组织评选隆林各族自治县文明乡(镇)、文明村,评选出德峨镇等3个文明乡(镇)、猪场乡烂木干村等34个文明村。推荐评选文明校园工作,隆林中学、新州一小、民族中学、隆林二中4所学校获百色市文明校园。开展全县星级文明户评选工作,做到乡乡有试点,全县共开展913户星级文明户的评选工作。

(农其欢　田秀缘)

纪检监察工作

【纪检监察机构概况】 2018年,中共隆林各族自治县纪律检查委员会、隆林各族自治县监察委员会(简称自治县纪委监察委)履行纪检、监察两项职责,实行一套工作机构、两个机关名称的体制,内设办公室、预防宣教室、信访室、党风政风监督室、第一纪检监察室、第二纪检监察室、第三纪检监察室、案件监督管理室、案件审理室(案件申诉复查工作办公室)9个部门,行政人员编制32名(含党委巡察办、巡察组),政法专项人员编制10名,核定领导职数9名,实有30人。办公地址在新州镇民权街200号。有自治县纪委派驻纪检组11个,行政人员编制33名,政法专项人员编制3名,实有33人。乡(镇)纪委纪委书记16人,监察室16个,村(社区)村务监督委员会179个。

【中共自治县第十四届纪律检查委员会第三次全体会议】 2018年3月7日,中国共产党隆林各族自治县第十四届纪律检查委员会第三次全体会议在县城召开,出席全会的自治县纪委委员21人,列席138人。会议以习近平新时代中国特色社会主义思想为指导,学习领会中共十九届中央纪委二次全会、自治区纪委十一届三次、四次全会和市纪委四届三次全会精神,总结2017年纪检监察工作,分析当前形势,部署2018年工作任务。审议通过杨付文代表自治县纪委常委会所作的《忠诚履职　实干担当　决战贫困决胜小康营造风清气正的政治生态努力奋斗》工作报告。市政协副主席、自治县党委书记张启胜出席全会第一次大会并讲话。

【国家监察体制改革试点】 2018年,按照中共中央作出全面推进监察改革试点工作重大决策,撤销隆林各族自治县监察局,撤销隆林各族自治县人民检察院反贪污贿赂局、渎职侵权检察科、职务犯罪预防局。组建隆林各族自治县监察委员会,与中共隆林各族自治县纪律检查委员会合署办公。中共隆林各族自治县纪律检查委员会、隆林各族自治县监察委员会简称自治县纪委监察委)履行纪检、监察两项职责,实行一套工作机构、两个机关名称的体制。1月19日,隆林各族自治县第十五届人民代表大会第三次会议投票选举杨付文当选隆林各族自治县监察委员会主任;22日隆林各族自治县监察委员会与纪委同处挂牌。自治县检察院转隶共7人,其中1人任监委委员,安排4人为责任室负责人,2人为责任室干部。

【党委主体责任落实】 2018年,自治县纪委监察委坚持把协助党委落实党风廉政建设主体责任作为首要政治任务,牵住党委(党组)主体责任、党委(党组)书记第一责任人这个“牛鼻子”,印发《中共隆林各族自治县委员会履行全面从严治党主体责任清单》,明确自治县党委领导班子集体和主要负责人责任,加强对党风廉政工作的统一领导。年内,自治县党委共组织专题会议研究部署党风廉政建设工作4次,听取全县党风廉政建设情况汇报4次,召开下级党政主要领导履行党风廉政建设主体责任约谈会2次,推动全面从严治党向基层延伸。

【纪律审查】 2018年,自治县纪委监察委完善纪律审查协作机制,把16个乡(镇)和11个纪检组分成6个办案协作区,按照“统一管理,统一调度”的原则,实现乡(镇)纪委、各派驻纪检组与委机关协作办案。年内全县立案155件,处分违纪党员干部137人,移送司法机关1人,挽回经济损失682.80万元。

【巡视反馈意见整改】 2018年,自治县纪委监察委着力整治中央、自治区党委巡视、巡视“回头看”,百色市涉及扶贫领域巡察反馈问题以及上级部门组织的各类专项督查、检查、巡察等反馈存在的问题。至年底,中央巡视组对广西2014年巡视、2016年巡视“回头看”移交隆林县问题线索15条,已全部完成处置,其中,信访了结6条,给予党纪政务处分7人,诫勉谈话2人。涉及扶贫领域巡视、巡察反馈隆林县问题线索3条,涉及扶贫领域干部问题线索4条,上级部门组织各类扶贫专项督查、检查、巡查反馈隆林县问题线索51条,全部完成整改。

【巡察工作】 2018年,自治县党委启动两轮巡察工作,深入全县有扶贫工程项目和涉农惠农资金的16个县直单位和58个深度贫困村开展全面巡察。第一轮巡察发现问题87个,其中问题线索49个,纪委监委立案14件,党纪政务处分13人,其余问题线索在进一步调查核实;第二轮巡察发现的问题线索在收集整理中。

【纪检监察机关自身建设】 2018年,自治县纪委监察委抓好自身建设工作,提升队伍履职能力。一是推进国家监察体制改革试点工作。按照中共中央全面推进监察改革试点工作这一重大决策,狠抓各项工作落实,如期完成监察委员会组建工作。二是加强业务知识培训。组织开展各种业务培训活动,全县纪检监察干部普遍轮训一次以上,业务素质和履职能力提升。三是深化派驻机构管理。制定派驻机构相关配套制度,加强队伍管理,充分发挥派驻监督的“探头”作用。四是按照自治区、市纪委要求,执行“五不准”的相关规定,清理全县纪检监察机关参与议事机构,聚焦主责主业。五是抓好干部廉政教育。强化领导年度考核,要求党员领导带头学习政治理论和政策法规,作“廉政承诺”,党政“一把手”带头述职述廉,为党员干部作出表率。推选5名勤廉榜样工作者,发挥先进典型引领作用。开展警示教育,组织领导干部80余人到钦州监狱开展现身说法教育,组织县直单位主要领导、村两委班子成员240余人旁听法院庭审涉恶案件,开展现场学法警示教育。开展专题教育,传达贯彻上级有关党风廉政建设的重要文件和会议精神30余次,宣讲廉政党课23堂,受教育4200余人。与开展家庭助廉结合,引导科级以上领导干部带头搞好家庭、家教、家风,教育管理家庭成员,自觉抵制不良风气。通过案件通报曝光和知识测试等方式,深化学习教育效果,共通报曝光各类违纪典型案件13批37起50人。六是抓好干部作风建设。开展监督检查,聚焦群众反映强烈的形式主义、官僚主义突出问题,开展自查自纠、监督检查和落实整改工作,共检查发现突出问题2个,完成整改2个。加强制度建设。修订《关于进一步贯彻落实中央八项规定精神的实施办法》,制定《隆林各族自治县扶贫领域工作问责办法(试行)》《隆林各族自治县“7355”问责办法》,严明党员干部“六项纪律”,提高各级领导干部的责任担当,推进自治县党委、政府决策部署及各项工作的落实。共查处违反中央八项规定精神和“四风”问题案件26件,给予党纪政务处分24人。工作信息被区纪委传媒采用25篇,被市级传媒采用25篇。

【扶贫领域腐败和作风问题专项治理】 2018年,自治县纪委监察委以开展扶贫领域腐败和作风问题专项治理工作及扫黑除恶专项斗争为抓手,严厉打击发生在扶贫领域的腐败行为和作风问题,切实筑牢扶贫脱贫工作纪律防线。把惩治“蝇贪”同扫黑除恶结合起来,坚决查处涉黑腐败,深挖黑恶势力“保护伞”,打掉黑恶势力背后的政治靠山,维护广大人民群众的根本利益。全年查处扶贫领域案件94起,给予党纪政务处分83人,诫勉谈话5人,涉案金额597.80万元,追缴金额345.60万元,退还群众违纪款15.05万元;查处扫黑除恶方面案件5起,开除党籍5人。

【信访举报】 2018年,自治县纪委监察委重视信访举报工作,拓宽信访渠道,处置好群众信访诉求。全县纪检监察机关共接受信访举报239件,信访处理率100%。其中受理扶贫领域腐败和作风问题91件。

(杨艳梅)

统一战线工作

【统战工作机构概况】 2018年,中共隆林各族自治县委统一战线工作部(简称自治县党委统战部)内设办公室、中共隆林各族自治县委对台工作办公室、隆林各族自治县光彩事业管理中心3个部门,有人员编制5名,实有5人。其中,统战部办公室有人员编制1名,实有1人;光彩事业管理中心有人员编制3名,实有3人;对台办公室有人员编制1名,实有1人。办公地址在新州镇民权街200号。

【统战理论研究】 2018年,自治县党委统战部成立以统战部主要领导为组长、相关人员为组员的统战理论研究组,开展统战理论调研和实践创新工作。完成“非公经济营商环境建设”“创新民族地区社会治理促进民族团结的法治保障——以隆林各族自治县为视角”“以习近平统战思想指导民族边境地区统战工作”3个统战理论课题研究和《民族团结实践》创新项目。

【统战宣传信息】 2018年,自治县党委统战部上报的信息被《自治区统战信息》采用7条(篇),被《百色市统战信息》采用21条(篇)。获2017年度全自治区统战宣传信息工作三等奖;全市2017年度统战宣传信息工作一等奖;1人获自治区、百色市统战系统优秀信息员。

【党外人士队伍建设】 2018年,自治县党委统战部贯彻中共中央《关于加强新形势下党外代表人士队伍建设的意见》,推进党外代表人士队伍建设工作。5月26日至6月1日,通过“走出去”的方式,组织科级党外干部43人赴清华大学举办综合素质提升培训班1期,进行中共十九大、当前宏观经济与形势、新时期多党合作理论与参政议政工作、“一带一路”、领导者言语表达艺术、政务礼仪与形象塑造等七个专题课堂教学课程,使党外干部开阔视野,提高政策理论水平和实际工作能力。

【党外人士参政议政】 2018年,自治县党委统战部加强与党外人士的联谊交友,通过座谈、学习、工作调研等形式,加大与党外代表人士的沟通联系,搭建参政议政平台,引导党外人士建言献策。年内,党外人士通过人大、政协会议提交人大议案和政协提案共27件。党外干部24个政府工作部门中有8个部门共配备10名党外领导干部,超过自治区、市规定比例13.30个百分点,其中自治县政府工作部门配备正职党外干部3人。

【台湾工作】 2018年,自治县党委台湾工作办公室(简称自治县党委台办)贯彻执行党和国家对台的工作方针政策,发挥“组织、指导、管理、协调”职能,开展对台宣传和涉台教育工作;做好台胞大陆居住证办理服务工作;处理台胞、台属、台商的来信和来访接待工作,维护台属和来访台胞合法权益。台湾民意代表立法委员廖国栋,率领台湾少数民族交流参访团参加隆林彝族火把节活动,在自治县举办桂台少数民族文化交流活动,两岸同胞欢聚一堂共庆节日,商讨发展。获市台办“2018年度对台交流工作先进单位”“对台‘六个一’活动先进单位”“2018年度对台信息宣传调研工作先进单位”等称号。

【宗教工作】 2018年,自治县党委加强宗教工作的组织领导。自治县党委常委会议听取宗教工作汇报1次,组织召开宗教联席工作会议2次，明确宗教各成员单位工作职责，形成工作合力，共同做好全县宗教领域和谐稳定工作。开展宗教政策法规学习宣传活动。利用宗教联席会议集中学习、广场展板、发放学习资料等形式，加强普及宗教政策和法律法规知识，推动中共宗教政策全面贯彻落实，为宗教工作的开展营造法治环境。帮助全县16个宗教聚会点建立和完善宗教场所标准、场所活动管理制度、教务管理制度、宗教场所管理细则、宗教聚会点自检自律制度，并抓好制度的贯彻执行，提高宗教活动场所依法管理水平。在县城所在地新州镇、者保乡、沙梨乡3个聚会点，分别制作宗教事务条例解读宣传牌7块。

【非公有制经济工作】 2018年，自治县党委统战部开展“非公经济服务平台”注册认证工作。全县共有非公人士1312人完成注册认证工作。企业通过平台反映诉求31条，各职能部门均回复办结，为企业解决问题困难，满意度93.55%。加大对守法诚信、创新创业、转型升级的典型企业和典型人物的宣传，推荐在履行社会责任做出重大贡献的优秀企业和非公经济人士参与全县脱贫攻坚工作表彰，在全社会营造重视非公经济的氛围。年内有10家非公企业被评为自治县“脱贫攻坚十佳民营企业”。组织第七届工商联执委到贵州晴隆、百色起义纪念馆开展2期“不忘创业初心、接力改革伟业”理想信念教育活动；组织县非公有制经济人士80人参加全市非公经济人士纪念改革开入40周年红歌比赛，并获二等奖。7月13日，组织工商联（商会）企业家副主席（副会长）、执委及会员企业等50余名非公企业家，开展以“庆祝建党97周年暨改革开放40年·乡村振兴大家谈”为主题的非公企业家学习讲座活动。11月1日—2日，组织参与扶贫的社会组织、非公经济组织业务负责人共68名，在县委党校举办1期非公经济人士参与脱贫攻坚专题培训班，引导非公企业为全县打赢脱贫攻坚战做贡献还开展法律服务进企业活动，邀请县检察院副院长班应钦为非公企业家进行“守法诚信”专题法律讲座，增强企业维护社会稳定和市场经济秩序、自我保护、遵纪守法意识。开展春节走访慰问非公企业活动，增进与非公企业之间的相互了解沟通。

【脱贫攻坚】 2018年，自治县党委统战部调动社会各方面的积极性，组织和引导统一战线成员投身全县经济社会建设。一是继续实施“千企扶千村”活动。引导动员非公企业对口帮扶建档立卡贫困村，助推全县决胜脱贫攻坚，共有35个企业与35个贫困村开展结对帮扶工作，各企业结合自身优势，通过产业扶持、提供就业岗位、医疗下乡、捐资助学等方式开展帮扶工作。隆林昌隆服装有限公司通过“扶贫车间”，为隆或镇马宗村贫困群众提供就业岗位30个，群众通过就业每月可增收约1500元。二是组织开展全国扶贫日扶贫资金募捐工作。在全国第五个扶贫日活动中，共组织企业、组织和社会各界爱心人士177家（人）献爱心，认捐资金及物资折合人民币共203.50万元。同时完成市委统战部下达的“同心水柜”募集任务25万元。三是加强粤桂对口帮扶工作。利用广东与广西对口扶贫协作机制的优势，加强隆林县与深圳两地统战部门的联系和协作。2月24日—25日，联合县人社局、县工商联、团县委等单位，以隆林苗族跳坡节为契机，与深圳罗湖区工商联及东莞市广西商会跨界对接，组织深圳、隆林两地用工企业分别在县城和德峨镇举办“粤桂协作·就业帮扶”招聘会2场，深圳罗湖区、东莞市广西商会以及隆林县非公企业等37家用工企业到现场参加招聘，提供4000个就业岗位，达成就业意向1087人，达成培训意向308人。四是引导社会各界爱心人士为全县脱贫攻坚献智出力。2月5日，百色浙江商会到隆林县德峨镇开展关爱留守儿童和孤寡老人活动，向留守儿童捐赠冬衣120件，向孤寡老人捐赠毛毯60床，价值7万元，捐赠慰问现金8万元。8月4日，深圳市湖贝股份公司一行到革步乡平安村开展扶贫共建交流活动，向平安村贫困小学生捐赠价值2万余元的爱心书包、爱心文具等学习用品。五是做好统战部挂点联系村帮扶工作。坚持每月组织干部职工深入结对帮扶贫困户家中开展扶贫工作。指导红岩村、者彦村、弄保村、者江村做好各项脱贫工作。在统战部机关开展扶贫捐赠活动，为红岩村筹集扶贫资金2200元。 （王文涛）

机关党建

【机关党建机构概况】 2018年，中共隆林各族自治县直属机关工作委员会（简称自治县直属机关工委）内设1个部门，有人员编制4名，实有3人，办公地址在新州镇民权街200号。

【机关党组织建设】 2018年,自治县直属机关工委抓好机关党组织建设工作。一是规范党费收缴工作。要求机关各级党组织,严格做好党费收缴管理工作,制定统一规范的党费收缴标准,制作成自动计算表格让各支部便于操作,全年收到上缴党费41.13万元,如期足额上缴县委组织部。二是配合自治县纪委监察委,对涉嫌违法违纪党员干部开展调查并最终作出处理结果。共调查17人,其中受警告处分11人、严重警告3人、留党查看2人、撤销党内职务1人。三是开展党员组织关系集中排查。在县委组织部的统一领导下,通过多方寻找并转移党员所属党组织关系,撤并18个改制企业支部,提升4个党支部。四是新发展党员18人,完成年度发展党员计划。同时,预备党员转正25人。五是做好党员信息库维护和党内报表统计工作。选派专人按照要求和规范做好信息采集、录入工作,同时发挥信息库在党员统计中的作用,做好数据审核、汇总。

【培训教育】

党务干部培训 2018年3月29日—30日,自治县直属机关工委在县委党校开办2018年直属工委党务干部培训班。该班以县直机关党支部组织委员的业务工作为重点,聚焦"三会一课"和"党日"活动,严肃党内政治生活。共安排《十九大精神解读》《广西发展党员实务》《党组织及党员日常管理工作》《百色党建平台管理与维护》《全国党建平台管理与维护》《网上缴纳党费创新》等课程,来自自治县直属机关工委、公安局党委、国税书党委、地税局党委及部分卫计工委的支部组织委员共100余人参加培训。

入党积极分子培训 2018年5月24日—25日,自治县直属机关工委在自治县委党校举办2018年入党积极分子培训班。采用课堂授课、远程教学、心得分享座谈、自学等多种形式进行教学,有党章总述、党的组织、共产党员、党的纪律、发展党员程序、成长与挑战等近20个教学内容。通过培训,学员们加深对党的知识、党的历史、党员义务和权利等方面的系统了解,坚定了入党的决心。来自自治县直属机关工委、卫计工委、公安局党委、非公党工委、工商银行隆林支行党支部、广电网络隆林分公司党支部等党(工)委和党支部的63名入党积极分子参加培训。

【机关党建活动】 2018年,自治县直属机关工委一是举办党员庆七一"党建杯"气排球比赛活动。比赛以男女混合的形式进行,共有来自自治县直属机关工委的24支参赛队、200多名运动员参赛。排球比赛丰富党员干部的文体生活,增强党组织的凝集力。汽车总站代表队获得冠军,市政管理局代表队获得亚军。二是举办新党员入党宣誓及老党员重温入党誓词活动。6月29日,自治县直属机关工委在自治县烈士陵园举行新党员入党宣誓及老党员重温入党誓词活动,100余名新老党员代表面对党旗,进行入党誓词宣誓。之后,新老党员向革命烈士敬献花篮,新、老党员代表分别做了表态发言。活动强化了党员的宗旨意识和初心。三是开展走访慰问困难党员、老党员活动。组织开展"七一"慰问困难党员和建国前入党的老党员共50人,共发放慰问金1.50万元;到年老体弱的党员、困难党员以及流动党员家中开展多种形式的关爱和扶助活动,体现党的关怀和温暖。

(曹良飙)

老干部工作

【老干部机构及概况】 2018年,中共隆林各族自治县委员会老干部局(简称自治县党委老干局)内设保健股、安置股、办公室3个部门,有行政人员编制4名,实有5人,办公地址在新州镇民权社区民权街200号。辖老干部活动中心、老年大学和老干部党校二层机构,有事业人员编制3名,实有2人,办公地址在新州镇民生街35号。年底,自治县有离退休干部2066人,其中离休干部9人。离休干部中机关事业离休干部7人,企业离休干部2人;享受正处级待遇1人,副处级待遇5人,科级待遇3人,异地安置3人(自治区外安置1人),年龄最大的95周岁,最小的86周岁。退休干部中县处级(含享受待遇)41人,乡(科)级以下2026人。

【老干部政治待遇落实】 2018年,自治县党委老干局征订《求实》《当代广西》《老年知音》《人民日报》《广西日报》《右江日报》等各种报刊杂志供老干部阅读。1月中旬,自治县先后召开党代会、人代会、政协会议,均邀请老干部代表参加,听取老干部对县委、政府提出的意见和建议。春节团拜会,自治县党委书记、县长给老干部通报隆林经济社会发展情况。自治县成立65周年,组织老干部11人参加庆祝活动。6月12日,组织在县城居住的离退休老干部68人观看改革开放40年取得辉煌成就的电影展影,做到政治上尊重老干部。9月26日—28日，组织28名身体好、活动方便的离退休老干部到百色市河谷片区平果、田东等县参观考察，让他们感受到兄弟县的经济发展，同时，到百色起义纪念馆和廉政教育基地，让离退休干部再次接受党性教育。

【老干部生活待遇落实】 2018年，自治县党委、政府继续抓好离休干部"三个机制"（离休干部离休费保障机制、医药费保障机制和财政支持机制）的落实。离休干部离休费、护理费按时足额发放，医药费按规定实报实销。全年共为离休干部发放护理费27万元，按中央有关规定每年给每位离休干部发放1~2个月基本离休费以外，还给每名离休干部发放1500元的生活补助费。督促各单位为建国初期参加革命工作退休干部，罗鼎年、孙梦雄、张德明等9人发放每人每月享受500~600元护理费、每人每年享受2000元的医疗补助。元旦、春节，对全县离休干部和县（处）级退休干部共59人进行慰问，由县委书记、县长等四家班子主要领导带队，分别登门走访慰问部分离退休老干部；老干部局受县委、政府的委托对在西林、百色、南宁、柳州安置的离休干部以及全县享受副处级以上的老干部逐个走访慰问。重阳节期间，对9名离休干部进行走访慰问，给每名送上1000元慰问金。9月，给每名离休干部发放1万元，每名退休干部发放6000元的生活补贴。12月庆祝自治区成立60周年期间，走访慰问离休干部9人，发放慰问金每人2000元。

【为老干部办实事】 2018年，自治县党委老干局开展为老干部办实事工作。8月15日，为提高老年人防诈骗安全意识，自治县党委老干局邀请工商银行隆林县支行在自治县老干部活动中心举办防诈骗知识专题讲座1场，通过生动的案例、翔实的数据介绍电信诈骗、电子银行诈骗、自动设备诈骗，并发放诈骗分子如何实施诈骗手段的资料。有50余名老干部参加听课。9月组织身体健康、行动方便的离退休干部分别在右江民族医学院附属医院和自治县人民医院进行健康体检。部分居住在外地的离退休干部，在体检资金额限内，可自行选择医院进行体检，依据发票进行报销。根据自治区党委老干部局、百色市委老干部局的部署要求，为做好特殊困难离休干部及离休干部遗偶的帮扶工作，设立自治县特殊困难离休干部帮扶资金项目，每年5万元列入县财政预算，为老干部办实事。

【老干部作用发挥】 2018年11月21日—23日，自治县老干局开展"五老"（老党员、老干部、老军人、老模范、老教师）下基层宣讲活动，邀请广西第三戒毒所专家于到隆林中学、民族中学、隆林二中、隆林职业中专、天生桥镇中学开展"关爱每天·普法先行"宣讲活动，受教育1.31万人。

【助学帮扶活动】 2018年，自治县党委老干局在"六一"儿童节前夕，会同自治县关工委到新州镇民强村民强小学、那谷幼儿园、那谷屯开展捐资助学活动，为罗彩妙、罗朝想、王彩提、黄佑4名孤残、留守儿童进行慰问并送上慰问金，让这些弱势儿童感受到党和政府的关心关爱。9月，到新州镇弄桑小学捐赠一批价值5000元的帮扶物资并举行"大手拉小手"助推脱贫攻坚联欢会。

【老干部活动阵地建设】 2018年，自治县老干部活动中心、老年大学和老干部党校"一个部门、三块牌子"发挥作用，开设：电钢琴、声乐、舞蹈、书法、摄影、汉族山歌等9个专业班，共有学员238名。所开设的班级，多数具有地方民族特色色彩。（覃珍莉）

信访工作

【信访工作机构概况】 2018年，中共隆林各族自治县委员会、隆林各族自治县人民政府信访局（简称自治县信访局）内设办公室、接访室、办信室、督查室5个部门，有人员编制5名，实有8人；设自治县群众工作服务中心一个二层机构（公益一类事业单位），有人员编制4名，实有2人。办公地址在新州镇民权街200号。

【信访事项办理】 2018年，自治县信访局接待群众来访35批68人次，比上年61批502人次分别下降42.60%和86.50%。受理群众网上信访50件、群众直寄来信2件。办结自治区交办信访矛盾纠纷化解攻坚战任务2件。

【领导公开接访】 2018年12月7日，在自治县县城休闲广场开展自治县党政领导公开接访活动。参加接访活动领导有自治县党委和政府主要领导，自治县党委班子成员、自治县政府班子成员11人，县直部门负责人26人。接访领导"零距离”倾听群众来访反映诉求，依法依规解决群众反映的实际困难和问题。接访活动共接待来访群众22批149人次，共受理信访件22件，集中处理一批群众反映强烈的农村“三大纠纷”、企业改制、征地补偿、脱贫攻坚等信访突出问题。

【打击聚众闹访】 2018年，自治县信访局贯彻落实自治区政法委、高级人民法院、高级人民检察院、公安厅、司法厅5部门联合印发的《关于依法处置信访活动中违法犯罪行为的指导意见》，配合政法机关严厉打击聚众闹访缠访行为，依法处置聚众闹访事件2件。

【《信访条例》宣传】 2018年12月7日，自治县信访局在自治县县城休闲广场举办的领导公开接访活动，向现场群众开展发放宣传单、宣传手册、解答咨询活动，发放信访知识帆布口袋3000个、信访知识防水围裙3000张。让群众了解信访相关规定，遵守《中华人民共和国信访条例》，自觉依法按程序逐级走访。（岑宗硬）

绩效考评

【绩效考评机构概况】 2018年，隆林各族自治县绩效考评领导小组办公室（简称自治县绩效办）内设2个部门，有人员编制8名（行政编制2名，后勤服务事业编制1名，事业编制5名），实有7人（绩效办2人，绩效评估中心5人）。办公地址在新州镇民权街200号。

【绩效考评程序】 2018年，自治县绩效办根据自治区、百色市绩效考评框架和自治县党委、自治县政府工作任务、目标设置绩效考评指标，要求各单位各部门逐项填报绩效考评指标设置表。制定绩效考评工作方案，由自治县党委办公室、自治县政府办公室行文下发，作为全县绩效考评的重要依据。对绩效考评指标任务进行分解，各单位、各部门按照绩效考评指标完成年度工作任务。自治县绩效办组织相关部门采取实地考察、专项检查和抽样检查等方式对被考评单位的工作进度、质量和效益情况进行督察、评估，发现问题及时整改，确保工作任务按时、高效完成。各单位根据年度绩效计划，对照考评指标的内容、评分标准和计算方法，逐项进行自查自评，并于12月底形成书面材料报自治县绩效办。自治县绩效办对各单位上报的绩效材料进行汇总、核实，组织考评组对各单位进行考核评估。将年度考评收集到的评议、意见和建议、初评结果反馈给被考评单位。针对绩效考评存在问题进行综合分析，查明原因，落实责任，及时整改。将绩效初评结果、排名情况报自治县绩效考评领导小组会议审议后呈报县委常常会讨论确定；再以县委办公室、县政府办公室行文下发，将年度考评结果进行通报。

【绩效考评结果】 2018年，自治县在2017年全市绩效考评中“职能工作”得668.640分、“共性工作”得93.437分、“创新争优目标”得42.337分、“公众评议”得96.696分、“领导评价”得28.749分，综合得分为929.859分，排在全市同类县（区）第二位，在“生态保护和经济发展并重类”的县（区）中评定为“优秀”等次，比2016年全市同类县（区）排位上升2位，评定等次由“良好”提升为“优秀”，自治县承接2017年自治区、市绩效考评指标任务完成，实现年初制定的“提级进位”目标。县级绩效考评工作，组织对全县16个乡（镇）和77个县直单位的年度绩效目标完成情况进行综合考评，将单位分为2大类、每类分3个等级进行考评。5个乡（镇）获优秀等次，8个获良好等次，3个获得一般等次；县直部门23个获优秀等次，39个获良好等次，15个获一般等次。共兑现绩效奖励1.80亿元。（冉秋艳）

党校工作

【党校概况】 2018年，中共隆林各族自治县委员会党校（简称自治县委党校）增挂隆林各族自治县行政学校牌子，实行“一个部门、两块牌子”的体制。学校内设办公室、教务室、科研室、总务室等4个部门，人员编制21名，实有16人，其中参公人员8人，教师专业技术人员4人，工勤人员4人；高级讲师2人、讲师3人。校址在新州镇民生街231号。

【干部教育培训】 2018年，自治县委党校通过自主办班和与部门联合办班的形式共举办11个班次，参训学员1472人。

科级干部与村“两委”培训班主体班　与自治县委组织部联合举办的主体班次有：3月5日举办自治县2018年县直副职领导干部学习贯彻习近平新时代中国特色社会主义思想和中共十九大精神培训班，学员80人，主要学习的课程有“贯彻党的十九大　树立新发展理念”“习近平新时代中国特色社会主义思想”。4月10日举办自治县2018年科级领导干部学习贯彻习近平新时代中国特色社会主义思想和中共十九大精神培训班，学员377人，主要课程有“不忘初心，牢记使命”“学习贯彻落实十九大精神，增强领导干部执政本领”等。9月14日举办自治县2018年“两新”组织党组织书记、党务工作者培训班，学员45人，主要课程“学习贯彻党的十九大精神”“党组织党务工作”等。10月11日—14日举办自治县2018年村（社区）“两委”干部业务培训示范班，学员510多人，主要课程有“十九大报告解读：实施乡村振兴战略、推动“三农”全面发展”“党风廉政建设专题辅导：党员干部如何适应新常态”“村干部规范管理”“农村食品安全管理”“基层干部预防职务犯罪”“基层党建业务专题辅导”。12月6日举办自治县2018年基层党务干部业务培训班，学员60人，主要课程有“贯彻十九大精神，树立新发展理念”“习近平新时代中国特色社会主义思想”“不忘初心，牢记使命”“学习贯彻落实十九大精神，增强领导干部执政本领”“实施乡村振兴战略　推动“三农”全面发展”“中国共产党支部工作条例（试行）”等。

联合办班　3月29日—30日与自治县直属机关工委在联合举办自治县2018年县直机关党务工作培训班，学员87人，主要学习内容有“广西发展党员实务”“党组织及党员日常管理工作”“十九大精神解读”等。5月24日与县直属工委联合举办自治县2018年入党积极分子培训班，学员52人，主要学习内容有“中国共产党章程”“入党材料”“习近平总书记系列重要讲话精神及中国特色社会主义理论体系”“社会主义核心价值观”等。11月1日—2日与自治县委统战部联合举办自治县2018年非公经济人士参与精准扶贫培训班，学员51人，主要课程有“学习贯彻习近平总书记关于扶贫工作重要论述”“对比找差，奋力谱写隆林精准扶贫新时代”“法律走进企业课堂”“社会组织、非公经济组织管理及如何参与扶贫”等。

公务员培训班　7月9日—13日举办自治县2018年春季学期公共治理培训班，学员72人，主要的课程有“如何提高地方政府治理能力现代化水平”“团队建设与冲突管理”“做好会务工作，重在抓好细节”“公共突发事件的应急应变处理”“2015年行政诉讼法修改变化”“领导干部心理调适”“如何做好副职”等。7月23日—27日举办自治县2018年春季学期产业项目培训班，学员59人，主要课程有“当前宏观形势与产业发展”“固定资产投资项目前期工作流程”“‘三农’经典政策解析”“不应当让‘恶习’成为法制的捆绑”“深入推进依法行政，加快建设法治政府”“意识形态工作”“我国宪法的历史逻辑”等。9月3日—7日举办自治县2018年秋季学期公共治理培训班，学员有79人，主要的课程有“不应当让‘恶习’成为法制的捆绑”“深入推进依法行政加快建设法制政府”“如何提高地方政府治理能力现代化水平”“公共突发事件应急处置”“团队建设冲突与管理”“‘三农’经典政策解析”“领导干部心理调适”“如何做好副职”“意识形态工作”等。

【理论政策宣讲】 2018年，自治县委党校组织干部职工下各乡（镇）及有关单位开展宣讲，共14场次。1月5日在自治县领导班子建设年思想道德专题报告会上进行《传承中华美德　培训良好家风》主题宣讲；4月23日在新时代武警百色支队隆林中队官兵“讲习所”作《不忘初心　牢记使命　为实现中华民族伟大复兴的中国梦不懈奋斗》主题宣讲；6月20日在自治县学习贯彻中共十九大生态文明建设报告会作《构建生态文明体系　全面建设美丽家园》主题宣讲；7月5日在岩茶乡平台村作《构建生态文明体系　全面建设美丽家园》主题宣讲；7月20日在新州镇深化领导班子建设年党史、国史、县情专题讲座作《学习党史国史　牢记自身使命》主题宣讲；9月8日在岩茶乡2018年人大代表履职培训班作《实施乡村振兴战略　推动“三农”全面发展》主题宣讲；9月14日在自治县“两新”组织书记、党务工作者学习贯彻中共十九大精神专题培训班作《贯彻学习十九大精神树立新发展理念》主题宣讲；10月10日在自治县2018年村（社区）“两委”干部业务培训示范班作《实施乡村振兴战略　推动“三农”全面发展》主题宣讲；10月18日在自治县2018年精准脱贫帮扶干部培训班作《学习贯彻习近平总书记关于扶贫工作的重要论述》主题宣讲；10月25日在自治县人民医院2018年精准脱贫帮扶干部培训班作《学习贯彻习近平总书记关于扶贫工作的重要论述》主题宣讲；11月1日在自治县2018年非公经济人士参与精准扶贫培训班作《学习贯彻习近平总书记关于扶贫工作的重要论述》主题宣讲；11月22日在自治县食品药品监督局作《学习社会主义核心价值观》主题宣讲；12月6日在自治县2018年非基层党务干部业务培训班作《全面落实新时代党的建设新布局》主题宣讲；12月9日在隆林农商行学习《习近平扶贫论述摘篇》专题讲座作《学习贯彻习近平总书记关于扶贫工作的重要论述》主题宣讲。

【科研资政】 2018年，自治县委党校开展调查研究工作，撰写科研文章，做好资政服务。主要完成上级分配的课题有2017—2018年度百色党校系统调研课题“新形势下加强少数民族地区农村和城市社区党组织建设研究——以隆林各族自治县委调研对象”。自治区党委政研室(改革办、农办)2018年“大学习大调研”活动优秀成果课题“少数民族地区乡村振兴与发展——以百色市隆林各族自治县为例”。同时撰写理论文章，在各级各类刊物发表的有:《南盘江流域县域经济协调发展有关问题探讨》刊载于《隆林发展论坛》2018年第1期;《阳关里微笑风雨中成长——与青年朋友谈个体成长之路》刊载于《隆林发展论坛》2018年第2期;《隆林:谱写经济发展曲　唱响民族和谐歌》刊载于《隆林发展论坛》2018年第3期;《论如何实施产业扶贫——以百色市为例》刊载于《隆林发展论坛》2018年第3期;《项目管理冲突处置》刊载于《隆林发展论坛》2018年第3期;《快乐事业，莫如做好本职工作——赴东兰县开展红色体验式教学活动有感》刊载于《隆林发展论坛》2018年第2期;《抓住山区群众脱贫的关键——田阳那满镇和贵州万峰林农业和旅游产业发展的启示》刊载于《右江论坛》2018第2期;《生态富集区产业生态化与生态产业化:生态宜居乡村建设的关键——基于对万峰林农业产业与旅游融合发展的调查》刊载于《河池论坛》2018年第8期;《新时代党校干部教育培训重在精准关键在创新》,刊载于《隆林发展论坛》2018年第三期;《以榜样为力量　争做合格党员——读〈习近平的七年知青岁月〉观后感》刊载于《隆林发展论坛》2018年第3期;《浅淡遏制中学校园欺凌事件的对策》刊载于《隆林发展论坛》2018年第3期。

【学术交流】 2018年，自治县委党校以交流促提升，组织教师参加各类学术交流活动。党校参加和举办的教学、学术交流会有:5月11日参加百色市委党校举办的全市党校(行政院校)系统2018年集体备课会暨第五届精品课评选活动，自治县委党校获集体优秀组织奖，1人获精品课评比二等奖，1人获精品课评比优秀奖;5月24日，自治县委党校与直属工委联合举办2018年隆林干部教育与成长学术研讨会;9月22日，1人参加自治县民族文化传承与创新学术研讨会;10月26日，自治县委党校与西林党校联合举办教学科研一体化建设学术研讨会;12月24日，1人参加2018年党校系统科研咨询工作会议暨社会科学界联合会第六届学术年会。　(王义良)

隆林各族自治县人民代表大会

【人大机构及工作概况】 2018年，隆林各族自治县人民代表大会常务委员会(简称自治县人大常委会)设主任1人，副主任4人，委员26人。自治县人民代表大会设人大法制监察与内务司法委员会、人大财政经济委员会2个专委，设人大代表执法监督中心和人大代表服务中心；自治县人大常委会设人大常委会办公室办事机构1个，人大常委会教科文卫与民族工作委员会、人大常委会选举联络工作委员会、人大常委会农业农村与环资城建工作委员会工作机构3个。共有行政人员编制17名，实有19人；事业人员编制6名，实有3人。办公地址在新州镇民权街200号。年内，自治县有各级人大代表1075人，其中驻自治县的自治区级人大代表3人，市级人大代表33人，县级代表197人，乡(镇)级人大代表842人。年内，自治县人大常委会把宪法和法律赋予人大及其常委会的四项职能和代表工作做细做实。召开县人民代表大会1次，乡(镇)人民代表大会32次。召开常委会会议11次，听取政府专项工作报告16项，进行满意度测评3次，审议决定重大事项7项，依法作出决议决定5项，提出审议意见11项，任免国家公职人员19人次，补选市人大代表1名；开展专题调研10次，组织代表集中视察4次132人次，学习培训3期197人次；开展执法检查5次，协助自治区、市人大常委会开展调研21次。在视察、调研、执法检查中发现问题、提出问题、解决问题57个，完成自治县十五届人大三次会议确定的任务。获自治区人大宣传工作先进单位一等奖，全市人大代表建议办理、人大宣传、人大代表活动二等奖，人大法制建设、人大监督工作先进单位。

重要会议

【自治县十五届人大三次会议】 2018年1月17日—19日，隆林各族自治县第十五届人民代表大会第三次会议在县城召开。会议听取和审议县长杨科所作的自治县人民政府工作报告；审查和批准自治县2017年国民经济和社会发展计划执行情况与2018年国民经济和社会发展计划(草案)的报告，批准自治县2018年国民经济和社会发展计划；审查和批准自治县2017年预算执行情况和2018年预算(草案)的报告，批准自治县2018年预算；听取和审议自治县人大常委会主任韦世光所作的自治县人大常委会工作报告；听取和审议自治县人民法院院长梁光辉所作的自治县人民法院工作报告；听取和审议自治县人民检察院检察长申书敏所作的自治县人民检察院工作报告；会议依法补自治县人大常委会副主任张恺婧、选举自治县监察委员会主任杨付文。

【自治县十五届人大常委会会议】 2018年，自治县十五届人大常委会在县城共召开常委会会议11次，即第九次会议至第十九次会议。

第九次会议　1月15日召开。会议听取和审议自治县人大常委会选举联络工作委员会关于自治县第十五届人大第二次会议代表建议、批评和意见办理情况的报告(书面)，自治县人民政府关于自治县第十五届人大第二次会议代表建议、批评和意见办理情况的报告和自治县人民政府关于隆林各族自治县人民政府关于自治县十五届人大一次会议代表建议、批评和意见办理情况报告中的B类和C类建议再办理再落实的情况报告；听取和审议自治人大常委会关于召开自治县第十五届人民代表大会第三次会议的决定(草案)、自治县人大常委会关于自治县第十五届人民代表大会第三次会议列席人员的决定(草案)、自治县人大常委会工作报告(草案)、自治县第十五届人民代表大会第三次会议筹备工作情况报告、自治县第十五届人民代表大会第三次会议主席团和秘书长建议名单(草案)、自治县第十五届人民代表大会第三次会议议案审查委员会主任委员、委员建议名单(草案)、自治县人大常委会代表资格审查委员会关于个别代表出缺情况的报告;会议审议自治县十五届人大三次会议议程(草案)、议案办法(草案)、主席团常务主席名单(草案)、会议日程(草案)、执行主席分组名单(草案)、副秘书长名单(草案)、代表提出议案截止时间的决定(草案)、各代表团团长、副团长名单(草案)、选举办法(草案)等材料。

第十次会议　1月19日召开。会议听取和审议自治县人民政府关于提请审议自治县2017年地方政府债务限额的议案,会议同意自治县人大财政经济委员会审查报告提出的建议,决定批准自治县人民政府关于自治县2017年政府债务限额的议案;会议听取和审议自治县第十五届人大常委会代表资格审查委员会关于个别代表出缺情况的报告;会议审议通过自治县第十五届人大常委会第10次主任会议提请的相关人事任免事项,表决通过陈朝忠、吴小华、周神锋、黄永彪4人的任免事项,并组织新任职人员公开进行宪法宣誓。

第十一次会议　1月29日召开。会议听取和审议自治县人民政府关于全县重大项目实施情况专项工作报告和自治县人大常委会调研组关于全县重大项目实施情况专题调研报告,并对全县重大项目实施情况进行满意度测评;会议听取自治县人民政府职能部门和工作部门履职报告,并进行满意度测评。

第十二次会议　3月30日召开。会议审议通过自治县第十五届人大常委会第12次主任会议提请的相关人事任免事项,表决通过潘顺丹、邱广华2人的任免事项,并组织新任职人员公开进行宪法宣誓。

第十三次会议　11月28日召开。会议审议《隆林各族自治县人大常委会2018年工作要点(草案)》;听取和审议自治县人民政府关于《隆林城区管理工作专题质询审议意见》落实情况的报告和自治县人大常委会检查组关于对《隆林城区管理工作专题质询审议意见》落实情况进行跟踪检查的报告,并进行满意度测评;听取和审议自治县人民政府关于2016年度自治县预算执行和其他财政收支审计查出突出问题整改情况的报告、自治县人大常委会跟踪调研组关于对2016年度自治县预算执行和其他财政收支审计查出突出问题整改情况的跟踪调研报告。

第十四次会议　7月30日召开。会议听取和审议自治县人民政府《关于2018年上半年国民经济和社会发展计划执行情况的报告》的议案、自治县人大财政经济委员会关于对自治县2018年上半年国民经济和社会发展计划执行情况报告的初审意见;听取和审议自治县人民政府《关于2018年上半年预算执行情况的报告》的议案、自治县人大财政经济委员会关于对2018年上半年自治县财政预算执行情况报告的初审意见;听取和审议自治县人民政府关于《中华人民共和国森林法》贯彻执行情况及全县木材加工企业规范管理和发展规划情况的报告、自治县人大常委会关于对《中华人民共和国森林法》贯彻执行情况及全县木材加工企业规范管理和发展规划情况进行检查的情况报告;听取和审议自治县人民政府关于《中华人民共和国义务教育法》贯彻执行情况的报告、自治县人大常委会关于开展《中华人民共和国义务教育法》执法检查情况的报告;听取和审议自治县人民政府对《自治县人大常委会关于自治县2017年重大项目工作进展情况报告的审议意见》落实情况的报告、自治县人大常委会关于对自治县2017年重大项目进展情况进行跟踪检查的情况报告,并进行满意度测评;听取和审议自治县监察委员会关于开展2018年上半年扶贫领域腐败和作风问题专项治理工作情况的报告;听取自治县人大常委会关于《隆林各族自治县非物质文化遗产保护条例》专项立法调研情况的报告;审议论证《隆林各族自治县非物质文化遗产保护条例》(草案稿第4稿);听取和审议《隆林各族自治县人大常委会基层立法联系点工作规则(草案)》《隆林各族自治县人大常委会立法顾问工作规定(草案)》、自治县人大常委会关于《隆林各族自治县人民代表大会代表建议、批评和意见办理绩效考核办法(草案)》;审议通过自治县第十五届人大常委会第14次主任会议提请的相关人事任免事项,表决通过潘乃师、赵乐欣、刘思思、麦鹏、杨建军、韦丽霞、陈朝忠、蓝娇玲8人的任免事项,并组织新任职人员公开进行宪法宣誓。

第十五次会议　8月28日召开。会议听取和审议自治县人民政府关于提请审议隆林各族自治县总体规划(2015—2035)的议案;听取和审议自治县人民政府关于提请审议自治县2018年上半年国民经济和社会发展计划执行情况的报告的议案、自治县人大财政经济委员会关于对自治县2018年上半年国民经济和社会发展计划执行情况的报告的初审意见；听取和审议自治县人民政府关于提请审议自治县2018年上半年预算执行情况的报告的议案、自治县人大财政经济委员会关于2018年上半年自治县财政预算执行情况的报告的初审意见；听取和审议自治县人大常委会代表资格审查委员会关于个别代表变动情况报告及个别代表有关情况说明。

第十六次会议　8月30日召开。会议听取和审议《自治县人民政府关于提请审议隆林各族自治县总体规划(2015—2035)的议案》，批准《隆林各族自治县总体规划(2015—2035)》。

第十七次会议　9月29日召开。会议听取和审议自治县人民政府关于提请审议自治县2017年财政决算(草案)的议案、自治县人民政府关于提请审议2017年度自治县本级财政预算执行和其他财政收支审计工作报告的议案、自治县人大财政经济委员会关于2017年自治县财政决算草案的审查结果报告；听取和审议自治县人民政府关于提请审议自治县2018年新增债券资金调整预算方案的议案、自治县人大财政经济委员会关于对自治县人民政府提请审议2018年政府新增债券资金调整预算方案的审查报告(草案)；听取和审议自治县人民政府关于提请审议法治宣传教育第七个五年规划(2016—2020年)的议案；听取和审议自治县人大常委会代表资格审查委员会关于个别代表变动情况的报告及苏定章辞去人大代表的申请。

第十八次会议　12月13日召开。会议听取和审议自治县人民政府关于2018年预算调整方案的报告、自治县人大财经委关于自治县2018年预算调整方案的审查报告；听取和审议自治县人民政府关于2017年自治县预算执行和其他财政收支审计查出突出问题情况报告、自治县人大常委会关于2017年自治县预算执行和其他财政收支审计查出突出问题情况跟踪调研的报告；听取和审议自治县人民政府关于全县砂石料市场管理工作情况报告、自治县人大常委会调研组关于对全县及周边砂石料市场进行专项调研的报告；听取和审议隆林各族自治县人民法院关于开展司法体制改革、基本解决执行难、扫黑除恶专项斗争、公益诉讼等专项工作情况的报告，自治县人民检察院关于开展2018年公益诉讼等专项工作情况的报告；听取和审议《隆林各族自治县非物质文化遗产保护条例(草案)》完善修改情况、个别代表出缺及相关情况报告；会议接受卢军静辞去隆林各族自治县人民政府副县长职务。会议听取自治县人民政府分管脱贫攻坚工作副县长专项工作报告、自治县人民政府各职能部门和工作部门主要领导2018年履职情况报告，并进行满意度测评。

第十九次会议　12月21日召开。会议依法补选百色市第四届人民代表大会代表罗卫东；听取和审议个别代表出缺报告。

重要活动

【乡(镇)人大例会】 2018年，自治县16个乡(镇)人大根据关于加强县乡人大工作和建设的实施意见精神，召开例会2次。3月30日前，全县乡(镇)人大召开第一次例会，审议乡(镇)人民政府工作报告、财政报告、人大工作报告等；依法选举产生主席2名、副主席1名，副乡(镇)长5名。其中，选举平班镇人民代表大会主席韦启滨、隆或镇人民代表大会主席谢文凤、猪场乡人民代表大会副主席徐　波，沙梨乡人民政府副乡长韦云斌、者浪乡人民政府副乡长毛烨、金钟山乡人民政府副乡长黄正宏、介廷乡人民政府副乡长师魁壮、隆或镇人民政府副镇长杨秀勋。9月20日前，全县乡(镇)人大召开第二次例会，听取和审议上半年政府工作情况报告，讨论决定本行政区域内相关重大事项，监督重大事项、人民群众普遍关注的重大问题落实情况，代表议案建议办理情况，并依法选举产生主席1名、镇长1名，副镇长2名。其中，选举新州镇人民代表大会主席杨坤，沙梨乡人民政府乡长田垚、平班镇人民政府镇长覃安宁，桠杈镇人民政府副镇长龙有会、天生桥镇人民政府副镇长蓝娇玲、新州镇人民政府副镇长黄再权。

【立法工作】 2018年，自治县人大常委会用好隆林依法享有的自治条例和单行条例立法权。9月完成《隆林各族自治县非物质文化遗产保护条例》的起草、调研、论证、修改，提请自治区人大常委会审查。12月13日，根据自治区人大常委会提出的八点修改意见修改完善后，经人大常委会第十八次会议审议通过，报请自治县党委审定，并提交十五届人大四次会议审议表决，获得通过后报自治区人大常委会批准实施。配合自治区、市人大常委会开展《自治区少数民族语言文字工作条例(草案)》《百色市市容管理条例(草案)》《百色市停车设施与停车秩序管理条例(草案)》《百色市右江生态保护条例》立法调研,收集上报立法建议79条。

【规范性文件备案审查】 2018年,自治县人大常委会对“一府一委两院”(政府、监察委、法院、检察院)《关于印发隆林各族自治县房屋征收与补偿安置暂行办法》《关于印发隆林各族自治县固定资产投资项目入库管理暂行办法》的2件规范性文件进行备案审查。

【执法检查】 2018年,自治县人大常委会开展执法检查工作。5月组织3个检查组对自治县政府贯彻落实《中华人民共和国森林法》及全县木材加工企业规范管理和发展规划情况进行检查,针对《中华人民共和国森林法》的宣传、森林资源保护、保护区建设管理、林业产业结构调整、森林资源管理队伍建设、村屯绿化管理、木材加工企业科学管理和规划发展等存在的七个方面突出问题,提出具体的审议意见,提交自治县政府研究解决,为推进自治县生态文明建设、规范企业发展、增加财政收入提供参考。6月对自治县政府贯彻执行《中华人民共和国义务教育法》的情况进行检查,对存在问题提出20条建议意见,推动《中华人民共和国义务教育法》的全面实施。

【司法监督】 2018年4月—11月,自治县人大常委会结合群众普遍关注的行政诉讼、婚姻家庭、未成年人犯罪案件审理、纠纷诉讼、法律援助等进行调研。此外,组织人大代表参加“两院”庭审、现场执行活动6次20多人次,促进司法公正、执法公平。

【工作监督】 2018年,自治县人大常委会对“一府一委两院”工作进行监督。一是开展跟踪督办。加强重点领域工作监督。4月组织开展《隆林城区管理工作专题质询审议意见》落实情况“回头看”,专题听取自治县政府整改落实情况报告,提出审议意见12条,并进行满意度测评。与上年相比,满意率从35.71%提到62.50%,不满意率从10.71%降到4.17%。7月组织开展《2017年全县重大项目推进情况审议意见》落实情况“回头看”,听取自治县政府整改落实情况报告,提出审议意见9条,并进行满意度测评。与上年相比,满意率降低,不满意率提高,引起自治县党委重视。党委督促政府分管领导专题研究,拟出整改意见,推动“隆林欢迎您”土地开发平整项目、进城大道B段、轻工业园区入园道路、民族高中、鹤东大道、体育中心等重大项目实质性地开工建设。二是听取专题报告,加强财政经济运行监督。首先关注经济社会发展,加强财经审查监督。听取和审议自治县2017年决算、2018年预算方案、2018年上半年计划、预算执行情况等,对存在问题,提出有针对性的审议意见,得到自治县党委的肯定。其次是加强政府债务监督,严把债务风险关。听取和审议2018年政府新增债券资金调整预算方案,建议政府依法举借债务,加强项目建设,加强债券资金管理,强化债券监督。加大审计查出问题整改的跟踪监督力度。听取和审2017年财政预算执行和其他财政收支情况的审计报告及2016年、2017年度审计查出突出问题整改情况报告,支持审计部门加大对涉及民生的公共资金、政府重大投资及重点项目建设资金的审计力度,依法处理违规资金,挽回经济损失3713.92万元。三是听取专项报告,推动人大监督与时俱进。7月,自治县监察委员会主动向人大常委会报告2018年上半年扶贫领域腐败和作风问题专项治理工作情况。12月,自治县政府分管副县长报告全县脱贫攻坚工作情况、“两院”分别报告开展司法体制改革、基本解决执行难、扫黑除恶专项斗争、公益诉讼等专项工作,促进依法行政、公正司法。四是用电子表决,拓宽代表意愿的表达。12月召开对自治县政府脱贫攻坚专项工作暨部门主要领导履职评议会,63名代表使用电子表决器进行表决,以无记名方式行使宪法和法律赋予的权力,代表表达个人意愿更加充分。五是依法实行否决制度,发挥人大常委会监督实效。8月23日,常委会召开主任会议对《隆林各族自治县总体规划(2015—2035)》进行初审时,指出问题所在,要求修改完善。在8月28日召开的自治县十五届人大常委会第十五次会议对该规划进行审议时,委员们又提出七类39个问题,经表决,反对票超过常委会组成人员半数。会后,常委会依法作出审议意见,要求政府重新修改完善后再报人大常委会审定。该规划经县住建部门和设计单位修改后,在8月30日召开的常委会第十六次会议审议时通过。

【专项调研】 2018年,自治县人大常委会围绕自治县党委“1236”(坚持一个中心、两个理念,抓好三条主线,强化六项管理)工作思路,围绕自治县决战贫困决胜小康以及全市开展“深化领导班子建设年”活动,紧扣社会关注的焦点和群众关心的热点难点问题,开展系列专题调研,提出意见建议,推动相关问题解决。先后开展《隆林城区管理工作专题质询审议意见》整改落实情况进行跟踪检查、2016年度自治县预算执行和其他财政收支审计查出突出问题整改情况跟踪调研、自治县人民法院行政诉讼案件审理工作情况调研、全县及周边砂石料市场进行专项调研、2017年度审计查出突出问题整改情况跟踪调研、2017年全县重大项目进展情况进行跟踪检查等，并形成调研报告，提出整改，组织调研组对全县及周边砂石料市场进行专项调研，通过对比分析，针对存在的砂石料市场管理缺失，采石场布局不合理，砂石料成本高，爆破公司独家经营，各采石场规模较小、产量不高，税收甚少等问题，提出审议意见送政府及相关部门研究落实。

【重大事项决定】 2018年，自治县人大常委会坚持围绕中心、服务大局，依法行使重大事项决定权，批准2017年政府债务限额、2017年自治县决算、2018年政府新增债券资金调整预算方案、2018年预算调整方案、隆林各族自治县总体规划(2015—2035)等，依法作出决议决定5项，讨论决定重大事项7项，确保党的主张通过法定程序转变为国家意志。

【人事任免】 2018年，自治县人大常委会坚持把党管干部原则与人大依法行使任免权紧密结合，探索创新任后监督方式，促进公职人员依法行政、勤政廉洁。全年共任免国家公职人员20人次，补选市人大代表1名。5月4日，自治县人大常委会召开“正确理解地方人大及其常委会职权，切实提高依法履职实效”专题会议，对政府24个组成部门和4个工作部门主要领导进行集中谈话。其间，围绕相关法律，对“一府一委两院”为何要受人大及其常委会监督等作详细解读；围绕全县发展大局和自治县党委中心工作，对自治县政府部门领导如何主动作为，提出明确要求；围绕代表关注、群众关心的民生问题，对政府部门如何抓好人大代表建议办理提出具体要求。12月，召开专题会议听取和审议政府组成和工作部门(30个)主要领导履职情况报告，并进行满意度测评，促进人大任命人员依法行政和接受常委会依法监督的自觉性和主动性。同时，加强对常委会任命的人民陪审员进行培训。

表5　**2018年隆林各族自治县人大常委会人事任免表**

文号	任命		决定任命		免去		时间
	姓名	职务	姓名	职务	姓名	职务	
隆人干〔2018〕1号	蒙绍文	自治县监察委员会副主任					1月19日
	陈朝忠	自治县监察委员会副主任					
	吴小华	自治县监察委员会委员					
	周神锋	自治县监察委员会委员					
	黄永彪	自治县监察委员会委员					
隆人干〔2018〕2号			陈国宇	自治县民族宗教事务局局长	杜宗泽	自治县人民政府副县长职务	1月19日
			姚团结	自治县国土资源局局长			
			熊海仁	自治县交通运输局局长			
隆人干〔2018〕3号			潘顺丹	自治县人民政府副县长	邱广华	自治县人民政府副县长职务	3月30日
隆人干〔2018〕4号			潘乃师	自治县人民政府副县长	刘思思	自治县人民政府副县长职务	7月30日
			赵乐欣	自治县人民政府副县长			
隆人干〔2018〕5号	杨建军	自治县人大法制与内务司法委员会委员			麦　鹏	自治县第十五届大常委会员职务	7月30日
	韦丽霞	自治县人大财政经济委员会委员			陈朝忠	自治县人大法制与内务司法委员会委员职务	
					蓝娇玲	自治县人大财政经济委员会委员职务	
隆人干〔2018〕6号					卢军静	自治县人民政府副县长职务	12月13日

【人大代表议案建议办理】 2018年，自治县十五届人大三次会议期间，代表们履行法律赋予的职责，围绕改革、发展、稳定大局，围绕隆林经济社会发展中面临的重大问题、人民群众普遍关心的热点、难点问题，提出建设性的意见和建议共178件。其中，财政经济方面20件，占11.23%；城建环资方面18件，占10.11%；教科文卫体方面7件，占3.93%；农业农村方面116件，占65.17%；旅游方面4件，占2.25%；其他方面13件，占7.30%。3月3日，自治县人大常委会选举联络工作委员会交由自治县政府研究办理178件，共涉及34个承办单位。截至12月29日，178件建议办复率100%。从已答复代表的178件建议情况看，所提问题已经解决或基本解决的24件(A类)，占建议总数的13.48%；正在解决或已列入计划逐步解决的有104件(B类)，占建议总数的58.43%；建议所提问题因目前条件限制或不符合相关法律法规、国家政策规定暂时不能解决的有42件(C类)，占建议总数的23.59%。建议中所提问题留作参考或不可行的有8件(D类)，占建议总数的4.49%。

【人大代表工作】 2018年，自治县人大常委会支持和保障代表履行好宪法和法律赋予的各项职权。一是加强代表培训。7月23日—26日，组织县级人大代表参加集中履职培训，并到巴马、田东、靖西、德保、田林等开展集中考察学习，提高代表政治素质和履职能力。邀请代表参加各类视察调研、执法检查20次，列席常委会会议11次，拓宽代表知情知政渠道，提高代表履职能力。二是加强履职平台建设。在沙梨、平班、新州、德峨、天生桥等分别建立“四跨”［跨省、跨县、跨乡、跨村(社区)］代表联络站，为代表提供规范的活动场所和理论学习阵地。三是开通“隆林人大微信公众号”“常委会组成人员工作群”“人大代表交流群”“人大机关工作群”“乡(镇)人大主席工作交流群”等一号四群手机履职平台，定期向各级人大代表及人大工作者传播履职知识和通报工作动态。四是将《宪法》等6部法律以及人大代表议案、建议、批评和意见撰写范例编入《人大代表履职笔记本》，印发给所有县级代表，作为代表履职考核的重要依据。五是接受选民监督。12月，11名常委会组成人员分别到各自选区向选民述职，并接受选民满意度测评，使选民多角度、多层次地了解、理解和认可代表工作，了解县域经济社会各项事业发展情况，赢得选民的点赞。六是加快实施代表建议项目。全年财政预算安排400万元解决县乡人大代表建议项目31个，并于11月25日前完工，惠及群众3000多户1.80万人。七是办理代表建议，推动问题解决。通过召开代表建议交办会，将十五届人大三次会议代表建议178件转交县直相关部门办理，按照代表建议办理绩效考评办法，组织开展办理情况跟踪督办，提高办结率。

【人大信访受理】 2018年，自治县人大常委会共受理群众来访34批41人次，来信8件。通过及时交办、加强督办，维护人民群众的合法权益，畅通民意诉求的渠道。

【人大宣传】 2018年，自治县人大常委会加强宪法及人民代表大会制度宣传，反映人大工作成效和人大代表履职风采。获自治区人大宣传工作先进单位一等奖、全市人大宣传工作二等奖；2名人大通讯员获自治区2017年人大宣传工作一等奖。

【对外联谊与交流】 2018年3月22日—23日，平果县人大常委会考察组到隆林开展人大信访及农业农村工作考察调研；5月30日—31日，内蒙古鄂伦春人大常委会考察组到隆林考察旅游发展情况；6月28日—30日，自治县人大常委会副主任卢吉方率队到自治区环江毛南族自治县参加全国部分少数民族自治县(旗)人大工作联席会第十八次会议，并加入全国部分少数民族自治县(旗)人大工作联席会；10月18日—20日，自治县人大常委会主任韦世光率队到湖北省五峰土家族自治县参加全国部分少数民族自治县(旗)人大工作联席会第十九次会议；7月2日—3日，河池市罗城仫佬族自治县人大常委会考察组到自治县开展特色产业、旅游发展情况考察学习；7月25日，田东县人大常委会考察组到自治县考察教育教学工作情况；7月23日—26日，自治县人大常委会组织县级农村人大代表110多人到巴马、田东、靖西、德保、田林等开展集中考察学习，进一步提高代表政治素质和履职能力；10月17日至18日，陆川县人大常委会考察组到自治县考察学习生态特色农业与生态乡村建设工作。

(张劲国)

隆林各族自治县人民政府

【政府机构及工作概况】 2018年，隆林各族自治县人民政府(简称自治县政府)设县长1人，常务副县长1人，副县长6人，县长助理2人。自治县人民政府办公室内设文电股、综合股、信息股、督查室、财务室、机要室、秘书股、自治县人民政府应急管理办公室8个部门，有人员编制39名，实有25名，办公地址在新州镇民权街200号。下设乡(镇)政府16个。年内，自治县政府召开常务会议22次；审议议题169项；确定项目148项。

重要会议

【政府常务会议】 2018年，自治县第十五届政府在县民族民俗文化展示中心三楼1号会议室召开常务会议22次，即第34~55次政府常务会议。审议议题169项，确定项目148个。

第34次政府常务会议 1月2日召开。审议议题14项，确定"畜禽养殖禁养区、限养区和适养区划定方案""关于撤销自治县政府投资项目工程变更签证领导小组相关事宜""自治县中等职业学校布局调整和专业结构优化实施方案""关于自治县本级本次拟取消4项行政许可事项相关问题""关于自治县2018年度棚户区改造申报任务相关问题""关于县城净水厂引水工程项目施工模式及资金来源相关事项""关于2016年迎宾路路面维修资金相关事宜""关于教育局提交的相关事宜""关于监察局提交的相关事宜"9个项目。

第35次政府常务会议 1月4日召开。专题审议2018年"政府工作报告"(送审稿)。

第36次政府常务会议 1月7日召开。审议议题9项，确定"2018年自主支配电量分配方案""关于调整2017年政府新增债券项目资金相关事宜""关于德峨镇人民政府提交的相关事项""关于监察局提交的相关事项"等4个项目。

第37次政府常务会议 1月15日在自治县民族民俗文化展示中心三楼1号会议室召开。审议"关于自治县2017年地方政府债务限额相关事宜""2017年国民经济和社会发展计划执行情况与2018年国民经济和社会发展计划(草案)"2个议题。

第38次政府常务会议 2月8日召开。审议议题13项，确定"2018年政府工作报告""中央和自治区下达隆林2018年第一批财政专项扶贫资金分配方案""自治区下达隆林2018年度中央专项彩票公益金分配方案""关于自治县公安机关警务辅助人员工资待遇相关事宜""关于自治县机关公务移动通讯补贴相关事宜"5个项目。

第39次政府常务会议 4月2日召开。审议议题5项，确定"关于遴选聘任自治县人民政府第二届法律顾问相关问题""关于自治区下达隆林2018年度中央专项彩票公益金扶贫项目计划"2个项目。

第40次政府常务会议 4月16日召开。审议议题13项，确定"第六小学规划用地红线初步设计方案""第五中学和第五幼儿园规划用地红线初步设计方案""隆林城中集中安置区初步选址方案""金龙湾活禽综合市场初步设计方案""沙梨至隆或三级公路实施方案""关于公开招聘学校专职卫生专业技术人员相关问题""关于调整自治县公益性岗位补贴相关问题""关于不动产统一登记第一阶段历史数据整合经费相关问题""关于第三次土地调查经费相关问题""关于表彰第二届县长质量奖获奖单位相关问题"10个项目。

第41次政府常务会议 4月17日召开。审议"自治县2018年脱贫攻坚发展壮大村级集体经济工作实施方案(送审稿)""自治县设立党员能人创业发展基金工作方案""自治县帮扶责任人关爱办法(试行)(送审稿)""自治县2018年统筹整合扶贫资金扶持贫困户产业项目与创业就业发展实施方案”“自治县2018年易地扶贫搬迁实施计划(送审稿)”5个议题。

第42次政府常务会议　4月21日召开。审议“自治县天生桥、平班水库养殖网箱自拆奖励方案”“自治县鹤东大道新建工程总承包(EPC)项目借款合同”2个议题。

第43次政府常务会议　5月20日—21日召开。审议议题12项,确定“划拨2018年贫困村村集体经济发展资金相关问题”“追加采购巡逻艇经费相关问题”“在自治县公安局辅警编制数中增加40名森林公安辅警数量相关问题”“隆林县矿产公司改制方案”“隆林各族自治县城乡建设用地增减挂钩项目实施方案”“隆林各族自治县14个砂石采矿权指标处置实施方案”“参加百色市第五届运动会方案和经费预算相关问题”审议等7个项目。

第44次政府常务会议　5月30日召开。审议议题4项,确定“设立自治县华农农业投资有限公司子公司—隆林兴农扶贫开发有限责任公司问题”“自治县城区交通规划建设相关问题”2个项目。

第45次政府常务会议　6月11日召开。审议议题6项,确定“学习全国生态环境保护大会精神和自治区人民政府办公厅‘关于贯彻中共中央纪委通报精神切实做好环境保护工作的通知〉”“学习〈地方党政领导干部安全生产责任制规定’”“隆林各族自治县2018年乡村公益性岗位开发实施方案”“关于G246二级公路建设工程拆迁补助费用的请示”等4个项目。

第46次政府常务会议　6月14日召开。审议议题6项,确定“学习贯彻‘全区社会稳定动态八项工作情况排名通报评分办法’”,听取“天生桥万峰湖、平班库区网箱拆除后涉访问题摸底调查情况汇报”“隆林各族自治县学校食堂大宗食品原料定点供应商招标工作方案”“自治县义务教育均衡发展评估验收的教学仪器设备缺额资金问题”“民高、义教均衡学校、中医院整体搬迁等项目招标控制价及付款方式相关问题”3个项目。

第47次政府常务会议　7月13日召开。审议议题11项,确定“学习‘百色市政府投资建设项目审计监督办法〉”“学习〈习近平总书记等中央领导同志对脱贫攻坚工作重要指示批示精神’”“隆林各族自治县2018年上半年国民经济和社会发展执行情况报告”“隆林各族自治县2018年上半年预算执行情况报告”“隆林各族自治县房屋建筑和市政基础设施工程总承包EPC项目操作流程”“2018年农村饮水安全巩固提升工程建设资金的相关事宜”“隆林各族自治县2018年脱贫攻坚“十大”重大工作实施方案”“拨款实施控制性详细规划覆盖项目地形图测绘相关事宜”8个项目。

第48次政府常务会议　7月20日召开。审议议题6项,确定“隆林各族自治县固定资产投资项目入库暂行办法”“隆林各族自治县房屋征收补偿安置办法(试行)”“棚户区(危旧房)改造拆迁安置方案”“设立隆林各族自治县教育扶贫发展投资基金的相关事宜”“自治县2018年度统筹整合使用财政涉农资金实施方案”5个项目。

第49次政府常务会议　8月12日召开。审议议题9项,确定“先行出让“隆林欢迎您”A地块相关事宜”“隆林各族自治县县城规划区违法用地违法建设行为处理办法(试行)(修订稿)”“罗湖·隆林对口帮扶隆林黑猪扶贫产业园实施方案”“2018年隆林各族自治县“两赛一展”活动方案”4个项目。

第50次政府常务会议　9月5日召开。审议议题12项,确定“传达学习中央政治局会议分析当前经济形势和部署下半年经济工作有关精神等”“广西壮族自治区生态环境损害赔偿制度改革实施方案”“隆林县当前信访维稳形势研判报告”“关于2018年表彰教育工作先进集体、先进个人、“三考”先进集体、先进个人、中职招送先进集体、先进个人和中国扶贫基金会“加油计划”隆林项目区先进个人相关事项”“关于2018年表彰教育工作先进集体、先进个人、“三考”先进集体、先进个人、中职招送先进集体、先进个人和中国扶贫基金会“加油计划”隆林项目区先进个人表彰经费事项”“关于隆林各族自治县城区街道名称相关事项”“隆林各族自治县粤桂扶贫协作优惠政策”“关于龙滩至平台等5条2018年度农村公路安防工程项目资金预算问题”“关于实施隆林各族自治县2018年深圳·隆林易地扶贫搬迁城西安置点“扶贫车间”就业产业园相关事项”9个项目。

第51次政府常务会议　9月17日召开。审议议题5项,确定“2017年隆林各族自治县决算(草案)”“隆林各族自治县2018年政府新增债券资金调整预算方案”“隆林各族自治县对口扶贫协作项目与资金管理使用暂行办法”3个项目。

第52次政府常务会议　10月22日召开。专题审议“隆林各族自治县政府隐性债务风险化解实施方案”。

第53次政府常务会议　11月1日召开。审议议题9项,确定议题“学习‘中央第五环保督察组向广西反馈“回头看”及专项督查情况’”“关于调整部分自治县2018年第一批中央和自治区财政专项扶贫资金通屯水泥路项目计划问题”“关于特岗教师、聘用教师控制数、高中教师、幼儿园教师、中等学校教师、自治县合同聘用教师、专职安全协管员享受伙食补助政策问题”“隆林各族自治县农业产业扶贫贷款风险补偿基金管理办法”“隆林县矿产公司改制方案”“关于使用(EPC)工程总承包模式建设隆林各族自治县2018年深圳·隆林易地扶贫搬迁城西安置点“扶贫车间”就业产业园问题”“关于城西易地扶贫搬迁城西安置点工程项目用地红线和规划方案局部调整问题”7个项目。

第54次政府常务会议　11月20日召开。审议议题16项，确定“学习‘关于打赢脱贫攻坚战三年行动的实施意见’”“传达学习全国全区全市春节前保障农民工工资支付工作会议精神”“自治县2018年电子商务进农村综合示范方案”“关于采用EPC模式实施隆林至克长公路问题”“关于自治县“十三五”期间易地扶贫搬迁安置点入住户家具购置经费问题”“关于新州镇财政所工作人员享受乡(镇)工作补贴问题”“关于新州镇妈文新农村建设项目历史遗留问题”“关于支付进城大道B段农民工工资问题”“隆林各族自治县现代特色农业示范区建设增点扩面提质升级(2018—2020年)三年行动实施方案”“关于追加各分指挥部万峰湖库区水面综合整治工作经费和干部职工差旅费问题”“国有林地回收合同经营协议书”11个项目。

第55次政府常务会议　11月20日召开。审议议题10项，确定“传达学习自治区主席陈武在全区极度贫困地区脱贫攻坚座谈会上的讲话”“2018年度县级党委政府安全生产工作考核评分标准”“隆林各族自治县2018年财政预算调整方案”“关于鹤城东区土石方平整项目(已完工部分)结算问题”“关于支付自治县进城大道B段项目部分工程款问题”、隆林各族自治县2019年烤烟生产工作实施方案、“关于提高自治县高龄老人生活补贴问题”“关于公开招标隆林各族自治县定点采购供应商问题”“关于县级财政垫缴2014、2015年建档立卡退出户养老保险费问题”9个项目。

重大政务

【县域经济发展推进】 2018年，自治县政府在稳增长、促改革、调结构、惠民生、防风险上有作为，完成自治县十五届人大三次会议确定的目标任务。地方生产总值完成4.49亿元，比上年增长7%；固定资产投资增长13%；财政收入完成6.88亿元，增长8.63%；社会消费品零售总额完成19.28亿元，增长12%；农村居民人均可支配收入完成9283元，增长10.50%；城镇居民人均可支配收入完成3.07万元，增长6%。

【工业化建设】 2018年，自治县工业投资完成10亿元，比上年增长7%，是全市唯一实现正增长的县。桂黔(隆林)经济合作产业园、百矿煤电铝一体化等重点工业项目建设有序推进；园区经济建设步入正轨，工业园区产值占全县工业总产值的28.40%，增长16%。解决困扰翔吉铝厂近10年的环保未批先建历史遗留问题，保住隆林铝产业的根基。有效解决企业融资难问题，帮助企业融资8.20亿元。

【城镇化建设】 2018年，自治县推进县城总体规划实施，优化城市空间布局，提升城镇基础设施和公共服务水平。

重点开发鹤东新区。加快推进交通、文化、教育、医疗等功能性设施规划建设。完善城东集中办公区基础设施建设，为干部群众提供良好的工作办事环境。加快民族体育活动中心、民高、四中、五小、四幼和中医院整体搬迁等项目建设，让鹤东新区成为项目建设的主战场。完善主城区功能。推进“多规合一”。持续推进城区路网建设，加快G324国道与G246国道联接线等道路建设前期工作。实施南林片区开发，对城南旧农贸市场进行升级改造。加快建筑公司片区、县四家班子机关大院片区棚户区改造，推进矿产林业片区改造项目上马，协调推进“隆林欢迎您”片区开发建设，促进房地产行业再发展。加强城市管理。启动数字隆林建设，城区街道全部纳入网格化管理。完善市政设施，美化市容市貌。继续规范城区道路交通秩序。强化市政管理，整治环境卫生，开展生活垃圾分类处理。推进“两违”专项治理。巩固自治区卫生县城成果，推进自治区文明城市创建工作。

【现代农业推进】 2018年，自治县农业增加值预计增长4.50%。粮食总产量9.17万吨，连续5年实现增长。创建73个现代特色农业示范区，其中油茶产业核心示范区被认定为自治区级示范区，金钟山杉木产业示范区被认定为百色市现代特色农业县级示范区。"三品一标"认证和特色产品质量工作有新突破，新增翅东、潮韵、山樵饲料3个广西著名商标；翅东牌三冲精制茶、山樵配合饲料2个广西名牌产品；家庭农场生产的稻谷、香蕉2个广西无公害产品。推进畜牧业发展，年产10万头黑猪产业园开工建设，有效防控非洲猪瘟疫情。新型农业经营体系建设有新成果，新增农民专业合作社66家，家庭农场7家。

【精准脱贫攻坚】 2018年，自治县不断完善贫困村基础设施，建设395条通屯水泥路，246处安全饮水工程，452个安全用电工程；改造2020户危房，建成易地扶贫搬迁安置房2218套，1771户7811人住进易地搬迁新房；建成20个村级公共服务中心，25个村卫生室。促进村集体经济发展，消除集体经济收入"空壳村"，97个贫困村的集体经济收入3万元以上，82个非贫困村的集体经济收入2万元以上。继续实施贫困户产业"以奖代补"和产业扶持巩固提升项目，贫困户产业覆盖率超过80%。教育扶贫发力，发放教育资助金7998.46万元，资助贫困学生15.56万人次；控辍保学成效明显，贫困辍学学生劝返率100%。健康扶贫推进，医疗救助政策落实，贫困户住院报销、特殊慢性病门诊医疗费用报销比例分别达90.91%、80%。贫困群众生活基本保障，5017户1.77万名贫困群众享受农村低保4159.70万元。金融扶贫推进，向贫困户发放小额扶贫贷款2.50亿元，农业产业扶贫贷款风险补偿基金正式运营。联系帮扶机制落实，选派472名脱贫攻坚（乡村振兴）工作队员，结对帮扶干部7151名，脱贫攻坚合力增强。对口帮扶工作深化，中直、区直帮扶单位综合运用金融、就业等各类政策，对贫困群众住房、基础设施、扶贫产业发展和就业创业等给予支持；东西部扶贫协作力度加大，落实资金3000万元，实施扶贫产业园等8个项目。全年，实现33个贫困村2.46万人脱贫，贫困发生率降至8.41%。

【项目建设推进】 2018年，自治县建立健全重大项目工作责任制，对重点项目实行清单管理，压实抓项目抓投资的工作责任。争取到农村饮水安全巩固提升、坡耕地水土流失综合治理等中央预算内投资项目9个，排在全市第三位；争取到鹤东大道一期工程、桂黔（隆林）经济合作产业园入园大道等自治区乡村振兴产业发展、基础设施和公共服务项目28个，总投资28.62亿元。百色经隆林至兴义高铁项目进入预可研编制阶段。实施精准招商。全县招商引进项目28个，总投资122.20亿元；实现自治区外境内到位资金9.72亿元，完成任务的108%，自治区内到位资金4.75亿元，完成任务的118.75%。力推项目建设。民族高中、四中、五小、六小等一批社会关注度高的民生项目动工开建；三轮河水库等重大项目建设加快，石漠化治理等一批惠民项目竣工交付使用发挥效益。推进通乡（镇）公路提级改造攻坚战，天生桥至西林二级路建成投用，新州经者保至腊仁、沙梨至隆或三级公路建设继续推进，新州至克长二级公路进入施工招投标阶段，G324国道至G246国道者浪连线、岩茶弄金经蛇场至德峨等11条乡（镇）公路提级改造前期工作启动。

【第三产业发展推进】 2018年，自治县政府发展商贸物流、旅游业，补齐服务业这块短板，社会消费品零售总额完成17.21亿元。商贸业态呈现多元化，财富广场、大众超市、金龙湾农贸市场、龙江百货等区域商业圈基本形成。建立电子商务企业孵化基地，在孵企业5家；实施电子商务进农村工程，农产品进城通道更加便捷，电商总交易量4400万元，排全市第三。全县新增限额以上商贸企业5家、服务业企业1家。投资7.60亿元的35万吨玉柴中重化油库等项目落地。各类市场主体总数1.23万户，比上年增长20.07%。县城至天生桥、县城至德峨景区规划推进。隆林万峰湖水利风景区获评为国家水利风景区。传统民族节庆活动及"两赛一展"活动举办。全年接待游客96.96万人次，比上年增长13.83%；实现旅游总收入10.86亿元，增长20.83%。

【生态建设推进】 2018年，自治县执行国家环保政策，整改完成中央环保督察反馈意见6个问题17项销号任务和中央环保督察"回头看"交办的7件群众举报案件。投入8500万元，完成万峰湖生态环境综合整治任务，共拆除网箱278万平方米。实施综合治理，全县环境空气质量优良天数328天。256条河流全部纳入"河长制"管理。饮用水源水质、地表水主要指标达到国家要求。建成乡（镇）村垃圾处理中心27座，城镇污水处理率90%。划定生态保护红线面积995平方千米。划定饮用水源地保护区6个。划定永久基本农田4.11亿公顷，实现耕地保有量5.01亿公顷。实施水土流失综合治理53.59平方千米，新增造林面积2333.33公顷。德峨镇八科村团石屯等4个屯获自治区级绿色村屯称号，新州镇马雄村等11个村获“百色市生态示范村”称号。

【为民办实事】 2018年，自治县民生支出28.67亿元，占一般公共预算支出的87.42%，增长10.80%。社会保障加强。城镇新增就业1318人，农村劳动力转移4932人。城乡低保、特困供养标准提高，发放各类社会救助资金1.20亿元。教育事业稳步提升。投入教育事业经费5.51亿元，新建和改造校舍1.79万平方米，公开招聘教师635人，办学条件、师资不足问题缓解；教学质量提高，高考重点本科上线人数及上线率连年“双增长”。卫生计生事业不断发展。落实国家基本公共服务项目，城乡居民健康档案建档率93%，3家县级公立医院与8个乡（镇）卫生院组建医共体；新建县人民医院外科医技综合楼、9个乡（镇）卫生院业务用房，医疗硬件设施逐步完善。跨省（区）联合治理“两非”经验在全自治区推广。文化体育事业健康发展。辣椒骨制作技艺等4个项目列入自治区级非物质文化遗产名录，汉族袍汤节等列入市级非物质文化遗产名录。建成16个乡（镇）应急广播系统和2个全民健身活动中心。完成电网投资1.16亿元，新增配变容量3.43万千伏安，城乡用电同网同价。水库非农业移民与农村移民同等享受后期扶持资金补助，天生桥一级水电站库岸失稳处理工作取得进展。创建广西食品安全示范城市和农产品质量安全县，食品药品安全形势总体平稳。“七五”普法深入推进，179个村（社区）实现法律顾问全覆盖。开展扫黑除恶专项斗争，社会治安持续向好，“一村一警务助理”工作经验做法获全自治区推广。

县政府综合政务

【政府办概况】 2018年，自治县人民政府办公室（简称自治县政府办）内设文电股、综合股、信息股、督查室、财务室、机要室、秘书股、自治县人民政府应急管理办公室8个部门，有人员编制39名，实有25人。办公地址在新州镇民权街200号。

【综合事务】 2018年，自治县政府办研究各乡（镇）政府、县政府各组成部门及其他机构向自治县政府请示（商洽）、报告的事项，提出办理意见报县政府领导审批，协助县政府领导处理日常事务和对外事务。全年收转请示、报告4670余份，处理率100%。

【文秘工作】 2018年，自治县政府办承办各类红头文件532份，其他文件328份。共上报信息3139条，被采用266条，其中政务信息采用35条，共采用信息系数分236分、全自治区排名第5名，全市第1名；按要求报送约稿信息；超额完成绩效任务数。

【政务督办】 2018年，自治县政府办开展党政联合督查15次，参与或组织县级部门联合督查20次，完成上级领导、部门和自治县领导要求督办的批示件34件，其中自治区领导批示2件、市级领导（部门）批示（督办）事项12件，自治县领导批示20件；重大项目督查10次、脱贫攻坚督查12次；督查督办系统上报信息51期；2018年共督办人大代表议案178件，政协提案32件，人大代表议案答复率为100，政协提案答复率为100%；编发各类《督查报告》《督查通告》30期，向相关单位发送《工作通知单》3次；上报综合材料12篇。

【会务及外事接待】 2018年，自治县政府召开全县性会议38次，政府常务会议23次以及其他会议181次。会议均按规范程序做好会议通知、会议材料组织、会议记录、会场布置等，保证各类会议的顺利召开。分别举办隆林苗跳坡节、隆林三月三壮族山歌节、隆林彝族火把节，做好各项外事接待和后勤服务等工作，共接待外来客人3.90万余人次。 （黄韬权）

政务服务

【政务服务机构概况】 2018年，隆林各族自治县政务服务办公室（简称自治县政务服务办）内设综合股1个部门，有人员编制5名，实有5人（主任1人、副主任2人，机关后勤服务事业编制2人），办公地点在新州镇迎宾路629号。

【政务服务事项审批】 2018年，自治县政务服务办贯彻落实自治县党委、政府关于全面深化“放管服”改革的工作部署，推进政务服务全覆盖，行政权力运行全流程优化，做到政务服务过程全监管，提供全方位优质政务服务，助力建设人民满意的服务型政府。一是启动“一事通办”改革工作，做好优化营商环境工作。组织县本级46个部门（单位）和16个乡（镇）对依申请行政权力事项、公共服务事项和便民服务事项逐项进行梳理，分别编制发布县、乡（镇）两级“一次性告知”“最多跑一次”和“一次不用跑”3张清单。年内，县本级46个部门（单位）完成编制“一次性告知”清单951项，其中，“只需跑一次”清单910项，“一次不用跑”清单16项，实现“最多跑一次”事项比率95%；16个乡（镇）共梳理“一次性告知清单”1429项，其中“只需跑一次”清单1384项，“一次不用跑”清单4项，实现“最多跑一次”事项比率97%。二是将政务服务事项纳入自治区网上办事一体化平台办理，网上办事率达到区级要求。依托自治区一体化网上政务服务平台开展网上办事，组织各部门对“全区一体化网上政务服务平台”本地区政务服务事项进行录入核准，应用网上办理4个模式，实现“能网尽网”，提高网上办理比率。将梳理出的951项依申请权力事项和公共服务事项全部录入平台，实现网上可办理事项比率97%，超额完成自治区要求的比率(80%)。三是开展减证便民行动，让群众和企业办事更方便顺畅。组织相关部门和16个乡（镇）开展“减证便民”专项行动，集中对要求企业和群众提交的各类证明和盖章环节进行清理规范，实行目录清单管理。专项行动开展以来，共取消“公民民族成分证明”“公民出生地证明”“公民出生日期证明”“长期不在家居住证明”等18项证明，减少86项审批环节需提供的证明材料。各部门根据清理结果重新梳理办事环节，精简申请材料。如：企业投资项目核准事项，由原来的21项精简为10项。项目用地预审中，压矿、地灾等由前置条件改为后置审批。如：发改部门办理行政审批时不用出具备案批复，不用提供企业需要备案证明；房产部门取消房屋交易、商品房预售合同备案和现售备案3个事项申请中《查询证明》材料；公积金贷款审批已精简经济收入证明材料，购房提取精简购房合同、商品房买卖登记备案证明、购房票据等材料；住建部门取消报建、招标、合同、安全监督、安措备案5个事项，71项材料精简为36项材料。四是建立政务服务“容缺受理”机制，对行政审批事项实行“容缺后补”。组织45个部门编制完成服务事项“容缺清单”198项，完成率98%，减轻企业负担、降低企业办事成本。

【政府信息和政务公开】 2018年，自治县政务服务办坚持以公开为常态原则，向社会全面公开政府职能、法律依据、实施主体、职责权限、管理流程、监督方式等事项，重点推进行政权力规范透明运行和重大建设项目扶贫领域、社会救助、棚户区改造、农村危房改造、环境保护、教育卫生领域、政策解读、政策类文件等信息公开，保障群众的知情权。推进乡（镇）、县直各部门建立权力清单制度，依法公开权力运行流程，全面公开各类行政权力目录，包括行政权力的名称、内容、办理主体、行使依据、条件、期限、流程、结果、监督渠道等，接受社会监督。年内，在自治县政府网站公开政府信息数5986条，主动公开规范性文件数622条，政策解读稿件发布数68条。（李定丽）

机关事务管理

【机关事务管理机构概况】 2018年，隆林各族自治县机关事务管理局（简称自治县机关事务局）内设办公室、综合股、保卫股、节能股4个部门，有事业人员编制62名，实有53人（为参照公务员管理），其中局长1人，副局长3人，干部13人，机关后勤岗位36人，办公地址在新州镇民权街200号。自治县机关事务局辖自治县机关公务用车管理服务中心，为公益一类事业单位，有事业人员编制5名，其中主任1名，副主任1名，工作人员3名，实有2人。

【机关后勤事务】 2018年，自治县机关事务局履行机关后勤管理、保障和服务职能。加强机关大院文化建设，提升县四大班子后勤服务工作质量。

机关保洁绿化　健全创卫机构，制定创卫工作实施方案，建立健康教育领导小组，组建和完善机关大院内单位和居民健康教育网络；加强宣传力度，增建宣传栏，在办公室、办公楼道等地方粘贴禁烟标志，入户发放健康知识宣传手册；完善卫生基础设施，增加垃圾车、垃圾桶、清洁指示牌等基础设施；加大院内日常净化工作的投入，配有专职保洁人员，按照工作要求做好大院卫生工作，同时加强对保洁组的管理，保洁工作组实行全天侯保洁制度，每天清扫机关大院，搞好办公楼道清洁卫生，定期开展“四害”（蚊子、苍蝇、老鼠和蟑螂）消杀工作；加强绿化、美化建设，做好院内花卉的养护。6月通过自治区创卫复审考核小组的复审考核。

机关安保工作　保卫科值班人员24小时定时巡逻机关大院，排查安全隐患。执行来访人员登记制度，对群众上访进行及时疏导并通知相关部门。全年共接待群众各种来访登记30批次156人次，其中集体上访7次人数102人。规范车辆出入管理和停放。对视频监控设备进行维修，确保设备正常运行，机关院内从未发生治安案件。

机关物业管理 做好日常消防、水电、设施的维修保养。一年来，维修水、电、消防、疏通排污管和卫生间、修理门窗、房屋天面补漏、电梯保养、排除电梯故障等工作106次，维修清理化粪池、疏通排污管和卫生间42次，修理门窗31次，电梯保养24次，排除电梯故障7次，响应率达100%；通过24小时值班制，实现随叫随到，一站式服务，确保大院设施设备保障顺畅。

机关大院改造提升 1月，完成政府机关大院损坏路面及病虫害景观树木维修改造工作，在大院大道上安放“为人民服务”景观石，规划停车场及交通标线画线，补植苗木。

机关食堂管理 发布定点就餐招标方案，实地考察餐馆实际情况，呈报自治县领导审批，选定定点就餐餐馆；指定统一到农村商业银行办理就餐饭卡“一卡通”；做好每个季度干部职工伙食补助餐费代发审核工作；对定点餐馆跟踪管理。

机关办公用房管理 建立完善机关事务管理部门办公用房管理，加快建设办公用房管理信息系统平台建设，运用互联网技术和信息化手段，实行智能化管理，提升管理能力和水平，确保管理无死角、全覆盖。在办公用房配置、日常使用、物业管理、维修改造等方面，健全完善并严格执行有关标准。

【会务工作】 2018年，自治县机关事务局做好全县大型会议及重大活动的后勤服务保障工作。加强对会议室环境、设备设施的维护，保持良好的会议环境，做好会前准备，做细会中服务，做实会后完善。完成自治县党委、政府各种会议，自治县党委、人大、政协三大例会和精准扶贫会议、重大项目签约仪式、民族节庆、上级检查验收、调研交流及“两赛一展”等重大活动的会务保障工作，确保大型会议召开255场次，其中人民会场会议36场、民族展示中心219场。3月完成自治县成立65周年县庆纪念系列活动筹备工作，做好县庆招商推介会、金融论坛座谈会会场布置，及文艺晚会会场座位规划、场地布置、雨衣雨伞筹备工作，确保县庆系列活动完成。

【公共机构节能】 2018年，自治县公共机构节能工作以建设节约型公共机构为主线，以能源资源节约增效为目标，深入开展公共机构节能工作。全县共有公共机构329个（国家机关94个、事业单位227个、团体组织8个），用地面积146.37万平方米，建筑面积80.65万平方米，用能人数6.91万人，编制人数8046人，公务用车358辆（汽油车285辆，柴油车73辆）。全县公共机构用电消耗935.35万千瓦时，用水消耗98.15万立方米，车辆汽油消耗33.20万升，柴油消耗10.50万升。消费总标煤1637.76吨，人均综合能耗23.71千克，建筑面积能耗每平方米1.43千克，人均用水14.21立方米。分别占全年指标数的74%、71%、79%，建筑面积能耗每平方米1.91千克，各项指标同比下降，均在指标范围内。年内，完成对自治县政府机关大院实施节能改造项目，改造面积1.01万平方米，改造资金20多万元，节能率19%。完成自治县检察院、法院、政府机关大院等单位照明系统、节水系统、能源监测项目，投入资金10万元。全面实行生活垃圾强制分类，设置分类垃圾桶1800组。此外，各公共机构自行改造，高效节能灯、节水器具使用率95%。6月，开展2018年全国节能宣传周活动。

【机关公务用车服务】 2018年，自治县机关事务局为保障公务应急用车的需求，根据上级有关文件精神和《自治县公务用车制度改革实施方案》研究制定各种管理制度，对机关公务应急用车的经费使用、车辆管理、派遣程序和范围、运行制度均进行详细、严格的规定，使机关的公务用车有章可循：统一管理车辆档案；规范车辆调度及登记制度；定点保养维修与加油制度；整合车辆资源，保障工作重点；合理保障应急用车；加强驾驶人员安全教育，遵守交通规则，确保安全驾驶；机关公务用车实现全自治区“一张网”管理模式，实行网上申请及统一调度。全年完成公务应急派车任务1.19万车次，右江区、靖西市、田阳、乐业、西林等县机关事务管理局到隆林县进行公车平台管理交流学习。 （李沁蓉）

中国人民政治协商会议隆林各族自治县委员会

【政协机构概况】 2018年,中国人民政治协商会议隆林各族自治县委员会(简称自治县政协)设主席1人,副主席4人,常务委员21人。内设政协办公室、提案和民族宗教法制委员会、教科文卫体和学习委员会、经济人口环保和联谊外事委员会、政协委员联络工作办公室5个部门,有人员编制16名(行政编制13名,事业编制3名),实有20人,办公地址在新州镇民权街200号。

重要会议和重要活动

【自治县政协九届三次会议】 2018年1月16日—18日在自治县人民会场召开,出席会议的政协委员169人。自治县政协副主席张顺国主持开幕式,自治县政协主席黄子锋主持闭幕式,百色市政协副主席、自治县党委书记张启胜作讲话,自治县政协主席黄子锋受自治县政协九届委员会常务委员会的委托向大会作工作报告,自治县政协副主席黄世恩代表自治县政协九届委员会常务委员会向大会作提案工作报告。大会通过自治县政协九届委员会第三次会议关于常务委员会工作报告的决议、自治县政协第九届委员会第三次会议关于九届二次会议以来提案工作报告的决议;自治县政协提案和民族宗教法制委员会主任岑雄强作提案审查情况报告;通过政治决议。大会表彰自治县政协第九届二次会议以来优秀提案6件,提案承办先进单位7个,提案工作先进个人7名。会议期间,共收到委员和政协专委会向大会提交提案34件,经审查,共立案32件,占提案总数的94%。

【参政议政】 2018年,自治县政协立足民情,关注民生,及时反映群众意愿。自治县政协九届三次全体委员会议组织委员听取并协商讨论"一府两院"工作报告及其他报告,围绕问题进行协商,通过大会发言、小组讨论、撰写提案等形式踊跃建言。会议期间安排6位委员分别就改善投资软环境、蔬菜种植产业、打造农旅结合新型产业、构建公共文化服务体系等作大会发言,提出多条有价值的意见和建议。全年召开14次主席会议、4次常委会议,分别对全会筹备、重点视察调研、重点提案办理、精准脱贫、服务重大项目等重要工作进行研究部署,就热点难点问题进行讨论协商,提出意见建议,促进相关工作。

【民主监督】 2018年,自治县政协探索民主监督的途径,运用提案、视察调研、特邀监督等途径,开展民主监督,增强民主监督实效。首先是注重提案监督,主席会议从立案的提案中遴选出7件事关全县经济发展和民生热点难点的提案,由政协班子领导领进行重点督办,并通过重点提案办理带动其他提案落实。其次是组织委员列席自治县党委、政府召开的重要会议,参与民主评议和目标考核、社会评价等活动,为委员知情明政和开展监督工作创造条件。全年共选派政协委员167人次参加人民法院案件庭审旁听、检察院开放日活动和公职人员招考面试现场监督等方面的民主监督活动,发挥政协的民主监督作用。

【提案办理】 2018年,自治县政协围绕自治县党委、政府的决策部署和人民群众普遍关心的热点难点问题撰写提案。自治县政协九届三次会议期间,委员和政协专委会向大会提交的提案涉及19个承办单位。为促进提案成果转化,加强与自治县党委、政府督查室的配合,采取"督重点、促全面、分层次、多形式"的督导方法,通过主席会议重点督办、承办重点单位主席会议专题督查、机关全员协办等推进提案办理,转办的32件提案办复率为100%。争取自治县党委、政府的支持，财政安排政协提案项目经费实施民生工程14个，将提案成果直接转化为项目。同时，引导驻隆林的百色市第四届政协委员履职，向百色市政协四届三次会议报送提案11件，其中《关于打造隆林各族自治县、田林县、西林县民族文化长廊，促进旅游发展的建议》得到自治区政协副主席、百色市委书记、市人大常委会主任彭晓春批示，并被评为优秀提案。12月28日，隆林自治县在全市提案工作座谈会上作典型经验交流发言。

【调研视察】 2018年，自治县政协把搞好专题调研作为履职尽责的重要抓手，按照“求精品、重实效”的要求，选择自治县党委政府重视、人民群众关注、政协有条件做好的题目进行深入调查研究，提出有价值的意见和建议，促进重大问题决策的民主化、科学化。全年组织委员开展5次专题考察调研、2次专题视察活动，形成《发展全域旅游　助推区域经济振兴》《从静态保护到动态传承　打造非遗民族原生态文化品牌》《高起点规划引龙头企业实现生态黑猪良性循环养殖》等7篇专题调研视察报告呈报自治县党委、政府，提供决策依据。

【助力乡村振兴】 2018年，自治县政协主动助力乡村振兴。开展“双联双创”（由主席会议成员依据年度工作任务选约5名常委、约10名委员、若干名选群众进行联系，由专委会依据年度工作任务选各自联系的委员约10名委员、若干名选群众进行联系；政协委员立足岗位创先争优和参与双联活动带动群众创业致富）活动，贯彻落实上级关于脱贫攻坚的部署要求。政协领导班子成员带头深入村屯、企业和扶贫联系点开展脱贫攻坚暨“换位沉底”（领导班子成员下沉各自所联系的村担任不少于3~5天“一把手”，体验基层工作与生活，为基层解决实际困难与问题）、“走改解”（走进群众、改进作风、解决难题）等活动，为推进脱贫攻坚和乡村振兴献计出力。自治县政协领导班子成员共联系5个乡（镇），结合帮扶乡（镇）、村实际情况制订扶贫帮困计划，多方协调争取项目7个，落实项目资金400多万元，帮助办实事31件，化解矛盾纠纷38起，慰问基层老党员、困难党员和困难群众150人次，慰问金额4.50万元。抓住自治区政协办公厅对口帮扶隆林的机遇，开展对外交流，为助推隆林脱贫攻坚引资引智。争取自治区政协办公厅帮扶资金40万元，专项用于克长乡大庆村、梅达村，新州镇弄桑村和者浪乡么窝村脱贫攻坚工作；争取自治区政协协力基金会援助克长乡大庆村屯级道路建设和梅达村发展竹鼠养殖项目资金共23.90万元，资助贫困大学生8人4.80万元，资助隆林少数民族爱心协力班70人21万元。自治县政协机关联系克长乡后寨村和海长村，共筹集资金7.80万元用于解决联系村的基础设施建设和产业发展问题，其中筹集资金3万元专项用于后寨村集体经济发展蜂糖李种植。自治县工商联界的政协委员响应号召，发挥自身优势，通过提供就业岗位、捐资助学等方式开展产业扶贫、就业扶贫、智力扶贫、基础设施建设扶贫等扶贫济困活动，其中投入80多万元开展扶贫基础设施和爱心助学等活动。在全县脱贫攻坚表彰大会上，有7名委员的企业获自治县脱贫攻坚“十佳民营企业”称号。7月18日—19日，全市政协助推“脱贫攻坚、乡村振兴”工作经验交流会在隆林召开，推介隆林乡村振兴委员行的模式。

【文史工作】 2018年，自治县政协加强文史资料工作。为全面、系统地宣传和展示隆林政协30多年来的历史贡献，启动《隆林政协历史沿革》书籍编辑出版工作。该书重点以隆林政协发展历程为主线，通过280多张图片和图表，将勾勒历史与总结经验相结合、文字叙述与图片资料相结合，全面宣传和展示历届政协委员履行政治协商、民主监督、参政议政的成果，实现存史资政。

【服务与联谊活动】 2018年，自治县政协加强对外互动联络。密切与自治区、市政协的联系，配合开展各类扶贫调研活动，完成自治区、市政协提案征集工作。参与市政协开展的“扎实推进实施乡村振兴战略—着力培育新型经营主体，促进农村特色产业发展”“加强河长制的落实，推进水生态文明建设”“扎实推进重点项目实施，加快左右江革命老区振兴规划落实”“加强易地扶贫搬迁后续管理与发展，助推精准扶贫”等专题协商调研活动。注重对外联络，做好各级、各地政协到隆林调研考察活动的协调服务工作，参加桂滇黔三省（区）“两江一河”二十一县（市）政协联席会第31次、第32次会议，推介宣传隆林。

【宣传工作】 2018年，自治县政协加强对外宣传工作。密切与宣传部门、新闻媒体的联系与协作，加大政协履职宣传力度，组织政协委员、政协机关干部和政协信息员在《广西政协报》、广西政协网、《右江日报》《百色政协》、百色政协网、广西隆林网等各级各类媒体刊载稿件589篇，宣传报道政协履职活动，扩大社会影响力。自治县政协先后获2018年度全自治区政协报刊宣传工作先进单位一等奖、2018年度百色市政协新闻宣传工作先进单位一等奖、2018年度百色市政协理论研究工作先进单位。自治县发展壮大村集体经济的做法刊登在《广西政协报》头条专版位置刊载。在深入考察调研基础上，率先在全市政协系统中开通隆林政协综合业务管理云平台，将隆林政协履职服务、提案办理等12个管理系统，通过网站、手机APP等载体，运用图、文等多种方式展现，包括提案管理、会议活动、参政议政、履职管理等板块，以及政协委员提案的交办、承办等程序均可在平台里完成，形成一个面向全县政协委员的综合管理与交流互动平台，确保政协委员能够随时提供微咨询、微建议，开展微协商，实施微监督。隆林政协云平台做法得到百色市政协主席陈丽华的批示肯定。

（何正安）

群众团体

工　会

【工会机构概况】 2018年,隆林各族自治县总工会(简称自治县总工会)内设综合办公室、权益保障部、基层工作部、财务资产部、经审办5个部门,有行政人员编制4名,实有11人(聘用7人),设主席(兼职)1人、常务副主席1人、副主席1人,办公地址在新州镇民生街237号。下辖事业单位县工人文化宫,有人员编制6名,实有5人。全县共建立基层工会728个。其中,国有企业57个,非公企业382个,党政机关工会63个,事业单位工会95个,乡(镇)工会联合会16个,村级(街道)工会组织131个。有基层联合工会6个,涵盖基层工会组织911个,全县工会会员3.61万人,其中农民工会员2.93万人。自治县总工会获2018年度全自治区工会工作集体二等功;2018年度全市工资集体协商专项考核一等奖;2018年度百色市县级工会经审工作规范化建设考核一等奖。

【自治县工会第十二届二次全委会】 2018年6月8日在县人大办三楼会议室召开。会议由县人大常委会副主任、县总工会主席杨登祥主持。会议主要议程是:讨论、审议百色市工会第四次代表大会代表候选人预备选和讨论,审议百色市工会第四届委员会委员候选人(建议人选)推荐等相关事宜。

【自治县工会代表会议】 2018年10月29日在县人大办三楼会议室召开。会议主要议程:通过隆林各族自治县工会代表会议选举产生出席百色市工会第四次代表大会代表的办法;通过监票人、计票人建议名单;酝酿出席百色市工会第四次代表大会代表候选人名单;选举出席百色市工会第四次代表大会代表。全体会议代表以无记名投票形式,按照15%的差额率选举产生18名正式代表,代表全县2.40万多名工会会员,出席百色市工会第四次代表大会。

【困难职工帮扶解困】 2018年,自治县总工会完善并更新困难职工档案库,建档困难职工171户,所有建档职工按照重点人群管理。加强帮扶资金规范化管理,规范建档和帮扶程序,做到精准建档、一户一档、动态管理。开展冬送温暖活动,为131户困难职工家庭发放慰问金13.10万元。开展"夏送清凉"活动,共走访慰问2家企业的300多名一线职工(农民工)送上价值近1.80万元的防暑品,并与县职业技术学校联合举办第四届农民工技能大赛暨"两后生"、农民工现场招聘会,为参加农民工技能大赛和参加招聘会的农民工送去矿泉水、清凉饮料等防暑降温慰问物品一批,慰问农民工500多人,现场解答20多名农民工关于劳动合同、维权等方面的咨询,发放宣传资料共400余份。开展"金秋助学"活动,为56名考上大学的困难职工(农民工)子女提供资助31.50万元,并对15名困难职工子女进行高考前慰问,共发放慰问金1.50万元。为34名特困职工实施日常生活救助,投入帮扶资金59.87万元。

【农民工服务】 2018年,自治县总工会继续配合人社局等有关部门,做好农民工工资支付情况专项检查等工作。利用宣传栏、宣传资料、网络等载体,宣传《中华人民共和国劳动法》《中华人民共和国劳动合同法》等相关法律法规,为农民工提供法律咨询服务,发放农民工维权知识手册等。建立健全工会法律援助站,与隆葆春律师事务所签订法律服务协议,开展法律援助活动,提供政策咨询和政策服务,依法维护职工和农民工的权益。年内,职工法律援助中心接受法律咨询40多人次,受理各类务工人员法律援助案件3件,为21名职工(农民工)免费提供诉讼帮助,职工

（农民工）维权诉求受理和办结率100%。开展“送创培工程”，提高农民工创业能力。11—12月，联合百色建筑学校，在者保、革步2个乡（镇）举办农民工技能培训班2期，培训主要内容有家畜养殖、摩托车修理、中式烹调师、家政服务等，参加培训400多人次，投入帮扶资金4万元。

【职工文体活动】 2018年2月10日，自治县总工会在县总工会球场举行迎“新春”大型游园活动，800多名职工和社区群众到场参与。5月25日—31日，县总工会在县城举办2018年迎“五一”职工气排球比赛。比赛设有乡（镇）男（女）组、县直单位男（女）组2个比赛项目，来自全县各基层工会的85支球队共900多人参加比赛，新州镇、猪场乡、金钟山乡、革步乡、平班镇、克长乡6支代表队分别获乡（镇）女子组第一至第六名；岩茶乡、平班镇、猪场乡、革步乡、介廷乡、新州镇6支代表队分别获乡（镇）男子组第一名至第六名。隆林民族中学、隆林二中、县国土局、县林业局、隆林中学、新州一小、县人民医院、县农业局8支代表队分别获县直女子组第一至第八名；县教育局、县中医院、县人民医院、隆林汽车总站、县老体协、县农业局、隆林民族中学、县交通局等8支代表队分别获县直男子组第一至第八名。获得优秀组织奖代表队的有天生桥镇、岩茶乡、县农商行、新州二小。

【职工疗休养】 2018年8月6日—11日，自治县总工会组织第二期全县机关事业单位74名优秀职工，到防城港自治区总工会定点职工休养基地休养，经费开支17万余元。年内，还分期分批选派12名一线职工参加自治区、市总工会组织的疗休养活动。

【职工医疗互助保障】 2018年，自治县总工会推进服务职工工作，把职工医疗互助保障工作作为工会为职工办实事、办好事的重要内容来抓，开展宣传和发动工作，取得成效。全年参保单位125个，参保数6875份，超额完成市总下达的任务，完成率116.50%；共有346人次申请住院补助，发放补助金共70余万元。

【工会经费管理】 2018年，自治县总工会拨缴经费收入（本级）共287.11万元，其中自收经费2.38万元，税务代收48.42万元，财政划拨233.64万元，筹备经费2.64万元；上缴上级经费80.69万元，完成任务100%。出台工会财务内控制度，规范工会经费使用，健全工会经审组织，加强经费审查、监督，促进收、管、用好工会经费，加强对基层工会财务工作的业务指导。县总工会经审会分别对县级、4个直管基层工会2018年度经费收支及专项资金管理使用情况进行审计。

（农茹月　陆肖泠）

共青团

【共青团机构及概况】 2018年，共青团隆林各族自治县委员会（简称自治县团委）内设办公室、学校工作部（希望工程办公室）2个部门，有人员编制4名（行政编制3名，事业编制1名），实有3人（书记1人、副书记1、办公室干事1人）。办公地址在新州镇民权街200号。全县建立团组织（包括团支部）352，其中基层团委（包括16个乡（镇）团委）28个，团工委1个，团总支3个，团支部320个，共有共青团员4160人。

【共青团组织建设】 2018年，自治县团委加强团干部队伍自身建设，加强引导团干部坚定正确的政治方向，锤炼过硬的业务本领，弘扬优良的工作作风，把握共青团工作的根本任务，组织团干部参加团区委、团市委组织的各项培训，加强团干的自身建设，建设一支党放心、青年满意的团干部队伍。调整充实乡（镇）团委书记，6月，配齐除猪场乡以外的乡（镇）团委书记，9—12月完成乡（镇）级团委换届选举工作，确保各乡（镇）团委工作开展。深化创建“优秀少先队”及“六一”红旗团委活动，表彰自治县11个“五四红旗团委”、21个“五四红旗团支部”、32名“优秀共青团干部”、47名“优秀共青团员”；同时推荐优秀集体和个人申报区级、市级表彰。开展2018年隆林各族自治县基层团干部培训班，加强团干部思想建设和业务培训。

【青少年思想道德建设】 2018年，自治县团委通过深入学校、村屯开展形式多样、贴近青少年成长的活动，吸引青少年普遍参与，加强对青少年的思想引领，强化青少年的思想道德建设。开展2018年“学雷锋志愿服务月”活动。开展“雷锋月”网络宣传、“创卫”志愿服务、“三八”妇女维权周暨家风宣传教育、首届“巾帼巧妇”美食评比大赛等活动。组织各学校开展2018年隆林各族自治县青少年清明节祭扫系列主题活动。围绕“缅怀革命先烈　传承红色基因”祭扫系列主题活动，加强青少年爱国主义教育和理想信念教育。开展纪念“五四”

运动暨“幸福都是奋斗出来”主题团日活动。以“不忘初心跟党走”为主题，开展系列“五四”运动纪念活动和“奋斗的青春最美丽”主题座谈会，帮助团员青年牢固树立奋斗成就人生的价值观念。开展“青年大学习”行动和“幸福都是奋斗出来的”主题教育实践活动。激发青年干事创业的热潮，提高新时代青年的政治站位、政治觉悟和政治定力，明确“幸福都是奋斗出来的”理念。

【少先队建设】 2018年，自治县团委在“六一”、少先队建队日等节日，组织全县少先队开展系列主题活动。一是开展“你好，新时代”主题队日活动，通过观看“你好，新时代——咱们这样过‘六一’”网络视频培训直播，开展“我讲习爷爷的故事”、新队员入队仪式，给孩子们人生的起步以力量，给孩子们留下节日礼物；开展“十佳孝星”表彰大会，对品行兼优的孝星进行表彰，激发学生的学习积极性；开展庆“六一”游园活动，篮球比赛、拔河比赛等等让同学们在玩中得到乐趣，在乐趣中学到知识；举行庆“六一”文艺会演，充分发挥学生的特长，提高学生的全面素质。二是组织开展“争做新时代好队员——集结在星星火炬旗帜下”主题队日活动。各中小学学校以集中举行“习爷爷的教导记心中”国旗下讲话仪式、组织开展“我和我们的中国梦”演讲活动等活动形式和内容，引导学生听党话、跟党走。

【青年志愿者服务】 2018年，自治县团委弘扬“奉献、友爱、互助、进步”的志愿精神，深化青年志愿服务活动。一是深入开展2018年青年志愿者服务春运“暖冬行动”。协助隆林汽车总站开展春运购票志愿服务，维护车站现场秩序，帮助农民工购买车票等，通过发放创业宣传单，设立咨询台等形式宣传返乡创业政策，宣传全县的清洁乡村活动，引导大家参与。二是参与2018年返乡、返城农民工“暖流行动”服务活动。为农民工设置免费休息场所，免费提供热水、矿泉水、快食面、晕车药等，免费提供简易维修工具及交通安全咨询等服务。四是组织志愿者开展环境卫生整治活动。在“创卫”期间，组织全体干部职工与青年志愿者到责任区开展环境卫生整治活动，并安排青年志愿者轮流值守清洁区域，宣传“创卫”知识，发动群众参与卫生整治活动之中，全面推进“美丽隆林”乡村建设。五是青年志愿者助力大型专场活动。招募志愿者参与2018年度“粤桂协作·就业帮扶”（隆林县城区）专场招聘会、县庆活动晚会、百色市2018年“文化和自然遗产日”非物质文化遗产宣传展示主场活动(隆林分会场)、中国农业发展银行助推隆林各族自治县产业扶贫招商引资对接会、自治县2018年“10·17”全国第五个扶贫日启动仪式、“两赛一展”(2018年中国(隆林)第五届“南盘江杯”江钓大赛暨2018年中国(隆林)“南盘江杯”第四届全国龙舟邀请赛和2018年隆林各族自治县民族文化展示活动)志愿者服务活动。六是开展公务员和事业单位考前和面试公益培训班。邀请华图教育、考吧教育、中公教育等教育培训机构老师到自治县开展6次公益培训，覆盖500余名青年。七是组织2018年返乡大、中学生“1+1”基层培养计划学生、广西财经学院实岗挂职锻炼学生、县直团支部开展“手拉手”关爱农村留守儿童志愿服务活动。为留守儿童送去关爱。

【青少年维权】 2018年，自治县团委开展预防青少年违法犯罪宣传教育活动，巩固重点青少年群体服务管理和预防犯罪工作成果。发挥各种节日纪念日作用，有针对性地开展宣传教育。一是利用学雷锋活动月、“五四”青年节、“六一”儿童节、国庆节、少先队建队日等节日纪念日，在各学校开展先进表彰、板报评比、书画评比、主题班会、宣誓签名、知识竞赛等主题鲜明、导向正确的活动，丰富青少年的精神文化生活，提高他们的思想道德水平；二是利用隆林2018年电商年货活动、农民工外出务工的契机，携手青年志愿者在民族文化广场、车站等人流量大的场所开展禁毒宣传教育活动。三是组织各中小学校开展“防艾拒毒　青年责任”——2018年全县中学校入学新生防艾禁毒知识宣传教育活动，通过多形式深入开展防艾禁毒宣传教育活动，确保每一名新入学的中学生能接受一次系统的禁毒和艾滋病防治知识教育。

【希望工程】 2018年，自治县团委立足实际，实施关爱行动。一是开展春节慰问活动。深入平班镇、沙梨乡、猪场乡等乡(镇)开展春节慰问活动，走访慰问7名家庭困难青年和团员，给他们每人送去慰问金及慰问品，让他们感受到团组织的关怀。二是开展“六一”慰问“情暖童心”活动。到平班镇民新小学、民族实验小学参加学校“六一”少先队新入队仪式并慰问学校家庭困难学生，为学生们送去价值8000元的书包、图书等物品。三是开展“美丽隆林”乡村建设宣传暨我爱我家留影公益活动。联合台百丽致婚纱摄影影楼开展“美丽隆林”乡村建设宣传暨我爱我家留影公益活动，为179户留守老人免费送去价值300元的生活用品，为隆林在校留守儿童学生赠送300个“爱心书包”。四是组织暑假期间开展县直各团支部，大、中学生“1+1”社会实践慰问孤寡老人和留守儿童服务活动，走访志愿者家庭所在地贫困户、贫困老人及孤寡老人，给他们送慰问品，交流谈心，了解老人及留守儿童的生活状况，辅导留守儿童暑假作业、心理。

【青年创业就业】 2018年，自治县团委为营造青年创业的良好氛围，树立一批新时期青年创业典型，助推电子商务发展，团县委积极与相关部门沟通联系，促进青年就业创业工作。结合党政中心工作，青春助力脱贫攻坚，与自治县商务局等部门沟通对接，完善“隆林各族自治县青年创业服务中心”的软硬件设施，为青年创业就业提供服务、交流、学习平台。（黄　婷）

妇女联合会

【妇联机构概况】 2018年，隆林各族自治县妇女联合会（简称自治县妇联）内设办公室、权益部、发展部、妇儿工委办4个部门，有人员编制5名（行政编制3名，事业编制2名），实有5人（主席1人，杨翊，副主席2人，办公室主任1人，妇儿工委办专干1人），办公地址在新州镇民权街200号。年内，全县有乡（镇）妇女联合会16个，有农村妇代会179个（含4个社区）。共配备妇联主席179名、副主席895、妇联执委委员1969名（含主席、副主席）。

【女干部培养选拔】 2018年，自治县妇联注重女干部培养，推荐优秀女干部。全县16个乡（镇）党政班子共配备女干部34名，其中女乡（镇）书记2人，女乡（镇）长3人，女乡（镇）人大主席2人；179个村（社区）“两委”班子均配有女干部，其中村党支部女支书4人、女副支书5人、女委员103人，村民委员会女主任5人、女副主任14人、女委员247人。

【“三八”节纪念活动】 2018年3月6日，自治县开展“三八”节系列纪念活动。自治县党委副书记钟永锋率县妇联、总工会、红十字会等部门领导，走访慰问贫困女职工代表、农村贫困妇女代表。先后看望慰问新州镇民权社区贫困妇女杨彩肥、环卫工人代表王金艳、王艳鲜；德峨镇德峨村革鸟屯贫困户妇女杨磊奶、杨腰奶、单亲家庭贫困户杨强奶等6户。自治县妇联组织妇儿工委成员单位在休闲广场开展“拒绝家暴，构建和谐”2018年“三八”妇女维权周暨家风宣传教育活动。通过发放宣传资料，设置咨询台的方式进行普法宣传，宣传就业、卫生、计生、教育、扶贫等优惠政策，发放妇女权益保障法、反家庭暴力法、婚姻法等相关宣传资料1000余份，接受妇女咨询30余人次。自治县妇联在休闲广场举行首届“巾帼巧妇”美食评比大赛活动。参赛作品有：雪花酥、南瓜饼、蛋卷、烤鱼、肉酿白菜等20多种。评委由5名专业人员及30名大众评委品尝作品并当场打分，活动中还穿插隆林特色美食黑粽、辣椒骨、腊肠、腊肉的品尝。经过评委打分，最后评出一等奖1名、二等奖2名、三等奖3名、优秀奖10名。通过美食评比大赛能挖掘、传承、弘扬、宣传、推介隆林饮食文化，展现妇女同胞精湛的厨艺。3月7日晚，自治县妇联在人民会场举办隆林各族自治县纪念“三八”国际劳动妇女节108周年文艺晚会活动。自治县党委组织部部长张素兰到场代表自治县党委、政府致辞并观看。晚会节目丰富多彩，有独唱、舞蹈、男女对唱、音乐剧、歌伴舞，来自县直各单位、部分乡（镇）、社会民间组织等10多个队，表演不时博得观众掌声。

【推优树先活动】 2018年，自治县妇联推优树先，发挥模范表率作用。开展“双学双比”（学文化、学技术、比成绩、比贡献）活动。开展寻找“最美家庭”活动，通过寻找、推荐上报，“三八”节期间，表彰全县“最美家庭”18户、三八红旗手28名、巾帼扶贫先进个人22名、巾帼文明岗5个；推荐上报获百色市巾帼文明岗1个（县妇保院）；百色市巾帼建功标兵1名（国税局黄荣勤）；百色市巾帼建功先进集体1个（隆林三冲茶叶有限公司）。继续开展“五好文明家庭”（爱国守法，计划生育，诚信务实，周围群众评价好；学习进取，爱岗敬业。情趣健康，家庭成员发展好；道德立家，男女平等，尊老爱幼，家庭和谐氛围好；崇尚科学，移风易俗，保护环境，创建平安家庭好；勤俭持家，热心公益，和睦乡邻，无私奉献精神好）创建活动。

【基层妇女干部培训】 2018年9月27日—28日，自治县妇联根据《百色市妇联关于开展2018年全市村“两委”女干部大培训工作的通知》精神，在自治县展示中心一楼举办基层妇女干部培训班，参加培训人员：乡（镇）妇联主席（负责人）、村妇联主席、村“两委”女干部共198人。培训班聘请6人授课。其中，自治县蚕业办助理农艺师韦绍观授课“家有五亩桑　脱贫奔小康”；自治县妇幼保健院罗燕授课“乳腺癌和宫颈癌健康知识”；自治县水产畜牧兽医局畜牧品改站助理兽医师何顺荣授课“家庭养殖实用技术要点”；中国人寿保险股份有限公司隆林支公司韦翠兰授课“关爱女性两癌保险”；自治县妇联主席杨翊授课“2018年创建儿童之家任务、目的和意义”。年内，自治县妇联选派6名妇女干部参加全国贫困地区妇联干部培训班、自治区妇联举办的2018年全区基层妇女干部培训师资班、全自治区妇联维权工作推进会暨维权干部培训班、2018年全自治区乡（镇）妇联主席培训班学习，提高妇女干部的综合素质和业务能力。同时，免费为妇女工作者征订《广西妇女》200份。

【妇女儿童维权】 2018年，自治县妇联利用“三八”“六一”节契机，开展反家庭暴力法、未成年人保护法等法制宣传活动，让妇女了解如何预防妇女儿童犯罪、怎样维护妇女儿童自身权益等方面的知识，为少数民族妇女儿童权益服务。年内，县妇联共接待妇女群众来访14件30人次，作好调解处理工作，并向她们宣传有关维护妇女儿童合法权益的法律、法规，把群众的纠纷、矛盾消除在萌芽状态，维护家庭和社会的和谐、平安、稳定。

【关爱留守儿童慰问活动】 2018年5月29日，自治县妇联组织妇儿工委成员县教育局、县疾控中心等10部门，在县城休闲广场开展以“保障儿童权益　关爱儿童成长”主题宣传活动。重点宣传2011—2020年全国、自治区、百色市及隆林县妇女儿童发展规划（纲要），宣传《中国人民共和国未成年人保护法》《中国人民共和国妇女权益保障法》《中国人民共和国义务教育法》《中国人民共和国反家暴法》等法律法规，增强全社会关心、保护儿童的意识。活动共发放各种宣传资料5000多份，宣传袋子100多个，接受群众咨询60余人。5月31日，自治县四家班子领导率妇儿工委成员单位分为2组，深入学校、幼儿园开展“六一”关爱留守儿童慰问活动。第一组由自治县党委书记张启胜率队，先后慰问新州二小、城西幼儿园、者浪乡中心小学；第二组由自治县党委常委、宣传部部长、妇儿工委主任潘顺丹率队，慰问民族实验小学、平班镇中心小学，给留守儿童、贫困儿童和残疾儿童学生，带去篮球、气排球、羽毛球拍、羽毛球、跳绳、乒乓球拍、乒乓球、书包等体育用具以及糖饼饮料等，给他们送上节日的祝福和慰问品。同日，自治县妇联在民族实验小学举办2018年“传承良好家风　争当合格家长”家庭教育大讲堂知识讲座。邀请百色高中的语文高级教师，国家二级心理咨询师，全国知名班主任、第二届中国家庭教育百名公益人物、老师黎志新来授课，让家长们对家庭教育的重要性有更深刻的认识。6月1日，自治县妇联与新州三小共同举办以“五彩童年·展翅飞翔”为主题的“六一”庆祝系列活动。孩子们展现合唱、舞蹈、相声、剪纸等民族特色才艺。同时，壮、汉族学会的工作人员给孩子们表演壮族《八音坐唱》和汉族《吹唢呐》等节目。活动表彰在德智体美劳等各方面表现优秀的儿童866人。

【儿童家园创建】 2018年，自治县妇联先后在天生桥镇九龙村、委果村，隆或镇拉也村、龙爽村，革步乡弄保村、者江村，介廷乡岩怀村、平利村，沙梨乡坝平村、委尧村，平班镇平寨村、康上村，克长乡梅达村，猪场乡那伟村，岩茶乡平班村、者艾村、弄甫村，蛇场乡乐香村，桠杈镇生基湾村、龙良村、弄徕村，新州镇弄桑村，者浪乡者床村、坡合村、敢南村，者保乡中棒村、同禄村，德峨镇八科村、金平村、岩头村，创建“儿童之家”30所，总投资60万元，至11月底，“儿童之家”建设完毕并正式挂牌使用。每所儿童之家均配备儿童滑梯、乒乓球桌、书柜、儿童书籍等康体设施和学习用品，为儿童提供学习、游戏、运动等服务，成为关爱留守儿童的活动阵地。

（韦玉存）

科学技术协会

【科协机构概况】 2018年，隆林各族自治县科学技术协会（简称自治县科协）内设办公室、学会部、少数民族科普工作队、青少年科技中心4个部门；有人员编制7名，实有9人，另有本单位自聘人员（临时工）2人；办公地址在新州镇民权街200号。年内，获百色市科协授予“2018年度百色市科协工作先进集体”称号。

【科普宣传】 2018年，自治县科协在隆林电视台开设《科普大篷车》专栏，每周向观众定时播放科普光盘A、B两版各2次，年播出104

期，年收视观众约15万人次。利用网站、报刊等大众媒体进行科普宣传。年内被各级各类党报刊、网站等采用稿件发布（发表）有关科普活动、科普工作动态等内容的新闻报道33篇，其中今日头条11篇、广西科协网2篇、百色新闻网3篇、《右江日报》2篇、《南方科技报》2篇、百色人大网3篇、百色政协网3篇、隆林网4篇、东方头条网1篇、精华创业网1篇等。利用县城6处、乡村9处共15个点150米的“科普画廊”进行科普知识宣传，每季度更新“科普画廊”宣传内容1次，年浏览群众约8万人次。利用在县城城东广场建立的LED科普信息显示屏进行科普知识、科普信息等宣传，每天24小时滚动播放，年从中获取科普信息的群众约3万人次。

【科普大型活动】 2018年9月—10月，自治县科协与自治县党委组织部牵头，组织县直单位17个开展大型综合性的科普活动5场次，其中9月14日在新州镇二小举行“八桂科普大行动”启动仪式，10月26日在县城休闲广场举行大型科普广场活动，10月29日—31日分别到者保乡、克长乡、天生桥镇开展大型综合性的系列“科普赶集”活动3场次。通过在乡村街道悬挂科普宣传标语、设立咨询服务台、送发科普资料、科技书籍、科普宣传物品等形式，吸引群众到场6000多人次。各单位派出科普工作者、科技人员121人次，共向群众送发各行各业的科普知识常用手册1.24万册、种养致富技术书籍1.39万本、各种科普资料1.22万份、科普彩图2100张、科普手提袋7300多个、科普围腰2100多件等。9—12月，与自治县党委组织部、宣传部、文明办、科技局5个单位联合开展“2018年‘八桂科普大行动’活动”，活动主题为“创新引领时代、智慧点亮生活”。

【青少年科技创新大赛】 2018年，自治县科协与自治县教育局联合开展“2018年青少年科技创新大赛”活动。按照市分配任务参赛项目为“科学幻想绘画”一项，上报任务25幅。经市组委会评审，获市表彰作品21幅，其中一等奖2幅、二等奖1幅、三等奖18幅。另外，学校获中学生科技创新奖表彰2个，青少年科普剧优秀表彰2个；科技辅导员获科技创新成果奖1名，优秀辅导员奖3名；学校获优秀组织单位奖4个。获百色市科协授予“2018年百色市青少年科技创新大赛优秀组织单位”称号。

【“科普大篷车进校园”巡展】 2018年，自治县科协一是邀请百色市科协到隆林县开展“科普大篷车进校园”巡展活动。6月4日—6日，分别到平班镇中心小学、介廷乡中心小学、猪场乡那绍村小学进行巡展3次，参加观展体验学生2241人，巡展内容涉及声、光、电、磁等各学科领域，让学生近距离体验“科普大餐”，感受科学的魅力和奥妙，激发学生爱科学、学科学、用科学的兴趣与热情，同时送发给学生的《未成年人读本》《科普漫画》等科普读物3000多本。二是利用县科协科普大篷车开展“科普大篷车进校园”活动，9—11月，分别到天生桥镇祥播村小学、天生桥镇岩场村小学、德峨镇常么村小学、克长乡中心小学、者浪乡中心小学、者保乡同禄村小学、革步乡中心小学、蛇场乡新民村小学、蛇场乡马场村小学、平班镇扁牙村小学等进行巡展10次，参加观展体验学生6000多人，巡展内容有科普仪器、科普展板、机器人表演、科普知识抢答等，同时送发给学生科普资料、科技书籍、科普宣传物品等5000多本（册）。

【全国科技系列活动】 2018年5月30日为第二个“全国科技工作者日”，为庆祝节日和结合“全国科技活动周”活动，自治县科协在5月开展系列科普活动。以农技协为培训点，召集贫困户到农技协进行科技知识培训，让科技工作者发挥技术特长，为贫困户服务，帮助解答在生产生活中遇到的问题。5月23日—25日组织科技工作者2人到克长乡联合村生态养殖协会举办“黑猪养殖技术、黑山羊养殖技术”培训2期，参加培训农民212人。5月21日—30日与自治县科技局、文联联合开展“全国科技活动周”活动，派出科协工作人员参加在广场举办的科技周启动仪式，悬挂庆祝全国科技工作者日等庆祝标语，向参加活动群众送发科普资料、科技书籍、科普宣传物品等。5月28日召集县直事业单位中部分具有代表性的科技工作者20人到自治县科协参加座谈会，共商共议科技服务工作和如何在自治县脱贫攻坚工作中发挥科技工作者应有的作用。5月30日与电信、移动通信公司合作，通过编发手机短信，向全县的科技工作者表示节日问候并致敬。年内，获中国科协办公厅授予“2018年全国科普日优秀组织单位”、广西科协授予“2018年广西‘八桂科普大行动’优秀组织单位”称号。获百色市科协授予“2018年度百色市科协工作先进集体”称号。

【中国流动科技馆隆林站巡展活动】 2018年，自治县科协向自治区科协成功申报中国流动科技馆在隆林站巡展活动项目，巡展时间为9月14日至11月16日，展馆地点设在新州第二小学。9月14日在新州第二小学举行开馆启动仪式，参加启动仪式有自治县全民科学素质领导小组成员单位领导、新州镇党政领导、社区干部、县城中小学校领导、科技辅导员、师生代表等300多人。启动仪式由自治县党委办副主任杨成元主持，自治县党委常委、宣传部部长、副县长潘顺丹作启动仪式讲话，自治县党委常委、副书记钟永锋宣布活动启动，自治县科协党组书记、主席王镜程介绍中国流动科技馆的巡展情况。开馆期间，面向全县各乡（镇）中小学校的学生和社会各界人士免费开放，观众约2.01万人。

【参加广西“科普惠农兴村计划”特色农产品展销交流会】 2018年12月，自治县科协挑选本县科普惠农基地的部分产品及较有特色的核桃、茶油、辣椒骨、蜂蜜、南瓜分、西贡蕉、黑米粽等农产品，到南宁参加2018年广西“科普惠农兴村计划”特色农产品展销交流会，对外推介隆林县特色农产品，展示隆林县相关产业发展及经济发展前景。

【技术培训】 2018年，自治县科协根据自治区科协分配隆林2018年“五个一”培训任务，主要内容是：每年培训10个农村科普带头人，100个农村专业技术协会会长（理事长），1000个农村专业技术协会副会长（副理事长）、理事、村支书，1万人次农村专业技术协会技术（业务）骨干、村干部，10万人次农村专业技术协会会员、农村党员、周边农户、业务联系户。结合自治县科协年培训500人计划，纳入年度绩效考评业务性指标，抓好实用技术培训，助力精准扶贫，深入乡（镇）、社区、村屯举办各种形式技术培训班，把科技知识送到群众身边。至11月16日，分别到蛇场乡新民村、猪场乡、德峨镇常么村、克长乡联合村、新州镇者隘村、新州镇民权社区等举办种养技术培训班培训农民659人，培训内容主要有百合种植技术、科学养猪养牛技术、水稻旱育技术、水稻抛秧技术、健康知识讲座等。同时向群众送发种养技术书籍8种类3000多本，科普手提袋、围腰等物品5000多个（件）。

【全国和广西科普项目申报】 2018年，自治县科协根据自治区科协、财政厅《关于组织实施2018年“基层科普行动计划”的通知》精神，培育并向上级科协申报，4月获批中国科协、财政部基层科普行动计划项目3个，获批自治区科普惠农兴村计划项目1个，其中获全国基层科普行动计划项目的是新州镇民权社区科普示范社区、隆或镇初中青少年科学工作室和者浪乡草莓产业种植协会，获自治区科普惠农兴村计划项目的是德峨镇金平村苗山黄牛养殖科普示范基地，4个项目获中央财政、自治区财政厅项目资金共31万元。项目获批后，自治县科协领导及时研究部署项目工作并开展调研，深入各个项目点进行指导落实，严格把关项目资金使用和管理，确保项目建设有序推进。至12月底，4个项目完成60%以上。

【科技精准扶贫活动】 2018年，自治县科协发挥科协的优势，为精准扶贫提供科技支撑，组织开展“送科技、良种、化肥下乡”等活动，惠及群众500多人。其中，向者保生态养殖示范基地、科普带头人所在地、帮扶的2个贫困村及周边农户、结对帮扶户等送发种养技术书籍8种4400本、核桃嫁接苗1650株、金银花种苗3.70万株、化肥16.60吨、手提袋2700个、围腰2700件、慰问金7350元等。

【百合种植调研考察】 2018年5月10日，自治县科协组织蛇场乡新民村的党员、村社干等30多人，到德峨镇常么村的百合种植基地进行考察培训。8月7日—8日，组织县科协干部和老科协的人员，到湖南省龙山县进行百合种植考察学习。通过走访调研、考察学习，大家一致认为种植百合是符合隆林县实际的一项短、平、快的脱贫致富产业项目。并向自治县党委上报《到湖南省龙山县学习考察百合种植情况的报告》。9月，蛇场乡党委、政府作出2019年种植百合66.67公顷的计划，并把任务分解到8个村。10月与荣光公司签订协议种植百合66.67公顷，播种40公顷。

【“全国科普示范县”创建】 2018年，隆林县为“2016—2020年度全国科普示范县”之一。自治县科协在履行实施全国科普示范县工作领导小组办公室的工作，主动向自治县党委、政府建言献策，推进实施“全国科普示范县”工作。把实施“全国科普示范县”工作与《全民科学素质纲要》工作申请纳入全县2018年度全县绩效考评指标，自治县绩效办纳入全县2018年度绩效考评的工作指标5项，县直单位分值7分，乡（镇）分值6分，被考评的县直单位43个、乡（镇）党委、政府16个；制定有关的绩效考评标准，把考评指标发送至被考评的县直单位和各乡（镇）党委、政府；督促各实施单位和各乡（镇）开展工作并报送各种工作材料；把2018年各单位和各乡（镇）实施全国科普示范县绩效考评结果报送自治县绩效办。

【《全民科学素质纲要》实施】 2018年，自治县科协履行实施全民科学素质工作领导小组办公室工作。制定《隆林各族自治县2018年全民科学素质工作要点》，印发到县直各实施成员单位及牵头单位、责任单位共35个和各乡（镇）人民政府16个。做好工作经费预算及确保财政经费到位。把全民科学素质工作申请纳入全县2018年度绩效考评指标，被自治县绩效办纳入全县2018年度绩效考评的工作指标5项，县直单位分值7分，乡（镇）分值6分，被考评的县直各实施成员单位及牵头单位、责任单位35个和乡（镇）人民政府16个；落实人员负责绩效考评工作。督促实施全民科学素质各成员单位和各乡（镇）开展工作。

【包村联系点及结对帮扶】 2018年，自治县科协包村联系点为蛇场乡新民村和猪场乡猪场村者核屯，帮扶干部9人，结对贫困户44户。年内，科协帮扶干部坚持每月深入贫困户家中走访1次以上，宣传扶贫惠民政策，鼓励贫困户搞好生产，敢于创新创业，为脱贫奔康打好基础。为让群众掌握好一至两门技术服务于产业，自治县科协在村部举办技术培训3期，邀请技术专家3人授课。同时，为鼓励贫困户搞好生产，除选派1名工作人员长期驻村担任扶贫工作队员外，组织科协干部职工开展“送温暖、送科技、送化肥”等活动，为贫困户送去慰问物品44件价值4400元，发放培训误工补贴1.20万元，送去肥料196包，价值1.60万元。11月通过“双认定”确定预脱贫户9户。

【科协机关深化改革】 2018年，自治县科协推进科协深化改革。一是自治县科协机关在人事编制和内设机构方面达到深改方案的要求。二是科普经费保障方面，按照人均1元纳入2018年财政预算，经费得到保障。三是科普“画廊”、互联网科普、科普器械展览等宣传阵地建设方面得到加强。其中，在县城建有永久性科普宣传“画廊”有4处共长100多米；互联网科普宣传按照自治区科协的统一要求，使用“科普中国”和“科普广西”的科普公众平台进行宣传，同时落实6台40多寸科普中国E站安放在博物馆、学校、社区、农技协会和科普基地，让公众通过E站的直播学习到有关科普知识；配备有1台“科普大篷车”和8件科普展品。四是通过调查摸底和个人自荐的形式，初步建立和完善联系科技工作者数据库，有关联系制度在进一步完善。五是乡（镇）科协基层组织建设得到加强，全县16个乡（镇）落实“五有”（有负责人、有机构牌子和办公场所、有一定的经费、有议事规程、有固定宣传栏），达到深改的基层科协建设的工作要求。

（李庆田）

工商联合会

【工商联机构概况】 2018年，隆林各族自治县工商业联合会、隆林各族自治县总商会（简称自治县工商联、自治县总商会）实行“一个部门、两块牌子”体制，设专职主席（总商会会长）1人，工商业联合会党组书记1人（由统战部副部长兼职），专职副主席1人，兼职副主席9人，兼职商会副会长11人，秘书长1人。自治县工商联内设办公室、会员股、经济股3个部门，有行政人员编制2名，实有3人，办公地址在新州镇民权街200号。年内，有会员721个，企业会员25个，异地商会1家，其他商会1家。

【思想建设】 2018年，自治县工商联通过组织召开执委会议、执委轮值活动等，组织非公企业家学习中共中央系列重要讲话精神，以及自治区、市统战会议精神和自治县党委、政府重大决策部署精神，引导非公企业家树立发展理念，筑牢同心思想基础。3月组织工商联执委、非公经济人士代表、机关全体干部职工等共120余人，观看电影纪录片《厉害了，我的国》。4月在第七届三次执委会议上，组织执委企业、各乡（镇）商会会长学习中共十九大精神和习近平总书记新时代中国特色社会主义思想。5月组织全县非公经济人士30余人到贵州省晴隆县开展第七届执委首次轮值活动，参观抗日战争纪念基地——二十四道拐，开展“不忘创业初心，接力改革伟业”的理想信念教育活动。6月组织非公经济人士20余人，赴深圳参加两地工商联共同举办的非公经济人士精准培训班，期间组织非公经济人士到东江纵队纪念馆参观，开展“不忘初心，牢记使命”为主题的理想信念教育实践活动。7月，为纪念中国共产党成立97周年及改革开放40周年，全面贯彻落实中共十九大精神，组织非公经济人士50余人开展“庆祝建党97周年及改革开放40

年，乡村振兴大家谈”为主题的第七届第二次执委轮值活动。10月组织年轻一代非公经济人士50余人到百色起义馆开展“学党史、感党恩、听党话、跟党走”为主题的理想信念教育活动；组织全县非公经济人士80人参加百色市非公经济人士纪念改革开放40周年红歌比赛并获二等奖。11月组织举办非公经济人士参与精准扶贫培训班，其间开展以“守法诚信”为主题的法律进企业宣讲活动。通过上述活动，把非公经济人士的思想统一到中共十九大的精神上来，增强全县非公经济人士对中国特色社会主义的信念、对党和政府的信任和对企业发展的信心。

【光彩事业】 2018年，自治县工商联把“千企扶千村”活动引向深入，引导会员企业、各商会，以量力而行、自愿结对、驻地优先为原则，全县44家非公企业结对帮扶44个贫困村，采取多种形式，精准落实帮扶对象，精准落实帮扶责任，精准落实帮扶方式，提高扶贫开发工作的针对性、有效性和可持续性，帮助贫困地区加快经济社会发展，贫困群众脱贫解困。一是产业帮扶。动员具备一定产业规模的非公企业发挥优势，采取“产业+项目+基地+贫困户”的模式，帮助贫困村结合自身特点，发展实体经济和特色产业，实现长久长效脱贫。隆林红谷集团、荣光有限公司、三冲茶叶有限公司、隆林农氏公司、隆林嘉利茧丝绸有限公司等企业结合自身优势，辐射带动贫困户发展黑猪养殖、种植百合、茶叶、种桑养蚕等本地特色产业，600多户贫困户实现脱贫致富，呈现出产业发展、公司壮大，贫困户、贫困村受益的共赢局面。二是就业帮扶。组织县内企业定期发布用工需求，针对有就业意愿群众的实际情况，提供不同的岗位和相应的岗位技术免费培训。全年全县非公企业为贫困户提供就业岗位500多个，安排贫困劳动力582人。以隆林苗族跳坡节为契机，利用商会平台优势，与深圳罗湖区工商联及东莞市广西商会跨界对接，组织深圳、隆林两地用工企业分别在隆林县城区和德峨镇举办“粤桂协作·就业帮扶”招聘会2场，深圳罗湖区、东莞市广西商会、隆林县等57家用工企业到现场参加招聘，达成就业意向3087人，达成培训意向608人。三是助学扶贫。东海服装有限公司、隆林嘉利茧丝绸有限公司、隆林三冲茶叶有限公司、隆林九天商贸责任有限公司、金龙湾农贸城有限公司等一批爱心企业和非公经济人士，为学校捐款捐物共计30余万元。四是创业帮扶。由“输血”向“造血”过渡。组织非公企业充分发挥经营管理、技术人才的优势，深入贫困村向村民传授致富信息，帮扶贫困村发展村集体经济，隆林万峰湖渔业有限公司与革步乡央索村结对发展村集体经济，助力央索村实现脱贫。东海服装厂分别为易地搬迁贫困户、建档立卡贫困户共举办2期就业技术培训班。五是生活帮扶。隆林盛业混凝土有限公司、隆林四方铭酒店、隆林环球贸易有限公司、隆林天桥水泥有限公司、大像炮竹有限公司等非公企业，捐赠物资约43万元用于村屯基础设施建设。联系百色浙江商会、深圳市嘉勤劳务派遣有限公司等爱心商会和企业为贫困群众捐赠物资25万元。在第五个国家扶贫日，向企业发出精准扶贫爱心捐赠倡议，共160余家（个）企业、组织和社会各界爱心人士的爱心认捐资金及物资价值200多万元。同时，联系深圳市开扬实业有限公司，为隆林县妇幼保健院捐赠价值30万元的医疗设备。

【企业服务】 2018年，自治县工商联抓好企业服务工作。一是创新方式助推企业发展。依托广西非公经济服务平台、QQ工作群、微信群，发布促进非公经济发展的各项政策法规，以及专家学者的论文讲座，普及工商联、商会知识，介绍外地优秀商会、企业发展的先进理念与模式，宣传优秀非公企业家的先进事迹，提升非公经济人士综合素质。加强粤桂合作，与罗湖区工商联缔结友好工商联，并签订《推进民企参与粤桂扶贫协作框架协议》，为隆林与罗湖企业搭建合作交流平台。推动隆林三冲茶业有限公司与深圳市罗湖区茶行业协会、金秋生态农业发展有限公司与深圳源兴果品公司就隆林县推动水果产业发展进行项目签约。与深圳市罗湖区工商联（总商会）签订扶贫共建与精准培训合作协议，每年培训隆林县企业家20人。结合隆林苗族“跳坡节”节庆文化，利用商会平台优势，与深圳罗湖区统战部、工商联及东莞市广西商会跨界对接，分别在隆林县城区和德峨镇举办2场招聘会，并与东莞市广西商会初步达成隆林特色产品进驻“益果（全国）扶贫助残公益平台”、落实其商会扶贫项目选址等多项合作意向，推动粤桂协作；对接广东珠三角隆林商协会、南宁隆林商会参加隆林县成立65周年庆典活动，为在外的隆林籍企业家反哺家乡搭建平台。利用国家农业发展银行在隆林县召开“产业扶贫招商引资对接会”契机，举办

"不忘初心同心筑梦　助力脱贫攻坚"为主题的万企帮万村消费扶贫产品展销会，拓宽隆县扶贫产品销路。二是抓好非公经济人士培养评价服务。与14家评价单位协调配合，做好非公经济代表人士综合评价工作，提高全县非公经济人士选拔、培养和政治安排的效性和准确性。做好非公经济人士中的人大代表、政协委员的政治推荐，把握好非公经济代表人士的政治关、素质关和结构关。组织工商联界别的人大代表、政协委员就参政议政、民主协商和参与管理社会事务，向人大、政协提建议和提案。推荐4名非公人士为自治县政协委员。三是当好非公企业发展的桥梁助手。推进广西非公经济服务平台注册认证使用工作，宣传动员非公人士下载注册认证广西非公经济服务平台，并指导他们通过平台投递建议、咨询维权、反映问题、寻找帮助等，畅通企业家反映情况、反映诉求的渠道。共有1312人非公人士完成注册认证工作。企业通过平台反映诉求31条，各职能部门均已回复办结，切实为企业解决了问题困难，加强与非公企业"亲人"的沟通联系，赢得非公企业的好评，满意度93.55%。加强各类统计报表和信息的采集上报工作，通过各种形式的宣传，扩大工商联组织、企业的影响力，树立民营企业的良好形象，促进全县工商联工作，年内共有10家非公企业被评为自治县脱贫攻坚十佳民营企业。（王　娜）

文学艺术界联合会

【文联机构及概况】 2018年，隆林各族自治县文学艺术界联合会（简称自治县文联）内设办公室、协会管理办公室2个部门，有人员编制3名，实有5人，办公地址在新州镇民生路35号（县人民会场后科技培训2楼）。年内，有会员80多人，加入广西作协协会会员1人，加入广西美术协会会员1人；加入百色市作家协会会员4人。《金钟山》文艺刊物被百色市文联评为优秀文艺刊物。

【《金钟山》编辑出版】 2018年，自治县文联编辑出版《金钟山》刊物3期，刊登文字20余万字、图片80多幅。《金钟山》分设栏目有：小说长廊、散文天地、文化传承、金钟放歌、戏剧文学、蓓蕾初绽、文化传真、文艺短波、艺苑奇葩、文艺广角、文学评论、艺术创作、民族奇葩、民间文艺、诗词鉴赏、艺术画廊、影视乐曲、学术沙龙、创新论坛等。

【艺术交流与采风活动】 2018年1月21日，自治县文学艺术界联合会组织书法、音乐、舞蹈等协会以及部分民间文艺队到岩茶乡卡白村开展迎新春文化惠民活动。为当地群众送春联、送书籍、送音像制品，并宣讲中共十九大精神及自治县有关精神，让群众坚定脱贫奔小康信心。各文艺团体还与卡白群众一起开展迎春文艺联欢。4月16日，为宣传蛇场乡马场村万亩杜鹃花，打造隆林旅游新景点，组织作协、诗联、摄影、书法4个协会到蛇场马场村扎云山万亩杜鹃花基地开展采风活动。共收到稿件75篇（幅）。在《金钟山》刊物用稿15篇，在市级以上刊物用稿21篇（幅）。扩大对外宣传力度，提高隆林的影响力和知名度。4月27日—29日，组织诗联学会27名会员到靖西开展交流活动，拉近隆林县与靖西市文艺创作者之间的距离，结合自身创作实践，畅谈创作的体会及计划，提出诗词进校园、进社区、进机关、进企业等建议。5月23日，组织新兴社区艺术团深入平班镇扁牙村开展"到人民中去"文艺志原服务活动。在扁牙村活动广场，新兴杜区艺术团以八音坐唱、快板、山歌等形式为扁牙村民宣传中共十九大精神；扁牙村6名文艺志愿者在现场即兴演唱富有民族特色的扁牙壮族山歌颂党恩。24日晚上，自治县文联组织文艺志愿者参加新州三小举行的山歌进校园活动。5月31日晚，由自治县文联主办、隆林中学协办的"文学进校园"文学创作专题讲座，在隆林中学学术报告厅举行。由自治县文联作家协会会长、广西隆林网文学编辑、作家梁万德主讲。隆林中学250名爱好文学的领导、师生参加。梁万德向母校师生汇报他50年文学创作的坎坷经历和他的著作《苗山火棘》的创作经过，根据隆林中学和隆林的文学创作情况讲解散文、小说创作知识。并向母校赠送40本《苗山火棘》。8月4日下午，隆林诗联学会2018年诗联知识讲座在自治县委党校多媒体会议室举行，邀请百色市诗联学会会长罗学红进行授课，主题为诗歌格律知识，隆林诗联学会班子成员等70余名诗词爱好者听课。9月7日—9日，自治县文联举办文学创作培训活动暨《百色文艺》组稿会，来自县内70多名作者和文学爱好者参加。培训活动邀请《广西文学》总编覃瑞强、副总编冯艳冰和编辑李彬彬、李路平前来授课，几位作家、编辑分别就小说、散文、诗歌三种文体创作知识进行主讲，并对部分作者的作品进行点评。市文联副主席马元忠作培训小结。培训活动期间，作家、编辑与作者座谈交流，并指导作者修改作品。10月10日，由自治县扶贫指挥部、文联组织作家协会、美术协会、书法协会以及宣传专责小组人员共33人，分别下到德峨镇三冲茶叶基地、城西安置点、平班镇扁牙村红安屯岩来斯屯西贡蕉基地、平班镇扁牙村红安屯黑猪保种场和蛇场乡新寨村飞地帮扶，并到新州镇马雄村沃柑产业基地进行采风。共收到各类稿件200多篇（幅），有22篇文学作品获奖。其中，梁万德报告文学《代小林的甜蜜事业》、龙冽散文《五阿哥》获一等奖；黄克新小说《扶贫故事》、罗显春散文《老家的桥》、李三光诗歌《像杜鹃花一样绽放》、韦君儒小说《改变》获二等奖。杨才龙诗歌《我知道》、农日吉小说《暗恋》、梁银雪诗歌《为生活点一盘灯》、覃国华散文《图画纸》、刘晓宇纪实散文《扶贫纪实，驻村日记》、张芯富报告文学《桑蚕蛋糕助力贫困户摘帽》获三等奖。梁万德报告文学《杨必昌行程万里助贫弱》、黄克新散文《别了，坝平的红泥巴路》等10篇作品获优秀奖。

（覃世衡）

社会科学联合会

【社科联机构及工作概况】 2018年，隆林各族自治县社会科学界联合会（简称自治县社科联）有主席1人，委员23人（常务委员11人）；辖苗学会、彝学会、仡佬学会、壮学会、汉学会5个学会，会员1080人。自治县社科联内设办公室、科研科普与规划部3个部门，有人员编制3名，实有4人，办公地址在新州镇迎宾路629号政务中心6楼605号房。年内，自治县社科联按照《广西壮族自治区社会科学普及条例》要求，组织和指导社会科学学术研究活动，开展社会科学宣传普及和咨询服务活动，做好社会科学界各学会、协会的管理和指导工作。

【社会科学普及】 2018年，自治县社科联组织、协调和参与有关部门和所属学会开展社会科学普及活动，在圩日进行广场科普宣传活动2次，下乡开展科普活动4次，共赠送科普类书籍3100册。5月18日晚，围绕“社会主义核心价值观进校园”主题，举办“铸造理想，实现价值”——青少年“三观”教育社科知识大讲坛活动，活动邀请百色市文联副主席田茂华，到隆林中学多媒体教室给高一年级的200多名学生授课。引导学生树立正确的人生观、世界观和价值观。为保护和挖掘隆林少数民族文化，自治县社科联组织相关人员深入民间开展各种民族文化课题调研，收集整理各种濒临失传的民族文化，抢救、整理《北楼山歌九百九》样书。同年，印制《家庭　家风　家教知识图本》《古时家训赏析》2本刊物作为科普宣传资料。

【社会科学研究】 2018年，自治县社科联组织开展社会科学课题研究。共开展重大课题研究5项目，分别为：《百色市贫困县产业扶贫问题研究》《关于扶贫领域腐败和作风问题专项治理的情况调查》《关于推进监察官制度的思考》《民族自治地区构建和谐稳定社会研究》《宪法审视下的国家监察体制改革》。其中《百色市贫困县产业扶贫问题研究》为2018年申报自治区资助应用对策课题研究项目。同时，完成一批调研项目：由自治县社科联主席韦达书、人大办岑军合作完成的调研文章《西南少数民族文化传承保护研究》入选第三届中国——东盟民族文化论坛；由韦达书撰写的调研文章《隆林如何实现乡村振兴的思考》入选2018年7月8日召开的“深度贫困地区高质量脱贫研讨会——国家治理高峰论坛百色峰会”的《咨政报告集》；由自治县社科联组织论文参加由滇黔桂三省区社科联主办的第四届南盘江流域发展论坛，农日吉撰写的《拓展南盘江流域特色产业的路径》获三等奖，黄云飘撰写的《湿地环境保护的法律思考对策研究》、班应钦撰写的《构建多元化生态保护补偿机制的思考》分获优秀奖；组织论文参加市社科联等单位举办的征文活动，黄书耀撰写的《赞歌献给共产党》《精准扶贫进山村》均获三等奖。

【《隆林发展论坛》出版】 2018年，自治县社科联出版《隆林发展论坛》3期，刊物设栏目：经济建设、党建工作、脱贫攻坚、民族文化、课题研究、社会管理、建言献策、知识之窗、社科动态等。

【社科学术交流】 2018年，自治县社科联参加全国、全自治区、全市举办的各种学术活动4次共18人。9月22日，隆林县举办民族文化传承与创新研讨会。百色市社科联、专家以及全市各县（区）的社会科学界联合会代表，自治县人大政协有关领导，县直部分单位代表60余人参加研讨会。右江区、田阳县、田林县、西林县社科联代表进行经验性的民族文化传承抢救性发言。自治县苗、彝、仡佬、壮、汉5个学会的会长、代表相继对本民族的文化传承作经验性介绍。

【社科学会管理】 2018年,自治县社科联加强对苗学会、彝学会、仡佬学会、壮学会和汉学会等社科学会的建设与管理。对学会进行工作指导,对学会的档案管理、组织管理、活动管理提出明确要求,促进各个学会的工作。 (黄世吉)

残疾人联合会

【残联机构及概况】 2018年,隆林各族自治县残疾人联合会(简称自治县残联)内设办公室、残疾人劳动就业服务中心2个部门,有事业人员编制6名,实有6人(理事长1人,副理事长2人),办公地址在新州镇民权街200号。下设自治县残疾人康复服务指导站、自治县残疾人用品用具管理站、自治县残疾人服务社3个二级机构。年内,全县各类持证残疾人1.35万人,占总人口的3.21%。其中肢体残疾8559人,听力残疾1217人,言语残疾629人,视力残疾2001人,智力残疾150人,精神残疾174人,多重残疾744人。

【残疾人康复】 2018年,自治县残疾人基本康复率147%,基本辅具适配服务率138%,多次得到自治区的通报表扬,并在5月18日召开的全自治区残疾人精准康复服务行动推进会上作典型发言。残疾人辅助器具适配项目按照个性化、实用性的方向开展。其中,为假肢装配11人;辅助器具供应122件。争取到中央彩金智障残疾儿童定点康复机构建设,完成筛查20人并全部获救助(15人在自治县特校做康复训练,5人在百色市妇幼保健院和中医医院做康复训练),每人在自治县特校做康复训练的智障残疾儿童获康复训练费1.20万元。在百色市小豆豆特殊儿童服务中心和中医医院做康复训练的智障残疾儿童获康复训练费1.32万元,实现精准适配服务目的。

【残疾人教育】 2018年,自治县各级教育部门将残疾儿童少年纳入普及九年义务教育的规划目标,对残疾学生普遍给予杂费减免。年内,自治县特殊教育学校有9个教学班(聋班3个,培智班5个,视障班1个),在校生138名。自治区、市、县通过阳光助学计划,投入8.28万元,对138特殊教育学校名残疾学生进行资助。发展残疾人及残疾人子女高中职业及高等教育,投入资金4.50万元(市、县级各一半),扶助18人上高等学校就读。

【残疾人劳动就业】 2018年,自治县制定残疾人就业实施方案,按比例安排残疾人就业工作。全县分散按比例安排64名残疾人到机关企事业单位就业,扶持补助自主创办微型企业2家和个体工商户24户。投入资金16万元,在自治县职业技术学校举办2期培训班,其中职业技能培训班培训100人,农村实用技术培训班培训232人。

【残疾人扶贫解困】 2018年,自治县实施一系列项目,为残疾人脱贫解困。一是“阳光家园计划”项目。经过筛选审核,全县有93名农村贫困残疾人纳入2018年“阳光家园计划”,给予每人居家托养服务(8名精神残疾人由隆林县安宁医院集中托养服务;剩余85名智力、精神和重度肢体残疾人由与自治县残联签约合作的平南慈博社会工作事务所负责上门进行居家托养服务)。二是完成“党员扶残温暖同行项目”工程。年内,市下达给自治县的任务是230户,完成扶持230户每户1000元资金,从事产业发展,增加收入。三是“阳光助残基地”建设项目。经多次考察,上报市残联,市里组建评估组到实地进行评估,最后批准同意广西红谷农业产业发展有限公司(隆林黑猪养殖基地)作为自治县2018—2019年阳光助残扶贫基地。通过基地,分别向沙梨乡、平班镇、者保乡、天生桥镇四个乡(镇)共100户建档立卡残疾人贫困户,每户均发放价值约1600元的隆林黑猪(肉猪或者母猪)2头,饲料1包,兽药2包,总投入20万元。四是家庭无障碍改造项目。中央和自治区下达自治县的总任务是118户,共完成贫困残疾人家庭无障碍改造项目125户,共投入47.20万元。帮助肢体、视力、精神、智力贫困残疾人完成防护栏、楼梯扶手的安装,改善他们的生活环境,使他们的居家生活更安全,满足他们生活和出行的基本需求。五是实施残疾人机动轮椅车燃油补贴项目。为60辆残疾人机动轮椅车发放补贴资金1.56万元。

【残疾人社会保障】 2018年,自治县残联配合民政部门,将符合条件的一、二级残疾人和低保残疾人户全部纳入补贴保障范围。共发放重度残疾人护理补贴2.70万人次,金额135.06万元;发放困难残疾人生活补贴1.99万人次，金额99.33万元。做好贫困智力、精神和重度残疾人评定补贴工作。组织审核符合条件的残疾人，针对于贫困智力、精神和重度残疾人的办证进行补贴，共补贴84人，金额1.26万元。

【残疾人文化体育】 2018年，由自治县残联牵头在自治县特校成立的阳光少年工艺、绘画培训基地和阳光少年体育、文艺培训基地，继续获每年5万元的活动资金。学生的手工作品精美，在每年的“助残日”都进行展出和义卖。年内，在桂林市举办的全自治区“第九届残疾人运动会暨第四届特殊奥林匹克运动会”中，自治县从基地培训中选派残疾人运动员代表队7名，参加田径、乒乓球、羽毛球三项比赛，获金牌2枚、银牌5枚、铜牌1枚的成绩。 （黄舒舒）

红十字会

【红十字会机构概况】 2018年，隆林各族自治县红十字会（简称自治县红十字会）为副科级单位，内设办公室与救助救护股2个部门，有人员编制3名，实有2人，办公地址在新州镇迎宾路629号政务中心6楼。

【无偿献血】 2018年，自治县红十字会组织干部职工参与无偿献血12次，发放无偿献血宣传资料9000份，参加无偿献血1400人，献血量55.55万毫升，献血量占临床用血的120%。

【博爱送温暖活动】 2018年元旦与春节期间，自治县红十字会开展“红十字博爱送万家”的送温暖活动，慰问贫困户60户，发放温暖箱57箱，发放棉被10床，价值1.26万元。

【世界红十字日宣传活动】 2018年5月8日，自治县红十字会开展“5·8”世界红十字日宣传活动。以《中华人民共和国红十字会法》《中华人民共和国献血法》和造血干细胞捐、“人体器官捐献、遗体捐献等知识为主要宣传内容，共发放各种宣传资料8500份。

【备灾救助】 2018年，自治县红十字会开展备灾救助物资准备及发放工作，筹集及发放赈济家庭包25个、温暖箱50个，价值2.10万元。

【应急救护培训】 2018年，自治县红十字会在自治县休闲广场、小学、社区开展应急救护培训和防震减灾演练活动，现场示范应急救护知识演练方法，发放红十字急救包。通过应急救护知识培训，使群众、学生初步掌握自救互救知识及技能。 （何凤丽）

革命老区建设促进会

【老区促进会机构及概况】 2018年，隆林各族自治县革命老区建设促进会、西部研究与发展促进会（简称自治县老区促进会）实行“一个部门、两块牌子”体制，内设革命老区建设促进会办公室、西部研究与发展促进会办公室2个部门，办公地址在新州镇民权街200号。该会是从中央到地方凡属革命老区的省、市、县（区）党委统一要求设立的机构，由热心于老区建设的离退休老领导、老干部、老专家和有关单位的领导为主体自愿组成的非营利性社团组织。年内，自治县老区促进会有领导班子成员5人，其中会长1人，副会长4人；会员40名，其中个人会员19名，单位会员21名；全县16个乡（镇）都成立老促会分会，有分会长16人，副分会长23人；个人和单位会员380人。

【扶贫攻坚】 2018年，自治县老区促进会抓好县委、县政府统一分工负责联系扶贫攻坚等中心工作。会长王燕负责联系者保乡南光村那宇屯韦广灯等5户贫困户，经常深入了解贫困户的脱贫攻坚项目实施情况，5户贫困户通过养鱼、养猪、养鸡和种果的小项目收入，年内有3户全部脱贫。配合市、县挂村单位的县编办等单位领导，争取得到上级扶持资金和发动农户自筹资金，建成南光村文化站和篮球场等活动场所。配合推进脱贫攻坚项目的落实。4月，广西老促会会长张少康一行3人和市老促会会长黄五同等到自治县对者合和平安2个老区贫困村进行调研。自治县老区促进会配合调研组，先后分别深入到这2个贫困村，听取村领导汇报与企业结对签约后脱贫攻坚项目实施情况，调研组作出具体指导，促进2个贫困村脱贫攻坚项目的实施。年内，者合村实施西贡蕉项目，种植西贡蕉13.33公顷。平安村实施种养殖2个项目，其中种植沙糖桔20公顷；办养猪场1个，投放小猪饲养400头。

【老区发展史编纂】 2018年，自治县老区促进会抓好革命老区县发展史编纂工作。9月17日，印发《关于成立隆林革命老区县发展史编纂委员会领导成员建议名单的请示》）和编纂工作经费预算，分别报县委、县政府审定。县委研究审定编纂委员会成员名单后，县委办公室于11月5日下发《关于成立隆林各族自治县革命老区县发展史编纂委员会的通知》，县委书记、县长担任编纂委员会顾问，县委副书记担任编纂委员会主任，县委常委、副县长担任编纂委员会常务副主任，编纂委员会副主任由县委办公室、县老促会、县人大常委会办公室、县政协办公室、党史办、县志办的主要领导担任。编纂委员会办公室主任、副主任由县老促会2名副会长担任，办公室设在县老促会。编辑组聘请退休老干部5人负责编辑工作。编纂工作经费预算为32.03万元。11月7日上午，县委办公室主持召开编纂委员会全体人员会议，县委副书记、编纂委员会主任钟永锋在会上作讲话，会议部署编纂启动工作。11月8日，自治县老区促进会召开编辑组人员会议，按照《丛书》编目章节进行分工，专人负责。编辑组开展调查采访、收集资料，编纂审稿、补充完善等工作。

【老区宣传工作】 2018年，自治县老区促进会加强老区刊物的宣传。在自治县党委、政府的重视和支持下，做好《中国老区建设》刊物的订阅工作，共征订180份，分别发放到全县16个乡（镇）党委书记、乡（镇）党委办和政府办、乡（镇）老促会分会长、81个老区行政村党支部以及部分县委、政府领导、县直机关会员单位、县老促会领导成员和顾问，扩大中国老区建设的宣传面，获全国老区宣传工作三等奖，并派员出席在广东梅州市召开的学习习近平老区思想、纪念改革开放40周年暨全国老区宣传工作会议。

（吴志林）

机构编制·人力资源管理

机构编制工作

【机构编制概况】 2018年，隆林各族自治县机构编制委员会办公室（简称自治县编委办）内设综合股、机关机构编制股、事业机构编制股、调查研究与督查检查股、行政审批办公室、电子政务股6个部门，加挂事业单位登记管理局牌子，有人员编制7名（行政编制6名，机关工勤编制1名），实有7人。办公地址在新州镇民权街200号。

【机构编制管理】 2018年，自治县编委办按照《中共中央办公厅、国务院办公厅关于严格控制机构编制的通知》精神，遵守机构编制管理权限和程序，控制编制总量、部门内设机构和领导职数，继续完善机构编制动态调整机制，根据职能下放、工作重点领域、工作职责、工作强度等实际情况，在控制编制总量的前提下，合理配置职能、设置机构和配备人员，把机构编制管好用活，保证重点领域需求。全年成立机构10个（自治县党委巡察组、自治县河长制办公室、自治县妇女发展服务中心、自治县工业园区管理委员会、自治县第四幼儿园、自治县第五幼儿园、自治县新州第五小学、自治县新州第六小学、自治县第四中学、自治县第五中学）；重新设立机构1个（隆林各族自治县城乡居民基本医疗保险所）；调整机构事项1个（16个乡镇国土规建环保安监站调整为国土规建环保农机安监站）；机构更名8个（自治县委员会巡察工作领导小组办公室更名为自治县委员会巡察工作办公室、自治县公证处更名为广西壮族自治区隆林各族自治县公证处、自治县交通工程技术站更名为自治县交通工程质量监督站、自治县水库移民工作管理局更名为自治县移民工作管理局、自治县新州第五小学更名为自治县第五小学、自治县新州第六小学更名为自治县第六小学、自治县移民办更名为自治县移民工作服务中心、隆林民族高中更名为自治县民族高级中学）；按程序上报明确机构规格的单位1个（自治县委员会巡察工作办公室）。

【控编减编】 2018年，自治县编委办贯彻落实中央、自治区、百色市严控机构编制的有关精神，把控编减编工作抓实抓好，确保实现财政供养人员只减不增目标。全县2012年底行政人员编制总量基数为1438名，至2018年12月31日，全县党政群机关及政法部门共核定行政人员编制1438名，其中县直党政群机关行政编制505名，政法专项行政编制421名，乡（镇）机关行政编制512名。全县2012年底事业人员编制总量基数为7203名，至2018年12月31日，全县事业人员总编制数7203名，其中分配到各事业单位编制数为6780名，控编减编360名，教育系统待分配编制41名，卫生系统待分配编制22名。

【政府职能转变和机构改革】 2018年，自治县编委办根据中共十九大和十九届二中、三中全会精神和《中共中央深化党的国家机构改革的决定》《深化党和国家机构改革方案》《关于地方机构改革有关问题的指导意见》和《广西壮族自治区机构改革方案》《广西壮族自治区机构改革实施意见》，结合自治县实际，以加强党的全面领导为统领，以国家治理体系和治理能力现代化为导向，以推进机构职能优化协同高效为着力点，草拟《隆林各族自治县机构改革方案》和《隆林各族自治县机构改革实施意见》。经过深入基层开展调研，加强与上级业务主管部门请示汇报，11月30日，《隆林各族自治县机构改革方案》通过上级业务主管部门的初审。

【深化乡（镇）机构改革】 2018年，自治县编委办根据《广西壮族自治区人民政府办公厅关于深化乡（镇）“四所合一”改革的实施意见》文件精神，为解决乡（镇）“四所合一”机构功能定位不准，职能履行不到位，工作运行不规范等问题，组织县国土、住建、环保、安监、法制办等部门，对全县16个乡（镇）权责事项进行清理规范。经梳理，明确全县16个乡（镇）人民政府国土规建环保安监站受委托事项27项、协助事项22项、公共服务事项6项。明确各乡（镇）保留的法律法规授权类，其中介廷乡、岩茶乡、蛇场乡、猪场乡、克长乡、者浪乡、沙梨乡、德峨镇、隆或镇各84项；新州镇85项；金钟山乡、革步乡、者保乡、天生桥镇、桠杈镇、平班镇各86项；各乡（镇）承接上级人民政府及其工作部门委托类11项，保留公共服务事项62项。3月30日，全县16个乡（镇）“四所合一”权责清单、服务清单通过隆林政府门户网站向社会进行公布。11月，按照自治区、百色市关于全面推进乡（镇）“多所合一”改革相关要求，自治县编委办在乡（镇）“四所合一”改革框架基础上，加大乡（镇）机构职能整合力度，推行“多所合一”，全县16个乡（镇）均设立国土规建环保农机安监站，核定事业编制168名。

【行政审批制度改革】 2018年，自治县编委办按照自治区政府办公厅《关于印发广西壮族自治区行政许可事项目录管理办法的通知》精神，组织各涉及部门按时清理本部门实施的行政审批事项，对县本级行政许可事项进行动态调整。报请自治县政府先后印发《隆林各族自治县人民政府保留为行政审批必要条件的中介服务事项目录》《隆林各族自治县人民政府关于取消承接和调整一批行政许可事项的决定》《隆林各族自治县人民政府关于取消和调整一批行政许可事项的决定》《隆林各族自治县人民政府关于取消一批行政许可事项的决定》《调整设定依据、规定办结时限依据、法定办结时限的行政许可事项的目录》等文件，共取消、调整和承接行政许可事项146项，其中取消的行政许可事项8项，调整的行政许可事项128项，承接的行政许可事项1项，依据法律法规设定为行政许可事项9项；保留为行政审批必要条件的中介服务44项。至12月底，全县保留行政许可事项285项。

【推行政府部门权责清单制度】 2018年，自治县编委办为持续推进“放管服”改革，深化政府权责清单制度建设，建立权责清单动态管理机制，在上年8月制定公布权责清单的基础上，根据自治区政府《关于印发广西各级政府部门权责清单管理办法的通知》文件精神，结合法律法规立改废释和简政放权等情况，对承接保留的事项，简化行政审批行为，优化审批流程；对应取消的事项，坚决予以取消，提高行政审批效率。完善权责清单制度，加强对权责清单运行情况的监督检查和事中事后监管，确保权责清单的合法性和实效性，做到“接得住”“管得好”。

【事业单位登记管理】 2018年1月31日，自治县编委办印发《关于开展事业单位法人2017年度报告公示工作的通知》到各事业单位，要求按时报送和公示本部门2017年度的年度报告，并将事业单位法人登记年检工作纳入2018年度绩效考评各部门执行机构编制规定指标体系，确保事业单位法人年度报告公示工作的开展。3月31日，全县登记事业单位共370个，完成事业单位法人年度报告公示369项。至12月，全县设立登记10项，变更登记15项，注销登记5项。

（李　勇）

人事工作

【人社机构概况】 2018年，隆林各族自治县人力资源和社会保障局（简称自治县人社局）内设办公室、综合管理股、工资福利股、专业技术人员管理股、劳动监察股、调解仲裁股、规划财务股、社会保险事业股8个部门，有行政人员编制16名，实有16人，办公地址在新州镇龙山街64号。下辖就业服务所、社会保险事业局、劳动保障监察大队、人才服务管理办公室、劳动人事争议仲裁院5个二层事业单位，共有人员编制78名（行政编制16名，事业编制62名），实有60人。

【人才管理】 2018年，自治县大中专毕业生报到853人，接收人事档案保管共1343卷，保管历年档案9736卷。全面推行事业单位岗位管理和聘用制度实施工作，2012—2018年全县事业单位完成岗位设置累计298个单位4973人。全年符合申报高级职称89人、中级职称162人。

【人事和工资管理】 2018年，自治县录用公务员53人，事业单位录用120人。办理抚恤金40人，遗属生活困难补助17人，调出外县工资介绍27人，重新确定工龄50人，办理新录（聘）用工资手续246人，办理晋升职务工资45人，机关事业单位正常晋升6378人，审批事业单位奖励性绩效工资5154人，审批公务员及参公人员年终一次性奖金1883人共6561.29万元，办理病假工资2人。（龚亚妹）

法　治

政法委·综治

【政法机构及工作概况】 2018年，中共隆林各族自治县委员会政法委员会(简称自治县党委政法委)与自治县社会治安综合治理委员会办公室、自治县维护稳定领导小组办公室、自治县防范处理邪教办公室合署办公，实行“一个部门。多块牌子”体制，自治县法学会、自治县禁毒办、自治县流动人口管理办公室、自治县国家安全人民防线工作领导小组办公室挂靠办公。自治县党委政法委内设10个部门，有人员编制22名，实有18人，办公地址在新州镇民权街200号。

【社会稳定维护】 2018年，自治县党委政法委把维护社会大局安全稳定作为政法工作的首要任务来抓，重点加强国家安全人民防线建设，加强对敌斗争和反恐防暴，加强防范和处理邪教渗透破坏活动，坚定按照“三到位一处理”(诉求合理的解决问题到位、诉求无理的思想教育到位、生活困难的帮扶救助到位、行为违法的依法处理)原则治理信访秩序，确保中共十九届三中全会、全国“两会”、改革开放40周年和自治区成立60周年等重大敏感时期全县社会大局安全稳定。全县信访案件大幅下降，群众上访人次、群访批次和群访人次同比分别下降86.45%、82.35%和94.44%。社会稳定八项动态排名全市第三位。

【社会治安综合治理】 2018年，自治县党委政法委开展社会治安综合治理，社会治安秩序持续向好，群众安全感提升至95.73%，同比提高4.94个百分点。

严打整治　全年公安机关立刑事案件639起，破案256起，命案发2起破2起，查处治安案起504起，抓获各类违法犯罪嫌疑889人，逮捕305人。检察机关受理移送审查起诉案起251起439人，审结各类刑事案起240起442人，提件公诉236起437人。审判机关受理各类案件2618起，结案2296起，受理执行案起1089起，执结1014起，结案率93.11%，累计标的到位金额4629万元。司法行政机关受理各类民间纠纷166起，调解成功162起，社区矫正成效明显。

扫黑除恶　在天生桥万峰湖库区环境整治工作中打掉以红染社区原党支部书记梁某、主任苏某及社干李某、王某等人组成的实施敲诈勒索的涉恶团伙。全县打掉恶势力团伙17个，查处村霸、路霸、渔霸、地痞流氓等违法犯罪分子143人，判刑10人，专项斗争工作排名全市第三。

查处赌博　破获涉赌刑事案件11件，刑事拘留59人，逮捕47人，移送件诉47人；查处赌博行政案件78件，行政拘留192人，罚款48人，收缴赌资70.90万元。端掉以黄某函、易某芬为首的特大“六合彩”网络赌博团伙，抓获涉案人员145人，逮捕26人，查封赌博网站1个，涉案赌资1亿多元。7月19日，隆林县在百色市“三大专项”(扫黑除恶专项斗争、禁毒严打专项行动、农村赌博打击整治专项行动)推进会上作经验发言。

禁毒斗争　破获毒品刑事案件20起，逮捕毒品犯罪嫌疑人24人，移送件诉30人，查获吸毒人员67人次，强制隔离戒毒17人，社区戒毒6人，缴获各类毒品8.65克，铲除非法种植毒品原植物罂粟379株。

专项行动　开展“履行政法使命，护航脱贫攻坚”专项行动，依法严肃查处扶贫领域违法犯罪行为，特别是阻碍干扰脱贫攻坚重大项目开工建设等各种违法犯罪行为。开展天生桥万峰湖库区环境整治行动，完成50千米水域280多万平方米的网箱拆除任务，实现“零”上访，信访乱象、市政乱象、“两违”顽症得到根本遏制，得到自治区的肯定。审理百色首例刑事附带民事公益诉讼案，涉案河道50千米、水域面积266.67公顷、国有林地0.87公顷，守护绿水青山。

【司法改革】 2018年，自治县党委政法委推进司法体制改革，统筹推进公安、司法行政机关改革，公安出入境管理、户籍管理、道路交通管理等“放管服”改革全面推进，实现群众办证“只跑一次”。推进公安“一村一警务助理”和交巡警工作改革，创新推出“五必工作法”，“1+3”智慧警务模式，“联勤联动”、轮值轮训机制和交巡“1345”工作法，在农村社会治安防控、城区交通秩序整治、库区环境整治、治安巡逻、应急处突闯出一条全新有效的路子，获全自治区推广，获自治区改革创新鼓励奖、全市改革创新三等奖。7月18日，“一村一警务助理”改革在武宣县召开的广西派出所会议上作经验发言；10月12日，全市公安机关深化“一村一警务助理”改革工作现场推进会在隆林召开，《法制日报》《人民公安报》《广西日报》等媒体以亮点题材刊登报道。创新推出人民法院双语调解审判新模式，成立百色首家公益诉讼工作中心，公益诉讼走在全市前列。检察机关打造“关爱祖国未来，擦亮未成年人刑事检察品牌”，守护未成年人健康成长。司法行政机关建立“一村一法律顾问”机制，推出民语普法新模式，构建法治宣传教育工作新格局。

【平安建设】 2018年，自治县党委政法委落实重大事项社会稳定风险评估、“诉非衔接”（诉讼与诉讼外的方式结合）、“信访代理”（变“群众上访”为信访“代理员代理上访”，为降低信访成本，解决群众不会访、无序访和走弯路的问题而进行尝试中的一种制度）等机制，抓好县、乡、村三级网格化管理中心建设工作，推进“雪亮工程”（以县、乡、村三级综治中心建设把治安防范措施延伸到群众身边，发动社会力量和群众共同监看视频监控，共同参与治安防范，从而实现治安防控全覆盖、无死角。取"群众的眼睛是雪亮的"之意命名）、公安“天网工程”建设，完善接边治安维稳协作“五联建”机制，深入开展矛盾纠纷精准排查精细化解“四个三”工作法，即：第一个“三”，“三分之一人员”，即从现有的干部职工中组织三分之一人员组成工作队“入户、到屋、见人”开展排查化解工作。第二个“三”，“三个层面排查”，即第一个层面排查，由乡（镇）组织村、村民小组及工作队开展矛盾纠纷精准排查；第二个层面排查，由部门组织在系统行业内进行排查；第三个层面排查，由内部单位负责在单位内部进行排查。第三个“三”，“三次调处化解”，即一件矛盾纠纷，先由村工作中心调处化解，三次不成功的，移交乡（镇）工作中心进行调处化解，三次不成功的，再移交到县调处中心进行三次调处化解。通过层层调处，直至把矛盾纠纷化解在基层。第四个“三”，“三级预警机制”，即以橙色、黄色、红色三级分别对不同危急程度的矛盾纠纷进行预警，督查相关部门做好化解教育疏导和稳控工作，预防发生群体性事件、到市赴邕进京非正常上访，社会治安综合治理机制有效发挥。司法救助力度加大，全年使用救助资金26万元，维护案件当事人的合法权益。法学研究成效喜人，10余篇法学课题获自治区奖项。各乡（镇）各部门维护社会稳定，依法综合治理，提升群众安全感的能力增强。者保乡推进“依法治理示范村”活动，新州、岩茶、革步、猪场、平班、金钟山、者保等乡（镇）在2018年综治平安建设考评中获得100分以上。武装、武警和消防指战员在安全保卫、应急处突、抢险救灾和社会治安综合治理作出新贡献。在2018年度自治县平安建设工作考核评比中，全县政法系统有100人获先进个人称号，其中有15名辅警和村警助理首次获自治县党委、政府表扬，新州、岩茶、革步、猪场、平班获评先进乡（镇），自治县党委办公室等20个单位获评先进单位。消防大队获评全自治区先进大队，全市消防工作考核第一名。

【政法队伍建设】 2018年，自治县党委政法委抓紧队伍建设，树立政法队伍好形象。自治县党委、政府重视政法队伍建设，投入财力物力，充实政法队伍力量，落实全市唯一县聘的农村警务助理179人，落实聘任辅警446人。推进全面从严治警“五查五整顿”（查思想，着力整顿理想信念滑坡问题；查纪律，着力整顿有令不行问题；查作风，着力整顿不严不实问题；查担当，着力整顿不作为、乱作为问题；查管理，着力整顿领导责任落实不力问题）专项行动，查处政法干警违法违纪行为，永葆队伍“忠诚、为民、担当、公正、廉洁”。涌现出全国优秀法官黄登林，立一等功的自治区“消防铁人”刘勇操，立二等功的自治区改革能手李传元，全市政法先锋岑海成，全市优秀辅警黄吉勇等22名的优秀政法干警、优秀辅警代表。群众对政法队伍满意度升至96.74%。 （黄富民）

法制政府建设

【法制机构概况】 2018年，隆林各族自治县法制办公室（简称自治县法制办）内设行政复议应诉股1个部门,有行政人员编制3名,实有3人,办公地址在新州镇民权街200号。辖自治县行政执法监督局1个二层事业单位,有事业人员编制2名,实有1人。

【行政规范性文件审核及备案】 2018年,自治县出台《隆林各族自治县房屋征收与补偿安置暂行办法》《隆林各族自治县固定资产投资项目入库管理暂行办法》2个规范性文件。自治县法制办对出台文件规范性进行合法性审查和上报备案,到强化监督管理,有件必报、有错必究。

【涉法文件审查】 2018年,自治县法制办共审查涉法文件及合同等190件,内容合法建议同意的102件,内容欠缺建议修改后发文的88件。其中,自治县法制办对126件文件进行合法性审核,发现69件有相关违法问题,提出法律意见与建议并被采纳;通过自治县第二届法律顾问团对64件文件进行合法性审查。防止行政违法的现象产生。

【行政执法人员建设】 2018年,自治县法制办组织行政执法人员和拟从事行政执法工作的189人,参加自治区行政执法资格(续职)考试,通过率52.70%,实行持证上岗。为取得广西壮族自治区行政执法证或者国务院部委统一颁发的执法证件的行政执法人员建立信息库,全县登记持有广西壮族自治区行政执法证的人员323人,国务院部委颁发的执法证件人员41人。

【行政复议和行政诉讼】 2018年,自治县法制办共办理行政复议案件20起。其中,申请人向市政府申请复议5起;当事人向自治县政府申请复议案件15起,其中自治县政府作出维持原具体行政行为5起,不予受理2起,终止2起,撤销被申请人具体行政行为2起,确认行政行为违法2起,正在审理2起。行政复议案起得到如期办理。共参与行政诉讼案起应诉11起,审结10起,其中撤诉1起,未开庭审理1起。在起诉药材"田七"多付资金一案中,通过自治县法制办和自治县政府法律顾问的法律分析,认为多付涉嫌有非法获取价值20万元的行为,理应返还给隆林县农业局;对广西翔吉有色金属有限公司不兑现1500万元铝锭一案,经自治县法制办分析提议,自治县采取法律手段,保护国有资产。推进《隆林各族自治县行政机关负责人出庭应诉工作规则》的贯彻落实,至12月16日,在自治县法院一审的行政案件3起,10月10日和11日,县政府派出政府党组成员王太兴出庭应诉2起;在百色市中级人民法院一审的行政案起7起,自治县政府在8月15日、12月和13日派出副县长潘乃师出庭应诉2起。年内,县政府领导出庭应诉4次,履行行政机关负责人出庭应诉义务,使行政首长出庭应诉形成常态化。 (陈　笑)

公　安

【公安机构及工作概况】 2018年,隆林各族自治县公安局(简称自治县公安局)内设3个科室、2个中心和14个大队,下辖16个派出所、1个拘留所,共有人员编制223名,实有211人,另有交警134人,职工22人、协(辅)警128人。局机关办公地址在新州镇兴民路107号。年内,自治县公安局各项工作取得新进展,实现"一个超额"(完成市局下达的九类涉恶案件任务数67人的210.40%)、"一个稳步提升"(四个季度群众安全感稳步提升,分别为96.04%、94.04%、96.31%、96.53%)、"两降两升"(刑事发案数下降、命案发案数下降,破案数上升、破案率上升)的成绩。

【"110"警务服务】 2018年,自治县公安机关共接警4154起,比上年同期3198起上升30.26%,其中违法犯罪问题1130起,下降12.88%;公民求助及其他问题3024起,比1892件上升59.83%。

【经济案件侦破】 2018年,自治县公安机关破获组织、领导传销活动案件4起、集资诈骗案件1起,涉案金额1312.50万元。案件侦破后成功申报为2018年公安部部级大要案。

【刑事侦查】 2018年,全县共立刑事案件639起,比上年同期713起下降10.38个百分点。破343起,破案绝对数比上年同期335起上升2.39个百分点,破案率53.68%,破案率比上年同期46.98%上升6.70个百分点。命案发2起全破,破案率100%,发案比上年同期7起下降250%,连续6年现行命案破案率100%。抓获违法犯罪人员1036人,逮捕(直诉)犯罪嫌疑人372人。受理治安案起572起,查处435起,查处率76.05%,比上年同期66.79%上升9.26个百分点。

【社会治安管理】 2018年,自治县公安机关共受理治安案起572起,比上年同期825起下降30.67%;结案435起。共缴获各类非法私藏枪支13支,主动发现并捣毁非法制造枪支窝点1个,缴获枪支8支、炸药21.80千克、雷管1149枚、黑火药0.50千克、管制刀具23把。破获涉赌刑事案起11起，刑事拘留59人，逮捕51人，移送起诉50人；查处赌博行政案起92起，行政拘留249人，罚款48人，收缴赌资70.90万元，赌博游戏机120余台起。破获涉黄刑事案起1起，逮捕4人。6月，经过长期经营，破获一件组织严密、分工明确的特大"六合彩"网络赌博案，逮捕26人，缴获赌资43万元、涉案电脑、手机、银行卡一批，查封赌博网站1个，涉案赌资过亿元。7月19日，自治县在全市政法系统"三大行动"会议上作经验发言。

【禁毒缉毒】 2018年，自治县公安机关破获毒品刑事案件22件，逮捕毒品犯罪嫌疑人24人，移送起诉36人，查获吸毒人员112人次，强制隔离戒毒21人，社区戒毒6人，缴获各类毒品12.18克，铲除非法种植毒品原植物罂粟379株。4月18日，协助梧州警方查获毒品海洛因92.75千克，抓获贩毒人员3人。

【道路交通管理】 2018年，自治县公安机关加强道路交通管理工作。查纠各类交通违法行为1.63万起，共发生各类道路交通事故1260起，死亡26人，受伤132人，财产损失25.08万元，比上年同期相比发生交通事故起数下降8.23%、死亡人数下降25.71%，受伤人数上升23.36%，经济损失下降42.32%。机动车入户4985辆次，办理、核发驾驶证5371张，新增驾驶员983人。

【消防管理】 2018年，自治县发火灾14起，出动车辆46辆次、警力252人次，抢救被困人员5人、财产价值800.10万元，无死亡和受伤人员。

【户政管理】 2018年，自治县出生、补漏入户1.18万人，市外迁入975人次，市内变动6750人次，办理居民身份证3.96万张。正式开通港澳台居民民住证受理点，为1名香港居民和2名台湾居民办理居住证。办理因私出入境证5678人次，查获"三非"（非法入境、非法居留、非法就业）人员6人，全部遣送出境。 （刘 琳）

消 防

【消防机构概况】 2018年，中国人民武装警察部队隆林县消防大队（简称自治县消防大队）为正营级建制，下辖1个中队（正连级建制），共有消防指战员69人，其中干部6人，消防员13人，合同制消防员及消防文员50人，办公地址在新州镇迎宾路1949号。年内，自治县消防大队党委连续5年被支队评为先进党委，2017年度县政府消防工作获百色市考核第一名，获优秀等级。

【思想政治工作】 2018年，自治县消防大队学习宣贯中共十九大精神，开展改革宣传教育，抓好消防救援队伍集中教育整训，适应新时代新使命新要求和新管理体制。一是坚持党对队伍的绝对领导。全年召开党委会20余次，研究议题130余个，召开专题党风廉政建设会议2次，会议决定事项均落实到位。同时，发展3人为入党积极分子。开展专项教育活动统筹。党委集中学习和开展经常性思想教育活动，组织指战员原原本本研读中共十九大报告原文和新党章10余次，党委和党支部书记、副书记开展专题授课18次，组织各类专题讨论活动6次，开展主题演讲比赛活动3次，发放《党的十九大报告辅导读本》和新《党章》96本，撰写心得体会46份，开展理论知识考试3次。二是抓好消防队伍转制思想工作。大队党委召开改革宣传教育动员部署会，党委书记、副书记开展授课辅导5次，指战员撰写拥护改革决心书51份，按照"四个讲清楚"和"五个必谈"开展谈心交流活动200人次，召开专题会议研判队伍情况4次，开展改革宣传教育讨论活动3次，并在支队组织开展的"坚信改革可期，坚信改革必成"主题演讲比赛活动中，取得政府专职指战员组第一名，现役指战员组一个第二名、一个第三名的好成绩。10月9日正式转制移交后，大队党委以《消防救援队伍集中教育整训实施方案》活动为契机，组织转制专题学习4次，围绕《框架方案》为指战员详细解读改革政策，结合《救援衔条例》《公安消防队伍改革政策问答手册》，组织全体指战员收看习近平总书记的授旗训词直播，开展党委集中学习、党组织专题学习4次，撰写学习心得体会30余份。三是用先进典型引领。"消防铁人"刘勇操获自治区公安厅一等功奖励，并在集中教育整训活动中获总队第一期"改革先锋"称号。大队2次组织刘勇操为全体指战员开展专题经验交流会，在队伍中形成学先进、赶先进的氛围。

【部队建设与管理】 2018年，自治县消防大队坚持以"保稳定、谋打赢"为目标，以夯实基础工作为着力点，以队伍管理正规化、业务训练实战化、灭火救援专业化、应急力量体系化"四化"建设为抓手，推动各项工作上台阶、求突破。

一是队伍正规化建设推进。

以《新条令条例》为管理大纲，深化队伍正规化建设，推进经常性思想工作和经常性管理工作，先后部署开展“条令条例学习月”、安全“五无”（无交通安全事故、无违反“五条禁令”事件、无违法违纪案件、无失泄密事件、无自杀事件）创建、安全大检查、整治网络赌博问题等活动，逐步实现“管理正规、纪律严明、内部和谐、安全稳定”的良好局面。改革转隶期间，总队和支队督察组共4次深入隆林大队开展改制转隶期间队伍安全管理工作，大队全体指战员良好的执勤战备秩序和高昂的精神风貌得到各级督察组的认可。二是队伍实战化练兵强化。结合年度重点工作开展辖区“六熟悉”（熟悉消防队责任区的交通道路、水源情况；熟悉责任区内重点单位的分类、数量及分布情况；熟悉责任区内主要灾害事故处置的对策及基本程序；熟悉责任区内重点单位建筑物使用及重点部位情况；熟悉重点单位内部的消防设施情况；熟悉重点单位的消防组织及其灭火救援任务分工情况）“通讯训练”，每周安排2天的“六熟悉”，共开展“六熟悉”100余次，熟悉小区（社区）6个、单位60余家。同时每月开展6次通信训练。至11月，共对辖区重点单位开展62次通信演练，准确掌握辖区的基本情况，为队伍快速作战提供保障。全年组织消防演练60余次，为5000余名群众传授消防安全知识。在年初全市消防练兵考核中，大队获团体第一名、中队获团体第二名；在夏季练兵比武中，中队获团体总分第三名、初战快速出水控火操第一名、爬绳上四楼第二名、背负空气呼吸器5000米跑第三名。三是队伍扩大增强。按照要求完成天生桥镇、平班镇、金钟山乡政府专职消防队建设。大队新招聘政府专职消防指战员11人，消防文员3人，全体专职消防指战员通过灭火救援专业（初级）职业技能鉴定，专职队营房、人员、装备全部达标。全年接警103起，出动112次（含增援）、消防车213辆次、消防人员1274人次，抢救被困人员35人，疏散人员85人，抢救财产价值893.2万元。

【防火监督】 2018年，自治县消防大队防火监督工作围绕总队防火部和支队党委总体工作部署，开展冬、春火灾防控和夏季消防检查等13个专项治理，推动县政府划拨经费用于全县社会福利院和敬老院、特殊教育学校等场所等单位示范建设，夯实火灾防控基础，确保辖区火灾形势持续平稳。全县连续16年未发生较大以上火灾事故。大队被市消防支队评为消防监督执法工作先进单位，群众对执法满意度提升。一是消防责任落实。大队多次向自治县政府汇报消防工作，推动自治县政府召开全县消防、冬春火灾防控、春夏火灾防控、电动车消防安全综合治理等多个工作会议，通报全县各部门火灾防控工作情况，分析全县火灾形势，明确有关部门的工作职责。县委、县政府将消防工作上升为党委、政府工程，实行一票否决，与各乡（镇）部门签订消防工作目标责任书，组织2次专项督查和1次考评验收。市政协副主席、县委书记张启胜，县长杨科等县领导8次视察慰问消防部队，6次批示指示消防工作。二是消防环境优化。大队贯彻落实自治区党委、自治区政府关于大力优化营商环境的部署要求，深化消防部门“放管服”改革，改进消防审批方式和服务模式，提高群众办事效率。大队政务服务窗口通过更新系统资料、更换窗口告知单等方式将取消部分消防行政审批项目、优化容缺受理及规划前置措施、推行建设工程“并联审批”改革、调整消防审批备案办理权限、精简消防行政审批受理资料、全面推行消防便民服务平台等相关改革措施告知群众，提升社会面服务水平。三是消防管理夯实。大队加大执法力度，采取普遍监督检查与重点监督检查相结合的办法，在对列管单位进行经常性全面检查的基础上，在各种节庆期间开展各种联合检查、夜查行动。规范监督执法行为。全年，共检查单位1236家，发现火灾隐患1743处，督促整改隐患1743处，填发《责令改正通知书》945份，行政处罚26起，临时查封11家，责令“三停”14家，罚款20.30万元，拘留2人。同时，推进“微型消防站”及区域联防机制建设，加强与民政、教育、商务等部门联合整治。四是消防宣传扩大。大队共投入15万余元经费用于宣传工作。利用微信、微博、电影院、电视台等媒体和媒介，开展消防宣传活动。先后组织开展消防安全培训、灭火演练65次，消防站开放61次，开展消防宣传活动98次，发放消防宣传资料万余份，培训群众千余人。全年在各大媒体报刊上稿数为：中国消防在线8篇、《人民公安报消防周刊》3篇、《中国消防》杂志1篇、省级报刊3篇、省级以下网址80篇、广西电视台和广西电台各2篇，完成支队下达的新闻媒体上稿任务。

【后勤保障】 2018年，自治县消防大队以保障部队战斗力为目标，加强后勤建设。一是投入90余万元采购个人防护装备及荷马特破拆工具组，通过政府采购一辆进口底盘城市消防主战车，22吨进口底盘重型泡沫消防车已到位投入使用。

二是县政府同意在隆林县鹤东新区新建一座消防站,用地面积1.97公顷,投资3958万元。三是大队累计投入30多万元,对营区营房进行美化改造,重新对红门影院、荣誉室进行装修,新建警营文化长廊、扩建会议室等,营造一个拴心留人的温馨营区。四是从优待警。全年为全体指战员(含义务兵和专职队员)争取到绩效奖励和高危补贴,投入5万余元为全体合同制消防员、文员额外购买商业意外险。

【拥政爱民】 2018年,围绕打造"平安隆林、和谐隆林"的目标,利用自身优势开展拥政爱民工作,为驻地办好事、做实事。参加"城乡清洁工程"5次,组织62余名指战员协助冲洗、清洁路面近15千米。春节、"六一"儿童节前夕,开展慰问走访活动,共慰问敬老院1家、特殊学校1家,看望孤寡老人和困难儿童8人,送去慰问品和慰问金。5次组织"五彩隆林"志愿消防队深入企业、集市、农村等开展消防知识宣传活动,提高群众的防火抗灾意识。（覃　沙）

检　察

【检察机构概况】 2018年,随着监察体制改革,隆林各族自治县人民检察院(简称自治县检察院)原内设的反贪污贿赂局、反渎职侵权局、职务犯罪预防局3个职能部门转隶至自治县监察委员会。自治县检察院内设政工科、办公室、侦查监督科、公诉科、民事行政检察科、控告申诉检察科、检察技术科、法律政策研究室、案起管理办公室、人民监督员办公室和司法警察大队11个部门;设有5个派出机构,分别为派驻监所检察科、派驻德峨镇检察室、派驻天生桥镇检察室、派驻平班镇检察室和派驻克长乡检察室。有人员编制34名,实有32人(工勤编制2人)。办公地址在新州镇民族社区民族路190号。年内,自治县检察院集体获县级以上各种表彰7次,个人10人次。其中获评自治县政法综治维稳防邪和平安建设工作先进单位;刑事检察部获全市检察机关集体三等功;论文获省级以上征文奖项4个,在各类法学期刊上公开发表论文23篇。

【刑事检察】 2018年,自治县检察院发挥批捕起诉职能,坚持宽严相济刑事政策,全面履行诉讼监督职责,不断净化社会环境,维护社会稳定秩序。集中整治治安突出问题,依法打击严重暴力犯罪、多发性侵犯财产犯罪和推进"黄赌毒"专项整治活动,投入扫黑除恶专项斗争。共依法审结各类提请批准逮捕案起223起461人,依法批准逮捕犯罪嫌疑人321人;审结审查起诉案起249起458人,提起公诉244起452人;决定不批捕134人,不起诉5人。加强诉讼活动中的法律监督,共办理立案监督案起13起15人,其中1起获评全自治区检察机关侦查监督业务优秀刑事立案监督案件。

【民事行政检察】 2018年,自治县人民检察院开展执行监督,督促起诉,违法调查工作,把工作思路从"以抗诉为中心"转变为"以办理再审检察建议为中心",把监督范围从裁判结果监督扩展到对诉讼过程、诉讼结果、执行程序三者并重的监督体系上来。依法审查受理各类民事行政监督案件5起;提出执行监督检察建议4起,均被同级法院采纳。

【公益诉讼检察】 2018年,隆林各族自治县成立全县公益诉讼领导小组,由自治县党、政主要领导担任组长,全面加强公益诉讼组织领导。在全县公益诉讼领导小组领导下,自治县人民检察院履行公益诉讼职能,维护国家和社会公共利益。依法摸排行政公益类线索5条;通过诉前程序以检察建议形式监督行政机关3起,行政机关纠正违法或履职3件;向人民法院提起刑事附带民事公益诉讼1起。

【控告申诉检察】 2018年,自治县检察院以深化文明接待室创建工作为载体,坚持把化解社会矛盾贯穿执法办案始终,依法妥善处理群众的合理诉求。全面推行检察长接待日制度、控告申诉首办责任制等便民利民措施,通过带案下访、约访、巡访、视频接访以及"12309"举报电话等方式,畅通信访渠道,为群众解决合理诉求。共受理申诉类案件线索19起;接待群众其他申诉事项6起;办理国家司法救助案件3起4人,发放救助金额4.60万元。

【案例选介】 2018年,百色市首例刑事附带民事公益诉讼案件——王某非法占用农用地破坏环境资源案。2014年10月间,被告人王某组织隆林各族自治县金钟山乌冲村那角屯群众在未办理相关手续的情况下,集资雇请挖掘机在该屯"平老史"(译音,小地名)坡的林地内拓宽原有机耕路、开挖新公路,开挖林地总长度2940米、面积0.89公顷。经调查认定,"平老史"坡属隆林各族自治县金钟山林场乌冲分场22林班44、46、49、51、55、58、59小班,该范围已划分为金钟山黑颈长尾雉国家级自然保护区。经隆林各族自治县林业调查规划设计队做出造林预算,恢复被开挖林地绿化、种植的造林预算为7371元。2018年5月25日,自治县检察院就王某非法占用农用地破坏环境资源一案向法院提起刑事附带民事公益诉讼,该案也是百色市首例刑事附带民事公益诉讼案起。7月4日,该案在自治县法院公开开庭审理。自治县检察院以国家公诉人和公益诉讼起诉人身份出席法庭履行职务。经自治县法院合议庭合议并当庭宣判,被告人王某犯非法占用农用地罪,单处罚金人民币5000元,赔偿被毁坏林地的绿化恢复、造林费用7371元。案件判决后,为保证公益诉讼判决得到履行,受损生态环境得到全面修复,自治县检察院对案件进行追踪,案件当事人及时赔付绿化恢复、造林费用后,多次督促金钟山自然保护区管理局做好被毁林地的补植绿化工作,守护隆林绿水青山。 (赵小乖)

法　院

【法院机构概况】 2018年,隆林各族自治县人民法院(简称自治县法院)内设刑事审判庭、民事审判第一庭、民事审判第二庭、行政审判庭、立案庭、审判监督庭、审管办、执行局(庭)、政工科、办公室、纪检监察室、司法警察大队12个部门。下设德峨、克长、委乐、天生桥共4个法庭。共有行政人员编制84名,实有77人;事业人员编制3名,实有2人。办公地址在新州镇迎宾路789号。年内,自治县法院共收案2620起,结案2398起,结案率91.53%。收结案件起数同比分别上升19.36%和19.18%。6个集体获奖,16人获县级以上表彰奖励。

【刑事审判】 2018年,自治县法院受理刑事案件273起,审结263起,结案率96.34%。依法审判危害公共安全、妨害社会管理秩序类犯罪案件140起,抢劫、故意伤害、盗窃等严重危害人身、财产安全的犯罪案件114起,贪污、挪用公款等职务犯罪案件5件。开展扫黑除恶专项斗争、禁毒严打整治专项行动、农村赌博打击整治活动"三个专项斗争",审结涉恶案件1起、毒品案件18起、赌博案件11起。12月19日,公开审理并当庭宣判梁某平、苏某章等10人利用集体经济组织敲诈勒索他人财物的恶势力案件,打击恶势力的嚣张气焰。

【民事审判】 2018年,自治县法院受理民商事案件1833起,审结1673起,结案率91.27%。妥善审理婚姻家庭、民间借贷、土地承包、侵权类案起1303起,保障群众生产、生活开展。依法审理住房、医疗、就业、劳务类民事案起13起,维护群众生存、发展权利。审慎处理金融借款、保险、买卖等合同案起187起,维护诚实信用的社会环境,防范和化解经济风险。

【行政审判】 2018年,自治县法院在行政审判工作中,注重行政争议的实质性化解,畅通行政案起立案通道,受理行政诉讼案件38件,审结35件,结案率92.11%。行政机关负责人出庭应诉案件20件,出庭率增长至86.30%,基本实现官民诉讼平等对话,化解官民矛盾。

【执行案件】 2018年,自治县法院攻坚破解执行难题,决战"基本解决执行难",基本解决执行难核心指标全部达标。成立自治县基本解决执行难工作领导小组,完善执行联动机制,确定24家单位和部门为成员单位,形成"党委政法委领导,各联动部门参与,人民法院依法主办"的基本解决执行难工作格局。持续开展攻坚行动,集中开展长期未结、涉民生、涉党政机关等专项清理行动以及"风暴一号""风暴二号"等攻坚行动。公布失信被执行人名单450人,发布限制乘坐飞机和高铁、限制高消费、限制出境共455人,司法拘留29人,移送公安机关追究刑事责任2人,其中以拒执罪判决承担刑事责任2人,形成威慑力。丰富执行举措,推动执行程序中资不抵债的"僵尸企业"依法破产,全面推进网上拍卖,通过司法网络拍卖成交9件,其中隆林金锋铝业公司房地产及机械设备以1922.68万元的价格拍卖成功;建立对人大代表、政协委员、公务员和党员干部作为被执行人的通报制度,对8名"公职老赖"进行集中约谈;与三大通信运营商合作,率先在全市推出"失信彩铃"。

【司法创新】 2018年,自治县法院贯彻"绿水青山就是金山银山"的发展理念,开展公益诉讼。争取自治县党委、政府支持,制定《隆林各族自治县关于推动依法开展公益诉讼工作实施方案》,将公益诉讼工作融入全县工作大局,成立自治县公益诉讼协作中心,由百色市政协副主席、自治县党委书记张启胜,自治县党委副书记、县长杨科担任组长,组员由各乡(镇)及相关单位主要领导组成,该中心是百色市首家公益诉讼协作中心。组建环境资源审判团队,审结环境资源类案件42件,于7月4日公开审理并当庭宣判百色市首例刑事附带民事公益诉讼案。服务乡村振兴战略，把打好精准脱贫攻坚战与实施乡村振兴战略有机衔接起来，做好“司法扶贫”。打击扶贫领域犯罪，审理涉农村社保补助救济金发放、养老、医疗等社会保障案件3起；做好控辍保学工作，开展集中法制宣传、上门送法、入户动员等活动，并于11月29日在德峨中学公开审理隆林“控辍保学”案。

【法院队伍建设】 2018年，自治县法院推进司法体制改革，新遴选员额法官2人，招录公务员8人，招聘政府购买社会服务人员20人，充实审判力量，完善随机分案、专业法官会议等相关配套机制。加强思想政治建设，开展“两学一做”学习教育、“不忘初心、牢记使命”主题教育、深化领导班子建设年等活动，创建“流动讲习所”“双语讲习所”，提升干警专业素养。学习宣传黄登林的先进事迹和崇高精神。重建天生桥人民法庭，优化办案办公条起。推进诉讼服务中心转型升级建设，完善诉讼服务中心功能设置，形成集咨询、立案、调解、法律援助等功能于一体的一站式服务中心。学习贯彻习近平总书记关于坚持发展“枫桥经验”指示精神，推进矛盾纠纷多元化解机制改革，引入律师参与涉诉信访工作，全年调解结案804起，撤诉239起，调撤率62.34%；完善立案登记制度，全年办理立案2509起，案件当场立案率90%以上。 （农 潇）

司法行政

【司法机构概况】 2018年，隆林各族自治县司法局（简称自治县司法局）内设办公室（行政审批办）、政工股、法制宣传股（依法治县办）、基层工作股、法律援助和公证律师管理股、社区矫正股6个部门，办公地址在新州镇迎宾路城西延长线。下辖隆林各族自治县社区矫正中心（公益性一类事业单位）、广西隆林各族自治县公证处（公益二类非营利性事业单位）和广西益发律师事务所、隆林各族自治县新州镇法律服务所；派出机构有新州司法所、平班司法所、者浪司法所、天生桥司法所、者保司法所、桠权司法所、革步司法所、德峨司法所、沙梨司法所、隆或司法所、介廷司法所、克长司法所、岩茶司法所、蛇场司法所、猪场司法所、金钟山司法所16个（副科级）。共有中央政法专项人员编制49名，实有39人；地方事业人员编制19名，实有13人。

【法治宣传教育】 2018年，自治县司法局把握“法治隆林”建设主题，结合“七五”普法工作要点及全县重点中心工作，多形式开展法治宣传教育。共组织开展法治宣传活动51场，悬挂横幅20条，播出微视频14段，发放普法宣传资料3万余份。开展“送法下乡”活动2场次，为群众解答法律咨询255人次。以“法律六进”活动为载体，深入者浪乡央腊村、克长乡猴场村等地开展“法律服务进村屯·助推脱贫攻坚路”专项法治宣传活动，营造法治环境。深入各乡（镇）、县直部门、学校、企业，对“七五”普法中期验收准备工作进行督导并开展自查自评和查缺补漏工作，完善“七五”普法相关台账资料，使全县“七五”普法中期督查考核工作受到市督查考核组领导的好评，顺利通过自治区、市验收。开展“12·4”国家宪法日宣传活动。组织相关部门、基层司法所人员深入各部门、社区、学校、企业、乡村，通过LED屏幕播放宪法微视频、现场以案释法、法律咨询、发放法律宣传资料等方式开展宣讲活动，增强全县干部群众宪法意识。做好2018年度学法用法考试工作。全县参考率和合格率分别为99.45%和99.23%。做好全县法治建设专项绩效考评工作。配合自治县党委、政府中心工作，组织专人参与开展万峰湖网箱专项整治、“扫黑除恶”专项斗争等专项法治宣传活动。

【人民调解】 2018年，自治县发挥人民调解第一道防线作用，共受理各类民间纠纷160起，调解成功156起，调解成功率98%。年内，全县有各级调委会205个，其中行业、专业性调委会10个，调解员715名。全县2个基层法律服务机构有法律服务工作者16人，共担任法律顾问2家，代理诉讼239起，代理非诉讼法律事务105起，调解民事纠纷54起，办理见证10起，代写法律文书1250份，解答法律咨询1000人次，办理法律援助事务77起，避免和挽回经济损失60万元。深化“一村（社区）一法律顾问”工作，为全县179个行政村（社区）分别配备一个法律顾问和一个法律服务联络员，要求法律顾问通过实地开展法律服务、建立微信工作群、制作发放宣传栏、宣传卡片等手段，每月至少到村工作五小时以上，法律服务联络员及时协助法律顾问宣传法律知识、了解掌握群众的法律服务需求，引导和帮助困难群众申请法律援助，及时发现纠纷并参与调解的工作制度。满足基层组织、群众对法律知识和法律服务的基本要求，实现群众不出村(社区)即可享受到基本法律服务。全年全县法律顾问和法律服务联络员在村(社区)共调解矛盾纠纷73起，为群众提供法律意见书8起，预防群体性事起发生3起。

【社区矫正与安置帮教】 2018年，自治县司法局通过多手段开展特殊对象管控工作，提升监管水平。全年全县接收社区服刑人员221人(2012年以来累计接受社区服刑人员940人，累计解除694人)，2018年底在册社区服刑人员251人，其中缓刑239人、假释2人、管制7人、暂予监外执行3人。全年接收刑满释放人员169人，安置帮教169人，帮教率100%，无脱管、漏管和重新犯罪现象发生。确定各基层司法所"一周一次电话汇报、一月一次思想汇报、一月一次集中教育、一月一次公益劳动、一月一次入户走访、一月一次考核"的"六个一"社区矫正管理模式，实现日常管理规范化。实行分类管理与因人施"矫"相结合。结合审(释)前社会调查情况，将社区服刑人员分成严管、普管和宽管三个等级，从日常报告、定位监管、外出请销假、教育学习、公益劳动等方面予以不同监管，避免因脱管、漏管造成重新犯罪情况的发生。以信息化建设为手段，助力矫正管理。抓住全自治区社区矫正新平台应用的机会，将全县社区服刑人员信息全部整合到新系统中，实施重点管控、重点矫正、重点帮助，对刑期在一年(含一年)以上的社区服刑人员全部实现平台监管，预防脱管、漏管现象。至年底，全县配备监管定位手机社区服刑人员167人。以专项活动为带动点，突出各种矫正手段效果。通过"扫黑除恶专项斗争活动""禁毒严打整治专项行动""农村赌博打击整治活动"等专项活动，警示、教育社区服刑人员，提升、重塑社区服刑人员社会责任感和归属感，使社区服刑人员正视自身过错，配合矫正。推进安置帮教工作。完善刑满释放人员安置帮教工作信息化管理，健全县、乡、村三级安置帮教网络，将登记在册的刑满释放人员全部纳入信息化管理，做到衔接、帮教和回访3个100%，实现无缝隙全覆盖衔接管理。

【法律援助】 2018年，自治县司法局继续规范法律援助管理工作，提升法律服务水平。共受理法律援助案件112起，其中刑事案起27起，民事案起85起，涉及农民工案起29起，未成年人案起18起，妇女案起59起，老年人案起6起，残疾人案起5起，接待咨询584人次，代写各类法律文书47份，发放法律援助宣传资料9500多份，为当事人挽回损失或取得经济利益92.50万元。加强法律援助服务网络建设。建成县级法律援助中心1个，全县16个乡(镇)已设立法律援助工作站，179个村(社区)配置法律援助联络员，形成县、乡、村三级服务网络格局。同时，分别与法院、检察院、武装部、信访局、看守所等部门建立了工作站，加强法律援助工作。重点推进精准法律援助工作。通过实地走访贫困户、设立绿色通道、贫困户免审查等手段，为贫困户提供法律服务，防止贫困户因诉返贫。全年共为精准扶贫户提供法律咨询74人次，办理法律援助案20起。参与"一村一法律顾问"及"扫黑除恶"专项斗争工作。为村级治理提供法律意见，为群众提供法律咨询与援助，参与矛盾纠纷化解，建立和执行办理涉及扫黑除恶案起情况的请示报告制度，推进"平安隆林"建设。加强案件质量监管。通过法律援助案起质量评查工作领导小组对已经结案的法律援助案件进行案卷评查和对受援人进行回访，强化内部监督管理，提升法律援助服务意识与质量。降低申请法律援助门槛，扩大法律援助受援面。对特定群体及申请支付劳动报酬、工伤赔偿的农民工免除经济困难审查，在规定的法律援助范围基础上，将涉及社会保障与民生紧密相关的事项纳入法律援助补充范围。

【公证与律师业务】 2018年，自治县司法局继续完成公证体制改革后续工作及加强对律师行业的监督和管理，规范管理全县律师服务市场，提升法律服务质量，为群众提供高效快捷健康的公证与律师服务。全年全县共办结出证各类公证事项513件，其中民事公证513件，公益性法律援助服务公证342件，接待群众来访3560人次。律师事务所受理刑事辩护代理8起，民事诉讼代理12起，代书6起，非诉讼代理1起，法律顾问10起。上半年公证处按要求办理事业单位法人证书、银行开户许可证、税务登记证等手续，完成公证体制改革。从严治理和整顿全县律师服务市场，严格律师事务所准入门槛，引导律师树立正确的执业操守，增强政治意识、大局意识和纪律意识，要求律师从维护社会稳定的高度，依法参与辩护，忠诚履行职责使命。全县共有律师事务所3所，分别是广西益发律师事务所（国资所）、广西隆葆春律师事务所、广西齐川（隆林）律师事务所。

【司法所建设】 2018年，自治县建成使用基层所办公用房建设项目15个，尚待建设业务用房项目1个。年内，自治县司法局以构建公共法律服务体系为契机，加强司法所建设。对照自治区司法厅标准，为基层司法所配备高标准装备电脑、照相机、执法记录仪、打印机、视频会议设备等手段，加强司法所设施规范化建设。至年底，各基层司法所已安装视频会议设备4个。有针对性制定《司法所工作程序》，接受群众监督，严格按规章办事，制定完善人民调解、法治宣传、社区矫正程序规范化、法律服务等各项制度，统一制度，规范工作流程。根据《中华人民共和国档案法》、人民调解法，统一格式，统一标准，健全司法所日常工作、人民调解、社区矫正，法律服务等执法档案，记录司法所履职过程，发挥档案资政惠民作用，提高档案价值和工作效率。对照司法行政业务职能及工作目标，制定年终绩效考核目标，将作风建设、业务工作完成情况等纳入年终绩效考核，加强对司法所的管理。

【司法队伍建设】 2018年，自治县司法局深入贯彻落实中共十九大精神，以习近平新时代中国特色社会主义思想引领全局，开展一系列“不忘初心·牢记使命”为主题的团队建设，获自治区先进集体表彰1个，自治区优秀人民调解员称号1人。通过组织开展“三会一课”、学习习近平新时代中国特色社会主义思想知识竞赛等活动，推动学习教育与中心任务、日常工作有机结合，发挥党组织建设在司法行政工作中的指导作用。以开展落实中央八项规定精神“回头看”“深化领导班子建设年”和开展全面从严治警“五查五整顿”专项行动为契机，严格执行局机关指纹考勤、会议签到及节假日领导带班、工作人员值班制度，遵守各项铁规禁令，配合上级对局机关和基层司法所进行巡查督查，整治和转变工作纪律和作风。通过组织集中业务培训、素质拓展、岗位练兵等手段，提高基层司法行政工作人员综合素质，提高基层司法所执政工作水平。共组织基层司法行政业务内部培训6场次，外出培训1场次，开展素质拓展活动1场次。邀请县武装部2名教官，对全县司法行政系统50余人进行为期4天的岗位大练兵活动，推进司法行政队伍的正规化、专业化、职业化建设。7月4日—9日，组织全体司法行政系统人员到云南大学进行司法行政系统综合素质提升专题培训学习，把思想政治理论学习与业务知识学习有机结合，增强司法行政队伍服务大局的意识和水平。 （黄红英）

“三大纠纷”调处

【调处机构概况】 2018年，隆林各族自治县人民政府调解处理土地山林水利纠纷办公室（简称自治县调处办）内设行政股、勘界调处股、法制股3个部门，有事业人员编制（参照公务员管理）9名，实有9人（主任1人、副主任2人），办公地址在新州镇民生街人民会场后面（原科技培训中心）。

【案件调处】 2018年，自治县调处办调处各类“三大纠纷”案件53起（土地纠纷46起、山林纠纷7起），调结48起；案起调结率93.48%，鹤城东新区征地拆迁办在征地过程中遇到土地林地纠纷案件100多起，调解86起，行政复议案件5起，当事人提出行政复议申请4起，行政诉讼案件3起。

【业务培训】 2018年，自治县调处办通过集中办班培训、村“两委”人员培训和下到乡（镇）举办培训班等形式，以《中华人民共和国森林法》《中华人民共和国土地管理法》《广西壮族自治区土地山林水利权属纠纷调解处理条例》、“三大纠纷”案起证据的调查、收集及案起的管辖与调解方法等为培训内容，培训县乡（镇）干部及村“两委”人员268人，提高调处人员、基层村“两委”人员的调解纠纷能力。

【信息统计上报】 2018年，自治县调处办坚持“月初排查、月末上报、年初计划、年底总结、重点时期、重点案件、专题汇报”的信息统计上报制度，上报信息统计18次22条。为自治县党委、自治县政府及上级调处部门掌握全县的“三大纠纷”调处工作动态，制定调处工作决策提供参考意见建议。

【大调处活动】 2018年，自治县调处办通过开展春耕前的“三大纠纷”排查活动，调处“三大纠纷”18起。其中，土地纠纷16起，山林纠纷2起；新案9起，调结9起，调结率100%，历年积案9起，积案结案3起，案结案率33%。配合协助上级及有关部门处理6件起；接待群众来信来访36人次。

（王军合）

军　事

人民武装

【人民武装机构概况】 2018年，中国人民解放军隆林各族自治县人民武装部（简称自治县人武部）内设政治工作科、军事科、保障科3个部门，有部长1人、政委1人、副部长1人，办公地址在新州镇民权街201号。年内，自治县人武部按照“举旗铸魂、聚焦主业、固本强基、安全发展”的工作思路，适应新编制新体制新使命，完成年度各项工作任务，被军分区表彰为全面建设先进人武部、全面建设先进民兵武器仓库。

【党委议军会】 2018年7月31日，自治县党委2018年度党委常委议军会在县党委会议室召开。会议由市政协副主席、自治县党委书记张启胜主持，会议分析总结自治县武装工作建设情况，审议《人武部规范化建设》方案，解决民兵训练经费不足、人武部职工补充等问题，给符合条件复退士兵全部按政策安置工作，党管武装、政府办武装得到落实。

【政治教育】 2018年，自治县人武部用党的创新理论武装头脑，组织干部职工深入学习贯彻中共十九大精神、习近平新时代中国特色社会主义思想和习近平强军思想，深入推进“两学一做”学习教育常态化制度化，抓好《习近平谈治国理政》第二卷和新党章的学习，开展“不忘初心牢记使命”“传承红色基因、担当强军重任”等主题教育，开展“备战打仗”“六个必须”（必须对党忠诚、听党指挥，必须善谋打仗、能打胜仗，必须锐意改革、勇于创新，必须科学统筹、科学管理，必须厉行法治、从严治军，必须作风过硬、作出表率）对照检查，参与上级组织的理论专题学习。组织干部职工严守政治纪律和政治规矩，维护军委主席负责制。春节后，根据实际情况，健全完善党委、支部和党小组，落实各项组织生活制度，党委成员定期上党课、定期汇报思想、定期交纳党费。注重学习型服务型党委班子建设，建强一线战斗堡垒。坚持重大问题决策集思广益，依靠集体智慧作决策。主动向县党委、政府汇报武装工作，县委书记参加武装部党委全会，县长参加年初民兵整组暨武装工作部署会，总结筹划武装工作并提出了具体要求。6月对照“六个必须”召开党委民主生活会，剖析思想、查找问题、制定整改措施。

【军事训练】 2018年，自治县人武部坚持党管武装工作，党委坚持军事斗争准备龙头地位不动摇，坚持以战领建、抓建为战，以提高战斗力为根本展开各项工作，备战打仗调查研究务实推进。年初，人武部第一书记、县委书记张启胜，就在人武部党委扩大会议上对全年武装工作进行全面筹划，自治县县长多次参会部署民兵整组训练、兵员征集等工作。部党委成员不当和平官，加强主业学习、站到备战打仗一线，团结和带领干部职工狠抓主责主业。按照担负的任务和隆林实际，修订完善各类战备方案。组织开展兵员潜力调查，核实摸清动员的底数。落实党委议训，人力、财力、物力向中心工作聚焦。投入35多万元，整修民兵训练基地，加强营区文化氛围营造；投入10万多元，按照编精、训实、用好、管严、建优的原则，完成民兵组织规模结构调整工作；投入经费50多万元，用于民兵军事训练。12月，组织职工和聘用人员进行年度体能测试，形成大抓军事训练的舆论氛围；中旬，组织干部参加上级组织的年度军事考核。组织隆林驻军和民兵参加平安隆林、扶贫攻坚、卫星残骸回收、抢险救灾活动。

【学生军训】 2018年8月24日至9月11日，自治县人武部军事科组织民兵骨干33人，对隆林中学、隆林职业中学共2500名新生进行军训,完成军训任务。

【征兵工作】 2018年,自治县人武部抓好征兵工作。按照精准筹划上水平、精准征集保质量、精准评估促落实的思路,以征集高素质兵员为核心,以完善政策法规为支撑,以“五率”(报名率、上站率、合格率、择优率、退兵率)量化考评为抓手,推进各项工作落实。多项指标达历史最好水平,实现无退兵、无违纪、无差错的“三无”目标。

【后勤装备建设】 2018年,自治县人武部规范经费管理,落实党委理财、集体决策、主官联签制度,正规各类经费开支,科学制定预算,合理安排资金使用,发挥经费的保障效益,完成民兵训练基地补漏、宿舍维修、大院文化氛围营造和民兵武器仓库报废弹药的上缴,协调分区完成工程的审计决算。严格车辆管理,加强驾驶员作风和车辆维护保养的管理,落实车辆派遣制度。党委班子带头贯彻落实中央“八项规定”、军委“十项规定”和两级军区改进作风规定措施,利用各种机会加大压力传导,完成公寓住房清理。

【拥政爱民】 2018年春节前,自治县人武部组织全体干部职工对介廷乡41户贫困群众家庭送去慰问金和生活物资;在自治县民政局组织下,为4名立功受奖现役战士发放喜报和奖金。“七一”前夕,自治县人武部看望慰问介廷乡4名老党员,为他们每人送去慰问金。“八一”节,组织自治县“四家班子”领导过军事日;通过这些活动的开展,增进军民情谊。参加自治县精准脱贫“百日攻坚”活动,完善扶贫帮困方案,为贫困户出资出力,调整预算10万元,定点帮扶介廷乡2个村41户贫困户,全年下乡扶贫260余人次,分别到挂钩点走访调研、宣传扶贫政策、了解群众心声和完善扶贫手册,协调相关部门为贫困村硬化道路、修建通村桥梁等基础设施;扶持产业脱贫,帮扶村油茶、中药通草种植项目,种桑养蚕、清水鸭养殖、黑猪养殖、生态有机稻逐渐形成品牌。（李顺堂）

武装警察

【武警中队机构概况】 2018年,中国人民武装警察部队隆林中队(简称武警隆林中队)隶属百色支队。年内,武警隆林中队被武警百色支队评为基层建设先进团支部,立三等功1人,获嘉奖8人、优秀士兵2人、优秀士官5人,实现连续33年无执勤事故。

【思想政治建设】 2018年,武警隆林中队围绕学习贯彻习近平主席系列重要讲话精神和“传承红色基因、担当强军重任”这个主题,抓好思想政治教育。开展“做习主席的好战士、当强军兴军排头兵”的专题教育,学习和树立有灵魂、有本事、有血性、有品德“四有”新一代革命军人,开展战斗力标准大讨论。开展网宣、“壮乡三月三、山歌进军营”、唱士官组歌、设红色教育基地、办红色讲习所、创红军班排、建红色故乡、践行党员公开承诺、纪念建军91周年等活动,增强全体官兵的事业心、责任感。

【军事训练】 2018年,武警隆林中队围绕担负执勤、处突和反恐任务抓好军事训练。第一季度,主要开展专勤专训为主要内容的军事训练,抓好新兵的岗前业务培训;第二季度,围绕迎接总队、支队正规化执勤检查以及半年工作考核,主要抓官兵体能为主的基础科目训练以及战训法研究的准备工作;第三季度,主要抓战术科目训练及(警)士官组织指挥训练,提高干部士官的组织指挥能力;第四季度,主要抓好年终各项军事训练科目的考核。年内,中队参加百色支队勤训轮换和应急班比武竞赛获总成绩第三名,单项个人第一成绩5人;选派1名战士参加预提指挥士官集训,被评为优秀学员,1名战士参加厨师培训,被评为优秀学员;加强处突和反恐的应急力量建设以及后勤专业保障力量,加强反恐应急班建设,配备应急班装备通信设施一套,确保中队遇有突发情况快速反应、联络畅通、有效处置。树立“首战用我,用我必胜”的思想,对特种作战常识,装备器材进行学习训练。

【部队执勤】 2018年,武警隆林中队开展处突抓捕行动任务以及跳坡节、火把节等现场警戒任务,担负敏感期和春节期间城市武装巡逻勤务;参加国庆节升国旗仪式和自治县政府组织烈士陵园扫墓活动;协助人民武装部搞好一年一度征兵体检现场警戒任务。全年共参加隆林社会维稳行动13次,共出动兵力203人次;协助公安局担负平班收费站设卡勤务。

【后勤保障】 2018年,武警隆林中队搞好科学饮食保障,按照上级规定落实分餐制和“1126”(早餐1杯牛奶、1个鸡蛋、2种主食、6种小菜)、“6211”(中餐晚餐6个主菜、

2种主食、1份汤、1份水果)饮食保障模式,并购置大型冰箱用作保鲜食物;与地方餐饮共建学习做菜的经验和方法,更好地保障官兵伙食。

【拥政爱民】 2018年,武警隆林中队把拥政爱民工作纳入部队全面建设的重要议事日程,成立拥政爱民工作领导小组,由政治主管负责领导,把拥政爱民教育列入经常性思想教育,与驻地开展警民共建活动。开展“爱岗敬业”“建设第二故乡”“遵纪守法数形象”活动,教育官兵扎根驻地爱岗敬业做贡献,年内无违反群众纪律的事件发生。全体官兵视驻地人民为父母,把隆林当故乡,投入驻地物质文明、政治文明、精神文明建设当中。全年组织官兵90人次参加地方”城乡清洁工程”活动,清理垃圾10余吨,清扫道路50千米;组织官兵无偿献血40人次,献血1.30万毫升。

(何 琳)

人民防空

【人防机构概况】 2018年,隆林各族自治县人民防空委员会办公室(简称自治县人防办)为自治县国防动员委员会常设办事机构、自治县政府主管人民防空工作的职能部门,挂牌在自治县住建局。内设人防应急指挥中心、人防综合股、人防平战结合财务股、人防施工管理股、人防工程质量安全监督站、人防指挥通信股(指挥信息保障中心)、人防法规股、人防行政审批办公室战备执勤值班室9个部门,有人员编制2名,实有7人(含兼职人员)。办公地址在新州镇兴隆路69号。

【人防防护工程建设】 2018年,自治县人防办编制完成《隆林县人民防空工程规划(2018—2035)》,5月4日通过专家评审,9月18日通过自治县规委会批准实施。完自治县人防地面指挥所选址,并得到自治县政府批复,规划用地面积0.90公顷,编制完成初步设计方案,6月开展征地工作,计划明年实施建设。新建项目皇家花园大酒店和皇家花园住宅楼工程按规定要求结建防空地下室,面积5216平方米,进入防护设备安装阶段,全县新建民用建筑结建人防工程和县城人均防护面积实现零的突破。完成平班镇红荣屯人防疏散地域的建设方案、地形测绘等前期工作,计划明年完成建设任务。

【人防宣传教育】 2018年,自治县人防办利用多种形式开展人防宣传教育。一是结合重大节日抓宣传教育。在3月初的国际民防日、“三月三”“5·12”防灾减灾日、“9·18”自治区防空警报统一试鸣日、“12·4”全国法制宣传日和国防教育日等重大节日期间,通过挂横幅、发手册、手机短信、摆展板、流动宣传等方式,开展人民防空防灾宣传教育。二是运用城东文化广场的多媒体防空警报器,播放人防法律法规知识、防灾减灾等多媒体和宣传标语等宣传资料。三是突出重点人群抓教育,开展经常性的中、小学人防知识教育。在自治县城3个初级中学开设人防知识教育课程,并经常培训指导各学校课任教师,采购全自治区统一的人防知识教材免费分发给自治县城各所初中;免费为市民和中、小学生发放防空防灾知识读本。四是人防宣传教育“五进”(进机关、进企业、进社区、进学校、进网络)活动常态化。宣传教育内容从一般防空“三防”(防核、防化、防生物武器)知识教育,向注重高技术条起下人民防空和防灾知识教育转变。

【人防队伍建设】 2018年,自治县人防办组建消防、医疗救护、抢险抢修、治安、防化防疫、通信保障、交通运输等7支专业队伍和1支志愿者队伍。制定出台《人防专业队伍训练实施方案》,按照方案的工作安排进行训练。采购便携式短波电台1套,组织工作人员开展通信保障训练。完成县城8台防空警报器的升级改造,警报信号城区覆盖率100%。在城东文化广场新建多媒体防空警报器1套,实现防突袭、防地震、防火灾、防化学事故等多种预警报知功能,同时具备图文显示、无线广播、互联互控等手段。根据《关于在隆林各族自治县召开“2018年百色市重要经济目标防护演练”现场会的通知》精神,承办“百色市重要经济目标防护演练现场会”,展示人防专业队伍指挥有力、组织有方、训练有素的行动技能,为探索全市人防实战化训练演练流程提供经验借鉴。在“9·18”全自治区防空警报统一试鸣活动中,因受超强台风“山竹”影响,县城各中、小学在听到防空警报后,改在室内进行疏散掩蔽演练活动。

(陈学强)

经济管理与监督

发展与改革

【发展和改革机构概况】 2018，隆林各族自治县发展和改革局（简称自治县发改局）内设办公室、综合规划股、固定资产投资股（行政审批办公室）、地区经济股（自治县西部大开发办公室）、农村经济股、产业发展和资源节约股（重大项目建设办公室）、社会发展股、自治县国防动员委员会国民经济动员办公室8个部门，有人员编制15名（行政编制12名，事业编制3名），实有13人，办公地址在新州镇民权街200号。下设自治县深化医药卫生体制改革工作领导小组办公室、自治县重大项目统筹协调领导小组办公室2个二层机构，各有事业人员编制3名，分别实有1人。

【计划编制】 2018，自治县发改局发挥职能作用，加强对国家宏观经济政策和当前经济发展态势的分析研究，向自治县党委提供宏观调控的意见建议，促进县域经济社会持续健康发展。一是编制《隆林各族自治县2017年国民经济和社会发展计划执行情况与2018年国民经济和社会发展计划的报告》《关于2018年上半年国民经济和社会发展计划执行情况的报告》，报自治县人大审议批准，为自治县2018年各项经济工作的开展定调定向。二是编制并提请自治县政府印发全县一季度经济运行"开门红"目标和全年经济社会发展主要指标责任分解文件，实施层级目标台账管理，按月对全县经济社会发展主要指标进行监测分析和调度协调，研究各个阶段经济运行中出现的新情况和新问题，提出工作意见建议。三是组织编写《隆林各族自治县乡村振兴战略规划（2018—2022年）》《隆林各族自治县国民经济和社会发展"十三五"规划中期评估报告》等6个专项规划，对乡村振兴、三产发展、健展产业、物流园区、综合交通、风力发电等方面谋篇布局。组织编写《隆林各族自治县2018年全面推进县域经济加快发展工作方案》，明确年内全县推进县域经济发展的指导思想、基本原则、目标任务和保障措施，加快县域经济发展工作有序推进。

【计划实施】 2018年，自治县获上级下达投资计划的中央预算内投资项目7个，下达投资计划1.01亿元。至12月底，开工率100%；完成投资7458万元，投资完成率74%。争取到中央预算内投资社会类下达的投资项目2个（百色市隆林县儿童福利院项目1个、百色市隆林县中心敬老院项目1个），总投资1772万元，其中中央预算内资金1350万元，地方配套422万元。以工代赈及易地扶贫搬迁项目建设方面，请上级以工代赈项目1个，下达投资计划143万元。申请上级以工代赈示范工程1个，下达投资计划593万元。申请上级易地扶贫搬迁工程2016—2018年中央基建投资资金3438.93万元，10月底将项目资金拨付至华隆公司统一使用。继续做好历年以工代赈项目、易地扶贫搬迁项目的续建工作，对已竣工项目尽快督促施工单位组织材料送审计部门决算审计。按照《广西壮族自治区以工代娠管理办法》《广西壮族自治区易地扶贫搬迁管理办法》做好项目的备案、管理、资金支付等工作。做好全年以工代赈示范项目的可研报告、初步设计编制工作，10月底完成招投标工作，11月初开工建设。对接移民局做好易地扶贫搬迁工程相关工作，跟踪衔接做好易地扶贫搬迁政策解答工作，做好贫困户的跟踪帮扶、项目月报及重大项目库调度工作。岩溶地区石漠化综合治理项目方面， 隆林各族自治县德峨镇新街村、蛇场乡马场村，分别治理石漠化面积35.23平方千米、15.06平方千米。共修建排涝渠施工完成3.46千米，砌墙保土约完成70公顷，地头水柜完成39座（每座100立方米)、田间生产道路完成3.70千米。项目到位资金1148万元,其中中央预算内投资1000万元,地方(自治县)资金148万元。支付项目资金共430.93万元。

【固定资产投资管理】 2018年,自治县归类梳理单个投资额不足500万元的投资项目进行整体打包,申报入统,使每一个投资项目都能够申报入统,做到应统尽统。与上级统计部门和各业主单位对接联系,开展固定资产投资基数核减工作,夯实年度固定资产投资工作基础。每月由自治县重大项目办公室对当月新入库项目和新申报固定资产投资任务进行量化分解,指导各业主单位有序推进项目建设和固投申报工作,促进固定资产投资均衡增长。年内自治县政府印发《隆林各族自治县固定资产投资项目入库管理暂行办法》,规范全县固投入统工作。推进项目建设如期开(竣)工,鹤东大道、民族高中等9个超亿元重大项目实现开工;冷平河防洪治理工程、农村垃圾专项治理等一批重大项目竣工;年产20万吨煤电铝一体化项目、易地扶贫搬迁城西安置点工程等一批续建项目加快建设,扭转上半年投资下滑的局面。全年自治县固定资产投资比上年增长16.10%,其中500万以上项目增长大于3.90%,500万以下项目增长-20.80%。全年共储备储备重大项目161个,总投资353.40亿元,年度计划投资50.30亿元,其中计划新开工项目54个,总投资105.30亿元,年度计划投资35.40亿元;续建项目12个,总投资32.90亿元,年度计划投资6.50亿元;计划竣工项目17个,总投资22.90亿元,年度计划投资7.80亿元;预备项目78个,总投资153.90亿元。与自治区发改委、百色市发改委对接联系,争取上级发改部门政策支持和项目资金等方面的支持。易地扶贫城西安置点"扶贫车间"就业产业园、扎云山生态休闲旅游风景区、腊仁小镇欢乐水乡景区等项目纳入国家发改委计划盘子,百色至兴义高速铁路项目进入预可研阶段,斗烘坡50MW(兆瓦)风电场项目得到自治区能源局批准。全年争取到农村饮水安全巩固提升、坡耕地水土流失综合治理等中央预算内投资项目9个,项目总投资1.17亿元,其中中央投资1.05亿元,自治区财政配套620万元;争取到鹤东大道一期工程、桂黔(隆林)经济合作产业园入园大道、鹤城新区民族体育馆等自治区乡村振兴产业发展、基础设施和公共服务服务能力提升2018年实施项目28个,总投资28.62亿元,获自治区补助资金8100万元。争取自治区层面重大项目2个,总投资28.5亿元。实施市层面重大项目24个,总投资91.2亿元,新开工项目5个、续建6个、竣工投产1个,完成投资7.36亿元。 (李洪梅)

物价管理

【物价管理机构概况】 2018年,隆林各族自治县物价局(简称自治县物价局)内设价格综合股、收费管理股2个部门,下设价格监督检查分局、价格认证中心2个二层机构。共有行政人员编制6名(局机关3名,价检分局3名)、机关后勤事业人员编制2名,实有10人,办公地址在新州镇迎宾路269号(林业大厦5楼)。

【物价总水平】 2018年,自治县物价局加强价格监管,整顿和规范价费秩序,保持价格总水平的基本稳定。

表6 **2017—2018年隆林各族自治县城市居民主要生活必需品价格监测情况表**

单位:元

商品名称	规格	计量单位	2017年	2018年
菜籽油	散装	元/0.50千克	10	11
花生油	一级桶装	元/5升	140	140
大豆调和油	一级桶装	元/5升	62	62
鲜猪肉	精瘦肉	元/0.50千克	14	16
鲜牛肉	新鲜去骨	元/0.50千克	35	36
鲜羊肉	新鲜带骨	元/0.50千克	35	6
活鸡	活肉鸡1~1.5千克	元/0.50千克	10	11
鸡肉	白条鸡/开膛上等	元/0.50千克	14	14

续表 6

商品名称	规格	计量单位	2017 年	2018 年
鸡蛋	新鲜完整鸡场蛋	元 /500 克	6.50	6.50
草鱼	活 1000 克左右一条	元 /0.50 千克	10	10
大白菜	新鲜一级	元 /500 克	1.80	2
黄瓜	新鲜一级	元 /0.50 千克	2.20	2.20
萝卜	新鲜一级	元 /0.50 千克	1.50	1.60
西红柿	新鲜一级	元 /0.50 千克	3.30	4
土豆	新鲜一级	元 /0.50 千克	3	3
青椒	新鲜一级	元 /0.50 千克	3	3.50
圆白菜	新鲜一级	元 /0.50 千克	1.70	2
豆角	新鲜一级	元 /0.50 千克	3	3.20
苹果	红富士一级	元 /0.50 千克	6.50	7.50
香蕉	国产一级	元 /0.50 千克	2.50	2.50
西瓜	当地主销一级	元 /0.50 千克	2	2.50
豆腐	无包装	元 /0.50 千克	2.60	3
白砂糖	当地主销(袋装)	元 /0.50 千克	3.80	4

【价格管理】 2018 年,自治县物价局对部分服务价格进行调整。调整生猪屠宰收费标准调整为每头 45 元、小水电上网电价每千瓦时不低于 0.25 元;制定蛇场等 5 个乡(镇)供水价格,其中蛇场乡供水价格每立方米 2.12 元,克长乡供水价格每立方米 1.50 元,德峨镇供水价格每立方米 3.36 元,介廷乡供水价格每立方米 2.18 元,隆或镇供水价格每立方米 2.17 元。确定自治县职业技术学校学生住宿费标准 8 人间每生每学期 270 元,8 人以上一间每生每学期 210 元。

【价格监督检查】 2018 年,自治县物价局对春运票价、涉企收费、教育收费、景区门票收费、医疗卫生服务和药品价格、砂石料价格等进行专项检查,同时加强对居民生活必需品市场价格的常态监管,共检查 360 个单位和个体户。"12358" 价格监管平台共受理各类价格咨询投诉举报案件 6 件,立案检查 1 起,查出多收价款 6408 元,清退 3210 元,没收 3198 元,罚款 1000 元。

【价格认证】 2018 年,自治县物价局完成价格认证业务 96 件,涉案金额 522.70 万元。

(罗翰妍)

工商行政管理

【工商管理机构概况】 2018 年,隆林各族自治县工商行政管理局(简称自治县工商局)内设办公室(财务、信息化管理)、法制股(行政审批办公室)、经济检查股(商标广告监督管理股)、消费者权益保护股、市场规范管理股(网络交易监督管理股)、登记注册股、企业注册与个体私营经济监督管理股(非公有制经济组织党建工作股)、人事股(监察室)8 个部门;另设立经济检查大队、12315 消费者投诉举报中心 2 个二层单位;下设新州工商所、德峨工商所、沙梨工商所、隆或工商所、天生桥工商所、岩茶工商所、桠杈工商所、革步工商所等 8 个派出机构。共有人员编制 41 名(公务员 40 名,工勤人员 1 名),实有 35 人(公务员 34 人,工勤人员 1 人)。局机关办公地址在新州镇迎宾路 1954 号。年内,自治县工商局被自治区爱卫办评为自治区卫生先进单位,被自治县评为巩固广西卫生县城示范单位、党风廉政建设工作先进集体;选送参评案件《隆林星瑞仁家信息咨询服务部(周某某)发布违法广告案》被国家工商总局评为 2018 年第三批虚假违法广告典型案例、被百色市工商局评为全市工商系统"十佳案件"。

【市场监管】 2018 年,自治县工商局组织开展查处取缔无照经营、整治虚假违法广告、流通领域打假治劣等专项行动,共查处各类经济违法违章案件 45 起,依法收缴罚没款14.26万元，没收不合格刹车片、汽车制动器衬片、摩托车制动蹄、防冻冷却液等产品一批。

【企业注册登记管理】 2018年，自治县工商局在全面实施"两证整合"、企业简易注销和电子营业执照的基础上，组织推进"多证合一、一照一码"改革，在政务服务大厅工商窗口开展"红盾注册窗口服务提升工程"，实行"一次告知、一表申请、一套材料、一窗受理、一人审核、一网办通"等登记制度，办照时间从5个工作日压缩至3个工作日，实现企业登记注册"最多跑一次"，推动全县各类市场主体快速发展。至年底，全县共有企业2280家，注册资本（金）5.57亿元，比上年同期分别增长18.10%、27.20%，其中私营企业1912家，注册资本（金）72.01亿元，分别增长20.60%、26.60%；全县实有农民专业合作社404户，出资总额9.83亿元，分别增长19.50%、11.90%；实有个体工商户1.10万户，资金数额7.11亿元，分别增长18.50%、27.60%。其中新发展企业351户，注册资本（金）20.47亿元；新发展个体工商户1729户，资金数额1.54亿元；新发展农民专业合作社66户，出资总额1.05亿元。

【个体私营监管】 2018年，自治县工商局以督促指导市场主体主动年报为主，分类指导，上门服务，增量提质。全年企业年报率95.89%、个体工商户年报率5.85%、农民专业合作社年报率91.22%，超额完成上级下达的年报任务。同时，做好双随机抽查检查工作，共抽查企业112户，个体工商户和农民专业合作社295户，并将抽查结果向社会公示，公示率100%。

【合同监管】 2018年，自治县工商局从股权出质、动产抵押登记等多方面帮助企业融资，为企业盘活资产。共指导和帮助企业办理动产抵押7件，抵押物估值4335.50万元，为企业融资3180万元。

【商标广告监管】 2018年，自治县工商局针对少数民族地区地域产业特色，重点培育农副产品集体商标、地理标志商标的申请注册，突出对养殖、种植、民族服饰等产业的商标培育。至年底，全县共有有效商标注册167件，比上年增长59.04%。"隆林黄牛""隆林猪""隆林山羊"申请注册地理标志证明商标提交国家工商总局受理。广西隆林山樵饲料有限公司、隆林三冲茶叶有限公司、隆林天桥水泥有限公司获2017年度"广西壮族自治区守合同重信用"称号。全年先后组织开展打击走私食糖和假冒伪劣行为、商标侵权"溯源"，燕京啤酒、"百色芒果""凌云白毫"地理标志商标保护、"浪伏""壮乡河谷"商标保护和打击侵犯知识产权和制售假冒伪劣商品等专项整治行动，共立案查处假冒伪劣和商标侵权案件10件，收缴罚没款1.56万元，打击假冒伪劣和商标侵权违法行为。同时，针对群众关注的虚假违法广告，重拳出击，重点查处消费者反映强烈的周某虚假宣传保健食品具有药品功效，并对多种疾病具有预防、治疗等功能的违法广告案件，依法作出罚款10万元的行政处罚。

【消费者权益保护】 2018年，自治县工商局受理各类咨询、申诉、举报17件，其中接受消费者咨询10件，受理消费者投诉6件，举报1件，处理消费者投诉6件、举报1件，办结率100%，调解成功率100%，为消费者挽回经济损失0.98万元。同时，在"3·15"消费者维权日活动期间，通过电信、移动公司发送消费维权知识短信7800条，并联合相关部门开展现场销毁假冒伪劣商品活动，共销毁酱油、烟叶、过期食品等一批假冒伪劣商品共43吨。（冉晓赤）

审　计

【审计机构及工作概况】 2018年，隆林各族自治县审计局（简称自治县审计局）内设办公室、财政金融股、经济责任审计局、自治县政府投资审计办公室4个部门，有人员编制16名（行政编制7名、事业编制9名），实有14人（行政编制6人、事业编制8人），其中局长1人、副局长1人、总审计师1人。办公地址在新州镇迎宾路717-1号。年内，自治县审计局完成审计项目5个，其中，重大政策措施落实跟踪审计项目1个，部门预算执行项目1个，专项资金审计项目1个，1财政财务收支项目1个，固定资产投资审计项目1个。查出主要问题金额3823.64万元。其中查处违规金额3496.77万元，管理不规范金额326.67万元，处理处罚金额0.20万元，提出审计建议14条，报送审计要情3篇。完成政府投资审计临时委托项目完成161个（聘请中介机构审计117个），出具审核报告和复核意见书161份，项目送审资金总额3.43亿元，审定金额3.27亿元，审减工程造价1636.50万元。

【财政审计】 2018年，自治县审计局完成财政审计项目1个，审计查处违规金额3420.70万元,管理不规范金额30万元,处理处罚金额0.20万元。提出审计建议4条,报送审计要情2篇。审计发现的问题:应缴未缴非税收入,应缴未缴预算收入,虚列财政支出,支出预算执行率较低,违规发放津贴补贴,会计核算不真实,贫困村道路硬化未按要求施工等。审计建议要加强财政收入预算管理,严格依照规定及时上缴国库;加强部门编制预算的分析力度,优化编制支出预算;加强对项目各环节的监督管理;建设单位加强对施工现场及工程签证的管理,提高资金的使用率。

【行政事业审计】 2018年,自治县审计局完成自治县扶贫开发办公室(含自治县脱贫攻坚战指挥部办公室)2017年度财务收支审计项目。审计发现违规金额2.16万元,管理不规范金额0.16万元。审计发现的问题:扶贫规划编制内容重复,多支付规划编制费;虚报费用,使用不符合规定的票据报销等。审计建议:严格执行国家财经纪律,加强学习国家财经制度;加强建设项目监督业主主体责任,严格工程质量方面的审查。

【固定资产投资审计】 2018年,自治县审计局完成2015—2016年猪场乡烂木杆村瓦厂屯蓝靛基地道路硬化及公共设施等5个建设项目审计。审计发现违规金额50.94万元,管理不规范金额196.56万元。审计发现的问题:项目未及时启动,帮扶资金滞留;使用帮扶资金补贴非建档立卡贫困户农户;无贫困户参与项目竣工验收;建设项目超预算投资,未按工程设计图施工,多计工程结算金额等。审计建议:加强对帮扶资金的管理使用,及时按规定使用项目资金;严格按照工程基本建设程序进行管理。

【专项资金审计(调查)】 2018年,自治县审计局完成专项资金审计(调查)项目2个。一是2017年度教育专项经费管理使用及其他财务收支情况审计。审计发现违规金额22.97万元,管理不规范金额99.95万元。提出审计建议4条,报送审计要情1篇。审计发现的问题:违规支付干部职工值班费;应缴未缴非税收入;未按规定报销差旅费;未按规定标准发放中等职业教育国家助学金;多付工程结算款,报账手续不齐全,食堂小卖部采购食品、原材料未取得合法的原始凭证票据。审计建议:严格执行基本建设程序;严格执行国家财经法规制度;严格执行会计核算制度;严格按照《农村义务教育学校食堂管理暂行办法》的规定执行。二是完成重大政策措施贯彻落实情况跟踪审计项目。审计抽查7个部门及单位,涉及15个项目,涉及金额2.89亿万元,提出审计建议6条。审计发现的问题:深圳帮扶资金滞留;建设项目多计工程价款。审计建议:相关部门加强沟通,加快资金使用,确保国家惠民资金及政策落到实处。 (左意周)

统　计

【统计机构及工作概况】 2018年,隆林各族自治县统计局(简称自治县统计局)内设办公室与综合核算、工业能源、投资与社会服务、农村与服务业4个部门和1个普查中心,有人员编制13名,(行政人员编制7名,参照公务员系列管理的事业编制6名),实有15人。办公地址在新州镇民权街200号。年内,自治县统计局统计专业共设统计法制、工业、能源、固定资产投资、贸易、农业、人口变动和劳动力调查、劳动工资、社会科技、人事教育、基本单位、服务业等14个。农村贫困村监测调查工作被国家统计局广西调查总队授予三等奖。

【第四次全国经济普查】 2018年,自治县统计局根据国家普查制度的安排,进行第四次全国经济普查。3月21日,自治县政府印发《隆林各族自治县人民政府关于认真做好自治县第四次全国经济普查工作的通知》,成立隆林各族自治县第四次全国经济普查领导小组,组长由自治县分管领导廖锋安担任组长,成员由自治县政府办公室、自治县党委宣传部、自治县综治办、编办、统计局、发展改革局、民政局、财政局、国税局、地税局、工商局和质监局等有关单位负责人组成。领导小组下设办公室(简称县经普办),设在自治县统计局,由县统计局局长梁春云兼任办公室主任,并落实办公场地。同时各乡(镇)、县直各有关部门均按照上级要求建立普查的组织机构,至8月30日,全县16个乡(镇)都成立领导小组及办公室,各村(社区)都成立普查领导小组,继续聘用清查阶段参加普查摸底工作所选聘的430名普查员,按照普查工作时每个普查区(村、社区)配备至少1名普查指导员、1名普查员的要求进行配备,乡(镇)经济普查员419人全部进入到经济普查工作中。12月28日,自治县统计局组织召开隆林各族自治县全国第四次全国经济普查业务培训会,为16个乡(镇)54名业务人员进行培训,会后,县经普办配合各乡（镇）做好业务培训，全县430名普查员都经过业务培训。同时开展各种形式的宣传活动争取群众对经济普查工作的支持。至12月底，完成单位清查4048个，完成率100%；完成个体工商户清查6624户。基本摸清全县的经营生产单位，为下一步入户登记提供基础数据。

【统计法制建设】 2018年，自治县统计局按照上级业务主管部门的统一部署，结合全县法治宣传活动，宣传统计法律法规，制作统计法制宣传板报4张、印发《中华人民共和国统计法》《中华人民共和国统计法实施细则》宣传读本6000册。同时，按照上级业务主管部门的布置，组织精干力量下乡（镇）、企业开展统计执法检查。年内，分别对21个企业进行统计现场检查。严肃统计报表的报送制度，坚持实事求是，反对弄虚作假、虚报行为，维护统计的严肃性。更新完善《隆林各族自治县统计局权责清单》，并在相关政府网站进行公开。

【统计培训】 2018年，自治县统计局在每年农业、工业、贸易、投资、劳动工资、基本单位等统计专业年初布置年报时，都要召集各乡（镇）分管领导和统计员，纳入联网直报的事业单位财务统计人员，企业财务统计人员进行学习培训，培训内容涉及农业乡（镇）卡联网直报和电脑操作定期报表程序；企业“一套表”联网直报规程；事业单位财务报表联网直报程序操作；工业增加值的计算、相关指标解释和填表说明、数据的考核与评估；贸易统计企业“一套表”联网直报数据处理软件、批发和零售业、住宿和餐饮业年报超级汇总数据处理程序，批发和零售业、住宿和餐饮业定报以及统计用区划代码和城乡划分代码管理系统操作等专题培训，统计人员的专业知识和实际操作能力普遍得到提高，统计数据的时效性和质量的可靠性得到改善。自治县统计局除在全县举办各类业务培训班外，局领导班子及干部职工外出参加有关统计培训50次共124人次。

【统计信息化建设】 2018年，自治县统计局为适应各专业统计资料联网直报工作的需要，加快统计信息化建设步伐。实现各乡（镇）统计助理员配备有专用办公电脑、打印机和1台联想昭阳E45G手提电脑；县统计局实现人手1台电脑和打印机，均装有正版杀毒软件，信息技术应用在岗人数4人；网络与统计信息网络采用专线接入方式。2018年第三次全国农业普查时，每个普查小区配备一台PDA，普查员使用PDA电子终端设备对普查对象进行现场采集并处理普查数据的业务流程，通过无线网络进行数据传输等。普查小区地图能够有效地保障地毯式核查不重不漏，减轻了基层统计部门的工作压力。第三次全国农业普查普查结束后，自治县统计局按照上级要求，对所有PDA电子终端设备进行回收封存，确保2018年开展第四次全国经济普查时PDA可正常使用。

（李文思）

质量技术监督

【质监机构概况】 2018年，隆林各族自治县质量技术监督局（简称自治县质监局）内设办公室（人事股、计划财务股、监察室）、综合管理股、法制股（稽查局、行政审批办公室）、特种设备安全监察股、科技认证股5个部门，下设计量测试所。共有人员编制13名，实有11人（行政编制9人，事业编制1人，工勤人员1人）。办公地址在新州镇迎宾路717号。

【产品质量监督】 2018年，自治县质监局按照自治区、市质监局的统一部署要求，重点开展对液化气站、水泥、烧结砖等产品的抽样检查和工业产品获证企业证后监管，共抽取样品20个批次，合格率100%。开展工业产品生产企业普查及公开申明工作，完成企业信息标准化公开申明2项，完成全年任务的100%，准确掌握工业产品生产企业情况。开展检验检测机构资格鉴定分类监管，完成7个检验检测机构资格鉴定分类监管和建档立卡工作。参与环保质量提升行动，对隆林广福机动车监测有限公司、隆林荣恒机动车检测有限公司、隆林信仁机动车监测有限公司等机构开展机动车检测机构资质认定检查。打造品牌、提高地方产品知名度。在“隆林板栗”获得国家地理标志保护产品的同时，隆林三冲茶叶有限公司的“翅东”、隆林山樵饲料有限公司生产的“山樵饲料”获广西名牌产品，隆林山樵饲料和昌隆服装厂获国家企业质量体系认证4个；国家地理标志产品保护申报4个。

【标准化管理】 2018年，自治县质监局履行质量强县领导小组办公室职责，组织制定广西地方标准3个、百色农业地方标准规范项目立项1个，隆林板栗地方标准、桑蚕农业种植标准和西贡蕉种植标准及百色市西贡蕉栽培技术通过专家评审发布；西贡蕉种植标准化示范区、桑蚕农业标准化示范区被自治区质监局批准为自治区级农业标准化示范区立项。通过品牌创建和标准化建设。提高隆林县产品质量和产品知名度，助推农民增收，实现质量强县目标。

【计量宣传监督】 2018年，自治县质监局开展“5·20”世界计量日主题宣传活动，到4家企业举办4期计量座谈会，展示计量宣传标语横幅5条、宣传板报2版，向群众发放宣传袋200个、宣传画500份、宣传单1500份。组织对全县农贸市场、超市（商店）、加油站、快递公司、建筑监测站、眼镜店验光机、医用三源（B超机、X光机、心电图机等）及各厂矿企业等近30多家企业开展计量强制检定工作，共为企业免费检测加油机、台案秤、天平等各类计量器具1000余台（件），为各企业及个体户免除检测费用30余万元。开展监督活动，对县境内的加油站、超市商品量、定量包装生产企业、贸易市场进行计量器具的专项检查，净化购物环境，规范计量行为，确保消费者的合法权益不受侵害。

【特种设备安全监察】 2018年，自治县质监局按照“安全第一，预防为主，综合治理”的方针，组织对特种设备安全监管，共出动执法检查人员216人次、车辆108辆次，检查使用单位（个人）在用的106个特种设备295台件，其中锅炉22台、固定式压力容器76台、压力管道1456米、电梯150台（自动扶梯10台、自动人行道12台、货梯22台）、起重机械50台、场（厂）内专用机动车（叉车）13台，检查出在用特种设备一般安全隐患6起，重大隐患1起，下发《特种设备安全监察指令书》7份，7起安全隐患全部按期整改完毕，确保全县特种设备的安全运行。

【行政执法监督】 2018年，自治县质监局开展稽查执法打假工作，共出动执法检查人员160人次、车辆80余辆次，立案查处6起，结案6起，当场处罚1起，执法打假罚没收入8.03万元。年内。自治县质监局稽查执法工作完成率、优良率列全市质监执法工作第一名。

（磨小妹）

安全生产监督与管理

【安监机构概况】 2018年，隆林各族自治县安全生产监督管理局（简称自治县安监局）内设办公室、法规与宣传教育股（含行政审批办公室）、协调与应急救援股（含县安委办）、非煤矿安全监督管理股、危化烟爆安全监督管理股、职业健康管理股6个部门，有行政人员编制11名，实有11人，办公地址在新州镇民权街200号。下设二层机构安全生产执法监察大队，有人员编制12名，实有10人；安全生产应急指挥中心，有人员编制3名，实有2人。

【安全生产事故及处置】 2018年，自治县纳入百色市安全生产事故统计共15起，死亡8人，受伤19人，直接经济损失285万元。其中，道路交通13起，死亡4人，受伤19人；非煤矿山1起，死亡3人；工贸1起，死亡1人，事故比上年上升50%，死亡下降25%，其他行业领域没有发生生安全事故。8月4日11时20分许，自治县岩茶乡平台村黄泥堡矿山的广西南宁荣安矿业有限公司龙滩锑矿勘探项目发生矿洞口坍塌，造成3名地质测量工作人员被困，经市、县两级救援工作组和专业救援队伍全力组织抢险救援，于8月5日凌晨4时12分将3名被困地质队员成功解救，事故未造成人员伤亡，救援费用直接经济损失约15万元。8月28日18时左右，自治县岩茶乡广西南宁荣安矿业有限公司龙滩锑矿勘探项目在组织1号矿洞开挖断面进行加固浇筑施工时发生坍塌事故，造成3人死亡、直接经济损失270万元的较大安全生产责任事故。

【安全生产检查】 2018年，自治县全面落实企业安全生产主体责任。针对春节期间人流、车流多，监管难度大的特点，自治县安委办下发《关于做好春节期间安全生产工作的通知》，确保2018年春节期间的生产经营安全。3月7日上午，自治县召开全国“两会”期间安全生产动员布置会，自治县安委办印发《关于印发2018年全国“两会”期间安全生产工作的通知》，各行各业都开展安全生产大检查。5月12日，自治县安委办印发《隆林各族自治县2018年深入开展安全隐患大检查大排查大整治活动方案》《隆林各族自治县2018年遏制重特大事故工作要点的通知》。8月28日岩茶龙滩“8·28”较大事故发生后，8月29日，自治县党委办公室、政府办公室印发《隆林各族各族自治县安全生产事故隐患大排查大整治专项行动实施方案》，开展为期一个月的专项整治。同时，自治县党委、政府成立6个督查组，对16个乡（镇）、6个安委会成员单位和8个企业进行综合督查，确保专项整治落到实处。11月15日，自治县安委办印发《隆林各族各族自治县烟花爆竹经营旺季安全专项整治暨“打非治违”专项行动实施方案的通知》，要求各乡（镇）、各部门对烟花爆竹经营开展专项整治。

【安全生产检查整治】 2018年，自治县按照自治县党委、政府和安委会的工作部署，对非煤矿山、危险化学品、烟花爆竹、道路交通、水上交通、建筑施工、工贸行业、涉粉尘爆炸、消防、人员密集场所、特种设备、食品卫生等重点行业领域，开展拉网式的大排查大整治行动。

道路交通安全检查整治　共出动执法人员5268人次，检查各类车辆2.68万辆次，查处各类违反交通行为1.57万起，查扣各类车辆2118辆，行政拘留无证驾驶人员3人，查处酒后驾驶机动车71起，查处非法营运车辆6辆（面包车）。

水上交通安全检查整治　为确保天生桥库区、平班库区，网箱碍航、退渔还湖工作的开展，自治县政府办公室组织县公安、交通，水利、安监、水产畜牧、综合执法大队、涉水乡（镇）政府和百色海事驻隆林办事处等部门，进行为期一个多月的专项整治。同时，各水上交通安全监管部门加强对渡口码头、各类船舶以及水上安全管理制度落实情况的检查，打击“三无”（无船名船号、无船舶证书、无船籍港）船舶和非法载客行为，加强对自用船的管理，全年各水上交通管理部门检查各类船舶386艘次，存在消防设施配置不足等隐患17艘，责令限期整改。在防范第22号台风期间，海事、港航等部门共出动执法人员297人次，检查经营性船舶116艘次、渡口219道次、码头4座、渡口5座、有船水库69座次、水库7座次，未发现存在安全生产隐患。

非煤矿山安全检查整治　对证照齐全的非煤矿山企业6家、地采企业2家（马雄锑矿、龙滩锑矿）、临时料点17个进行检查。共出动各类执法人员627人次，排查各类安全隐患21处，整改18处，下达《行政处罚告知书》1份，行政处罚2万元。

危化烟爆安全检查整治　检查汽柴油加油站、液化气充装站经营企业84家次，发现消防隐患12处，责令现场整改；检查危化品经营户164家次，排查出消防、防汛设施不符合要求等安全隐患34处，责令现场整改；检查烟花爆竹批发企业18家次，排查出隐患6处，进行现场整改；检查烟花爆竹零售经营户225家次，排查出不安规范存放烟花爆竹17户，与其他货物混放35户，都责令进行现场整改。

职业卫生安全检查整治　共检查职业病危害企业18家次，填写职业卫生现场检查记录18份，对中交一公局集团有限公司天生桥临时取料点、德峨临时取料点、荣辉木业公司、惠民木业公司未设置安全警示标志和职业危害告知牌下达行政处罚决定书4份，现场分别作出处罚980元、950元、910元、960元的行政处罚。为确保职工的身体，1月，邀请右江区人民医院在隆林县电解铝厂，对8家企业共700多人进行职业健康体检；10月17日—19日，在隆林县地方发电公司，由右江区人民医院对5家企业共500多人进行职业健康体检。

消防安全检查整治　共出动执法人员132人次，排查经营户1612户次，排查出消防隐患2043处，督促整改2043处，填发《责令整改通知书》863份，行政处罚39起，零时查封23家，责令“三停”13家，罚款26.64万元，行政拘留8人。

特种设备安全检查整治　出动执法人员43人次，排查施工单位15个次，检查在用设备59台（套）、压力管道1119米，排查出隐患2处，下发《特种设备安全监察指令书》2份，责令限期整改。

商务安全检查整治　共组织检查组13个，出动执法人员206人次，检查各类生产经营企业91家次，排查出各类事故隐患18起，都进行整改。

食品药品安全检查整治　出动执法人员115人次，检查辖区内119家餐饮服务单位、13家学校食堂、24家医药器械经营单位、3家保健食品经营单位、8家化妆品专营单位，排查出各类事故隐患7起，责令限期整改。

建筑施工安全检查整治　出动执法人员34人次，排查施工单位10家次，排查出隐患34处，责令限期整改。

其他行业领域检查整治　组织检查组27个，出动执法人员237人次，检查经营企业162家次，发现各类安全隐患18起。

【打非治违专项行动】 2018年，根据自治县党委、政府打非治违工作统一部署，自治县矿山综合执法大队配合县安监、公安、工商、监察、环保、林业、电力、乡（镇）政府等有关部门联合行动，打击非法勘查开采行为，共开展专项整治行动21次，出动车辆168辆次、执法人员840人次，现场炸封矿洞20个，炸毁堆淋场23堆、浸泡池21个，拆除打砂机8台、炮头机10台，拆除、烧毁输电线约1.45万米、水管约8600米、临时工棚12间，遣返非法开采矿产资源大型挖掘机7台、铲车8台、民工116人，消除因非法开采矿产资源而存在的安全隐患。8月14日，自治区安监局对隆林县行政执法零处罚进行警示约谈后，自治县安监局加大打非治违工作力度，依法查处各类安全生产违法行为。针对红家湾采石场未进行隐患排查治理，中交一公司临时取料点未设置安全警示标志和职业危害告知牌，德峨临时取料点未采取降尘措施、未设置安全警示标志和职业危害告知牌，荣辉木业公司和惠民木业公司未设置安全警示标志等行为分别作出2万元、980元、950元、910元、960元的行政处罚。为严厉打击非法成品油经营行为，自治县政府组织公安、经贸、商务、安监、消防大队、综合执法大队等部门和猪场乡政府共60多人，取缔猪场乡非法建设加油站1处。

【安全生产咨询】 2018年，自治县安监局推进企业安全生产标准化建设。从局工作经费中划拨4.20万元，委托广西步越矿业技术咨询有限公司组织百色市非煤矿山专家对全县12个非煤矿山进行年度安全生产专项行动暨矿山安全生产现状专家“会诊”。

【安全生产月活动】 2018年，自治县安监局按照《百色市安全生产委员会关于印发百色市2018年“安全生产月”和“安全生产百色行”活动方案的通知》精神，制定《隆林各族自治县2018年“安全生产月”和“安全生产隆林行”活动实施方案的通知》，以“生命至上，安全发展”为主题，唱响安全发展主旋律，把安全文化、安全法律、安全科技、安全知识送进厂矿、工地、社区、校园、乡村。6月15日上午，自治县安委办组织县直各安委会成员单位、有关企业在县城休闲广场举办”安全生产宣传咨询日”宣传启动活动，通过摆放安全知识展板、设立咨询台、发放宣传资料等形式，向市民宣传安全发展理念、各行业安全生产法律法规和应急科普知识。安全生产月期间，共制作安全生产版报24版，发放《安全生产监督应知应会手册》《防灾避险应急手册》和部门法规等宣传单2.56万册、口袋宣传品3300个、围腰宣传品500条，张贴宣传画30张，刊出专栏97篇次，电视报道10次，广播报道10条，接受群众安全咨询3500人次。出动检查人员2050人次，检查各类企业174家，查出各类隐患128处，现场整改86处，发出隐患整改通知书31份。

（李　祎）

食品药品监督管理

【食品药品监管机构概况】 2018年，隆林各族自治县食品药品监督管理局（简称自治县食药监管局）内设办公室（含人事财务）、政策法规股、行政审批股、食品安全监管股、药品和医疗器械监管股、保健食品和化妆品监管股6个部门，办公地址在新州镇迎宾路城西段城西加油站斜对面。下设食品药品稽查大队、食品药品检验检测所2个二层机构及乡（镇）食品药品监督所乡16个派出机构。共有人员编制95名，实有85人。监管医疗机构67个、药品零售企业114个、餐饮单位1132家，学校食堂（含托幼机构）286家。

【食品药品安全法制宣传】 2018年，自治县食药监管局通过开展食品药品安全法律知识进社区、进农村、进学校、进企业、进机关等各种活动，提高消费者的维权意识和经营者的守法意识。以“3·31”投诉举报宣传日、“食品安全宣传周”“全国安全用药月”及苗族“跳坡节”、彝族“火把节”、仡佬族“尝新节”、壮族“三月三排歌节”等活动为契机，采用现场教育、宣传栏、印发宣传材料、设点咨询等形式宣传《中华人民共和国食品安全法》及《中华人民共和国药品管理法》等食品药品安全知识。在县电视台开设食品药品安全宣传专栏节目，通过政府门户网、微信公众号等媒体加强宣传教育，营造食品药品安全的氛围；落实食品药品安全科普宣传基地（站）建设。自治县食品药品安全科普宣传基地、平班镇平寨村食品药品安全科普宣传站、新州镇金龙湾农贸市场食品药品安全科普宣传站按照自治区食药监管局示范要求建设，于11月通过验收并发挥科普宣传功能。

【行政许可】 2018年，自治县食药监管局政务受理工作按照“内强素质、外树形象、严格监管、保障安全”的工作思路，以营造良好的发展环境和办事环境为目标，深化行政审批制度改革，推行政务公开。年内，政务服务窗口受理各类生产经营新申请1024起，其中食品经营许可新增1020起，注销90起，受理办结食品生产许可4起，过期注销2起。受理办结新增“三小”登记证276起，其中小餐饮新增260起，注销8起，小作坊新增16起，注销1起。所有行政审批政务工作，全部均在时限内办结，办结率100%。

【食品安全监管】

食品生产环节监管　2018年，

自治县食药监管局推进食品生产现场检查工作，以高标准、零容忍、全覆盖的高压态势对全县食品生产企业进行监管。推进重点食品品种如糕点、食用油、白酒、饮用桶装水等食品生产企业、生产小作坊的追溯体系建设，强化企业食品安全主体责任的落实。推动实施食品生产企业风险分级分类监管制度，全面开展食品安全风险等级评定工作，风险等级评定完成率100%。全年共检查全部获证的20家食品生产企业、46家食品生产小作坊，下达责令整改通知书18份，复查合格18家，检查率及复查率均100%。

食品销售环节监管　2018年，自治县食药监管局推行食品销售电子监管和《食品销售日常监督检查规程》。对食品销售单位共检查2840家次，监管覆盖率100%，其中利用电子监管系统检查1013家，电子监管覆盖率52.73%。继续做好校园及校园周边食品安全专项整，共检查学校内食品经营户60家次、校园及校园周边经营户430家次，现场下架销毁过期食品共500千克，下达责令整改通知书34份。加快推行针对食品销售经营分区、分级、分类监管，探索农村食品安全监管新机制。推进食盐安全监管工作。9月20日，与自治县经贸局签订食盐监管职能交接备忘录，推进食盐监管体制改革。

餐饮服务食品安全监管　2018年，自治县食药监管局加强学校和幼儿园食堂、托管机构、农村集体聚餐等食品安全管理，倡导餐饮服务单位“明厨亮灶”，全面治理“餐桌污染”。开展网络订餐食品安全监管，规范网络订餐经营行为。坚持春、秋季开学前开展学校食品安全专项监督检查。完善量化分级管理，规范现场监督检查。全年共监督检查餐饮服务环节食品经营户2310家次，其中学校食堂及托幼机构共602家次，通过监督检查发放责令整改通知书59份，对辖区内餐饮服务单位应量化846家，量化846家，量化率100%。

【药品经营企业监督检查】 2018年，自治县食药监管局坚持对药品经营企业进行日常监督检查，规范药品流通秩序。结合在监管过程中“双随机、一公开”（随机抽取检查对象，随机选派执法检查人员，抽查情况及查处结果及时向社会公开）工作要求，配合市局开展药品零售企业药品经营质量管理规范认证跟踪检查，并对零售连锁企业总部实现药品经营质量管理规范认证跟踪检查全覆盖。强化医疗器械经营监管，组织对高风险医疗器械经营企业专项检查，持续推进经营装饰性彩色平光隐形眼镜、角膜塑形镜等专项整治。全年完成辖区内32家医疗机构和117家医疗器械经营单位检查任务，检查覆盖100%；完成药品零售企业药品经营质量管理规范认证7家，开展药品经营企业检查114家，下达责改文书19份，立案查处23家；开展药品抽检10批次，完成全年任务的100%；医疗器械抽检1个批次，完成全年任务的100%。

【医疗机构医疗器械使用监管】 2018年，自治县食药监管局监督指导器械进、销、存各环节，确保医疗机构器械质量，督促各医疗机构，特别是基础条起差、设施设备欠缺的医疗机构按要求配备与规模相适应的温、湿度控制等设备，确保购进使用的器械质量安全。开展一次性使用无菌医疗器械、打击工业氧冒充医用氧和植入材料和人工器官医疗器械等专项整治，确保了药品及医疗器械在使用环节的安全；加强医疗器械广告、不良事起监测上报工作，与卫计部门联合行动，将不良反应指标列入绩效考评工作，层层分解任务并加以督查检查。至10月31日，全县共完成药品不良反应监测上报206例，其中新的严的99例，占比48%，任务完成率142.06%；医疗器械不良事起监测上报49例，其中严重的21例，占比42.85%，任务完成率113.95%；完成化妆品不良反应监测上报73例，完成率148.98%。

【保健食品和化妆品监管】 2018年，自治县食药监管局加强对保健食品和美白祛斑化妆品等重点产品，专营店、药店等重点场所的监督检查，规范产品说明书标签管理。开展保健食品化妆品评价性和监督抽验，完成市局下达的全年保健食品监督抽验任务3个批次，完成化妆品抽验任务12个批次。推进重点单位经营行为规范化，开展保健食品化妆品经营示范单位创建工作，指导经营者规范索证索票和建立购进查验等制度。全年共检查保健食品经营企业251余家，化妆品经营企业154余家。

（李俐利）

工　　业

【工业管理机构及概况】 2018年，隆林各族自治县经贸局（简称自治县经贸局）内设经济运行股、工业规划和技术改造投资股、中小企业发展股、工业园区股、安全生产股、办公室6个部门，有人员编制17名，实有17人，办公地址在新州镇民权街200号。年内，在电解铝、硅冶炼等支柱产业严重开工不足，广西翔吉有色金属有限公司大幅减产、隆林供电有限公司产值全部上划统计等的影响下，自治县经贸局贯彻落实自治区、市稳增长、降成本工作部署，主动适应经济发展新常态，采取用电补贴、自主支配电量调控等措施，促使企业恢复生产。全县共完成规模以上工业总产值17.30亿元，比上年下降4.54%；规模以上工业增加值完成6.32亿元，下降长6.64%；工业投资完成17.84亿元，增长38.10%，占全县固定资产投资的40.96%。万元工业增加值综合能耗为1.13吨标煤，下降8.70%，超额完成全年下降3.10%的目标任务。

有色金属与水泥产业

【有色金属产业概况】 2018年，自治县的重要支撑产业为色金属行业。主要包括电解铝、金属锑和硅系锰系铁合金行业，占全县工业总量的三分之二强。

【电解铝生产】 2018年，自治县是百色市“千亿铝产业”重要成员单位，也是全自治区铝产业规划的重要组成县（区）。根据自治区铝产业规划，在隆林建成年产35万吨的电解铝基地。自治县利用国家天生桥一、二级水电站的留成电量，发展电解铝行业。年内，全县电解铝生产企业有广西翔吉有色金属有限公司，7.50万吨的电解铝产能；桂鑫公司，7.50万吨电解铝产能(2018年12月25日，市中院重新启动拍卖程序，四川乐山新西南新材料科技有限公司以最高价竞拍得桂鑫公司）；百矿集团20万吨煤电铝一体化项目在建。全年，全县完成电解铝生产3.50万吨，实现工业产值5.20亿元。

【铝深加工项目】 2018年，自治县抓好铝深加工项目工作。理顺广西翔吉有色金属有限公司7.50万吨电解铝“未批先建”问题。通过组织上报材料并与自治区、市发改和环保部门反复汇报，该项目最终获自治区发改委和环保厅审批。在建的百矿集团20万吨生态铝项目完成一期10万吨铝水工程主厂房和二期70%以上的基础工程建设，正在进行设备安装，其他相关配套设施基本完成，累计完成投资8亿元。一期10万吨铝水工程争取2019年10月竣工投产，二期10万吨铝水工程预计2019年12月竣工投产。三是根据自治区、市铝二次创业决策部署和《关于加快铝产业二次创业的决定》，引进7家铝深加工企业，铝深加工产能达20万吨以上，有3家实现上规入统。

【锑生产】 2018年，自治县境内锑业证照齐全的有锑业公司马雄矿区、坡岩矿区和龙滩矿区，以选冶为主的企业有1家即德鑫选矿厂，以冶炼铸锭为主的有3家即四通公司、兴隆冶炼厂及多金属冶炼公司。由于环保政策趋紧，近几年来坡岩矿区和龙滩矿区等证照到期续办手续一直没有获得审批。年内只有马雄矿区进行采矿生产，选、冶产业全部被关闭停产。

【金属硅生产】 2018年，自治县金属硅企业主要有渝顺硅业有限公司、昭硅实业有限责任公司2家，共实现工业产值6830.70万元。

【水泥产业】 2018年，自治县从事水泥生产的在产企业为天桥水泥有限责任公司1家，完成产量13.78万吨，实现工业产值5629万元。

（陈　志）

发电业

【发电企业及概况】 2018年，广西隆林电力发展有限责任公司(简称隆林电力公司)内设综合部、财务部、生产技术部、安全监察部、计划发展部、党群工作部6个部门，下辖8座小水电站。在职职工160人(事业编制职工46人，聘用工87人，临时工27人)。办公地址在新州镇兴民路51号。年内，隆林电力公司完成发电量1.69亿千瓦时完成年度计划的125.19%。上网电量1.64亿千瓦时。

【电站建设与维修】 2018年，隆林电力公司完成坝后、者隘、冷水、泥浪4座电站增效扩容改造项目竣工验收及者隘电站梯级调度集控中心工程项目建设，推进梅达电站增效扩容改造项目工程。电站通过增效扩容，装机容量提升的同时自动化程度也提高，将可以实现无人值守或少人值守的现代化改造目标，并且提高电站机组设备的运行可靠性和安全性。同时通过合理的开发利用水资源，对调洪、防洪，调节下游流量都起到较大作用，有利于保持生态平衡发展。

(陈　志)

供电业

【供电企业及概况】 2018年，广西电网有限责任公司百色隆林供电局(简称百色隆林供电局)内设办公室(党委办公室)、党建人事部(纪委办公室、工会)、计划建设部、安全生产部(应急指挥中心)、供电服务中心5个部门；电力调度控制中心、输变电管理所、新州供电所、德峨供电所、克长供电所、隆或供电所、天生桥供电所7个业务部门；调度班、信息通信班、计量班、电费班、用电检查班、供电服务班、新州巡维班、输电运检班、变电修试班、设备维护班、营业服务班等30个班组，共有员工386人。机关办公地址在新州镇民生街246号。年内，百色隆林供电局供电区域包括自治县16个乡(镇)，供电面积3551平方千米，服务人口43万人，拥有客户9.38万户，市场占有量100%，售电结构以大工业为主，占71.45%，居民生活用电占19.17%，其他占9.38%。

【农电体制改革与农网改造】 2018年，百色隆林供电局贯彻落实电力体制改革新部署新要求，推进农电体制改革，优化营商环境，释放改革红利，实现一般工商业用电价格平均降低10%，全年降低一般工商业用户用电成本约253.26万元，对一般工商业用户退补77.95万元电度电费。配合制定《隆林剩余自主支配电量消纳方案》，推进自治县党委、政府消纳留存电的战略意图落地，助推外销电量1.55亿千瓦时，外销收益1530.12万元。农网改造与脱贫攻坚相结合，实现“手拉手”环网模式，解决重过载、低电压等问题，改变少数民族地区电网构架薄弱现状，实现“同网同价”。年度投运项目为历年之最，共452项；单月投产项目和周投运项目双创新高，分别为114个和106个，固定资产投资完成率100.63%。

(陈　志)

农林·水利

农业综述

【农业管理机构及概况】 2018年，隆林各族自治县农业局（简称自治县农业局）内设行政办公室、财务股、政策法规股、经管股、市场信息股5个部门，有人员行政编制12名，实有15人。办公地址在新州镇民生街249号。有农业技术推广中心、农业站、土肥站、经作站、植保植检站、水果站、种子站、经管站、科教站、农产品质量安全检测中心、农业行政综合执法大队11个事业单位，有人员编制100名，实有68人。设有乡（镇）农业技术推广站16个，有人员编制41名，实有30人。

年末，自治县有耕地面积5.08万公顷，农业人口34.83万人，人均耕地0.15公顷。粮食作物以水稻、玉米为主，以高粱、旱谷、豆类、麦类、薯类为辅；经济作物主要有烟叶、桑叶、茶叶、甘蔗、油菜、花生、芝麻、木薯、薏米、金银花、田七、食用菌等；水果主要有柑橘、梨、李、桃、香蕉、西贡蕉、芒果、草莓等。有家庭农场31家。全自治县农业总产值18.43亿元，比上年增长4.76%。其中，农业收入（种植业收入）7.94亿元，增长2.65%；林业收入2.50亿元，增长10.05%；牧业收入4.84亿元，增加4.23%；渔业收入2.73亿元，增加7.59%。

【病虫害预测预报】 2018年，自治县农业局共发布病虫情报16期，其中长期预报2期，中短预报14期，准确率99%，预警信息覆盖全部乡（镇）及80%的行政村；短期预报准确率100%，防治处置率95%以上。县内农作物发生的虫害主要有水稻螟虫、稻飞虱、稻纵卷叶螟、粘虫、玉米铁甲虫、小地老虎、鼠害、蚜虫、土蝗、福寿螺、稻春象、黄曲跳甲、菜青虫、斜纹夜蛾等，发生的病害主要有稻瘟病、稻纹枯病、稻曲病、稻细菌性条斑病、稻白叶枯病、稻矮缩病、霜霉病、软腐病、早晚疫病、炭疽病、黑胫病、稻胡麻叶斑病、青枯病等。年内，自治县水稻主要病虫草鼠害发生面积1.24万公顷次，防治面积1.22万公顷次，占发生面积的98.39%，经防治后挽回粮食损失421.22万千克；玉米主要病虫草鼠害发生面积2267公顷次，防治面积2133公顷次，占发生面积的94.09%，经防治后挽回粮食损失64.43万千克；甘蔗病虫发生面积267公顷次，防治面积253公顷次，占发生面积的94.76%，经防治后挽回损失29.65万千克；蔬菜病虫发生面积500公顷次，防治面积480公顷次，占发生面积的96%，经防治后挽回损失16.14万千克；油菜病虫发生面积240公顷次，防治面积233公顷次，占发生面积的97.1%，经防治后挽回损失1.55万千克；柑桔病虫发生面积300公顷次，防治面积293公顷次，占发生面积的97.77%，经防治后挽回损失10.03万千克；西贡蕉病虫发生面积167公顷次，防治面积160公顷次，占发生面积的95.8%，经防治后挽回损失9.46万千克；芒果病虫发生面积333公顷次，防治面积320公顷次，占发生面积的96.1%，经防治后挽回损失1.35万千克。

农业科技

【农业技术推广应用】 2018年，自治县农业局推广应用农业技术。一是进行农作物病虫害绿色防控技术推广。实施蔬菜、水果、桑、茶等经济作物病虫绿色防控技术示范与推广面积333公顷。实施2个示范点农业技术推广应用。其中，者浪乡者烘村水稻示范面积26.7公顷；者浪乡那隆村蔬菜示范面积13.30公顷。重点推广应用频振式杀虫灯、黄板诱虫板、性诱剂（器）“三诱”杀虫技术以及高效、低毒、低残留生物农药的应用，确保农产品质量安全。二是推广测土配方施肥，测土配方施肥率90%以上。

累计发放测土配方施肥建议卡 1.60 万份以上，完成测土配方施肥面积 3.61 万公顷，预计作物产量提高 5%~10%，平均每亩节本增效 30 元以上。编发土壤墒情监测简报 24 期，在新州等 5 个乡（镇）各安装测土配方施肥摸屏系统 1 台。三是大面积推广杂交良种，水稻推优率 95% 以上，玉米推优率 90%。

【农业科技宣传活动】 2018 年，自治县农业局组织参加科技活动周和文化科技卫生"三下乡"科普宣传活动，向农民群众宣传水稻、玉米、水果、蔬菜、中草药的栽培及管理、病虫害防治等技术。农业科技人员参与科普宣传活动 8 场次，出动各类车辆参与科普宣传培训 5 车次，参与活动的农业科技人员 38 人，现场咨询服务 1.56 万人次，发放技术明白纸 3.30 万份。

【农村科技培训】 2018 年，自治县农业局举办包括新一届"两委"干部示范培训、农业产业冬季大培训等各类实用技术培训班共 220 期，受训人数 1.32 万人次，发放技术资料 1.55 万份。其中，举办各种农村科技培训 25 期，受训人数 1043 人次，发放技术资料 3800 份；产业扶贫秋冬季大培训 4 期，培训农民 364 人次，发放技术资料 1030 份、科技图书 325 册；基层帮扶培训 15 人，培训贫困户 52 户、非贫困户为 30 户，发放技术资料 214 份、农业科技实用手册 107 本。

【农作物栽培技术推广】

水稻栽培技术推广 2018 年，自治县水稻栽培除传统方法外，推广杂交良种、薄膜覆盖育秧、抛秧、配方施肥等先进技术。其中，水稻杂交良种推广率稳定在 6000 公顷左右，占水稻种植面积的 100%；推广薄膜覆盖半水育秧和旱育秧面积 2500 公顷，占总面积的 41.7%；推广测土配方施肥面积 6000 公顷。

玉米栽培技术推广 2018 年，自治县内玉米栽培除传统方法外，推广杂交良种，配方施肥等先进技术。其中，推广杂交玉米良种种植面积 1.32 万公顷，占玉米种植面积的 98%；推广氮、磷、钾化肥配合施用技术 1.32 万公顷，占玉米种植面积 98%。

粮食生产

【粮食生产概况】 2018 年，自治县粮食作物以稻谷和玉米为主，还有小麦、高粱、旱谷、豆类、薯类等。全自治县完成粮食播种面积 2.23 万公顷，实现粮食总产 9.27 万吨，亩产 276.55 千克。

【水稻生产】 2018 年，自治县稻谷种植品种有水稻和旱稻，以水稻为主。稻谷种植面积 6026.70 公顷，产量 3.576 万吨，平均亩产 376.83 千克。双季稻有沙梨乡有零星种植。

【玉米生产】 2018 年，自治县玉米种植品种有早玉米、晚玉米和中玉米，以中玉米为主。玉米种植面积 1.35 万公顷，产量 5.18 万吨，平均亩产 232.86 千克。其中，早玉米在沙梨、平班、新州、者浪、者保等乡（镇）有零星种植，年种植 206.70 公顷左右；晚玉米主要分布在隆或、介廷、岩茶、蛇场、克长等乡（镇），利用烤烟地套种晚玉米，种植面积 68 公顷，平均亩产 195 千克。

【其他粮食作物生产】 2018 年，自治县内种植的其他粮食作物有小麦、豆类（大豆、豌蚕豆、绿豆、其他杂豆）、高粱、红薯等，种植面积 2838.70 公顷，产量 0.51 万吨，平均亩产 113.67 千克。

水果与经济作物生产

【水果生产】 2018 年，自治县农业局发展西贡蕉、柑橘、芒果、桃果等地方优质特色品种。全自治县水果生产总面积 9690 公顷，比上年增长 8.60%；果品产量 4.36 万吨，果品优质率 73.30%。完成水果新种面积 304 公顷，其中桃果 8 公顷，李 3.30 公顷，柑橘 35.30 公顷，梨 1 公顷，西贡蕉 161.30 公顷，百香果 73.50 公顷，其他水果 21.60 公顷，良种覆盖率 90% 以上。

【茶叶生产】 2018 年，自治县农业局加大茶叶低产改造、品牌建设及市场营销力度，茶叶产业增产效果明显。茶园面积 727 公顷（不含野生茶面积），完成低产茶叶改造面积 67 公顷，其中高产示范园 12 公顷，茶叶总产量 1608.40 吨（鲜茶），比上年增长 5.67%；产值 2343.60 万元，增长 5.6% 左右；干茶产量 360.90 吨，增长 5.67%，产值 2493.85 万元，增长 5.60%。

【甘蔗生产】 2018 年，全自治县甘蔗种植面积 450 公顷，总产量 4.72 万吨，总产值 4666 万元。其中，果蔗面积 242 公顷，总产量 3.09 万吨，总产值 4011 万元；糖料蔗 214 公顷，总产量 1.64 万吨，总产值 655 万元。

【药材生产】 2018 年，自治县农业局发展田七、金银花、生姜、杜仲、八角、铁皮石斛、三叶青、葛根等高端中药材产业。全自治县中药材实有面积3890公顷，收获面积3775公顷，总产量3.20万吨，总产值8558万元。

【蔬菜生产】 2018年，自治县种植较多的有蔬菜有大白菜、小白菜、卷筒青、萝卜、芥菜、卷心芥蓝、菜花、生菜、豆类(四季豆、碗蚕豆、荷兰豆、豆角等)、瓜类(冬瓜、南瓜、黄瓜、西葫芦、茄瓜)、葱、蒜、西红柿、辣椒等。蔬菜播种面积6073公顷，完成市级下达任务的101.2%，总产量18.493万吨，总产值3.70亿元。其中，春夏菜播种面积1733公顷，总产量5.28万吨，总产值1.09亿元；秋冬菜完成播种面积4340公顷，总产量13.215万吨，总产值2.64亿元。

【油料作物生产】 2018年，自治县种植的油料作物有花生、芝麻、油菜等，种植面积1710公顷，产量1895吨。其中，花生种植面积168公顷，产量262吨；油菜种植面积1550公顷，产量1750吨。

（杨仕波）

烤烟生产

【烤烟生产机构及工作概况】 2018年，隆林各族自治县烤烟生产办公室(简称自治县烤烟生产办)内设烤烟生产技术指导股、物资组织供应股、财会股3个部门，有人员编制10名，实有9人。年内，全县种植的烤烟品种主要有云烟87、云烟97、云烟85等。烤烟种植面积1211.87公顷，其中蛇场乡385.33公顷、岩茶乡206.67公顷、介庭乡118.47公顷、隆或镇145.53公顷、克长乡225.87公顷、德峨镇126.67公顷、猪场乡2.67公顷、沙梨0.33公顷、平班镇0.33公顷，比上年的2435.33公顷减少1223.46公顷。创烟叶税937.90万元，比上年的1653.88万元减少715.98万元，减幅43.29%。烟农售烟收入(产值)4263.19万元，比上年的7841.91万元减少3578.72万元，减幅45.64%。

【烤烟栽培技术推广】 2018年，自治县烤烟生产办推广烤烟栽培技术。一是推广烤烟工厂化育苗，在蛇场乡和德峨镇各建设育苗工场1个，蛇场育苗工场建有大棚13个，德峨镇育苗工场建有大棚5个，两个育苗工场育苗总量可供866.67公顷大田；其他烟区乡(镇)则以推广中棚育苗为主。全县利用中棚、大棚进行商品化育苗的比例为90%以上。联系烟区各乡(镇)培育预备烟苗，共育能供应133.33公顷大田移栽的预备苗，保证烟苗能够足额供应。二是推广科学施肥、规范化移栽和田间护理。按照百色优质烤烟标准化生产技术要求进行操作，派出工作人员深入烟区村屯与烟区，指导乡(镇)干部及烟站技术员指导烟农开展科学施肥、烤烟规范化移栽和田间护理工作。以田烟按亩施4.50~6千克纯N，N、P、K比例1∶1.50∶3~3.50，地烟按亩施8~9.50千克纯N，N、P、K比例1∶1.50∶3~3.50，配制肥料发放给烟农。做到“三拉线”移栽，地膜覆盖，地烟按1~1.2米×0.45~0.50米，田烟按1.10~1.20米×0.50~0.60米，确保亩植1000~1200株，进规范种植密度。烤烟大田期间，做好施提苗肥、除草、培土、施肥、打顶和病虫害防治等。

【烤烟生产技术培训】 2018年，自治县烤烟生产办、烟草营销部与烟区乡(镇)党委、政府密切配合，共同抓好烤烟生产技术培训工作。在全县烟区各乡(镇)的种烟村、屯开展烤烟育苗、病虫害防治、烤烟规范化移栽培与田间管理、烟叶成熟采收与科学烘烤、烟叶初分级与保管等各个生产环节的实用技术培训班4期，培训烟农1870余人次。

【烤烟生产模式推行】 2018年，自治县烤烟生产办推行多种烤烟生产模式。一是推行“公司+基地+合作社+农户”模式。全面推广工厂化、商品化育苗。同时开展以密集型烤房群为主体的烘烤工场建设，为烟农提供工厂化、专业化烘烤服务。在烟地翻耕、整地、起垄、培土等中间环节，由烤烟机耕专业服务队或组织社会上现有的农机力量为烟农提供机械化耕作服务，组织机耕大型机40多台、中小型拖拉机100多台、小型培土起畦机400多台负责机耕作业工作，确保翻耕、整地、起垄、培土按时完成，减轻烟农劳动强度。推广病虫害统防统治措施，由植保专业服务队提供专业化服务，统一组织开展病虫害防治工作。各烟叶站77名技术人员提供烟叶初分级及烟叶保管专业技术服务，负责进入烟农家中指导。二是推行专业化烘烤、分级和散叶收购模式。开展以密集型烤房群为主体的烘烤工场建设，推行生物质燃料及设备烘烤技术，为烟农提供工厂化、专业化烘烤服务。烤烟专业合作社和烟叶站提供技术人员专门为烟农提供专业化的分级服务，让烟农在家把烟叶分类好后，约时定点到烟站进行交售烟叶，提高烟叶的纯度和收购的质量。三是推行烤烟生产纳入政策性农业保险体系。根据自治区政府《关于加快发展政策性农业保险进一步促进农业持续稳定发展的若干意见》和自治区政府办公厅《关于鼓励开展地方特色农产品保险的若干指导意见》精神，组织实施政策性农业保险工作，烤烟生产首次纳入政策性农业保险体系，烟叶受灾损失最高赔偿额度（成熟期全损）由上年（由产区政府和烟草部门共同设立的烟叶生产风险保障基金理赔）的每亩600元提高到每亩1000元，增长66.67%，且增加冻灾损失保险项目。同时做好防灾减灾工作，6月和7月烟区乡（镇）洪涝灾害期间，烟办、烟草、保险和乡（镇）干部、烟叶站技术员等深入受灾的烟田指导烟农开展生产自救、核灾工作，确保烟农的损失降到最低。经核实，烟农受洪涝灾害84.04公顷，按政策性保险理赔给烟农47.62万元。

【烤烟生产奖励政策】 2018年，自治县落实烤烟生产奖励政策，烟叶税100%用于扶持烤烟生产，将年度烟叶税40%返还给种烟农户（含种烟贫困户）；重点烟区乡（镇）将乡（镇）年度所创烟叶税的24%返还给烟区乡（镇）作为发展烤烟产业经费。平班乡、猪场乡、沙梨乡等非重点烟区乡（镇），将其本年度实际所创烟叶税总额的50%返还给乡（镇），作为乡（镇）发展烤烟产业经费。将重点烟区乡（镇）将本乡（镇）2018年度所创烟叶税的的30%和平班乡、猪场乡、沙梨乡等非重点烟区乡（镇）烟叶税的5%作为自治县发展烤烟产业经费，设立村级发展烤烟产业经费项目，为鼓励烟区乡（镇）村级积极发展烤烟产业，增设村级发展烤烟产业经费，从自治县发展烤烟产业经费和各乡（镇）发展烤烟产业经费中分别提取2%作为种植烤烟村的村级集体经济收入，并作为发展烤烟产业经费，根据各村度实际完成烟叶创税数额进行计算。将重点烟区乡（镇）所创烟叶税的6%和非重点烟区乡（镇）所创烟叶税的5%作为自治县烤烟生产办公室工作经费。按照自治区人民政府决定对烟叶种植进行政策性保险，根据自治区财政厅《关于开展2018年政策性烟叶种植保险工作的通知》精神，完善烤烟农业政策保险政策体系和理赔机制建设，以弥补群众因种植的烤烟遭受自灾害而造成的损失。以当年实际签订烤烟种植收购合同面积每亩提取12元作为代缴烟农保险费和损失赔偿机动金。

【烤烟产业扶贫】 2018年，自治县采取多种方式，烤烟产业扶贫政策，加快脱贫攻坚工作步伐。一是产业帮扶到村。采取实施县有46个村（其中贫困村20个）种植烤烟均享受设立的村级烤烟生产经费为村级集体经济10.13万元。其中，20个贫困村有320户（含贫困户）种烟407.20公顷，交售烟叶1.16万担，收入1476.75万元，创烟叶税收324.88万元，创烤烟产业帮扶种烟（贫困村）的发展经费（村级集体经济）3.79万元。二是产业帮扶到贫困户。全县有78户建档立卡贫困户372人种烟99.60公顷，总收入375.62万元，户均收入4.80万元，人均收入1.01万元，除去成本，超过脱贫收入标准，达到自治县在扶贫工作中通过发展产业脱贫一批的目标。三是加大烤烟投入项目建设。全年投入资126.21万元，其中，用于重茬肥试验投入2.60万元，密集型烤房采用生物质然料烘烤烟叶购买设备投入59.91万元，帮助烟农解决自费部分的烟叶保险金投入7.20万元，开展牛粪有机肥试验投入9万元，解决烟区基础设施和烤房维护投入20万元，培育烤烟预备苗投入12万元，为隆或镇、介庭乡烟区路建设投入15.50万元。

（杨玉龙）

蚕桑养殖

【蚕业生产管理机构及概况】 2018年，隆林各族自治县蚕业生产管理办公室（简称自治县蚕办）内设综合办公室、财务室、生产管理股3个部门，有人员编制18名，实有14人。办公地址在新州镇民生街249号。全年全县有桑园1666.67公顷，完成新发展种桑面积400.07公顷，完成任务的100%。其中，核心区完成4个连片示范种植面积81.55公顷（其中者浪乡么窝村13.29公顷，介廷乡马窑村35.63公顷，德峨镇三冲村18.89公顷、德峨镇八科村13.74公顷）；面上新种桑园共完成种植面积318.52公顷。缫丝企业嘉利公司4条生产线完成400吨干茧（折合鲜茧110万千克）的缫丝加工生产，共完成白厂丝128吨，加工产值（含附加值）9576.11万元；完成基地育苗播种100千克、育苗13.33公顷。全县共完成大蚕养殖1万张，收鲜茧约25余万千克，产值1000多万元，涉及农户1000余户，户均养蚕收入1万元以上。

【桑园管护】 2018年，自治县蚕办督促指导农户做好桑园的冬、夏伐、中耕除草，施肥、病虫害防治等各项工作。全体职工按分片包干负责的方式下到各新种植农户蚕业技术员多次下到田间地头指导农户按技术要求进行种植，到各点督促、指导农户对桑园进行中耕除草和追肥等管理工作。确保桑园的产量和质量有效地提高养蚕批次,增加蚕农收入。

【蚕房和蚕沙池建设】 2018年,自治县面上建好蚕房166座,面积约2.20万平方米。利用深圳市对口帮扶资金在核心区者浪乡么窝村、新州镇水洞村、德峨镇三冲村新建3500平方米蚕房配套大蚕轨道式地面饲养,熟蚕方格蔟自动上蔟,蚕茧机械采摘等,其中么窝村蚕房投入使用,省力化效果显著。新建蚕沙池52座671.97立方米。

【蚕业科技服务】 2018年,自治县蚕办为提高性能老养殖户的种养技术,多次下到各乡(镇)、村、屯举办多期种桑养蚕技术培训班,举办蚕业培训20余期(次),参加培训人数0.23万人(次)以上,发放各种技术资料2000余份(本)。全县蚕农省力化地面条桑育技术推广率100%,蚕用方格簇推广使用率100%,全县小蚕共育技术推广使用率100%。 (罗 慧)

水产畜牧业

【水产畜牧机构概况】 2018年,隆林各族自治县水产畜牧兽医局(简称自治县水产畜牧局)内设5个部门,有人员编制95名,实有85人。办公地址在新州镇民族路292号。下辖自治县水产技术推广站(自治县水生动物防疫检疫站)、自治县渔政渔港监督管理站(自治县渔业船舶检验站)、自治县畜牧品改站、自治县动物疫病预防控制中心(自治县水产畜牧产品质量安全检验检测站)、自治县动物卫生监督所5个直属二层机构有和16个乡(镇)水产畜牧兽医站(乡(镇)水产畜牧产品质量安全监督管理站),共有财政全额拨款编制95名,实有85人。

【畜禽饲养】 2018年,自治县存栏生猪19万头、牛4.80万头、羊7.92万只、家禽94.98万羽,分别比上年增长1.90%、2.10%、1.90%和2%;年出栏生猪18.81万头、牛出栏2.58万头、羊出栏12.96万只、家禽出栏170万羽,分别增长1.82%、1.30%、1.10%和2.50%。全年完成肉类总产量2.11万吨,增长1.62%;水产品总产量3.32万吨,增长5.46%。全年渔牧业总产值13.38亿元,其中牧业8.45亿元,渔业4.93亿元。

【"隆林三宝"养殖】 "隆林三宝"即"两黑一黄"(隆林黄牛、隆林山羊、隆林黑猪),具有肉质细嫩香味可口的特点,长期以来,深受广大消费者喜爱。2018年,自治县水产畜牧局支持以富凤、红谷、农氏等牧龙头企业为主导,培育、扶持养殖农民专业合作社、养殖大户,促进渔牧业增收。共建有"两黑一黄"养殖农民专业合作社50个,带动农户1.30万户,其中30只以上规模养羊场(户)442户,20头以上规模养牛场(户)34户,50头以上的18户,100头以上的8户,总产值8.46亿元,纯收入2.71亿元,为养殖户人均现金贡献866.51元,比上年多贡献102.31元。

【渔业养殖】 2018年,自治县水产品总产量3.32万吨,完成全年任务的101.07%,比上年增长49.58%;产值4.93亿元。其中,在5月4日—15日期间,出售成鱼328.18万千克(县政府补助收购量)。

【库区网箱养鱼整治】 2018年4月以后,自治县水产畜牧局牵头组织开展天生桥、平班库区养鱼网箱集中治理专项行动,开展网箱拆除工作。共出动执法力量7000余人次,最多每天共出动执法力量700余人,用"晒黑一身皮,干净一江水"的精神奋战在水面整治第一线。4月18日至6月19日,签订协议的网箱养殖户871份,面积是296.52万平方米,完成率125%;累计拆除面积278.39万平方米,完成率94%,其中拆除贵州方向移来的网箱面积40.76万平方米。至年底,库区水面上的网箱大部分拆除,余下少部分网箱推迟到鱼苗售出后再进行拆除。

【水产品质量安全检测】 2018年,自治县水产畜牧局开展水产品质量安全检测工作,抽取淡水鱼样40份,进行氯霉素、孔雀石绿、硝基呋喃类代谢物快速检测,检测结果全部(阴性)合格,合格率100%。

【打击非法捕捞】 2018年,自治县水产畜牧局为加强保护渔业资源,坚决遏制电力捕鱼等非法捕鱼作业行为的发生,组织县、乡执法人员开展打击非法捕捞专项宣传活动,向群众普及法律常识,宣讲非法捕捞的危害,共发放打击非法捕捞宣传资料1500余份,悬挂横幅标语12张,固定宣传牌32张,电视宣传及媒体报道3次。与刑事司法衔接,严厉打击非法捕捞。联合交通、海事、公安、安监等部门开展联合行动5次,共出动执法人数250多人次,派出执法车80余次、执法船艇21艘次,水上执法航程2000多千米,全年收电鱼机18台,取缔各类非法捕捞网具967张,查处非法捕捞8起,当场处罚7起,罚款1750元,移送公安机关1起,清理碍航12处;临登检查渔船42次42

艘,警告教育56人。

【动物疫病防治】 2018年春秋两防期间,自治县畜禽存栏数:猪27.75万头、牛5.33万头、羊12.65万只、鸡90.57万羽、鸭13.90万羽、鹅2.32万羽、其他禽0.62万羽。应免疫数为:猪口蹄疫22.66万头、牛口蹄疫3.93万头、羊口蹄疫10.14万只、羊小反刍兽疫6.22万只、鸡禽流感80.97万羽、鸭禽流感12.43万羽、鹅禽流感2.07万羽、其他禽0.10万羽。其中免疫猪口蹄疫苗11.40万头、牛口蹄疫苗1.93万头、羊口蹄疫苗5.03万只、羊小反刍兽疫苗6.22万只、鸡禽流感疫苗74.65万羽、鸭禽流感疫苗11.40万羽、鹅禽流感疫苗1.86万羽、其他禽禽流感疫苗0.09万羽。以上病种免疫率均达到100%的目标。全县16个乡(镇)179个行政村春、秋两防防疫面均100%。根据农业部文件精神,经报请自治县政府批复同意,成立各乡(镇)动物防疫农民专业合作社,将全县村级动物防疫员划归合作社管理,年底完成16个乡(镇)动物防疫合作社组建,推动基层兽医队伍走向专业化、规范化。

【非洲猪瘟排查和防御】 2018年,自治县加强非洲猪瘟防控工作。10月25日,自治县政府按照自治区政府的要求,抽调公安、交通、水产畜牧在汕昆高速广西百色设立临时检查站,11月5日在与贵州省交界的天生桥、桠杈、者保腊仁等地设立临时检查站,值守人员严格落实24小时值班制度,做好出入边界车辆的例行检查工作,实行无间隔、全方位监控,确保生猪以及猪肉制品不从贵州、云南方向的运输生猪及其产品车辆流入境内,做到防控全面有力,让群众放心。按照农业农村部、自治区农业厅的要求,全部关闭自治县辖区内所有生猪交易市场。做好非洲猪瘟排查工作,共排查养殖场45个、生猪17.25万头,3.78万户散养户、猪24.67万头,生猪屠宰场4个、生猪0.84万头;封存冷冻猪肉4批次。自治县水产畜牧局与食品药品监督部门联合对养殖户及餐饮企业进行广泛宣传,发放各类宣传材料,广泛宣传非洲猪瘟的危害性及防控知识;注重源头管理,加强泔水处理,完善应急储备,防范突发疫情。

【动物卫生监督】 2018年,自治县水产畜牧局累计产地检疫生猪4.70万头,检疫禽类4.67万羽、羊0.20万只、牛0.06万头;屠宰检疫生猪3.79万头,检疫率100%。检出并无害化处理动物产品14头共1330千克。其中,“瘦肉精”检测192份,抽检猪尿132份,猪肉磺胺类检测40份,检测结果全部为阴性。出动执法人员226人次,检查规模场46场次,签订行业安全承诺书23份,下达整改通知书7份;审核办理动物防疫条件合格证5本、饲料兽药经营许可证6本。出动执法人员389人次,检查交易市场64场(次),立案查处饲料案件1起,没收违法所得1400元并罚款2000元;立案查处经营、屠宰、依法应当检疫而未经检疫动物案件12起,结案10起,罚款4970元;取缔私屠滥宰窝点2个。有效规范畜禽交易市场秩序,杜绝不合格畜禽及其产品上市。

【林下养鸡】 2018年,自治县林下养鸡大户有38户,主要分布在平班、克长河马村、新州、者保、沙梨等乡(镇),其中克长河马村林下养鸡集中区有大户11个,参与贫困户8户,贫困户参与面72.70%,户均增收5万元以上。全年出栏肉鸡80多万羽。

【重点养殖项目实施】

深圳对口帮扶隆林黑猪养殖项目　该项目在广西红谷农业产业发展有限公司和广西隆林农氏农牧渔地方品种科技繁育有限公司的打造下,形成隆林黑猪产—供—销一条龙发展模式。项目自2017年10月实施至2018年,共发放隆林黑猪2562头,涉及桠杈、沙梨、平班、者保、者浪、克长、新州、猪场、金钟山、德峨、天生桥、岩茶、蛇场、革步14个乡(镇)49个行政村185个屯341户贫困户1666人,发放猪苗合计1695头。按照自治财政厅、保监会政策性农业保险的相关文件精神,全县共参保4463户,其中能繁母猪1718头,育肥猪9732头,确保贫困户的利益。

罗湖·隆林对口帮扶隆林扶贫黑猪产业园项目　自治县政府提出建设10万头隆林黑猪产业园,总投资1.20亿元,占地面积66.67公顷,分3期实施,作为助推精准扶贫产业。2018年,自治县水产畜牧兽医局组织人员对产业园进行选址、与自治县环保局协调环保评估、做好项目实施方案、项目资金申请等工作。至年底,一期工程开工建设,二期工程在准备前期工作。

【畜牧业污染源普查】 2018年,自治县水产畜牧兽医局开展畜牧业污染源普查工作,对全县16个乡(镇)179个行政村2262个自然屯畜禽养殖情况进行调查摸底,普查规模养殖场9个及散养普查猪20户、牛20户、鸡20户污染源。

【生态养殖示范创建】 2018年,自治县水产畜牧兽医局成立生态养殖技术小组,将责任分解到人,特别是对农氏公司、介廷弄昔合作社、蛇场新立合作社、新州德雅合作社4个规模养猪场制定生态养殖一场一策，指导开展生态养殖创建，创建生态养殖三星级1个、四星级3个，生态养殖认证100%。先后到桠权、平班、克长、新州等乡（镇）举办生态养殖培训各1期，受训人员共500多人，发放培训资料2000份。（杨　力）

农业机械化

【农机机构及概况】 2018年，隆林各族自治县农业机械化管理局（简称自治县农机局）内设办公室、管理股、科教股，下辖农机安全监理站、农机技术学校、农机技术推广站、农机公司等单位，有人员编制24名，实有24人。办公地址在新州镇民权街172–2号。自治县农机局获“百色市农机质量监督管理工作先进单位”“百色市农机购置补贴工作先进单位”称号。

年末，全县拥有各类型拖拉机2.42万台，比上年增加1591台。农机总动力30万千瓦，增加1万千瓦。其中大中型拖拉机48台，增加3台；小型拖拉机887台，减少983台；耕整机1058台，减少1044台；微耕机19856台，增加1309台；小型多功能拖拉机2306台，与上年持平；大中型拖拉机牵引农具96台，小型拖拉机牵引农具1678台，农用排灌机械1314台，插秧机9台，联合收割机62台。

【农业机械化宣传】 2018年，自治县农机局把农业机械化宣传工作纳入工作的议事日程，指定1名副局长负责此项工作。分别向隆林网、百色农机信息网、《右江日报》、广西农机信息网、广西农机安全监理网、《广西农业机械化》杂志、中国农机监理、中国农机信息网、《中国农机导报》投稿，被采用64篇（幅）。

【农机服务】 2018年，自治县农机局做好农业械化服务工作。全县机耕面积3.06万公顷，其中水稻机耕面积5620公顷、玉米机耕面积10450公顷、其他机耕面积（含种桑养蚕、冬种、烤烟）1.31万公顷；机播面积3590公顷，其中水稻机插面积523公顷；机收面积1.15万公顷，其中水稻机收面积5560公顷、小麦机收1241公顷；机械化秸秆还田1108公顷；动力脱粒面积4450公顷；机械初加工6279吨，其中加工粮食6251吨、加工油料28吨；机械化饲草料加工1578吨。耕种收综合水平54%，比上年增加4.31%；水稻耕种收水平67.96%，增加1.46%。2农机作业总值1.42亿元。

【农机安全生产】 2018年，自治县农机局开展农机安全生产教育，发放各种宣传资料9700多份、宣传手册700多本，制作农机板报2版，向机手和群众发手机短信安全警示语和温馨提示2.25万条，接受教育1.80万人次。组织机手参加安全生产日教育活动2次，参加106人。利用日常和节假日期间上路执法监控以及机手到站办理业务之机向机手发放宣传资料2700余份。给参加农机驾驶培训考证的新学员进行针对性强化安全知识教育培训64人次。开展部门间联合宣传教育活动，与交警、安监、交通等部门联合开展“安全生产月”活动，向群众发放农机安全资料1000余份、农机安全宣传读册200余本，通过移动平台向机手发安全警示短信4.50万余条，现场接受群众安全咨询23例。到天生桥镇岩场小学、利用课间操时间给广大小学生上农机安全知识课，向学生发放安全图册，提高广大学生农机安全意识和自我保护意识，通过他们“小手拉大手”将农机安全知识带回家，辐射家庭、社会。组织开展农机安全检查、隐患排查活动203次，出动执法车辆186辆次、执法监理人员558人次，排查安全隐患101起，全部予以整改；检查拖拉机736台次，纠正违章267起。与全县16个乡（镇）监理员签订《2018年农机安全生产责任状》，与机手签订《安全生产责任状》640份。继续巩固“平安农机”示范镇1个、“平安农机”示范村16个、示范户172户。在重大节日坚持24小时值班制，确保信息随时畅通，实现农机安全生产零事故。

【农机购置补贴】 2018年，自治县得到中央补贴资金指标110万元，完成110万元，占任务100%；补贴农机具1321台（套），受益农户1315户，拉动农民投入404.84万元。

【农机推广与科技示范】 2018年，自治县农机局围绕水稻生产耕、种、收机械化，组织农机专业合作社、农机大户、机插操作人员分别到者浪乡么窝村和德峨镇保上村进行机耕现场培训演示。全县推广先进轻便适用拖拉机、耕整机、微耕机、插秧机、水稻联合收割机等农业机械1318台（套），总动力增加9909千瓦，其中微型耕整机增加1309台（套）。

【农机专业合作社建设】 2018年，自治县农机局鼓励和支持农机专业合作社外出开展有偿服务增加收入。组织农机专业合作社投入桑蚕机耕面积66.67公顷。

【农机技术培训】 2018年，自治

县农机局根据自治区、市的总体要求，结合全县实际，做好农机技术培训工作，由1名副局长负责学校全面工作，校长具体抓，学校教员配合抓，学校抓技术培训，县农机安全监理站及市监理所负责监考、核发证件。采取集中培训、送法律法规和农机安全知识下乡、(夏收、夏种、夏管)、“三秋”(秋收、秋耕、秋种)前培训相结合的培训方式，增设实用性技术科目和内容。共举办培训班6期，培训拖拉机驾驶员64人，专业技术人员培训62人次，农村党员农机手培训2期84人次，新购机农民培训407次。

(谢文光)

林　业

【林业机构及概况】 2018年，隆林各族自治县林业局(简称自治县林业局)内设办公室、计划财务股和森林公安局；二层机构有林政资源管理股、技术推广站(退耕还林办公室、绿满隆林造林绿化工作推进办公室)、森林保护检疫站、林木种苗站；下属机构有国有金钟山林场、大哄豹自然保护区管理站、林业开发有限责任公司；派出机构有16个乡(镇)林业工作站和蛇仁、天生桥(水陆)、桠杈(羊场坪)3个木材执法检查站。自治县政府派驻林业局常设机构有农村能源办公室、森林防火指挥部办公室和集体林权管理中心。全系统共有人员编制110名，实有93人，办公地址在新州镇迎宾路629号。

年末，全县林业用地面积26.94万公顷，占土地总面积的76.57%。重点生态公益林总面积11.65万公顷，其中国家级重点公益林11.25万公顷、自治区级重点公益林0.39万公顷。完成植树造林0.21万公顷，占上级下达年度任务的103%，完成全民义务植树85万株占任务100%。全县森林面积22.28万公顷，森林覆盖率71.10%，森林蓄积量1100万立方米。全年实现林业产业总产值28亿元(按林业统计口径)，完成林业(部门)固定资产投资6.10亿元，完成政策性森林保险21.74万公顷。

【集体林权制度改革】

林地流转　2018年，自治县林权流转面积累计0.63万公顷，涉及12个乡(镇)71个村，流转方式有出租、转让，流转树种有马尾松、杉木。由于多方面的原因，撤消林权流转面0.51万公顷，仍履行合同的面积0.12万公顷。

森林保险　2018年，上级下达自治县政策性森林保险任务14万公顷，其中公益林11.33万公顷、商品林2.67万公顷。全年实际完成政策性森林保险21.74万公顷，完成任务的155%，保险涉及全县16个乡(镇)和国有金钟山林场。参与保险的公益林面积11.65万公顷、商品林10.09万公顷。参与承保政策性森林保险业务的有北部湾保险公司、人保财险公司、太平洋保险公司。

集体林权制度整改　2018年，自治县林业局做好集体林权制度整改工作。一是做好纠纷调解工作。接待群众来信来访600余人次，因林地纠纷注销林权证13户18宗地10.34公顷；因登记错误更正登记的涉及32户89宗地15.17公顷；解决林农到百色上访事件2起。二是开展集体林地林权证发放查缺补漏纠错工作。制定详细的工作方案，将任务细化到年度到乡(镇)到村；争取到启动资金10万元；申领到1：2000正射影像成果图；完成年度查缺补漏纠错1.47万公顷任务。在平班镇和介廷乡的5个村开展查缺补漏纠错工作，实际完成1.55万公顷，其中对林权证进行审查核实无误可发放的林权证(宗地)面积0.35万公顷，核查无实质性错误更正后可发放的林权证(宗地)60公顷；存在实质性错误，列入跨年度完成的面积1.19万公顷。

【森林资源】 2018年，依据上年林地及森林资源变更调查成果，全县土地总面积35.18万公顷，其中林业用地面积26.94万公顷，占全县总面积的76.57%。林业用地中有林地19.22万公顷，疏林地120公顷，灌木林地3.25万公顷，未成林造林地面积0.19万公顷。森林面积22.28万公顷，森林覆盖率71.10%，森林蓄积量1100万立方米。

【植树造林】 2018年，自治县以珠防林、面上造林和油茶、核桃产业建设项目为依托，全面推进造林绿化。全年完成植树造林0.21万公顷，完成上级下达任务的103%。其中完成珠防林造林333.33公顷，油茶产业造林600公顷，石漠化综合治理人工造林100公顷，迹地更新造林1300公顷。完成义务植树85万株，完成任务的100%。完成“重点区域绿化补助工程”项目建设6个屯。

【退耕还林】 2018年，自治县新一轮退耕还林总任务0.17万公顷，其中2014年度任务0.10万公顷，涉及岩茶、隆或、猪场等11个乡(镇)52个村189个自然屯，覆盖退耕农户2454户、1.23万人，涉及到建档立卡贫困户127户685人，退耕地块4998块，任务完成率100%；2015年度任务66.67公顷，涉及天生桥、桠杈、隆或、德峨4个乡(镇)20个村77个屯489户7458人,涉及建档立卡贫困户94户486人,退耕地块4116块,造林完成100%。年内,开展新一轮退耕还林工程实施情况实地综合检查验收,为兑现退耕政策补助提供依据。针对检查验收过程中发现的问题及时向退耕农户下发整改通知书,督促退耕户整改,确保工程建设质量和成效。通过检查验收、整改后申请到年度退耕还林补助资金600万元,兑现568.38万元。

【油茶产业】 2018年,自治县完成百色市下达油茶新造林任务600公顷,油茶低产林改造1466.67公顷;实施金山银山工程项目造林186.67公顷、自治区林业经营性产业发展木本油料油茶新造林66.67公顷;新建一个油茶产业示范区;申请并获准实施农业综合开发林业项目80公顷油茶新造林1个,组建合作社3个(其中1个为示范合作社)。林业经营性产业发展木本油料油茶新造200公顷、低产林改造333.33公顷,资金250万元,县财政全部整合使用,同时整合298万元用于隆林油茶产业扶贫示范区产业项目的基础设施建设。自治县农业综合开发林业项目80公顷油茶新造林,中央财政资金200万元、自治区财政资金100万元,按工程进度审核报账支付资金172.95万元。

【林木种苗】 2018年,自治县林业局指导完成苗木培育面积16.50公顷,生产合格苗487.43万株,可供造林2000公顷;调剂苗木18万株,完成苗木款兑现资金73.29万元;核发林木种苗生产经营许可证3份。

【用林地征占】 2018年,自治县林业局办理征占用林地申请15宗,长期使用林地43.53公顷,其中国有林地面积0.02公顷、集体林地面积43.51公顷。获得审核批准使用林地15宗,长期使用林地43.53公顷,其中国有林地面积0.02公顷、集体林地面积43.51公顷。收缴森林植被恢复费4124.60万元。

【林权纠纷调处】 2018年,自治县林业局办理涉林纠纷案件共4起。其中,天生桥镇播存村村民委与播存村一社山林管护权纠纷,相关材料及调解情况书面报告自治县人民政府;岩茶乡弄金村周龙屯与弄金村弄金屯土地权属纠纷,在调解中,进行勘界工作;德峨镇三冲村伟农屯与中寨屯土地权属纠纷,在调处中;克长乡谭石五社与河马村龙马鲁社林地纠纷,在调解中。

【公益林管护】 2018年,自治县有生态公益林面积11.65万公顷,其中国家级重点公益林11.25万公顷、自治区级重点公益林0.39万公顷。涉及国有金钟山林场、金钟山自然保护区和16个乡(镇),163个村民委1428个村民小组3.22万户。聘请管护人员150人,签订公益林管护合同3.22万份。年内兑现生态公益林补偿(管护)费2413.93万元到农户手中。利用自治区林业厅、财政厅安排给自治县的1124万元天然林保护财政补贴资金,按照《广西壮族自治区建档立卡贫困人口生态护林员选聘实施细则》规定,聘请贫困户生态护林员1207人,管护生态公益林及天然林保护8.69万公顷。生态护林员涉及贫困家庭1207户5501人,实现贫困户家庭户均收入9312元,人均增收2043元,人均管护林地面积72公顷。

【天然商品林协议停伐管护】 2018年,自治县林业局依照自治区林业局《关于开展天然商品林核实落界和集体个人所有天然商品林协议停止商业性采伐试点工作的通知》精神,实施天然商品林停伐管护补助工作,完成天然林落界总面积2.99万公顷,签订管护协议2.02万公顷。按自治区统一规定的补助标准(每年每亩14.75元)将管护补助446.33万元以"一卡(折)通"形式兑现给林权所有者。

【古树名木普查】 2018年,经广西林科院专家鉴定确认,自治县有古树835株(枯死1株),其中特级10株、一级55株、二级127株、三级614株(枯死1株)、准古树30株。7月在自治区政府信息公开平台统一进行公示,公示期满无异议。根据《广西壮族自治区古树名木保护条例》第十四条的规定,自治县政府对自治县643株三级以上和准古树进行认定并向社会公布。

【涉林案件查处】 2018年,自治县森林公安共受理各类涉林案件153起,查处142起,收缴林木1163立方米、收缴野生动物81只(鸟类68只),罚款21.83万元,涉案价值共计95万元。其中,刑事案件立42起,破案31起,逮捕12人,起诉(含直诉)31起33人;受理查处行政案件111起,行政处罚111人。此外,根据上级指示精神组织开展"绿盾·春雷2018""国门利剑2018"、打击非法占用林地开采矿产资源行为、打击破坏森林和野生动物资源等涉林违法犯罪、打击整治枪爆违法犯罪、侦破历年积案大会战、开展保护候鸟暨打击象牙等濒危野生动物制品非法贸易"神剑—绿盾1号"、扫黑除恶专项斗争工作等专项行动，为推动全县林业健康快速发展保驾护航。

【森林防火】 2018年，自治县森林防火指挥部办公室（简称自治县森林防火办）抓好森林防火工作。一是举办森林防火业务知识培训班14期，全自治县专业森林消防队、半专业森林消防队、瞭望台瞭望员190人参加培训，提高森林消防队伍森林火灾防控能力。二是加强宣传。更新及维护森林防火固定宣传碑79块、大型铁架宣传牌7块。通过电视台、通讯部门、宣传专车等深入广泛地开展森林防火宣传。发放宣传单5万张、宣传手册1万册、防火围腰1万张、防火宣传手提袋1万只等。营造良好的森林防火宣传氛围。三是加强队伍建设。全县森林防火消防队员180人，其中专业队员100人、半专业队员80人。按照百色市专业森林消防队考核大纲标准开展培训、测试和考核，提高森林消防队伍整体素质。四是强化值班制度，森林防火期内，每天24小时保持有人在岗值班，确保森林防火信息上传下达畅通无阻。五是继续实施防火三期项目。项目总投资441.26万元，其中国家投资353.66万元、地方配套87.60万元。年内购置买摩托车4辆（费用2万元），完成建设大型宣传碑采购手续，办理好森林消防队营房招投标手续，完成森林消防灭火接力泵采购14.78万元。全县发生森林火灾3起，过火面积21.58公顷，受害面积7.13公顷，受害率0.10‰，控制在奖励指标0.40‰以内，无重特大森林火灾。

【森林病虫害防治】 2018年，自治县林业局抓好林业有害生物普查、松材线虫病防控、薇甘菊防控和林业有害生物监测预报、植物检疫专项执法检查等工作，实现年度林业有害生物防控工作的总体目标，林业有害生物成灾率、无公害防治率、测报准确率和森林植物检疫率“四率”全面达标。一是林业有害生物成灾率为零。全县森林面积22.28万公顷，主要寄主树种松树1.71万公顷、杉树3.94万公顷、桉树0.18万公顷、其他树种17.62万公顷。全县林业有害生物发生面积215.73公顷，其中松天牛轻度发生面积68.07公顷、板栗虫害（栗摩夜蛾）中度发生74.67公顷、鼠害轻度发生73公顷，没有发生实际成灾，成灾率为零。二是无公害防治率100%。全县林业有害生物无公害防治面积215.73公顷，其中松天牛人工和化诱防治面积68.07公顷，使用阿维·苏云菌防治栗摩夜蛾74.67公顷，人工防治鼠害面积68.40公顷。三是年底预测准确率97.80%。林业有害生物发生面积200公顷，其中松天牛预报发生53.33公顷、松茸毒蛾预报发生26.67公顷、松黑天蛾预报发生13.33公顷、马尾松毛虫预报发生26.67公顷、鼠害预报发生80公顷，全年实际发生面积215.73公顷。四是森林植物检疫率100%。全县育苗面积16.50公顷，施行产地检疫16.50公顷；全县木材运输10.11万立方米，实际完成检疫木材数10.11万立方米，调运检疫率100%。

【森林资源利用】 2018年，上级下达自治县商品材采伐限额22.03万立方米（常规限额18.23万立方米，追加限额3.8万立方米），其中集体林区采伐限额21.84万立方米、国有金钟山林场采伐限额0.19万立方米。年内审核同意林木采伐申请2021份，林木蓄积18.09万立方米（占采伐限额17.72万立方米，不占限额采伐0.37万立方米）。林木采伐涉及精准识别贫困户438户。办理外调木材运输证2812车（份），调运木材原木1.38万立方米、锯材5.27万立方米；办理短途木材运输证4807车（份），调运原木5.79万立方米。

【生态能源建设】 2018年，自治县林业局实施生态能源项目建设，建设金山银山太阳能路灯项目（隆或镇双多村40盏、蛇场乡新民村同盆屯40盏、桠杈镇龙良村32盏），同时完善者浪乡者徕村太阳能路灯、蛇场乡新寨村太阳能路灯、新州镇马雄村太阳能路灯、新州镇民德村太阳能路灯、桠杈镇忠义村太阳能路灯、岩茶乡龙台太阳能路灯、介廷乡弄昔村太阳能路灯项目、新州镇马雄村太阳光伏发电项目8个自治区财政农村能源补助项目及隆林鸿田生态养殖场粪污集中处理项目的建设合同签订和采购工作，与自治区签订项目建设合同100%，项目全部铺开，新州镇马雄村太阳光伏发电项目主体完工。另外，完成上年金山银山农村户用组合式太阳能沼气池项目的政府采购工作。

【乡（镇）林业工作站建设】 2018年，自治县16个乡（镇）全部设立有林业工作站，乡（镇）林业工作站总编制29人（平均每个站1.80人，编制多的3人），实际在岗61人。实施完成2017年度“全国标准化林业站建设”德峨站和蛇场站2个项目，1个项目（介廷站）因超出预算而未能完工。项目补助资金共96万元，其中中央投资60万元、自治区配套资金36万元。同年，争取到“全国标准化林业站建设”项目1个(隆或镇林业站),项目资金32万元,其中中央投资20万元、自治区配套资金12万元。项目建设期一年,预计明年底竣工。

【广西大哄豹自治区级自然保护区】 地处百色市西北部,位于自治县桠杈镇境内。2018年,自然保护区内设有羊场坪、坝索两个护林站,有人员编制11名,实有11人。办公地址在新州镇迎宾路629号。有综合性用房2幢,面积700平方米,护林三级道路2条共15千米。保护区总面积2035公顷,占全县土地总面积的0.57%。其中核心区605公顷、缓冲区886公顷、实验区543公顷。保护区内有维管束植物148科460属748种(含变种),有陆生脊椎动物232种,占广西两栖动物78种的14.10%;有国家重点保护野生植物8种,其中一级2种、二级6种;有国家重点保护动物30种,其中一级5种、二级25种、兰科植物27种。有国家一级保护动物黑叶猴2群共24只;有广西二级保护动物猕猴4群共400多只。管理人员分片区不定期巡山护林,实行巡逻、宣传与执法一体的综合管理。林业部门在林业重点项目安排上对保护区社区农户给予倾斜。年内,保护区周边符合退耕条件的地块全部实施退耕还林。同时优先安排沼气池建设项目,社区农户使用沼气90%以上。

【金钟山黑颈长尾雉国家级自然保护区】 地处百色市西部,位于自治县金钟山乡。2018年,保护区与自治县国有金钟山林场合署办公,实行“一套人员,两块牌子”设置。保护区内设办公室、党建办、绩效办、保护管理科、科研科、社区科、项目扶贫站、督查室等科室及山顶、道蒙、松树坪、龙保4个管理站,河口、落驮2个检查站及马兰箐分场分场。有人员编制10名,实有58人,其中在职在编职工3人,临时工55人。总部办公地址在新州镇迎宾大道西段林场小区。保护区总面积2.09万公顷(沿用申报国家级自然保护区时材料数据),国有土地集中连片,有少部分土地小块零星分散在集体林区内。实施有效保护面积2.09万公顷,其中自治县境内面积1.74万公顷,占83.10%;西林县3535公顷,占16.90%。在土地总面积中,国有土地1.98万公顷,占保护区总面积的94.44%,集体土地1163公顷,占5.56%。其中陆地面积2.62万公顷,水域面积645公顷;在陆地面积中,有林地2.62万公顷,灌木林地731公顷,未成林造林地456公顷。森林蓄积量139.74公顷,森林覆盖率92.1%。保护区内有陆生脊椎野生动物389种,隶属4纲31目97科。其中国家一级重点保护野生动物有黑颈长尾雉等5种,黑颈长尾雉是全球濒危物种,全球种群数理大1500~3500只,广西黑颈长尾雉种群数量约500只,金钟山保护区共有雉类9种。其中国家重点保护的黑颈长尾雉种群数量超过200只。国家二级重点保护野生动物47种。保护区内有野生维管束植物1487种(含水种)隶属于195科725属。其中,国家一级重点野生植物有贵州苏铁、隆林苏铁、伯乐树3种,国家二级重点保护野生植物有桫椤等10种(含变种)。保护区是中国野生动物类型中黑颈长尾雉分布最为集中的中型自然保护区。年内,保护区向辖野区内社区的群众宣传《中华人民共和国森林法》《中华人民共和国野生动物保护法》《中华人民共和国自然保护区管理条例》《中华人民共和国森林防火条例》等法律法规和相关政策,组织当地中小学开展“爱我绿色家园,保护生态环境”为主题的环境宣教活动。发放宣传资料1200份,引导社会公众关注森林资源和人类生存健康,增强保护森林的意识。开展森林防火宣传,先后出动宣传车20辆(次),在林区、交通要道刷写森林防火标语80余条,拉挂大横幅25幅;发放入户通知书4500份、防火宣传画2000张、森林防火知识1000册。刷新宣传标语1600条,发放森林防火宣传挂历3300余份,新建和刷新永久性宣传碑(牌)6块,张贴标语50余条。

【国有金钟山林场】 地处百色市西部,位于隆林各族自治县金钟山乡。2018年,金钟山林场内设办公室、党建办、绩效办、项目扶贫站、生产科、林政、防火办、马兰箐分场等部门,有人员编制70名,实有56人(各类技术人员9人)。办公地址在迎宾大道西段。林场总面积2.74万公顷,有林地面积2.42万公顷,森林面积2.42万公顷,占林地面积的91.4%,森林覆盖率88.5%,森林总蓄积量214.84万立方米。主要经营保护和管理自然资源、保护珍稀濒危动植物、自然保护宣传教育、林木种苗管理、护林防火、林业信息服务等业务。全年完成国有林地回收378公顷;完成种子园二代园、三代园4874株良种杉木嫁接工作,并进行破膜和除萌;完成杉木良种种子园66.67公顷的各项工序的两次抚育工作,并通过自治区种苗站、自治区林科院、市种苗站的(砍草、扩坑、防火)项目建设施工质量验收;完成2015年度木材战略储备基地项目20公顷砍草、新造林抚育任务；完成2017年度森林抚育700公顷的任务，并通过自治区林业厅对抚育施工地进行实地检查验收；完成金钟山乡历年的退耕还林工程454.33公顷的自检及粮食台账工作。

（莫宝清）

水利

【水利机构概况】2018年，隆林各族自治县水利局（简称自治县水利局）内设办公室、计划财务股、水政水资源股3个部门，有人员编制93名，实有89人。办公地址在新州镇民权社区兴民路028号。下辖二层机构24个，其中事业单位参照公务员管理有自治县防汛抗旱指挥部办公室、水利局工程管理站2个；事业单位有自治县卡达水库管理所、自治县那隆水库管理所、自治县水利水土保持站、自治县抗旱服务队、自治县水政监察大队、自治县水利工程质量与安全监督站、新州镇水利管理站、德峨镇水利管理站、天生桥镇水利管理站，隆或镇水利管理站、蛇场乡水利管理站、革步乡水利管理站、克长乡水利管理站、者浪乡水利管理站、者保乡水利管理站、平班镇水利管理站、沙梨乡水利管理站、桠杈镇水利管理站、金钟山乡水利管理站、猪场乡水利管理站、岩茶乡水利管理站、介廷乡水利管理站22个；事业单位企业管理有县自来水厂、水泥制品厂2个。水利系统有人员编制93名，实有90人，其中获各种专业技术职称人员32人（中级专业技术人员11人，初级专业技术人员21人）。

【水利管理】2018年，自治县水利工程管理体制分为国有、集体所有制和农户自建自用。其中，全民所有制管理的水库有卡达水库、那隆水库和冷水水利；集体所有制管理的水库是县内所有小（二）型水库以及多家受益的塘坝工程、引水工程和人畜饮水工程；政府给予补助，农户投劳建成的家庭水柜、地头水柜等小型水利工程，所有权属于建设的农户，由其自行管理和使用。卡达水库管理所承担卡达水库的运行管理及维护任务，负责卡达水库的调度运行、日常管理维护，保护向县城供水、新州者隘、冷水、大树脚、平班扁牙、民新农业灌溉及冷水河各梯级水电站供水；负责工程的检查、观测工作，建立健全水库工程技术档案；负责工程维修计划的编报及实施与监督；按照《卡达水库防洪预案》要求，承担防洪监控责任，负责卡达水库移民协调工作。承担冷水水利的运行维护任务，负责冷水灌区水利工程的日常运行管理与维修工作，为纯公益性水管单位，定性为财政全额拨款事业单位。那隆水库管理所，主要承担那隆水库防洪、那隆水利维护管理任务，为纯公益性水管单位，定性为财政全额拨款事业单位。小（二）型水库由所属乡（镇）人民政府负责其日常运行管理和保护，承担灌溉和防洪任务，确保工程安全运行；各乡（镇）村主持制定水库管理和保护的具体实施办法，并选择水库管理员，与之签订合同协议，明确规定工作责任、管理的职权范围。各乡（镇）水利管理站，承担指导当地乡（镇）防汛抗旱、小型水利工程建设管理和水土保持以及乡（镇）供水管理工作，定性为财政全额拨款事业单位。

【水源工程建设】2018年，自治县实施总投资2.28亿元的三轮河水库项目大坝主体工程完工，进库道路及上坝公路完成硬化，输水管道安装15千米，完成放水塔启闭设备采购及安装、装修，排水沟工程建设。

【抗旱应急水源工程建设】2018年，自治县实施批复总投资2710.45万元的那东河沙梨乡抗旱应急供水工程、六龙沟平班镇抗旱应急供水工程、克长乡抗旱应急供水工程、岩茶河地下河抗旱应急供水工程、猪场乡抗旱应急供水工程5个抗旱引调提水项目。其中，那东河沙梨乡抗旱应急供水工程、岩茶河地下河抗旱应急供水工程、猪场乡抗旱应急供水工程已完成建设任务，进行试运行；克长乡抗旱应急供水工程正在完成厂区建设、管路安装，正在进行机电设备安装。六龙沟平班镇抗旱应急供水工程完成管道安装，正在进行厂区、净化车间建设。实施总投资885万元的抗旱应急备用机灌井25眼完工，发挥应急抗旱作用。

【人畜饮水工程建设】2018年，自治县规划建设农村饮水安全巩固提升工程303处，其中集中式供水工程293处（新建工程254处、更新改造工程49处），分散式供水工程（家庭水柜工程）11处，项目规划总投资1.16亿元。覆盖全自治县年度计划脱贫的31个贫困村的316个自然屯的项目303处，总受益人口6.59万人（其中贫困人口1.91万人），共建蓄水池1001座、家庭水柜698座，总容量6.50万立方米；新建消毒房366间，面积1464平方米；安装消毒设备312台（套），安装管路854.02千米，共解决农村饮水不安全人口6.65万人。

【水利灌溉】 2018年，自治县有引水工程2282处，设计引水流量13.81立方米每秒，正常引水流量11.91立方米每秒，设计灌溉面积4793.33公顷，有效灌溉面积3573.33公顷。

【防汛抗旱】 2018年汛期，自治县水利局发挥防汛预警平台作用，在强降雨过程中，通过平台发送预警信息1673条，发布预警次数共12次，启动预警广播站6次。组织乡（镇）政府签订水利水库工程防汛安全行政首长责任书。4月5日—14日，组织开展全自治县水库安全汛前检查工作，全面检查48座水库的交通、通讯及管理房建设情况。5月12日“防灾减灾日”活动中，共发放防汛宣传单400余份、山洪灾害防御知识培训手册200多份、宣传手册800多份，出宣传板报1幅，举办培训1场，做到防汛抗旱防灾减灾公众化、社会化、提升水旱灾害防范能力和自救互救意识。年内抗旱服务队共出动抗旱送水车辆60多辆次，送水280多吨，解决2200多人的饮水困难和浇灌4公顷烟地及3.33公顷桑苗地，挽回近100多万元的经济损失，为地方群众及时解决春耕生产问题。开展抗旱服务工作各种知识的宣传，10月上旬，共下发各类节水、抗旱救灾宣传单和校园节约用水册2万多份，在多个路口立抗旱服务工作、抗旱减灾常识、保护水源等宣传版13版，悬挂抗旱节水宣传横幅36条，多次在集市开展抗旱服务工作宣传活动。

【水土保持工程建设】 2018年，自治县总投资1799万元的坡耕地水土流失综合治理工程于10月正式组织动工，至年12月31日，实际治理水土流失面积142.20平方千米，占计划任务的40%。

【自来水厂建设】 2018年，自治县自来水厂完成供水501万立方米，上缴各项税金113万元。完成DN100–DN200供水管道安装137米，完成管网铺设投资36万元。城区自来水用户累计1.32万户。累计投入管网维护费32万元，完成污水处理费代收450万元。

【水政与水资源管理】 2018年，自治县水利局在“世界水日”“中国水周”和“十月科普赶集”等活动期间，在县城至高速公路入口公路沿线、县城至天生桥公路沿线和县城至卡达水库冷水河沿线制作宣传牌10块，发放宣传资料共1.60万份。11月7日—9日，组织人员到沙梨乡、猪场乡、德峨镇开展科普宣传活动，发放宣传资料8000份。查处案件8起，其中立案查处3起，现场处理5起。全年征收水资源费1469.44万元，其中天生桥一、二级水电站和平班水电站1315.14万元（县级部分），县内企业154.30万元；核发取水许可证6套，均为延续取水。投入390人次开展河道巡查活动，及时发现和查处占用河道和向河道倾倒渣土、垃圾行为。完成自治县节水型社会建设工作，并通过自治区水利厅验收。开展自治县入河排污口的调查摸底工作，制定入河排污口的监管名录，完善入河排污口的统计台账。完成县天生桥水泥厂、平达电站等单位水资源论证报告的审查。配合水质监测单位对天生桥水库、平班水库、那为河隆林—田林保留区、新州河管肖水功能区、冷水河隆林饮用水源区5个水功能区的水质采样工作。

【乡村供水】 2018年，自治县乡村供水发展有限公司发展负责全自治县供水工作，全年供水量约47.45万立方米，拥有用水户3466户（新增479户），用水人口约1.90万人，安装标准水表91个，收取水费54.30万元。全年销售材料收入3.07万元，安装收入15.38万元，工程收入22.88万元。

【河长制推行】 2018年，自治县河长制办公室安装河长公示牌462块，发放河长宣传资料500余册，编制“一河一策”“一河一档”资料共8本。组织开展全面推行河长制湖长制培训班3期。开展“清四乱”（乱占、乱采、乱堆、乱建）专项行动，对重点问题监督办理，多次开展现场整治，对照问题清单逐一销号，“清四乱”问题销号2个，销号率100%。开展“清河行动”，对新州河进行环境整治，对行洪障碍物进行清除，对沿堤防及垃圾进行清扫，坚持种植和管护相结合，改变新州河流域“脏、乱、差”的面貌。

【水利体制改革】 2018年，自治县水利局完成全县小型水库、水闸、提防、水电站和农村安全饮水等659处小型水利工程的公示和确权发证工作。 （陈　雯）

扶贫开发

【扶贫开发机构概况】 2018年，隆林各族自治县扶贫开发办公室（简称自治县扶贫办）内设综合股、资金财务股、项目管理股、产业开发与社会扶贫股、政研宣传培训股、扶贫信贷股6个部门，有人员编制18名(行政编16名、机关后勤服务事业编2名)，编外1名，实有20人。办公地址在新州镇兴隆路086号。下设自治县社会扶贫管理中心(简称自治县社会扶贫管理中心)、自治县扶贫信息管理中心(简称自治县扶贫信息中心)和16个乡(镇)扶贫工作站。其中，社会扶贫管理中心编制8名，实有6人，扶贫信息中心编制4名，实有3人，16个乡(镇)扶贫工作站各配备扶贫专干2~3人，实有30人。乡(镇)扶贫工作站实行县级扶贫办管理为主，乡(镇)党委、政府管理为辅的双重管理模式。自治县脱贫攻坚战指挥部办公室，属临时机构，下设综合协调、宣传、资金保障、产业发展、基础设施建设、易地扶贫搬迁、公共服务、组织保障、贫困监测、督查考评、对口扶贫协作11个专责小组。全年自治县扶贫系统在岗人员359人(含各村扶贫信息员)。

【精准脱贫】 2018年初，自治县有未脱贫的贫困村70个(含5新增深度贫困村4个)，建档立卡贫困户1.36万户5.61万人，其中缺技术占14.37%，缺资金占13.78%，自身发展动力不足占12.49%，交通条件落后占11.62%，缺劳力占比10.08%，缺土地占9.35%，因学、因病、因残、因灾等其他原因占28.32%，致贫原因复杂，贫困发生率16.57%。年内，自治县提出“1+10+N”精准扶贫工作思路，即制定1个扶贫工作总体规划；实施精准扶贫“十个到村到户”，内容涉及政策宣传、金融、产业、基础设施、危房改造、教育、健康、劳动力培训就业、低保兜底、结对帮扶等；出台脱贫攻坚N个一系列的配套政策文件；构建“1451”(成立一个脱贫攻坚问题“五人研判小组”，由自治县党政主要领导、纪委书记、党政分管扶贫领导组成，定期研究解决脱贫攻坚具体困难和问题，形成科学高效商议决策机制。实行脱贫攻坚“四化”管理，落实帮扶责任具体化，明确各级领导、乡(镇)、部门和行政村责任化；落实督查巡查常态化，突出运用督查结果，通过“红黑榜”进行通报，完成好的予以嘉奖，发现问题的予以整改；落实媒体曝光制度化，对责任落实不力的行为进行曝光、跟踪督办和问责处理，接受社会监督；落实执纪问责严厉化，坚持以问题为导向，加大脱贫攻坚工作中问责力度、违纪违规问题查处力度。压紧压实脱贫攻坚“五级”责任，严格落实党政“一把手”的主体责任，部门包村干部包户的帮扶责任、“第一书记”抓常态的协助责任、“贫困户”主动参与的责任，构建了责任到人、横向到边、纵向到底的责任体系，确保各项要求不折不扣落实。制定《工作量化一览表》算年度扶贫工作总账，将年度扶贫工作成效通过量化的方式统计填写一览表中，清楚明白直观反映出单位及个人年度扶贫工作成效，并进行公示公开，同时结果作为单位及个人年度评优评先的重要依据)工作机制，将全县划分为东西南北“四大战区”16个分战区，成立作战指挥部，四大战区指挥长、副指挥长及16个分战区指挥长、副指挥长由县四家班子主要领导及自治县副处级(含)领导干部、乡(镇)党政主要领导挂帅，包村工作组员、驻村工作队、帮扶责任人、村“两委”成员等干部组成，高位推进脱贫攻坚工作。至年底，经自治区“四合一”(2018年设区市党委和政府扶贫开发工作成效考核、贫困县党委和政府扶贫开发工作成效考核、非贫困县党委和政府扶贫开发工作成效考核、扶贫对象脱贫摘帽实地核查)核验认定，德峨镇金平村、弄杂村、新街村，革步乡弄保村、者彦村、者江村，介廷乡岩怀村、平利村，金钟山乡乌冲村，克长乡梅达村、大庆村，隆或镇拉也村、龙爽村，平班镇管肖村、康上村、平寨村，沙梨乡坝平村、委尧村，蛇场乡乐香村、同党村，天生桥镇委果村、九龙村，新州镇弄桑村，桠杈镇纳贡村、生基湾村，岩茶乡弄甫村、者艾村，者保乡上棒村、中棒村、同禄村，者浪乡播立村、者徕村、者烘村，猪场乡那伟村、岩圩村等35个贫困村达到“十一有一低于”(有特色产业、有住房保障、有基本医疗保障、有义务教育保障、有安全饮水、有路通村屯、有电用、有基本公共服务、有电视看、有村集体经济收入、有好的“两委”班子，贫困发生率低于3%)脱贫指标，达到“八有一超”(有稳定收入来源且吃穿不愁、有住房保障、有基本医疗保障、有义务教育保障、有安全饮水、有路通村屯、有电用、有电视看，年人均稳定纯收入超过当年国家扶贫标准线3500元)脱贫指标的贫困人口2.46万人，实现脱贫摘帽出列，完成“二上二下”(村、乡、县两次上报，自治区两次调整下达)年度减贫目标任务，贫困发生率下降至8.56%。

【扶贫资金筹措】 2018年，自治县共筹措涉农整合资金3.86亿元(含中央和自治区财政专项扶贫资金1.49亿元)用于脱贫攻坚，实际支出3.10亿元，支出率80.13%，结余7679.15万元，结余率19.87%。其中，财政专项扶贫资金1.92亿元(中央资金9573.10万元、自治区资金 5307 万元、市级资金 125.64 万元、县级资金 4200 万元），实际支出 1.80 亿元，支出率 93.53%，结余 1243.35 万元，结余率 6.47%。年内，共清理闲置扶贫资金 5685.33 万元（其中 2016 年度 1981.37 万元，2018 年度 3703.96 万元），全部将闲置资金盘活用于脱贫攻坚项目建设并形成实际支出。

【贫困村基础设施建设】 2018 年，自治县加快补齐贫困村基础设施建设短板，实施道路通村通屯、农村危房改造、农村安全饮水巩固提升、农村电网升级改造、村级公共服务设施提升等五大工程。

道路通村通屯工程　修建 20 户以上自然屯通屯水泥路 207 条 458.14 千米，总投资 2.10 亿元。其中，财政专项扶贫资金建设 111 条 202.10 千米，投资 8595.34 万元；建设产业砂石路 7 条 19.62 千米，投资 327.20 万元。中央彩票公益金建设 20 条 48.36 千米，投资 2167.46 万元。涉农整合资金建设 43 条 121.21 千米，投资 5987.70 万元。政府新增债券资金建设 23 条 67.13 千米，投资 3608.10 万元。建设通屯道路小型桥梁 3 座 0.12 千米（岩廷桥 25 米、播立桥 17 米、洪安桥 80 米），投资 341.27 万元。解决全县 0.83 万户 3.75 万人的出行难问题。

农村危房改造工程　改造 2050 户农村危房，补助资金 4747.96 万元，重点解决年内建档立卡贫困户、低保户、五保户、残疾户四类人口，其中贫困户 1663 户。

农村安全饮水巩固提升工程　实施农村饮水安全工程 303 处，总投资 1.13 万元（中央预算内投资达 1881 万元，自治区专项补助 440 万元），项目覆盖自治县 30 个贫困村 4 个面上村 306 个自然屯，解决 6.59 万人（含贫困人口 1.91 万人）的饮水难问题。

农村电网改造工程　实施农网改造项目 625 项，计划投资 3.05 亿元。全年农网累计投运 452 个项目，5 项 35 千伏项目（线路 3 项，变电站 2 项）线路，35 项 10 千伏线路 310.182 千米，412 项台区，变压器 471 台，容量合计 5.02 万千伏安，10 千伏线路 120.96 千米，低压线路 794.24 千米，户表 2.15 万块。年内完成投资额 2.88 亿元，完成率 94.50%。

村级公共服务设施提升工程　针对城乡基本公共服务不均衡问题，整合各类资源，加大贫困地区教育、文化、医疗卫生、体育等基本公共服务设施建设力度。投入 681.91 万元新建新街村、弄保村、者彦村、平利村、乐香村、弄桑村、弄甫村、者烘村等 8 个村级公共服务中心；投入 109.34 万元建设龙爽村、新街村、者彦村、龙良村 4 个贫困村村卫生室，提升贫困地区基本公共服务水平。

【产业扶贫】 2018 年，自治县采取措施，推进产业扶贫工作。

“5+2”脱贫主导产业推广　推广“5+2”（5 指优质稻、猪、鸡、杉木、桑蚕；2 指油茶、板栗）脱贫主导产业，全县贫困户 2.76 万户，有特色产业的贫困户 2.05 万户，无劳动能力或主要劳动能力长期外出务工贫困户 6073 户，特色产业覆盖率 95.06%。全县优质稻产业种植规模 2.26 万公顷，比上年增长 0.83%；存栏生猪 16.97 万头、牛 2.80 万头、羊 7.92 万只、家禽 94.98 万羽；分别增长 1.90%、2.10%、1.90% 和 20%；茶叶产业种植规模 2000 公顷；西贡蕉产业种植规模 2466.67 公顷；油茶产业种植规模 1.19 万公顷；板栗产业种植规模 7.59 万公顷；桑蚕产业种植规模 0.25 公顷；烤烟产业种植规模 900 公顷。黑山羊出栏 12.97 万只，存栏 8.28 万只；清水鸭出 15.71 万只，存栏 14.20 万只；有 1442 户（贫困户 287 户）种植西贡蕉，种植面积 0.25 万公顷；有 181 户（贫困户 127 户）种植茶叶 700 公顷；有 827 户（贫困户 48 户）种植烤烟 1212 公顷。年内“以奖代补”项目兑现贫困户 7136 户 3.03 万人，共 2996.37 万元；“巩固扶持”项目兑现 2016 年和 2018 年脱贫户 4718 户共 939.85 万元。

新型农业经营主体建设　实行新型农业经营体主要家庭农场、农业产业化龙头企业、农民专业合作社 3 种类型，拥有这 3 种类型农业经营体 554 家，分布于全县 16 个乡（镇）。其中，在工商部门登记注册的家庭农场 31 家（种植业 12 家、种养混合 19 家）、农民专业合作社 403 家（国家级示范社 2 家、自治区级示范社 1 家、市级示范社 6 家），涉足粮食、蔬菜、水果、茶叶、花卉、农机、种养混合、畜牧养殖、水产养殖等行业。农业龙头企业的 48 家，市级 3 家（广西富凤集团、广西鑫坚集团、广西隆林红谷农业产业发展有限公司），其余均为县级。

“四个万亩”扶贫产业示范园建设　实施“四个万亩”扶贫产业示范园建设。其中，万亩西贡蕉扶贫产业示范园，位于沙梨乡委敢村，发展种植西贡蕉 1 万亩（666.67 公顷，下同），覆盖委敢、委尧等贫困村，惠及贫困户 500 户 2000 余人，完成种植 194.73 公顷；万亩油茶扶贫产业示范园同，位于沙梨乡岩偿村，发展种植油茶 1 万亩，覆盖整个岩偿村，惠及贫困户 153 户 641 人，完成油茶造林 53.33 公顷，低产改造 133.33 公顷；万亩板栗扶贫产业示范园，位于沙梨乡母施村、岩偿村等高速公路沿线，发展种植板栗1万亩，覆盖母施村、岩偿村等，惠及贫困户101户476人，完成种植36.12公顷；万亩桑蚕扶贫产业示范园，位于德峨镇、克长乡、天生桥镇、者浪乡、介廷乡、者保乡、新州镇、隆或镇、桠杈镇等9个乡（镇），计划发展种桑养蚕1万亩，惠及贫困户390户1500人，完成种植733.33公顷。

深圳对口帮扶隆林黑猪养殖项目建设　实施深圳对口帮扶隆林黑猪养殖项目建设，项目分布在全县16个乡（镇）109个行政村，惠及741户贫困户2800余人。

特色产业产销对接　隆林地理性标志产品有隆林黑猪、板栗、黄牛、山羊等，自治县“5+2”特色产业项目产品都具有隆林特色的生态产品。年内自治县党委、政府组织隆林三冲茶叶有限责任公司、广西隆林红谷农业产业发展有限公司、广西隆林蒋源畜牧有限公司、广西隆林农氏农牧渔地方品种繁育科技有限公司等龙头企业到北京、广州等地参加贫困地区农产品展销对接会，其中以销售生猪、腊肉、腊肠、茶叶等数量为最，销售额达1344.03万元，将自治县优秀农产品推向大城市市场，逐渐补齐全县特色农产品销售辐射面小的短板。

电子商务产业　全年进驻自治县电子商务产业孵化中心企业10家、创业团队2个，电商产业（产品供应链源头回收、用工等形式）整体带动贫困户超过500户，上行黑猪肉、黑粽子、辣椒骨、腊肉、茶叶、青钱柳、金银花、西贡蕉、板栗等农产品在淘宝平台、微商城等B2C平台零售额300万余元、6万余单，其中西贡蕉接单4万单，销售额近100万元。年内自治县获全国电子商务进农村综合示范县，得中央财政专项资金1500万元。

村集体经济达标　自治县出政策、筹资金、强措施，促进村级集体经济发展从“输血”向“造血”转变。全年共投入各类资金5013.28万元，其中88个贫困村投2923.28万元，91个非贫困村（含9个深度贫困村）投入2090万元，逐步实现村集体经济发展多样性。179个行政村（社区）村级集体经济总收入546.37万元，村均收入3.05万元。其中，集体经济收入5万元以上的行政村16个（贫困村15个，占比93.75%）；集体经济收入3万元的行政村97个（贫困村73个，占比75.26%）。88个贫困村村集体经济收入全部实现3万元以上，其他非贫困村实现2万元以上，全面完成集体经济空壳村“清零”任务。

【就业扶贫】 2018年，自治县贫困劳动力4.65万人，实现就业2.16万人，其中就地就近就业1.31万人，其他转移就业8600人，实现“就业一人，脱贫一户”的目标。针对无法外出转移就业人员，在乡村建设就业扶贫车间5家，吸纳贫困劳动力80人；开发乡村公益性岗位安置贫困劳动力293人；发放就业创业担保贷款716万元，帮扶返乡创业带动就业511人。同时组织有意愿的贫困人口2635人参加技能培训，实现就业1723人，组织“两后生”（未继续升入初中、高中阶段学习的贫困家庭子女）参加自治区内中期技能培训110人。

【教育扶贫】 2018年，自治县推进“智力扶贫六大行动”（控辍保学关爱帮扶、学生精准资助惠民、职业教育脱贫富民、办学条件扩容改善、乡村教师队伍提质增量、农村和贫困地区招生专项），多渠道筹措资金7.79亿元，启动新建1所高中、4所小学、2所初中、2所小学、2所幼儿园。筹措2.86亿元，实施农村义务教育薄弱学校改造项目等专项工程，补齐控辍保学短板，同时落实控辍保学“双线四包”[政府线：县领导包乡（镇）、乡（镇）干部包村、村干部包村民小组、村民小组包户；教育线：教育局领导包校、校领导包年级、班主任包班、科任教师包人]工作机制，年内成功劝返辍学生1189人，占辍学总数92.6%，其中建档立卡贫困家庭辍学生劝返527人，完成率100%。

【健康扶贫】 2018年，自治县共投入109.34万元建设龙爽村、新街村、者彦村、龙良村等4个贫困村村卫生室。自治县城乡医保参保率99.33%，贫困户应参保11.92万人，参保率100%；家庭医生签约服务团队146个，贫困户慢病签约率100%；确诊肺癌等大病103人，全部得到救治，救治率100%。

【生态补偿扶贫】 2018年，自治县采取生态效益补偿扶贫和聘请生态护林员的生态补偿扶贫措施，年兑现资金222.31万元，补偿贫困户4527户1.95万人，在全县建档立卡贫困人口中选聘1317名生态护林员，年发工资总额1230万元，年人均0.93万元，实现荒山增绿、农民增收、脱贫和生态环境保护双赢的预期目标。

【政策兜底扶贫】 2018年，自治县坚持把政策兜底扶贫作为精准扶贫重要内容，落实低保和其他各类救助政策，逐步形成制度机制顺畅、贫困群众受益广、特困群众有保障、脱贫成效可持续的兜底扶贫模式。全年全县纳入农村低保范围建档立卡贫困人口1.76万人，占全县农村低保对象总数2.92万人的60.42%；农村低保补助水平由2015年月人均120元提高到196元。

【易地扶贫搬迁】 2018年，自治区下达自治县年度易地安置任务259户1085人，年度完成搬迁率100%。通过搬迁后续脱贫产业和就业创业扶持，参与西贡蕉产业扶持29户280人、板栗产业扶持208户910人、油茶种植产业扶持316户1376人、黑猪养殖100户、林下养鸡2户。参加就业培训226人。在城西安置点附近企业安置就业28人（中服装厂26人，蚕丝厂2人），在德峨安置点安排护林员公益性岗位40个，人均月收入833元。自治区内外劳务输出2443户，外出务工收入户均2500元以上。享受城乡最低生活保障189户，人均月享受额200元以上。重新对自治县4414户19176人搬迁对象的住房情况进行调查摸底，逐户登记，全部签订“三项协议”（易地扶贫搬迁后续扶持产业发展和就业创业协议、易地扶贫搬迁后续扶持就业创业培训协议、易地扶贫搬迁及旧房拆除协议），完成“一户一档”造册。

【扶贫培训】 2018年，自治县雨露计划等扶贫培训总投资727.05万元，资金支付率100%。其中，发放中高等学历教育补助资金2663人401.85万元、“两后生”补助33人18.15万元、创业致富带头人培训230人92万元、短期技能培训补助167人共50.10万元、以奖代补669人53.52万元。年内，自治县扶贫、教育、人社、妇联、科协、卫计等部门开展扶贫政策宣讲会、“春风行动”和“科普咨询”宣传活动共6场次，举办短期培训班2期167人次，制作宣传板报4块，发放“雨露计划”宣传单1.20万份、海报250张、宣传册5000册，服务贫困人口2万余人。同时选派3名优秀村支书参加大专学历教育，选派23名党员干部参加中专学历教育。举办县级扶贫（系统）干部培训、村“两委”干部扶贫业务培训，扶贫开发领导小组成员培训等活动138场次，培训共10104人。派员参加上级举办的培训学习426人次，实现扶贫干部队伍培训全员化。

【小额信贷扶贫】 至2018年底，自治县累计注入本级扶贫小额信贷（建档立卡贫困户可申请5万元以下、3年以内含3年的免抵押、免担保、按基准利率财政全额贴息的信用贷款）风险补偿金3135.83万元。农商行隆林支行累计评级授信农户1.83万户，授信金额7.61亿元，完成率100%。扶贫小额信贷贷款余额4619户2.13亿元，全年财政贴息1062.35万元，自治县政府出资82.60万元、中国人寿保险公司补助41.30万元，为全县826名建档立卡贫困人口购买年度扶贫小额人身意外保险，保额9.90亿元。

【贫困村结对帮扶】 2018年，自治县继续深化“一帮一联”工作模式，对因工作变动、离职（退休或死亡）、2014年退出户（已过跟踪期不再安排干部结对帮扶）等原帮扶责任人进行内部调整，安排7151名干部与2.45万户贫困户结成对子，规定每月28日和29日为全县“结对帮扶统一行动日”，通过隆林扶贫APP，上传工作内容、图片，实时反馈帮扶情况，脱贫攻坚战指挥部督查考评专责组每月统一开展督查并形成红黑榜通报等“四个统一”方式，促进形成结对帮扶工作常态化。自治区、市、县、乡四级共选派工作队员472人，其中工作队长1人、工作分队长16人、贫困村党组织第一书记97人、工作队员358人；另从县、乡两级选派82名非贫困村党组织第一书记，实现全县村村都有第一书记、工作队员贫困村不少于3人、非贫困村不少于2人，形成上下贯通、责任到底、合力攻坚的责任落实体系。年内，自治县投入1458.30万元统一为驻村工作队购买人身意外伤害保险、安排健康体检、配备驻村必要的生活用具等，将工作队员伙食补助标准提高到每人每天100元、乡（镇）工作补贴每人每月300元、通讯补贴每人每月80元。为每名第一书记配套5万元驻村帮扶经费，各后援单位配套1.50万元驻村专项工作经费。

【对口帮扶】

广东帮扶 “十三五”时期，自治县被确定为东西部扶贫协作广东深圳市罗湖区对口帮扶对象。自2018年1月起，深圳罗湖区委派陈东挂任自治县党委常委、政府副县长，负责对口扶贫协作的日常事务工作。年内，罗湖对口帮扶隆林工作取得显著成效。一是领导互动。罗湖·隆林实现两地高层领导互访5次，召开党政联席会议1次，实现对接交流45人次。二是人才交流。罗湖·隆林实现人才交流2096人次，其中党政干部挂职各1人，交流学习1人，培训自治县党政干部40人。罗湖区教育专业人士到隆林支援24人次，自治县到深圳罗湖交流学习185人次。罗湖区医疗专业人士到隆林支援56人次，培训自治县医疗人员1723人次，自治县医疗人员到罗湖区跟岗学习66人。三是资金扶持。深圳市和罗湖区分两批向帮扶隆林3000万元(第一批市级1000万元、区级500万元,第二批市级1500万元),完成资金支付2788.73万元,支付率92.96%。自治县利用帮扶资金重点实施贫困户种桑养蚕标准化蚕房建设、危房改造、茶叶种植、西贡蕉种植、黑猪养殖、旅游扶贫等民生项目,受益贫困户1570户6098人,助脱贫752户3683人。四是劳务协作。自治县举办专场招聘会共3场,参与企业51家,提供就业岗位4000多个,到场参加应聘人员7000多人,现场达成就业意向1202人,实现就业215人。通过专场招聘、社会招聘、罗百微信公众号等方式,实现到广东就业贫困人口1135人,新增511人,稳定就业200人。五是产业合作。引进东部企业落地自治县3家,吸纳本地贫困劳动力就业10人,实现消费扶贫87万元,带动脱贫人口54人。六是携手奔康。实现罗湖·隆林镇镇村村结对10个,两地姊妹学校结对8所,培训致富带头人共56人,创业成功者27人,带动贫困人口588人。全年罗湖区社会各界向隆林捐款捐物(含物资折算)472.56万元。其中,街道办事处帮扶捐赠57.40万元;部门及企业帮扶捐赠415.16万元。

中央直属单位帮扶　2018年,中国农业发展银行继续定点帮扶隆林,结对新州镇那么村。3月,新一批3人小组正式到位,由总行赵处长乐欣任组长,挂任自治县党委常委、人民政府副县长,总行、广西分行选派的两人分别挂任书记助理和县长助理,协助自治县开展脱贫攻坚工作。在帮扶工作中,总行和自治区、市各级农发行领导多次亲赴隆林调研指导,定点扶贫工作取得显著成效。其中,向隆林捐赠200万元,资助年内大学新生贫困生83人、在读贫困大学生100人、在读贫困中学生138人。协调广西分行成立贫困学生帮扶基金,帮助隆林募集捐赠资金20.06万元;协调百色市分行筹集0.78万元,助力水洞村教育扶贫。邀请92家企业195名代表在隆林召开招商引资对接会,达成招商引资签约项目12个,意向总投资约50亿元,涉及金融、工业、农业、旅游等7个领域。组织本系统开展消费扶贫活动,销售自治县农产品600余件,销售额达6.80万元,总行机关订购扶贫产品15万元,网络平台销售农产品达15.50万元。组织自治县扶贫干部、村“两委”干部、创业致富带头人和贫困户等赴苏州农村干部学院培训208人次。同时新审批贷款14亿元(用于隆林扶贫产业园区8亿元、义务教育均衡发展6亿元),形成投放2.20亿元。累计向隆林审批贷款40.91亿元,发放贷款16.73亿元,贷款余额11.12亿元,用于支持易地扶贫搬迁、屯级道路、文体场所、医疗设施、村级服务中心等项目建设。

自治区直属单位帮扶　2018年,自治区政协办公厅、自治区林业厅、广西电视台、农发行广西分行4家单位定点帮扶隆林。其中,自治区政协办公厅继续定点帮扶自治县克长乡大庆村、梅达村,新州镇弄桑村和者浪乡么窝村4个贫困村。年初,治区政协办公厅委派潘乃师担任隆林脱贫攻坚(乡村振兴)工作队队长,挂任自治县党委常委、人民政府副县长,委派5名工作队员(含第一书记)驻村开展脱贫攻坚工作。全年协调落实各类帮扶资金(含物资折算)266.74万元,实施村屯绿化、饮水净化、道路硬化等惠民工程,为群众建房、发展产业、捐资助学、就医等。其中与广西协力扶助基金会直接拨付帮扶资金68.24万元,资助帮扶50户贫困户修建稳固住房、资助1416名农户购买医疗和养老保险、资助20万元修建大庆村龙科响屯中寨至上寨800多米砂石路。同时组织干部职工赴自治县开展“一帮一联”工作306人次(其中省部级2人次,厅局级29人次),慰问帮扶贫困户197户,慰问金(含慰问品折算)2.91万元。自治区林业厅定点帮扶隆林新州镇马雄村和民德村、桠杈镇忠义村、岩茶乡龙台村、蛇场乡新寨村、介廷乡弄昔村等6个贫困村。在产业扶持上直接投入帮扶资金2000余万元,由自治区直国有林场、广西林业设计院、广西林科院等13家后援单位利用“企业(林场)+基地+贫困户”模式,开展沃柑、花菇、油茶、辣椒、木通中草药、烤烟等种植,黑猪、土鸡、种桑养蚕、黄牛、蜜蜂养殖等10多项特色种养项目,促进723户贫困户脱贫致富。同时为6个贫困村安装太阳能路灯共180盏,硬化4条屯内道路,捐助661名贫困学生达58万元,自治区厅局级领导深入帮扶贫困村调研指导33人次,处级以下干部职工开展“一帮一联”活动700余人次。广西电视台定点帮扶隆林平班镇管肖村、平寨村、廷赖村、者合村,沙梨乡委尧村、委敢村,者浪乡者徕村、播立村、者烘村9个贫困村。全年协调落实资金100万元在委敢村建设农产品冷冻库,打造以板栗为主的农村农产品物流集散中心,以“互联网+”模式,提升当地农产品的经济价值,带动群众致富增收。为委敢、者徕、者烘、播立4个村捐建收音机551台,扶贫物资19.62万元。直接投入8万元为者烘、者徕、播立3个村33户贫困户安装铝合金窗84扇。动员社会力量参与扶贫，募集爱心善款46.70万元。其中，季风公益“善泉行动”获得5万元，修建平寨村平卡屯饮水柜；教育广播众筹1万元，捐助者徕村1680羽鸡苗；文艺广播众筹1.7万元，捐助者烘村380羽鸡苗和1650羽鸭苗；交通广播众筹3万元，捐助播立村3000羽鸡苗；卫星频道众筹4万多元，捐助平寨村7户困难户改造危房；“爱心照明”工程捐赠者合村92盏太阳能路灯，价值30万元；综艺频道携手东呈国际集团捐赠廷赖村农家书屋和廷赖小学爱心图书共1000册，价值2万元，全台“一帮一联”活动人均2次以上，慰问帮扶贫困户973户，赠送慰问金(含慰问品折算)65万元。中农发行广西分行随国家总行继续定点帮扶隆林新州镇那么村，协调落实资金20万元建设该村1座人行桥梁和1条入户道路硬化、发展党建工作等。捐资15万元种植百合0.38公顷、中草药0.33公顷，与产业化龙头企业合作养鸡8800羽，实现村集体经济收入4.80万元。同时将募集到的捐赠资金6.26万元注入那么村教育扶贫基金会，分2批次向21名贫困学生发放帮扶基金3.40万元，帮助该村特困家庭学生实现读书梦。

市直属单位帮扶　2018年，帮扶自治县的百色市直单位有市发改委、卫计委、国资委、公安局、机关事务管理局、扶贫办、移民局、粮食局、体育局、卫生计生监督所及百色银保监分局、农行百色分行、农发行百色分行、建设银行百色分行、百色新铝电力有限公司等15家单位。其中市发改委定点帮扶德峨镇新街村。自定点帮扶该村以来，共协调落实扶贫资金3550万元，争取扶贫项目21个，完成村内部分水、电、路、房、讯等硬件设施建设。积极联系平安国际融资租赁有限公司和联盛新能源有限公司，为新街小学学生捐赠一批爱心物资，总价值约50万元，搭建1座10千瓦光伏电站。利用市领导联系挂点村资金18万元入股隆林田永养殖场和隆林国方种植专业合作社，新街村每年获得1.44万元分红收入。同时为该村成功申报并获得总投资600万元的石漠化综合治理项目，建成后将增加灌溉面积66.67公顷。市卫计委继续定点帮扶隆或镇八峰村，有4人驻村工作，直接投入帮扶资金8.55万元，其中用于建设八峰小学1座冲凉房(含配套3台热水器)1.75万元、硬化村部场地2万元、建设村部厨房2万元、配套建设村卫生室2.50万元、春节文体活动3000元。慰问村干、特困户、五保户、贫困户、驻村工作队员等慰问金1.50万元(含物资折算)。市国资委定点帮扶者浪乡敢南村，有3人驻村工作。年内，协调上级扶贫资金412万元建设那应屯、肯巴屯、可立屯、可麻屯、平呼屯、那廷屯等通屯水泥路13.20千米，182.38万元建设那六屯、那应屯、拉巴屯、乐烘屯、可麻屯、江岩屯等饮水安全巩固提升工程，468万元建设可麻屯和那应屯农网改造项目，136万元建设村级文化活动中心，改厕改厨152个，兑现补助资金28.88万元。项目覆盖全村333户1401人，实现水、电、路屯屯通。同时将自治县安排该村的村集体经济发展基金50万元入股广西隆林电力发展有限责任公司，该村年分红收益3万元，实现村集体经济零的突破。市公安局继续定点帮扶猪场乡烂木杆村，有2人驻村工作，全局380名民警与村201户892名贫困户结成帮扶对子，直接投入28万元硬化村部旁道路并实施亮化工程、建成13个垃圾池。以“村民合作社+农户”为模式、合作社为龙头，收购和精加工当地红米、黑糯米、薏米、小黄豆等生态农产品，注册商标“隆苗香”，通过线上和线下销售，年销售额45万元，实现户均增收2000元以上。同时以市公安系统为平台，设立专柜、专线供应等方式，开展农产品展销活动，累计销售额超10万元。通过“杉木管护增值基地+高产油茶种植示范基地+牛心李种植示范园+村屯道路美化果树示范带”多元化发展壮大村集体经济，至年底，村集体杉木基地2公顷、高产油茶示范基地4.67公顷、牛心李示范园0.67公顷，促进村集体增收、群众致富。市机关事务管理局继续定点帮扶猪场乡岩圩村，协调自治县水利、扶贫、移民、住建、文广等部门争取287.93万元建设11个屯饮水安全巩固提升工程；争取644.21万元硬化13条通屯水泥路；争取65.67万元建设危房改造；争取129.66万元建设村级文化中心，修建900多平方米的村级活动场地、文化室、舞台、篮球场等。争取市长扶贫经费8万元和贫困村第一书记驻村帮扶经费5万元，发展育成林杉木产业。对贫困户实施家庭式产业“以奖代补”77.90万元，利用自治县安排的村集体经济发展基金50万元入股广西红谷集团公司，获得年分红收益3.15万元，壮大村集体经济收入。市扶贫办继续定点帮扶克长乡新华村，有2人驻村工作，直接投入2万元亮化和绿化村部及龙凤屯，1万元支持新华村2018年度春节跳坡节活动，1.13万元加装新华村和瑶仁屯水池防护栏。向爱心人士筹资1.13万元建设村部饭堂内部设施，1.59万元注入新华村“爱心公益超市”。争取到自治区100万元专项扶贫资金，硬化龙丰屯、卜狼屯、党条屯、杉树脚屯等屯内水泥路，解决186户876人的行路难问题，争取到广西扶贫基金会援助资金16万元，援建8户贫困户危房改造。市移民局定点帮扶者保乡班支花村，有2名人驻村工作，直接投入72万元建设平勒屯水库移民新村（安装太阳能路灯70盏，标志牌1座），争取帮扶项目8个，慰问走访贫困户2.40万元（含物资折算），局领导实地到点调研、现场办公6次，召开会议7次，专题研究该村脱贫和帮扶工作，确立以种养业发展为主的特色产业致富路子，为群众算好“五本账”（政策账、教育账、就业账、产业账、健康账），以“协会+党支部+蕉农”模式，打造西贡蕉、果蔗、古法红糖，黄牛等产业，联系专技人员现场培训蕉农86人次，组织农户到南宁农技院学习16人次，扩大种植西贡蕉119.20公顷，使全村种植面积285.80公顷，年产销额1410万元，实现年人均纯收入7000余元，带动98%以上贫困户参与。争取65万元水库移民项目资金，连同第一书记驻村帮扶资金5万元，发展种植百香果产业，对古法红糖“者保”品牌进行深加工，畅销渠道，实现户均增收约6000元，初步形成南盘江沿河西贡蕉、百香果和古法红糖产业旅游观光带。市粮食局帮扶新州镇岩楼村，有2人驻村工作，直接投入帮扶资金8.79万元，其中5万元援建村部食堂，1.50万元支持驻村帮扶工作，1.93万元为驻村队员添置生活用品、差旅补助、购买人身保险和体检等，3600元慰问贫困户和村两委干部等。市体育局帮扶沙梨乡坝平村和开冲村，有4人驻村工作，投入1万元支持沙梨乡脱贫攻坚工作宣传，5000元为母施村购置乒乓球台2张、气排球架2副，3.03万元为坝平村、开冲村购置音箱、乒乓球台等一批文体活动器材，为坝平村坝忙屯争取到自治区全民健身项目，获得项目资金5万元，全额用于建设村级篮球场；引导社会爱心企业为沙梨乡中心小学和沙梨中学捐助一批体育器材，至年底，投入13万元，会同自治县政府在沙梨乡共同举办“脱贫攻坚，体育同行”百色市山地自行车赛，通过赛事冠名活动，为沙梨乡政府筹集赞助资金2.30万元。市卫生计生监督所帮扶平班镇委哉村和康上村，有4人驻村，筹集系统干部职工爱心捐赠资金2.80万元，其中1.50万元援建委哉村村部配套设施、5000元援建康上村村部配套设施，资助委哉村、康上村及其贫困户8000余元（含物资折算）。百色银保监分局继续定点帮扶隆或镇马卡村，累计走访慰问贫困群众230人次，赠送慰问资金2.02万元（含物资折算）。协调自治县水利局安排资金27万元，建设水池、架设管道等引水至村部，联系邮政储蓄银行隆林支行捐资6.60万元援建村部厨房和卫生间，联系隆林烟草专卖局捐资3万元援建村部围墙等。村两委利用自治县安排的村集体经济基金50万元及贫困村脱贫奖励资金10万元中的47万元入股隆林华隆集团、13万元入股隆林永隆农业开发有限公司，分别获得年分红收益3.29万元和0.24万元，蚕补收入110元，实现村集体经济收入3.54万元。农行百色分行帮扶平班镇岩晚村，直接投入12万元帮扶资金用于该村建设，其中10万元用于扶贫项目，2万元用于村级党建建设。开展“党建引领助力扶贫”主题活动，组织系统员工爱心捐赠，共募集资金1.92万元帮扶岩晚村及其贫困人口。农发行百色分行帮扶新州镇水洞村，直接投入10万元为该村村屯安装太阳能路灯，7万元改善村级党建设施，争取到总行10万元帮扶资金支持该村产业发展，同时发动系统员工捐赠爱心助学款4000元资助贫困生日常生活。以“四有四落实”（有组织领导、有阶段性计划、有实施方案、有检查督导；落实时间、落实地点、落实人员、落实主题）开展结对帮扶工作，年度累计走访慰问贫困户54人次并送去慰问金和慰问品等。中国建设银行百色分行帮扶平班镇委陇村，重点抓服务惠民、基础便民、产业富民等工程，全面提升“五项服务”（村级劳动服务中心、农家书屋、村级卫生室、群众艺台、法律援助），设立建行“裕农通”，打通金融服务群众“最后一公里”，实施基建和环境整治“四提三增”工程，改厨改厕71户、危房改造6户，协调上级扶贫资金369万元建设通屯水泥路8条15千米、水池8个，争取总行专项资金支持村民合作社生态养鸭1000只，实现村集体经济收入6000元，向平班镇中心小学推介公益教育平台并签订合作协议，助力教育脱贫。同时筹集系统职工爱心捐赠，获得善款3517.92元，全额慰问该村贫困户。百色新铝电力有限公司帮扶者保乡南光村，坚持“三个到位”（部署到位、宣传到位、责任到位），运用“三种常态”（监督常态化、了解常态化、警示常态化），帮助解决村部办公设施配备、网箱养鱼整治、自养家禽家及蔬菜销路等困难共12项，助推该村脱贫攻坚工作。

（杨　力）

商贸业·旅游业

市场管理

【市场管理机构概况】 2018年,隆林各族自治县市场开发服务中心(简称自治县市场开发中心)内设办公室、财会室、市场卫生组3个部门、下设新州、蛇场服务站,有干部职工19人。办公地址在新州镇城南街25号。

【市场基础设施建设】 自治县各乡(镇)的市场大多是砖瓦结构市场,有的仍是露天市场,为提升市场的品位,扩大市场的影响力和辐射力,自治县市场开发服务中心加大市场的维修改造力度,共投入资金9万余元维修改造克长市场、者保市场钢架铁棚、硬化地板、案台、排水排污等基础设施。改善市场的经营环境,吸引更多的经营户进场经营,繁荣城乡市场。

【农贸市场交易】 2018年,自治县农贸市场交易势头良好。其中县城城东农贸市场年成交量600多吨,年成交额500多万元;蛇场农贸市场年成交量450多吨,年成交额350多万元;天生桥农贸市场年成交量450多吨,年成交额350多万元;龙滩农贸市场年成交量50多吨,年成交额30多万元;者浪农贸市场年成交量100多吨,年成交额80多万元;桠杈农贸市场年成交量80多吨,年成交额50多万元;祥播农贸市场年成交量50多吨,年成交额30多万元;岩茶农贸市场年成交量80多吨,年成交额50多万元。

【物业经营管理】 2018年,自治县市场开发服务中心加强物业经营管理,确保国有资产保值、增值。根据各市场的交易情况,实行租赁费在原基础上增3%进行直接定价招租。零星摊点费用由各服务站的工作人员逐日逐场收取。通过完善市场设施,提高服务质量,完成全年收费任务,所收取的费用全额上缴财政非税账户,实行收支两条线管理。

【市场安全监督】 2018年,自治县场经营管理中心针对各乡(镇)的市场基础设施薄弱,安全隐患大,在暴雨季节来临之前,督促各市场服务站及时检查市场安全情况,发现全安隐患立即汇报,并采取措施积极整改,防止安全事故发生。

(刘佳香)

商贸业综述

【商贸管理机构及概况】 2018年隆林各族自治县商务局(简称自治县商务局)内设办公室、市场建设和运行调节股、商贸服务管理股、对外贸易股4个部门,有人员编制11名,实有9人。办公地址在新州镇迎宾路电子商务服务中心2楼。

年内,自治县新增限上商贸企业(含大个体户)4家。全年社会消费品零售额完成18.61亿元,比上年增长8.47%;批发业商品销售额完成5.60亿元,增长9.50%;零售业销售额完成20.20亿元,增长7.04%;住宿业营业额完成2689.80万元,增长6.13%;餐饮业营业额完成2.46亿元;增长10.20%。自治县获商务部授予的“2018年电子商务进农村综合示范县”称号。

【非法经营成品油整治】 2018年5月17日,自治县商务局联合自治县公安、安监、消防、综合行政执法大队等相关执法单位人员对猪场乡那绍村非法加油站进行专项整治活动。活动期间共出动执法人员62人、车辆10台,查封(注水注砂)油罐2个,拆除加油机电板2台。6月8日,对被举报的克长长发、岩茶平班2个非法加油点进行查封。

【电子商务】 2018年上半年,自治县电子商务产业孵化基地落成,进驻电商企业10家、创业团队2个,配套设施和服务功能齐全。全县电商产业(产品供应链源头回收、用工等形式)整体带动贫困户超过500户,上行黑猪肉、黄牛肉、黑山羊肉、黑粽子、辣椒骨、腊肉、茶叶、青钱柳、金银花、西贡蕉、板栗农产品在淘宝平台、拼多多、微商城等B2C平台以及微友圈等平台零售额300万余元、6万余单,其中以西贡蕉为最,约4万单接近100万元。"电商企业+村集体合作社+农户""电商企业+制造业(茶叶)+农户"等供应链合作模式的实施有效发挥电商订单对村基地合作社、对传统制造业(茶叶)、农户的刺激作用,电商企业回收村集体合作社农产品带动贫困户370户。

【对外贸易】 2018年,自治县新增外贸备案出口企业1家,完成外贸进出口额533.11万元。隆林海洋运动器材有限公司增长势头良好,实现持续增长,产品出口到澳大利亚、日本、美国等国。 (韦艳连)

粮食贸易

【粮食管理机构概况】 隆林各族自治县粮食局在自治县经济贸易局挂牌,统一管理全县粮食工作。自治县粮食局设3个内设机构,分别为:办公室、综合业务股和财务股。自治县粮食局机关行政编制10名,事业编制2名。其中局长1名,副局长2名,实有12人。直属单位3个,分别为:县军粮供应站,参公事业单位,人员事业编制5名,实有5人;县粮食购销管理中心,事业单位,事业编制56名,实有56人;县储备粮管理中心,事业单位,事业编制8名,实有8人。年年全县粮食购销企业粮食经营量7961吨,其中粮食收购816吨,粮食销售2203吨,平均库存4942吨。市粮食局下达自治县销售收入指标900万元、利润指标6万元的目标,粮食购销企业实现销售收入547.41万元,完成市局下达任务的60.82%;实现利润11.75万元,完成市局下达任务的195.83%,实现购销企业盈利的目标。

【粮食宏观调控】 2018年,自治县粮食局贯彻实施保护种粮农民利益,督促国有粮食企业严格执行国家粮食购销政策,发挥国有粮食企业主渠道作用。全年供应自治县农村缺粮群众及灾民口粮稻谷343千克,供应卡达水库移民口粮稻谷21.49万千克,确保农村缺粮群众和灾区群众口粮供应,杜绝非正常现象的发生。联合相关职能部门开展粮食流通领域的行政执法,重点是对粮食经营者经营台账和粮食流通统计制度执行情况进行检查,对粮食经营者使用的粮食仓储设施进行检查,确保粮食市场供应和价格的基本稳定,确保粮食市场健康有序运行。

【粮食仓储管理】 2018年,自治县有库存粮油4001吨。其中,自治县级储备稻谷3678吨,自治县级应急成员储备粮100吨。自治县粮食局按照"一符四无"(粮食质量指标和品质指标符合安全储存标准,无发热霉变、无鼠雀虫害、无事故,粮情稳定的要求)指导检查粮食保管工作,完善仓储工作管理制度,确保仓储工作的顺利开展。做好防化药品的管理工作,督促各直属单位严格按照防化药品药品使用有关规定进行操作,杜绝安全事故的发生。做好粮食库存检查工作,共检查库点16个、储粮仓房57间、粮食4144吨,检查结果表明,账实相符,粮情稳定,质量可靠,管理规范。

【粮食加工】 2018年,自治县有粮食加工企业3家,年加工能力1.40万吨。其中粮食购销管理中心新建日加工量40吨的粮食应急加工厂完成厂房建设,调运加工机器设备安装、设备调试和办理相关资质认证,正式投入生产;个体加工户2家。自治县粮食加工企业和发达地区粮食加工企业相比还存在较大差距,产品品种单一,缺乏市场竞争力。个体工商户粮食加工技术设备落后,加工企业规模小,设备简陋,产品大都是初加工、低附加值、低水平和科技含量低的产品多,深加工、高附加值、精深加工的产品少。 (班 飞)

烟草专卖

【烟草专卖机构概况】 2018年,隆林各族自治县烟草专卖局(营销部)[简称自治县烟草专卖局(营销部)]内设综合管理办公室、专卖监督管理股、百色市局派驻自治县局内部专卖管理监督工作组、客户服务办公室、烟叶股、烟叶生产技术推广办公室、百色市烟草公司卷烟物流配送中心隆林中转站7个部门,有职工143人,办公地址在新州镇民生街228号。

【卷烟营销】 2018年,自治县烟草专卖局(营销部)坚持"稳总量、优结构、育品牌、调状态、强考核、提素质"十八字方针,推动卷烟营销现代终端建设,通过一系列的硬件改善、经营能力软件提升,提高客户的盈利水平、服务满意度，带动全部零售客户发挥销售功能。推进“专销零”三位一体工作，挖掘农村卷烟销售潜力，以组组对标、村村对标工作为契机，开展农村卷烟销售工作。至年底，全面完成现代终端45户任务，全县标准烟柜使用率92%，电子扣款率98.40%，网上订货率86%。全年销售卷烟8973箱，完成任务的98%，单箱2.32万元，单箱结构比上年增长4.60%。

【烟草专卖管理】 2018年，自治县烟草专卖局（营销部）贯彻执行《中华人民共和国烟草专卖法》《烟草专卖法实施条例》及有关的法律法规，依法监督管理全县卷烟零售户，开展市场清理整顿行动、“春雷”“国门利剑2018”等专项打假打私行动，查获数十起违法案件，维护卷烟市场秩序。加强与邮政、治安等部门衔接，打击利用物流寄递环节违法行为；按照“依法许可、规范高效、动态管理、进退有序”原则，执行行政许可申办审批制度，规范零售许可证审批发放，提高办结时效。响应国家保护未成年人权益要求，推进中小学校周围卷烟零售点整改。在百色市烟草专卖局指导意见基础上，修订零售点合理布局规划，于7月27日公布实施。以移动办公平台为依托，利用APCD工作法，即通过将零售市场检查工作化分为“分析(Analysis)”“计划(Plan)”“检查(check)”和“处理(dealwith)”4个环节，通过获取、分析、应用监管对象的各类信息（主要是订单信息），发现异常卷烟零售户，从而确定检查对象，更有针对性地进行市场监管。按照“双随机一公开”工作要求，随机抽取10%的零售户进行走访检查。强化专卖内部监督管理职能，适时监控，提高预警能力，落实监管措施，防止生产经营违规行为。至年底，全县共查处案件59起，其中案值5万元以上4起，1万~5万元17起，万元以下38起。查获卷烟7821.30条，烟叶23.10吨。

【烟叶生产管理】 2018年，自治县烟草专卖局（营销部）以“烟农增收、企业增效”为目标，围绕“抓队伍、精管理、控规模、提质量、增效益”五项具体工作，以“精益烟叶管理年”为活动主线，逐项开展烟叶生产精准管理工作。全县共种植烤烟1211.87公顷，其中隆或镇274.40公顷，岩茶乡196.93公顷（含龙滩），克长乡221.20公顷，蛇场乡385.33公顷，德峨镇134公顷。收购烟叶3.37万担，上等烟比例57.44%，比上年增长22.19%，中等烟比例42.56%，提高1.27%，完成指标任务的99.11%，创烟叶特产税937.90万元，其中，上中等烟占100%，烟农收入4484.69万元（含价外补贴），均价每千克25.30元，单产1.85担，亩产值2345.25元，户均收入5.42万元。在克长河马、蛇场大坝实施“党支部+合作社+烟农”新型合作模式，为烟农增收1896.10万元，烟区81个建档立卡贫困户通过种植烤烟实现户均收入4.56万元。（邬献明）

烟草专石油经营

【石油经营企业概况】 2018年，中国石化集团股份有限公司广西百色隆林石油分公司（简称隆林石油分公司）内设办公室1个部门，下辖8个加油站，其中县城4个、平班镇当地1个、者保乡腊仁村1个、沙梨乡当地1个、者浪乡当地1个。有职工53人，其中管理人员5人。办公地址在新州镇迎宾路城东加油站内。主要经营成品油（汽油、柴油）、润滑油零售。拥有汽油总库容455立方米、柴油总库容702立方米。

【石油销售】 2018年，隆林石油分公司开拓燃料油市场，多渠道拓展资源，扩大终端销量，提供“质优量足”油品，保证油品质量。完善客服中心功能，提升服务水平。全年销售成品油3.28万吨，其中汽油1.40万吨，柴油1.89万吨，销售收入2.94亿元，上交税金150万元。

【石油安全管理】 2018年，隆林石油分公司坚持“安全第一，预防为主”的安全生产方针，做到安全生产思想到位，安全措施到位，责任落实到位。在储存环节，定期盘存储油罐，测量液面高度、油品密度、含水量等指标，发现异常及时处理。在运输环节，实行“专车专用，柴汽分运”；在销售环节，坚持每月对加油机、加油枪进行校对，发现超标误差，及时报质监部门进行调整。（陆　胜）

供销合作商业

【供销合作商业机构及概况】 2018年，隆林各族自治县供销合作联合社（简称自治县供销社）内设办公室、财务审计股、合作业务股、人事教育股、企业管理股4个部门，有直属社有资产管理公司隆林各族自治农丰贸易有限公司1家和基层供销社13个，全系统现有职工169人（其中县社机关11人、直属农丰公司

11人、基层社147人),另有职工自垫养老金办理退休108人。办公地址在新州镇民生街244号。

年内,全系统有土地资产8.43万平方米(划拨地),全部土地使用证抵押在农银业行,拖欠银行贷款本金2570万元。全年全系统商品购进总额完成3.34亿元,完成年度计划103.47%,比上年增长16%;商品销售总额完成4.09亿元,完成年度计划的101.84%,增长15%。其中,消费品零售总额3.39亿元,完成年度计划的101.79%,增长18%,售给农民的农业生产资料总额6221万元,完成年度计划的104.20%,增长18%;现生资源购进额75万元,完成年度计划的107.14%,增长33%;农副产品购进总额2850万元,完成年度计划的105.55%,增长21%。汇总实现利润51万元,完成年度计划的100%,增长15%。

【农业社会化服务】 2018年,自治县供销社、自治县农丰贸易公司与隆林联强芒果种植专业合作社和隆林县惠民金银花种植专业合作社签订土地托管服务协议书,主要将隆林联强芒果种植专业合作社社员分散的85公顷芒果种植基地和隆林县惠民金银花种植专业合作社的85公顷金银花种植基地统一托管给供销社农丰贸易有限公司管理,农丰公司为专业合作社提供农业生产资料、测土配方、病虫害防治、农药一体化喷雾、科学修枝等服务,企业创收托管服务费9.30万元。创办桠杈忠义村金银花农产品生产基地146.67公顷,助农增收106万元,实现供销社增收4.20万元。

【农村电子商务】 2018年,由自治县农丰公司与自治县九香村农产品有限公司共同出资开展农产品电子商务服务,完成6万多元的销售任务,比上年增收500%以上。

【基层供销社建设】 2018年,自治县供销社新发展隆林克长克娘村种养专业合作社、隆林星河种养农民专业合作社、隆林万民黄牛养殖农民专业合作社、隆林楼房养殖专业合作社、隆林国方种植专业合作社、隆林龙财生态养殖专业合作社、隆林民富生态养殖专业合作社、隆林群民生态养殖专业合作社共9农民专业合作社。注册登记隆林盈丰种养专业合作社联合社1个县级农民专业合作社联合社;注册隆林富民种养专业合作社联社、隆林民康种养专业合作社联合社2个基层农民专业合作社联合社。新增德峨村综合服务社、岩圩村综合服务社、新合村综合服务社、纳贡村综合服务社、祥播村综合服务社、蒙里村综合服务社、林长村综合服务社、道达村综合服务社、打烂村龙保田综合服务社、龙场综合服务社、龙滩村综合服务社、那伟村综合服务社、龙良村综合服务社、蛇场村综合服务社、新立村综合服务社共15个村级综合服务社。把介廷、隆或、克长长发供销社3个基层社纳入到基层社改造规划,完成克长长发供销社改造工作。建设介廷供销社综合服务站、隆或供销社综合服务站、克长长发供销社综合服务站,完成克长长发供销社综合服务站建设。 (罗朝辉)

旅游业

【旅游业管理机构及概况】 2018年,隆林各族自治县旅游局(简称自治县旅游局)内设办公室、市场促销股、发展股、行业管理股4个部门,有人员编制4名。实有3人。办公地址在新州镇迎宾路629号政务中心楼六楼。全年自治县共接待游客132.26万人次,旅游总收入14.67亿元。

【旅游规划与开发】 2018年,自治县旅游局组织开展广西隆林德峨风情小镇项目规划设计、项目建议书、项目可研编制等工作,已完成项目建议书批复,可研批复、项目选址意见、规划编制。对广西隆林扎云山杜鹃花风景区、广西隆林万峰湖国家水利风景区、广西隆林大哄豹雷公滩峡谷地质公园等开展开发前期工作,对项目进行规划设计、项目可研、项目建议书作前期编制。组织开展隆林各族自治县旅游资源调查及建立旅游资源数据库,完成地文景观、水域风光、生物景观、天象与气候景观、遗址遗迹、建筑与设施、旅游商品、人文活动、红色旅游共九大类,建立资源单体的旅游资源数据库100多个。

【旅游厕所建设】 2018年,自治县旅游局根据自治区旅发委和百色市旅发委自治区下达隆林年度新(改)建旅游厕所4座的目标任务,推进旅蛇场乡马场村倮倮冲屯扎云山、蛇场乡马场村弄达屯扎云山、德峨镇田坝村张家寨屯、德峨镇八科村团石彝寨民俗文化旅游示范区4座旅游厕所建设,12月投入使用,改善当地的旅游环境,升级旅游服务水平。

【旅游安全体系建设】 2018年,自治县旅游局制定和完善《旅游安全突发事件应急预案》等各种安全制度,下发《关于做好当前旅游安全工作的通知》的文件,与涉旅企业签定安全责任书。在各重要会议和节假日期间,组织人员对辖区内的旅游市场进行严格的监管,对旅游接待设施、游乐设备、消防器材、食品卫生、警示标牌、安全应急措施等方面逐一排查,确保全年旅游安全零事故发生。

【旅游行业管理】 2018年,自治县旅游局建立游客服务平台,为游客提供"吃、住、行、游、购、娱"服务。组织执法人员对自治县内的各旅游酒店和景区(点)进行安全隐患排,对酒店的各类基础设施进行检查,在各长假和重大活动期间加强旅游安全隐患排查,无旅游安全事故发生。

【旅游宣传推介】 2018年,自治县旅游局按照自治区旅发委、百色市旅发委文件通知要求开展旅游宣传推介活动。借国家法定节日之机进行宣传。在春节、清明节等假日期间在各酒店、人流密集场所、涉旅企业摆放各类旅游宣传资料。组织参加旅游推介活动。与企业对接,组织开展组织旅游商品和企业参加"5·19"中国旅游日百色主题宣传暨旅游扶贫"十带"行动启动活动;组织旅游商品和企业参加6月22日—23日在柳州举行的"2018乐游广西·乡村旅游嘉年华"活动,共展出图片展板2块,发放旅游宣传资料《天生隆林,炫彩民族》发放旅游宣传资料500多份;发放《活的民族博物馆——隆林》旅游宣传册1000多份;组织旅游商品和企业参加在靖西举办的广西乡村旅游电商扶贫大型宣传推介会,发放旅游宣传资料《活的民族博物馆——隆林》800多册。组织旅游商品和企业参加9月1日—2日在靖西举行的广西乡村旅游电商扶贫宣传推介活动,共展出图片展板2块,发放旅游宣传资料《风情隆林·炫彩民族》旅游宣传资料1000多份;发放《活的民族博物馆——隆林》旅游宣传册1000多份。筹备并完成在隆林壮族"三月三"期间的旅游宣传活动和"5·19"中国旅游日宣传活动,发放旅游宣传资料《活的民族博物馆——隆林》600多册。参与策划9月27日—28日在隆林举行的"中国农业发展银行助推隆林县产业扶贫招商引资对接会",对接有意向投资隆林旅游产业共3家,发放旅游宣传旅游资料《风情隆林·炫彩民族》500多份,提升自治县旅游知名度。

【旅游景区建设】

广西隆林扎云山杜鹃花风景区　位于自治县扎云山杜鹃花山脉,海拔1995米。是自治县原生地带性植被中保存较好的一部分,山脉横跨德镇、蛇场乡、克长乡、金钟山乡、岩茶乡等少数民族聚居的乡(镇),绵延40余千米,宽1~2.50千米,总面积约90平方千米,西北和隆林金钟山接壤,东南和隆林岩茶乡接壤,每年暮春3月末至5月,沿着山脊,马樱杜鹃、高山杜鹃等各种杜鹃花先后怒放,特别是蛇场乡马场村扎云山地段的杜鹃花更是满山遍野,千姿百态。沿着杜鹃花山脉还生长着银杏、红豆杉、南方铁杉、香樟等国家一、二级保护植物;栖息着豹猫、黑颈长尾雉、白腹锦鸡等等国家一、二级保护动物,因此,杜鹃花山脉不仅是杜鹃花的海洋,而且还是参天古树云集、珍禽异兽栖息的原始林区,是隆林得天独厚的生态旅游资源。2018年,拟由自治县旅游局牵头规划设计,争取旅游发展专项资金开发建设,该项目结合国家生态文化建设及AAAA级景区建设为标准,以村落、山林、田园等环境为依托;以特色民俗文化建设和自然景点开发建设融合在一起的"民俗+旅游+农户"的扶贫发展模式,把民俗文化旅游与美丽乡村、民宿旅游、生态观光、农业示范等有机结合,挖掘自治县各民族特色,引入创意文化、生态度假、康养休闲等产业,将本项目建设成为生态宜养、文化宜品、乡(镇)宜业、环境宜居的旅游目的地。打造文化游、生态游、乡村游等旅游品牌,创建高质量精品的民俗文化旅游胜地。项目划分为"五区"即民俗综合服务区、映山红花卉观赏区、康养休闲活动区、生态农业观光区、自然观光度假区。具体建设为:综合服务中心(包括游客接待、会议培训等)、停车场、观光栈道、古村落民俗文化体验、跳坡场、篝火场、苗药园、古茶园、拓展园、乡居园、民宿园、景区公路扩建及绿化、附属设施等。

广西隆林万峰湖国家水利风景区　地处桂(广西)、滇(云南)、黔(贵州)三省旅游交界处,位于自治县中西部。与滇、黔周边知名景区形成连片旅游集群优势。依托天生桥水电站而建。天生桥水电站是中国"西电东送"的电源点和枢纽点,湖面面积178平方千米,坝高180米,总储水量102亿立方米,相当于3个滇池、10个澄碧湖、72个西湖。内有30多个全岛,58个半岛,天湖烟波浩淼,峰峦叠嶂,湖光山色,美不胜收。万峰湖两岸,有云贵高原迷人的奇山秀水,有古朴而多姿多彩的壮族民风民俗。该景区可进行"一日游三省",实为人们旅游度假的避暑圣地。2017年,由隆林阿哩哩旅游投资公司与百色文化旅游投资公司联合开发。拟建设游客接待服务中心、国际垂钓基地、综合性旅游码头、国际游艇俱乐部、观光游览区、国际游艇假日酒店(五星级标准)、风情旅游度假村、登山步道、自行车健身骑行道、度假社区休闲会所、国际商务会议中心、大型生态停车场,建成具备游览观光、垂钓竞技、休闲度假的基地,以民族文化、度假养生、水上休闲、游艇旅游等为主要特色,合作构建成为大型旅游区。2018年完成地形测绘、项目总评规划以及项目可行性研究报告;完成湖内网箱养鱼的清理,由北京巅峰智业旅游文化创意股份公司编制的"隆林万峰湖国家水利风景区旅游总体规划"完成,该项目总规进行初评以及组织专家进行评审,评审后对该项目进行招商引资,争取在2019年开工建设。

广西隆林大哄豹雷公滩峡谷地质公园　地处云贵高原东南缘,位于隆林大哄豹。1982年被自治县列为自然保护区,2005年自治区政府批准建立广西大哄豹自治区级自然保护区。该保护区属喀斯特地貌,是轻度割切沟发育的块状中山,由三迭系的灰岩构成。地处南盘江边、国家重点工程天生桥二级水电站大坝下游,与贵州省的安龙自治县隔江相望,是广西分布海拔较高、地理分布最西端的岩溶森林生态系统类型的保护区。特别随天生桥水电站建成,南盘江河水被拦截后,大哄豹(雷公滩峡谷)河床呈现出怪石嶙峋、林静泉清的地质公园景观,景区林木青翠、郁郁葱葱、鸟语花香,是野生动植物的避难所和基因库,集科研、考察、观光、徒步探险、度假为一体的旅游胜地。2017年,由广西源能投资发展有限公司规划设计。拟建设观光栈道、休闲文化廊、农家特色餐馆、茶屋、停车场、河床观光道等集森林公园、探险、休闲、娱乐、餐饮为一体的地质公园旅游胜地。2018年,自治县旅游局与广西源能投资发展有限公司积极对接大哄豹雷公滩峡谷景区的建设前期工作,由于景区涉及到重要的生态保护区,而进行生态保护区调规工作。

【乡村旅游景区】

广西隆林德峨风情小镇　是苗族、彝族、仡佬族的主要聚居地区,少数民族占97%。其中德峨镇张家寨、龙洞大寨等古朴典雅的苗族民居群,保留着苗族较为完整的传统建筑风格。20世纪80年代中期,联合国教科文组织前来考察时,称其为"刀背上的村寨""云端上的集市""民间文化的活化石""活的少数民族博物馆"。德峨镇每年还传承着苗族"跳坡节"、彝族"火把节"、仡佬族"尝新节",各民族服饰靓丽多姿、色彩鲜艳。2017年,由广西博途旅游发展有限公司规划设计,由广西隆林啊哩哩旅游投资有限公司融资开发建设,拟建设投客服中心,打造活的少数民族博物馆、复原云端上的街市,建设苗、彝、仡佬族民俗文化区、新建或改造少数民族特色民居,开发民族农牧产品种养及加工、传统手工艺品等特色产业。2018年,德峨风情小镇旅游项目完成建议书批复、可研报告批复、德峨风情小镇旅游项目规划方案编制、项目环评、项目用地审查意见、项目选址意见。年内安排1000万元专项国债资金用于项目用地征用。

广西隆林腊仁欢乐水乡　地处桂(广西)、滇(云南)、黔(贵州)三省结合部的南盘江畔,与对岸贵州册亨自治县相望。位于隆林者保乡腊仁库区(南盘江大桥旁),距自治县城新州镇31千米、贵州省安龙自治县城约60千米、汕昆高速隆林出口约10千米。总面积约0.84平方千米,包含江钓基地和龙舟赛基地两个赛事基地,内有广西三星级农家乐山庄1个,可同时停泊30辆车的生态停车场1个,以及2000多平方米的停车场1个,旅游厕所3座,有6米 ×2.50米的钓位120个,可容纳2000人观看比赛的观赛台。至2018年,举办第五届中国·隆林"南盘江杯"江钓大赛、第四届"中国·东盟·隆林自然水域垂钓大赛、第四届中国·隆林"南盘江杯"龙舟邀请赛。全年接待游客3.50万人,旅游总收入700多万元。隆腊仁小镇欢乐水乡景区旅游基础设施建设项目完成项目建议书批复、可研报告批复、项目用地预审、项目选址意见,获国家纳入增补贫困县旅游扶贫基础设施建设项目,年内进行施工规划编制中,待公示结束上级下达专项资金后力争年底至明年初开工建设。

广西隆林德峨张家寨苗族古村落　是一个具有苗族特色的寨子,苗族人们在这里生息上百年,孕育深厚而有特色的民族文化,2017—2018年,得到各级党委政府的关心和支持,民居得到修复,环境得到整治,民族风情旅游初显成效,到德峨镇"张家寨"旅游成为一种休闲方式,"吃农家饭、游农家景、享农家乐、体验苗族民俗文化"的品牌。2018年,接待游客4000人,旅游总收入4多万元。

广西隆林金钟山乡平流壮寨古村落　地处金钟山黑颈长尾雉国家级自然保护区的边缘,与国家重点工程天生桥水电站——高原天湖风景区山水相连。位于金钟山乡平流村委平流屯，距乡政府所在地4千米，平流古寨依山傍水，四周群山环绕，山上树木郁郁葱葱，仿佛绿色天然屏障。连绵的山峰似海面的巨浪，一座比一座高，追逐着向前延伸。古寨坐落在雄伟的碰合坡的半山腰，碰合坡就像一个大大的弥勒佛将古寨环抱保护起来，山脚下有婉然曲折的小溪。古寨中古木参天，环境优美，空气清新。该壮寨古村落民居建筑均为典型桂西北居民特色，古寨建筑为清朝后期始建，历经民国时期而成规模。这些宅院建筑均为传统壮族三层猫耳吊脚楼，房宇高大、鳞次栉比。全部为木瓦结构，分上中下三层，下层养放牲口，中间住人，上层储存粮食。整个房子中层统称为"三间两偏"（中间三开间，两个偏房），窗棂雕花，有楼梯相接。这种结构的房子古朴典雅，冬暖夏凉。当地农作物主要有水稻、玉米等经济农作物。古寨的妇女长期以来自种蓝靛草、棉花，通过纺线、梳纱、织布、染布等工序制作土布衣。平流古寨壮族文化历史悠久、积淀深厚，有着及其独特的婚嫁文化、歌会文化、美食文化等等。

广西隆林德峨团石彝族民俗文化生态休闲度假村　位于德峨镇八科村团石彝族寨。地处云贵高原、北纬25度、海拔多在800~1400米。属亚热带季风气候、土壤肥沃、气候温和、雨量充沛。其坐落在百亩田坝首、四面环山、南面为自治县最高峰—斗风坡，相传是因从山后飞来一圆形磨刀石立于寨"团石寨"因此得名。"团石寨"是清明时期彝族先民居住地、原称"千家寨"。寨子依山而建、在一条线上连成体，其中仅上寨就有四道石闸门，是彝族垒石围寨大居落的建筑群落。团石彝族寨拥有丰富的自然资源、境内丘陵、石山各有特色、同时拥有半坡状百亩良田、生长着大量的古茶树、寨子坐落在百亩良田坝首、四面环山、属于石山向泥山的过渡区域、核心区田园优势明显、山峦叠翠、南面的斗风坡为全自治县最高峰(1951米)。从村庄入口一眼望去，半坡状百亩良田十分壮观、利于农业产业的升级打造。同时团石为少数民族村寨，乡村民俗景观资源丰富，具有彝族特色。

【民族节庆旅游】

跳坡节　隆林苗族传统节日，集商贸活动于一体的民族节庆活动。每年农历正月初二至初十四举行。2018年2月6日—18日（农历正月初二至初十四）分别在德峨镇、猪场乡、克长乡、蛇场乡、岩茶乡、者浪乡、桠杈镇、隆或乡、介廷乡、天生桥镇等乡（镇）举行。由自治县民宗局主办，由苗学会承办。活动内容有祭坡仪式、苗族服饰展、芦笙舞比赛、爬坡杆比赛、歌舞演唱等。苗族跳坡节当天，能歌善舞的苗族同胞们相聚在德峨镇的跳坡场上，身着节日盛装，吹芦笙、爬坡杆，载歌载舞闹新春。活动吸引数万名各族群众以及自治区内外游客慕名而来，共同欢庆德峨苗族跳坡节。活动主要由《赶坡》《闹坡》《跳坡》和《天街情韵》几个部分组成。参与活动人数17万人，旅游总收入260万元。

火把节　隆林彝族传统节日。每年农历六月二十四日举行。2018年7月26日（农历六月二十四日）分别在新州镇含山村古城屯、德峨镇当地、德峨镇保上村阿搞屯、德峨镇么基村、德峨镇那地村举行。由自治县民宗局主办，由彝族学会承办。活动内容有祭火仪式、祭送布谷乌食、彝族民俗歌舞表演、打磨秋、抹黑脸、彝家长桌宴、篝火晚会等。参与活动人数约3.50万人，旅游总收入165万元。

尝新节　隆林仡佬族传统节日。每年农历八月初十举行。2018年9月8日（农历八月初十）在德峨镇大水井村举行。由隆林仡佬族学会主办，由仡佬学会承办。活动内容有采薪、八音庆丰年、椿糍粑、尝新、祭树活动等。节日当天，仡佬族同胞一同采新、舂粑、献新，祭祀祖先，感谢祖先的恩德，保佑来年风调雨顺。还举行斗牛弓、押加、掰包谷等仡佬族民间体育竞技活动。参与活动人数约3万人，旅游总收入125万元。

壮族歌会　隆林壮族传统节日。每年农历三月初三举行。2018年4月18日（农历三月初三）在自治县城举行。由自治县民宗局主办，由壮族学会承办。活动内容有八音座唱、歌会、山歌大赛、壮剧表演等活动。壮族的盛大节日"三月三"是广西的法定节假日，这一天也是自治县壮族同胞一年一度的"三月三歌会"举办日，壮族青年男女齐聚在一起唱山歌。参加壮族歌会人数约3.50万人，旅游总收入165万元。（杨朝林）

财政·税务·金融

财　　政

【财政机构概况】 2018年，隆林各族自治县财政局（简称自治县财政局）内设办公室、人事股、财政监督监察股、综合股、法规税政股、会计管理股、预算股、国库股、非税收入征收管理股、行政政法股、资产管理股、教科文股、经济建设股、社会保障股农业股、基层财政财务管理股、企业股、金融股、政府债务管理股19个部门，有行政人员编制17名、工勤人员编制1名，事业参公编制16名，事业编制25名，实有59人。办公地址在新州镇迎宾路721号。下设16个乡（镇）财政所，有人员编制91名，实有78人。隶属自治县财政局管理的二层机构有国库支付中心、国有资产管理中心、投资评审中心、票据管理中心、政府采购办、中华函授站、公务用车定编管理办公室、稽查分局、预算编审中心、预算绩效管理中心、金融服务中心11个，有人员编制52名，实有41人。

【财政管理体制改革】

财政预算管理改革　2018年，自治县财政局实行部门预算，提高预算的透明度；实行综合预算，提高预算的完整性；实行零基预算，提高预算的准确性。加强预算内外资金的监管，增强财政预算的统一性。树立公共财政理念，突出公共服务和社会保障功能，调整优化支出结构和投向，集中财力办大事。年内财政部制定《2018年县级财政管理绩效综合评价方案》，对2017年度县级财政管理绩效开展综合评价，评价范围为1891个县（县级市、旗），自治县在全国排名第191位，是广西入围县级财政支出管理绩效综合评价前200名的6个县之一。

财政国库集中支付制度改革　2018年，自治县财政局建立健全以现代信息网络技术为支撑、以内部控制管理和外部监督为基础的国库资金收付监督制约机制，确保国库资金安全，保证预算执行的科学化、规范化。持续推进财政一体化系统建设，启动自治县国库集中支付业务电子化管理工作。

村级公益事业“一事一议”财政奖补改革　2018年，自治县开展的“一事一议”财政奖补项目，涉及16个乡（镇）、40个行政村、44个自然屯，共实施项目45个，总投资544.97万元，其中财政奖补资金456.60万元（县级配套456.60万元），群众自筹资金88.37万元；受益农民3.20万人。城乡风貌改造屯内道路硬化29.81千米；投入资金7.60万元，修建屯内饮水项目1个。

【财政收入】 2018年，自治县财政收入完成6.88亿元，比上年增收5463万元，增长8.63%（其中非税收入8479万元，占一般公共财政预算收入的26.48%）。按征收部门划分：国税部门完成4.86亿元，比上年增收8657万元，增长21.65%；地税部门完成1.27亿元，减收2389万元，下降15.79%；财政部门完成7387万元，减收804万元，下降9.82%。县级一般公共预算收入累计完成3.20亿元，减收1021万元，下降3.09%。税收收入完成6.03亿元，增收6302万元，增长11.67%；非税收入完成8479万元，减收838万元，下降8.99%，占一般公共预算收入比重26.48%。

【财政支出】 2018年，自治县财政一般公共预算支出3.28亿元，比上年增支3.68亿元，增长16.62%。其中，教育支出5.86亿元，增支5658元，增长10.69%；城乡社区事务支出累计1.56亿元，减支4312万元，下降21.63%；社会保障和就业支出累计3.62亿元，减支3444万元，下降8.68%；医疗卫生与计划生育支出累计4.05亿元，减支17万元，下降0.04%。

【精准扶贫资金统筹安排】 2018年，自治县财政局强化统筹资金措施，有效聚焦扶贫资金。贯彻执行中央、自治区、市脱贫攻坚政策规定和文件精神，结合自治县实际，及时制定出台《隆林各族自治县2018年度统筹整合使用财政涉农资金实施方案(调整)》，多方面筹措扶贫资金。一是加大县本级预算投入。追加本级财政专项扶贫金4210万元，比上年增量773万元，财政扶贫专项资金预算安排增量占一般公共预算收入增量的比重26.65%。二是加强涉农资金统筹整合。按照财政部、国务院扶贫办最新统筹整合资金试点工作通知精神的要求，梳理各类涉农专项资金，把投向相近、目标相似、来源不同的各项涉农资金进行整合。同时，结合自治县脱贫攻坚年度目标任务，加大实质性整合力度，尽可能将纳入整合范围的各类资金在“大类间打通”“跨类别使用”，进一步提高整合的深度和质量。2018年度统筹整合财政涉农资金3.86亿元用于脱贫攻坚，其中，中央资金2.70亿元，自治区资金1.17亿元。用于农业生产发展6534.42万元、农村基础设施建设3.05亿元；其他(能力建设、扶贫小额信贷贴息)1645.55万元。整合资金集中投入，充分发挥涉农资金“四两拨千斤”的作用，全年扶贫共支出3.10亿元。

【财政监督】 2018年，自治县财政局采取措施，加强财政监督工作。一是从制度管理上建立地方政府性债务风险预警机制，代政府拟定并印发《隆林各族自治县县人民政府办公室关于印发隆林各族自治县政府性债务风险应急处置预案的通知》，进一步完善自治县政府性债务管理制度；同时，加强政府债务限额管理，政府债务限额经自治县人民政府审定并经自治县人大常委会审议后向社会公开。二是深化政府采购改革。加强政府采购规范化管理，扩大政府采购规模和范围，提高政府采购效率，在政府采购中体现政府扶持的方向和重点。落实政府采购网上公开信息系统，完善政府采购管理交易系统，提高政府采购透明度。全县申报采购备案共7066件，申报采购金额31.97亿元，实际采购金额31.65亿元，节约0.32亿元。三是强化财政投资评审职能，按照服务财政管理、节约政府投资、提高财政资金使用效率这一目标，拓宽财政投资评审领域，规范投资评审程序，加大对政府投资项目的监管力度。自治县财政投资评审中心共审查工程预算项目221个，送审金额12.09亿元，审定金额10.75亿元，审减金额1.34亿元，审减率11.10%，有效地节约财政资金，提高财政资金的使用效率。 (杨　华)

税　务

【税务机构概况】 2018年，隆林各族自治县国家税务局、隆林各族自治县地方税务局于7月20日正式合并，挂牌成立国家税务总局隆林各族自治县税务局(简称自治县税务局)，内设办公室、法制股、税政股、社会保险费和非税收入股、收入核算股、纳税服务股、征收管理股、税收风险管理股、税源管理股、财务管理股、人事教育股11个部门，另设机关党委、纪检组、信息中心(事业单位)；设立第一税务分局、第二税务分局、新州税务分局、天生桥税务分局、德峨税务分局、隆或分局、平班分局7个派出机构，办公地址在新州镇龙山街62号。另在新州镇环城路1号设置“国家税务总局隆林各族自治县税务局环城路办公区”。共有干部职工127人，其中在职在编109人，助征员18人。

【税收收入】 2018年，自治县税务局组织总局考核口径税收收入6.24亿元，比上年增收6936万元，增长12.50%；组织自治区政府考核口径税收收入6.14亿元，增收6283万元，增长11.40%；组织县政府考核口径税收收入6.14亿元，增收6275万元，增长11.40%。

【税收征管】 2018年，自治县税务局完善征管制度、推进行业管理创新、推行实名办税、强化信息支撑、清欠追缴等一系列征管基础性工作。整合优化税费业务和信息系统，基础管理实现资料受理、办理流程、业务衔接、文书开具、合并征缴“五统一”。执行《税务机构改革国税地税征管业务衔接工作指引》，统一征管业务衔接处理规则；推广应用社保税和非税收入征管信息系统、自然人税收管理系统(ITS系统)、电子税务局，开展金税三期系统并库。开展纳税评估和发票风险核查工作，打击偷逃骗税和虚开发票的违法行为，挽回国家税收的损失和维护税法的尊严。共完成风险任务应对103户次，其中总局风险任务3户次，自治区局风险任务38户次，市局风险任务8户次，县局风险任务39户次，完成异地协作平台发票核查15户次。

【征管改革】 2018年，自治县税务局推进各项税收征管改革，释放改革发展新红利。一是推进个人所得税改革。10月1日起，个税起征点由3500元提高至5000元。第四季度，全县个人所得税收入190万元，比上年减收34万元，减幅15.20%，改革红利得到充分释放。二是做好统筹社保费和非税收入征管职责划转各项准备工作。年底,社保费征管信息系统缴费人办理业务开展预约受理,完成办税服务厅税费通办窗口设置工作。推进增值税改革,进行政策宣传辅导,确保增值税税率调整、统一小规模纳税人标准、增值税留抵税额退税等政策落到实处。共有61户一般纳税人申请转登记为小规模纳税人。三是推进资源税改革,加强税种管理和税情调研,配合自治区税务局、市税务局开展资源税立法有关工作。

【纳税服务】 2018年,自治县税务局秉持"机构改革、服务先行"的理念,第一税务分局(办税服务厅)进驻县政务服务中心办公,不断优化升级服务举措,各项便民措施落地见效。一是进一步精简办税流程,对社会公开236项涉税业务服务承诺内容,推行退抵税提速办理改革,退税时间最快提速至5个工作日;自然人房产交易涉税资料压缩90%,新办税人首次申领增值税发票实现即办即领;推进企业简易注销登记改革,实现市场主体退出便利化。二是进一步压缩办税时间,推出186项"一次办"、76项"网上办"、60项"就近办"、22项"马上办"、63项"一站办"和20项"容缺办""六办"服务清单,明晰95%的模糊涉税材料,减少纳税人30%的报送资料。七成以上的办税事项实现即时办结,纳税人网上申报率达90%以上。推广上线电子税务局,为纳税人提供更便利的办税服务体验。建立享受优惠政策提醒机制,实施个性化的政策推送服务模式,按不同类型、不同经济特征为纳税人提供针对性的税收优惠政策辅导,确保纳税人优惠政策应享尽享。向纳税人问需问计,举办优化营商环境座谈会,响应纳税人服务诉求。

【税法宣传】 2018年,自治县税务局共开展纳税人培训24期。依托第27个税收宣传月、自治县第六届"政务公开日"活动、非公有制经济发展宣传活动、"七五"普法宣传活动,谋划税收宣传活动,将税收宣传融入地方文化载体,走进企业、走进学校,活动期间共发放税收政策资料3000余份,解答疑难税收问题100余次。此外,利用横幅、展板、电子显示屏、宣传栏等传统载体,结合自治县政府门户网站、百色市税务局信息发布平台等创新开展网络税收宣传。

【税务队伍建设】 2018年,自治县税务局建立健全工青妇组织和运行机制,开展"党建带群建 合力助改革"系列主题活动、党员承诺践诺活动。举办业务培训49期,培训干部覆盖全局;举办各类互补性培训班2期,培训业务骨干约60人次。举办全员警示教育课,利用身边人身边事,以案促廉,加强反腐倡廉教育。抓好基础性制度性工作,逐步统一"税标",重构新的税务工作规范,开展机关日常运行管理制度"立改废"。落实脱贫攻坚后援单位职责,筹措帮扶资金13.06万元,帮助贫困村和贫困户改善民生。 （班银凤）

金　　融

银行业监管

【银行业监管机构概况】 2018年,中国银行业监督管理委员会百色监管分局隆林办事处(简称百色银监分局隆林办事处)隶属百色银监分局的派机构,内设主任室、综合办公室,有人员编制4名,实有2人。办公地址在新州镇迎宾路西开段延长线隆林农商行办公楼4楼。

年内,自治县境设有中国人民银行隆林县支行、中国银行业监督管理委员会百色监管分局隆林办事处、自治县金融管理办公室等金融业监督管理部门,辖内设有中国农业发展银行1家政策性银行,有中国工商银行、中国农业银行2家国有商业银行县支行,中国邮政储蓄银行有限责任公司隆林各族自治迎宾路支行1家全国性商业银行,广西隆林农村商业银行股份有限公司1家地方法人金融机构,百色右江华润村镇银行股份有限公司隆林各族自治县支行1家,设有中国人民人寿保险股份有限公司、中国人民财产保险股分有限公司等9家分支机构和营销服务部,全县金融机构网点45个。银行业机构网点34个,其中县城服务网点19个、乡(镇)服务网点15个,营业网点覆盖各个乡(镇),银行业机构从业人员592人,有ATM机具94台、POS机1151台;保险业机构营业网点11个,保险业机构从业人数101人。年末,设有隆林县金瑞达小额贷款有限责任公司1家小额贷款公司,注册资本3000万元,从业人员14人。

【经济金融监管】 2018年,百色银监分局隆林办事处监测和关注辖内经济金融运行状况和银行业风险状况,按规定撰写辖内银行业金融机构风险分析6份;收集、分析、上报非现场监管报表资料22份,撰写制度、半年经营和风险分析报告、不良贷款监测报告8份、定期与董(理)事会高管层部门负责人举行审慎监管会议4次;提出辖区内银行金融机构调查建议;撰写半年、年度监管报告4份,督促隆林农信联社做好信息披露工作,对外披露2018年度书面报告和信息表各2份,确保股东(社员)和相关利益者及时查阅了解经营情况,接受社会监督。

【金融扶贫贷款】 2018年,自治县金融精准扶贫贷款余额14.70亿元,余额比上年下降6.4%。建档立卡贫困人口及已脱贫人口贷款2.90亿元,增长1.90%,服务6084人。项目精准扶贫贷款余额11.13亿元,余额下降10.40%。

【地产房产金融信贷】 2018年,自治县各类房地产贷款5.82亿元,比同期增长29.24%。其中,地产开发贷款余额568.75万元,比上季减少82.57%,比同期减少86.93%;房产开发贷款余额1.95亿元,比上季减少0.05%,比同期增长254.59%;购房贷款余额3.82亿元,比上季增长2.43%,比同期增长8.44%。

【金融中间业务】 2018年,自治县地方法人金融机构中间业务收入1454万元,比上年增加640万元,增78.60%。其中,结算性中间业务收入522万元;管理性中间业务收入101万元。

【保险业务】 2018年,自治县保险业金融机构保费收入1.04亿元,比上年增加768万元,增长8.01%。

【小贷公司业务】 2018年,自治县各小额贷款公司贷款余额2826.40万元,比上年减少40.20万元,下降1.40%。

【农村支付环境建设】 2018年,自治县建设“两点一站”(农村金融服务进村专项活动示范点、惠农金融服务点、农村金融综合服务站)243个,其中农村金融综合服务站25个(含农村金融服务进村专项活动示范点16个),惠农金融服务点218个。 (陈忠华)

银　　行

【中国人民银行隆林县支行】 2018年,中国人民银行隆林县支行(简称人行隆林县支行)内设办公室、会计国库股、综合业务股3个部门,在职单位员工21人。主要有货币信贷、金融稳定、金融统计、支付结算、人民币现金收付业务及反假币、国库业务、反洗钱、征信管理等业务。办公地址在新州镇民生街248号。年内,人行隆林县支行以及金融监管部门、各金融机构保持稳健中性的货币政策,守住金融风险底线,稳步推进农村金融改革,加大信贷支持、金融扶贫,加快金融服务工作和金融产品创新步伐,开展普惠金融,金融平稳健康发展。

存贷款 人行隆林县支行加强和改善宏观审慎管理,重点实施平衡稳增长、调结构、抑泡沫和防风险,深化金融体制改革,发挥开发性金融和政策性金融在促增长、调结构方面的作用,加大对经济重点领域、薄弱环节支持力度,继续开展惠民金融服务和产品创新,促进地方特色金融服务和经济稳定增长。年末,自治县各银行各项存款77.38亿元,比同期降0.13%。其中,住户存款56.91亿元,比年初增长11.07%;企业存款10.34亿元,比年初减少34.97%;广义政府存款10.04亿元,比年初减少1.10%,存款结构分布住户存款占比73.55%、企业存款占比13.36%、广义政府存款占比12.97%。年末,自治县各银行各项贷款54.83亿元,比同期增长15.54%,存贷比70.85%。其中,住户贷款20.48亿元,比年初增长12.38%。其中,住户消费贷款9.28亿元,比年初增长13.14%,住户经营贷款11.20亿元,比年初增长11.76%;非金融企业及机关团体贷款34.35亿元,比年初增长5.90%。各贷款结构分布是住户贷款占比37.35%,非金融企业及机关团体贷款62.65%。 (黄　辛)

【中国农业发展银行隆林各族自治县支行】 2018年,中国农业发展银行隆林各族自治县支行(简称农发行隆林县支行)内设行长室、办公室、信贷业务部、会计结算部4个部门,年末在岗职工16人。在百色市农发行系统内绩效考核得分排名第3名、人民银行开展隆林县银行业金融机构综合考核得93.87分,等级为A,排名第一。年内,推进农村路网、土地储备、水利建设、扶贫项目贷款,实现业务新突破,助力脱贫攻坚战。

存款 年末各类存款余额7.71亿元,比上年末减少46.7%。主要原因是支付贷款资金,贷款派生存款减少。

信贷管理 一是传统业务不放松,围绕保障粮食安全,支持粮油收储,促进地方粮食安全。二是准确把握贷款投向,助力脱贫攻坚战。重点支持教育扶贫过桥贷款、整体城镇化建设贷款等领域,累计营销贷款项目4个,上报审批项目4个,审批金额15.23亿元。全年

累计投放3个项目共4笔贷款，累放金额3.87亿元。三是加强信贷基础管理。把贷后管理措施和尽职管理制度落实到位，推广无纸化办贷，提高办贷管贷质量，严控新增不良贷款，不良贷款继续保持为0。年末贷款余额13.09亿元，比年初减少5743万元，减幅4.20%。贷款减少的原因是受到国家清理地方隐性债务及银监部门清理银行滞留资金影响，全年累计收回各类贷款6.32亿元。

资金管理　一是在确保粮油收储贷款计划前提下，优先保证中长期续贷项目，量力而行安排新项目，严禁超计划放款。把握好贷款投放节奏和进度，做到按季按月均衡实施贷款计划。二是进一步做好财政补贴资金管理和拨付工作。三是加强资金调拨管理，强化资金头寸管理，在供应资金的额度内自求平衡。四是严格财务收支管理，坚持勤俭办行，增收节支，执行财经纪律，合理安排合规使用费用，严禁发生违规行为。五是推进全面预算管理。深化政策性业务和商业性业务分别反映、分类核算工作。六是稳步推进新会计准则实施工作，完善会计核算制度，建立符合内部管理和新准则要求的全面核算框架。

金融支持地方建设　贯彻服务“三农”战略，推行自治县金融扶贫模式。全年累计投放贷款3.87亿元，其中投放教育扶贫过桥贷款2亿元，用于支持义务教育均衡发展建设项目；投放1.87亿元，用于支持扶贫产业园基础设施(一期)建设项目。（梁勇康）

【广西隆林农村商业银行股份有限公司】 2018年，中国农业发展银行隆林各族自治县支行(简称农发行隆林县支行)内设办公室、党委办公室、人力资源部、财务会计部、市场开发部、资产风险部、法律合规部、计划信贷部、清算中心、稽核审计部、监察室、保卫部、电子银行部、后勤部、统计信息部、计算机网络中心等16个职能部门。年末，全辖共设有23个营业网点，其中县城城区内营业网点8个、乡(镇)营业网点15个，有自助设备54台、助农取款点175个、农村金融综合服务站8个，POS机742台。在编职工206人。办公地址在新州镇迎宾路西段延长线。

信贷业务　截至12月末，各项贷款余额32.53亿元，比年初增加3.92亿元，增长13.72%。其中，涉农贷款余额30.27亿元，占各项贷款的93.05%，增长3.05亿元，增长率11.21%；小微企业贷款余额为17.37亿元，增长1.89亿元，增长12.18%；中长期贷款25.55亿元，占比78.55%，比年初增长0.36个百分点。累计投放各项贷16.52亿元。其中，支农贷款14.08亿元，小微企业贷款2.93亿元，扶贫贷款561万元；累计收回各项贷款12.60亿元。各项贷款余额在本县全社会市场占有率59.33%，增量在县全社会市场占比94.10%。

信贷管理　坚持以“优化结构、突出重点、合理配置、持续发展为指导原则，坚持支农支小支微的市场定位，立足本地资源，坚持抓小不放大，加大信贷投放力度和结构调整力度。一是以农户小额信用贷款为基础，加大支农、涉农贷款投放力度。二是开展个人贷款营销工作，通过宣传广告、业务外拓、片区信贷员深入营销等方式做好公务员、企事业单位职工、个体工商户贷款营销工作，全年投放个人贷款5371户，金额7.31亿元，个人贷款占比49.90%。三是抓好支小支微。通过“惠企贷”“民贸民品”等方式扩宽小微企业的融资渠道，满足小微企业贷款需求，全年投放小微企业贷款690户，金额2.93亿元，比年初增长54户，金额1.89亿元。四是做好扶贫贷款管理和投放，全年投放扶贫贷120户，金额561万元，比年初增长90户，金额392万元。

金融支持地方建设　通过“惠企贷”“银税合作”“4321”新型政银担合作等方式扩宽小微企业融资渠道，降低小微企业贷款综合成本。创新信贷支持特色产业行业、扶贫龙头企业发展，带动贫困户产业发展和经济收入。推进信用体系建设，助推乡村振兴工作，完成沙梨乡、隆或乡、岩茶乡3个信用乡、33个信用村创建、授牌工作。至年末，创建信用村105个、信用乡10个。提升惠民、利民、便民金融服务体验。机关食堂一卡通投入使用，使全县公职人员享受到机关食堂就餐的便利性；与县人民医院“智慧医疗”项目签约，为全县居民提供更便捷的就医条件。推行聚合支付，建设隆林县兴隆街示范街区，为县域支付环境建设做出贡献。六是拓展电商扶贫、助农产销。为隆林三冲茶叶、万锋湖渔业产品、隆林红姐特产店等商户入驻自治区联社利农商城，提高隆林特色农产品的物联网销售量，助推当地特色农产品发展。

银行监督机制建设　重点围绕执规执纪、合规守法经营、内控制度执行、风险防范等情况开展全面的监督机制。一是统筹工作安排，完善岗位责任制。对全年稽核和内审工作进行统筹规划，年度有安排、季度有部署、月度有进度，细化稽核审计的管理制度，实行稽核包片责任制、稽核审计责任追究制度，进一步夯实管理责任。二是规范检查行为，细化检查内容。规范稽核检查程序和稽核检查行为，各项检查内容按照“作业式、格式化”进行列表细化，提高稽核监督工作实效。三是推动三道防线的整体联动。稽核审计于内控监管第三道防线，检查方式以抽查为主，通过抽查监督，对相关制度规定作进一步明确描述，筑牢第一道防线，同时研究和探索新的工作思路，加强横向信息交流，使职能管理部门的业务督导更具针对性，填补部分监管真空，推动第二道防线、第三道联动。四是对重要空白凭证、非信贷资产等11个的稽核检查项目开展监督检查。对全辖23个营业网点的各业务条线进行常规检查审计，累计对网点进行检查达70次，网点面检查100%。发出现场检查事实确认书128份，发现存在问题71条，提出整改意见71条。

电子银行建设　加大对网上银行、手机银行、公务信用卡、社保IC卡、食堂一卡通、POS机等业务的宣传，开展“扫街式”的外拓营销，完成自治县政府食堂食堂一卡通和县人民医院银医一卡通合作项目工作。优化自助设备布放，推广自助设备的应用，合理布放自助设备，提升金融服务水平，新增自助设备4台，累计有自助设备54台。至12月末，发行桂盛卡16.81万张，新增电子银行有效户1万户，开通短信通2.34万户，新增POS自主收单有效商户148户；公务卡发行3754张，信用卡收入163.51万元，新增云闪付2108户，自助设备开机率95%，电子银行交易替代率92.62%。　（黄骥仙）

【中国农业银行股份有限公司隆林各族自治县支行】2018年，中国农业银行股份有限公司隆林各族自治县支行（简称农行隆林县支行）内设综合管理部、风险管理部、公司业务部、个人金融部4个部门，下辖支行营业室、新兴分理处、新州分理处3个营业网点，在县民族文化广场、隆林一中、幸福花园、隆林二中设有4个自助银亭；在原老新州分理处设有1个离行式自助银行，在乡（镇）布放惠农通终端共16台。其中，新州镇布有惠农通终端3台，平班镇布有惠农通终端2台，天生桥镇布有惠农通终端2台，隆或镇布有惠农通终端3台，德峨镇布有惠农通终端2台，金钟山乡布有惠农通终端1台，克长乡布有惠农通终端1台，岩茶乡布有惠农通终端2台。共有在职干部职工59人。办公地址在新州镇兴隆街18号。

存款　跟进当地征地项目、重大项目的征地款，跟进在扶贫攻坚、财政建设项目的施工单位和个人的吸储工作，及时了解、动态跟踪资金结算情况，抓住资金流。抓住农户收购季节性结算款营销、商户货款回笼时机，营销活利丰、定利丰、个人大额存单等产品。突出高端个人客户维护，提高储蓄存款贡献度，开展“扩户提质”工程，按季度从有关部门获取对公客户名单，分片，逐户进行营销。对存量客户进行维护，特别是对重大项目的资金用途进行有效地计划，了解存款情况和用款进度，做到及时维护。加强银政合作和银企合作，落实责任人，加强与自治县党委政府和相关企业的沟通和联系。跟进职业年金和“六类项目”的营销维护工作，扭转对公存款负增长的被动局面。年末，各项存款余额13.64亿元，市场份额占比17.70%。其中，对公存款余额4.52亿元，市场份额占比22.20%；储蓄存款余额9.12亿元，市场份额占比16%，。

贷款　按行业、按种类推进贷款的营销，加强与政府的协调，重启政府增信，推进与农担公司的合作，扩大农业贷款的投放。结合自治县年内新开工建设的重大项目，进行筛选，拼抢优势项目。加大对优质小微企业的支持，在风险可控的前提下，抓好贷款产品营销，按照工商企业新注册名单，落实营销责任与目标，实行由近及远顺序，逐一走访了解企业需求及合作意向。跟进当地PPP（政府和社会资本合作，是公共基础设施中的一种项目运作模式）项目运作情况，加强与政府沟通，介入政府PPP项目贷款，争取应有的份额。推进全辖对公客户贷款需求排查活动，做好边筛选边营销，成熟一户上报一户。围绕当地产业，特别是加大对隆林黑猪、油茶、西贡蕉、烟农贷项目及渔业养殖、桑蚕产业等的农户贷款批量投放。加强非“三农”个人贷款的营销，主抓随薪贷、网捷贷、汽车分期贷款、信用币等产品的营销和推广，并组织队伍深入各机关单位和重点乡（镇）进行营销。对现有楼盘做好按揭业务的营销，重点营销个人住房贷款、个人“房抵贷”、个人助业贷款、“随薪贷”、农民“安家贷”等业务。全年各项贷款余额5.02亿元，市场份额占比9.20%。累计发放各项贷款2.64亿元，其中法人贷款7605万元，个人类贷款1.87亿元。全行不良贷款余额60万元。

中间业务　加强对自主设备的巡检与维护，提高运行率，确保客户用卡环境的顺畅，提升知名度。利用个优系统筛选出各种客户级别，甄别客户需求，适时营销自主理财产品、贵金属等，增加中间业务收入。深入小区、社区和校园，强化网银、第三方存管、短消息、信用卡、电子账单等产品的营销，扩大客户群。全行实现中间业务收入358万元、拨备前利润2438万元、拨备后利润2410万元。

（张崇恩）

【中国工商银行股份有限公司隆林各族自治县支行】 2018年，中国工商银行股份有限公司隆林各族自治县支行（简称工行隆林县支行）内设机构有综合管理部1个部门，下辖支行营业厅、新州支行2个营业机构，有员工25人。有牡丹卡、理财金、个人网上银行、企业网上银行、电话银行、手机银行、24小时自助银行等服务品牌。办公地址在新州镇民生街243号。

业务经营　年末，各项存款余额6.39亿元，比年初增4289万元，其中，对公存款余额2.02亿元，比年初增1709万元；储蓄存款余额4.38亿元，比年初增2580万元。各项贷款余额3.79亿元，比年初减少2442万元；不良贷款余额8万元，比年初减少23万元，不良贷款余额控制在百色分行下达9万元目标内，任务完成率112.50%。全年实现经营利润1515.92万元，比上年减少70.39万元。各项贷款下降的主要原因是项目贷款（广西桂水电力有限公司）按照还款计划年内累计还款本金1500万元；个人住房按揭没有新楼盘、存量楼盘销售尾声，每月正常还款本金约200万元。全年实现中间业务收入292万元；净增单位结算账户93户；新增电脑端企业网银动户36户；融e行净增1842户；新增互联网金融客户1130户；实现电子银行交易和网上银行交易27.17亿元和25.18亿元。

信贷管理　成立个人不良贷款和逾期贷款清收领导小组，由一把手总部署提目标，分管行长具体督促抓落实，安排专人进行专职催收，同时倾斜支行人力、物力予以支持。对催收对象列出清单，明确到人，强化奖惩考核，小组成员每日碰头研究压降效果及存在困难，除开展常规电话、上门方式联系催收外，还向百色分行内控合规部主动汇报及获取支持，并利用公安、法院等外部力量，对客户晓之以情，动之以理，争取客户的最大还款配合，年末各项贷款余额比年初减少23万元。

客户服务　对网点进行装修改造，完善硬件设施建设，投入电子设备，在新州镇龙山街新设一自助银行网点，改善市民用卡环境。发动全行员工，利用网点客户资源，向综合业务部介绍客户、推荐客户，并可分享业务营销奖励。选派信贷客户经理人员轮训，参加上级行开展的信贷业务培训，提高信贷客户经理的政策水平和业务水准，支持地方经济建设，全年共营销发放小企业贷款635万元。

内控管理　支行领导与部门主要负责人，部门主要负责人与全行员工层层签订党风廉政建设、内控案防、安全保卫（消防）责任书，让全行员工知道各自工作职责。组织员工学习《员工违规行为处理规定（2017年版）》，增强员工做好新常态下内部控制管理工作的责任感和使命感，增强依法合规，风险防范和自我保护意识。组织全行员工利用班前、班后进行“熟知禁令、承诺执行”大讨论活动，提高员工遵章守纪意识。利用全员工作例会、案防分析会及网点班会、晨会，组织员工学习有关规章制度，学习风险防范的有关知识及案例，结合相关制度和业务处理流程有针对性开展学习，开展单位结算账户管理、预留印鉴管理、验印环节、现金管理环节、管理人员履职等风险问题教育工作。强化远程授权通过率提升，要求现场管理人员充分利用晨会及例会时间，结合近期远程授权中被拒绝、撤销、作废的影像资料，深入分析相关原因，要求柜员从授权操作流程细节入手，熟练掌握远程授权相关业务需要提交的影像凭证和风险环节控制、切实规范业务操作并确保上传的影像资料完整、清晰、准确，从源头上降低远程授权拒绝率。抓好各网点管理人员履职和运营主管现场复核监督工作，运营主管现场审核、监督柜员办理业务，严禁柜员擅自变通或减少流程走捷径，值班经理做好班前、班中和班后的检查，特别是对特殊业务、重要事项的复查、复核工作。实行核算质量奖优罚劣和绩效工资挂钩考核，激发柜面员工防范操作风险、提高核算质量的责任感和积极性。同时设立核算质量专项奖励，进行考核排名，引导员工增强责任心，严格执行各项规章制度办理每一笔业务，从源头杜绝差错隐患的发生。在百色分行年末内控评价结晶果为良好等。

（张时高）

保　险

【中国人民财产保险股份有限公司隆林支公司】 2018年，中国人民财产保险股份有限公司隆林支公司（简称人保财险隆林支公司）内设经理室、财务室、查勘理赔部、业务部、营销部5个部门，有职工20人。营业大楼在新州镇迎宾路223号。

年内，人保财险隆林支公司业务险种覆盖有机动车辆保险、人保财险电话车险、企业财产保险、人身意外险、责任保险。其中,机动车辆保险包括基本险和附加险两部分,基本险分为车辆损失保险和第三者责任保险,附加险有附加盗窃险、附加自燃损失险、附加新增加设备损失险、附加不计免赔特约险、附加驾驶员意外伤害险、附加乘客意外责任保险等。人保财险电话车险包括机动车损失保险、第三者责任保险、车上人员责任保险和机动车盗抢保险4个主险。此外,还提供包括玻璃单独破碎险、自燃损失险、车身划痕损失险、不计免赔率特约等在内的多个附加险供客户自主选择。企业财产险包括计算机保险、利润损失险、机器损坏险、财产一切险、财产保险综合险、财产保险综合险附加、水暖管爆裂保险、财产保险综合险附加机器设备损坏保险、财产保险基本险、现金保险、电脑保险、财产切保险条款(涉外)、锅炉压力容器保险。人身意外险包括死亡给付、残疾给付、医疗给付和停工给付。全年实现保费收入1457万元,理赔1059万元。 (王哲诗)

【中国人寿保险股份有限公司隆林支公司】 2018年,中国人寿保险股份有限公司隆林支公司(简称人寿保险隆林支公司)内设经理室、综合办公室、客户服务部、个险销售部、银行保险部、团体业务部、收展部、隆或镇营销服务部、德峨镇营销服务部9个部门,有员工7人。办公地址在新州镇迎宾路218号。年内,人寿保险隆林支公司业务险种覆盖有人寿保险、健康保险、意外保险、分红保险、万能保险、小额信贷保险、企业年金保险、农村小额保险等保险业务及国家保险监管部门批准的其他业务。全年实现总保费收入4540万元,比上年减少1%;其中个人业务3763万元,比上年增长12%;团体业务486万元,减少17%;银行保险业务291万元,减少53%;短期险理赔金额230万元,增长26%。 (黄 玥)

交通·邮政·通信

交通运输

交通综述

【交通运输机构概况】 2018年，隆林各族自治县交通运输局（简称自治县交通局）内设公路管理所、港航管理所、工程质量监督站、船舶检验站、地方公路路政执法大队、道路运输管理所、交通物流办7个二层机构。全系统共有人员编制92名，实有77人。其中，自治县交通局在编在职8人；港航管理所在编在职12人；公路管理所编制34名，实有28人；船舶检验站编制4名，实有2人；工程质量监督站在编在职7人；地方公路路政执法大队编制15名，实有12人；道路运输管理所编制12名，实有8人。办公地址在新州镇民族社区民族路216号。

【交通工程项目建设】 2018年，自治县交通重大项目建设进展顺利。一是G246国道天生桥至隆常么、常么至西林二级公路项目年度投资责任目标分别为8814万元和8590万元，截至11月底，天生桥至常么段完成投资1.25亿元，占年度责任目标的142%；G246常么至西林段完成投资1.13亿元，占年度责任目标的131%。二是隆林经者保至腊仁三级公路工程项目，年度投资责任目标2200万元，截至11月底累积完成投资4188万元，完成总工程量的88%，将于明年3月前完工。三是沙梨至隆或公路改建工程开工建设，“三大攻坚战”的7条通乡（镇）公路提级改造项目前期工作完成公开招标，在进行资料编制上报；G324管肖至G246者浪连接线（县城绕城路）完成项目建议书批复、立项批复，项目工程前期工作、编制和申报评审中；新州至克长二级路开工建设。

【公路运输行业管理】 2018年，自治县有各类营运车辆1226辆（其中客运车辆216辆、货运车辆970辆），建成汽车站2个、乡（镇）客运站13个，有维修企业35户驾校5家。其中，农村客运公司2家，开通线路91条，客运网络已遍布全县16各乡（镇）152个行政村；城市公交公司1家（隆林金达公交有限公司），城市公交车辆40辆，经营公交线路24条；有普通货物运输车辆970辆；各类维修企业36户，其中二类6户、三类29户；驾驶员培训学校5家，分别是自治县顺达职业机动车驾驶员培训有限公司、自治县民顺机动车驾驶员培训有限公司、隆林安基交通机动车驾驶员培训有限公司、隆林广源机动车驾驶员培训有限公司、自治县惠达机动车驾驶员培训有限公司。截至12月底，全县共完成公路客运量69.70万人次、公路客运周转量6970万人千米；完成物流、货物运输量1778.60万吨，公路货运周转量3.55亿吨千米。年内，自治县持续开展“道路运输平安年”和“安全生产月”活动以及道路运输领域平安交通专项整治行动。截至12月，检查辖区道路运输企业215次，排查隐患和问题436处，对发现的隐患问题责令整改，并下达整改通知书，督促落实整改完毕。开展打非治违行动，共出动执法人员3115人次，暂扣非法营运车辆面包车100辆、客车3辆、货车38辆、货车证件110本、客车证件228本，维护道路运输市场秩序。

【农村公路建设】 2018年，自治县交通局推进所负责的全县“十二五”通建制村水泥路建设全面完工，总计实施里程986千米，全县175个建制村全部实现水泥（沥青）路通达，为脱贫攻坚战的全面铺开提供坚实的基础保障。上年自治县脱贫攻坚指挥部安排实施的岩茶乡者艾、弄甫村、沙梨乡坝平村、介廷乡弄昔村等32个72.54千米屯级路项目，共投资3120万元,年内全部完工。安排实施的者保乡乡同禄村等8个建制村44千米屯级路项目,共投资2159.40万元,完成预定进度目标。农村公路安防工程建设和渡改桥、危桥改造项目建设。其中,安防工程项目为小湾至龙良、平歪至隆林等5个项目共42.50千米,总投资880万元;渡改桥项目总投资146万元;危桥改造项目伟里桥、者保桥总投资80万元。

【农村公路养护】 2018年,自治县完成农村公路养护195条共1656.59千米,其中县道公路12条共468.07千米,乡道15条共139.823,村道168条共1048.69千米。

【公路安全隐患治理】 2018年雨季期间,自治县交通局公路管理所制定公路防洪抢险的应急预案,实行24小时值班制,取消双休日的休假。4月进入汛期以来,岩茶、介廷、德峨、平班、者浪、天生桥、沙梨、隆或等乡(镇)发生强降雨,边坡、路堤多处坍塌,致使多条管养线路水毁,交通中断。灾情发生后,组织机械赶往现场,安排各养护站组织人员,调动人力、物力、财力投入抢险,共清运水毁坍塌方633处共1.54万立方米,清理边沟61.50千米,修建挡土墙850立方米,回填路堤2820立方米,修复路面2400平方米,填补路面5.42万平方米。完成水毁抢险修复工程投资40万元。有效地保障农村公路的安全畅通。4—10月雨季汛期,投入434万元完成水毁抢修修复工程共38.50千米。其中,平班镇扁牙街上原地质灾害点路面硬化工程43万元共0.20千米,平歪至隆林公路治理工程95万元共0.45千米,天生桥至桠杈公路应急抢修工程173万元共0.40千米,蛇场至水头公路水毁修复工程18万元共11千米,龙滩至平辆公路应急养护工程48万元共20千米,茶油林至同禄公路社会评价绩效项目15万元共6千米,那平一桥加固工程26万元共0.10千米,者浪至革步公路蒙里一桥便道工程16万元共0.35千米。

【公路路政管理】 2018年,自治县交通局开展公路路政管理工作,开展公路乱象整治活动16次,共上路巡查2630车次,清除各类违法占用、堆积87处870平方米,清理临时搭棚17处340平方米,疏通人为水沟堵塞2135米,查处车辆16辆,清理非公路标志276块,处理5起公路设施损坏赔偿案件,处罚金额1.20万元。到各乡(镇)开展路政宣传月活动,发放宣传材料3000份。与自治县公安交警、自治县农机局、隆林公路管理局路政执法大队联合开展的联合执法10次,出动执法人员245人次、执法车辆28辆,检查车辆293辆,警告放行176辆,交警查处13辆,处罚金额1.55万元,卸货837.56吨,拆除违规埋设电杆25根。

(苏安芬)

表7 2018年隆林各族自治县农村养护路况指标及完成情况表

	优良率(%)	中等路以上比率(%)	差路率(%)
县道(计划/完成)	45/45.10	80/80.30	6/5.90
乡道(计划/完成)	34/35	75/76	12/11.30
村道(计划/完成)	27/27.40	70/70.80	18/17.40

公路运输

【公路管理机构及概况】 2018年,广西壮族自治区隆林公路管理局(简称隆林公路管理局)内设办公室、财务科、安全与国有资产管理科、养护与工程管理科、纪检监察室、政工科和路政执法大队等7个职能科室,其中养护站3个,分别为板坝养护站、岩场养护站、德峨养护站;养护作业点5个,分别为板坝养护站沙梨作业点、板坝养护站扁牙作业点、板坝养护站介廷作业点、德峨养护站新州作业点、德峨养护站猪场作业点,负责管养里程183.31千米。

【公路养护】 2018年,百色公路管理局下达给隆林公路管理局公路养护指标为优良里程63.48千米,优良路率58.70%。至12月底,共完成路线优良里程63.48千米,优良路率58.70%。下达路面修补任务为11.46万平方米,实际完成11.54万平方米,完成率100.60%;巩固标准化水沟108.14千米。下达的公路养护小修保养费667.40万元,支出667.40万元。公路路产损失修复支出工程项目1项,共投资9万元,工程质量合格。水毁修复工程项目补助资金2项,共投资7万元。

【路政管理】 2018年,隆林公路管理局路政执法大队与公安交警、地方路政执法大队、运管、高速路政联合开展整治公路汽车超载(简称治超)行动100多次,累计出动执法人员799人次,共检测货运车辆2354辆,查处超限运输案件64件,罚款金额5.90万元,卸载520.71

吨。共发生路损赔偿案件20起，结案20起，收回路产损失赔(补)偿款11.51万元；路政处罚案件72起(普通治超案件45起，联合治超案件27起)均能按区局自由裁量处理。开展路域环境整治活动，共清理非公路标志牌396块，清理堆积物39处，共354平方米，清除道口5处，清理临时搭棚1处8平方米，强制拆除违法构筑物1处6平方米，疏通人为堵塞水沟930米。

【安全生产】 2018年，隆林公路管理局完善安全责任体系建设，开展汛期隐患排查治理，至12月底，共发现安全隐患5处，完成整改5处，投入资金32.50万元。其中，完善公路标牌24处，查处和整治路肩堆积物11处共227平方米；清理人为堵塞排水沟16处共890米；增设道口示警桩460根；修复波形栏缺损120米；增设减速带660平方米。全年实现安全责任事故零目标。

（农勇务）

水上交通运输

【水上交通运输概况】 2018年，自治县完成水路客运量10.63万人，水路客运周转量万人82.60千米；水路货运量12.80万吨，水路货运周转量256万吨千米(县域水路货运平均运距按20千米计算)。年内辖区无重大水上交通安全事故发生，水上交通安全指标事故起数、死亡人数、沉船艘数、经济损失四项指标均为零。

【船舶年审】 2018年，自治县交通局开展船舶年审工作，督促天生桥库区运输船舶参加参加年度检验的船舶共52艘，检验合格33艘，共完成年度检验率81%。全年共办理船舶营业运输许可证108本，办证率100%。

【渡运安全宣传活动】 2018年，自治县开展渡运安全宣传活动。3月11日渡运安全月宣传日及6月15日的安全生产宣传日活动期间，自治县港航管理所联合隆林海事办共同深入库区，在天生桥库区、革步码头组织开展以渡运安全管理职责、渡运典型事故案例、渡运安全常识、应急处置知识、穿(拿)救生衣实践等为主要内容的渡运安全警示宣传教育活动，共发放宣传资料500余份，悬挂水上交通安全标语6幅。

【水上安全生产大检查】 2018年，自治县开展水上安全生产大检查10次，共出动检查人员592人次，检查运营船舶1157艘，其间，共发放安全生产宣传资料3000余份，悬挂全生产宣传横幅30条。

（苏安芬）

邮　　政

【邮政机构及工作概况】 2018年，中国邮政集团公司广西壮族自治区隆林各族自治县分公司(简称自治县邮政分公司)内设综合办公室、市场部，下设7个生产班组和15个支局所，有在岗职工70人，其中管理人员4人，生产人员66人。办公地址在新州镇龙山街87号。 全年业务总收入完成1507.04万元，经营利润完成213.99万元，完成预算67.94%。年内，自治县邮政分公司主要有函件(数据库商函、邮政账单、无名址函件、数据库服务、中邮广告)、集邮(新邮预定、个性化邮品、定向邮品开发)、包裹(普通包裹、快递包裹)、报刊、增值、分销等业务。函件收入完成96.79万元，比上年增长423.80%；包裹快递业务收入完成144.70万元；集邮收入完成34.11万元，增长2.87%；报刊收入完成77.18万元，下降7.60%；增值业务收入完成15.45万元，增长2%；分销业务收入完成28.04万元，下降76.10%。

【邮政储蓄】 2018年，自治县邮政分公司金融类业务(含储蓄、汇兑)代理金融收入完成939.43万元，比上年增长13.50%；代理金融储蓄余额全年净增4254万元，总余额4.58亿元。

【邮政物流】 2018年，自治县邮政分公司主要有特快专递业务(全球特快专递、国内特快专递、同城特快专递、邮政礼仪)和物流业务。全年速递物流类完成业务收入185万元。

【邮政重点项目经营】 2018年，自治县邮政分公司按照百色市邮政分公司的经营思路，开发重点项目经营。2月开发自治县综治办全年"朋友圈"广告项目，实现函件收入9.60万元。4月与县人民检察院、教育局联合开展"树良好家风、共筑和谐校园"校园书信比赛项目，通过成立项目工作组对全县各中小学校开展走访，成功发展38所中小学校，征订活动主题包2.14万份，共形成函件收入17.06万元。6月开展"国之瑰宝　币邮所值"人民币发行70周年纪念巡展暨邮政客户答谢会活动，实现集邮收入8.20万元。7月开发自治县"2018年习近平新时代社会主义思想讲习所”项目，在71个村镇委员会办公室建设讲习所，实现函件收入17万元。第三季度，通过与县国土局密切联系，跟进隆林县鹤东大道征地款项目，获得部分村屯征地款发放清单，预计实现征地款揽储500万元。10月开展“浓情金秋，邮礼相伴”客户答谢会和“月圆人圆，相约中秋”青年交友活动，揽储112万元。第四季度，开发卫计“健康促进”宣传项目，实现收入13.40万元。

（黄　潇）

通　信

电信通信

【电信机构概况】 2018年，中国电信股份有限公司隆林分公司（简称隆林电信分公司）内设内设综合办公室、城市支局、渠道中心、政企支局、网络部、营销支撑中心6个部门，下辖沙梨、德峨、者浪、天生桥4个支局，在者浪乡、者保乡、扁牙乡（村）、天生桥镇、桠杈镇、革步乡、金钟山乡、沙梨乡、平班镇、隆或乡、界廷乡、德峨乡、蛇场乡、岩茶乡、克长乡设立15个营业厅服务网点。年末用工83人。办公地址在新州镇民生街227号。

【业务经营】 2018年，隆林电信分公司主要经营800MHz CDMA第二代数字蜂窝移动通信业务和CDMA2000第三代数字蜂窝移动通信业务；固定网本地电话业务（含本地无线环路业务）、固定网国内长途电话业务、固定网国际长途电话业务、IP电话业务（限于phone-phone）、卫星国际专线业务、因特网数据传送业务、国际数据26GHz无线接入业务、国内通信设施服务业务；国内甚小口径终端地球站（VSAT）通信业务、固定网国内数据传送业务、无线数据传送业务、用户驻地网业务、网络托管业务、在线数据处理与交易处理业务、国内因特网虚拟专用网业务、因特网数据中心业务、语音信箱业务、传真存储转发业务、X.400电子邮件业务、呼叫中心业务、因特网接入服务业务和信息服务业务（含固定网电话信息服务业务、互联网信息服用业务和移动网信息服务业务）；与通信及信息业务相关的系统集成、技术开发、技术服务、技术培训、技术咨询、信息咨询、设备及计算机软硬件等的生产、销售、安装和设计与施工；房屋租赁；通信设施租赁；安全技术防范系统的设计、施工和维修；广告业务、光纤宽带、电子学生证、号码百事通、上网流量包、无线宽带、IPTV电信宽带电视、数字电路、VPN（虚拟专用网络）专线、综合传媒业务。开展提供基本数据、视频、图像、话音、彩铃、天气预报、宽带电视、翼支付、等多种业务，拥有“3G、4G天翼智能手机、3G、4G无线宽带”等大服务品牌，中国电信网天翼智能手机号为133、180、181、177、153、189、199号码。年末有固定电话用户6204户、宽带用户2.54万户、IPTV（交互式网络电视）用户2.41万户、天翼手机用户5.15万户。

【电信网络建设】 2018年，隆林电信分公司做好电信网络建设，ODN（基于PON设备的FTTH光缆网络）三、四、五期的248个工程建设和开通，覆盖住户1.18万户，建设端口4832个；ODN七期第一批、第二批共15个新建项目的建设，建设覆盖132个村屯，建设端口3224个。ODN自建扩容完成584块二级分光器扩容，新增端口4672个端口。新增高山基站30个，设备开通率100%，入网率100%。第一批直放站建设59个远、近端机，全部安装完成及光路调测。县城区域小区LAN+PON设备改造，FTTH覆盖县城内区域99.50%，县城区域端口1.86万个，实装9636个，实装率51.80%。49个普遍服务工程（包含区公司项目），覆盖住户2307个，建设端口1048个，农村区域端口建设12.15万个，实装6.17万个，实装率50.82%。完成县城、各乡（镇）、行政村、屯光网建设工程，中国电信天翼3G、4G天翼智能手机信号全覆盖、中国电信超高清宽带电视开通.实现“光纤到户”。

（黄显雷）

移动通信

【移动通信概况】 2018年，中国移动通信集团广西有限公司隆林分公司（简称隆林移动分公司）内设综合部、销售部、集团客户中心、工程维护中心4个部门，年末，有自营服务厅4个，有员工45人。办公地址在新州镇兴隆路224号。

【业务经营】 2018年，隆林移动分公司拥有“全球通”“动感地带”“神州行”三大业务品牌，主要经营移动话音、数据、IP电话和互联网接入服务，提供手机上网、短信、彩信、彩铃、视频彩铃、来电提醒等多种增值业务。中移铁通百色分公司隆林县支撑中心经营范围：基础电信业务、家庭宽带、互联网专线、电路出租、固定电话。至12月，拥有客户15万户，其中7月启动的扶贫爱心卡赠送项目,共放号1.02万户,占全年入网15.86%;宽带用户2.50万户,集团单位专线1080条。全年营业收入1.60亿元。

【移动网络建设】 2018年,隆林移动分公司拥有基站530个。年内新建4G基站51个,4G网络优化101个点,修复和建设传输管道12段。开通23条集团客户专线,家庭宽带新建端口7048个,在原网的基础上,共优化扩容端口8260个,新增家庭宽带端口1.53万个。

(吴菁菁)

联通通信

【联通通信概况】 2018年,中国联合通信集团广西有限公司隆林分公司(简称隆林联通分公司)内设总经理办公室、副经理办公室、财务室、政企办公室、综合办公室5个部门,年末,有自营服务厅21个,在各乡(镇)设有营业厅,在有网络覆盖的村屯设有服务网点,有员工68人。办公地址在新州镇兴隆路16号。

【业务经营】 2018年,隆林联通分公司主要经营移动电话、宽带互联网、IPTV固定电话等业务,为客户提供130、131、132、155、156"、186、185(186、185为3G专属号码段)和145号段(为中国联通3GWCDMA无线上网卡专属号段);提供"集团网""光纤宽带"电路出租业务、固定电话业务、车辆定位、电力抄表、视频监控、销售管家、移动OA等集团行业应用业务,还有IP电话、视频电话、3G手机上网等多项增值业务。提供的业务有微信、游戏、相册等。在使用移动业务的同时,可以通过拨打10010免费电话进行话费及业务咨询,也可随时拨打116114进行餐饮、娱乐、旅游、天气、交通、便民等信息查询以及酒店、机票的查询预订。拥有"亲情1+""宽带商务""世界风""如意通""新势力""800/4006""语音天地呼叫中心""电话导航""宽带宝典""校园阳光系列产品"等知名品牌。年内,强化自营渠道与社会渠道的现场布置与陈列,建立多个商户异业合作,做好春节、"五一"、国庆、中秋等节假日、乡(镇)赶圩日、新建基站开通区域促销以及3G、4G规模化发展、终端合约、办公OA、等新产品推广。推行存话费送4G手机、购买手机送话费等政策吸引更多移动用户,与多个部门签订互联网宽带和互动电视业务捆绑销售、服务中心号码、内部专线、中继线、短信平台、电子学生证等合作协议。建立车站驿站、方便客户办理业务。推行使用号码免费送宽带、用流量免费送宽带、流量话费宽带全家共享等优惠等政策,吸引更多宽带用户,实行先装后付业务流程,引导移动业务门店开展宽带业务受理。抓好宣传单发放和不干胶海报粘贴,推进宽带网格大型固化宣传。以中小企业为核心市场,寻求企业行业应用市场突破。走访中小企业,提高中小企业渗透率,加强商企网络队伍建设,完成商企网格体系落地,促进集团业务发展。

【联通渠道转型建设】 2018年,隆林联通分公司完善渠道管理各项制度,推广合约产品,提高合作渠道的合约推荐率。中国联通与腾讯合作的王卡套餐,有超低流量的资费,还提供免流服务,尤其是用户对腾讯软件的需求最多。在各街道、村屯建立腾讯王卡驿站,并设专职网卡配送员进行按时上门配送号卡,为有需求的客户提供快速优质服务。发挥渠道管理人员服务职能,及时帮助渠道排忧解难,为渠道发展营造良好经营环境。完善分层分级政策,加快渠道建设及转型,统一整改渠道VI形象,加强一线市场人员专业培训,提升社会渠道业务发展能力。

【联通基站工程建设】 2018年,隆林联通分公司新建4G基站20个,4G网络在城区覆盖率99%;新建设村屯4G通信基站16个,乡(镇)3G、4G网络覆盖率100%,村屯3G、4G网络覆盖率45%。

(黄美金)

城建·市政·房地产

城乡规划和建设

【城乡规划和建设机构概况】 2018年，隆林各族自治县住房和城乡规划建设局（简称自治县住建局）内设办公室（加挂政策法规股牌子）、城乡规划管理股（加挂村镇建设管理股牌子）、计划财务股、建设工程管理股（加挂行政审批办公室牌子）4个部门，下设城镇规划建设管理办公室、城乡建设规划监察大队、建设工程质量安全监督站、墙体材料改革办公室、人民防空应急指挥中心5个二层机构。有人员编制35名，实有75人。办公地址在新州镇兴隆路69号。年内，自治县的建筑企业主要有广西祥臻建设工程有限公司、自治县建筑工程公司、广西秉创建设工程有限公司、广西文吉建设工程有限公司、广西应德水利水电建筑安装工程有限责任公司、广西金三泰建设工程有限公司、广西共达建设工程有限公司、自治县县联合建筑有限公司。

【城乡规划】 2018年，自治县住建局完成民族高中、第四中学、第五小学、第四幼儿园、第五中学、第六小学用地红线以及用地规划经济指标及集中办公区用地规划布局方案等的报批工作;《隆林各族自治县县城总体规划(2015—2035)》经自治县人大常委会审议后上报市级审定通过。为指导自治县城乡建设发展奠定基础。

【规划监察】 2018年，自治县住建局组织执法队伍查处违法建设案件154件，下达停工通知书53份，调查通知书154份，立案8件，限期拆除决定书33份，行政处罚决定书10份，行政强制执行决定书13份。参与拆违行动15次，拆除违法建设51户，拆除建筑面积1.40万平方米;罚款后补办手续违法建设10户，收缴罚金12.70万元。

【村镇规划建设管理】 2018年，自治县住建局完成介廷乡马窑乡土特色试点工程建设;开工实施德峨镇三冲村晓云屯苗寨新村建设项目;开展德峨镇特色小镇申报工作，准备报市级评审。

【市政建设】 2018年，自治县住建局实施进城大道B段项目，完成土石方开挖工程量230万立方米，占全部土石方工程量的90%左右，完成项目总投资约5500万元。完成大部分道路排水工程、路面级配碎石、水稳层等施工。9月开工建设城西轻工业集中区入园大道道路硬化工程，至年底完成路基土石方开挖、基层碾压、排水设施、碎石级配层等施工任务，约占工程量的65%。

【农村危房改造】 2018年，自治区下达自治县农村危房改造任务1766户，其中建档立卡贫困户1662户，实际实施2167户，超出自治区下达任务指标401户。年内开工1926户，开工率109.06%；其中建档立卡贫困户实际开工1612户，开工率97%；竣工1657户，竣工率93.82%；建档立卡贫困户1026户于11月20日前全部竣工。全年农村危房改造各级补助、配套资金共4166.41万元，自治县财政局拨付4098.60万元到各乡（镇），各乡（镇）兑现到农户3516.31万元，拨付率85.79%，剩余资金按照工程进度分阶段拨付兑现。

【招投标监管】 2018年，自治县住建局根据自治县政府投资项目招标投标管理办法的规定，简化审批流程，严格建筑企业的资质审查，明确相关职责，规范项目招投标工作程序。推进电子标的实施，完善招投标投诉机制，落实诚信卡制度。年内，纳入监管的建设项目25个，其中EPC（工程总承包）项目8个，中标金额累计10.13亿元，实施开标刷卡，开标刷卡率100%；对74名管理人员实施锁卡，中标锁卡率100%。

【工程质量安全监督管理】 2018年，自治县辖区内在建工程共8项，总建筑面积66.51万平方米，工程总投资13.61亿元。新报监工程3个，建筑面积3.48平方米，工程投资8996.74万元。办理竣工验收工程项目1项、竣工备案1项，竣工面积3861平方米，验收合格率100%。全年累计下发整改通知书共90份，其中停工整改通知书5份、隐患整改通知书85份，动态扣分通知书53项、施工企业6份、监理企业8份、项目负责人10份、安全员17份、项目总监理工程师12份。

【主要建筑】 2018年，自治县主要建筑项目7个。

皇家花园二期 该项目11栋、12栋裙楼及人防工程，其中11栋面积2.71平方米，12栋面积3.65平方米，工程造价6877.62万元。由北京世纪中天国际建筑设计有限公司设计、广西恒辉建设集团有限公司承建、隆林宏大房地产开发有限责任公司监理。

幸福花园三期 该项目5栋、6栋楼、设备房，总建筑面积2.23万平方米，总投资2003万元。由广西汉和建筑规划设计有限公司设计、广西江缘建筑工程有限公司承建、南宁市建晖监理有限责任公司监理。

自治县易地扶贫搬迁城西安置点 为EPC（工程总承包）项目，实行工程设计、采购、施工总承包，总建筑面积55.59平方米，总投资11.70亿元。由中国中建设计集团有限公司设计、中国建筑第五工程局有限公司承建、广西建设工程项目管理中心有限责任公司监理。

自治县印刷厂职工住宅楼 该项目建筑面积1.20万平方米，总投资1888.58万元。由广西富盟工程设计有限公司设计、广西大昌建设有限公司承建、广东宏茂建设管理公司监理。

自治县看守所项目工程 为EPC项目，实行工程设计、采购、施工总承包，建筑面积1.40万平方米，总投资4020.20万元。由广西建信工程建设有限责任公司设计、广西建通工程建设有限责任公司承建、中兴豫建设管理有限公司监理。

自治县饮食服务公司棚户区（危旧房）改造 该项目建筑面积9002平方米，总投资1424.18万元。由广西富盟工程设计有限公司设计、广西业通建设工程有限公司承建、广西恒基建设工程咨询有限公司监理。

自治县人民医院外科医技综合楼 该项目建筑面积2.07万平方米，总投资4853.90万元。由广西城乡规划设计院设计、中恒建设集团有限公司承建、广西万安工程咨询有限公司监理。

【建筑企业】 2018年，自治县的建筑企业主要有广西祥臻建设工程有限公司、自治县建筑工程公司、广西秉创建设工程有限公司、广西文吉建设工程有限公司、广西应德水利水电建筑安装工程有限责任公司、广西金三泰建设工程有限公司、广西共达建设工程有限公司、自治县县联合建筑有限公司。

（黄　应）

市政管理

【市政管理机构概况】 2018年，隆林各族自治县市政管理局（简称自治县市政局）内设办公室、计划财务股、工程管理股、公用事业股和法制监察股5个部门，下设环境卫生管理站、城市管理监察大队、路灯管理所、园林绿化管理所4个二层机构。有人员编制72名（其中参公编制28名，事业编制44名），实有72人。办公地址在新州镇迎宾路717号。

【市政公共设施建设】 2018年，自治县市政局结合创卫复审刚性指标要求，加强市政设施巡查，完成县城区沥青路面、水泥路面及人行道修复工程、道路隔离栏修复工程、排水排污设施清理维护抢修、易涝点治理等工程，完成市政基础设施维护经费投入约55万元，完成车行道路面维修面积420平方米，人行道维修面积约53平方米，对全城1490多个道路沉沙井进行两次清理，民权路新建1条长8米、直径0.40米的排水管；更换、维修检查井、雨水井89块；维修因车辆事故及暴风雨损坏的护栏长度共1302米；疏通、新建排水排污管道累计146米；对损坏的交通标志牌、防撞墩、防撞柱及时进行维修维护。

【城市照明】 2018年，自治县市政局组织进行城区路灯、景观灯大型维修43次，小型维修60余次，路灯巡查45次；更换电缆25处，抢修被盗电缆410米，更换灯杆10杆、灯头230个、灯泡230个，更换线路157米；先后安装九队社区路灯24盏、丁兰料小区5盏、民权社区小巷10盏、建筑公司住宅区8盏；电气设施完好率95%，保证城区路灯亮灯率98%以上，隆林城市夜景照明和景观照明设施日趋完善。

【城市绿化】 2018年，自治县市政局以巩固广西园林城市，建设独具民族特色山水园林宜居城市为目标，重点做好城市绿化美化工作，按照《县城绿地系统规划（2011—

2030)》和城市绿化责任分工，提升城市园林绿化品位，打造优美、整洁、宜居的城市环境。年内，城区绿地保洁28次，清理垃圾30余车，修剪乔木4次、灌木30余次，灌淋绿地80余车次，乔灌木施用复合肥3100千克，病虫害防治6次，发出喷洒农药通知600余份。在后龙山公园设置防火、创卫、警示等宣传标语45幅，清理后龙山枯死松树30余株、枯死路树30余株，出动人员120余人次，清理后龙山东大门南侧坡面枯草，消除安全隐患。开展季度突出养护3次，除草3次，出动人员400余人次。对部分路段缺株路树进行补种工作，共补种桥木50余株。旱季出动洒水车180余次、工作人员300余人次对城区绿地进行洒水养护。协助机关事务管理局绿化美化政府大院，安排人员70余人次。配合移植轻工业园区进入大道两旁路树40棵；赠送灌木50余株支持新州镇那么村部绿化建设。配合城管队查处破坏公园、绿地、路树案件8起。

【城市排水】 2018年，自治县新建德峨镇、平班镇、隆或镇、桠杈镇4座污水处理厂及配套管网工程，实现镇镇建有污水处理厂的目标，建制镇生活污水得到有效的处理，人居环境得到明显改善。

【街道清扫】 2018年，自治县市政局环境卫生管理站(简称自治县市政局环卫站)累计清扫保洁道路面积3.42亿平方米，清运生活垃圾2.30万吨，垃圾无害化处理率100%。

【卫生县城创建核验通过】 2018年是自治县创建卫生县城复检关键期，为确保创卫复审工作顺利通过，自治县市政局环卫站加大对各责任路段清扫保洁、垃圾清运、公厕管理进行监督，每天对县城区主要道路及各入城口进行不低于6次的洒水降尘，每周不定期清洗护栏、机械清扫路面等作业，同时聘请人员、机械对城乡结合部、背街小巷、卫生死角进行集中整治。期间共冲洗路面750次，清洗护栏52次，机械清扫路面145次；整治卫生死角30次，清理各类垃圾300多吨。6月，经自治区卫生县城专家组核验后，自治县卫生县城验收工作顺利通过。

【城区卫生应急保障】 2018年6月22日—24日，自治县遭受强降暴雨侵袭，城东入城口、央索街红绿灯路口、城西入城口、四小路口等路段大量泥砂被洪水冲、涌入路面。灾情发生后，自治县市政局环卫站立即启动应急抢险预案，及时组织人员、车辆对所有受灾点开展清理和冲洗工作。共出动车辆18辆、人员65人次，清运淤泥105车次约500吨，冲洗街道约9.50万平方米。

【环卫服务市场化】 2018年根据自治县党委、政府工作部署，自2018年5月1日起，正式启动县城区环卫清扫保洁市场化服务。服务区域为县城建成区范围内即东到泥浪桥(含桥面)，南到马文桥(含桥面)，西沿环城路到轻工业园区，北沿迎宾路(含迎宾路以北小巷)，清扫保洁面积约114万平方米(其中道路清扫面约88万平方米，绿地、隔离栏、广场清扫面积约5万平方米，河道面积约为21万平方米，以自治县住建局测量为准)。服务内容包括承包作业区域内的市政道路、交通隔离护拦、通道出入口、广场、后龙山公园、绿化带、河堤路、河道(冷水河铜鼓桥至马甫、新州河污水处理厂至老交警大队往南林桥)等所有公共场所(河道)的清扫保洁和垃圾清运；县城区垃圾转运站管理维护；县城区所有公厕管理；垃圾桶(果皮箱)清洗保洁；少量建筑垃圾清理清运(单块5千克以内)；沿街小广告和牛皮癣清理；迎宾路、兴隆路、民权街、文化广场花草树木的清洗；作业区域垃圾收集及清运到垃圾填埋场；配合全县临时布置的城市创建、重大节(假)日、各类重大活动和迎检整治活动中的各项任务。县城区环卫清扫保洁市场化运作后，县环卫部门主要工作职责从原来的即是“运动员”又是“裁判员”转变为只当“裁判员”，在当好“裁判员”角色中，监管人员每周巡查至少10次，每周考评1次，城区内环境卫生质量明显改善。

【污水处理】 2018年，自治县城区共处理污水总量312.54万吨，城东污水处理厂进水COD(化学需氧量)平均浓度159.43mg/L(毫克每升)，出水COD平均浓度15.41mg/L；进水氨氮17.83mg/L，出水氨氮1.58mg/L。污水处理厂平均负荷率93.63%，日污水处理量达到0.95万立方米，处理率96%。

【城市管理】 2018年，自治县城管监察大队先后组织开展城南农贸市场综合整治、央索街临时市场综合治理、夜市摊点集中整治、扬尘专项整治、学校周边整治、违规洗车场整治等市容环境整治活动。累计清理取缔沿街洗车场6个；规范更换门店广告牌63块，拆除不合规定的横幅广告1600多条，拆除违章大型户外广告1块；整治规范饮食店油烟乱排放行为7起；集中整治城南、城东市场周边市容秩序100余次；查处损坏市政设施案件18起；

查处破坏城市绿化树及绿化花圃案件5起；整治占道堆放建筑物料、装潢房屋店面行为200余起；整治流动摊点600余处；向城区周边石场、车主发放整治通知书600余份，严禁车辆带泥进城；整治占道经营、店外经营行为3000多起；向夜市摊主发放限期整改通知书250份，暂扣烧烤架500个；向各早餐店送达整治“白色污染”专项工作通知书100份，组织各摊主约谈4次，整治规范夜市经营150处。（蔡陈美）

房地产管理

【房地产管理机构及工作概况】2018年，隆林各族自治县房产管理局（简称自治县房产局）属全额拨款事业单位，内设保障中心、财务室、办公室、档案室4个部门，有人员编制10名，实有10人，办公地址在新州镇南环路。下辖自治县房产交易中心二层机构，有员工4人。年内，自治县房产局按照《城市商品房预售管理办法》规定进行商品房预售合同备案服务，坚持“分工明确、简化程序、方便群众、提高效率”原则，规范业务。共有房改房、集资建房、经济适用房、廉租房、公共租赁住房、商品房等房种，年内无新增房改房、集资建房、经济适用住房；有公租房3426套，总面积15.42万平方米。

【房地产开发】2018年，自治县有隆林嘉源、广西润天置业、百色长江天成、隆林利通、隆林宏大、隆林石龙、隆林鑫发、隆林巨邦、隆林华昌等房地产公司在隆林从事房地产业。建有欣欣花园、水岸华庭、幸福花园、皇家花园、风情隆林·商业步行街、石龙大厦、聚宝家园、利通商住楼、丁兰料商住楼商品房园区、财富广场、N时代商业广场、金龙湾农贸商住宅等商品房住宅小区。其中幸福花园3期5#、6#楼建筑面积2.23万平方米，共172套，投资额2003万元，由广西汉和建筑规划设计有限公司设计，广西江缘建筑工程有限公司承建，南宁市建晖监理有限责任公司监理。

【房地产交易】2018年，自治县房产局按照《城市商品房预售管理办法》的规定，办理商品房预售合同备案业务，完成备案862户宗，面积7.30万平方米。

【物业管理】2018年，自治县各住宅小区逐步推行物业管理，有隆林嘉源的物业公司、广西鸿翔物业服务有限公司隆林分公司、百色光华物业管理有限公司隆林分公司、隆林宏大的物业公司、南宁市恒强物业服务有限公司隆林分公司、隆林石龙大厦的物业公司等入驻各住宅小区，借助经济手段来管理物业，为业主提供所需要的全方位、多层次的服务。为了规范管理，自治县房产局统一要求所有物业公司进行登记，审核执业资质和工作人员上岗资格，加强督查和指导工作。物业公司主要业务包括前期物业管理、物业使用管理、环境养护与管理、物业产权户籍管理、后期服务。前期物业管理包括从规划设计开始，到物业建设以及物业的销售、租赁活动的管理；物业的使用管理包括建筑物的维修和定期养护，辅助设备的定期检修保养，保证供水、电、热、气以及电梯和消防系统的正常运转，保证道路、污水排放管道畅通无阻；环境养护与管理包括维护物业整体规划不受破坏，制止乱搭乱建、乱贴乱画等行为；做好物业管理绿化和室外保洁工作；做好防盗、治安保卫工作，维护公共秩序和交通秩序等。

（陈秋莲）

住房公积金管理

【住房公积金管理机构概况】2018年，百色市住房公积金管理中心隆林管理部（简称隆林公积金管理部）为百色市住房公积金管理中心的正科级派出机构。有从业人员5人，其中在编2人，非在编3人，对自治县住房公积金实行“统一决策、统一管理、统一制度、统一核算”。办公地址在镇新州迎宾路西开段延长线隆林农商行办公楼3楼。

【住房公积金归集】2018年，隆林公积金管理部住房公积金归集额1.71亿元。截至12月31日，全县267个单位9539人正常缴存住房公积金，比上年新增6个单位、共84人，历年累计归集额8.77亿元，年底归集余额3.66亿元。

【住房公积金提取】2018年，隆林公积金管理部为县职工办理住房公积金提取业务3077人次，提取金额9316万元，比上年增长11%，其中购房提取3710万元，建房提取232万元，还贷提取2641.7万元，无房支付房租提取475万元，其他提取2256.6万元。

【住房公积金贷款发放】2018年，隆林公积金管理部发放贷款122户、放贷金额3165.20万元，截至12月31日，累计向1384户职工家庭发放贷款2.29亿元，贷款余额1.83亿元，个贷率49.80%。（零　妍）

国土资源·环境保护

国土资源

【国土资源管理机构及概况】 2018年,隆林各族自治县国土资源局(简称自治县国土资源局)内设办公室(人事教务育股、财务股)、规划与耕地保护股、土地利用管理股(行政审批办公室)、地籍与测绘管理股、地矿股(矿产开发和勘查储量股、地质环境管理股)、政策法规划与执法监察股(纪检监察室)、信访与资源权属纠纷调处股,行政审批办公室9个部门,有人员编制18名,实有18人。办公地址在新州镇龙山街17号。下设自治县国土资源执法监察大队、自治县土地储备中心、自治县土地开发整理中心、自治县市场管理所、自治县不动产登记局、自治县不动产登记中心6个二层机构,共有人员编制43名,实有30人。

【年度土地变更调查】 2018年,自治县国土资源局根据自然资源部《关于开展2018年度全国土地变更调查与遥感监测工作的通知》要求,为全面掌握全县年度土地利用变化情况和更新土地调查成果,年内国土资源部下发自治县卫片遥感监测图斑82个,监测图斑面积137.77公顷。土地图斑分布涉及全县16个乡(镇),变更为新增建设用地图斑32个,其中整图斑变更18个,部分图斑变更14个,新增建设用地面积46.80公顷,耕地面积共18.01公顷。设施农用地15个,临时用地5个,其余为不变更图斑。经调查年内全县农村土地利用现状一级分类面积:总面积35.10万公顷。其中,耕地5.08万公顷,园地1.01万公顷,林地22.81万公顷,草地1.44万公顷,城镇及工矿用地7430.53公顷,交通运输用地2942.37公顷,水域及水利设施用地7925.58公顷,其他土地3万公顷。

【国土测绘管理】 2018年,自治县国土资源局做好国土测绘管理工作。一是根据国家地理信息局要求,开展2000国家大地坐标系转换、推广应用工作。完成坐标各项参数转换工作,转换成果通过自治区级检查验收,促进全县基础地理信息数字与数字城市的建设发展,为有效融入国家大数据建设奠定基础。二是开展"问题地图"整治行动,对漏绘、错绘台湾岛、南海诸岛、钓鱼岛、赤尾屿等带有政治性问题和违背一个中国原则的地图,存在失密隐患的地图,在互联网地图中上传、标注敏感和涉密地理信息危害国家主权、危害国家安全的地图、无编制单位、无出版单位、无地图审核号的"三无地图"进行整治,对"问题地图"进行全面排查,严厉查处各种违反国家测绘法规、政策的行为。利用"8·29"测绘法宣传日活动,开展地图版图意识教育,测绘标志保护教育,通过开展地图市场大检查、测绘资质检查、涉密测绘成果跟踪检查等一系列检查、整治活动,净化全县地图市场。三是开展"数字隆林"地理空间框架建设,组织专业人员进行基础测绘工作。

【不动产登记】 2018年,自治县国土资源局做好不动产登记工作。一是对不动产进行存量数据整合。以现有的房产地籍数据库为基础,将分散存放、格式介质不同的土地、房产等不动产测绘成果和登记信息依据不动产数据库标准整合建设不动产权籍成果数据库;对集体建设用地使用权证档案进行整理,完成纸质档案整理2.89万宗、非电子登记数据登记3.79万宗;对国有建设用地使用权档案数据整理4589宗、空间数据整理3519宗、登记信息整理8725宗;房屋所有权证档案数据扫描2.48万宗,电子空间数据整理2479宗,登记数据整理1.14万宗。数据整合成果通过自治区自然资源厅信息中心初步验收,为自治县不动产登记信息平台提供数据支撑。二是办理不动产登记。发放不动产权证书(证明)4723本,其中发放不动产权证书3162本、不动产登记证明1561份;查封登记59宗,注销抵押权38宗;抵押登记办理283件,抵押金总金额4.39亿元,出具各类不动产登记信息4874份;接待查询识别贫困人口不动产信息6.10万人次。三是开展问题收费清退。经排查2016年12月6日以来,自治县不动产登记中心办理的登记事项中,符合清退测绘费条件的287宗,需清退测绘费17.11万元。主要为办理存量房转移登记、变更登记、普通换证、抵押登记的申请人因办理不动产登记业务在权籍系统落宗后产生的测绘费,至年底,全部清退完毕。

【土地增减挂钩项目立项】 2018年,自治县国土资源局根据百色市国土资源局下达的年度计划和安排,增减挂钩项目立项任务30公顷、工矿废弃地复垦利用项目5公顷。9月,新州镇者隘村、马雄村、坡岩村3个村城乡建设用地增减挂钩试点项目获批立项,实施规模42.04公顷;新州镇、克长乡2个乡(镇)工矿废弃地复垦利用项目获批立项,实施规模53.93公顷,均予以完成。按照自治区要求通过增减挂潜力调查,将自治县1065.53公顷矿产开发用地、易地扶贫搬迁宅基地分为27个增减挂钩项目,10月15日前全部完成初步设计并报送百色市国土资源局待评审立项。完成新州镇、隆或镇、沙梨乡等乡(镇)城乡建设用地增减挂钩项目建设,12月由百色市国土资源局组织专家进行竣工验收。

【耕地奖补项目】 2018年,自治县国土资源局为方便土地机械化耕作、改善耕作条件,提高耕地质量,奖励村民在不改变土地用途的情况下,自发进行“小块并大块”或将坡地改为梯地、增加灌溉水渠、水柜、田间道路,并给予一定奖励补助,由村、乡(镇)、县、逐级申报,自治区财政使用专项资金解决。经验收、复核,新州镇那么村、者浪乡者床村、克长乡猴场村、革步乡者彦村获奖补资金102.01万元。

【年度耕地补充】 2018年,百色市国土资源局下达自治县补充耕地任务20公顷,经过上级验收下达的《关于隆林各族自治县平班镇等14个乡(镇)土地开垦项目新增耕地确认的批复》,确认自治县新增耕地面积213.42公顷(其中水田93.60公顷,旱地119.82公顷),超额完成补充耕地任务。

【高标准农田建设及上图入库】 2018年,自治区国土资源厅等7部门《关于印发广西壮族自治区高标准农田建设统一上图入库工作方案的通知》要求,自治区下达自治县高标准农田建设任务1453.33公顷,为“十二五”期间建设任务。截至12月10日,完成高标准农田建设统一上图入库工作,建设上图入库1486.67公顷。其中,国土部门1140公顷,水利部门15公顷,超额完成自治区下达任务。

【耕地提质改造】 2018年,自治县国土资源局组织实施的桠杈镇纳贡村果如、赖三和新寨、常巴耕地提质改造(旱改水)项目,于10月31日通过市国土资源局竣工验收,11月15日,通过市级专家审查耕地提质改造旱地改水田的面积31.48公顷,完成报国家农村土地监测监管系统31.48公顷,兑现自治县人民政府承诺自治区归还指标。

【历史遗留未确认土地整治项目】 2018年,自治县德峨乡龙英村等石漠化、隆或乡拉也村、介廷乡介廷村和德峨乡新街村4个土地整治项目历史遗留问题,于11月30日得到确认,并获自治区自然资源厅12月“红黑榜”中获“红榜”表扬。

【土地增减挂钩节余指标跨省域调剂交易】 2018年,自治区自然资源厅下达自治县土地增减挂钩节余指标跨省域调剂交易任务57.33公顷,自治县实施的新州镇、隆或镇、平班镇等9个乡(镇)共4个增减挂钩项目总面积95.57公顷,其中验收确认2个项目面积38公顷,并上报作为自治县增减挂钩节余指标跨省域交易指标,由自然资源部审查调剂交易资金,用于解决全县脱贫攻坚资金。

【耕地保护】 2018年,自治县国土资源局落实耕地保护责任,对完成上级下达的2016—2020年5.01万公顷耕地保护和4.11万公顷基本农田保护任务,与各乡(镇)签订耕地保护目标责任状,明确各乡(镇)人民政府的责任和保护任务。年内继续保持耕地面积5.08万公顷(国家核查变更数),基本农田实际保护4.13万公顷,超额完成上级下达的任务。根据上级基本农田划定工作要求,完成全县永久基本农田划定入库复查工作,在16个乡(镇)设立永久基本农田标志牌、村级、屯级设立简易标志牌、在基本农田保护区埋设界庄,基本农田保护图件和数据资料得到持续完善,耕地特别是基本农田得到切实保护。严格把握农用地转用、土地征用审批关,从严执行耕地保护“五不准”规定，即不准非农建设占用基本农田（法律规定的除外）；不准以退耕还林为名违反土地利用总体规划减少基本农田面积；不准占用基本农田进行植树造林，发展林果业；不准在基本农田内挖塘养鱼和进行畜禽养殖，以及其他严重破坏耕作层的生产经营活动；不准占用基本农田进行绿色通道和绿化隔离带建设。做到不擅自降低基本农田保护比例和布局，确保实现土地资源的合理利用和耕地数量的总体稳定。完成对自治县桂黔（隆林）经济合作产业园（扶贫产业园）煤电铝一体化（二期）项目建设占用耕地地块耕作层土壤剥离工作，剥离的耕地耕作层土壤全部用地土地复垦、中低产田提质改造、城市道路绿化等建设。11月，配合自治县农业局开展全县“大棚房”问题专项清理整治行动，对本行政辖区范围内的“大棚房”问题专项清理整治，对自查发现和群众举报的农地非农化的“迷石欢乐谷”等6个山庄、木材加工厂违规用地进行整治，通过百色市、自治区核查和验收。

【耕地保护宣传】 2018年，自治县国土资源局采取多种方式开展耕地保护宣传。一是以“4·22”世界地球日、“6·25”土地日为契机，对耕地保护法律法规进行宣传，发放宣传资料2300余份。二是利用项目建设用地现场踏勘时机进行宣传，动员项目建设业主尽量不占用或者少占用耕地。三是采取以横幅和固定标语悬挂、张贴等多种方式方法开展宣传。四是充分利用新闻媒体、通过广播、电视以及短信等开展形式多样、丰富多彩的宣传活动，营造保护耕地的良好氛围。

【土地征收】 2018年，自治县国土资源局开展土地征收前期工作，对鹤东大道、桂黔产业园区、中医院、民族高中、四中、五中、四小、五小、四幼、五幼、各乡（镇）变电站和城西易地扶贫搬迁安置点等10多个项目的用地进行外业调查等，共丈量土地面积600公顷，完成征地补偿兑现面积约166.67公顷，补偿费6000多万元。开展土地储备项目前期征收用地调查，其中德峨特色小镇土地储备项目完成19.81公顷；民族博物苑片区、老交警跨河大桥民族风情一条街土地储备项目一期2.73公顷，二期5.64公顷；隆林鹤城东区土地储备项目58.24公顷，其中中医医院片区8.12公顷，隆林鹤城东区弃土场片区18.79公顷；鹤东大道两侧土地储备项目31.33公顷。全年共完成土地储备征收80.85公顷。

【建设用地报批】 2018年，自治县国土资源局为自治县城市建设、工业发展项目提供用地保障。全年组件上报项目21个，按项目用地红线统计总用地面积347.11公顷，占用耕地76.27公顷（其中水田32.22公顷、旱地44.72公顷）。年内，德峨易地扶贫搬迁安置点1.84公顷、污水处理厂及配套管网工程项目0.91公顷；桠杈镇污水处理厂及配套管网工程项目0.25公顷；平班镇污水处理厂及配套网工程项目0.17公顷；隆或镇污水处理厂及配套管网工程项目0.20公顷，总面积共2.64公顷。

【土地市场管理】 2018年，自治县国土资源局做好土地市场管理工作。根据《国有建设用地供应计划编制规范要求》，年初向全县各建设单位下发函件，征询各单位在本年度项目用地需求，经审查筛选后及时编制年度国有建设用地供地计划并上报县人民政府审批后上网公布，自治县人民政府作出批复，年度计划供地目标为40公顷，其中商服用地4公顷、工矿用地30.87公顷、住房用地0.13公顷、公共管理与公共服务用地5公顷。对闲置土地进行清理，做好供后巡查、监管工作，做到及时发现及时处理，没有土地闲置现象。开展节约集约用地工作。其中，2009—2018年获批新增建设用地指标653.89公顷已供地面积586.40公顷，供地率89.68%，未供（存量）面积67.49公顷；2013—2017年共获自治区人民政府审批建设用地指标249.43公顷，已供206.67公顷，供地率82.85%，未供37.97公顷。年内，根据自然资然部、自然资然厅、百色市自然资源局关于开展“增存挂钩”相关要求拟定“增存挂钩”方案报自治县人民政府，抓好自治县节约集约用地工作。盘活存量建设用地。根据《百色市国土资源局关于下达2018年存量土地盘活任务的通知》《百色市国土资源局关于百色市盘活存量土地、批而未供和供地率工作进展情况通报》要求，盘活存量土地任务29公顷，截至12月31日，盘活存量土地73.48公顷，完成率253.39%。做好土地供后监管工作。根据上级业务主管部门的要求及部署，按照供前调查、供后监管要求，对供地后建设项目从开工时间到竣工时间都及时到实地核查并按规定在土地市场动态监测监管系统网上统计上报，调查、监管巡查、上报率，预警信息处理率达100%目标。开展国内生产总值建设用地评估。按照上级部署和要求，对完成2017年单位国内生产总值建设用地下降目标任务进行评估,全面掌握我县完成年度单位总值建设用地情况,正确评估建设用地对国内生产总值的贡献率。更新耕地质量等别。按照国土资源部和自治区国土资源厅要求,完成年度耕地质量等别监测更新,所编制工作成果通过市自然资源局和自治区自然资源厅组织的检查验收。

【建设用地供应】 2018年,自治县国土资源局完成国有建设用地供应总量54宗,供地面积73.48公顷,土地出让金收入1.83亿元,比上年增长572.93%。其中,土地招拍挂出让9宗,面积52.81公顷,土地出让金收入(成交价)1.77亿万元;协议出让2宗,面积6.09公顷,土地出让金收入668.14万元。共办理划拨供地43宗,面积14.59公顷。

【农村集体土地供应】 2018年,自治县国土资源局办理农村集体建设用地(村民宅基地用地)11宗,面积0.13公顷。

【土地储备】 2018年,自治县国土资源局利用政府土地储备专项债券发行筹资的政策,谋划土地储备项目,获自治区人民政府批准发行土地储备专项债券1亿元,用于鹤城东区土地储备项目、民族博物苑片区土地储备项目和德峨特色小镇土地储备项目征收补偿。全县储备用地158.24公顷,缓解全县建设项目用地不足的问题。

【矿产资源管理】 2018年,自治县国土资源局做好矿产资源管理工作。一是加强对矿产资源开采与保护的日常监管,通过填报矿山年报和储量统计报表及对矿山企业实行年检,初步建立矿产资源动态监察管理体系,基本实现对矿产资源从勘探开发直至闭坑的全程动态监督管理。开展矿业权人勘查开采信息公示、矿山开发利用统计数据网上报送、矿山资源储量动态监督管理等工作。指导监督辖区内所有矿山企业开展全国矿业权人勘查开采信息公示,年度生产中的矿山基本按时完成信息公示和全县执证矿山的矿山开发利用统计数据网上报送。二是落实第三轮矿产资源规划工作。1月12日,《隆林各族自治县矿产资源总体规划(2016—2020年)》《隆林各族自治县砂石资源专项规划(2016—2020年)》获自治区国土资源厅批复后,按期限要求完成公布、自治区厅备案和数据汇交等工作,并梳理和全面整改自治县在矿产资源领域管理方面存在的问题,完善制度、堵塞漏洞、规范管理、维护国家权益。三是有序推进采矿权出让工作。根据《隆林各族自治县人民政府办公室关于印发隆林各族自治县14个砂石采矿权指标处置实施方案的通知》要求,按照《隆林各族自治县砂石资源专项规划(2016—2020年)》合理设置14个砂石采矿权规划指标,砂石采矿权指标未超出规划总量调控数量,严格按程序组织上报采矿权年度出让计划,并申请本级财政资金开展出让前期工作。其中,5个砂石采矿权完成矿产资源简测报告、开发利用方案、矿山地质环境保护与土地复垦方案等编制工作,编制方案完成评审且按专家意见修改完善后定稿,出让收益评估报告均编制完成并在门户网站公示。四是对临时采石场取料点进行备案。为满足农村脱贫攻坚基础设施建设和重大项目正常开展的需要,加快扶贫项目建设,按照《隆林各族自治县人民政府关于进一步规范非经营性临时采石场审批和安全监管工作的通知》,严格审查备案公益性临时取料点,共备备案临时取料点8个。五是依法征收采矿权价款和采矿权使用费。对有证矿山办理采矿许可证延续及审批临时取料点均依法征收采矿权价款与采矿权使用费,价款收取标准参照《广西壮族自治区国土资源厅转发国土资源部关于完善矿产资源开采审批登记管理有关事项的通知》第三条规定收取,共收取124.95万元。履行收支两条线管理的有关规定,将矿产资源费用及时足额上缴财政部门。六是开展专项整治。结合自治县安全隐患大排查大整治专项行动,对全县矿山企业进行全面检查排查,发现超层越界开采、超规模开采、不按矿产资源开发利用方案开采等违法违规行为,责令立即整改,整治图纸造假、图实不符等问题。矿山企业重点区域、要害部位、关键环节的安全检查,对检查发现隐患,要求立即整改;对存在重大隐患不能确保安全生产的矿山企业,责令停产停业进行隐患整改和检修,经验收合格后方可恢复生产。

【地质灾害点调查】 2018年,自治县国土资源局根据2017年地质灾害调查结果,共排查出地质灾害隐患点152处。其中,滑坡108处,崩塌(含危岩)37处,地面塌陷、裂缝7处。重点监控的隐患点19处,治理地灾隐患点14处,完成12处。

【地质环境监测】 2018年11月,自治区遥感中心依托《基于北斗的境内外地质勘查监测空间信息服务及应用示范》项目,免费为自治县安装滑坡地质灾害北斗监测设备，建设自治县北斗滑坡监测示范点。通过部署滑坡地质灾害北斗监测设备，建成北斗滑坡监测，可实现实时、动态的滑坡地质灾害监测，年内，设置滑坡地质灾害北斗监测点3处，有效保护该3处地质灾害隐患点54户287人的生命财产安全。年内，自治区国土资源局开展地质灾害防治基础知识、法律法规知识的宣传普及，结合“5·12”防灾减灾日宣传、6月“安全生产月”宣传咨询、“6·25”土地日宣传等，对广大人民群众进行防灾减灾科普知识的宣传教育，提高群众的自我防御意识和自救能力，克服松懈麻痹思想，形成群测群防的工作格局。

【地质灾害防治】 2018年，自治区国土资源局编制地质灾害防治方案。明确地质灾害防治的主要任务是：加强地质灾害群测群防，开展汛期地质灾害气象预报（警），切实做好地质灾害危险性评估，开展地质灾害隐患点的勘查、治理和搬迁避让；加强新农村建设、公路建设中的地质灾害防治。年内制定《地质灾害汛期值班制度》《突发性地质灾害应急预案》《地质灾害防治方案》等防范制度。争取自治县政府将地质灾害资金纳入县财政预算，设立专项管理使用，按时足额发放监测人员补助经费。全年自治县政府安排地质灾害防治工作经费12万元、矿山地质环境恢复治理规划编制经费48.90万元、地质灾害防治工作动员培训费1.66万元、新州一小教学楼后坡地质灾害治理经费14.08万元、群测群防监测员补助经费11.325万元。落实监测责任人和监测负责人，实行党政“一把手”负总责，分管领导具体抓，各单位通力合作的工作机制，把各项责任逐级分解，层层落实，做到乡、村、组及各监测点人员落实、职责落实，任务落实，加强全县汛期前156个地质灾害隐患点的巡查及新增隐患点的勘查，建立地质灾害信息档案。按属地管理原则，由各乡（镇）人民政府加强辖区内工程建设活动的监督，对可能诱发灾害的建设项目依法进行制止，对辖区内地质灾害隐患点发放地质灾害避险明白卡和工作明白卡，提高受灾群众的防灾预灾减灾意识。推进地质环境治理项目进程。年内，蛇场中学地质灾害治理项目、平班镇扁牙街滑坡地质灾害治理项目、长发金矿地质环境综合治理工程项目，完成勘查设计评审及财审，在进行施工招标；龙场小学、金钟山小学滑坡地质灾害治理项目完成勘查设计。

【国土资源违法行为查处】 2018年，自治区国土资源局围绕全县土地资源、矿产资源管理工作，严厉打击各种违法占地和乱挖乱采违法行为，及时发现并有效制止各类国土资源违法行为，切实保护国土资源。年内执法监察大队与自治县“两违”执法大队开展联合执法，进行24小时值班巡查，对“两违”（违法占地、违法建设）行为发现一起，打击制止一起。对非法开挖土地、违法占地的违法行查处136起，下达《责令停止土地违法行为通知》136份，立案查处土地违法案件26起，结案22起，结案率84.6%，收缴罚没款24.56万元，拆除违法建筑物47栋，建筑面积约1.63万平方米。共张贴《隆林各族自治县人民政府关于依法严厉打击违法占地违法建设行为的公告》250份，捣毁违建砖墙2700平方米、水泥柱107根，填埋孔桩280个，切割钢筋207笼，拆除模板1600平方米。

【矿山专项整治行动】 2018年，自治区国土资源局执法监察大队与自治县矿山执法大队及各乡（镇）人民政府一起联合开展矿山专项整治行动26次，出动车辆208台次、执法人员1040人次，现场炸封矿洞22个，炸毁堆淋场30堆，浸泡池28个，拆除打砂机10台、电动机15台、输电线约15700米、水管约10600米、临时工棚10间，遣返非法开采矿产资源大型挖掘机20台、铲车16台、炮头机14台、民工220人，保护全县土地资源、矿产资源不受违法侵占和盗采。

【土地矿产卫片执法】 2018年，国土资源部下发自治县卫片遥感监测图斑82个，监测图斑面积137.77公顷。监测图斑分布涉及全县16个乡（镇）。其中，变更为新增建设用地图斑32个，新增建设用地面积46.80公顷、耕地面积18.01公顷；判定违法图斑4个共2.33公顷（耕地面积0.87公顷），全部立案并下达行政处罚决定书。年度土地矿产卫片执法工作已通过区厅的检查验收。

【土地信访举报案件办理】 2018年，自治县国土资源局对自治县纪委转交的涉及土地资源的案件2起、县级各部门及各乡（镇）群众来文举报25起、市国土资源局转交国土资源违法线索3起、中央第五环保督查组反馈的自治县群众乱填埋耕地和群众收购废旧物品占用耕地的信访案件2起，全部完成查处和整改，并将办理情况书面答复交办和转办机关和当事人。

【国土资源纠纷调处】 2018年,自治县国土资源局坚持树立信访维稳工作无小事,群众利益无小事的思想,深入细致地做好来信、来访及调处工作。年内共收到信访件88件,接待来访78起共154人次,均已及时答复处理完毕。受理土地纠纷调处案件44起,调处42起,涉及土地总面积76.73公顷,调处、调结率100%。办理自治县政府转办5起、办理应诉国土资源案件5起、行政复议案件5起,全部办理、审理完毕,行政诉讼案件全部胜诉。及时调处"12336"微信平台上群众举报案2起。办理的事项均按规定在信访信息系统平台办理,形成一件一档。 (王国民)

环境保护

【环境保护机构概况】 2018年,隆林各族自治县环境保护局(简称县环保局)内设办公室、环境监督管理股、科标与污控股、生态股4个部门,有行政编制数5名,实有7人。办公地址在新州镇民权街200号。下辖环境监察大队、环境监测站2个二层机构,其中环境监察大队有人员编制5名,实有3人;环境监测站有人员编制5名,实有4人。年内,自治县环保局获得自治区生态环境厅"参加京津冀及周边地区大气污染防治强化督查工作表现突出单位"、百色市2018年度水污染防治工作表现突出单位、运用《中华人民共和国环境保护法》配套办法查处案件先进单位、2018年环境行政处罚优秀案卷和先进集体、全市环保系统信息报送工作表现突出单位、环境行政处罚一般案件办理情况先进集体、环保审批系统使用及环评信息联网报送先进单位等荣誉。

【环境质量】 2018年,自治县境环境质量总体良好。其中,地表水万峰湖、平班水电站、新州河等水环境质量达Ⅲ类水质标准,县城饮用水源地冷水河达保持在《地表水环境质量标准基本项目标准》(GB3838—2002)表1地表水环境质量标准基本项目标准限值中的Ⅲ类标准类水质标准;大气环境质量达到国家二级标准。其中县城环境空气质量(AQI)有效监测天数357天,优良天数325天,优良率91.04%;细颗粒物(PM2.5)平均浓度41微克/立方米,可吸入颗粒物(PM10)平均浓度60微克/立方米。工业企业化学需氧量排放36.92吨,氨氮排放2.6919吨,二氧化硫排放209.75吨,氮氧化物排放16.25吨,污水处理量338.83万吨,垃圾填埋量2.38万吨城市区域声环境质量昼间平均等效声级分别为56.8分贝和55.7分贝,昼间声环境质量水平为一般,夜间分别为44.8分贝和44.6分贝,夜间声环境质量水平较好。

【环境管理】 2018年,自治县环保局共受理环评报告书审批项目62个,审批项目57个,建设项目登记表备案42个,报告表审批21件;出具批复25件,来人来电咨询22人次。执行排污许可工作制度,核定许可证数据,做好排污许可证发放工作。根据《固定污染源排污许可分类管理名录(2017年版)》文件的规定,各行业根据文件规定按时间发放排污许可证,实施重点管理的行业由市一级环境保护局发放排污许可证,实施简化管理的行业由县一级环境保护局发放排污许可证。组织开展第二次全国污染源普查。根据上级《国务院关于开展第二次全国污染源普查的通知》和《广西第二次全国污染源普查实施总体方案》《百色市第二次全国污染源普查实施总体方案》等文件精神,制定自治县第二次全国污染源普查实施总体方案和自治县第二次全国污染源普查工作计划;通过环保、经贸、工商、税务、质监等部门的筛选,对工业污染源、生活污染源数量及范围进行初步统计,建立数据收集表,形成自治县"清查建库"名单,录入清查底册。根据污染源普查基本单位名录,落实报表制度和技术规定要求,科学准确采集相关数据。完成污染源普查工业源62个、规模化养殖场9个、集中式污水处理设施9个。

【大气污染治理】 2018年,自治县环保局根据自治区、百色市、自治县大气污染防治实施方案要求,组织环保、经贸、农业等部门联合开展"小散乱污"企业整治、砖瓦行业整治、"清污洁水保蓝天"督查执法、"禁焚烧秸秆"等专项活动,完成"小散乱污"企业整治5家。出动执法人员185人次,检查企业68家,下达整改通知书25份,实施行政处罚14起,累计处罚金额105.60万元,配套查封扣押5件,停产限产4件。开展大气环境污染防治百日攻坚战。贯彻落实全市生态环境保护大会会议精神,推进城区大气污染防治工作,全面改善环境空气质量,自10月6日起,在全县开展百日集中整治大气污染防治攻坚战。围绕"控尘、控车、控烟"三大重点,制定印发《隆林各族自治县大气环境污染防治"百日攻坚"行动方案》,突出源头管控,构筑"强化污染主体防治责任、各部门和属地齐抓共管、开展集中整治”三条防线。对废气排放工矿企业下达停产4家，采石场停产8家。全面开展秸秆、垃圾禁燃宣传、巡查工作。共出动秸秆禁燃工作69人次，出动宣传巡逻车9辆/次，张贴横幅17条，发放宣传资料1700份，制止群众秸秆、垃圾焚烧行为27起。

【水污染治理】 2018年4月，自治县党委、政府把万峰湖和平班水库的水面综合整治纳入全县重点工作，按照“疏导整治、依法整治、分类整治”的原则推进专项整治工作，在短时间内取得良好成效，共与养殖户签订拆除协议870份，拆除网箱面积278.12万平方米，拆除完成率94%（不含拆除贵州迁至自治县的网箱40.75万平方米）；拆除钓鱼棚628间，拆除台网、地笼网等水上浮动设施758个；累计销售存鱼328.17万千克（不含群众自行售鱼量）。5—10月，百色市环境监测站对万峰湖水质进行监测，水质上升至国家地表水三类水标准。同时加强对饮用水源地污染防治理，年内申请到中央山水林田湖补助资金600万元对水源地生活污水进行治理，在县城规划饮用水水源地、卡达水库周边的卡达1、2、3队建设5套集中式生活污水处理设施，日处理规模为400m3/d（日立方米），配套建设污水管网为3.90千米。在水源地（卡达水库）周围设置2.50米高防护隔离网3500米，设置标志牌7个、宣传牌5个、界桩10根。确保出境断面水质长期稳定达到Ⅲ类标准。

【土壤污染防治】 2018年，自治县环保局突出抓好全县2家重点产废单位的危废管理工作，制定工作方案和督查考核方案，定期开展现场检查。10月，百色市对自治县隆林锑业公司和广西翔吉有色金属有限公司两家进抽查，抽查合格率高于90%，考核结果合格。开展打击非法处置废铅酸蓄电池专项行动和打击非法处置机动车废机油、化工危险废物专项行动，重点对产生单位、暂存点、收集站等企业进行检查，先后共出动执法检查人员30人次，共检查企业23家次，打击和震慑环境违法行为。贯彻落实《土壤污染防治行动计划》，联合农业部门等单位完成农用地土壤污染详查布点工作，配合第三方监测单位对周边土壤进行监测，掌握土壤污染的动态变化，及时采取措施防止土壤污染。年内，申请到1200万元对者隘长发金矿进行生态修复治理。

【声环境污染治理】 2018年，自治县环保局结合高考护考行动，出动环境监察人员批15人次，采取昼间排查、夜间巡查相结合的方式，对城区及考场周边的企业事业单位、经营性文化娱乐场所、建筑施工工地及木材、石材、铝合金加工点进行环境噪声污染专项整治，为考生和居民营造良好的学习和生活环境。开展噪声污染投诉案件调查处理，共调处噪声污染信访件2件。

【环境监测】 2018年，百色市环境监测站对自治县境天生桥水库区开展每个季度1次、平班水库年内2次水质常规性监测，共检测污染因子31个。监测结果显示：31个污染因子均符合《地表水环境质量标准》（GB3838—2002）表1（地表水环境质量标准基本项目标准限值）中的Ⅲ类标准限值。对县城饮用水水源地冷水河水质109项污染因子进行4个季度分析监测，监测报告显示：县城集中式饮用水源地冷水河集中式生活饮用水水质监测结果符合《地表水环境质量标准基本项目标准》（GB3838—2002）表1地表水环境质量标准基本项目标准限值中的Ⅲ类标准、表2集中式生活饮用水地表水源地补充项目标准限值以及表3集中式生活饮用水源地特定项目标准限值中的标准限值。

【环境执法】 2018年，自治县环保局开展环境执法检查工作。一是做好中央环境保护督察反馈意见整改。自治县涉及中央第六环境保护督察组反馈意见共6个问题17项关键步骤，分别是：对环境保护工作认识不够的问题；自然保护区、风景名胜区内生态破坏问题；重金属污染及尾矿库和遗留场地问题；环境质量下降问题；万峰湖（天生桥水库）水质下降明显的问题；环境执法与企业环境违法问题，到12月底，所涉及的6个问题17项整改销号台账通过审查验收，全部完成整改。万峰湖水质第一季度污染反弹，经过整治，百色市环境监测站抽样监测，5—10月万峰湖国控断面监测结果表明：巴结监测点所测项目分析结果均符合《地表水环境质量标准》（GB3838—2002）表1（地表水环境质量标准基本项目标准限值）中的Ⅲ类标准限值，11月监测结果上升为Ⅱ类水质，万峰湖水环境整治取得了阶段性效果，成为全市、全自治区环保督查整改标杆。二是做好2018年中央环境保护督察“回头看”期间环境信访投诉处置工作。中央环境保护督察组“回头看”第五督察组进驻广西期间，自治县收到市迎检办转来中央环境保护督察交办群众举报案件7件后，迅速制定整改方案，坚持一个问题、一套方案，一名责任人，一抓到底，依规依纪严肃追求责任，每个举报件都由县领导亲自挂帅，亲临现场督查检查，靠前指挥，坚决要求彻底整改，至12月底，所有信访件全部整改完毕。三是开展督查期间的专项活动。根据中央第五环保督察组对广西开展“回头看”工作部署，同步统筹安排固体废物专项督查。按照要求，自治县立即开展专项问题治理行动，成立领导小组，制定行动方案，开展辖区内各类涉及危险废物企业的排查工作，共排查出涉及危险废物的企业4家，涉及一般固体废物的企业4家。对排查出来的企业逐一现场核查，对管理不规范，存在环境安全隐患的2家企业下达整改通知书。四是做好信访调处工作，累计受理一般群众来信来访8件，按污染类型来分其中生态类1件、水污染类3件、大气类3件、电磁辐射类1件；按信访来源来分其中来电（“12369”）投诉2件，网络投诉6件，全部办结，处理率100%，信访系统录入率100%。自觉接受社会监督，快速处理检察院提出的检查性建议2件，在限期内处理并及时答复。

【生态建设】 2018年，自治县环保局实施“山水林田湖”生态保护与修复工程。指定专人负责“百色市山水林田湖草”生态保护与修复工程项目的筛选，组织各相关部门按时上报隆林项目清单。配合完成百色市山水林田湖草生态保护与修复工程整合初步设计。申请到山水林田湖项目资金共3238万元，资金将用于开展万峰湖移民网箱拆除上岸后期扶持示范项目，坡改梯项目、蒙里河流域污水治理、饮用水源地污染治理等。二是做好生态红线划定及区域规划环评服务工作。配合自治区开展广西陆域生态保护红线划定工作，贯彻落实自治区和百色市关于广西陆域生态保护红线划定工作部署，自治县人民政府多次组织部门召开《广西陆域生态红线划定方案（征求意见稿）》征求意见会，对广西生态红线的划定意见进行反馈。同时对重点区域、重点流域和重点行业、产业布局开展区域环评和规划环评服务工作，调整不符合生态环境功能定位的产业布局、规模和结构，完成农业产业示范园等项目的环评审批。三是开展生态村申报工作。对全县符合生态村申报条件的村开展摸底调查，收集整理相关基础信息形成申报材料上报市级。12月26日，根据百色市环保局《关于命名和表彰2018市级生态村的通告》，新州镇马雄村、革步乡平安村、桠杈镇生基湾村、猪场乡那绍村、隆或镇马宗村和马卡村、者保乡江同村、德峨镇隆英村、蛇场乡新民村、平班镇民新村、天生桥镇祥播村等获得生态村审批。

【环境宣传】 2018年，自治县环保局利用世界环境日宣传日、科普宣传月等重要活动，围绕“美丽中国，我是行动者”主题开展现场宣传，增强群众环境意识，引导群众参与环保行动，共展出板报20块，发放各类环保知识手册5000份、宣传单1.50万份、宣传口袋3000个，现场接受群众咨询38人次。通过移动手机用户发送环保宣传短信4.50万条。开展环保进校园活动，县城中小学校以低碳、绿色生活为主题，开展环保宣传进学校系列宣传活动，带动中、小学生参与环保的热情，让学生们学习环保，了解环保、践行环保，活动期间，学校利用微信平台、QQ群、宣传栏、手抄报、宣传单、国旗下的讲话等多种方式，分别向教师、家长、社会积极宣传、倡导文明、绿色、节能、低碳的工作方式和生活习惯，号召民众积极行动起来，自觉加入到行动中。向自治区环保厅网、百色市环保网站、隆林网等媒体推送环保工作动态信息74篇。（岑桂应）

民政·民族·库区移民

民政事业

【民政机构概况】 2018年，隆林各族自治县民政局（简称自治县民政局）内设办公室（行政审批办公室），规划计财股，救灾救济股，优抚股（退伍军人和军队离退休干部安置办公室、双拥工作领导小组办公室），社会福利和社会事务股，基层政权、社区建设和区划地名股（法制股）6个部门；下设6个二层机构（事业单位），分别为县老龄工作委员会办公室，城乡居民最低生活保障中心，社会福利院、光荣院、社区老年人活动中心，社会救助站，婚姻登记处，城乡低收入家庭经济状况核对中心。有人员编制31名，其中行政编制7名，事业编制22名，工勤编制1名，实有31人。办公地址在新州镇后龙山公园第三中学对面。

【优待抚恤】 2018年，自治县民政局管好用活优抚资金，共发放优抚对象抚恤金和生活补助468.66万元。全县发放义务兵优待金151.17万元。年内完成退役军人和其他优抚对象信息采集第一阶段采集工作。

【退役士兵（士官）安置】 2018年6月，共发放当年退役士兵一次性经济补助84.38万元，转业士官已按国家政策安置完毕。

【社团登记管理】 2018年，自治县登记在册的社会组织81个，其中社团69个，民办非企业单位12个。3—6月，对应列入年检范围的60家社团和12家民办非企业单位实施2017年度年检工作，年检合格率100%。

【老龄工作】 2018年，自治县老龄工作委员会办公室落实老年人优待政策，重点做好老年人优待证和发放高龄补贴审批、发放工作，共办理老年人优待证151张，老年人凭老年人优待证可享受免费乘公交、进景点、免费挂号等待遇。发放高龄补贴4.51万人次共247.05万元。接待老年人167人次，解答老年证办理流程、各年龄阶段的补贴金额等问题，维护老年人的合法权益。联合自治县老干局举办老年人节庆活动。 （李顺伦）

民族事务

【民族事务机构概况】 2018年，隆林各族自治县民族宗教事务局（简称自治县民宗局）内设办公室、政法与社会发展股、经济发展股、财务室、民族语文办公室、宗教业务股6个部门，有人员编制8名（行政编制7名、后勤服务编制1名），实有10人。办公地址在新州镇民权街200号。

【民族干部培养】 2018年，自治县民宗局向自治县委组织部推荐少数民族后备干部7人，其中副科级5人，正科级2人。举办少数民族干部培训班一期，共有102人参训。选派参加国家民委在中央民族干部学院举办的少数民族干部培训1人，在广州、南宁和百色等地举办的党外干部培训3人次，在自治区民宗委举办的业务培训5人次，在市民宗委举办的业务培训9人次。提高学习人员的思想觉悟和业务水平。

【民族政策宣传】 2018年，自治县民宗局开展党的民族政策宣传活动。在4月15日至5月15日举办的民族团结宣传月期间，宣传党的民族政策、民族理论和民族法律法规等，拉横幅11条，发放宣传资料1万份（本），举行文艺表演12场，出板（墙）报35板，解答民族问题105人次，以维护团结稳定和实现各民族共同繁荣发展为主线，宣传和倡导汉族离不开少数民族，少数民族离不开汉族，少数民族间也相互离不开的“三个离不开”思想。

10月1日，在德峨、蛇场、克长、新州和者浪等少数民族聚居乡（镇）举行国庆升国旗仪式，增强民族自豪感和荣誉感。

【民族团结进步进乡（镇）活动】 2018年，自治县民宗局争取到上级民族团结进步创建专项经费5万元，在德峨镇田坝村张家寨开展民族团结进步进乡（镇）活动，2月21日，举办张家寨“苗族”跳坡节，有苗、彝、仡佬、壮、汉等各民族群众约5000人参与；10月6日—7日，在张家寨举办芦笙、月琴、蜡染刺绣6期培训班，聘请3名民间艺人（非物质文化遗产传承人）授课，共有164名学员参与培训。

【少数民族文化培训】 2018年10月1日—2日，自治县民宗局、苗学会在德峨镇田坝村张家寨屯举办1期为时2天的苗族芦笙和月琴培训班，100多名苗族群众参加培训；8月20日—22日，在县城举办彝族歌舞培训班1期，来自县直各单位的彝族群众30多人参加培训；5月10日在隆林中学、6月14日在民族实验小学、10月23日在革步小学等分别举办壮族山歌培训班1期，共有200多名壮族师生参加培训。

【壮汉文字翻译】 2018年，自治县民宗委做好壮汉文字翻译工作，共为有关单位翻译壮汉两种文字牌匾18块、公章50枚。

【民族教育】 2018年，自治县共有义务教育学校158所，在校生6.15万人，其中少数民族学生占在校生总数79%。年内，完成隆林中学高中一年级1个民族班招生50人，其中苗族18人、彝族8人、仡佬族8人、壮族12人、汉族4人；隆林民族中学初中一年级2个民族班招生100人，其中苗族36人、彝族16人、仡佬族16人、壮族24人、汉族8人；德峨小学四年级2个民族班招生100人，其中苗族50人、彝族18人、仡佬族18人、壮族8人、汉族6人。完成隆林中学高中一年级1个少数民族人才班招生50人，其中苗族17人、彝族8人、仡佬族8人、壮族12人、汉族5人；隆林民族中学初中一年级1个少数民族人才班招生50人，其中苗族18人、彝族8人、仡佬族8人、壮族12人、汉族4人。全年自治县财政投入45万元作为民族班学生补助经费，人均年享受补助600元（含高中、初中和小学），其中高中150人共9万元，初中300人共18万元，小学300人共18万元。投入15万元作为少数民族人才班学生补助经费，人均年享受补助500元（含高中、初中），其中高中150人共7.50万元；初中150人共7.50万元。争取得县级少数民族贫困大学生新生入学补助资金25.20万元，补助大学生84人，人均3000元。

【少数民族传统体育】 2018年2月，自治县举办苗族“跳坡节”活动期间，在德峨镇举办“爬坡杆”“跳芦笙”等比赛活动，获“爬坡杆”第一名由1人、第二名3人、第三名6人；获“跳芦笙”第一名1人、第二名3人、第三名6人。4月壮族“三月三”活动期间，在新州镇民强村江管屯举办“踩风车”比赛活动，获第一名1人、第二名3人、第三名6人。8月彝族“火把节”活动期间，在德峨镇举办“打磨揪”比赛活动，获第一名1人、第二名3人、第三名6人。隆林二中陀螺队和苗族芦笙队代表百色市参加10月24日—31日在崇左市举行的广西壮族自治区第十四届少数民族传统体育运动会，陀螺队获女子团体赛二等奖、男子团体赛三等奖、男子个人赛三等奖、男子个人赛三等奖和男子双打赛三等奖，苗族芦笙队获表演赛三等奖。

【少数民族交流活动】 2018年，自治县选派1人参加全国少数民族参观团，1人参加自治区成立60周年大庆观礼团，1人参加自治县第十四届少数民族运动会开幕式，1人参加四川省兴文县2018年苗族“跳花节”活动；台湾参访团一行48人到隆林参加彝族火把节活动，那坡县苗族考察团一行16人到隆林考察交流。

【少数民族特色村寨保护】 2018年，自治县民宗局对德峨镇田坝村张家寨屯苗族特色村寨、保上村阿搞屯彝族特色村寨和么基村大水屯仡佬族特色村寨进行保护建设，制定村规民约105条，内容涉及维护本屯的社会秩序、社会公共道德、民风民俗和精神文明建设等方面。完善屯党小组工作、社干工作、遵纪守法和清洁卫生等等规章制度，使这3个特色村寨容貌更加整洁优美。争取到上级5万元经费投入张家寨屯进行芦笙和月琴培训，该屯的民族特色更加凸显。

【少数民族发展资金项目实施】 2018年，自治县民宗局争取到国家民委和自治区民宗委等上级少数民族发展资金672万元，实施项目8个，其中猪场乡那岩村罗八屯道路硬化118万元、史家坪屯道路硬化92万元、大田坝屯道路硬化91万元、听上屯道路硬化80万元；平班镇岩晚村岩晚屯道路硬化45万元、南拥下屯道路硬化41万元；隆或镇伟岭村冲头屯道路硬化125万元、大寨屯道路硬化70万元。全部项目完工投入使用，3000多名少数民族群众受益。

【民贸民品企业扶助】 2018年，自治县政府成立自治县民贸民品工作领导小组，确定隆林三冲茶叶有限公司等10家企业为民族贸易企业，有隆林三冲茶叶有限公司等4家企业享受到优惠政策，获利息补贴60多万元。

【民族节庆活动】 2018年，自治县民宗局与隆林苗学会、德峨镇联合在德峨镇街上举办苗族“跳坡节”活动；与隆林壮学会、新州镇在县城举办壮族三月三“颠罗颠罗那”排歌节活动；与助隆林彝学会、德峨镇在德峨街上举办彝族“火把节”活动；与隆林仡佬学会在德峨镇么基村大水井屯和县城举办仡佬族“尝新节”活动。

苗族“跳坡节”活动 2月24日，由自治县民宗局主办，自治县苗学会，德峨镇党委、政府，自治县彝学会、仡佬学会、壮学会、汉学会等协办的广西隆林各族自治县苗族跳节在德峨镇举行，来自县内外的嘉宾和观众5万多人云集坡场参加“跳坡节”活动，有苗歌、芦笙比赛和祭坡杆、爬坡杆等活动。

壮族三月三“颠罗颠罗那”排歌节活动 4月18日—19日，由自治县民宗局主办，自治县壮学会，新州镇党委、政府，苗学会、彝学会、仡佬学会、汉学会协办的2018年广西隆林各族自治县壮族三月三歌会活动在县城东民族文化体育广场举行，来自县内外2000多名歌手和5万多嘉宾、观众参加活动，内容有开幕式、山歌大赛、家庭歌会展示等。

彝族“火把节”活动 8月5日，由自治县民宗局主办，自治县彝学会，德峨镇党委、政府协办，自治县苗学会、仡佬学会、壮学会、汉学会协办的广西隆林各族自治县彝族火把节在德峨镇民族文化广场举行，来自海外友人、台湾同胞、广东嘉宾，自治区、市、自治县嘉宾和县内外观众等2万多人云集到德峨镇与彝族同胞共同欢度火把节，活动主题为“与火共舞　欢腾彝山”，内容有取火祭火仪式、送布谷鸟食活动、开幕式、文艺演出、彝族民俗活动、彝族服饰展演、长桌宴和篝火联欢晚会等，中国台湾代表、隆林苗学会、仡佬学会、壮学会和汉学会等登台助兴。

仡佬族“尝新节”活动 9月19日，由自治县民宗局主办，自治县仡佬学会，新州镇党委、政府，自治县苗学会、彝学会、壮学会、汉学会协办的广西隆林各族自治县仡佬族尝新节白天在德峨镇么基村大水屯举行尝新仪式，内容有采新、祭祖、拜树、尝新等；晚上在城东民族文化体育广场举行文艺晚会，隆林苗学会、彝学会、壮学会和汉学会等登台助演，吸引5000多名观众观看。（陶德光）

库区移民安置

【库区移民机构及工作概况】 2018年，隆林各族自治县水库移民工作管理局（简称自治县水库移民局）内设办公室、计划财务股、规划设计股、生产开发股、政策法规股、后期扶持股6个部门，有行政编制4名、事业编制14名、县自定编制11名，实有26人。办公地址在新州镇兴隆街19号。自治县境内大中型水库有天生桥一级水电站、天生桥二级水电站、平班水电站、龙滩水电站和卡达水库共5座，后期扶持到人到户3670户2.47万人。其中，天生桥一级水电站涉及移民4150户1.99万人，后期扶持人口1.67万人；天生桥二级水电站涉及移民1495户6549人，后期扶持人口3369人；平班水电站涉及移民1408户7178人，后期扶持人口3104人；龙滩水电站涉及移民24户100人，后期扶持人口28人；卡达水库涉及移民348户1774人，后期扶持人口1474人。后扶移民共涉及自治县13个乡（镇）、78个村委会、440个村民小组。有小型水库共50座，分布在境内16个乡（镇），淹没涉及16个乡（镇）、49个村委会、89个村民小组。移民安置采取搬迁移民安置及淹田淹地不搬迁移民安置两种情况，其中搬迁移民132人，淹田淹地不搬迁移民1.76万人。自治区下达自治县年度易地安置任务259户1085人，年度完成率100%。年内自治县实际安置预脱贫搬迁户1771户7811人，其中：百色深圳小镇安置419户1872人，桠杈安置点39户182人，城西安置点1313户5757人。

【移民生产及后期扶持】 2018年，自治县水库移民局实施水库移民收入培增计划项目投资263万元，主要实施新建生产道路4.49千米，村屯道路硬化1.96千米，两条路共投资143万元，西贡蕉种植53.33公顷，项目投资120万元。种植西贡蕉项目通过市级评审，并制定项目实施方案。完成全县年度移民后期扶持资金1480.02万元的发放任务，每名移民安全及时领取后扶补助；完成移民后扶资金划拨账号核查及整改工作，确保每名移民安全及时领取后扶补助。

【安置点地质失稳及安置遗留问题处理】 2018年3月，自治县移民局委托广西第一地质工程公司对天生桥一级水电站隆林库区移民安置点的新库岸失稳进行实地查勘，并编制《天生桥一级水电站广西隆林库区新增库岸失稳隐患点调查报告》。根据《调查报告》调查结果，隆林库区自2004年实施完成国家审定的库岸失稳后，到年底，采取应急搬迁102户552人，新增库岸失稳隐患的移民户数为578户2942人，其中列入《天生桥一级水电站广西库区移民安置遗留问题处理初步规划专题报告》库岸失稳后期搬迁147户725人，新增库岸失稳隐患431户2217人。7月，自治区财政厅划拨自治县应急搬迁资金1580万元后，随即制定《天生桥一级水电站隆林县库区新库岸失稳应急搬迁处理工作实施方案》，并报请市移民局同意。

【为移民办实事】 2018年，自治县民宗局采取措施查摆库区矛盾纠纷隐患、苗头、积案，集中综合治理各类纠纷，把矛盾纠纷及时消除在萌芽状态，化解在基层。逐步化解"非农业"移民补助、二级站施工区征地移民补差、红荣勘界等移民上访隐患问题。实现来访信件总量下降，水库移民到市、区、京上访为零的成绩。

【库区移民基金项目建设】 2018年，上级下达给自治县有移民发展扶持、移民新村、"美丽乡村·宜居乡村"、后期扶持基金、库区基金等29个项目，合同投资2488.71万元。其中，移民发展扶持项目2个，即完成总投资159.51万元的革步乡弄保村坝显码头道路硬化工程和弄保老寨至坝显屯村屯道路硬化工程；移民新村项目13个，即完成总投资1387.2万元的卡里、乌冲等13个水库移民新村(其中新建新村项目8个，投资720万元；续建新村项目5个，投资667.20万元)；"美丽乡村.宜居乡村"项目2个，即完成总投资180万元的团保村屯道路硬化和尾甲村屯道路硬化工程；完成大中型水库移民后期扶持基金项目8个，即实施投资653万元的8个村屯环境改善工程和大水池维修项目1个；实施库区基金项目4个，投资109万元，主要有饮水工程项目1个，亮化工程项目1个，生产设施工程项目2个。

【异地扶贫搬迁】 2018年，自治区下达自治县年度易地安置任务259户1085人，年度完成率100%。年内自治县实际安置预脱贫搬迁户1771户7811人，其中百色深圳小镇安置419户1872人，桠杈安置点39户182人，城西安置点1313户5757人。通过搬迁后续脱贫产业和就业创业扶持，参与西贡蕉产业扶持29户280人；板栗产业扶持208户910人；油茶种植产业扶持316户1376人；黑猪养殖100户；林下养鸡2户。参加就业培训226人。在城西安置点附近企业安置就业28人(中服装厂26人、蚕丝厂2人)，在德峨安置点安排护林员公益性岗位40个，人均月收入833元。区内外劳务输出3997户，外出务工收入户均达2500元以上。享受城乡最低生活保障189户，人均月享受额200元以上。同时重新对自治县4414户19176人搬迁对象的住房情况进行调查摸底，逐户登记，全部签订"三项协议"(搬迁安置协议、旧宅基地腾退协议、脱贫(致富)协议)完成"一户一档"造册。 (韦文丽)

科技·教育

科技综述

【科技机构概况】 2018年，隆林各族自治县科学技术局（简称自治县科技局）内设综合办公室、计划项目股、科技成果管理股3个职能部门，有人员编制4名，实有6人。办公地址在新州镇民权街200号。辖隆林各族自治县科技情报研究所1个二层机构，有人员编制4名，实有3人。

【科技计划项目申报】 2018年，自治县科技局组织三冲茶业有限公司申报《凌云白毫茶白茶系列产品研发》项目（广西科技计划项目），申报项目资金100万元，进入管理机构审核阶段；与广西大学等联合申报《广西喀斯特地区生态种养科技扶贫示范》》（中央引导地方科技发展专项项目），获立项，项目到位资金19.30万元；组织广西隆林荣光农业科技发展有限公司、广西隆林金秋生态农业发展有限公司、隆林建成农业投资开发有限公司申请了广西“星创天地”项目，广西隆林荣光科技发展有限公司、广西隆林金秋农业发展有限公司通过自治区科技厅认定。投入105万元继续实施《隆林县贫困村科技特派员服务创业基地及科技能力建设示范》项目，为么窝、克娘、委尧、弄八、鱼塘、九龙、民怀7个贫困村及坡合1个非贫困村配置电脑8台、打印机8台、档安柜8个、办公桌椅48套，建成贫困村科普宣传栏8个；开展科技特派员服务创业基地建设活动，支持隆林惠侬科技有限公司20万元，在者保乡南光村完成引种爱媛28号红美人柑橘新品种6.67公顷；支持安和实业有限公司6万元在平班镇扁牙村建立0.80公顷灵芝孢子粉种植示范基地，当年实现亩产值8万多元；支持广西隆荣光科技发展有限公司20万元，引进芦笋新品种种苗14万株，示范种植6.67公顷。

【科普活动】 2018年，自治县科技局配合自治县政府组织开展全国科技活动周暨第二十七届广西科技活动周创新驱动发展成就展第八届广西发明创造成果展览交易会活动（以下简称“两周两展”活动），活动期间，展示全县实施创新计划以来的科技、科技支撑当地经济发展，科技服务“三农”、科技人员服务企业等成果。以“科技创新 强国富民 发明创造赶超跨越”为主题，开展板报展示、献爱心义诊、科普知识宣传、咨询服务、科普大篷车进学校和进社区等活动。利用实物、图片、挂图、发放适用技术资料等进行科普宣传，接受群众技术咨询，提高群众的科普知识。共发放各类科普知识手册7000余册、科技图书3500多本、各种宣传资料25000余份、板报展示21块。10月参加“十月科普大行动”活动，先后深入平班、克长、沙梨等乡（镇）开展科普宣传活动，共发放《农村实用新技术》《知识产权宣传》《中草药种植技术》读本1500多本，各类宣传资料2000多份。接受群众咨询23人次。促进农业增产、农民增收和农村发展。

【知识产权】 2018年，自治县科技局完成专利申请48件，获授权21件（其中发明专利2件、实用新型14件、外观设计5件）。组织全县优秀专利产品和非专利产品参加第八届广西专利发明成果展览交易会，智能车衣、节能炉灶等专利产品得到消费者肯定，产品打开销路。11月，联合食药监局、工商局执人员，配合百色市科学技术和知识产权局在自治县开展假冒专利执法检查活动，对龙江百货、昌达百货、宝和堂药店进行专利执法检查，共抽检各类商品、药品273项，查处出假冒和违规专利产品19项，立案19个，至12月中旬结案19个。

【科技成果转化】 2018年，自治县科技局促进科技成果拥有人与企业之间促成的交流与沟通，“一种智能车衣”（专利号：ZL201720819209.X）专利实现成果转化，由隆林宏康智能科技有限公司与县专利权人俞永凤签订技术合作开发协议书。由隆林宏康智能科技有限公司出资建好厂房和购进生产设备，年内把成果产品推向市场。

【科技特派员服务贫困村】 2018年，自治县科技局开展科技特派员服务贫困村活动。组织自治区、市、县三级50名科技特派员对全县88个贫困村进行全覆盖服务活动，实地开展服务贫困村915次，提交服务记录单915份、服务图片817张；开展技术培训200次，培训6826人次；引进优新品种52项、先进适用技术25项，促进贫困村各项产业的发展。

【高新技术企业】 2018年，自治县科技局组织广西隆林嘉利茧丝绸有限公司等条件符合的企业申报高新技术企业，12月，经自治区高新技术企业认定管理机构认定、全国高新技术企业认定管理工作领导小组备案，广西隆林嘉利茧丝绸有限公司获得高新技术企业认定，全县高新技术企业实现零的突破。

（黄小虎）

水文事业

【水文机构及工作概况】 2018年，广西壮族自治区水文水资源局隆林水文站（简称隆林水文站），由自治区水文水资源局垂直管理，为西林县中心水文站下辖的站点，内设1个部门，有人员编制4名，实有2人，其中工程师1人，助理工程师1人，办公地址在新州镇迎宾1路1巷418号。辖县境内有隆林、扁牙2个水文站，者隘、沙梨、介廷3个水位站，者烘、南江、那谷、者宽、常么等62个遥测雨量站。隆林水文站位于新州河段左岸，地理位置北纬24° 47′、东经105° 21′；海拔高程589.65米（85基准），是珠江流域、西江水系南盘江一级支流，新州河段控制站，属于国家基本水文站网。其任务是负责监测境新州河流域水位流量、降水和境内中小河流域水位流量、降水的变化过程，监测项目包括水位监测，流量监测，雨量监测和水质监测；同时对驻地重大水污染事故、冰冻灾害，决口、溃坝等灾害性水情进行监测，并将所监测到的数据（情况）及时汇报上级机关和当地人民政府；为水利水电、道路桥梁等工程设计提供水文数据，为自治县及新州河下游各级政府的防汛抗旱提供水文情报信息。隆林水文站有水文测验工作室，水文缆道，自记水位台，水位观测专用码头，水位流测验专用道路，水准点，水尺桩，基线桩，断面桩，夜间测流照明设备，应急电源设备，雨量计观测场等。常用的测验仪器有测流操作台、经纬仪、水准仪、流速仪、自记水位计和自记雨量计等仪器。

【水文测报和设备维护】 2018年1月，隆林水文站对上一年度水文资料进行统计计算，分类整理分析，打印整编成果，并将原始记录、纸质整编成果和电子版成果一并移交百色市水文水资源局。2—4月，开展汛前准备工作，校测水准点、水尺零点高程，复测大断面，维护水文缆道测验设施，下乡到各雨量站检查维修仪器。同时按水文业务规范规定，汛前校测水尺零点高程，复测基本水尺兼流速仪测流断面、维护水文缆道测验设施。5月，制定洪水突发预案和重大水污染突发预案，进行特大洪水抢测演练，落实安全生产责任制。6—8月主汛期，执行24小时值班制度，及时派出技术人员下乡维修故障仪器，抢测每一场洪峰的洪水过程，按“四随”（即是随测算、随发报、随整理、随分析）工作要求，及时计算和校核水位流量资料，准确地向市局水情科拍发水情电报，向县政府办、防汛办、县国土局等部门报送水情信息，整理、考证所收集的水位雨量和流量资料，分析其合理性，进行1—7月资料整编工作。9月撰写通讯稿件，完成日常流量测验工作。10—12月，点绘下半年水位流量关系曲线，撰写资料整编说明书。12月中下旬，进行年头年尾衔接流量测验工作。年内共施流量103份，其中新州河施测43份，者隘河施测17份，扁牙河施测16份，那东河施测16份，介廷河施测11份。复测大断面6次，复测水尺零点高程6次，复测基本水准点2次、校核水准点1次。

【水情信息报送】 2018年，隆林水文站向百色市水文水资源局拍（发）本站本年度水情电报365封，分别向县委办、县政府办、县防汛办报送水情数据4154组，向县国土局公共邮箱发送雨情数据4154组。在汛期期编写水情信息短信55条，通过短信群发的方式，报送县主要领导、县直防汛领导成员、各乡（镇）长和各水库管理员。编写1—12月各月的水情月报，并分别报送自治县防汛抗旱指挥部、县自治委办和政府办等6个部门。

无论在汛期或非汛期期间，只要出现1小时降雨达50毫米或者河流水位涨幅达1米，都按上级要求编写水情短信，并通过短信群发的方式及时发送给驻地政府领导。在4—9月的汛期期间，编写水情信息专报3期，专报分别及时报送防汛抗旱指挥部、县委办和政府办等领导部门，使政府领导在第一时间内了解县境内的水情信息，为政府领导指挥和部署防汛救灾工作提供科学依据。

【水质监测】 2018年，隆林水文站有平班电站、管肖和天生库区坝址3个采样断面，每个断面每月采集水样一次，每月的月初都派出工程技术员、新桂公司技术员、县水利局水政大队的人员，一起到平班电站、管肖和天生桥进行水质采样，采样工作严格按规范要求进行，水样标签字迹清楚，无混装和错漏现象，储存和运输亦符合规范要求。年内，水样只有平班电站和管肖断面达到水质目标，天生桥库区则未达标，原因是总氮超标。

【水情监测】 2018年，隆林水文站收集水文原始数据12.26万组。新州河出现洪水2场，出现时间分别是6月24日、8月7日。新州河最大的洪水出现在6月24日，起涨水位574.02米，相应流量9.85立方米/秒，洪峰水位575.63米，洪峰流量125立方米/秒，水位涨幅1.61米。全年水位年变幅2.03米，年平均水位573.91米，年平均流量9.38立方米/秒，与上年平均流量9.89立方米/秒相比较偏少0.51立方米/秒，偏少5.20%。全县年平均降雨量1418毫米，与上年年平均雨量1413.70毫米相比偏多4.40毫米，偏多0.30%。在62个降雨监测站中，降雨年总量最大的站为隆或站，雨量1979毫米；降雨年总量最小的站为红岩站，雨量993毫米。

（潘建长）

气象事业

【气象机构概况】 2018年，隆林各族自治县气象局（简称自治县气象局）实行百色市气象局和自治县人民政府双重领导，以百色市气象局为主的管理体系。主要负责自治县域内的气象工作。内设办公室、气象台、人工影响天气办公室、科技服务与防雷中心4个部门，有人员编制9名，实有8人，办公地址新州镇迎宾路1968号。

【气象设备】 2018年，自治县气象局地面测报装备有气压、气温、相对湿度自记仪器，水银气压表，百叶箱干湿球温度表、最高最低气温、地温表、曲管5~20厘米，地温表、虹吸雨量计、雨量筒、蒸发器、电接风向风速仪等。业务专用电脑8台，其中1台现用、1台为备用，并都安装专用宽带网传输线路和modem（调制解调器）拨号应急备份线路。气象预报服务有“9210”地面卫星接受通信系统和其他设备。人工影响天气固定作业点6个，其中3个点为固定火箭炮，另外还有3门火箭炮为流动作业。

【天气预报】 2018年，自治县气象局预报服务主要注重天气灾害的分析预报，均为在不同的季节不用的气象灾害进行详细分析，根据各季节和各生产关键时期的需要，预报分为长、中、短或某时段预报。预报项目为：降水量，降水日数，降温降雨时段，气温、风向水速等。其中灾害性天气包括：地温阴雨、干旱、大风、雷电、冰雹、暴雨、洪涝、霜冻、寒潮、雪灾等。

【灾害性天气】 2018年，自治县发生灾害性天气2起。其中，6月23日—26日，受低涡切变线和西南季风的共同影响，自治县境内出现持续普降大到暴雨局部大暴雨的降雨过程，强降雨造成5228人受灾，紧急转移安置人口34人，农作物受灾面积5122亩，房屋倒塌3户，直接经济损失336万元；8月6日—8日受季风槽云系影响，自治县境内出现暴雨局部出现大暴雨的天气过程，造成全县11个乡（镇）30个行政村遭受洪涝灾害，造成2601人口受灾，紧急转移安置人口26人，农作物受灾面积162公顷，房屋倒塌5户15间，道路塌方16处，直接经济损失311.30万元。

2018当年平均气温19.7℃，历年平均气温19.3℃，与历年平均偏高0.4℃，年极端最高温度和出现月、日37.8/4.13，年极端最低温度和出现月、日2.4/2.9、12.30，年平均相对湿度81℃，日最小相对湿度及出现月13/3.3。

2018当年总降雨量1072.8㎜，历年平均雨量1149.2㎜，与历年平均雨量偏少76.4㎜，雨量高峰月及雨量值6/295.7，一日最大雨量及出现月、日86.9/6.24，全年降水日数139天，月最多雨日及出现月份6月，月最少雨日及出现月份2月，最长连续降水日数及出现月、日8/10.12—10.19，最长无降水日数及出现月、日16/11.22—12.7。

2018年平均风速1.5m/s，定时最大风速6.1m/s。

（黄　河）

防震减灾

【防震减灾机构及工作概况】 2018年，隆林各族自治县地震局（简称自治县地震局）内设办公室1个部门，有人员编制4名，实有2人，办公地址在新州镇迎宾路629号（政务中心6楼）。全自治县16个乡（镇）均建立防震减灾“三网一员”（地震宏观测报网、地震灾情速报网、地震知识宣传网、防震减灾助理员）人员共2551人，其中防震减灾助理员31人，地震灾情速报员209人，地震宏观观测员15人。争取到县财政将7个基本站的运行维护经费列入每年预算，聘请7个基本站兼职养护员和2个专职运行维护员。

【地震前兆宏观观测点站点建设】 2018年，自治县共建设有地震前兆宏观观测点站点15个。其中，天生桥镇岩卡村库区水域网箱养鱼点，为鱼类生活习性观测点；天生桥镇鼓迪孟生猪养殖场，为野猪类生活习性观测点；新州镇民强村绍泽那合养殖场，为鸡类生活习性观测点；平班镇民新村红荣一区养殖场，为猪、鸡类生活习性观测点；梨乡母施村林下养鸡集中区（山下点），为鸡类生活习性观测点；沙梨乡母施村林下养鸡集中区（山上点），为鸡类生活习性观测点；者浪乡者浪村南平宝屯养殖场，为兔类生活习性观测点；革步乡库区黑山羊养殖场，为山羊类生活习性观测点；革步乡红岩村坝顺屯七彩山鸡养殖场，为野鸡类生活习性观测点；梨乡母施村那岩黄牛养殖场，为黄牛类生活习性观测点；隆或乡道达村八队生猪养殖场，为猪类生活习性观测点；隆或乡打兰村打兰屯下坝黄牛养殖场，为牛类生活习性观测点；介廷乡那桑村那桑屯黑山羊养殖场，为羊类生活习性观测点；介廷乡岩怀村双雄养殖场，为鸡、猪类生活习性观测点；岩茶乡弄金村一队清水鸭养殖场，为鸭类生活习性观测点。有地震宏观观测员15人。

【地震监测台网建设】 2018年，广西地震烈度速报与预警系统项目（百色项目）隆林7个基本站（沙梨站、隆或站、者保站、天生桥站、金钟山站、猪场站）完成设备安装并正式投入运行。

【防震减灾宣传】 2018年，自治县地震局在国家防灾减灾宣传日、唐山大地震41周年纪念日、科技宣传周、十月科普大行动中开展防震减灾知识宣传活动，到学校开展防震减灾知识讲座1，在县城休闲广场拉横幅1条，制作宣传板报4张，发放宣传手册和宣传单2100多份，在县电视台播出防震减灾标语口号2条共6次和防震自救动漫教学片4次。在十月科普活动月中到3个乡（镇）开展宣传活动，共发放宣传手册和资料1600多份。

【地震应急疏散演练】 2018年，自治县地震局与自治县教育局紧密配合，协调指导全县45所中小学校（除幼儿园和教学点外）在上下半年各开展一次以上的地震应急疏散演练，参加演练的师生5.62人次。其间的6月6日下午，猪场乡中心小学校开展地震应急疏散演练活动，随着地震”警报第一声响起，师生按照地震应急疏散预案进行演练，同学们在老师的指挥下，迅速蹲下躲在课桌旁，并用手保护着头部。随着第二声警报响起，全校进入紧急疏散环节，同学们在老师的指挥下，沿着预定的路线快速有序地从教室撤离到校园安全区域，整个疏散活动只用2分多钟，演练过程做到快速、安全、有序。提高在校学生的防震安全意识和地震发生时的应急、自救互救技能，使全校师生在地震发生时能快速有序地逃生。

【防震减灾业务知识培训】 2018年，自治县地震局组织人员参加自治区地震局防震减灾业务知识培训班学习4人次；参加百色市地震局防震减灾业务知识培训班学习3人次。学习内容主要涉及防震减灾和抗震设防等方面。 （严家慧）

6月6日下午，自治县中心小学校开展地震应急疏散演练活动

教　育

【教育机构及概况】 2018年，隆林各族自治县教育局（简称自治县教育局）内设工委办、党政办、绩效办、人事股、计财股、基教股、教研室、项目办、职成股、招生办、体卫艺室、师训办、电教站、学前办、教育财务核算中心、均衡办、督导室、教育扶贫办、安稳办、资助办、工会室、青少年活动中心等22个部门，有人员编制59名，实有118人。办公地址在新州镇民族街192号（人民法院老办公楼）。

年内，全自治县有各级各类学校285所，在校生11.54万人。其中，小学126所（其中县城4所、乡（镇）中心校17所、村级完小30所、教学点75个），在校学生6.86万人；初级中学17所，在校学生2.17万人；普通高中1所，在校学生6167人；中等职业学校1所，在校学生1015人；特殊教育学校1所，在校学生124人；教师进修学校1所。学前教育三年毛入园率84.15%，九年义务教育巩固率93.05%，高中阶段教育毛入学率85.83%。年内，自治县通过自治区人民政府的县域义务教育均衡发展督导评估验收，并报请国家级的评估认定；自治县教育局获得百色市教育局颁发的百色市普通高中教育教学工作指导先进单位、百色市初中教育教学质量优秀指导奖、百色市小学教育教学质量优秀指导奖等荣誉。

【教育经费】 2018年，自治县教育经费总收入6.58亿元，比上年增长9077万元，增长15.19%。其中财政拨款收入6.50亿元，比上年多收入5775万元，增长9.75%；预算外资金收入827.59万元，增加收入291.09万元，增长54.25%。教育经费总支出6.63亿元，比上年增加支出4450万元，增长7.19%。其中财政拨款支出6.54亿元，增加支出6266万元，增长10.58%；预算外资金支出880万元，增加支出284万元，增长47.65%。人员经费支出3.75亿元，公用经费支出6310万元，项目支出2.16亿元（含建设支出）。

【教育基础设施建设】 2018年3月底前，自治区下达自治县的薄改计划校舍维修项目涉及25所学校32个单项工程，校舍建筑面积2.75万平方米，运动场面积1.47万平方米，围墙200米，挡土墙1450立方米，校门2米，总投资6185万元，年内有项目完工14个，在装修12个，在建6个。4—8月下达的薄改计划校舍维修项目涉及6所学校7个单项工程，校舍建筑面积6341平方米，运动场面积4246平方米，总投资1384万元，预计2019年12月底前全部完工。新建（迁建）幼儿园奖补资金项目涉及2所新建学校（隆林县第四幼儿园和隆林县第五幼儿园）2个单项工程，总建筑面积7500平方米，总投资1500万元，计划2020年6月底前完成主体建设。

【教师队伍建设】 2018年，自治县计划面向社会公开招聘中小学教师768人，实际招聘408人；计划招聘特岗教师100人（小学40人、初中54人），实际招聘94人；定向培养小学教师160人（高中起点本科20人，高中起点专科30人，初中起点专科20人，百色专项培养90人）；接收定向培养教师22人（中职1人，小学全科21人）；百色专项招聘农村教师计划162人，实招106人；事业单位招聘工作人员5人；办理特岗教师转岗入编29人。对全县公办学校领导进行交流轮岗，共调整任免职635名学校领导，撤并桠杈镇初级中学、介廷乡初级中学和平班镇初级中学共分流54名教师，调整45名具有初中教师资格的小学教师到初中任教，对35名乡村教师进行交流轮岗，对县直学校34名教师进行交流轮岗。从乡（镇）学校公开选调56名优秀教师到县直学校任教。2017—2018学年度共派出15人（支教10人，走教5人）教师进行支教走教，调整176名专任教师进行走教一学年。年内，自治县共表彰先进集体10个、优秀教育工作者40人、优秀教师100人、优秀班主任50人、“最美乡村教师”10人、德育标兵10人；受到市级表彰先进集体4个、优秀教育工作者9人、优秀教师29人、“最美乡村教师”16人、优秀班主任19人、德育标兵9人、“我最喜爱的老师”2人。对在乡村从教满30年的1101名教师进行表彰，并颁发荣誉证书。

【学前教育】 2018年，自治县城有各类幼儿园153所，其中单门独院的公办幼儿园有20所，在园幼儿4548人，公办教职工418人；公办小学附设校中园（班）32个，在园在班幼儿662人。民办幼儿园133所，在园幼儿1.69万人，教职工总数1188人，其中持有办学许可证民办幼儿园93所，在园幼儿1.35万人；无证幼儿园40所，在园幼儿3448人。公民办幼儿园平均师生比例是1∶13.8。全县在园（班）幼儿2.21万人。公办幼儿园（含校中园）幼儿人数占比23.50%，普惠性幼儿园覆盖率40.90%。县城所在地幼儿园（含民办幼儿园）38所，在园幼儿8661人。其中，县直机关幼儿园自治区示范幼儿园;县民族幼儿园是百色市示范幼儿园。农村(乡(镇)、村)幼儿园(含民办幼儿园)115所,在园幼儿2.13万人。其中,德峨镇中心幼儿园是百色市市级示范乡(镇)中心幼儿园;天生桥镇中心幼儿园是自治区示范乡(镇)中心幼儿园。

【义务教育】 2018年,自治县人民政府做好义务教育控辍保学工作,先后印发《隆林各族自治县人民政府办公室关于印发〈隆林各族自治县义务教育辍学学生排查劝返工作实施方案〉的通知》《关于印发〈隆林各族自治县义务教育控辍保学攻坚月劝返专项行动工作方案〉的通知》,落实政府主体责任,建立"双线四包"(县、乡(镇)、村一条线,教育局、学校、班级一条线;县领导包乡(镇)、乡(镇)干部包村、村干部包村民小组、村民小组包户;教育局领导包学校、校领导包年级、班主任包班、科任教师包人)和联控联保工作机制,各乡(镇)与各村、各学校签订"控辍保学"目标责任书,建立驻村干部、村干"控辍保学"责任制,确保"一个都不能少"。全县共排查核实失学辍学学生1284人,劝返率1189人,劝返率92.60%。推进社会主义核心价值观进校园,开展第二十五届全国青少年"时刻听党话　永远跟党走"爱国主义读书教育活动,举办自治县征文比赛,表彰21个优秀组织和80名优秀个人,选派优秀作品和优秀选手参加百色市征文、演讲和讲故事比赛,有13人获得市级表彰。制定出台《隆林各族自治县2018年义务教育学校招生方案》,招生工作稳定,解决716名进城务工子女就读。进行义务教育学校布局调整,撤并桠杈初中和介廷初中(撤并后桠杈初中学生分流到者保初中和天生桥初中,介廷初中学生分流到岩茶初中和隆或初中),将平班初中合并到扁牙初中,并更名为"平班镇初级中学"。同时,对39所村完小降格为村小学,撤销24所空壳村小学和教学点。

【民族教育】 2018年,自治县开设民族班的有德峨镇中心小学、隆林民族中学和隆林中学等3所学校,共有民族班18个,每班50人,共900人,每年获得自治区民宗局生活补助51万元。其中德峨镇中心小学6个班共300人,每生每年获得补助500元,共获补助15万元;隆林民族中学9个班共450人,每生每年获得补助600元,共获补助27万元;隆林中学3个班共150人,每生每年获得补助600元,共获补助9万元。隆林民族实验小学、德峨镇中心校、德峨镇常么村完小获得第二批"自治区民族文化教育示范学校"称号。

【高中教育】 2018年,自治县参加高考考生1744人,本科上线796人,上线率46%。其中,上一本分数线73人,上重点线人数继续保持百色市县级高中第2位。2月,隆林中学通过自治区示范性普通高中复查评估,通过为第八批自治区示范性普通高中复查评估学校。

【职业教育】 2018年,自治县申报自治区示范专业(汽车运用与维修),得到中央财政500万元的资金支持,在建中;职业技术学校被认定为三星级学校(自治区示范中职学校),中职招生672人,完成率186.70%,全口径送生2869人,完成率122.10%,成人在职招生331人,完成率110.30%。进行农民工培训、特种工作人员培训1000多人。

【特殊教育】 2018年,自治县人民政府印发《关于印发〈隆林各族自治县第二期特殊教育提升计划(2017—2020年)实施方案〉的通知》,与自治区、全市同步实施第二期特殊教育提升计划。自治县教育局印发《关于印发〈隆林各族自治县义务教育阶段残疾儿童少年送教上门工作方案〉的通知》,举办自治县2018年特殊教育"送教上门"教师培训,对残疾学生开展送教上门66人,送到普通学校随班就读27人。

【教育惠项目建设】 2018年,自治县落实教育惠民政策,筹措资金2.12亿元,其中中央财政补助0.12亿元,自治区本级财政安排0.27亿元,市县财政筹措1.53亿元,实施教育惠民项目建设。一是实施扩大农村学前教育资源项目建设,新建第四、第五及城西安置点罗湖幼儿园,筹措资金4100万元,其中自治区新建(迁建)幼儿园奖补资金1800万元(落实给四幼、五幼、罗湖幼儿园各600万元),粤桂扶贫协作资金2000万元(落实于罗湖幼儿园项目建设),县级财政配套300万元。二是实施农村义务教育学校改造项目建设,筹措资金2297万元,其中中央财政补助1150万元,自治区财政安排920万元,县级财政配套227万元,项目涉及14所学校21个单项工程,校舍建筑面积8990平方米,运动场面积1.56万平方米,围墙200米,挡土墙4500立方米,校门32米。三是加强普通高中基础能力建设项目建设,筹措资金1.48亿元(农发行贷款),用于自治县民族高级中学建设,改善普通高中办学条件。

【学生资助】 2018年,自治县134所学校4.26万名中小学生累计享受营养餐补助3264.44万元，自治县人民政府划拨实施营养改善计划项目运行成本经费442.25万元。发放精准扶贫子女保教费398.40万元，资助家庭经济困难幼儿5312人次；完成2018年农村义务教育阶段家庭经济困难寄宿生生活费补助金的发放工作，共发放寄宿生补助资金4569.58万元，受助学生8.21万人次；发放普通高中免学杂费资金共207.50万元，享受免学费学生2306人次。发放免学费513.10万元，享受免学费学生9502人次；发放高中助学金421.45万元：享受人数为2469人次。发放中职学校免学费资金98.70万元，享受资助1316人次；发放中等职业学校国家助学金113万元，享受人数1130人次。共为3630名家庭经济困难的大学生办理生源地助学贷款手续，贷款金额2575.17万元；发放大学新生入学资助资金22.2万元，资助家庭经济困难大学新生419人（其中发放自治区新生入学路费补助18.70万元）；发放百色市教育基金会助学金72万元，资助大学生240人。发放农业发展银行助学金80万元，资助大学生160人。配合百色市教育基金会在自治县开展的资助小学、初中、高中贫困学生工作，全年共发放助学金88.68万元，其中嘉宝莉助学金资助6万元。做好应届大学生学费补偿、宣传工作，申请学费补偿的学生293人，补偿金额190.27万元。

【高考成绩】 2018年，自治县参加高考考生1744人，高考成绩上本科线794人，比上年增加149人，本科上线率45.53%。其中一本73人，增加27人，一本上线人数继续保持全市县（区）级高中第二名，总分600分以上人数8人，其中最高分668分，超出一本线156分。学生胡庆(668分)、苏宗盛(661分)被浙江大学录取，肖成语(636分)获上海交通大学录取，这3名学生分别获百色市享受专项计划考生中的第一、二、四名，有50多人被全国各地名牌大学录取。隆林高中获全市A2类学校进步一等奖，综合二等奖，政治、历史、生物、物理学科特色奖。

【中考成绩】 2018年，自治县参加中考考生5648人，比上年增加126人，增长2.30%；上市重点高中线（A+级）考生371人，多5人，上线率6.57%，九科全A+47人，增加6人；上市重点高中人数位居百色市前四名。民族中学、隆林二中获全市质量优秀二等奖，隆林三中、者保乡初中获全市质量优秀三等奖。

【小学教学质量调研测试】 2018年，自治县开展小学教学质量调研测试工作，有新州一小、民族实验小学、隆或镇中心校、介廷乡中心校、德峨八科村完小、天生桥镇安然小学、德峨镇弄杂村小学、岩茶乡龙滩村完小等8所学校获一等奖；新州二小、新州三小、民族实验小学、新州镇中心校、沙梨乡中心校、者保乡同福村完小、蛇场乡马场村完小、克长乡烂滩村完小、德峨镇岩头村完小、者浪乡么窝村完小等10所学校获二等奖；隆或镇中心校、金钟山中心校、克长乡中心校、岩茶乡中心校、平班镇中心校、介廷乡那达村完小、新州镇民强村完小、岩茶乡龙滩村完小、克长乡长发村完小、天生桥镇岩场希望小学、天生桥镇祥播小学、德峨镇常么村完小、德峨镇龙洞村完小、德峨镇水井村完小、克长乡河马村完小、平班镇共和村完小等16所学校获三等奖。

罗丽牡等94位教师获百色市小学教育教学质量优秀奖。自治县县委、人民政府在第34个教师节划拨661.67万元奖予69所中小学校168名指导教师和219名优秀学生。（何 易 韦玉关）

文化·卫生·体育

文化综述

【文体广电机构概况】 2018年，隆林各族自治县文化和体育广播电视局（简称自治县文体广电局）内设办公室、公共服务及非物质文化遗产管理股、文化市场综合管理股、体育股、产业规划和科技股、人事和财务股、影视传媒和网络视听管理股、艺术股8个部门，有人员编制18名（行政机关编制9名，参公事业编制8名，后勤服务编制1名，局长1名，副局长4名），局机关实有13人。办公地址在新州镇民生街239号。

【公共文化设施免费开放】 2018年，自治县文体广电局督促和检查自治县文化馆、图书馆、民族博物馆及各乡（镇）文化站的免费开放工作的开展。文化馆、图书馆、民族博物馆及乡（镇）文化站每周坚持开放56小时以上，节假日照常开放。

【农家书屋建设】 2018年，自治县文体广电局根据自治区新闻出版广电局的要求，做好农家书屋建设工作，对140个农家书屋出版物进行补充更新。

【文化服务基础设施建设】 2018年，自治县文体广电局加强村级公共服务中心建设，至12月底72个项目全部竣工；配备村级文化活动器材。在2016—2017年实施的36个行政村文化活动器材配置的基础上，为其余143个村配置音响、乐器等文化活动器材，为179个行政村配置LED（半导体固体发光器件）显示屏，实现行政村文化活动设备配置全覆盖；安装村级应急广播。由自治区新闻出版广电局统一招投标、采购，对自治县179个村统一安装应急广播；为10个村安装5万元每套13件健身器材的健身路径。通过加强文化体育广播基础设施建设，满足农村群众开展文化体育活动的需求。

【非物质文化遗产传承与保护】 2018年，自治县文体广电局组织隆林辣椒骨制作技艺、隆林壮族黑粽子制作技艺、隆林壮族蓝靛染布技艺、隆林壮族花背带制作技艺、隆林壮族绣花鞋制作技艺、隆林壮族山歌（南盘江调）、隆林壮族“三层楼”服饰制作技艺、彝族火把节、隆林汉族打鸡儿棒、隆林汉族哭妈娘习俗、隆林汉族袍汤节等11个非遗项目申报自治区和百色市非遗保护名录项目，均入选百色市非遗保护名录。其中隆林辣椒骨制作技艺、隆林壮族花背带制作技艺、隆林壮族蓝靛染布技艺、隆林壮族山歌（南盘江调）4个项目入选自治区非遗保护名录。承办百色市“文化和自然遗产日”非物质文化遗产宣传展示隆林主场活动，以“多彩非遗·美好生活”为主题，举行“非遗进校园”参观活动、全市非遗项目展演和图片展、隆林非物质文化遗产动态展示等。在新州第三小学建设壮族八音座唱基地和在德峨镇八科村塘石屯建设彝族祭送布谷鸟基地。举办自治县非物质文化遗产及民族文化展示活动。

【文化市场监管】 2018年，自治县政府组织文化、公安、工商等部门对人员密集场所及重点娱乐场所进行执法检查行动，先后对无证经营的隆林尚上酒吧、隆林歌舞厅发放立即停止经营通知书。参加自治县工商局开展的“3·15”国际消费者权益日宣传咨询活动。召开各业主安全生产法律法规培训会，提高全县网吧、歌舞娱乐场所业主的法律意识。开展“扫黄打非”，重点查处淫秽低级文艺演出、淫秽音像制品等。全年开展各种类经营场所检查849家次，共出动检查人员3174人次，立案21起，办结21起，警告14家，罚款12家，罚款金额1.150万元，责令停业整顿1家，取缔7家。

【群众文化活动】

百色市2018年西北五县春节联欢晚会　2018年2月，自治县联合西林、田林、凌云、乐业4个县在自治县人民会场举办"一衣带水、共唱和谐"百色市2018年西北五县春节联欢晚会。晚会以《一衣带水　共唱和谐》为主题，展示桂西北五县美丽、富饶的人文状态与自然，将多民族形态的生活、习俗、爱情、宗教，艺术化的再现于舞台。追求原生态生命之态、生活之态的艺术语言与时尚审美的结合，朴素的表现桂西北五县多民族人文形态中人性的宣泄、人性的张扬、自然与人和谐的状态。整台晚会有舞蹈、歌舞、声乐、曲艺等共15个节目，乐业县的开场舞《过年·回家》，隆林县的苗族原创歌曲《彩云映苗乡》、彝族男女群舞《彝家欢歌》、歌伴舞《亲亲妹子要出门》，西林县的习俗情景表演《欧贵》、山歌新唱《十九大光芒照果乡》、歌伴舞《千古风流在壮乡》，田林县的壮族八仙鼓《认真贯彻十九大　建设美丽新农村》、小品《人工呼吸》、舞蹈《瑶人追春》，乐业县的男女群舞《山水仙灯》、壮族原创歌曲《山歌一排排》，凌云县的现代歌舞《唯我独尊》、男女群舞《茶韵墨香》，晚会收场舞《鼓动金翅》等节目受到观众的好评。

自治县新春团拜会演出　2018年2月，自治县党委、政府举行2018新春团拜会演出。文艺演出在自治县展示中心举行，自治县四家班子领导和自治县各部委办局的主要领导到场观看演出。晚会开场舞《吉祥颂》、男声独唱《亲百姓　百姓亲》、歌伴舞《亲亲妹子要出门》、少儿舞蹈《闹新春》、男声独唱《扶贫路上歌飞扬》、苗族原创歌曲《彩云映苗乡》、舞蹈《共筑中国梦》等节目受到观众的好评。

自治县群众迎春文艺晚会　2018年3月，自治县文化馆举行群众迎春文艺晚会。2月8日晚，由自治县文体局主办，文化馆承办2018年"瑞犬纳福贺新春"群众迎春文艺晚会在自治县人民会场拉开帷幕。晚会由20个形式多样的节目组成，有290余名群众参演。有舞蹈《欢聚一堂》《琴鼓敲出幸福来》、歌曲《国家》《全家福》，情景演唱《跟香过年》《迎客》等展示本土浓郁特色的节目。

组队参加"壮族三月三八桂嘉年华"主题活动　2018年，自治县组织苗族爬坡杆、花苗刺绣参加自治区文化厅在自治区民族博物馆举办的2018年"壮族三月三八桂嘉年华"主题活动，展示的项目得到观众的好评。

"两赛一展""炫彩民族、和美家园"开幕式暨文艺晚会　2018年9月22日，自治县举行2018年"两赛一展""炫彩民族、和美家园"开幕式暨文艺晚会演出，创作编排的以自治县少数民族的历史文化、民俗风情为题材的演出节目——仡佬族舞蹈《祭树、心心结》、仡佬族歌曲《尝新欢歌》、仡佬族舞蹈《丰.硕》、苗族舞蹈《深山织语》、苗族男子群舞《跳花桩》、苗族原生态歌曲《苗山欢歌》、汉族歌曲《春耕歌》、汉族女子群舞《绣鞋》、壮族舞蹈《欧贝》、彝族舞蹈《布谷衔乐》、彝族歌曲《默谱情歌》、舞蹈《和美家园》等共17个节目，向来自全国各地嘉宾、运动员和观众展示隆林苗、彝、仡佬、壮、汉5个民族风情和团结友爱、其乐融融、共同建设绚丽家园的场景。

百色市非物质文化遗产宣传展示隆林主场活动　2018年6月9日是第二个"文化和自然遗产日"，百色市2018年"文化和自然遗产日"非物质文化遗产宣传展示主场活动在自治县举行。活动期间围绕"多彩非遗　美好生活"的主题，举办非遗进校园，非遗项目展演，民族刺绣、纺线、织布、画蜡等手工展示及现场体验，非遗图片展，非遗知识宣传活动等板块的内容，全面展示全市各县（区、市）近年来非物质文化遗产的传承与保护，创新和发展。9日上午，开幕式在自治县民族文化体育广场举行，百色市文化和新闻出版广电局副局长孙斌、自治县党委常委赵乐欣、自治县政协副主席杨必飞及百色市各县（区、市）文化行政主管部门领导、非遗负责人、自治县各族群众代表到场参加开幕式并观看非遗项目展演。在项目展演中，隆林彝族民间体育竞技《打磨秋》等12个县（区、市）的非遗节目轮番上演、精彩亮相，让广大观众感受非物质文化遗产的独特魅力。

广播·电视·电影

【隆林人民广播电台节目】　2018年，隆林人民广播电台推进节目精品化发展战略。根据本县民族特点，推出民语新闻《隆林苗语新闻》，用苗族群众听得懂的语言来播报新闻，使广大苗族群众从苗语新闻中了解到更多的本地资讯。同时相继开设"隆林新闻""五彩隆林""隆林民族风""农广天地""健康美食你我同行""开心笑笑笑"等专栏。着重采访、报道各行各业的发展成就、社会效果等。至年底，制作自治县各行各业年内的发展成就、社会效果等广播类专题稿件共350余篇，新闻2000余条，日滚动播出8次;制作电台类公益广告宣传口号10条,每条时长不低于30秒。

【隆林电视台节目】 2018年,隆林电视台有被中央电视台第二套《经济信息联播》采用播出信息1条,被广西电视台采用播出信息5条、广西人民广播电台采用播出信息10条、百色电视台采用播出信息100条、百色人民广播电台采用播出信息10条。

【农村公益电影放映】 2018年,自治县电影公司根据上级及自治县党委、政府的要求,开展农村公益电影放映活动,全年共放映2148场。

(赵乙徽)

档案事业

【档案机构及工作概况】 2018年,隆林各族自治县档案局与档案馆(简称自治县档案局与档案馆)实行局馆合一体制,赋予行政职能,使用事业编制,内设办公室、档案业务指导股、档案管理编研股3个部门,有人员编制8名,实有9人,6月办公地址从新州镇民权街200号搬迁入位于城西交警队背面的新馆。

【档案馆搬迁新馆】 2018年6月,自治县档案馆从旧馆搬迁入位于城西交警队背后的新馆,占地面积1612平方米,共6层,为独立建设,总建筑面积2937平方米,其中4~6层为档案资料库房,共1200平方米;3层以下为办公、档案接收、抢救、数字化加工、查阅、珍品陈列、配电等用房,档案保护装置全部使用铁皮柜和密集架,其中密集架2套共28列102组,库房配备有保护档案的恒温恒湿设备,全馆安装监控系统和高压细水雾防火系统、自动报警系统各1套,配置有防磁柜2组、办公设施12台微机、1台复印机和6台打印机,监控视频等。

【档案法制建设】 2018年,自治县档案局实施《隆林各族自治县"七五"档案法制教育规划》,按照《隆林各族自治县档案事业发展"十三五"规划》要求,在全县开展档案法制建设工作。7—8月,开展档案行政执法检查,抽查10个县直单位和8个乡(镇)档案工作计划、人员配备、文件材料收集归档与保管、档案室建设和档案移交五大问题。通过检查,指出各单位和乡(镇)档案作存在的不足问题,提出加强档案工作的意见和建议。至年末,有2个乡(镇)和4个单位单位进行整改。5月,开展档案安全检查,共检查12个县直单位,重点检查档案装置、材料收集、防火防盗、防湿防潮等问题,要求2个单位对档案室不安全问题作出整顿。6月9日,利用国际档案日开展档案法制知识宣传,共出版板1期2版,制作张贴宣传图片12张、标语6幅,印发宣传资料500份。

【档案业务建设】 2018年,自治县档案局根据国家档案局《机关文件材料归档范围和文书档案保管期限规定》《各级各类档案馆收集档案范围的规定》《企业文件材料归档范围和档案保管期限规定》,完善档案业务建设监督、指导规划,培训33名档案工作人员,协助30个单位完成年度文件材料收集整理归档工作。

【档案信息化建设】 2018年,自治县有90个县直单位和乡(镇)中使用档案软件管理档案,档案数字采集效率得到提高。划拨档案信息化建设经费50万元,完成全文扫描9653卷,共80.30万页,累计完成2.35万卷,共216.43万页,占馆藏档案总页数的60.10%;数字档案总容量1094.10GB。

【档案接收与利用】 2018年,自治县档案馆共指导37个单位完成年度材料收集整理归档工作,接收1个单位进馆档案1.18万件。接待利用档案信息人员560人次,为解决群众山林土地纠纷、婚姻纠纷案件、机构设置、经济建设、个人信息查考等提供档案817卷(件、册)。

【档案馆藏】 2018年,自治县档案馆馆藏档案共91个全宗,以卷为保管单位的档案2.83万卷,长429米;以件为保管单位的档案11.79万件,长151米;照片档案1752张,实物档案126件,录像13盒,光盘30张,资料5810册,内容涉及政治、经济、军事、文化、教育、卫生、科技、民族、民生、机构、国家、集体、个人等领域。

【档案安全保护】 2018年,自治县档案局落实档案保护费13万元,抢救破损档案1560卷,更换档案卷皮828卷。制定和完善档案安全保护制度》《档案借阅制度》《档案库房消防制度》,库房内安装价值100万元的恒温恒湿设备,同时安装价值50万元的细水雾防火装置,还有监控装置和自动报警装置等,档案安全保护作得到加强。定期不定期检查档案库房安全设施的运行情况,完备档案资料查借阅登记手续。

(杨官上)

地方志事业

【地方志机构及工作概况】 2018年,隆林各族自治县县志编纂委员会办公室(简称县志办),有人员编制5名,实有5人。办公室地址在新州镇兴隆街华隆公司4楼。主要组织编纂自治县地方志书、地方综合年鉴;搜集、保存地方志文献和资料,组织整理旧志,推动方志理论研究;组织开发利用地方志资源。为地方经济社会发展决策提供科学依据。

【年鉴编纂】 2018年,自治县志办按照自治区地方志办提出的做到"一年一鉴、公开出版"的要求,及时调整《隆林年鉴》编纂工作方案,制定《隆林年鉴·2018》编纂工作方案,并以县委、县政府两办名义行文下发至各供稿单位。5月,启动年鉴编纂工作,落实专人负责,定期督促各供稿单位和部门及时供稿。至年底,完成《隆林年鉴·2018》总纂工作,并交方志出版社公开出版。年内,向自治区地方志办公室编纂的《广西年鉴》提供隆林地情资料约2000字;向百色市地方志办公室编纂的《百色年鉴》提供隆林地情资料约2万字。

(汪春妮)

卫　生

卫生综述

【卫生机构及工作概况】 2018年,隆林各族自治县卫生和计划生育局(简称自治县卫计局)内设办公室(卫生应急办公室)、规划和信息股、法制与综合监督股(行政审批办公室)、疾病预防控制股、医政医管股(体制改革股、保健股)、妇幼健康服务股、计划生育基层指导股、考核督查股、计划生育家庭发展股、基本药物与基层卫生股、宣传与科技教育股、中医药管理股、人事股、财务股、监察室15个部门,有人员编制19名,后勤服务编制4名,实有19人。办公地址在新州镇民族街260号。

年内,自治县共有医疗卫生计生单位38家。其中,县直医疗卫生单位有县人民医院、县中医院、县妇幼保健院、县疾病预防控制中心、县皮肤病防治站、县卫生监督所6家;乡(镇)卫生院16家,乡(镇)卫生计生服务所16所,村卫生室175所,其中德峨、革步、隆或、天生桥、者保5个为中心卫生院;新州、桠杈、平班、者浪、沙梨、界廷、克长、岩茶、蛇场、猪场和金钟山11个为普通卫生院。隆林中学、隆林二中、隆林三中、隆林民族中学、隆林职业中学、新州第一小学、新州第二小学、新州第三小学、民族实验小学、县直机关幼儿园、城西幼儿园、民族幼儿园12所学校卫生室。隆林陈虹诊所、隆林红岩诊所、隆林亮点口腔诊所、隆林龙医师诊所、隆林罗梦翔口腔诊所、隆林博仁综合门诊部、隆林协和综合门诊部、隆林同济综合门诊部、隆林徐耀口腔诊所、王拯掾主治医师诊所、隆林恩军诊所、隆林桂园春诊所、隆林康复诊所、隆林爱心诊所(迎宾路)、隆林翁医师诊所、隆林惠民诊所、隆林爱心诊所(民生路)、康宁诊所等19所个体医诊所,隆林现代医院、隆林安宁医院2家私立医院,年末,全县卫计系统共有在岗干部职工1225人,其中卫生技术人员962人(编内人员599人,编外人员363人);拥有执业(助理)医师271人,每千人口拥有执业(助理)医师0.71人;执业护士157人,每千人口拥有执业护士0.41人;拥有副高以上职称14人,中级职称166人。全自治县有村医198人、执业医师(助理)5人,其中有村医执业证210人。

全年自治县医疗卫生机构总收入4.51亿元。其中,财政拨款1.72亿元,医疗收入2.48亿元(其中药品收入8637.70万元),事业收入2681.50万元,其他收入302.15万元。总支出4.58亿元,其中医疗业务支出2.98亿元(其中药品费8563.70万元),事业支出3458.92万元,其他支出31.51万元。固定资产2.82亿元,基本建设资产支出1524.94万元。

【卫生基础设施建设】 2018年,自治县医疗卫生系统乡施建设项目共7个,分别为天生桥、德峨、常么、沙梨、新州、介廷、桠杈等乡(镇)卫生院标准化建设项目,建设面积8900万平方米,总投资2225万元。自治县人民医院外科医技综合楼建设项目占地面积2400平方米,总建筑面积2.07万平方米、总投资8250万元,年内完成投资4500万元。自治县175个行政村全部建成标准化村卫生室,总面积1.27万平方米。自治县医疗卫生系统总占地面积9.86万平方米,业务用房建筑面积7.43万平方米,共开设病床1157张;其中县直医疗卫生机构业务用房面积3.37万平方米,开设病床708张;乡(镇)务用房面积4.06万平方米,开设病床730张。年内,自治县公立医疗卫生机构拥有万元以上医疗设备970台，价值1.43亿元；100万元以上医疗设备20台，价值2500万元。

【卫生才队伍建设】 2018年，自治县落实县级公立医院用人自主权，全面推行聘用制度、公开招聘制度和岗位管理制度，坚持按需设岗、竞聘上岗、按岗聘用、合同管理，建立能进能出、能上能下的灵活用人机制。年内县级三家公立医院举行2次招考活动，公开招聘医务人员350人，实际招到225名医务人员进入3家公立医院工作。

【诊疗服务】 2018年，自治县医疗卫生机构总诊疗68.09万人次。其中门诊52.58万人次，住院8.85万人次，住院病人手术5708人次，出院8.87万人次；健康检查4.76万人次；门诊处方35.69万张；其中，县人民医院年诊疗26.74万人次，门诊15.71万人次，住院2.41万人次，住院病人手术4058人次，出院2.41万人次；健康检查1.25万人次；门诊处方19.50万张；中医处方1.43万张。县中医医院年诊疗9.02万人次，其中门诊就诊7.06万人次，住院1.09万人次，住院病人手术1541人，出院1.11万人次；健康检查690人；门诊处方3.60万张；中医处方2.23万张。妇幼保健院年诊疗9.57万人次，门诊就诊8.09万人次，住院4556人次，住院病人手术109人次，出院4551人次；健康检查3.08万人；门诊处方9.80万张。县皮防站年末总诊疗7690人次，其中门诊就诊7690人次。各乡（镇）卫生院总诊疗21.71万人次，其中门诊20.71万人次，住院4.82万人次。健康检查3684人；出院4.82万人次；门诊处方总数2.77万张。

【分级诊疗】 2018年，自治县人民医院与百色市人民医院作为市县医联体，通过管理、技术双下沉，落实人才培养和学科建设，百色市三级医疗机构派驻自治县医疗技术专家共48人长期驻自治县3家公立医院进行临床诊疗、手术示教等业务工作指导。自治县人民医院新建骨科、泌尿外科2个新学科，在百色市医院派驻专家的指导下首次开展腰椎、复杂骨盆骨折等四级手术；开展经皮肾镜诊疗术、腹腔镜胆囊切除术、腹腔镜阑尾切除术、妇科腹腔镜手术、腹腔镜输尿管切开取石术、输尿管镜下碎石术、前列腺电切术等多项新技术和新项目。自治县中医医院开展针推科神经牵拉松解术、软组织压痛点强刺激推拿疗法、关节错缝微调技术等多项新的中医治疗技术。自治县妇幼保健院在深圳罗湖医院集团的帮助和带领下新建新生儿科的建设。通过帮扶单位医联体建设派驻人员的的传、帮、带，医联体单位的医疗服务和工作流程得到进一步规范，医疗服务能力和服务水平明显提高。全年县域内就诊率95%。截至11月31日，县城3家公立医院医疗总收入2.03亿元，比上年增长9.92%；住院3.86万人次，增长2.59%；开展各类手术4077人次，增长6.37%，县外转诊人病人799人，降低7.70%。门诊诊疗51.70万人次，乡（镇）卫生院门诊总诊疗17.06万人次，占比32.99%，增长1.90%。推进县乡医共体建设，由自治县人民医院牵头，会同自治县中医医院、自治县妇幼保健院、8个乡（镇）卫生院组建医共体建设。7月13日，自治县人民医院与新州镇卫生院、者保乡中心卫生院、隆或镇卫生院、平班镇卫生院签订医共体协议；自治县中医院与沙梨乡卫生院、德峨镇中心卫生院签订医共体协议；自治县妇幼保健院与者浪乡卫生院、天生桥镇中心卫生院签订医共体协议，达到完成县域医共体建设50%的目标任务。二级医疗机构派驻乡（镇）卫生院医疗技术骨干36人。开展派驻人员及后援科室到医共体单位开展业务查房、业务知识培训、疑难重症会诊和病案讨论、义诊等工作，开展义诊活动7次，进行心肺复苏、临床常见病、多发病、医院感染管理等专业知识培训5次，初步形成“小病不出村、常见病留乡（镇）”的分级诊疗格局。

【家庭医生签约服务】 2018年3月，自治县卫计局出台《隆林各族自治县卫生和计划生育局关于印发隆林各族自治县家庭医生签约服务工作实施方案》后，至12月31日，家庭医生签约服务覆盖率76.40%；重点人群家庭医生签约服务覆盖率83.29%；家庭医生签约的贫困人口数占区域内贫困人口数的占比100%。在就医、转诊、用药等方面对签约居民实行差异化政策，通过政策引导和个性化服务，形成基层首诊、分级诊疗、双向转诊的就医格局。

【医疗信息化建设】 2018年，自治县人民医院在与深圳罗湖区医院集团“云医疗”远程医疗平台实现互联互通的基础上，与百色市人民医院进行“医联体服务平台”远程医疗平台连接，与右江民族医学院附属医院进行“山瀛远程会诊平台”远程医疗平台连接，初步实现移动远程会诊、智能辅助诊断、线上教育、转诊合作以及面向患者的在线就医服务等功能，弥补自治县优质医疗资源不足，方便群众就近就医，降低群众医疗费用等方面的不足，满足老百姓“小病不出乡，大病不城”的愿望，促使县域内就诊率达90%的目标。全年共开展远程会诊医疗服务172例。

【药品零差率销售】 2018年，自治县公立医院实行药品零差率销售以后，公立医院取消药品加成后减少的合理收入通过调整医疗服务价格补偿80%，由政府财政补助20%（其中自治区财政承担90%，自治县财政承担10%）。调整医疗服务价格和增加财政补助进行补偿，自治县财政补偿全部到位。年内，中央财政实施国家基本药物制度补助资金补助基层卫生院401.50万元、村卫生室81.20万元；自治区实施国家基本药物制度补助资金补助基层卫生院270.07万元，县城3家公立医院135.92万元，县级配套村卫生室实施国家基本药物制度补助经费21万元。通过调整医疗服务价格，提高部分医疗服务收费，提升医务人员的劳务价值，公立医疗服务收入占业务收入比重29.81%，比上年增长10.80%，把提高的诊疗费用纳入医保销范围，不增加群众看病负担。发挥自治县中医医院的资源优势的指导作用，县、乡中医适宜技术推广覆盖率100%。为人民群众提供简、便、验、廉的中医药服务，减少药品零差率的亏损。

【医疗费用不合理增长控制】 2018年，自治县卫计局执行《关于落实全县2018年医疗费用增幅控制目标工作的通知》关于全县公立医院医疗费用增长幅度控制在12.50以下的要求，推进临床路径管理工作。将“社区获得性肺炎”“胃、十二指肠球部溃疡”等县域常见病种作为临床路径病例，照卫生部下发的临床路径实施，严格操作，完善临床路径流程，规范医护人员的医疗行为，减少不合理的检查、治疗、用药，缩短患者平均住院天数，提高整体医疗质量，降低整体医疗费用。控制不合理用药行为，对临床科室的药占比、基本药物使用比例、抗菌药物使用比例等指标进行规定，实行重点药品动态监控，对“大处方”、不合理用药、药品使用超标进行处罚，对各项指标超标的科室和个人进行严厉处罚，临床用药进一步得到规范，11月自治县药品收入占医疗收入比重29.21%，比上年降低3.60%。推进医保支付方式改革，开展按病种付费结算方式进行结算，逐步减少按项目收费的数量，扩大按病种、服务单元等收费的范围，控制医疗费用不合理上涨，减轻群众看病负担。截至11月31日，自治县3家公立医疗费用增长幅度控制在9.20%，其中县人民医院2.60%、县中医医院21.60%、县妇幼保健院25.10%。

【医院互联网公共平台建设】 2018年9月，自治县人民医院与农村商业银行签订“银医一卡通”项目建设合作协议，随即着手建设项目硬件平台及软件平台各项应用功能，预计2019年初即可上线运营。推进“银医一卡通”平台建设，将医院信息系统与银行系统实现互联互通，通过银行自助设备和微信公众号、支付宝生活号等互联网公共平台，为患者提供导诊挂号、费用支付、报告查看、就诊指引、就医反馈等便捷服务。

【县域影像诊断服务中心建设】 2018年底启动由自治县卫生健康局主导、深圳罗湖医院集团援建的隆林区域远程影像诊断系统项目建设，投入建设资金425万元，年底进入设备安装调试阶段，预计2019年初建成投入使用。该系统属综合性影像远程诊断及会诊平台，以县人民医院放射科为中心和枢纽，乡（镇）卫生院及县直其他医疗机构建立影像检查诊断服务工作站，通过互联网实现放射、超声、心电等医学影像的远程诊断及会诊功能，对不具备影像诊断执业资格的乡（镇）（中心）卫生院和县直有关医疗机构在就诊点拍摄影像后将数字成像资料通过工作站上传远程影像诊断系统平台，由中心组织有放射影像诊断执业资格人员进行阅片并出具诊断报告，并通过平台传回接诊患者的医疗机构。对需要会诊的，通过平台向中心提出会诊申请，中心及时组织诊会诊，对本级无法诊断的疑难杂症通过平台与上级医院或深圳罗湖医院集团影像中心进行远程会诊，实现医学影像数据互联互通、资源共享，推动检查结果互认。同时，建立片源上传、诊断会诊、质量控制、费用结算、沟通协调等一系列工作机制。

【健康扶贫】 2018年，自治县卫计局实施健康扶贫工作，让贫困人口能够看得起病、看得好病、看得上病、防得住病，确保贫困群众健康有人管，患病有人治，治病能报销，大病有救助的一个重大惠民工程。

健康扶贫“七个一”行动　一是为贫困户建立一份健康档案，建档立卡贫困户1.36万户，总人数5.61万人，贫困户健康档案完成率100%。二是提供一份健康教育处方，在针对重点人群(60周岁以上老人，中小学生、0~6周岁以儿童、高血压、2型糖尿病和重性精神病)

的基础上，结合健康素养工作要求，为健康人群提供一份健康教育处方，提供健康教育处方率100%。三落实一名家庭签约医生，共建立服务团队146个，在每个贫困户家庭中落实一名家庭签约医生，全县1.36万个贫困户，全部落实家庭医生签约服务。四是建立一项医疗保障制度衔接，实施“一取消一降低两提高”贫困人口医保倾斜政策，取消医保住院起付线，降低大病保险起付线50%，提高住院报销5个百分点，提高大病保险报销比例10个百分点。五是购买一份健康扶贫保险，参保对象为2017年底建档立卡贫困人口（含2017年底未脱贫和2018年尚在继续扶持期内人口）和保险期限内新增加的贫困人口，保费以2017年底建档立卡贫困人口（含2017年底未脱贫和2018年尚在继续扶持期内人口）为基数，按30元/人筹付，全年参保8.38万人，共投入参保额251.35万元。六是实行一卡通服务，实施先诊疗后付费贫困患者16371人次，全县建档立卡贫困户均通过一卡通服务进行报销，一卡通服务率100%。七是实行一站式报销，在城乡居民基本医疗保险、城乡居民大病保险（平安保险）、商业保险（中国人民财产保险股份有限公司隆林支公司）及民政医疗救助等多个层次的医疗保障体系基础上，建立“一站式”报销服务模式，8月10日健康扶贫“一站式”报销服务中心在自治县新农合办一楼揭牌，9月1日县级3家公立医院及“一站式”服务经办点开始运行，其报销服务平台建设经费投入12.56万元。

“三个一批”行动计划　一是对于建档立卡贫困户大病集中救治一批，对于确定为九种大病加五集中救治的建档立卡贫困户，按照“三定两加强”（确定定点医院、确定诊疗方案、确定单病种付费标准、加强医疗质量管理、加强责任落实）原则，对患有大病的农村贫困人口实行集中救治，总发病104人，全部得到救治。二是慢病签约服务管理一批，全自治县建档立卡贫困户家庭医生签约率100%，慢病签约率100%，门诊慢病报销比例80%，贫困户患29种慢性病381人次，总费用31.63万元，新农合报销16.46万元，政府兜底8.84万元。三是重病兜底保障一批，贫困户住院1.64万人次，总费用4405.52万元，新农合报销3230.60万元，政府兜底310.73万元；政府用于进行兜底经费300万元。

“198”工程　即贫困人口100%参合，贫困户人口住院报销比例90%，贫困人口29种特殊慢性病门诊报销比例80%工程。经过社保报销、大病保险报销、二次报销、民政救助、政府兜底多重报销后，县直医疗机构和乡（镇）卫生院对农村“因病致贫、因病返贫”住院疾病患者出院结算时，合规费用内个人自付费用不超过总费用10%，报销比例90%以上。对2014年和2015年建档立卡退出户及2016年脱贫户家庭人口享受住院和特殊慢性病门诊医疗费用执行差异化补助政策，确保2014年和2015年建档立卡退出户及2016年脱贫户家庭人口住院合规费用实际报销比例相对一般户有所提高，全年划拨政府兜底经费510万元，截至2019年3月，为6777人次进行兜底，兜底经费407万元。

对口医疗协作　自治县卫计局与深圳市卫生计生委签订的《结对帮扶框架协议》，确定医疗单位作为受援主体，明确卫生计生人才队伍建设、卫生信息化建设、基础设施设备建设等三大帮扶工作重点。年内，深圳市卫计委共派出专业技术人员2批23人到自治县开展技术培训，举办专题培训班40余次，培训人员1200多人次；开展义诊活动4次，为各族群众进行诊疗500多人次，进行手术示教60余台，各临床科室进行教学查房、疑难病例讨论10余人次，新增适宜技术30项，提出管理和服务意见建议20多条。捐赠各种医疗设备、药品物资一批，价值100多万元。自治县政府与罗湖区委区政府对接健立健全地方政府、公益组织、医疗机构共同参与儿童先天性心脏病（以下简称“先心病”）联合救助平台，实施“顺丰暖心—孤贫先心病患儿医疗救助项目”（简称“顺丰暖心”），实现对先心病患儿救助“早发现、早治疗、早康复”，在自治县逐步消除儿童先心病的目标。11月27日开展第一期顺丰暖心项目——先心病筛查活动，筛查总人数86人，确诊先天心脏病为42人，顺利完成手术治疗19人。

基本公共卫生服务

【居民健康档案管理】 2018年，自治县常住人口35.67万人，至12月31日，累计建立居民电子健康档案33.47万人，建档率93.58%。

【健康教育】 2018年，自治县卫计局利用各种宣传活动日及春节、民族节日组织开展艾滋病、结核病、疟疾、碘缺乏病及免疫规划、“中国健康素养66条”等相关卫生防病知识宣传教育专题活动，制作多种内容丰富、通俗易懂、文图并茂的卫生防病知识宣传单、宣传画、宣传手册共12万余份，发放到各乡

（镇）卫生院、学校，由卫生院、学校分发到村医、村民和学生手中。深入到天生桥镇风仁村开展“健康素养巡讲进村屯活动”，到隆林中学、民族中学、常么初中、介廷中心校开展“健康巡讲之结核病防控知识进校园”“健康巡讲之慢性病防控知识进校园”活动。至12月31日，共举办各类健康教育知识讲座210场，共有7114人参加；在街道市场及学校、人口聚集地进行健康教育宣传咨询活动170次，共有2.32万人参加；设置教育宣传栏129个，更新内容193版；共发放宣传资料267种共18.48万份；播放音像资料271种共1.19万次共5.47万小时。

【老年人健康管理】 2018年，自治县65周岁以上老年人常住人口3.55万人，至12月31日，老年人健康管理累计建档3.10万人，管理2.64万人，健康管理率74.57%，完成国家下达的67%任务指标。

【慢性病管理】 2018年，自治县应管理高血压患者2.06万人，至12月31日，应管理高血压患者2.13万人，按规范要求管理1.87万人，高血压规范管理率87.20%，最近一次随访血压控制达标13416人，血压控制率62.92%。应管理2型糖尿病人7800人，按规范要求2型糖尿病患者8718人，按规范要求管理7809人，糖尿病人规范管理率88.49%，最近一次随访血糖控制达标5962人，血糖控制率67.24%。

【重性精神疾病患者管理】 2018年，自治县登记在册的确诊重性精神病患者1524人，检出率0.42%，按规范要求随访1429人，规范管理率93.50%。

【传染病及突发公共卫生事件报告和处理】 2018年，自治县卫计局落实传染病防治措施，加强疫情报告管理，强化疫情的调查与处理，各医疗机构均能按时按质报告传染病疫情，没有出现严重迟报、漏报、瞒报现象。自治县诊治登记法定传染病350例，报告传染病350例，及时报告350例。

【避孕药具发放】 2018年，自治县年末总人口42.50万人，已婚育龄妇女8.13万人，综合节育6.55万人，使用药具723人，避孕药具发放4933人次，药具应用率99.86%，药具有效率100%，药具占综合节育率1.10%。基本公卫资金投入药具项目5.19万元，共有避孕发放网点312个，其中人工服务网点178个，其中医疗机构19个，村卫生室159个，自助网点129个（自取箱），发放避孕药1014份、避孕套9034盒。药具随访服务2529人次，药具随访率100%。县乡两级共开展药具培训29次，培训总人数511人次。

中医民族医

【中医民族医概况】 2018年末，自治县中医业务用房面积1.21万平方米，其中自治县中医院8230平方米，自治县医院900平方米，各乡（镇）卫生院3000平方米，各乡（镇）卫生院均设有中医科和病床。年内，自治县卫计局根据《自治区卫生计生委办公室关于印发2018年全区中医药壮瑶医药工作要点的通知》以及《广西壮族自治区人民政府关于印发广西壮族自治区壮瑶医振兴计划（2011—2020年）的通知》和《关于印发广西基层中医药服务能力提升工程“十三五”行动计划实施方案的通知》精神，对照《广西基层中医药民族医药服务能力提升工程督查评估细则》要求，加快中医药和民族医药事业的发展，增强医疗卫生服务能力。

【中医馆建设】 2018年，自治县乡（镇）卫生院实施中医馆建设，运用中央财政入资金改造中医科，建设中医馆，克长乡卫生院、岩茶乡卫生院获批中医馆项目建设。克长卫生院中医馆建设中央财政投入20万元，自投4.50万元，建成投入使用。岩茶卫生院中医馆建设使用中央财政投入18.50万元，建成并投入使用。至年底，全县共有德峨、平班、者保、天生桥、无长、岩茶6个乡（镇）卫生院中医馆。

【中医医院整体搬迁项目】 2018年，自治县推进中医医院整体搬迁项目，项目总投资2.60亿元，总用地面积6.01万平方米，开展征地补偿、清表等工作，预计2019年开工建设。

【中医壮瑶医疗服务体系】 2018年，自治县中医医院达到二级甲等医院水平具有区域内常见病、多发病、慢性病的中医壮瑶医诊疗能力和急危重症患者的抢救能力，做好疑难杂疾病的向上转诊服务。自治县人民医院设置中医科和中药房；有16家乡（镇）卫生院能提供中医药服务，占比100%，能够提供6类以上中医药技术方法的乡（镇）卫生院15个，占比93.70%。自治县共有村卫生室159个，能开展针灸、火罐等适宜技术4项以上有44个，占比为27.7%。基本满足乡（镇）级、村级常见病、多发病的基本医疗和预防保健服务。全年中医诊疗量占同类机构诊疗量比为28.80%。

【中医壮医药预防保健服务】 2018年，自治县中医医院保健部、中医“治未病”科通过对患者进行体制辨识、建立健康档案、进行健康教育、膳食指导等形式，推广“未病先治”的理念，开展中医药、壮医药技法如推拿、药罐、药物穴位贴敷、耳穴压豆、艾灸、足浴以及三伏贴等预防保健服务。

【中医人才培养】 2018年，自治县中医医院在4月派出5名卫生专业技术人员到深圳市中医医院及罗湖区医院集团跟班学习，派出专业人员到北海市中医院学习人次15人，进一步提高医务人员的专业素质。自治县卫计局根据《自治区卫生计生委关于开展2018年广西壮族自治区中医医术确有专长人员医师资格考核报名工作的通知》的有关规定，做好宣传发动工作，通过9名中医师确有专长报名初审工作，复审中医师确有专长通过4人。使更多热爱中医知识的乡村医生参与其中，凝聚一批学术领先、医术精湛、医德高尚的中医药壮瑶医药人才。出台相关激励机制，鼓励在职年轻医务人员考研，充实人才建设。

【中医师承】 2018年，自治县卫计局根据百色市卫计委的相关文件精神，确定百色市基层中医民族医师承人员培训项目的有关人员，自治县中医医院许顺峰确立为师承人员。

【中医药健康管理】 2018年，自治县65周岁及以上常住人口3.55万人，截至12月31日，老年人中医药健康管理覆盖2.17万人，老年人中医药健康管理率60.89%；0~36月龄儿童2.06万人，儿童中医药健康管理覆盖1.19万人，儿童中医药健康管理率56.45%。

妇幼保健

【孕产妇保健】 2018年，自治县有孕产妇5795人、产妇5773人，住院分娩活产5790人，住院分娩率99.90%；早孕建册5311人，早孕建册率91.68%；孕产妇健康管理率97.70%；孕产妇系统管理5152人，孕产妇系统管理率88.93%；产后访视人数5629人，产后访视率94.94%，孕产妇死亡0人，孕产妇死亡率为0。

【儿童保健】 2018年，自治县新生儿访视5695人，新生儿访视率98.27%；新生儿死亡11人，死亡率1.90‰，婴儿死亡18人，死亡率3.11‰；5周岁以下儿童死亡22人，死亡率3.80‰，出生缺陷人数51人，出生缺陷率8.75‰，新生儿破伤风发生0人，新生儿破伤风发生率为0。

【增补叶酸预防神经管缺陷】 2018年，自治县新增应服用叶酸4749人，新增服用4750人，叶酸使用率100%，叶酸服用依从4180人，依从率88.00%；增补叶酸知识4750人，知晓4747人，知晓率99.94%。

【艾滋病、梅毒和乙肝母婴传播预防】 2018年，自治县孕产妇艾滋病检测5256人，查出艾滋病阳性19例，艾滋病检测率100%；为孕产妇梅毒检测5256人，查出梅毒阳性确诊病例27例，梅毒检测率99.98%；为孕产妇乙肝检测5256人，查出乙肝阳性331例，乙肝检测率100%；艾滋病感染孕产妇及所生婴儿抗病毒药物应用比例分别100%；艾滋病感染孕产妇及所生婴儿人工喂养率100%；乙肝表面抗原阳性孕产妇所生新生儿注射乙肝免疫球蛋白的比例达到100%。

【免费婚前医学检查】 2018年，自治县婚姻登记2339对，婚检2330对，婚检率99.62%。

【产前筛查和新生儿疾病筛查】 2018年，自治县新生儿疾病筛查5060人，新生儿疾病筛查率95.50%；应产筛产妇4618人，产前筛查4042例，产前筛查率87.53%。其中新生儿听力筛查5117人，筛查率96.97%。

【地中海贫血防治】 2018年，自治县孕妇建卡4802人，地中海贫血筛查4683人，筛查率98.00%，孕妇阳性1031人，孕阳丈夫筛查930人，地贫初筛阳性孕妇的丈夫筛查率90.20%，地贫双阳夫妇192对，基因诊断数165对，基因诊断率85.94%，需要进行产前诊断夫妇对数41对，产前诊断数38对，产前诊断率92.68%，重型地贫儿7人，终止妊娠7人，干预率100%；基因诊断补助率100%，产前诊断补助率100%。

【宫颈癌和乳腺癌防治】 2018年7月1日起，自治县开展宫颈癌和乳腺癌筛查，共对7660人进行筛查，其中宫颈癌筛查初筛阳性不典型鳞状上皮细胞(ASC—US)169人；不除外高度鳞状上皮内病变(ASC—H)6人；低度鳞状上皮内病变(LSIL)11人；高度鳞状上皮内病变(HSIL)1人；不典型腺上皮细胞(AGC)4人，其中确诊为宫颈癌的有2人。乳腺癌筛查阳性1级5743人、

2级1917人,其中确诊为乳腺癌的0人。对筛查出的患者均建议到上级医院进一步检查和治疗。

【出生医学证明】 2018年,自治县出生30日内领取出生医学证明婴儿3363人,机构活产4816人,当月发放率69.83%,当年出生签发4403人,签发率91.42%,换发33份,换发率0.61%,补发42份,补发率0.78%,废证24份,废证率0.40%。

疾病预防控制

【传染病疫情报告】 2018年,自治县无甲类传染病病例发生,乙类传染病报告肺结核、病毒性肝炎(乙肝、丙肝、戊肝、未分型肝炎)、梅毒、淋病、艾滋病、痢疾、炭疽、疟疾、乙脑、伤寒、猩红热共11种发病929例,丙类传染病报告手足口病、其他感染性腹泻、急性出血性结膜炎、流行性腮腺炎、流行性感冒、麻风病共6种发病1981例。传染病报告发病率815.59/10万,发病率比上年下降11.49%,死亡率1.68/10万。报告突发公共卫生事件1起,为天生桥镇播存村皮肤炭疽疫情。

【艾滋病和性病防治】 2018年1月1日至11月30日,自治县新报告艾滋病病毒感染者和病人22例(其中感染者17例、艾滋病病人5例),死亡11例。新报告病例比上年下降58.49%;死亡病例下降35.29%。年内,自治县加强公安监管场所被监管人员艾滋病病毒抗体筛查:对自治县公安看守所被监管人员进行排查与筛查,全年检测337份(含有打击卖淫嫖娼22人、阳性0人),初筛检出HIV抗体阳性2例,阳性检出率5.93%。对暗娼监测采样任务250人份、性病门诊监测采样任务400份。实际进行暗娼采样151人份,未检出阳性,梅毒检出4例阳性,梅毒抗体检测阳性率2.65%;性病门诊男性就诊者监测人群存在2%(8/400)的梅毒抗体检测阳性率,HIV抗体阳性1例,阳性检出率0.25%(1/400)。自愿检测咨询251人,检出HIV抗体阳性13人,检出率5.18%;梅毒检测230人,检出梅毒抗体阳性12人,检出阳性率4.78%。对HIV抗体检测不低于80%,实际检测96.2%。干预高危人群发放安全套3.45万只、宣传单6700份,张贴安全套推广使用职责72张,干预高危场所32家,干预合计791人次。年内首次HIV检测77人,HIV检测率96.20%;检测卡发放率79.17%;建档率96.55%。实际在册吸毒85人,发放安全套7950只、宣传材料4500份、注射器3.18万支,回收注射器3.18万支。干预868人,检测84人,检测率98.8%。规范化随访干预单阳配偶检测:单阳配偶100人,检测93人,检测率93%;CD4检测应检测332人,实际CD4检测270人,CD4检测率81.33%;随访到的感染者和病人335人,接受结核病筛查335人,筛查率100%。对各乡(镇)卫生院督导60次,艾滋病病人随访调查75人。

【结核病防治】 2018年,自治县开展可疑肺结核病人转诊、追踪、肺结核病人治疗、密切接触者筛查、结核病筛查艾滋病、学校结核防控工作。网络报告结核病人984例,转诊到位456例,应追踪528例,追踪到位476例,追踪到位率90.15%,总体到位率94.75%。督促有疑似肺结核症状者1769人到自治县人民医院结核病门诊就诊,拍摄DR线胸片1769人。开展痰涂片检查1694人,开展痰培养1694人,痰涂片阳性164人;开展药敏检测370人,发现耐药1人。全年全自治县各学校学校发生结核病疫情20起,发病29例,分布在11所学校21个班;共筛查师生2438人,筛查发现病例6例,全部给予免费治疗。

【手足口病防控】 2018年,自治县手足口病累计报告1567例,比上年下降30.60%,无重症和死亡病例发生。发生聚集性疫情17起,所有聚集性疫情均得到及时、规范处置,无暴发性疫情及死亡病例的发生。

【水痘监测】 2018年,自治县水痘疫情非常严峻,累计报告水痘病人575人,大部分都是发生在中小学校及幼儿园,中小学校及幼儿园发生7起水痘聚集性疫情,涉及7所学校,建议停课1个学校6个班级,经及时、规范处置,疫情得到有效控制,无重症和死亡病例发生,未出现暴发疫情。

【流感监测】 2018年,自治县流感疫情平稳,病例呈散发态势,经及时调查处置,全年无流感或流感样病例聚集性疫情发生。

【疟疾监测】 2018年,自治县正常开展常住人口、流动人口"三热"(临床诊断疟疾、疑似疟疾、不明发热)病人血片镜检监测以及蚊媒监测工作,全年未发现本地疟疾病例。累计采集发热病人血片951张,其中常住人口"三热"病人血检612张、流动人口血检339张,未检出阳性血片。正常开展传疟媒介按蚊监测工作,累计捕获按蚊2369

只。在年度交叉检查中取得98.05分数。

【鼠疫防控】2018年，自治县开展鼠情监测、媒介监测、病原学及血清学监测以及灭鼠等工作，全年未发现鼠间和人间鼠疫疫情。共监测11个固定监测点和44个流动监测点，共布1.98万个有效笼数，共捕鼠591只，捕获率2.98%，带蚤鼠数42只，染蚤率为7.10%，共检出鼠体蚤164匹，蚤指数0.28；12个监测点次共布粘蚤纸1650张，获蚤纸数46张，粘蚤率2.79%，粘得蚤数140匹，游离蚤指数为0.08。对591只捕获鼠分别进行病原学检验，对150匹鼠体蚤集20组检验，结果均未分离出鼠疫杆菌；对394只捕获鼠进行血清学检测，完成任务数131.33%，结果均阴性。11月12日—23日，开展鼠疫流行病学调查，对27个疫点2千米范围内的4个乡（镇）23个村160个自然屯803户进行以搜索自毙鼠和疑似鼠疫病人为主要目的的入户调查，没有发现不明原因死鼠及发热、淋巴结肿大等疑似病例情况。在调查同时对群众进行鼠疫"疫情三报"（报分不明原因的病鼠和自然鼠、报告疑似鼠疫病和不明原因的高热急死病人、报告鼠疫病人）和防病知识宣传，共张贴宣传画160张，发放宣传手册700册。采集指示动物血清23份，结果均阴性。

【规划免疫】2018年，自治县组织开展免疫规划人员培训、宣传教育以及工作督导，全面组织实施常规免疫和加强免疫接种，通过阶段性开展查漏补种、查验接种证活动，提高各种疫苗免疫接种率。至12月31日，全自治县应建证5060人，累计建证5060人，建证率100%，各种免疫规划疫苗报告接种率均稳定保持在95%以上。开展免疫规划针对性疾病监测防控工作，做好麻疹、风疹、流腮、破伤风、甲肝、乙脑、流脑、白喉、百日咳等免疫规划针对性疾病的监测报告和控制工作。至10月，共监测发现疑似麻疹风疹病例5例（其中疑似风疹3例），对这些病例均采集血清送上级进行检验，结果5例均为阴性。麻疹发病0例，风疹发病0例；流腮发病12例，发病率2.81/10万；乙肝1例，发病率0.24/10万；新生儿破伤风、甲肝、流脑、百日咳、白喉发病率均为0。开展入托、入学儿童预防接种证查验工作，共查验学校和托幼机构277所，占应查验学校的100%，新入托、入学儿童13.98万人，查验儿童1.40万人，查验率100%；漏种儿童3053人，漏种4540针次，补种4438针次，补种率97.75%，补种率低的原因是部分疫苗长期短缺，如A+C流脑疫苗，其它疫苗补种率均达95%以上。

【麻风病防治】2018年，自治县共有现症病例3例，患病率为0.75/10万。患病率控制在1/10万的指标内；至11月31日，现症麻风病患者3例，其中服药患者3例（1例病人在亭凉医院治疗），联合化疗规则治疗率100%；应检查麻风病患者密切接触者28例，实际检查28人，年检查率100%；年底现症麻风病患者3例，其中Ⅱ麻风反应2例，治疗2例，严重不良反应治疗率为100%；对5名现症患者的28名密切接触者开展密切接触检查，未发现可疑者，对48个疫点110名治愈患者及周边群众进行复查，对经县、乡村医生初步检查上报的50名麻风病疑似症状者进行排查，没发现可疑病人。11月29日，对常么中学患病学生进行皮肤病检查，检查患有皮肤病学生70人，其中男生41人、女生29人。通过检查，发现患病学生疥疮感染偏高，未发现可疑病例。全年无新发患者。对48个各疫原地开展麻风病愈后病人随访、病人家属检查、线索调查及生活补助发放工作，医务人员向患者及家人现场讲解麻风病的防治及护理知识，指导如何保护自身的肢体和器官，并发放康复护理包和足溃疡敷料包。调查疫源地48个，现症病人家属体检28人，密切接触者检查30人，发放溃疡护理包30份，对32名畸残者进行康复护理宣教。开展麻风病防治核心知识公众知晓率调查，发放问卷1000份，收回1000份，合格问卷815份，麻风病防治核心知识公众知晓81.5%。派人参加上级组织的麻风病防治专业培训，自治县皮防站医务人员到自治区、市级参加培训学习10期20人次。同时开展乡（镇）卫生院、乡村医生麻风病防治知识培训，提高麻风病防治人员的专业知识，共培训乡村医生425人次。全年，自治县财政下拨麻防专用资金4万元、麻风村专用资金2万元、麻风节宣传经费0.7万元、麻风病人生活补助费3万元；中央资金5万元，保证麻风病防治工作正常运转。

【食品安全风险监测检验】2018年，自治区下达自治县化学污染物和有害因素常规监测检验任务76份，其中要求上送检测46份，本级实验室检测任务二类30份，实际完成检测二类30份80项次，完成率100%。下达微生物及其致病因子监测检验任务114份，其中要求上送检测10份，本级实验室检测任务五类104份；实际完成五类104

份 172 项次；完成率 100%。检出 1 株里森沙门氏菌和 1 株科瓦利斯沙门氏菌。

【生活饮用水水质卫生监测检验】 2018 年，自治区下达自治县枯、丰水期农村饮水水质卫生监测检验共 74 份、市政供水 4 个季度共 44 份，实际完成 120 份 3840 项次，完成率 101.69%；采样和检测环节质量控制样品 12 份（采样现场空白样和平行样各 6 份）384 项次。水质检测结果：农村饮用水共 74 份，合格 42 份，合格率 56.76%，不合格指标为微生物和锌指标。城市饮水 4 个季度共 46 份，合格 44 份（2 份不合格为城市自建供水枯水期微生物指标超标），合格率 95.65%。

【重点地方病防治监测检验】 2018 年，自治区下达自治县 8~10 周岁儿童家中食用盐碘含量检测任务 200 份，实际完成 201 份；孕妇家中食用盐碘含量检测任务 100 份，实际完成 101 份，共 302 份送实验室进行食盐含碘量的检测，完成率 100.67%，样品检测合格率 99.34%。下达 8~10 周岁儿童尿样碘含量检测任务 200 份，实际完成 200 份，完成率 100%；孕妇尿样碘含量检测任务 100 份，实际完成 101 份，完成率 101%。检测结果：儿童尿碘含量均达到碘缺乏病消除标准；孕妇尿碘含量总体达到 WHO/UNIEF/ICCIDD 推荐的人群碘营养状况评价标准适宜水平。

【健康素养监测】 2018 年，自治区卫计局指导天生桥镇、者浪乡、克长乡 3 个乡（镇）按要求完成居民健康素养入户问卷调查工作及信息录入工作，3 个乡（镇）应调查和录入 450 份调查问卷，实际完成 450 份调查问卷，完成率 100%。完成隆林中学高二年级一个班、金钟山初中初二年级一个班、新州三小五年级一个班共三个班 206 名学生健康问卷的调查和录入工作。完成自治县居民和在校学生健康素养监测工作任务。

【全人群死因监测】 2018 年，自治县疾控中心在最短的时间内，完成人员业务指导、监测报告、卡片审核等反馈等工作，使死因监测业务能够与全市同步开展。9 月启动该项工作，至年底共督导县直医疗机构 2 家，乡（镇）卫生院 16 家。指导全县 3 家公立医院、1 家公共卫生机构和 16 个乡（镇）卫生院共设立监测点 20 个，均为自治区级监测点。监测报告单位 20 个，报告率 100%；上级要求的全人群死因报告率 6‰，共报告死亡人数 326 人，报告率 0.84‰。

【食物中毒应急处理】 2018 年，全自治县共发生疑似食物中毒事件 6 起，发病人数 69 人。县疾控中心对上述 6 起疑似食物中毒事件进行卫生学调查、流行病学调查和采样检验，根据调查和实验室检验结果给予事件结论。系统审核县医院报告的食源性疾病病例 109 例，乡（镇）卫生院报告的食源性疾病病例 64 例，以上患者全部及时送到当地或县级医院进行救治，无重症及死亡病例。

卫生监督

【医疗机构监督检查】 2018 年，自治县卫生监督所开展医疗机构监督检查，发现持有效《医疗机构执业许可证》的各级各类医疗卫生机构共 59 家。其中，医院 4 家，妇幼保健院 1 家，卫生院 16 家，门诊部 1 家，诊所 15 家，学校卫生室 4 家，村卫生室 16 家，皮防站 1 家，疾控机构 1 家。各医疗机构的医疗机构执业许可证均在有效期内，能按期进行校验，实际执业地点与登记地址一致，实际开展的诊疗科目与登记情况一致，无超范围开展诊疗活动行为，无出租承包科室及出租出借医疗机构执业许可证行为；未发现违规开展医疗美容、母婴保健、计划生育等技术和泌尿、皮肤性病等诊疗活动；未发现出具虚假医学文书行为及未按公示标准收费行为；现场抽查 72 人均取得相应的资质开展诊疗活动，未发现聘用非卫生技术人员行医的行为，所检查的 59 家医疗机构中，未发现违法执业情况。

【“两非”监督】 2018 年，自治县卫生监督所组织开展打击“两非”（非医学需要的胎儿性别鉴定、非医学需要的选择性别的人工终止妊娠）专项整治活动，对卫生计生机构的医疗机构执业许可证或计划生育技术服务机构执业许可证持证、B 超机的管理和使用、B 超从业人员的管理、孕妇 B 超检查管理、制度管理和自查情况、落实各层级责任等情况进行监督检查。彻查门诊部、个体诊所等医疗机构是否超范围施行 10 月份胎儿引产等终止妊娠手术、开展全身麻醉无痛人流手术的医疗保健机构是否核准登记有麻醉诊疗科目、是否存在非医学需要的胎儿性别鉴定和选择性别的人工终止妊娠行为。共开展打击“两非”专项活动 4 次，查处“两非”典型案例 8 起，立案 8 起，结案 4 起；查处“两非”孕情消失案 32 起，立案 32 起，结案 32 起。

【医疗废物处置执法监督专项检查】 2018年,自治县卫生监督所主要采取现场查看和查阅相关资料的方式,对医疗机构医疗废物的收集、贮存、转运、处置各个环节进行监督检查,城内所有民营医疗机构和个体诊所的医疗废物交由广西龙飞医疗废物处置公司集中处置;乡(镇)卫生院、村卫生室均已设置医疗废物暂存间,用于暂时存放医疗废弃物。

【放射卫生监督检查】 2018年,自治县卫生监督所对辖区内的11家有放射诊断业务的机构进行监督检查,发现除新州镇、隆或镇、德峨镇、天生桥镇、者浪乡、猪场乡6家卫生院未取得放射诊疗许可开展放射诊断业务;被监督单位均能出具委托具有省级以上卫生行政部门资质认证的检测机构对放射科正在使用的放射诊疗设备进行状态检测合格报告;均建立有放射工作人员个人剂量档案及个人健康档案;放射诊疗工作场所的入口处,设有电离辐射警告标志;病人出入的机房防护门上方装有工作状态指示灯。

【传染病防治监督】 2018年,自治县卫生监督所依法对全自治县各类各级医疗机构、疾控机构进行全覆盖的日常监督,结合医疗卫生、传染病防治专项监督开展检查,检查内容包括:预防接种管理情况、传染病疫情报告情况、消毒隔离措施落实情况、医疗废物管理、病原微生物实验室生物安全管理,并对所有一级以上及部分未定级医疗机构进行传染病防治综合评价。

【公共场所卫生监督】 2018年,自治县卫生监督所共对辖区289户公共场所经营单位(持有效卫生许可证287户)进行全覆盖卫生监督。其中,巡回监督住宿场所407户次、美容场所201户次、美发场所436户次、沐浴场所115户次、KTV(卡拉ok影音设备与视唱空间的场所)20户次,游泳场馆6户次、影剧院6户次、商场(超市)20户次、候车室6户次。其间,共出动卫生监督(协查)人员770人次、车辆250辆次,下达卫生监督意见书438份;公共场所立案查处2起,罚款500元。其中,理发店未取得卫生许可证擅自营业案1起,予以警告改正;旅店业未按照规定对公共场所进行卫生检测案1起,警告并罚款500元。

【学校卫生监督】 2018年,自治县卫生监督所对学校卫生进行监督,城区6所学校取得医疗机构执业许可证并设立校医室或卫生室,其中中学4所,小学2所,配备卫生专业技术人员18人。乡(镇)及村级中小学均未设立卫生室。县直机关幼儿园、隆林民族幼儿园设有保健室,配备专职卫生保健人员。其他幼儿园也相应设置兼职卫生保健人员。县城及乡(镇)两级39所中小学校30所幼儿园均建立传染病疫情报告制度,其中26所学校建立突发公共卫生事件应急预案、学校公共卫生责任制和责任追究制,32所学校将健康教育纳入年度教学计划。县乡两级39所中小学校及12所幼儿园建立传染病疫情管理档案,其中有传染病疫情报告记录的18所,有学生因病缺课登记本的51所,有班级晨检记录簿的51所,有患传染病学生康复出院证明资料登记的6所。县乡两级39所中小学校和36所幼儿园建立定期消毒制度,其中32所有教室、宿舍、厕所、环境等消毒记录。县乡两级39所中小学校及县直机关幼儿园、隆林民族幼儿园建立学生健康档案,开展急慢性传染病、地方病、常见病知识课程或知识宣传。村级小学、幼儿园基本未建立学校健康管理相关方案或制度,无相关工作记录。

【生活饮用水卫生监督】 2018年,自治县卫生监督所开展生活饮用水卫生监督,对辖区内市政集中式供水(1家)、乡(镇)集中式供水(16家)、自建设施供水(1家)二次供水(4家)开展卫生监督2次。同时,与各乡(镇)卫生监督协管站共同开展完成2次辖区内学校自备供水卫生监督工作。其间:共出动卫生监督员87人次、车辆45辆次,下达卫生监督意见书123份。对各类供水单位(县级市政供水、乡(镇)级集中式供水、村屯级集中式供水、学校自建设施供水、二次设施供水、农村分散式供水)开展水质检测110份,合格84份,合格率76.40%。其中,县级市政供水24份,合格24份,合格率100%;乡(镇)级集中式供水12份,合格9份,合格率75%;村屯级集中式供水52份,合格30份,合格率57.7%;学校自建设施供水2份,合格1份,合格率50%;二次设施供水20份,合格20份,合格率100%。"3·15"消费者权益日期间,开展全县生活饮用水"3·15"健康维权专项执法活动,检查县乡两级集中式供水单位卫生许可证持证、水质检测等情况,对不符合《生活饮用水卫生监督管理办法》规定行为的供水单位责令限期整改。

【消毒产品卫生监督】 2018年,自治县卫生监督所对辖区内3家大型超市、15家药店、60家医疗卫生单位、3家集中式餐饮具消毒单位进行了2次监督执法检查，共出动卫生监督员142人次，卫生监督执法车辆次45辆次，抽查273个产品，下达卫生监督意见书47份。

【国家双随机监督抽查】 2018年，自治县卫生监督所按照国家卫生健康委员会卫生监督中心，通过卫生计生信息平台下达给自治县国家双随机监督抽查49家的任务清单）其中医疗卫生6家、传染病防治6家、放射卫生1家、计划生育1家、住宿场所4家、美容美发场所13家、沐浴场所6家、商场（超市）1家、KTV（歌舞厅）2家、游泳场所2家、学校8家）开展监督抽查。一是发现医疗卫生监督检查方面的问题有：革步乡中心卫生院蒙里门诊执业许可证管理不符合要求（未按要求悬挂医疗机构执业许可证），人员资格管理不符合要求，医疗质量管理不符合要求；介廷乡卫生院人员资格管理不符合要求，医疗质量管理不符合要求；革步乡中心卫生院处方管理不符合要求、病历管理不符合要求，医疗质量管理不符合要求；隆林康复诊所医疗质量管理不符合要求。二是发现传染病防治监督检查方面的问题有：者保乡中心卫生院未建立预检、分诊制度，未设置传染病病人或疑似病人隔离控制场所，未对院内污水进行消毒处理；沙梨乡卫生院医疗废物未按规定分类收集，未使用专用包装物及容器，未建立医疗废物暂存设施，医疗废物交接运送、暂存、处置登记不完整，未开展消毒隔离知识培训，未对院内污水进行消毒处理；克长乡卫生院医疗废物未按规定分类收集，未使用专用包装物及容器，未建立医疗废物暂存设施，未对院内污水进行消毒处理；隆林惠民诊所未建立传染病疫情报告制度，未开展疫情报告管理自查工作，未建立预检、分诊制度，未对污水进行消毒处理，未建立消毒隔离组织、制度，未开展消毒隔离知识培训，医疗器械、用品未做到一人一用一消毒或灭菌；隆林龙医师诊所未开展疫情报告管理自查工作，未建立预检、分诊制度，未对污水进行消毒处理，未建立消毒隔离组织、制度，购进消毒产品未按规定进行进货验收、使用和管理登记，医疗器械、用品未做到一人一用一消毒或灭菌，医疗废物未按规定分类收集，未建立医疗废物暂存设施；自治县第二中学卫生室未开展疫情报告管理自查工作，未开展消毒与灭菌效果监测，未开展消毒隔离知识培训，购进消毒产品未按规定进行进货验收、使用和管理登记，医疗废物未使用专用包装物及容器，医疗废物交接运送、暂存、处置登记不完整，医疗废物未交由有资质的机构集中处置。三是发现放射卫生监督检查方面的问题有：对患者、受检者及其他非放射工作人员的保护不符合有关规定。四是发现计划生育监督检查方面的问题有：未建立健全技术档案管理、转诊、追踪观察制度。五是发现公共场所监督检查方面的问题有：公共场所经营单位卫生从业人员流动性大，法律法规、卫生知识普遍欠缺，卫生意识普遍薄弱；经营单位负责人卫生知识、法律意识淡薄，普遍存在不主动督促从业人员办理健康证，不主动建立卫生档案和落实索证制度等现象；被监督单位硬件设施相对薄弱，制约公共场所经营单位卫生环境更好的发展；自治县部分乡（镇）的供水系统不能正常启用，加上水源短缺、无水质净化消毒设施等问题，广大农村的生活饮用水得不到切实保障；乡（镇）供水站尤其是农村学校供水站制水设施难达到卫生要求，未能取得卫生许可证，无证从事集中式供水活动的行为难纠正，加上部分乡（镇）供水站的制水设施改造缺乏资金投入，制水设施简陋问题长期拖而不决；农村地区群众饮水卫生安全意识差，水源防护、水质消毒处理、水质检验等工作难以有秩序地组织开展。加之，乡村及各乡村学校的制水设施简陋，工艺落后，没有防护设施，没有配置消毒设施，水源选址不合理，存在较大的卫生安全隐患。六是发现学校卫生监督检查方面的问题有：县城部分学校无传染病疫情报告流程图，部分记录本不完整；乡（镇）学校因无法配备卫生专业技术人员或保健教师，也无卫生室或保健室，学生健康档案管理不完善；部分学校无索证意识，供学生饮用的桶装水未索取生产厂家的卫生许可证、水质检测报告；部分供管水人员未取得有效健康证明，未经卫生知识培训；一些学校（主要是村级小学）的教室人均面积、课桌椅、黑板、教室采光、照明、学生宿舍生均面积等不符合《国家学校体育卫生条件试行基本标准》的要求。针对检查中发现的问题，卫生监督执法人员现场制作现场笔录，并下达卫生监督意见书责令相关单位整改，确保监督执法的真实性、严密性。截至6月15日，全部完成第一批次国家随机监督抽查工作任务；截至10月24日，全部完成第二批次国家随机监督抽查工作任务。至12月31日，全部完成监督工作和信息上报工作。

卫生监督协管

【卫生监督协管】 2018年，自治县16个乡(镇)均成立卫生监督协管站，均由卫生院院长任卫生监督协管站站长，以“向社会购买服务”的形式聘任卫生监督协管员53人，5月17日应聘到位，并通过卫生监督执法业务知识培训合格后正常开展工作。年内，自治县卫生监督员对全县59家医疗卫生单位166(户)次进行卫生监督，监督覆盖率100%。开展食源性疾病、饮用水、学校卫生服务、非法行医和非法采供血、计划生育实地巡查326次。期间，共出动车辆78辆次；出动卫生监督员及协管员385人次；下达卫生监督意见书51份；立案5起，结案2起，共罚款2.05万元；查处1例非法施行计划生育手术案件，下达处罚决定书，给予警告，没收违法所得1.46万元，罚款8.75万元，并吊销医疗机构执业许可证的行政处罚。

医政管理

【医疗机构管理】 2018年，自治县卫计局利用“医院管理年”“平安医院”创建工作契机，开展“医疗质量万里行活动”，制定活动实施方案，成立工作机构，在各医疗机构开展自检自查的基础上，组织开展医疗机构依法执业专项监督检查工作，共检查二级医院2家、一级医院(含未定级)18家，个体诊所15家、门诊部3家，检查内容涉及未取得医疗机构执业许可证擅自执业，逾期不校验医疗机构执业许可证仍从事诊疗活动，出卖、转让、出借医疗机构执业许可证，诊疗活动超出登记范围；未取得母婴保健技术服务执业许可证开展母婴保健技术服务，使用非卫生技术人员从事医疗卫生技术工作，出具虚假证明文件，违规开展干细胞临床研究和应用，医务人员未取得执业资格开展诊疗活动，未取得母婴保健技术服务考核合格证从事母婴保健技术服务等内容，均没发现违规现象。

【医疗质量管理】 2018年，自治县卫计局以定期检查、突击检查等方式，促医疗机构医疗质量的提高。多次组织开展医院医疗质量检查、质量检测、技术指导、业务培训、医疗信息分析、行为监督等各项工作。研究解决医院不合理检查、不合理收费的问题。对照《医院感染管理办法》《消毒技术规范》《医疗机构口腔诊疗器械消毒技术操作规范》，对医疗机构进行督查，规范医疗行为，保证医疗安全。同时建立健全医疗事故争议事件、重大医疗过失和恶性医疗纠纷的报告、分级向应及部门联动处理机制。各医疗机构强化医疗质量和医疗安全意识、组织医务人员学习各种法律法规、规章制度及诊疗常规、按时、规范书写病历及各种医疗文书、加强医患沟通，尊重患者知情权、自主选择权，提高医疗服务水平，强化岗位职责，完善各种医疗安全措施，减少医疗纠纷及医疗事故发生。全年无任何重大医疗事故发生。

【医护人员资质管理】 2018年，自治县卫计局依照《医疗机构管理条例》《执业医师法》《护士管理办法》等法律法规及国家医学考试中心的统一按排，组织全县符合条件的医务人员参加执业(助理)医师资格考试。年内报名参加医师资格及助理医师资格考试218人，其中临床类别180人、中医类别26人、口腔类别6人、公共卫生类别6人，考试通过31人，参加住院医师规范化培训结业考核25人、通过9人。

【麻醉药品和精神药品安全管理】 2018年，自治县卫计局通过组织各医疗机构学习《麻醉药品和精神药品管理条例》及相关文件，强化麻醉药品、精神药品和易致毒药品的管理，按照有关规定做好麻醉药品的采购入库登记、使用登记及保管等各个环节，实行麻醉品管理“五专”(专人负责、专柜加锁、专用账册、专用处方、专册登记)制度，做到账物相符。做好麻醉药品购用计划的审批和上报、麻醉处方的发放和管理工作。指导医疗机构使用麻醉药品、精神药品、严格使用指征、杜绝滥用麻醉药品、精神药品。严格执行麻醉药品使用查对及签字制度。组织全自治县各级各类医疗机构相关人员参加市卫生局举办的麻醉药品、精神药品知识培训及“麻醉药品、第一类精神药品印鉴卡”换证工作。

【抗菌药物临床应用管理】 2018年，自治县卫计局根据自治区、百色市的相关要求，开展抗菌药物临床应用专项整治行动，做好专项整治行动动员、责任状签订、抗菌药物的遴选和合理应用的监测及相关医务人员的培训工作等工作，促进抗菌药物合理使用，有效控制细菌耐药，保证医疗质量和医疗安全。

【卫生纪检监察纠风】 2018年，自治县卫计局执行“九不准”(不准将医疗卫生人员个人收入与药品和医学检查收入挂钩；不准开单提成;不准违规收费;不准参与推销活动和违规发布医疗广告;不准为商业目的统方;不准违规私自采购使用医药产品;不准收受回扣;不准收受患者“红包”)规定,推行廉政建设责任制、院长与副院长、分管副院长与分管的科室主任、各科室主任与科室职工层层签订《2018年党风廉政与行风建设工作责任状》《行风建设与医疗工作责任状》和《反商业贿赂承诺书》。严厉查处收受采购使用医药产品回扣的违法案件,年内无违反《责任状》和《承诺书》有关规定行为发生。

(赵碧芳)

爱国卫生运动

【爱国卫生运动机构概况】 2018年,隆林各族自治县爱国卫生运动委员会及其办公室(简称自治县爱卫办),有人员编制3名,实有4人。办公地址在新州镇民权街200号。年内,自治县爱卫办推荐评定卫生先进单位2个、卫生先进乡(镇)1个、卫生先进村2个。7月,自治县以176.30分的成绩顺利通过自治区爱卫会创卫专家组巩固自治区卫生县城的综合技术考评估验收,11月正式申报创建国家卫生县城。

【病媒生物防治】 2018年,自治县爱卫办执行自治县政府出台的《2018年开展以除“四害”以灭鼠为重点的春、秋季实施方案》,开展全县性爱国卫生活动12次,清扫面积约10多万平方米;清理卫生死角800处,疏通水沟2.02万米,清理垃圾1400多吨;投放灭鼠毒饵1200千克。

【健康教育宣传】 2018年,自治县爱卫办开展健康教育宣传活动,悬挂横额36幅,摆放宣传板报12版,发放创卫宣传单6万份,发放健康教育、控烟知识宣传单各2万份;播放健康教育录像。在中小学校开设健康教育知识课,开课率100%,卫生知识知晓率100%以上。

【农村改厕】 2018年,自治县爱卫办开展农村改厕工作,做好农村改厕的宣传和发动,发放农村改厕健康知识与农村改厕技术宣传读书2万本、农村三格式无害化卫生厕所建造技术要点折页宣传单2万张(份)。年内共改造厕所6000座,改造后的三格式无害化卫生厕所做到有墙、有顶、有门,侧室内清洁、无蝇蛆、基本无臭味,便器无粪迹、尿迹,贮粪池不渗、不漏、密闭有盖,粪便按照规定清出并进行无害化处理。直接受益人口3.60万人。

(杨　云)

体　　育

【竞技体育】 2018年,自治县文体广电局向国家体育总局社体中心选送罗明秀到挪威参加冬季滑雪训练,选送黄方辉、王永升、杨坤等运动员参加2022年北京冬季奥运会单板滑雪试训,向自治区、市体育运动学校输送游泳、举重、摔跤、拳击散打、帆板等17名体育运动后备人才。年内,自治县运动员吴恒宇在参加广西青少年拳击锦标赛比赛中,获得男子甲组52千克级第一名,并获国家一级运动员称号;吴洪臣在参加广西青少年武术散打锦标赛比赛中,获得男子65千克级第一名,并获国家二级运动员称号;杨向威在参加广西青少年武术散打锦标赛比赛中,获得男子60千克级第三名,并获国家二级运动员称号。组织县青少年运动员参加百色市大众跆拳道选拔赛比赛,获个人竞技冠军10个、亚军4个、季军4个;获团体竞技冠军4个、亚军3个。选拔输送到市体育中心训练的游泳、举重、摔跤、拳击、散打、跆拳道等运动员在参加百色市第五届运动会比赛中,共获金牌21枚、银牌17枚、铜牌9枚的成绩。

【群众体育活动】

“五一”全县职工气排球比赛 2018年4月22日—27日在自治县城举行。共有来自全县16个乡(镇)32支和县直各党政机关、企事业单位、中小学校52支男女气排球代表队,约500余名运动员和教练员参赛。经过6天的比赛,最后县民族中学、隆林二中、国土资源局分别获得女子组1~3名,县教育局、县中医医院、县人民医院分别获得男子组1~3名。

广西·隆林“南盘江杯”龙舟邀请赛暨庆祝广西壮族自治区成立60周年·2018年广西龙舟系列赛(隆林分站赛) 2018年9月24日—25日在自治县腊仁龙舟竞赛基地举办。来自全全国各地20支龙舟代表队560余名运动员教练员参赛,最终广东新会泓达堂龙舟队获得第一名、浙江天任大良大门龙舟队获第二名、宁波鄞州云龙镇龙舟队获第三名。

中国(隆林)第五届“南盘江杯”江钓大赛 2018年9月22日至23日在自治县南盘江野外钓鱼基地举行。来自全国各地120个队伍参加比赛,每队4人共480人。最终由香港竞之王一队获得第一名、香港名人堂鸿一渔者队获第二名、广西翠良餐饮一队获第三名。

【老年体育】 2018年5月，自治县文体广电局组织9人参加市老体协举办全市老年人地掷球赛；11月组织25人的代表团参加市第三届老年人文艺会演赛设置的4个项目，获得1项三等奖和组织奖。9月组织34人参加在凌云县举行的百色市西北五县第20届老年人门球、气排球、乒乓球协作赛，气排球男队、女队均获第二名。7月组织68人参加市老干部局在百色举办的“多彩金秋”乒乓球、象棋、山歌、戏曲、文艺演出展示等比赛，获乒乓球团体第六名、山歌汉族组第二名、象棋团体第三名。7月28日结合庆祝改革开放40周年暨广西壮族自治区成立60周年和全国老年人健步走大联动，参加在自治县举办的“广西第十届体育节开幕式”，组织633名老年人在县城后龙山公园环山健步走，行程2.50千米。10月12日—18日由自治县文体广电局、老干局、县老体协共同举办的2018年“重阳节”老年门球、气排球、乒乓球、太极拳、象棋比赛及文艺演出活动在自治县城举行，共有约572名老年人参加赛。其中，门球四队、门球二队获前2名。气排球女子组：胜芬队获第一名、素金队获第二名、丽珍队获第三名；气排球男子组：胜文队获第一名、凌云队获第二名、龙权队第三名；乒乓球混合赛，黄炳康、蒲廷福、王宁分获第一名，何有贵、屠惠生、王文飞分获第二名，黄小龙、覃志光、张兴龙分获第三名。太极拳：黄付基代表队获第一名、王康禄代表队第二名、张太明代表队获第三名；何琴音获第一名、李汉群获第二名、彭惠兰获第三名。象棋赛：林建义获第一名、张国荣获第二名、赵孟生获第三名。组织老体协气排球队共62次，参加全县2018“迎春杯”比赛。

【少数民族传统体育】 2018年，自治县文体广电局组织开展少数民族传统体育项目进校园活动，对民间武术、彝族打磨秋、壮族踩风车、打陀螺、苗族爬坡杆、芦笙滚地龙等项目进行传授培训并通过节庆等活动进行表演和展示。10日22日，选派28名少数民族运动员参加广西第十四届少数民族体育运动会打陀螺、苗族芦笙两个项目比赛，获打陀螺女子团体银牌、男子团体铜牌，男子个人、男子双打和芦笙表演男子分获第三名的成绩。

【福利彩票销售】 2018年，自治县坚持体育彩票“取之于民，用之于民”的宗旨，执行《彩票管理条例》，强化内部管理工作方针，明确体育彩票销售渠道，扩大即开户外卖场规模，提高体育彩票公益金利用新春时间，于2月8日—12日、2月16日—20开展“迎春呱呱奖”彩票户外销售活动，共销售彩票50万元。

（赵乙徽）

社会生活

人口和计划生育

【人口和计划生育概况】 2018年，自治县人口自然增长率7.40‰，出生人口性别比110.63，出生人口政策符合率96.63%，政策外多孩率2.30%，计划生育奖励扶助兑现率100%，全员数据库信息准确率98.10%，全员数据库信息变更及时率99.10%。

【全面两孩政策实施】 2018年，自治县依法实施全面两孩政策，制定落实相关配套措施，鼓励群众按政策生育。在医院、车站等开设母婴室6个。对出生人口监测和预警，全县共出生6219人，比上年减少529人。其中，二孩出生3672人，减少535人；出生人口性别比为110.60，下降1.29。县、乡分别举办多期培训班，抓好基层计生人员工作转型。落实村计生专干工资待遇不低于村“两委”副职标准。严格计划生育目标责任制管理。将与全面两孩政策实施有关的妇幼保健、出生缺陷干预、健康脱贫、健康促进、宣传倡导、规划信息、综合监督等工作纳入计划生育考评，严格兑现奖惩，落实“一票否决”制。

【计划生育奖励扶助】 2018年，自治县根据国家、省、市有关规定，及时全面落实计生各项利益导向政策。一是兑现计生利益导向资金。截止目前，全县共发放独生子女保健费、农村双女结扎户、独生子女户政府代缴新农合参合金和养老金、农村“计生两户”父母死亡安葬补助费、农村部分计划生育家庭奖励扶助及国家特别扶助奖励等各项奖励资金1181.81万元，受益7.30万人。二是贯彻落实国家“雨露计划”有关政策及自治县贫困计划生育“两户”家庭子女考上大学有关规定，对年内建档立卡贫困户中接受高等职（专）业教育的贫困学生，发放贫困（非贫困）农村计划生育“两户”家庭子女考上大学并到校就读补助82人22.7万元。三是做好特殊计生家庭帮扶和关怀。自治县计划生育协会通过开展“心系基层·情暖计生困难家庭”和“5·29”协会会员活动日等对特殊计划生育家庭进行慰问。

【流动人口管理】 2018年，自治县有流动人口4.48万人，其中流入人口4143人，流出人口4.07万人。已婚育龄妇女计划生育建档人数1.22万人，免费技术服务率100%。开展流动人口关怀关爱暨健康促进活动、健康知识讲座、“三留守、三关爱”服务活动等方式，为群众送政策、送健康、送宣传、送服务，强化流动人口卫生计生基本公共服务均等化理念，营造全社会关爱流动人口的良好氛围。做好电子婚育证明办证、强化流动人口信息交换平台建设。开展全民参与健康的促进活动，在流动人口聚集的社区、企业、厂矿、学校等设置健康教育宣传栏和资料发放点，定期开展基本卫生计生服务政策宣传活动，实现流动人口基本公共卫生计生服务均等化。

【计划生育服务】 2018年，自治县深化计划生育服务管理改革，推进工作转型发展，促进生育政策和相关经济社会政策配套衔接，促进人口长期均衡发展。新组建自治县妇幼保健和计划生育服务中心，业务用房面积6433平方米，满足妇幼保健计划生服务各项业务开展的需要，实现硬件建设的标准化。公开招聘充实35名技术人员到各乡（镇）开展计划生育服务工作。实施“出生缺陷干预和母婴安全”工程，为育龄妇女提供生殖健康全程服务。开展计划生育优质服务先进单位创建活动，年内，自治县被授予“2018年广西计划生育优质服务先进县”荣誉称号。

【计划生育协会活动】 2018年，自治县计划生育协会围绕服务于社会和谐稳定、服务于计划生育群众的工作目标，推进计划生育家庭爱心保险、关爱保险、小额贷款等贴息各项工作。自治县参加爱心保险4599户，理赔案件17件，理赔金额21.74万元，赔付率94.54%。购买关爱保险1.60万份，完成率100.09%。理赔案件6起，理赔金额1.59万元，赔付率2.83%。为63户农村计划生育家庭发放小额贷款123万元，贷款贴息220户，发放金额16.46万元。（赵碧芳）

救灾救济

【灾情】 2018年，自治县先后遭受风雹、洪涝等灾害的侵袭，导致全县7812人受灾，农作物受灾面积508公顷，成灾面积301公顷，绝收面积122.07公顷，因灾倒塌居民住房9户27间，严重损坏房屋16户38间，因灾造成直接经济损失643.7万元。

【灾民生活救助】 2017—2018年冬春期间，自治县共投入冬春救助款86万元，受益3573人；2018—2019年冬春期间，救济人口4002人，救助粮139吨，衣被救助1751件(床)。

【灾民倒房恢复重建】 2018年，自治县因灾倒房重建19户，实219户，每户补助资金2万元。

【城乡低保】 2018年12月，自治县在享农村低保对象8019户2.92万人，建档立卡贫困户纳入农村低保对象为5017户1.77万人，建档立卡贫困对象与农村低保对象重合率60.50%。

【城乡低保金发放】 2018年1月1日起，自治县将县城市居民最低生活保障标准由每人每月521元提高到596元，将农村低保保障标准由每人每年3321元提高到每人每年3820元。至12月自治县共有在享城市低保对象390户796人，在享农村低保对象8019户2.92万人，建档立卡贫困户纳入农村低保对象为5017户1.77万人，建档立卡贫困对象与农村低保对象重合率60.50%。全年累计发放城市低保金560.65万元、农村低保金8838.87万元。

【特困人员救助供养】 2018年，自治县民政局按照市民政局、财政局的统一要求，从年7月1日起，进一步提高特困人员救助供养标准：城市特困人员生活救助标准由原来的每人每月674元提高到每人每月775元，农村特困人员生活救助标准由每人每月360元(每人每年4320元)提高到每人每月414元(每人每年4968元，完全丧失生活自理能力特困人员照料护理(全护理)标准由每人每月726元提高到每人每月870元，部分丧失生活自理能力特困人员照料护理(半护理)标准由每人每月363元提高到每人每月435元。截至12月，供养特困人员1584户1602人，累计发放供养资金957.02万元。

【城乡低保和特困人员参合参保】 2018年，自治县民政局做好城乡低保、特困人员参合参保工作。全额资助特困人员1914人(其中孤儿108人)参合，参合资金34.45万元，为1.14万户4.19万名农村低保对象参合补助资金452.46万元，为城镇参保低保对象656户1341人补助资金14.48万元。实施特困人员及城乡低保对象医疗救助589人次205.01万元。

【城乡困难群众临时救助】 2018年，自治县民政局做好城乡困难群众临时救助工作，保障城乡困难群众基本生活。1—12月，共开展临时救助521人次，发放救助资金63.4万元。

【低保和补助标准提高】 2018年，隆林县农村最低生活保障标准为每人每年3820元，比上年增长15%，月平均补助190元以上，每人每月提高20元。

【流浪乞讨人员救助】 2018年，自治县民政局按照“自愿救助，无偿救助”的原则，做好流浪乞讨人员的接待、救助服务、宣传等工作，共向社会发放宣传单2000多份，接受群众咨询1000多人次，救助流浪乞讨人员及临时困难人员57人次，其中跨省救助妇女14人次，流浪未成年人7人次。（龙　鑫）

婚姻·家庭

【婚姻登记】 2018年，自治县民政局按规定的程序、步骤和要求办理结婚登记、离婚登记、补发婚姻登记证和出具无婚姻登记记录证明，做到“三个一”，即回答咨询“一口清”、发放材料“一次全”、办理登记“一手准”。及时归档婚姻登记档案。年内共办理结婚登记2852对，离婚登记256对，补发婚姻证件517份，合格率100%。

【孤儿保障】 2018年，自治县共有孤儿92人，按照散居孤儿600元每月和集中供养孤儿1000元每月的保障标资，全年共发放孤儿保障金73.62万元。全部通过银行实行社会化发放，保障资金的安全运行。自治县民政局与社会散居孤儿的监护人签订《孤儿养育监护协议书》，明确监护人应依法履行的监护责任和抚养义务，保障孤儿的合法权益。

【收养登记管理】 2018年，自治县民政局依据《中国公民收养子女登记办法》规定，严格登记程序，做好送养工作，推进孤残儿童回归家庭、融入社会，全年共办理收养登记17例。 （龙 鑫）

劳动保障

【培训就业】 2018年，自治县人社局开展农民工技能培54期，培训2635人。城镇新增就业1318人，失业人员再就业281人，就业困难人员实现就业120人，农村劳动力转移就业新增4932人，城镇登记失业控制数2.19%。年内举办隆林县第四届农民工技能大赛，参赛212人，获奖50人。

【劳动仲裁监察】 2018年，自治县人社局共协调处理拖欠农民工工资案件16起，涉及136余人，协调处理11起，给与法律意见5件，帮助农民工追回拖欠工资268.40万元，征缴农民工工资保证金1041.21万元。下达整改通知3份，涉及76人，涉及金额41万元。劳动争议调解仲裁院受理劳动争议案件10起，立案8起。深入23家用人单位23家开展相关法规宣传活动12次，接待来信来访93起，涉及380人次；协助劳动监察调解工资等纠纷21次。劳动工伤认定30件、劳务派遣公司4家。 （龚亚妹）

乡 镇

新州镇

【新州镇概况】 新州镇位于北纬24°28′46″~24°50′11″、东经105°16′14″~105°30′52″之间。地处云贵高原边缘，四面环山，隆林东北部，东与平班镇、隆或乡相邻，南与克长、德峨乡相接，西与者浪接壤，北与者保乡毗邻，是县政府所在地，是全县政治、经济、文化中心。距百色市市区陆路220千米。行政区域总面积195.17平方千米。办公地址在新兴社区迎宾路1970号。2018年，全镇辖含山、民福、那烘、民德、那管、民强、弄桑、那么、者隘、岩楼、马雄、坡岩、水洞13个村委会和民族、民权、民生、新兴4个社区居委会、190个村小组。年末，总户数1.74万户，总人口5.55万人，其中男性3.02万人，女性2.53万人。

境内地势为南、北高，东、西低，呈开口形。南部多为峰丛洼地。新州河流经腹地，最高海拔1601.70米，最低海拔532米。主要河流有冷水河、马雄河、新州河，流域覆盖全境，境内总长36千米。属亚热带山陵地貌季风气候，年平均气温20℃~25℃，最高气温38℃，最低气温-2℃，年均降雨量1157.90毫米。矿产资源有金矿、锑矿、硅石、钛矿、石灰石等。省道324线横贯东西，往南有隆林至西林公路和隆林至隆或公路，往北有隆林至者保公路。境内有铜鼓桥，建于清雍正五年(1727)，经过加固保存完好。境内粮食作物以水稻、玉米、旱谷、黄豆、蚕豆、红薯为主。经济作物有生姜、甘蔗、板栗、花生、西瓜、油茶、油桐、杉木等，特产山羊和黄牛。果树主要是橙子。主要土特产有云木耳、香菇、红糖等。有有色金属、冶炼、电力、化工等行业，中等规模以上企业10家。2018年，全镇工业总产值108万元，固定资产投资9600万元，增长2.3%城镇居民年人均收入1.03万元，增长10%；农民年人均纯收入9543.27元，增长10%。

年内，镇党政行政编制43名，机关后勤服务事业编制3名，各站所编制40名，实有89人(含站所)，其中乡党委、人大、政府班子领导12人。

镇党委书记：施　斌(2016.05—)
镇人大主席：杨　坤(2018.09—)
镇　长：李世冠(2016.05—)

【农业】 2018年，新州镇粮食作物种植686.67公顷，其中水稻种植306.67公顷、玉米种植380公顷(早玉米种植26.67公顷)；经济作物共种植884公顷，其中甘蔗12.67公顷、黄豆26.67公顷、蔬菜533.33公顷，花生33.33公顷、生姜40公顷、红薯200公顷、中草药11.33公顷、西瓜3.33公顷，其他作物23.33公顷。水果种植面积184公顷，其中柑44.67公顷、橙6.67公顷、柚子2公顷、蕉类31.33公顷、芒果18公顷、梨20.67公顷、枣10公顷、柿10.67公顷、李22.67公顷、葡萄0.67公顷、其他水果16.67公顷。新种西贡蕉0.20公顷、芒果0.33公顷、柑桔类13.33公顷、其他水果类7.33公顷。有桑园面积146.40公顷，涉及12个行政村297户，建有蚕房63座7979平方米，共养蚕10批3211张，蚕茧总产量9.10万千克，产值446万元，户均养蚕收入1.50万元。采伐迹地更新106公顷；面上造林166.67公顷。生态林总面积362公顷，发放生态林补助金为80.08万元。全年共完成各种树种造林作业设计233.33公顷，其中面上荒山166.67公顷；义务植树6万株；天然商品林禁伐总面积1152.33公顷；发放天然商品林禁伐补助金25.47万元。

【脱贫攻坚】 2018年，新州镇按照中央、自治区、百色市和自治县关于脱贫攻坚的重要指示要求，结合镇实际情况，制定全年脱贫攻坚工作方案，按照制定的目标对标对表抓落实，实现弄桑村一个贫困村脱贫摘帽，全镇864人顺利脱贫，贫困发生率降至2.36%。一是建立健全脱贫攻坚包保责任机制、巡视机制和沟通协调机制,配套出台“一帮一联”结对帮扶机制,镇三家班子针对年计划出列的1个贫困村,制定镇2018年预脱贫户“一帮一联”脱贫销号一览表,实行挂图作战、倒逼推进。二是将易地搬迁工作分为百色市深圳小镇、隆林城西安置点两大主线,组织百色深圳小镇和隆林城西安置点搬迁安置工作,共完成易地搬迁60户。三是制定新州镇“3+1”主导产业模式,突出发展种桑养蚕、杉木、油茶“三大”特色产业,扶持弄桑村预脱贫村产业发展,申报水洞村种桑养蚕脱贫奔康产业园、马雄村沃柑脱贫奔康产业园、民德村油茶脱贫奔康产业园那烘村壮乡生态园示范区、那烘村油茶种植示范区、那么村肉鸡养殖示范区、者隘村砂糖桔种植示范区、岩楼村桑蚕种植示范区、民福村绿色果蔬种植示范区、那么村杉木种植示范区,通过产业发展带动群众脱贫致富,实现弄桑村脱贫出列。全镇196户建档立卡贫困户864人脱贫。新纳入贫困户9户33人(其中应纳尽纳户7户27人,退出返贫户2户6人)动态调整剔除1户5人,老人户剔除2户3人,审计剔除11户32人(其中:五保户4户4人,整户删除7户28人)。全年产业扶持发放奖补资金145.43万元,教育扶持“雨露计划”发放助学资金20.75万元,通过易地搬迁安置贫困人口317人。

【惠农补贴】 2018年,新州镇农资综合直补资金补贴面积856.53公顷,补贴金额157.27万元,补贴5548户;危房改造补贴资金拨付224.27万元,惠及73户;产业扶持资金拨付146.53万元;雨露计划学习补助拨付19.49万元;“一事一议”道路硬化项目工5个,总投资61.25万元,项目实施涉及5个村5个自然屯群众。农机补贴169台169户,补贴金额12.39万元。退耕还林面积474.17公顷,退耕还林补贴金额95.13万元,退耕还林补贴1367户。

【集贸市场】 2018年,新州镇有城南交易市场、城东市场(老车站农贸市场)、央索农贸市场、城南金龙湾综合农贸市场。

城南交易市场 位于新州镇城南,1997年9月1日开业,市场占地面积6762平方米,建筑面积4542平方米,其中室内面积4000平方米,摊位350个,其中门店19个。6天为一街日,赶集大约1万人,交易商品有农副产品、日用百货、食品等,年交易额5000多万元。

城东市场 又称老车站农贸市场。位于新州镇迎宾二路,2000年9月开业,市场占地面积为800平方米,建筑面积710平方米,其中室内面积为710平方米,摊位共有20个,6天为一街日,赶集大约2200人,交易商品有农副产品、日用百货、食品等,年交易额308多万元。

新州镇央索街市场 位于新州镇新兴路中巷(央索街),由天生桥库区搬迁移民2001年9月自主经营形成,2010年7月占地面积增加到1800平方米,实为利用街道经营,摊位有270个,有五金加工、家店修理、药店、车缝、百货店、饮食等,6天一街日,赶集约3400余人,交易商品有农副产品、日用百货、食品等,年交易额500万元。

城南金龙湾综合农贸市场 2012年开工建设,占地面积2.37公顷,总建筑面积7.13万平方米,总投资2亿元,2017年10月竣工投入使用。摊位有31个,6天一街日,赶集1万余人。交易商品有农副产品、日用百货、食品等。

【基础设施建设】 2018年,新州镇者保老路至民强村尾赖屯屯级道路工程,总投资40万元;西隆公路至含山村古城屯屯级道路工程,总投资20万元;者保路至民强村料额老寨屯级道路工程,总投资15.94万元;者保老路至半仁屯屯级道路工程,总投资65万元;牛马市场至南林屯屯内道路工程,总投资34.52万元;半仁至坝东屯屯级道路工程,总投资101.97万元;岩门至卡谷屯屯级道路工程,总投资143.65万元;西隆公路—红家湾—龙内屯屯级道路工程,总投资148.56万元;达舍至延弄屯级道路工程,总投资30万元。

【生态乡村建设】 2018年,新州镇下辖的13个行政村、4个社区,均设立各村(社区)卫生监督员,其中7个行政村落实“生态乡村”保洁员及保洁经费,4个社区居民均落实门前三包责任制;全镇垃圾处理设施不断完善,截至12月底,全镇共投入垃圾运输车1辆,投放可卸式垃圾箱19个;新建垃圾池10座。新州镇配合自治县巩固自治区级卫生县城专项行动,共投入垃圾清运车辆30余车次,参与环境卫生整治工作人员200余人次,共投入资金7万余元,并形成常态化治理工作制度。年内自治县下达改厨、改厕任务指标各210户。截至12月底,均完成改造任务,改造工程按批次核验及完成补助资金的发放。落实河长制,按照上级要求落实河长制河流23条,开展巡河80余次,有效治理和维护镇辖区范围内生态环境。

【招商引资】 2018年，新州镇完成招商引资项目1个，为广福万象广场新建项目，总投资7700万元，累计完成项目到位资金7000万元。

【社会保障】 2018年，新州镇农村低保433户1557人，补助金额423.16万元；享受城市低保219户46人，金额217.70万元；医疗救助86人，金额32万元；城市特困供养人员（五保）18人，金额16.74万元；农村特困供养人员（五保）107人，金额53.16万元；解决农村春荒、夏荒267户795人的生活困难，发放救助资金10.72万元。全镇新型农村合作医疗参合率100%，16~59周岁参保缴费1.09万人，收取参保资金162.37万元，缴费率109.25%。参保缴费实行银行代扣代缴签约率54.33%，财政代缴45.67%。发放养老金499.88万元。

【教文卫体事业】 2018年，新州镇有公立幼儿园1所，私立幼儿园34所，入园学生7122人。小学5所，教职工162人，在校学生3136人，全镇小学适龄儿童入学率99.9%，辍学率0.01%，毕业生504人，毕业率100%。年内，联合隆林壮学会组织举办春节八音坐唱展演活动，参加活动的还有扁牙、者浪2个乡（镇）共6个团队，参演人员300多人；组织17个村（社区）举办迎新春、重阳节文化体育活动，参与人员1.88万人；组织演员参加县庆活动，开幕式和壮族板块的演出；协助县政府举办三月三歌会的开幕式，百村千人山歌赛，原生态山歌对唱展演等活动；协同民族社区头塘文体协会进行隆林武警中队八一慰问活动；联合隆林壮学会组织举办新州镇江管“六月六”敬田节活动；协助县政府组织举办两赛一展开幕式迎宾晚会、非遗专场歌舞晚会、民歌专场晚会等活动。镇卫生院有职工88人，其中卫生技术人员60人，开展有内外科、妇儿科、产科、公卫科；辅助科室有检验科、B超，放射科，病床30张，使用病床20张，实际开放床位20张，有B超机2台，生化分析仪相2台，CR机1台。全年接诊病人1.05万人次，其中门诊6918人次，住院分别为3534人次，治愈率为95%。

【人口和计划生育】 2018年，新州镇已婚育龄妇女1.04万人，人口出生989人，其中一孩出生305人、二孩出生570人，男婴449人、女婴426人。多孩出生114人，符合政策生育率96.1%。

【社会治安综合治理】 2018年，新州镇通过调整充实突发事件、综治社会治安综合治理、防范和处理邪教、禁毒、安全生产等各个社会管理综合治理工作领导小组成员；完善各类工作预案，制定和落实应急处置机制，健全各项工作制度。截至12月底，全镇排查出各类矛盾纠纷19起，调处成功19起，无重大矛盾纠纷发生；发生刑事案件242起，破案100起，抓获犯罪嫌疑人94人，全镇无重大案件发生；查处治安案件203起，查处违法人员142人；行政拘留152人。无赴邕进京非法上访事件发生，无信邪教人员。

（曹成秀）

沙梨乡

【沙梨乡概况】 沙梨乡位于北纬24°39′04″~24°48′39″、东经104°32′14″~105°41′19″之间。地处隆林东部，是自治县的“东大门”。东与田林县旧州镇接壤，南与隆或乡为邻，北邻贵州省册亨县，西面与平班镇接壤，行政区域总面积135.64平方千米。乡政府驻地沙梨村，距县城约48千米。2018年，全乡辖沙梨、岩偿、开冲、坝平、委尧、委敢、母施7个村委会121个村小组。年末总户数4197户，总人口1.76万人，其中农业人口1.75万人，占总人口的99.43%。居住着壮、汉、苗、仡佬等民族，其中壮族1.74万人，占总人口的98.48%；汉族204人，占1.17%；苗族29人，占0.16%；仡佬族29人，占0.16%；彝族4人，占0.02%。

境内大部分为峰丛洼地，地势略为西高东低；主要有沙梨村那东河、母施村三道河穿越而过，两河交汇委敢达角屯之后，流入南盘江。多属土山丘陵地带。山体庞大，切割强烈，山峰密布，最高的社木来山，主峰海拔1188米，最低点沙梨河口海拔630米。共有4条河流，均属南盘江水系。年平均气温21摄氏度，年均降雨量为756毫米，森林覆盖率63%。有坝平村龙丹水库、委尧村坝海水库2座。那东水渠全长20千米，灌溉面积66.67公顷；另有4个小水库，其中较大的龙丹水库蓄水量34万立方米，灌溉33.33公顷。2004年，引进桂林市矿源县外商雷电云投资1800万元兴建那东河一、二级电站，次年并网发电。耕地面积843.53公顷，其中水田304.20公顷，人均耕地面积0.71亩。粮食作物以水稻、玉米、旱谷、黄豆、小米、高粱等为主。经济作物以板栗为主，水果有芭蕉、梨果、柑橙。该乡柑橙，皮薄汁多，味甜可口，在县内外享有盛名。沙梨是县内林业重点乡之一，多草甸灌丛。用材林主要是杉木，松木和杂木；经济林有油桐、油茶、板栗等。2018年，全乡农业生产总值8465.40万元，比上年增长12%；农民人均纯收入8083.12元，增长15%。

年内，乡党政行政编制30名，机关后勤服务事业编制2名，各站所编制21名，实有46人（含站所），其中乡党委、人大、政府班子领导12人。

乡党委书记：杨 莲（2016.05—）
乡人大主席：梁 杰（2014.02—）
乡 长：覃安宁（2016.05—2018.06）
田 垚（2018.06—）

【农业】 2018年，沙梨乡确立在自治县重大项目之中的板栗、油茶、西贡蕉3个万亩产业核心示范区的发展地域优势。沙梨乡板栗产业示范园产业园规划建设规模1000公顷，其中新造林66.67公顷，低产林改造933.33公顷，配套建设园区公路、观景台等基础设施。沙梨乡万亩西贡蕉产业示范点中心示范区连片200公顷，以“企业+基地+合作社+农户/贫困户”的模式建设，以种植西贡蕉为农民增收的突破口，转移劳动力带动群众脱贫，实现贫困户、企业共赢目标。隆林万亩油茶扶贫产业园规划建设规模666.67公顷，其中新造林466.67公顷，低产林改造200公顷，配套建设园区公路、观景台、灌溉系统等基础设施，产业园覆盖开冲、岩偿、沙梨3个村12个屯。开冲村种桑养蚕脱贫奔康产业园建设规模13.33公顷，引导具有管理能力的贫困户领办创业园，具有劳动能力的贫困户进入就业园，而无管理能力又无劳动能力的贫困户带进托管园，实现贫困户精准入园、精准受益、长效增收。

【脱贫攻坚】 2018年，沙梨乡脱贫317户1331人，委尧、坝平2个贫困村实现脱贫出列。抽调乡直各站所工作人员组成扶贫队伍，为每个村配备1名乡级扶贫资料员。先后实施委敢、委尧、坝平等村的通屯及屯内道路硬化工程。开展易地扶贫移民搬迁宣传工作，全乡报名易地扶贫搬迁隆林县城城西安置点和百色深圳小镇的贫困户共有234户1017人（其中搬迁往百色深圳小镇90户400人），领取钥匙130户552人；有234户搬迁户签订拆房协议。

【惠农补贴】 2018年，沙梨乡实施农村公益事业“一事一议”项目建设2处，通过群众集资5.08万元、财政补助26.23万元，总投资31.31元，实施母施一、二队屯级道路硬化。发放耕地保护补贴115.83万元，农机补贴2.68万元，雨露计划61.60万元。

【集贸市场】 2018年，沙梨乡有集贸市场1个，面积约500平方米，街日分为长街和短街，长街7天为一街日，短街5天为一街日。每逢街日，市场上汇集乡境内及从隆或、平班、旧州等周边地方前来赶集的人，每街赶集大约5000人，商品种类包含沙梨农户自家种的农作物、土特产，赶集商人销售的商品等，年交易额300万元。

【基础设施建设】 2018年，沙梨乡在脱贫村基础设施建设项目的实施过程中，通过将村集体经济扶持资金委托华隆公司及百矿公司经营，实现村级集体经济收入18万元。完成母施村6条屯级路硬化项目，年内竣工通行。争取落实饮水项目45个，年内建成使用45个，解决800余人的安全饮水问题。完成危房改造指标任务87户，竣工率100%。推进公共文化建设项目，开冲村、委尧村、坝平村级公共文化中心、篮球场、戏台竣工并投入使用。

【生态乡村建设】 2018年，沙梨乡大力开展农村环境卫生综合整治，配备环卫人员和工作经费，聘请专人负责垃圾车的运转。全年共组织环境卫生大清扫活动22次，参与700人次。做好产业富民、基础便民、服务惠民工作，2018年下达改厕改厨任务各300户，截至12月完成改厨210户，改厕300户。

【社会保障】 2018年，沙梨乡新农合应参合1.70万人，实际缴费参合1.59万人，参合率93.42%。农村养老保险应参保缴费5740人，实际缴费2816人，财政代缴3832人，银行代扣率100%；领取待遇1932人，共发放养老金额254.56万余元，发放率100%。对低保对象进行动态调整，为全乡符合低保政策的526户1859人办理续保并按标准足额发放低保金，按照民政政策的相关标准和要求，重新评定全乡特困供养人员43人，并按照标准足额发放补助。为全乡138名80周岁以上高龄老人按相关政策规定办理高龄补贴。

【教文卫体事业】 2018年，沙梨乡有公立幼儿园1所，在园幼儿255人，保教人员19人，其中在编3人。小学8所，其中中心校1所、村级完小4所、教学点3所，在校学生1176人，教职工57人，小学义务教育阶段学生入学率100%，在校生辍学率控制在0。有初中1所，在校学生627人，教职工57人，义务教育阶段学生入学率99.2%，初中在校生辍学率控制在3%以内。组织做好文体活动，每逢重大节假日举行山歌比赛等文体活动，组队参加县级篮球、气排球赛。开展文化监督和宣传活动，监管和消除不良文化影响，不定期对网吧、市场、学校进行检查；配备和更新好农村书屋设备和各类书籍，做到免费开放。乡卫生院有医务人员39人，其中中级职称1人，初级职称3人，全科医师2人。拥有B超、X光摄片、血球分析仪等设备，有床位28张，能对内、外、儿、妇产、五官等各科常见、多发病进行诊治。实行基本药物制度，所有药品实行零差率销售。开设糖尿病、高血压等病的监测与诊治咨询服务。完善突发公共卫生事件医疗救治体系和疾病预防控制体系建设。全年出生儿童上卡率100%以上，儿童“五苗”(乙肝疫苗、卡介苗、脊灰疫苗、百白破疫苗、麻疹类疫苗)接种率均达90%以上。

【人口和计划生育】 2018年，沙梨乡贯彻执行人口和计划生育法律法规和政策，推进二孩政策落实。全年出生人口200人，其中一孩出生54人，二孩出生113人；男婴101人、女婴99人，性别比102，人口出生率11.80‰，符合政策生育率93.50%，人口自然增长率5.99‰。计划生育各项数据均控制在自治县下达的指标内。

【社会治安综合治理】 2018年，沙梨乡进一步调整和完善各类工作预案，制定和落实应急处置机制，健全各项工作制度。全年镇排查出各类矛盾纠纷37起，其中“三大纠纷”6起，其他矛盾纠纷31起，调处率达100%；派出所立刑事案件12起，破获9起，破案率75%，受理治安案件13起，结案11起，结案率85%，共打击处理违法犯罪39人，有效打击了违法犯罪活动，有力保障人民群众生命财产安全，确保社会和谐稳定。 (李 悦)

平班镇

【平班镇概况】 平班镇位于北纬24°40′28″~24°50′34″、东经105°23′29″~105°32′30″之间。隆或乡为邻，南、西南、西与新州镇相接，西北、北与者保乡相连，东北隔南盘江与贵州省兴义市安龙、册亨县相望。行政区域总面积216.77平方千米。镇人民政府驻扁牙村，距县城22千米。2018年，全镇辖委陇、委哉、扁牙、母姑、民乐、岩友、委乐、管肖、南务、共和、民新、榜纳、者合、康上、廷赖、平寨、岩晚等17个行政村、197个自然屯、251个村民小组。年末，总户数8549户，总人口3.48万人，其中农业人口3.11万人，非农业人口3719人。人口自然增长率控制在8‰以内。居住着苗、壮、汉等民族，其中苗族785人、壮族3.30万人、汉族369人。

境内地貌有峰丛洼地、丘陵谷地，丘岭谷地属土山区。海拔1000米以上的高山有5座(核实)，最高峰位于平班镇南面的榜纳村的迷磨坡，海拔1436米，最低点位于平班镇东北面委陇村的南盘江面，海拔396米。南盘江自平班镇西北面的者保乡入境，由西北向东北流经境内13.80千米，进入沙梨乡。南盘江支流主要有北楼河，北楼河自东南面的沙梨乡入境，流经委哉村、委乐村，江入南盘江，境内河道20余千米；新州河自西南面的新州镇入境，流经民新村、民乐村、扁牙村、母姑村、者合村，汇入南盘江，境内河道15千米。州河建有引水渠道，全长45千米，最大流量1.50立方米每秒，灌溉农田200公顷。有那委、坝敢2个水库，总容量42万立方米，灌溉面积30公顷。平班水电站坐落在境内。隆林至百色公路途经民乐村、民新村、扁牙村、母姑村、委陇村、委乐村、平寨村、管肖村。2018年，农林牧渔业总产值1.26亿元，增长6%；农业生产总值1.14亿元，增长2.10%；固定资产投资0.69亿元，增长14%；农民人均纯收入8590元，增长3.20%，工业总产值0.25亿元，比上年增长8%

年内，镇党政行政和事业编制82名(含各站所)，实有65人。其中乡党委、人大、政府班子领导12人。

镇党委书记：刘　军(2016.04—)
镇人大主席：韦启滨(2017.11—)
镇　长：杨志辉(2016.04—2018.01)
覃安宁(2018.07—)

【农业】 2018年，农业产业结构调整不断升级。全年完成粮食种植面积2733.33公顷，粮食总产量8084吨；完成经济作物种植249公顷，西贡蕉种植面积433.33公顷，种植芒果153.33公顷，完成秋冬种1976公顷。生猪、生羊、家禽生产规模稳中有增，畜牧生产实现由数量型向效益型的转变。年末全镇大生畜存栏达0.06万头(匹)，家禽存栏达100万羽，肉类总产量达1246吨。粮食作物有水稻、玉米、黄豆、旱谷、豌豆，经济作物有甘蔗、烟叶、花生、芝麻等。特产红糖、芭蕉芋粉，年产约40万千克。扁牙青椒套种果蔗模式，管肖、者合西红柿+水稻模式，扁牙、民新、共和果蔗基地经济效益增长明显。

【脱贫攻坚】 2018年，平班镇动态调整确定新增贫困户为18户61

人，认定退出返贫户8户24人，至年底还有6个贫困村、967户3462贫困人口。镇党委政府采取措施做好脱贫攻坚工作，在委陇、平寨、岩晚、委乐4各村摸底调查愿意新种植西贡蕉91.33公顷，待上级决定后将开展实施；黑猪示范园区位于平寨村，计划建设6万平方米标准化猪舍，年出栏肉猪10万头，带动贫困户500户。利用深圳帮扶资金200万元入股农氏公司发展沃柑示范园区，帮助岩友村村民合作社和60户易地扶贫搬迁隆林城西点贫困户实现分红，提高村集体经济和贫困户收入。争取项目和资金建设，在管肖村进行市场摊位和摊点建设，通过租赁形式使管肖村有村集体经济收入，管肖村有集体经济收入6万元以上。在平寨村成立村民合作社劳务中心，发展养鸭、养牛等生态种养殖产业，确保实现平寨村村集体经济收入2万元以上。投资10万元在平寨村发展养牛产业，预计村集体经济收入2万元以上。投资420万元把岩友、者和、廷赖、康上、平寨、委陇、岩晚、委哉8各村入股隆林发电公司、华隆公司合作经营，确保实现岩友、者和、廷赖、康上、委珑、岩晚、委哉每个村3万元以上、平寨村2.40万元以上的村集体经济收入。投资160万元入股隆林华隆公司合作经营，争取实现非贫困村村集体经济有收入。开展贫困人口动态调整工作，新增贫困户为18户61人，认定退出返贫户8户24人。截至年底，全镇有意愿申请易地搬迁268户1018人，完成搬迁101户383人。

【惠农补贴】 2018年，平班镇共完成受理89人医疗救助，报销金额18.50万元。发放扶贫贷款贴息50.16万元。协助上级有关部门做好家电下乡、农机购机补贴等工作，共发放6658户农业支持保护补贴，共发放补贴资金214万元；耕地地力保护补贴：6658户214.01万元；退耕还林：2285户141.68万元，为414户贫困户发放“以奖代补”资金118.28万元，为260户脱贫户发放产业巩固扶持资金49.21万元；补助各类农机具147台（套），涉及补贴资金21.31万元，惠及农户147户。

【集贸市场】 2018年，平班镇有扁牙、板坝、2个集贸市场。

扁牙集贸市场 位于扁牙村部驻地。5天或7天为一街日，赶集大约有2000余人。交易商品主要为农产品和生活用品。年交易金额89万元。

板坝集市 位于平寨村部驻地。总面积2100平方米，设有固定铺位30间，肉摊33个及部分临时摊点。每逢星期六为一街，赶集大约500余人，旺季赶集有1000余人。交易商品主要为农产品和生活用品。年交易金额112万元。

【基础设施建设】 2018年，平班镇争取实施农村公益事业“一事一议”项目建设6处，其中康上村岩响屯414米、母姑村中解屯1000米、岩友村岩友屯590米、者合村者合屯820米、委乐村委内屯700米、适赖村文洞屯600米；者合收缴集资款4.66万元．康上收缴集资款2400元、岩友收缴集资款3.26万元，待全部集资款收齐后实施建设；争取社会帮助，在者和村安装太阳能路灯20多盏；投入3万元资金在平寨村开设镇第一个扶贫试点爱心超市。利用每个贫困村第一书记5万元资金在贫困村村部建设公用厕所、蓄水池等；争取上级资金在15个村建设108个垃圾池；争取上级资金在全镇17个村改造厨房800户、改造厕所800户。

【生态乡村建设】 2018年，平班镇与农户签订“生态乡村”门前三包责任状共7000余份，引导村民自觉履行环境卫生的责任意识。完善村规民约、加大宣传力度，充实保洁员力量、对镇政府门口乱、差现象进行整治，对扁牙农贸市场的下水沟进行重新规划建设，制作乡村条例宣传版17版，悬挂乡村条例横幅21条，新建垃圾池108个，共投入资金16.20万元。制定《“美丽平班·生态乡村”工作督查方案》，明确督查人员和督查内容，做好生态乡村的常规化管理工作。完成平班库区专项打击整治工作，共拆除网箱面积5220平方米，拆除率100%。被县级评为生态乡村集体先进乡（镇）。

【社会保障】 2018年，平班镇新型城乡居民养老保险应参保缴费1.16万人，财政代缴人数108人，银行代扣代缴率1.95%，发放4218人，发放率100%；城乡居民参加基本医疗保险率应参保缴费3.23万人，实际缴费3.07万人，参合率94.99%。推进全镇村级服务惠民中心工作，落实和配备好场地、人员、网络、制度、经费、设备“六有”，通过县市级的检查。为符合条件报销的89人办理医疗救助款18.50万元；为全镇符合低保政策的719户1823人办理续保并发放低保金526.04万元；新办理符合低保条件33户120人；为全镇137名“五保”供养人员发放五保供养金78.37万元；按相关政策规定为全镇102名80岁以上高龄老人办理生活补贴等事宜；开展好退伍军人、家烈属的调查上报工作。

【教文卫体事业】 2018年，平班镇有初中2所，教职工63人，在校学生961人，初中入学率98%，初中辍学率2%，毕业生278人，毕业率98.22%；小学6所，教职工91人，在校学生831人，全镇小学适龄儿童入学率入学率99.8%，辍学率控制在1%。毕业生166人，毕业率100%。有私立幼儿园4所，入园学生209人。组织做好文体活动，每逢重大节假日，举行文体活动或组织干部职工和参加县级篮球、气排球赛、组织群众山歌比赛和活动。春节前后拨付给每个村春节文体活动经费，举办形式多样、喜闻乐道的乡村文化娱乐活动；开展好健康文化宣传，开展好农村书屋，配备和更新好设备和各类书籍，免费向群众开放。有镇卫生院1所，医务人员42人，病床35张；有村卫生室16家，村医17人。新农合住院、门诊报销共计5853人次，报销金额328万元。预防接种儿童279人，各种疫苗接种率90%。

【人口和计划生育】 2018年，平班镇17个村均建有"幸福家园"，实现优质人口和计划生育服务全覆盖。开展好人口和生育健康服务和宣传工作，开展好优生孕前免费检查工作；依法依规做好超生家庭的社会抚养费收缴工作；为实行计划生育政策的家庭办理申请贷款业务8户，提供小额贴息贷款26户，共贴息金额4.30万元；"两户"（独生子女户、双女户）人员享受财政代缴新农合共1654户552人，代缴金额99.38万元，享受财政代缴新农保共1650户4616人，代缴金额46.16万元。

【社会治安综合治理】 2018年，平班通过调整充实突发事件、综治社会治安综合治理、防范和处理邪教、禁毒、安全生产等各个社会管理综合治理工作领导小组成员；完善各类工作预案，制定和落实应急处置机制，健全各项工作制度。截至12月底，全镇排查出各类矛盾纠纷17起，调处成功17起，无重大矛盾纠纷发生；发生刑事案件19起，破案13起，抓获犯罪嫌疑人11人，全镇无重大案件发生；查处治安案件25起，查处违法人员13人；无赴邕进京非法上访事件发生，无信邪教人员和新增吸毒人员发生。

（王晓廖）

者浪乡

【者浪乡概况】 者浪乡位于北纬24°40′28″~24°50′34″、东经105°11′45″~105°19′35″之间。地处自治县西部，东与新州镇相邻，南与德峨乡相接，西与天生桥镇、革步乡接壤，北与桠杈镇、者保乡毗邻，行政区域总面积156.02平方千米。乡政府驻地者浪村，距县城8.50千米。2018年，全乡辖者浪、央腊、那隆、播立、坡合、者床、者烟、者徕、敢南、者烘、么窝11个村委会129个村小组。年末，总户数4410户，总人口1.91万人，居住壮、汉、苗、彝、仡佬5个民族，其中壮族1.60万人。境内山峦重叠，沟壑纵横，多泥山结构。地势南北高，峰丛洼地、丘岭谷地散布。最高海拔1579米，最低海拔643米。较高的山，东部有坡石扣山，海拔1168.30米；北部有坡吉山，海拔1363.10米。主要河流有那隆河、播立河，总长73.70千米。最大的那隆河，从那隆至者浪，流经境内那隆、央腊、者浪3个村，长37.10千米。土地肥沃，气候温和。属亚热带季风气候，气温南北高中部低，海拔高差大，低谷多云雾，立体气候明显。日照充足，适宜农作物的生长。金、煤、钛、铜、煤矿等矿藏资源丰富，其中钛矿含量较高。隆林至兴义公路干线经乡政府驻地。省道322线经者浪、央腊、那隆3个村；隆西公路经者烘村；蒙金公路经者浪、坡合、播立3个村，自然屯公路覆盖率95.50%。建有那隆水库，蓄水量100万立方米，灌溉面积100公顷。还有者烟、弄王、么窝、者烘一、二库、者床、堆弄等七座小二型水库。耕地面积799.07公顷，人均耕地面积0.64亩。粮食作物以生产玉米、稻谷等为主，经济作物和经济林木有豆类、茶叶、油菜、草莓、马铃薯、番茄、油茶等，土特产有柑桔、板栗、红糖、天冬、首乌、黄草等。野生动物有猫头鹰、野猫、野鸡和蛇类。2018年，全乡工业总产值3.41亿元，比上年增长0.20%；农林牧渔业总产值3820万元，增长0.30%；农村收益总收入7191万元，人均分配收入6909元。农民年人均纯收入6760元，增长0.25%。

年内，乡党政行政和事业编制30名（含工勤2名），实有26人；事业编制共28名，实有28人。其中乡党委、人大、政府班子领导12人。
乡党委书记：卢思雨（2017.08—）
乡人大主席：李　潇（2016.01—）
乡　长：何振鹏（2017.01—）

【农业】 2018年，者浪乡种植水稻面积580公顷、玉米590公顷、小麦26公顷、旱谷5公顷。实施水稻旱育稀植免耕抛秧技术30公顷；豆类种植面积68公顷，薯类等其他杂粮种植面积47公顷，粮食总产量5900吨。油菜、花生、油菜籽、甘蔗等经济农作物种植面积320公顷,蔬菜类产品种植面积171公顷,水果种植面积43公顷,中草药种植面积132公顷。大牲畜存栏为2600头(匹),出栏1200头(匹);生猪存栏8000头,出栏1.26万头;山羊存栏900只,出栏3600只;其他家禽年末存栏5.20万只(羽),出栏12.10万只(羽)。发展柑橘类水果620公顷、草莓16公顷、板栗240公顷。者浪村种植百香果9公顷,坡合村种植百香果7公顷,者烘村种植百香果6公顷,者床种植西贡蕉1.30公顷,么窝贫困村开展的高山苗寨土鸡养殖合作社有32个贫困户参加,产值约40万元;玫瑰种植21.30公顷,产值110万元。

【脱贫攻坚】 2018年,者浪乡共有建档立卡贫困户1546户6492人(含2014年和2015年退出户),脱贫350户1436人,播立村、者烘村和者徕村3个深度贫困村脱贫摘帽。贫困户易地搬迁抽房120户465人,其中搬迁百色深圳小镇抽房7户27人。动态调整"新识别"5户19人,"返贫户"3户11人,剔除1户5人,审计剔除五保户12人。对贫困户"一帮一联"进行调整核实,确保做到全乡贫困户"不漏一户,不错一户"。组织人员完成全乡2018年350户脱贫户的"一户一盒一袋"材料,3个脱贫摘帽村"十一有一低于安"材料的整理归档。成立产业扶持工作领导小组,当年发放贫困户产业扶持(以奖代补)资金152万余元。共为297户贫困户发放1255万元小额信贷款贴息。

【惠农补贴】 2018年,者浪乡粮种补贴3940户,补贴金额86.89万元;农机补贴119户,补贴金额9.01万元;退耕还林补贴672户,补贴金额34.83万元;后期移民扶持51户,扶持资金12.76万元;危房改造65户,补贴金额21.80万元;产业扶持230户,补贴金额152.40万元;巩固产业扶持327户,补贴金额68.20万元;短期技能培训"以奖代补"1人,补贴金额800元;雨露计划137人,补贴金额24.90万元。

【集贸市场】 2018年,者浪乡有1个集贸市场,位于者浪乡者浪村街上。建筑面积1260平方米,6天为一街日,赶集大约有1800人左右,交易水果、蔬菜、家禽、鱼虾、农村群众自制的小吃食、日常家用、衣鞋等120多种商品及猪仔、鸡鸭等牲畜交易;特色商品有手工制作的苗、彝、壮等少数民族服饰、饰品、布鞋等,交易额一单100~3000元不等;街上保存着较为古老的打铁铺、榨油作坊等。年交易额28万元。

【基础设施建设】 2018年,者浪乡完成么窝村县城老交警路口至龙洞平、龙洞平至谭平、弄保至肯么、牛滚塘至么苗,者烘村滚马屯至大计坡共5条屯级公路硬化,全乡20户以上的自然屯全部实现水泥跟硬化;实施农网改造,全乡自然屯通电率100%。天生桥至西林二级公路(隆林段)项目在建中。筹集资金建设村文化中心11个,其中播立、者床、者烘、者徕、央腊村文化中心在年前建成并投入使用,敢南、么窝在年内竣工并投入使用。推进"服务惠民""基础便民"工程,建成者浪、央腊、那隆3个村级综合服务中心示范村项目,服务中心按照"六有"(有人员、有场地、有设备、有流程、有网络、有经费)标准统一建设,为农民群众提供就业、社保、教育、卫生、文体、法律6项一站式服务,实现"基本公共服务全覆盖,群众办事不出村"。推进农村"危房改造、改厨改厕"项目,73户危房改造全部完工并进住。有11个村通宽带、7个村通有线电视、8个村使用自来水,1个村建设有垃圾集中处理,1个村通公共交通。

【生态乡村建设】 2018年,者浪乡开展以农村环境卫生、市场综合整治为主要内容的攻坚行动。街道、市场设立专人负责清扫,在合适的地方放置垃圾箱。11个村各自负责相应村内的道路卫生并配备相应的工作人员和工作经费,全乡村屯、街道市场卫生环境得到较好治理。乡政府设立河长制办公室,落实主体责任人和管理制度。各村屯建设垃圾焚烧池、垃圾处理站、垃圾车和垃圾箱等硬件设施。建成1个乡级垃圾处理场,投入2辆垃圾运输车和11辆垃圾收集三轮车。2018年完成改厕任务300户,发放资金36万元,完成改厨212户,发放资金148400元。各村屯还要求垃圾处理池建设项目10处,配备村级清洁员8名。执行河长制,按照要求落实乡村河长共6人,开展乡巡河26次,宣传禁渔2次,有效维护辖区生态环境。

【招商引资】 2018年,者浪乡共落实招商项目4个,完成招商引资任务1210万元。实际到位资金1000万元。其中,者浪乡百香果项目种植基地,占地面积13.33公顷,位于者浪乡者烘村三队、坡合村牛棚屯。者浪乡草莓项目基地,占地面积20公顷,位于者浪乡那隆村。者浪乡种桑养蚕项目,项目总投资150万元,中心区位于者浪乡者床村烘播屯。者浪乡生态农业项目,位于者浪乡者徕村那利屯,开展农作物、苗木、花卉、林木种植及销售;家畜家禽养殖及销售;园艺、农业休闲观光旅游项目的开发；农产品展示、销售；电子商务服务；农家乐旅游观光服务；提供劳务服务；劳务信息咨询服务、建筑工程、市政工程、园林绿化工程施工，项目总投资1000万元。

【社会保障】 2018年，者浪乡新增低保户32户126人，新增80~99周岁老人补助21人。享受低保1179户4417人。困难残疾人补贴2134人共1.07万元；发放五保供养资金107人共29.53万元；人口和计划生育代缴2655人共2.48万元；五保代缴98人共1.47万元；新农合1—10月业务收入完成280万元；新农保应参保5968人，参保5609人，参保率93%。全乡劳动力外出务工总人数5931人，其中劳动力转移就业新增2116人。

【科教文卫体事业】 2018年，者浪乡科协同各部门举办砂糖橘栽培、养蚕、种植蚕叶、生猪养殖、水鸭养殖、油菜培育与病虫害防治、反季节蔬菜种植与病虫害防治、农田“两迁害虫”（稻飞虱、稻纵卷叶螟）防治等各类农业科技培训班92期，参训人数8500人次，印发各种农业科普材料1.30万份。有小学10所，教职工104人，在校学生1264人，全乡小学适龄儿童入学率100%，辍学率0%，毕业生282人，毕业率100%；全乡共有公立幼儿园1所，私立幼儿园6所，入园学生541人。开展“控辍保学”工作，层层签订“控辍保学”工作责任状，各工作组经常下村动员学生返校读书。者浪乡中心小学获中国农业发展银行捐赠电教室1间，提升教学设备水平。自治县文体广电局、者浪乡党委、政府承办，自治县图书馆协办“送书刊下乡，扶贫先扶智，文化惠民生”专题赠书助农活动，为者浪乡文化站捐赠价值2万元的图书及电脑设备。召开文化科技卫生宣传启动会议，培训33名乡村干部担任宣传员，赴全乡11个行政村开展社会主义核心价值观、农村农户金融信用、安全生产、农业科普、森林防火、艾滋病预防等知识宣传。开展“卫生下村”活动。通过医疗门诊、下村义诊、发放健康教育宣传资料、出版宣传板报等形式，以宣传慢性病、传染病等知识入手，开展形式多样、内容丰富的卫生防病知识宣传活动。开展防艾知识培训会12次，多部门协调会2次，共计印发宣传册1200余份，悬挂横幅18条，各村宣传标语若干。在春节、“三月三”、重阳节期间，组织全乡开展篮球、气排球、拔河、山歌、文艺汇演等多项文娱活动。有乡卫生院1所，医务人员33人，病床15张；有村卫生室10家，村医11人。新农合住院、门诊报销共2222人次，报销金额42.78万元。全乡住院分娩260例，活产接数261，本乡无接产，院分娩率100%，高危孕产妇31例，高危住院分娩率为100%。预防接种儿童268人，各种疫苗接种率97%。11月，乡卫生院组织医务人员到全乡11个行政村开展乡村医生签约服务，与1256户农村居民家庭签约服务手册，其中贫困户862户，全乡开展乡村医生签约服务全覆盖。

【人口和计划生育】 2018年，者浪乡已婚育龄妇女518人，人口出生237人。其中，一孩计划内96人，二孩计划内108人；男婴121人，女婴116人；多孩出生33人。符合政策生育率86%；出生人口性别比为1.03，人口出生自然增长率1.30‰。全面落实人口和计划生育奖励扶助优惠政策，共为246户缴纳爱心保险。共为群众免费办理生育服务证133本、再生育证3本；开展免费孕前优生健康检查，共为135对进行免费孕前优生健康检查，优生咨询指导率100%。全乡11个村均建有“幸福家园”，实现优质人口和计划生育服务全覆盖。

【社会治安综合治理】 2018年，者浪通过调整充实突发事件、综治社会治安综合治理、防范和处理邪教、禁毒、安全生产等各个社会管理综合治理工作领导小组成员；完善各类工作预案，制定和落实应急处置机制，健全各项工作制度。截至12月底，全镇排查出各类矛盾纠纷6起，调处成功6起，无重大矛盾纠纷发生；发生刑事案件6起，破案3起，抓获犯罪嫌疑人9人，全镇无重大案件发生；发生治安案件20起，查处17起；无赴邕进京非法上访事件发生，无信邪教人员和吸毒人员发生。（张森波）

者保乡

【者保乡概况】 者保乡位于北纬24°49′10″~24°56′47″、东经105°15′34″~105°29′19″之间。地处自治县东北部，东面与平班水电站毗邻，南面与新州镇接壤，西邻天生桥水电站，北面与贵州省安龙县、册亨县隔江相望，周边与新州、平班、桠杈、者浪等乡（镇）相连，行政区域总面积193.92平方千米。乡政府驻地者保村，距县城24千米。2018年，全乡辖班支花、中棒、上棒、作欢、巴内、者保、民怀、江同、同福、同禄、南光、那平、雅口13个村委会210个村民小组、223

个自然社(屯)。年末总人口2.98万人,居住着壮、汉2个民族。

境内属亚热带山陵地貌季风气候。地处云贵高原余脉,山高坡陡,属半石山区。海拔多在600~1400米。海拔在1200米以上的山有平保坡、者显坡、坡石等。矿产资源主要有黄金、铝土、硫铁等。有小河流12条。主要河流有同福河、江同河、那平河、民怀河以及流经的南盘江。总面积195.78平方千米。国道324线在境内穿越而过。有江同、同禄、作欢3个村的小(二)型水库。耕地面积1649.60公顷,其中田706.67公顷。人均耕地面积0.84亩。粮食作物以玉米、稻谷、小麦为主,经济作物以烤烟、油茶、油桐、甘蔗、香蕉为主。盛产香糯、优质玉米、油茶、桃果、野生番石榴、沙梨、果蔗、蔗糖、禽蛋、鸡鸭、鱼虾、木材等,还有黄牛、红糖、冰脆李等土特产。有煤炭中转站36个,每天煤炭吞吐量约5000吨,已兴建的南盘江物流园成为集仓储、配煤、运输、批发于一体的物流配送基地。随着平班电站和百隆高速公路建设,引进外资约500万元兴建大型石材厂。旅游景点有平班水电站库区、同福村的“者保鱼洞”、班支花村的军事建筑遗址和古代官墓群等。2018年,全乡工业总产值0.02亿元,比上年增长0.08%;农林牧渔业总产值0.80亿元,增长1.36%;固定资产投资2.03亿元,增长30.03%;财税收入6万元,增长2.24%;农民年人均纯收入7120元,增长18.61%。

年内,乡党政行政事业编制66名(含各站所),实有59人。其中乡党委、人大、政府班子领导12人。
乡党委书记:杨胜军(2016.05—)
乡人大主席:杨建军(2016.05—)
乡　长:梁雪姝(女,2016.05—)

【农业】 2018年,者保乡种植玉米866.67公顷、水稻533.33公顷、小麦186.67公顷、油菜253.33公顷、66.67公顷、绿肥166.67公顷、蔬菜246.67公顷等作物。新种西贡蕉7024公顷,其中贫困户66户61.70公顷。完成西贡蕉新种挖坑48.43公顷。新增桑园65.07公顷,销售蚕茧2.04万千克,蚕农收入93.37万元,新建蚕房10座1326平方米。初步形成百里沿河西贡蕉产业园区休闲农业旅游观光带和水上乐园基地。完成油茶造林13.33公顷,面上造林20公顷。做好新一轮退耕还林22.61公顷和前一轮退耕还林316.46公顷的检查验收和政策补助兑现工作。利用QQ、微信、手机等科技通讯媒体,宣传气象灾害防御,引领广大干部群众齐力做好森林防火及防汛抗旱工作。抓好春秋两防和非洲猪瘟防控工作,免疫密度100%,畜牧养殖业健康发展。全乡累计存栏鸡7.90万羽,鸭1.55万羽、鹅1000羽、生猪1.71万头、牛6422头、羊1.21万只。

【脱贫攻坚】 2018年,者保乡432户建档立卡贫困户1389人脱贫。新纳入贫困户53户216人(其中应纳尽纳户14户48人,退出返贫户2户5人),剔除户1户1人,老人剔除户2户4人。通过易地搬迁安置贫困人口1243人,培训各类技术216人次;设置公益性岗位解决就业岗位85余个。年内,完成中棒、上棒、同禄等3个村脱贫摘帽,全乡脱贫1859人,贫困发生率降至6.62%。发放扶贫小额信贷306户1512万元,其中入股龙头企业51户252万元。发放各类产业扶持奖补资金249.40万元,覆盖黄牛、生猪、西贡蕉、甘蔗、油茶等产业,惠及647户贫困户发展产业;脱贫户产业巩固提升补助共发放358户71.60万元,发放教育扶持助学资金42.53万元。全乡共报名搬迁448户1837人(其中百色深圳小镇19户81人,县城安置点429户1756人),领取安置住房钥匙并入住安置新房318户1345人。举办各项产业技术及劳动技能培训8期302人,雨露计划办理申请121人。低保扶贫两项制度链接完成498户1557人。

【惠农补贴】 2018年,者保乡全面兑现惠农政策,其中产业扶持693户共321.40万元,农业支持保护补贴6126户共125.39万元,退耕还林补贴885户共59.18万元,农机购置补贴212台(户)共16.99万元,改厨改厕补助158户共133万元。

【集贸市场】 2018年,者保乡有腊仁、者保2个集贸市场。

腊仁市场　位于同福村腊仁屯。324国道经街上穿越而过。2000年改造成棚式交易大厅,占地面积约1300平方米。六日为一街日,赶圩约1000人。经营商品日用食品批发为主。市场得天独厚的地理优势和便利的交通条件,吸引周边方圆几十余千米的贵州省、附近乡(镇)村屯的客商来市场交易。年交易额80万元。

者保新市场　位于者保村。占地面积1900多平方米,建筑面积1600平方米,有店铺60多家。六日为一街日,赶圩约1000人。经营商品以日用食品批发为主。吸引周边方圆几十余千米的贵州省、附近乡(镇)村屯的客商来市场交易。年交易额100万元。

【基础设施建设】 2018年,者保乡完成20户以上屯级道路硬化项目共51个,其中中棒村14个、同禄村13个、同福村7个、巴内村17个;投资近7000多万元修建新州经者保至腊仁三级公路项目,完成第四标段施工建设工作,确保争取早日完工通行;完成中棒、同禄村公共服务设施,民怀、同禄、雅口村卫生室等项目建设;如期完成各村申请和需求的饮水工程项目。

【生态乡村建设】 2018年,者保乡开展以农村环境卫生综合整治为主要内容的攻坚行动。沿着街道设立专人负责清扫,在合适的地方放置垃圾箱。13个村各自负责相应村内的道路卫生并配备相应的工作人员和工作经费,乡里道路卫生得到较好治理。设立河长制办公室,落实主体责任人和管理制度。为各村屯建设垃圾焚烧池、垃圾处理中心、垃圾车和垃圾箱等硬件设施;建成1个乡级垃圾处理中心,投入1辆运输车和13辆垃圾收集三轮车;2018下达各村380户改厕改厨任务,12月完成核验及资金拨付工作;上报各村屯垃圾池建设项目110处,年底已全部建成,配备村级清洁员16名。全力协助开展网箱养殖水面环境综合整治工作,全乡共有网箱2359箱8.49万平方米,涉及南光、同福、班支花、中棒、上棒、同禄6个村22个屯120户。农户自主拆除奖励资金已发放兑现到位;动员贵州迁养网箱拆除36户1.34万平方米,强制拆除无人认领网箱288平方米、地笼网16个。执行河长制,按照要求落实乡村河长共15人,开展乡巡河48次,宣传禁渔3次,有效维护辖区生态环境。

【招商引资】 2018年,者保乡加大沿湖一带的村屯产业规模化建设,班支花村一带的西贡蕉产业、者保村附近的蔗糖,以及沿江的养殖业等,通过"两赛一展"活动、"互联网+现代服务业"得到发展,建成1个农村淘宝村级服务站、2个村邮乐购村级服务站,吸引外地的客商前来了解投资或者合资当地的特色产业,带动村民经济收入。

【社会保障】 2018年,者保乡16~59周岁参加新农村养老保险年龄段人口2.09万人,到年底参保缴费到账1.22万人,城乡居民基本养老保险参保率98%以上,完成率是县级下达任务(9844人)的123.49%。落实全民参保计划,新型农村合作医疗覆盖率97%以上。新增就业615人,举办钢筋工、混凝土工等职业技能培训,实现农村劳动力转移430人。发放农村低保498户、五保金及护理补贴84.95万元,涉及171人。做好高龄老人生活补助工作、重大疾病医疗救助、残疾补助等各项保障弱势群体生活的工作。

【教文卫体事业】 2018年,者保乡有初中1所,教职工52人,在校学生997人,初中入学率98%,初中辍学率2%,毕业生227人,毕业率98.22%;小学10所,教职工154人,在校学生1502人,全乡小学适龄儿童入学率100%,辍学率0,毕业生338人,毕业率100%;有公立幼儿园1所,私立幼儿园4所,入园学生667人。中考、初考成绩位居全县乡(镇)中小学前列。有乡卫生院1所,医务人员38人,病床26张;有村卫生室11家,村医20人。新农合住院、门诊报销共8326人次,报销金额186.65万元。全乡住院分娩344例,其中在本乡住院分娩10例,住院分娩率100%,高危孕产妇50例,高危住院分娩率为100%。新法接生344例,新法接生率100%。预防接种儿童3682人,各种疫苗接种率90%。

【人口和计划生育】 2018年,者保乡继续实施二孩生育政策,已婚育龄妇女5694人,出生人口394人。其中,一孩出生136人,二孩出生218人;男婴209人,女婴185人;多孩出生40人,符合政策生育率94.42%;人口出生自然增长率5.84‰。全乡13个村均建有"幸福家园",实现优质人口和计划生育服务全覆盖。

【社会治安综合治理】 2018年,者保通过调整充实突发事件、综治社会治安综合治理、防范和处理邪教、禁毒、安全生产等各个社会管理综合治理工作领导小组成员;完善各类工作预案,制定和落实应急处置机制,健全各项工作制度。截至12月底,全乡共调解调处各类社会矛盾纠纷11起,其中林地纠纷3起、婚姻家庭纠纷2起、邻里纠纷1起、其他纠纷5起,接待群众23批次316人次,无重大矛盾纠纷发生。发生刑事案件11起,破案8起,抓获犯罪嫌疑人12人,全乡无重大案件发生。查处治安案件15起、违法人员15人。无赴邕进京非法上访事件发生,无信邪教人员和吸毒人员。 (卢羿君)

天生桥镇

【天生桥镇概况】 天生桥镇位于北纬24°48′34″~24°54′08″、东经105°03′27″~105°13′13″之间。地处自治县西北部,东与者保乡、者浪乡接壤,南与革步乡相邻,北与桠杈镇相结，西和贵州省以南盘江隔河相望，行政区域总面积168.22平方千米。镇政府驻地马窝村，办公地点在天湖路01号。距县城37千米，距贵州省兴义飞机场45千米，距贵州省兴义市顶效火车站55千米。2018年，辖马窝、岩卡、祥播、九龙、委果、岩场、播存、安然、科沙、风仁10个行政村96个自然屯224个村民小组。有祥播、岩场、坡合3个传统圩场。年末总户数6245户，总人口2.56万人，其中男性1.29万人，女性1.26万人。主要居住壮、汉、苗3个民族。

境内大部分为峰丛洼地和丘陵山区，山地环绕，东部为石山区，西南部为土山区。地面高程一般在700~1500米，最高点是科沙村山，海拔1690米。最低点为天生桥二级站，海拔665米。较大的山有隆索大山、科沙背后大山。有4条小河流，注入南盘江。建有岩场、新寨湾、烂田湾、那沙4个水库，其中较大的新寨湾水库库容37万立方米，能灌溉农田39公顷。国道、省道贯穿全境，村村通四级公路，自然屯公路覆盖率100%。耕地面积867.87公顷，人均耕地面积0.51亩。粮食作物主要有玉米、水稻、小麦等，经济作物有杉木、油桐、油茶、板栗、金银花、花椒、甘蔗、烤烟等。果类有柑橙、桃、李、梨等。养殖业以网箱养鱼、猪、牛、马、羊为主。全镇辖马窝、岩卡、祥播、九龙、委果、岩场、播存、安然、科沙、风仁10个村委会224个村小组。旅游景点有天生桥水电站风景区、“一日游三省(区)”的天湖、雪莲洞、雷公滩等。2018年，全镇工业总产值3.60亿元，比上年增长15%；农林牧渔业总产值2.61亿元，增长20%；农民年人均纯收入9247元，增长12%。

年内，镇党政行政编制34名(含各站所)实有30人。其中镇党委、人大、政府班子领导12人。

镇党委书记：刘　剑(2016.05—)

镇人大主席：韦淦珀(2016.05—)

镇　长：韦　玮(2016.05—)

【农业】 2018年，天生桥镇农业总产值完成5033万元，比上年增长2%，农民人均纯收入9247元，增长12%；粮食种植面积920公顷，其中中玉米杂交600公顷，中稻杂交水稻153.33公顷，产量4000吨，增长35%；落实秋冬种生产524公顷；新种桑树面积24公顷，全镇蚕桑种植面积176.67公顷，养蚕1000张，出茧3.5万千克，年产值120万元；落实黄金百香果示范种植2.67公顷；实现生猪存栏5579头、黄牛存栏769头、山羊存栏4470只、家禽存栏5.68万羽；农村劳动力外出务工5400人以上，劳务输出收入6000万元以上，有效促进农业增效农民增收。

【脱贫攻坚】 2018年，天生桥镇共实施屯级道路项目(含新建、续建)14条；新增农村淘宝村级服务站4个、“村邮乐购”村级服务站5个，“爱心超市”1个，新增合伙人200人以上，受益农户30户；累计新纳入贫困户18户63人、返贫户9户35人、剔除9户34人。全年实现995人贫困人口脱贫出列，九龙、委果2个贫困村脱贫摘帽，全镇贫困发生率由2016年初的15%下降到6.27%。实施“雨露计划”资助项目，全年享受资助贫困生111人。全面完成年度扶贫搬迁安置目标任务。

【惠农补贴】 2018年，天生桥镇录入购置补助系统各类农机具46套，兑现资金4.32万元。兑现年内耕地力保护补贴424.45公顷共77.93万元；兑现上年度退耕还林补助资金154.73万元；兑现危房资金68.90万元；兑现雨露计划资金2.10万元。

【集贸市场】 2018年，天生桥镇有岩场、祥播、坡合3个集贸市场。

岩场集贸市场　位于岩场村部驻地。建筑面积约2万平方米。6天为一街日，赶集大约5000余人，旺季赶集有近万人。交易商品主要为农产品和生活用品。年交易额1500万元。

祥播集市　位于祥播村部驻地。建筑面积约2万余平方米。6天为一街日，赶集大约6000余人，旺季赶集1万余人。交易商品主要为农产品和生活用品。年交易额1800万元。

坡合集市　位于风仁村坡合屯。建筑面积约8000余平方米。6天为一街日，赶集大约有近千人，旺季赶集5000余人。交易商品主要为农产品和生活用品及牛马。集市内有特色风味坡合狗肉出售，成为自治县“两赛一展”[中国(隆林)“南盘江杯”全国龙舟邀请赛、中国(隆林)“南盘江杯”江钓大赛、隆林各族自治县非物质文化遗产及民族文化展示活动]活动中不可或缺的美食，逢街日，店主在店铺门口支个大锅摆卖，一个圩日可以卖出狗肉100多千克，收入6000元左右。年交易额约1000万元。

【基础设施建设】 2018年，天生桥镇落实危房改造指标87户，后调整为62户、改厨改厕指标各300户，兑现危改资金276.41万元、改厨改厕34.58万元，完成51座农村垃圾池建设任务，实施107座农村家庭水柜，实施屯级道路项目(含新建、续建)14条；及时调整棚户区改造项目D标段设计方案，将110盏太阳能路灯分别安装在镇政府至新码头路边、政府大院、中心校、敬老院等具有典型代表且实惠便民之处。

【生态乡村建设】 2018年,天生桥镇开展以农村环境卫生综合整治为主要内容的攻坚行动。沿着街道设立专人负责清扫,在合适的地方放置垃圾箱。10个村各自负责相应村内的道路卫生并配备相应的工作人员和工作经费,镇里道路卫生得到较好治理。设立河长制办公室,落实主体责任人和管理制度。为各村屯建设垃圾焚烧池、垃圾处理站、垃圾车和垃圾箱等硬件设施。建成1个乡级垃圾处理场及1个村级垃圾焚烧场,投入1辆运输车和10辆垃圾收集三轮车;2018年下达300户改厕改厨任务,验收完成改厕189户、改厨171户;全镇各村屯垃圾池建设项目51处,配备村级清洁员20名;全面推行河(湖)长制,落实乡村河长共21人,村各级河长巡河(湖)人均30次,宣传禁渔3次,有效维护辖区生态环境。4月18日至6月10日开展水面突击整治,共整治违法浮动设施312座,拆除养殖网箱65.25万平方米,强制拆除贵州迁入网箱11.77万平方米,兑现网箱自拆奖励资金1000余万元。

【社会保障】 2018年,天生桥镇完成村级新家庭文化屋建设10个,“幸福家园”村级服务平台10个,完成率100%;免费开展孕前优生健康检查136对。完成城乡居民养老保险代扣代缴7789人,参保率85.60%;城乡居民基本医疗保险参保2.19万人,参保率94.93%;共发放农村低保、抚恤、五保、高龄等各类补贴资金393.80万元。

【教文卫体事业】 2018年,天生桥镇有1所初级中学,在校学生497人,教职工31人;1所中心校,3所村完全小校,3所村小学,共开设38个教学班,义务教育阶段在校生1346人,镇公办幼儿园1所、私立幼儿园5所,共有在园幼儿742人。全镇教职员工127人,其中公办教师108人,特岗教师2,以工代教3人,县聘代课4人,安全协管员10人。落实建档立卡贫困户子女免除学前教育保育费政策,全镇小学适龄儿童入学率99.80%;初中阶段适龄少年入学率99.7%;三类残疾(智残、体残、肢残)适龄儿童少年入学率100%。其中普通高校本科困贫大学生20人,职业学历教育(高职高专)贫困生36人,职业学历教育(中职)贫困生54人和扶贫巾帼励志班1人,发放扶持资金23.70万元。推进文化惠民工程建设,开展春节系列迎春活动,有6个行政村单独或联合开展形式多样的文化体育娱乐活动。5月,各学校开展乒乓球、篮球、羽毛球及美文朗诵比赛和口算比赛,5月30日举行宏观的全镇文艺会演。镇中心卫生院有职工50人,开放床位30张,门诊设有内科、外科、儿科及妇产科和中医科及辅助科室。主要以基本公共卫生服务项目为主,辖区内设置村卫生室8个,村医9人。镇卫生院新农合住院1105人次,收入122.47万元,住院补偿金额98.44万元,平均报销比例90%以上。门诊累计2312人次,总收入13.47万元,门诊补助金额659.45万元。建立居民健康档案2.06万人,电脑录入管理2.06万人,建档率97%,档案中有动态记录的档案9586份、动态率45%。

全镇0~6周岁儿童1526人,新生儿建卡192人,建卡率100%,乙肝首针应种199人,及时接种173人,及时接种率86.93%,0~4周岁儿童麻疹强化应种108人,实种103人,接种率95%,五苗单项接种率:卡介苗95.10%,无细胞百白破80.29%,糖丸79.47%,麻疹94.86%,入托入学查验儿童应查验399人,实查验399人,查验率100%。组建家庭医生10个团队,建档立卡贫困人口3629人、签约3629人,签约率100%;常住人口2.45万人、签约1.26万人,签约率58%。

【人口和计划生育】 2018年,天生桥镇已婚育龄妇女3795人,人口出生369人。其中,一孩出生117人,二孩出生232人;多孩出生20人;男婴195人,女婴174人;符合政策生育率96.21%。全镇符合享受各级各项人口和计划生育奖励扶助政策1277人。

【社会治安综合治理】 2018年,天生桥镇通过调整充实突发事件、综治社会治安综合治理、防范和处理邪教、禁毒、安全生产等各个社会管理综合治理工作领导小组成员;完善各类工作预案,制定和落实应急处置机制,健全各项工作制度。截至12月底止,全镇排查出各类矛盾纠纷12起,调处成功11起,无重大矛盾纠纷发生;发生刑事案件24起,破案12起,抓获犯罪嫌疑人11人,全镇无重大案件发生;查处治安案件18起,查处违法人员24人;无赴邕进京非法上访事件发生,无信邪教人员和吸毒人员。

(吴成安　万　凯)

桠权镇

【桠权镇概况】 桠权镇位于北纬24°51′52′~24°59′55″、东经

105° 10′ 09″ ~105° 19′ 24″之间。地处自治县西北部，东与者保乡相连，南与者浪乡交界，西与天生桥镇接壤，北与贵州省安龙县德卧镇隔江相望，以南盘江为界，行政区域总面积 104.20 平方千米。镇政府驻地生基湾村，办公地点在桠杈镇生基湾村中寨屯 008 号。距县城 76 千米。矿产资源主要有黄金、铝土、硫铁等。2018 年，辖生基湾、纳贡、龙良、弄徕、忠义、龙歪、享义 7 个村委会 96 个村小组。有桠杈、龙良 2 个圩场。总户数3389户，总人口1.36 万人，其中男性 7009 人，女性 6697 人。居住着壮、汉、苗 3 个民族。

境内属于亚热季风气候，光照充足，年平均气温 19.10℃，年降水量 1000~1254.70 毫米，但分配不均，旱季长、雨季短，冬春干旱。境内为岩溶地貌，多峰丛洼地、丘岭谷地和溶洞。地势南高北低，地面高程一般在海拔 381~1621 米。最高点是大哄豹自然保护区口大山，海拔 1621 米；最低点为平班水电库区尾水（纳贡村小河沟处），海拔 381 米。地形分为两部分：一部分是山地，主要是由石灰岩构成，山脉明显，山体高大；另一部分是沿河一带，地势平缓，土壤肥沃。南盘江自忠义村西部入境，由西向东，经忠义村、生基湾村和纳贡村，穿越而过，境内河道长 21.60 千米。桠杈镇距南昆铁路安龙站 20 千米，离兴义飞机场 81 千米，到汕（头）—昆（明）高速公路安龙县路口 16 千米。有国家重点工程天生桥二级水电站。平班库区位于境内东北部，与贵州安龙县交界，总面积 99.04 平方千米。自然屯公路覆盖率96.87%。主要矿藏有铁矿、金矿、石英石等。耕地面积 533.20 公顷，人均耕地面积 0.61 亩。粮食作物主要有水稻、玉米、小麦、豌蚕豆、竹豆、绿豆、红薯等，主要经济作物有油菜、甘蔗、香蕉、油桐、金银花等，土特产有芭蕉、桐油。1998 年，纳贡村开始种植香蕉；2000 年起，忠义村开始大面积种植金银花。2005 年起，养殖乳鸽。旅游景点有大哄豹自然保护区、平班库区水上旅游、纳贡绿茵唐和“大跃进”炼铁高炉群等，纳贡绿茵唐为“隆林八景”之一，纳贡“大跃进”炼铁高炉群属自治区级保护文物。2018 年，全镇工业总产值 0.79 亿元，比上年增长 3.60％；农林牧渔业总产值 0.98 亿元，增长 5％；固定资产投资 0.59 亿元，增长 13.10％；农民年人均纯收入 8100 元，增长 13.03％。

年内，镇党政机关有编制 63 名（含各站所），实有 53 人。其中镇党委、人大、政府班子领导 12 人。

镇党委书记：李三光(2016.04—)

镇人大主席：彭大春(2016.04—)

镇　长：王玉芬(2016.04—)

【农业】 2018 年，桠杈镇种植面积粮食 1582 公顷，金银花 610 公顷，总产值约 800 万元；西贡蕉 135 公顷，总产值约 400 万元；果蔗 120 公顷。农户养殖庭院土猪 3611 头，黑山羊养殖 3541 只，黄牛养殖 352 头。实现禽畜产业收入 510 万元，比上年增长 7.30%。全年外出务工人员 8460 人（含短期务工），新增劳动力转移就业 301 人，实现外出务工收入 8000 万元以上。

【脱贫攻坚】 2018 年，桠杈镇实现生基湾和纳贡 2 个贫困村脱贫摘帽，全镇 813 人顺利脱贫，贫困发生率降至 4.69%。组织百色深圳小镇和隆林城西安置点搬迁安置工作，推进新街安置点的建设和搬迁，共完成异地搬迁 173 户，其中百色市深圳小镇搬迁 28 户，自治县城西安置点搬迁（一期）92 户，桠杈镇新街安置点安置 53 户。制定桠杈镇“3+1”主导产业模式，突出发展金银花、果蔗、芭蕉“三大”特色产业，扶持纳贡、生基湾 2 个预脱贫村产业发展，申报纳贡乡级果蔗示范园和生基湾村西贡蕉村级示范点。

【惠农补贴】 2018 年，桠杈镇共发放财政补贴农民资金 407.59 万元；发放退耕还林补贴 168.19 万元；雨露计划 1.05 万元；农机补贴资金 2.92 万元；拨付危房改造资金 40.46 万元；预脱贫户产业扶持资金 88.19 万元；脱贫户产业巩固资金 46.16 万元；地力保护补贴资金 63.01 万元。所有财政补贴都能够按照政策和时间要求，以“一卡通”的形势及时足额地发放到农户。

【集贸市场】 2018 年，桠杈镇有桠杈镇圩场和龙良圩场 2 个集贸市场。

桠杈镇圩场　设在桠杈镇生基湾新寨屯，为镇政府所在地，圩场沿隆德（隆林至德卧）公路桠杈镇生基湾村新寨屯路段两侧，总长约 1300 米，总面积约 4 万平方米。沿街有个体工商户 43 家、临时摊铺约 65 个。圩场上设有幼儿园、卫生院、电信营业厅、农村商业银行、农村超市、批发店、农贸市场等，各种服务功能设施齐全。桠杈镇每 6 天一圩日，圩日大约有 700~1200 人左右，主要来自周边的群众。圩场商品品种齐全，能够满足赶圩群众的需求。圩日语言以本地汉语为主，辅以壮话、苗话。“水产一条街”是桠杈圩场的一大特色亮点。“水产一条街”设在农贸市场的前面，总长约 50 米。每到圩日，周边的群众把各自的新鲜水产品沿街摆卖。鲜活的盘江野生鱼虾，味道鲜美，价格便宜，受客商欢迎，经常是供不应求，该水产品日交易量约7000~15000元不等，年交易额约60万元。

龙良圩场　设在桠权镇龙良村对窝井。民国时期就有。2006年后，为了交通方便，搬到隆桠公路两侧，沿路形成市场，总长约400米，总面积约4000平方米。沿街有个体工商户6家、临时摊铺70个，主要商品为服装、日杂零售、农用商品、食品等。龙良圩场每6天为一圩日，主要来自者保乡的巴内村及本镇周边村寨的群众。由于圩场较小，服务功能设施比较差，赶圩时间较短，一般在上午8点至10点比较热闹，12点后基本散场。年交易额35万元。

【基础设施建设】 2018年，桠权镇以改造大石山山区和脱贫攻坚为重要契机，着力打造一批强农村、惠民生的基础设施建设工程。完成通屯道路建设7条18千米、改厨改厕共400个(其中改厨200个、改厕200个)。建设不同规格的家庭水柜114个、饮水工程5个，解决3100多人口饮水难问题。实施道路亮化工程，惠及桠权镇政府周边以及龙良、弄徕2个村，其中政府新建路灯36盏，龙良村新建路灯38盏，弄徕村新建路灯39盏。

【生态乡村建设】 2018年，桠权镇开展"美丽桠权·生态乡村"建设，多措并举做好环境卫生保护工作。配备17名乡村保洁员，保证各村屯的公共环境卫生。在龙良村、享义、龙歪三个村新建垃圾池11个；生基湾和纳贡作为年内预脱贫村，保证每屯一个垃圾池，每户一个垃圾桶。开展网箱整治工作，对辖区水域水面进行全面排查，动员辖区水域内的8个养殖户24个864平方米的网箱进行全部拆除，保证辖区水域内水面整洁干净，无网箱等漂浮物存在，改善南盘江水质。

【社会保障】 2018年，桠权镇新农合参合率95.62%；新农保参保1.23万人；共发放基础养老金1680人共212.57万元，发放率100%。年内享受城镇低保户31户60人、农村低保208户791人，基本实现城乡困难户应保尽保的目标。

【教文卫体事业】 2018年，桠权镇有小学5所，教职工51人，在校学生328人，全镇小学适龄儿童入学率100%，辍学率0%，毕业生67人，毕业率100%；全乡共有公立幼儿园1所，私立幼儿园1所，入园学生187人。教育控辍保学工作落实"三包"责任，劝返辍学儿童25人，其中针对5名残疾儿童采取送教上门的方式，保证义务教育儿童都能学有所教。开展春节系列迎春活动，有7个行政村单独或联合开展文体娱乐活动，举行篮球、汽排球等形式多样的比赛活动；纳贡村于中秋节举办中秋游园活动。有镇卫生院1所，医务人员33人，病床18张；村卫生室7家，村医6人。全镇新农合住院1231人次，报销比例90%，门诊累计661人次。住院分娩122例，住院分娩率100%，高危孕产妇21例，高危住院分娩率100%。新法接生129例，新法接生率100%。预防接种儿童1526人，各种疫苗接种率96%。贫困户社会保险签约服务100%、绿色通道就诊卡发放100%，开展12项城乡居民公共卫生均等化服务。

【人口和计划生育】 2018年，桠权镇已婚育龄妇女2562人，出生人口193人(男80人，女113人)，人口自然增长率7.56‰。出生婴儿性别比70.80。免费孕前优生健康检查56对、112例。流出人口1738人，其中男966从，女772人；流入人口24人，其中育龄妇女8人、已婚妇女5人、育龄妇女持《婚育证明》5人，区间流出育龄妇女已办《婚育证明》640人。全员流动人口信息入库率100%，流动人口计划生育免费技术服务率100%。流动众计划生育服务信息协查反馈率99%。5个村建有"儿童家园"，实现优质人口和计划生育服务全覆盖。

【社会治安综合治理】 2018年，桠权镇通过调整充实突发事件、综治社会治安综合治理、防范和处理邪教、禁毒、安全生产等各个社会管理综合治理工作领导小组成员；完善各类工作预案，制定和落实应急处置机制，健全各项工作制度。全面落实领导信访接待日、首问负责制、领导包村制等工作制度，扎实开展重大社会矛盾调处活动，集中力量联动化解了一批矛盾纠纷，社会安全感和群众满意度不断提升。成功处理了韦忠仕死亡事件等一批突发事件，维护了社会的稳定和谐。桠权镇2018年共排查各类矛盾纠纷共10起，调处10起，调处率100%。　（苏婉婉　郭建康）

革步乡

【革步乡概况】 革步乡位于北纬24°40′17″~24°53′36″、东经104°53′08″~105°13′15″之间。地处自治县西部，东与者浪乡接壤，东南与德峨乡为邻，南连猪场乡，西南邻金钟山乡，北面濒临南盘江、与贵州兴义市巴结镇隔江相望,东北面与天生桥镇接壤,行政区域总面积293.61平方千米。距县城72千米。2018年,全乡辖革步、平安、央索、坡血、向阳、领好、红染、者彦、作腾、者江、弄保、那弄、红岩、蒙里、马用15个村委会168个村小组。是壮族“颠罗颠罗那”山歌发源地和传承地,至今保持着壮族特色婚嫁习俗和传统三月三歌圩节。

境内地势西高东低,南高北低。最高点马用村那化屯的规匡山,海拔1388米;最低点那弄村南盘江面,海拔765米。南盘江河自金钟山东南入境,由南而东,境内河道长9.90千米,总面积285公顷,耕地面积2704公顷,人均耕地面积0.11公顷。平均海拔1200米,属亚热带温凉气候,年平均气温18℃~20℃。森林覆盖率31%。粮食作物主要有水稻、小麦、玉米、旱谷、黄豆等,经济作物主要有甘蔗、糖蔗、生姜类等。山地植树造林以杉木、松木为主,还有油桐、油茶。土特产有橙、李、芭蕉、红糖、首乌、黄精、烤姜等。烤姜年产1万千米,以肉厚细嫩、鲜辣味美而畅销国内外。1997年,天生桥国家一级水电站库区水面淹没至乡境内的弄保、那弄、者江、者彦、革步、平安、央索、领好、红染、作腾、红岩11个村的部分土地,面积2666.67公顷,库区面积2502.80公顷。2005年以后,全乡发展网箱养鱼、拦河库叉养鱼。通过自筹和引资方式投资900万元,发展网箱养鱼6000多箱。2000—2005年,全乡引资办生姜加工厂、茶场、电站等,创办黑山羊养殖合作社、农村经济合作社等经济组织,发展种植业和养殖业及农产品加工业。天生桥库区是广大钓鱼爱好者的乐园。2018年,全乡农林牧渔业总产值5.75亿元,固定资产投资2.85亿元,增长25%;农民年人均纯收入6542元,增长9.10%。

年内,乡党政行政和事业编制68名,实有55人。其中乡党委、人大、政府班子领导12人。

乡党委书记:杨明杰(2016.4—)

乡人大主席:黄华东(2016.07—)

乡　长:郭　林(2016.07—)

【农业】 2018年,革步乡共种植粮食面积1506.67公顷,其中水稻533.33公顷、玉米973.33公顷。重点打造特色农业,共种植有油茶426.67公顷、砂糖橘64公顷、金香柑14公顷、中草药橘红3.33公顷、芒果50公顷。并在马用、蒙里、领好、者彦等村发展生姜种植420公顷,产值1700余万元。建立健全农民专业合作社,引导专业合作社合理运作。推行标准化养殖,全乡新增存栏50只以上的规模养羊场10个,50头以上的规模养牛场5个,年出栏100头以上的养猪场13个,年出栏万羽以上的养鸡户3家。出栏肉牛1156头、山羊7892只、家禽5963羽;累计完成肉类总产量1230吨、禽蛋9.35吨、水产品1.43万吨。完成免疫注射猪口蹄疫苗1.17万头,免疫率97.80%;牛口蹄疫免疫1098头,免疫率97.5%;羊口蹄疫免疫6569只,免疫率98.5%;猪瘟、猪高致病性蓝耳病疫苗注射分别为4400头、3286头,免疫率均为98.8%;鸡禽流感疫苗注射4.33万羽,免疫率均为97.50%;注射鸭禽流感疫苗2990羽,免疫率95%;鹅禽流感疫苗799羽,免疫率96.5%,实现“村不漏屯、屯不漏户、户不漏畜、畜不漏针、针不漏药”的“五不”目标。

【脱贫攻坚】 2018年,革步乡通过因户施策等方式完成主动脱贫摘帽工作。开展“一帮一联”工作,引导贫困户提升自身发展动力,县、乡两级帮扶干部共656人,完成1616户6869人结对帮扶工作。全乡享受危房改造政策300户,易地搬迁363户1597人,其中搬迁百色33户145人,抽房21户91人;搬迁城西194户824人,抽房122户541人。建档立卡贫困人口应参加基本医疗保险9498人,参保率98.91%。成功劝返31名辍学学生,预脱贫村入学率100%,小学辍学率0.2%。落实“雨露计划”,向237名在校学生发放助学补贴51.54万元。落实产业奖补政策,完成产业奖补279.37万元和脱贫户产业扶持巩固提升57.51万元的验收工作。全乡431户1913人达到“八有一超”(.有稳固住房、有饮用水、、有电用、有路通自然村、有义务教育保障、有医疗保障、有电视看、有收入来源或最低生活保障,家庭年人均纯收入超过国家扶贫标准)标准,3个村达到“十一有一低”(有村级硬化路、有95%以上农户解决饮水问题、有95%以上农户有稳固住房、有95%以上农户用上电、有村级公共服务设施、所有自然村屯通广播电视、贫困村通有网络宽带、95%以上贫困户有医疗保障、贫困村有集体经济收入、有特色产业、有好班子;一低于,即贫困村贫困发生率低于3%。),全乡431户1913人顺利脱贫,者彦村、者江村、弄保村3个贫困村顺利脱贫摘帽。

【惠农补贴】 2018年,革步乡发放各种涉农补贴资金1649.22万元。其中,退耕还林补贴资金128.80万元,收购网箱清理整治鱼价补贴资金98.30万元,耕地保护补贴资金156.20万元,农机补贴资金6.70万元,危房改造补贴资金902.80万元，小块变大块土地平整补贴资金45.05万元，产业扶持补贴资金259.83万元。

【集贸市场】 2018年，全乡共有集贸市场5个，分别系革步市场、蒙里市场、板江市场、央索市场、者彦市场，其中较大的有革步市场、蒙里市场、板江市场，每逢集日市场人流平均达3000人次。

【基础设施建设】 2018年，革步乡完成者彦村、者江村、弄保村，3个预脱贫村17条通屯道路硬化、26座家庭水柜建设，投资500多万元新建革步乡中心卫生院蒙里分院。争取“一事一议”财政奖补项目，在马用、者彦等村，投资28.26万元建设通屯道路硬化，为者彦屯硬化通屯道路0.5千米，为马用村马鞍山屯硬化通屯道路0.5千米。争取人大项目在红染村板江屯投资16万元，为红染村板江屯安装太阳能路灯44盏，方便群众的生产生活。建设垃圾池92个，推进农村“厕所革命”，完成改厕360户。实施农村电网升级改造工程，全面解决、用水、用电问题，为乡村振兴提供基础保障。

【生态乡村建设】 2018年，革步乡继续推进农村环境整治“三大革命”，建立生活垃圾分类、收集、处理体系，切实解决农村脏乱差问题，提高村屯卫生保洁水平。2018年建设垃圾池92个，推进农村“厕所革命”，完成改厕360户；全面推行河（湖）长制，开展治理天生桥库区水面环境综合整治行动，退渔还湖，改善万峰湖水质。4月18日至7月20日开展水面突击整治，共整治违法浮动设施556座，拆除养殖网箱347万平方米，兑现网箱自拆奖励资金6000余万元。

【招商引资】 2018年，革步乡引进黄牛生态养殖100头、吴茱萸种植23.33公顷等特色农业产业项目。

【社会保障】 2018年，革步乡乡新纳入农村低保83户232人，停保274户1096人，减发死亡48人，发放低保金347.376万元；剔除不符合条件的特困人员24人。全乡参加养老保险人数19313人，新增领取养老164人，领取养老待遇2979人，发放养老待遇410.5万元；参加医疗保险参保率91.7%，参保缴费2.17万人，收取参保资金360.02万元；张贴公布招聘信息72条，促进群众就业200余人。

【教文卫体事业】 2018年，革步乡有初中1所、小学5所，其中六年制4所，教学点4个。幼儿园6所，其中公立1所，私立5所。适龄儿童入学率100%，在校小学1335人，辍学率为0.20%，初中学生658人，辍学率为0.30%，全乡适龄儿童入学巩固率99%以上，小学教师在职在编79人，特岗教师12人，革步初中在职在编教师为19人，特岗教师9人。送出中专生38人，完成下达任务率135.70%。乡有图书馆、村有阅览室，其中15个行政村拥有科普图书3000多册，全部行政村以上分别建有木质的科普板报或者宣传栏。各村利用春节、三月三开展篮球、兵乓球、拔河、山歌等文娱活动共35次。完善15个行政村农家书屋，对各类书籍进行分类整理，造册登记。配合自治县文体局打造者江村等4个村级公共服务中心，供村民开展文娱活动，加强远程教育平台建设，把知识、技术送到农户手中。乡级卫生院1所，有职工46人，开放床位30张，门诊设有内科、外科、儿科及妇产科和中医科及辅助科室，辖区内设置村卫生室14个，村医15人。建立居民健康档案1.85万人，建档率81.91%，系统累计统计建立规范化电子档案1.85万人，规范化建档率81.91%，全乡动态管理6521人次。举办健康教育讲座12次和公众健康咨询活动12次，辖区有传染病共报例传染病32例，传染病报告率100%；对辖区内65周岁以上口人进行健康体检，健康管理1835人。签约家庭医生服务2.22万人，签约率96.40%。

【人口和计划生育】 2018年，革步乡出生人口289人，比上年减少49人，符合政策生育率97.23%；政策外多孩率2.77%，，人口自然增长率5.63‰。独生子女户292人享受新型农村医疗合作和享受农村养老保险财政代缴，60岁老人奖励10人、55~59周岁奖扶84人，兑现率100%，办理爱心保险298人，申请小额信贷24户共得到贷款47万元。全面推进国家免费孕前优生健康检查项目乡居民全覆盖。完成孕前优生健康检查115例。把作腾、红染2个村作为幸福家庭创建示范点，通过“以点带面”的方式进一步拓宽“幸福家庭”的覆盖面，提高家庭健康水平。

【社会治安综合治理】 2018年，革步乡把治安稳定和人民群众安全感影响较大的违法犯罪行为作为打击的工作重点，通过调整充实突发事件、综治社会治安综合治理、防范和处理邪教、禁毒、安全生产等各个社会管理综合治理工作领导小组成员；完善各类工作预案，制定和落实应急处置机制，健全各项工作制度，积极开展严厉打击“扫黑除恶”“两抢一盗”“黄赌毒”

等专项活动。截至12月底，排查调处各种矛盾纠纷17起，其中“三大纠纷”1起，其他矛盾纠纷16起，调处率达100%。2018年内派出所办理案件17起，其中刑事案件10起，破案10起，破案率100%，逮捕及直诉犯罪嫌疑人3人；治安案件6起，已办结6起，结案率100%，行政拘留1人，罚款30人。全乡年内无赴邕进京非法上访事件、无信邪教事件发生。（郭桢长）

金钟山乡

【金钟山乡概况】 金钟山乡位于北纬24° 32′ 42″ ~24° 44′ 58″、东经104° 49′ 10″ ~104° 59′ 44″之间。地处自治县西南部，东及东南与西林县接壤，西及北与贵州省兴义市沧江乡隔南盘江相望，行政区域总面积258.89平方千米。距县城96千米，素有“省尾”之称。2018年，全乡辖乌冲、那马、牛场、占假、弄八、平流6个村民委员会、87个村民小组。年末，全乡总户数2664户，总人口1.42万人。居住苗、壮、汉3个民族，境内全部为土山丘陵，地势东南高西北低。最高海拔（金钟山）1819米，最低点天生桥水库上游海拔780米。年平均气温19℃，年降雨量800~1200毫米。耕地面积1764.05公顷，人均耕地面积0.058公顷。金钟山乡是国家重点保护的林区之一，有林面积3.22万公顷，其中国有林2.70万公顷，森林覆盖率为85.03%。林木主要有云南马尾松、西南桦、红椿、泡桐、枫香、苦楝等。辖内驻有广西金钟山黑颈长尾雉国家级自然保护区，自然资源丰富，境内生长着许多名贵中草药如野生天麻、三七、首乌、灵芝等珍贵植物，同时生活着多种被列为国家一、二级重点保护的珍稀动物，其中国家一级重点保护野生动物黑颈长尾雉有300多只，占全球数量的10%以上，是黑颈长尾雉的重要栖息地。粮食作物以水稻、玉米为主，小麦、豌蚕豆、薯类为辅；经济作物有油桐、茶果、柿子等。旅游景点有古炮台楼、百里杜鹃、万亩方竹林、平流村壮族吊脚楼。民族文化有壮族的三月三歌节的排歌对唱。

年内，乡党委政府设党政办、财会室、武装部、团委、妇联、民政办、综治办、农业服务中心、扶贫站（扶贫攻坚指挥部）、文化站、财政所等机构，机关人员编制31名（其中行政编制29名，工勤编制2名），实有行政在职在编25人；事业单位人员编制24名（其中参公编制5名，事业编制19名），实有参公4人，事业15人。其中乡党委、人大、政府班子领导12人。

乡党委书记：黄世明(2016.5—)

乡人大主席：胡新利(2016.5—)

乡人民政府乡长：吴承建(2016.1—)

【农业】 2018年，金钟山乡大力发展农业特色产业，种植果品总面积100公顷，产值825万元；蔬菜73.33公顷，产值716.5万元；新（改扩）建养殖场25个，畜禽饲养总量4.82万头（只），产值3340万元。创建自治县现代特色农业村级示范点——乌冲村怀鲁屯板栗示范点。

【脱贫攻坚】 2018年，金钟山乡实现乌冲村脱贫出列，全乡320户建档立卡贫困户1389人脱贫。新纳入贫困户29户116人（其中应纳尽纳户29户116人，退出返贫户7户27人），老人户剔除3户6人，审计剔除16户43人（其中五保户7户10人，整户删除8户32人，个体工商户1户1人）。全年进行产业扶持发放奖补资金112.78万元，进行教育扶持发放助学资金19.45万元，通过易地搬迁安置贫困人口718人，培训各类技术达300余人次；召开招聘会、设置公益性岗位解决就业岗位70余个。全乡输转农村劳动力0.5万人，创劳务收入5000余万元。

【集贸市场】 2018年，金钟山乡有乌冲村、乌冲村码头、牛场村3个市场，年交易额120万元。

乌冲村市场　位于金钟山乡政府驻地新乌冲村当地。隔6天为一个圩日，赶圩人数约1250人。交易商品有衣服、猪肉、鱼、水果、蔬菜等。

乌冲村码头市场　位于乌冲村码头。隔6天为一个集日，赶集人数约1700人，交易商品有衣服、猪肉、鱼、水果、蔬菜等。

牛场村市场　位于距离金钟山乡政府驻地18千米处，隔6天为一个圩日，赶圩人数约2560人。交易商品有衣服、猪肉、鱼、水果、蔬菜等。

【惠农补贴】 2018年，金钟山乡共兑付生态公益林面积2236.96公顷共49.49万元，地力补贴501.09公顷共92.01万元，退耕还林139.55万元，农机补贴1.39万元。

【基础设施建设】 2018年，金钟山乡通屯道路投资3384.84万元，开工标段18个，共计里程66.743千米；投资119.20万元，安装太阳能路灯298盏，受益群众600余人；投资88万元，建设人畜饮水安全工程7个，受益群众500多人；投入资金新建平流村新村部，维修乌冲、牛场村部，硬化闲置场地300平方米。

【生态乡村建设】 2018年，金钟山乡以环保工作为重点，大力开展库区湖面环境整治行动，严格推行河长制度，加强辖区河湖的保护和管理工作；建立生活垃圾分类、收集、处理体系，充实环境卫生清理工作队伍，发挥保洁员的作用，打造“干净整洁、文明有序”的农村卫生环境，营造良好人居环境。2018年，打击运输车辆道路遗撒等环保违法行为80余次，规范不合格车辆30余辆。万峰湖天生桥水库（金钟山水域）湖面综合整治成绩显著，得到自治县党委政府表彰；开展专项治理活动3次清理垃圾2360平方米。乡村生态环境品质不断提高，乌冲村获“2018年自治区卫生村”称号，牛场村、弄八村获“2018年百色市市级生态村”称号。

【招商引资】 2018年，金钟山乡实施旅游兴乡战略，争取将平流古寨列入自治县传统文化村落保护项目，并完成旧房修缮工程；平流村、乌冲村、牛场村建立电商交易平台，全乡电商交易额42万元，增长20%。支持各村因地制宜发展村集体经济，弄八村发展养蜂产业收益5万元，其余5个村入股华隆公司收益12.28万元。

【社会保障】 2018年，金钟山乡新纳入农村低保4户16人，停保83户345人，减发死亡32人，发放低保金271.76万元；剔除不符合条件的特困人员21人，全年共发放特困人员补助25.35万元。完成退役军人、残疾军人、烈士家属等62人的信息采集工作。共张贴公布招聘信息72条，促进群众就业100余人。

【科教文卫体事业】 2018年，金钟山乡开展各类科普宣传活动6次，组织科技人员参加宣传活动有8个，受教育的有800余人，发放各类宣传资料2000余份，受教育2000余人，针对农村青少年开展的科普活动3次，有500余人受益。有初中1所，教职工42人，在校学生555人，初中入学率98%，初中辍学率2%，毕业生166人，毕业率98.22%；小学5所，教职工73人，在校学生913人，小学适龄儿童入学率100%，辍学率0，毕业生156人，毕业率100%；有公立幼儿园1所，私立幼儿园2所，入园学生355人。有乡卫生院1所，医务人员33人，病床26张；有村卫生室6家，村医8人。新农合住院、门诊报销共7631人次，报销金额105.71万元。住院分娩153例，其中在本乡住院分娩23例，住院分娩率100%，高危孕产妇9例，高危住院分娩率100%。新法接生153例，新法接生率100%。预防接种儿童2317人，各种疫苗接种率90%。

【人口和计划生育】 2018年，金钟山乡实施两孩政策，共出生人口156人。其中，男婴80人，女婴76人。为21户诚信人口和计划生育户办理小额贷款贴息，贴息金额2.08万元；对全乡58户独生子女户和72户双女结扎户调查建档，申报财政代缴新农合参合金5.45万元；为58户独生子女户和72户双女结扎户及398户人口和计划生育家庭户申报财政代缴新农保参保金6.02万元，发放爱心保险卡602张。全乡6个村均建有“幸福家园”，实现优质人口和计划生育服务全覆盖。

【社会治安综合治理】 2018年，金钟山乡扎实开展综治、信访、维稳和网格化管理工作，严格落实各类信访对象的稳控措施，截至2018年底，受理群众矛盾纠纷6起，成功调解6起，调解成功率达100%；开展刑释解教人员安置帮教及社区矫正工作；开展扫黑除恶工作，严抓地痞村霸，社会治安稳定。

（韦祖岩）

德 峨 镇

【德峨镇概况】 德峨镇位于北纬24°31′00″~24°46′31″、东经105°05′57″~105°19′50″之间。地处自治县西南部，东与克长乡和蛇场乡接壤，南与西林县接壤，西与猪场和革步乡接壤。北与新州镇和者浪接壤，行政区域总面积316.58平方千米。镇政府驻地那地村，距县城36千米。2018年，全镇辖德峨、常么、那地、新街、保上、三冲、八科、弄杂、么基、龙英、金平、夏家湾、水井、田坝、岩头15个村委会291个村小组，有德峨、常么、新街3个圩场。年末，总户数9554户，总人口4.30万人，居住着苗、彝、仡佬、壮、汉5个民族，主体民族是苗族，共3.80万人。德峨镇少数民族民风、民俗、服饰保存完整。节庆文化有苗族“跳坡节”（每年农历正月初九）、彝族“火把节”（农历六月二十四日）、仡佬族“尝新节”（农历八月十五日）；民族圩日有六天循环的德峨圩日，平均每个圩日有1.50万人赶集；民族工艺有苗族的刺绣、蜡染等；文体活动主要有苗族的芦笙舞、吹口弦、唢呐和仡佬族的八音等；民间体育活动有苗族跳坡节的爬杆、摔跤、荡秋千；彝族的打磨秋、抹黑脸、老鹰抓小鸡等。被专家学者誉为“活的民族博物馆”。隆林至西林二级公路贯穿腹地，途经常么、德峨、那地、保上4个村；全镇村村通公路，除夏家湾村村部外，其余14个村村部所在地均通水泥路。

境内属高寒石山区，镇政府所在地的海拔1600米，高度居广西各乡（镇）之首。属云贵高原余峰，境内为山区，是典型的岩溶峰丛洼地地貌。地势略为东低西高，最高蚂蚁高坡海拔1957米（斗峰坡），次高峰朋山，海拔1886.80米。年平均气温14.40℃，素称“广西小东北”。河流属南盘江水系。镇政府驻地附近有少量水晶矿，新街村有相当数量的优质锑矿，还有锌、硫、金等矿藏及花岗岩、辉绿岩、青石等石材。耕地面积2303.40公顷，人均占有耕地0.97亩。粮食作物以玉米为主，有少量水稻，经济作物有烤烟等。果类有梨、核桃等。山地植树造林以杉木为主，还有松树、红椿、油桐、油茶等。是隆林黄牛、山羊产地之一。出产谷熟菌、牛肝菌等野生菌。土特产有糖梨、蜂糖、花红果、杨梅、六白猪、菜花鸡、葵花籽等。

年内，镇党委政府设党政办、财会室、武装部、团委、妇联、民政办、综治办、农业服务中心、扶贫站（扶贫攻坚指挥部）、文化站、财政所等机构，2018年末，德峨镇机关编制数为40名（其中行政编制数为37名，工勤编制数为3名），实有行政在职在编人数为30人，实有工勤在职在编人数为2人；事业单位核定编制数为37名（其中参公编制数为7名，事业编制数为30名），实有参公在职在编人数为5人，实有事业在职在编人数为27人。其中乡党委、人大、政府班子领导12人。镇党委书记：蓝家观（2016.05—）；镇人大主席：黄秀美（2016.05—）；镇　长：罗仁华（2016.05—）。

【农业】 2018年，德峨镇粮食播种面积1653公顷，粮食总产量0.78吨。其中玉米种植，1400公顷，收成0.63万吨；水稻253公顷，收成0.16万吨；套种杂粮33公顷、蔬菜433公顷，杂豆20公顷，红薯53公顷。全镇新种桑园面积62.20公顷，可投入养蚕桑园面积累计达821.84公顷，新建蚕房共18座，覆盖新街、八科、德峨等村。全年共销售蚕茧12批次，累计共5676张20.68万千克，产值909.70万元；烤烟种植126.67公顷，产量5200担，产值510万元。全年投入烤房维修和烟棚维修12万元。全镇产茶叶核心区80公顷，扩展区266.67公顷，茶采摘新茶199吨，其中野生古树茶加工干茶产量6万千克，产值600万元保上村新增哈密瓜种植试验基地0.10公顷，新建5个种植大棚，产量1900千克，产值2.28万元；新街村投入160万元从云南引进姬松茸（巴西菇）栽培项目，种植基地占地面积2公顷，共搭建菌种大棚21个，加工烘干厂房1个，生姬松茸（巴西菇）产出量70余吨，全部销往福建、广东、山东、贵州、云南等多地，创收约68万余元，新街村巴西菇种植项目带动附近村屯贫困户就业80人。发挥“公司+基地+合作社+农户”的模式，支持壮大发展德峨村、新街村、保上村等黑猪养、黄牛殖场规模；通过产业奖补政策积极帮扶全镇85户群众发展黑猪、黑山羊、黄牛养殖，全年生猪出栏量1.27万头、黑山羊出栏量1.26万头、黄牛出栏量0.2万头，现存栏量对应分别有2.12万头、1.47万头、0.32万头；全年新增金平村、三冲村2户千羽鸡养殖点，全镇养殖鸡出栏量8.9万羽，现存栏量23.7万羽。通过定期集中开展猪、牛、羊等养殖技术培训，增强养殖散户、大户养殖技术，扶持发展中小规模养殖，共有199户种养示范大户，共筹资发放种养大户奖励资金26.30万元。

【脱贫攻坚】 2018年，德峨镇弄杂村、新街村、金平村3个村实现整村脱贫；全镇15个村计划脱贫776户3553人任务。通过动态调整工作，全镇新识别贫困户13户54人，返贫2户8人，剔除老人户6户8人。年末，全镇易地扶贫搬迁248户1193人，其中搬迁到百色深圳小镇安置点44户222人，搬迁到县城安置点155户732人，搬迁到德峨安置点49户239人，德峨易地扶贫安置点50栋安置房全部入住。

【惠农补贴】 2018年，德峨镇共为437户贫困户发放小额信贷2150.80万元，贴息22.81万元；发放2018年贫困户产业扶持“以奖代补”项目资金464.50万元；为2016年、2017年脱贫户参与产业巩固项目发放奖励补助资金79.32万元；发放耕地地力保护补贴资金283.52万元、农机补贴28.401万元、公益林补助资金153.58万元、退耕还林补贴398.90万元、危房改造补助资金849.78万元。

【集贸市场】 2017年，德峨镇有德峨、常么、新街3个集贸市场，6天为一街日。其中，德峨圩日最为热闹，集市占地面积约1.6公顷，每街赶集人数约1万人；常么集市占地面积约0.8公顷，每街赶集人数约5000人；新街集市占地面积约为0.67公顷，每街赶集人数约3000人；德峨、常么、新街3个圩日均有牛马羊猪等牲畜交易，其中德峨牛马交易市场规模最大。

【基础设施建设】 2018年，德峨镇除金平、三冲两个贫困村道路硬化正在实施之外，其他6个贫困村20户以上通屯道路硬化全部完成；其他非贫困村的通屯路完成设计测量工作。配合自治县水利部门完成家庭水柜、农村饮水安全巩固提升工程等项目的实施，保证各村安全饮水98%以上。改厨改厕任务数各为500座，年末已完全竣工，并已完成验收工作。全镇20户以上屯级道路硬化共实施7条，有3条完成竣工，田坝厂上、达毛、上八哈屯及八科团石屯4条屯级道路硬化分别已完成路面平整工作。家庭水柜指标数176座，覆盖水井、三冲2个贫困村的贫困户，年末家庭水柜开工数为133座，竣工84座，竣工率63.2%。

【生态乡村建设】 2018年，德峨镇坚持开展以农村环境卫生综合整治为主要内容的攻坚行动。在德峨、常么、新街等街道增设保洁员负责街道清扫；在15个村通过聘请、公益性岗位设立有专门或兼职的保洁员，各自负责相应村内的道路卫生。并在合适的地方放置垃圾箱和建设屯级垃圾池、大型垃圾焚烧炉等硬件设施。共制作大型户外宣传专栏8个，悬挂横幅45条，投入垃圾治理资金21.6万元，选聘保洁人员45人，配备可卸垃圾车2辆、三轮车11辆、手推车2辆，可卸垃圾箱30个，屯级垃圾池123个，分别在常么和德峨丫口各建设有1个大型垃圾焚烧炉。

【社会保障】 2018年，德峨镇为918户3598人发放低保补助4218.64万元；为6名城市特困人员（住在镇敬老院人员）发放补助6975元，为50名农村特困人员发放补助27.82万元；为349名困难学子发放“雨露计划”补助资金60.55万元；为3250名符合政策的群体人员申报财政代缴养老保险补助资金34.83万元；为3772名60岁以上老龄人发放养老金516.74万元。

【惠民服务】 2018年，德峨镇15个行政村建立并挂有村级综合服务中心牌子，并配备有办公桌椅、电脑、打印机或复印机、档案柜等必要的办公设备；网络联通并能登陆城乡养老和公共就业网络；15个村全覆盖制订有社保、就业、教育、卫生、文体、司法六项服务业务流程并张贴上墙；各村有公示栏并有对应的公示内容；15个村全部落实六项服务落实有协管员并签订协议，协管员服务费、网络费和运营费、服务惠民配套资金落实到位。

【教文卫体事业】 2018年，德峨镇辖区内有2所中学，其中德峨镇初级中学校址在镇政府所在地，德峨镇常么初级中学校址在常么村当地，两所中学在校生中少数民族学生均占95%以上，是典型的少数民族初中。镇初级中学在校生1501人，教职工64人，其中，专任教师51人；常么初级中学在校生1229人，教职工50人，专任教师38人。全镇共有小学13所，其中中心校1所，村完小8所，非完小（教学点）4个。德峨镇中心校校址在德峨镇政府所在地，开设有28个教学班，在校学生1377人，教职工81人，其中专任教师71人，教师学历全部达标；8所村完小和4个教学点的学生人数都在100人以上，教师职工都是根据国家有关要求标准化配备。有2个公立幼儿园，其中德峨镇中学幼儿园校址在德峨镇政府所在地，在院幼儿345人，教职工19人，在编教师3人，其余为校聘人员；常么幼儿园校址在常么村当地，2018年在校幼儿155民，教职工7人，在编教师1人，其余为校聘人员。推进控辍保学劝返复学专项攻坚大行动，有294名适龄学生辍学，其中建档立卡贫困户辍学学生100人，成功劝返276人，其中建档立卡贫困学生辍学劝返率100%。全镇15个村的农家书屋的书籍管理、分类、借阅登记等工作得到进一步规范和完善，更便于村民借阅。全年不定时通过各种文体活动宣传新时代中国特色社会主义思想、中共十九大精神、乡村振兴战略、法制、环境卫生等系列内容，加强群众生态文明建设思想。通过举办苗族“跳坡节”、彝族“火把节”、仡佬族“偿新节”等大型民族节庆活动，带动全镇15个村在春节等传统节日期间组织开展一次以上的文体活动。组织村级开展文体活动共21场，协助镇政府、县文化馆开展民族节庆活动、“送戏下乡”活动等共21次，举办各类文体培训班12期。德峨镇中心卫生院服务总人口6万余人。有医务人员60人，开设病床47张，分1个住院部和1个门诊部和公共卫生部，设预防保健科、防疫门诊、妇幼保健办公室、新农合办公室、居民健康管理、健康教育、孕产妇学校、内儿科、外科、妇产科、超声影像科、检验科、X光室、心电图科、药剂科、财务科、消毒供应等科室。分别建成卫生院住院楼和万宁医技综合楼，卫生院占地面积6614平方米，业务房建筑面积1800平方米，职工住宅面积1006平方米。设有村级卫生室13个，配备医务人员19人。城乡居民医疗保险参保率98%以上，共接诊参保农民病例7529例次，其中门诊病人获得报销计4670例次，报销金额18.89万元，住院病人报销2859例次，报销金额254.78万元；门诊流量2.26万人次，其中住院病人2910人次，出院2910人次。

【人口和计划生育】2018年，德峨镇已婚育龄妇女7260人。自2017年10月1日至2018年9月30日区间，全镇共出生人口792人，其中，男婴428人，女婴364人，符合政策生育761人，符合政策生育率96.09%，出生婴儿性别比117.58%，政策外多孩率2.90%；女性初婚79人，死亡434人，人口自然增长率8.25‰。为16户人口和计划生育“两户”和诚信人口和计划生育户办理小额贷款贴息，贴息金额17651元；对全镇204户独生子女户和双女结扎户调查建档，申报财政代缴新农合参合金10.31万元；为204户独生子女户、1780户人口和计划生育家庭户申报财政代缴新农保参保金33.26万元，发放爱心保险卡88张。

【社会治安综合治理】2018年，德峨通过调整充实突发事件、综治社会治安综合治理、防范和处理邪教、禁毒、安全生产等各个社会管理综合治理工作领导小组成员；完善各类工作预案，制定和落实应急处置机制，健全各项工作制度。截至12月底，全镇排查出各类矛盾纠纷4起，调处成功3起，无重大矛盾纠纷发生；发生刑事案件13起，破案9起，抓获犯罪嫌疑人9人，全镇无重大案件发生；查处治安案件16起，查处违法人员13人；无赴邕进京非法上访事件发生，无信邪教人员和吸毒人员发生。（唐哲巧）

猪场乡

【猪场乡概况】猪场乡位于北纬24°32′54″~24°45′52″、东经104°57′11″~105°09′07″之间。地处自治县西南部。东邻德峨镇，南与西林县八达镇相毗邻，西邻金钟山乡，北邻革步乡，行政区域总面积216.24平方千米。乡政府驻地猪场村，距县城45千米。2018年，全乡辖烂木干、猪场、那伟、那岩、岩圩、那绍、平安、羊街8个村委会125个村小组。年末，总户数4564户2.16万人，其中男性12427人，女性9206万人。

境内属峰丛洼地地貌，地处高山，海拔在1400米左右。素有“小东北”之称。野生动物有果子狸、穿山甲。隆西公路东西横贯，途经猪场、烂木干两个村；猪场水头至金钟山通乡油路途经那岩、那绍、岩圩3个村。境内主要河流有小河、那岩、岩圩、那伟4条，其中建有3座梯级电站，装机容量为2500千瓦，年发电量为600万千瓦时。耕地面积1688.40公顷，其中水田259.80公顷，旱地1428.60公顷。全乡主种玉米、水稻、旱谷、五谷、油菜等，土特产有桐油、黑糯、云木耳、野香菇；果类有桃、李、糖梨、冬梨。种植树种为杉木和酸枣。养殖业以牛、马、山羊、骡、猪、鸡、为主。近年来乡党委政府把制售蓝靛膏作为瓦厂群众一项特色经济产业来扶持。2018年，全乡农林牧渔业总产值1.78亿元，比上年增长16.75%；农民年人均纯收入7657.79元，增长10.02%。

年内，镇党政行政编制29名，机关后勤服务事业编制2名，各站所编制25名，实有53人（含站所），其中乡党委、人大、政府班子领导12人。

乡党委书记：刘乾达（2016.05—）
乡人大主席：罗云雨（2016.05—）
乡　长：杨金平（2016.05—）

【农业】2018年，猪场乡种植粮食作物面积1.14万公顷，其中水稻248公顷、玉米733公顷（其中旱玉米40公顷）；种植经济作物2995公顷，其中黄豆23公顷、蔬菜1903公顷，花生73公顷、烤烟4公顷、小黄姜203.60公顷、魔芋20公顷、油茶53.33公顷、桑蚕80公顷、小黄瓜53.33公顷；完成辣椒示范种植面积20公顷、芒果16.67公顷，巩固蓝靛种植面积23.33公顷，实验种植黄精面积5.33公顷，种植百合面积4公顷、红薯面积72公顷、中草药面积93公顷，动员发展黄牛养殖专业合作社3个、林下养鸡示范点4个。种植水果面积82公顷，其中柑5公顷、桃23公顷、蕉类24公顷、梨10公顷、柿8.67公顷、李16公顷、其他4公顷。有桑园面积91公顷，新种桑园面积14.93公顷，涉及4个行政村18户，建有蚕房15座2436平方米，共养蚕10批2875张，价值17.97万元；蚕茧总产量10.7千克，产值470.80万元，户均养蚕收入2.8万元。9月完成全乡3186.92公顷生态公益林检查验收工作，并按上级林业主管部门要求完成所有材料上交林业局生态公益林管理站。

【脱贫攻坚】2018年，猪场乡有建档立卡贫困人口1916户8916人，贫困发生率41.28%；年内脱贫434户2142人，贫困发生率降11.71%。全乡有贫困户569户2529人，其中，新纳入贫困户5户25人，无返贫户。审计剔除4户19人(其中:五保户1户2人,整户删除3户17人)。进行产业扶持发放奖补资金381.20万元,进行教育扶持发放助学资金12.34万元,通过易地搬迁安置贫困人口366人,培训各类技术350余人次;召开招聘会、设置公益性岗位解决就业岗位80余个。岩圩村、那伟村脱贫摘帽。

【惠农补贴】 2018年,猪场乡做好惠农资金的发放及公开工作,发放惠农补贴1482.90万元,其中原退耕还林补助140.59万元;新一轮退耕还林63.72万元。农业支持保护补贴152.80万元;农机补贴5.62万元;危房改造资金682.82万元,发放612.60万元。产业扶持资金312万元,发放299.10万元;产业巩固资金89.40万元,发放87.80万元。雨露计划补助35.95万元。

【集贸市场】 2018年,猪场乡有3个集贸市场,分别为猪场集贸市场、羊街农贸市场和那绍农贸市场。

猪场农贸市场 位于猪场乡政府驻地,位于县城西南部,是隆林的南大门,距县城45千米,占地面积0.52公顷,7天为一街日,拥有摊位97个,每个圩日赶圩人口2500余人,交易商品种类涉及蔬菜、肉食、水产、农产品、水果及五金批发等,日均交易额4.72万元。特色产品有蓝靛、核桃、生姜、苗族服饰、小猪仔等。年交易额246.39万元。

那绍农贸市场 位于那绍村部所在地,距县城60千米,距猪场乡府15千米,占地面积0.63公顷。7天一街日,7辐射7到金钟山乡附近村屯群众,甚至西林县商家前往交易。每个圩日赶圩人口3200余人,交易商品种类涉及蔬菜、肉食、水产、农产品、水果及五金批发等,市场日均交易额达5.32万元。年交易270.64万元。

羊街农贸市场 位于羊街村部所在地,距隆林县城66千米,距猪场乡府21千米,占地面积0.42公顷,7天一街日,每个交易日人口约800人,交易商品种类涉及蔬菜、肉食、水产、农产品、水果及五金批发等,市场日均交易额达1.6万元。年交易额83.43万元。

【基础设施建设】 2018年,猪场乡进行那绍村部道路硬化,投资资5万元。"一事一议"项目工道路硬化工程2个共1396米,年内全部完工,投入资金21.98万元。

【生态乡村建设】 2018年,猪场乡开展以农村环境卫生综合整治为主要内容的攻坚行动。沿着街道设立专人负责清扫,在合适的地方放置垃圾箱。8个村及乡府驻地各自负责相应村内的道路卫生并配备相应的工作人员和工作经费,乡里道路卫生得到较好治理。同时设立河长制办公室,落实主体责任人和管理制度。为各村屯建设垃圾焚烧池、垃圾处理站、垃圾车和垃圾箱等硬件设施。建成1个乡级垃圾处理中心及1个村级垃圾处理中心,配备村级清洁员9名,投入1辆运输车和9辆垃圾收集三轮车。上半年下达改厨改厕任务各200座。全乡共新建垃圾池94个,至年底全部完工。执行河长制,按照要求落实乡村河长共人26,开展乡巡河72次,宣传禁渔72次,有效维护辖区生态环境。

【招商引资】 2018年,猪场乡完成招商引资项目1个,为猪场小河三级水电站增效扩容改造项目,总投资1411万元,到位资金876万元。

【社会保障】 2018年,猪场乡共取消不合条件和自然减员的农村低保741户6260人,特困供养户38人,其中,城市特困对象3人,农村特困对象35人。农村低保保障标准达A类270元,B类230元,C类190元,共救助农村低保对象525户2179人,其中,A类11户20人,B类21户66人,C类493户2093人;农村特困对象(分散供养)55人,集中供养特困对象4人。帮助受火灾群众杨阿毛办理因灾倒房保险理赔工作,为一户争取到理赔资金1.80万元,倒房重建补贴2万元。新农保发放率90%,新农保续保率116.91%。转移劳动力200多人。

【教文卫体事业】 2018年,猪场乡有初中1所,教职工53人,在校学生1097人,初中入学率100%,毕业生203人,毕业率100%;小学3所,教职工120人,在校学生2516人,小学适龄儿童入学率100%,辍学率0,毕业生455人,毕业率100%;有公立幼儿园1所,私立幼儿园3所,入园幼儿2126人。适龄儿童共有186个学生辍学,年底返学181人、5人休学,辍学率0,返学率100%。举办单项性文体活动:2月举办春节文体活动,3月举行庆"三八"妇女节活动,4月举行"三月三"民族文体活动;9月组队参加隆林县苗族专场"两赛一展"文艺演出活动;10月举行"庆国庆颂党恩"文艺汇演活动。10月中旬猪场乡文化广播站对基层文化骨干举行"农家书屋培训会及文化惠民服务培训会"活动等。分别举办主题为"农家书屋培训会及文化惠民服务培训会""上级补助贫困山区乐器使用培训会”“广播电视直播户户通培训会”等6期培训讲座，猪场村、那绍村、平安村、那伟村、岩圩村、烂木干村、那岩村、羊街村8个村的文艺爱好者和各村的基层文化骨干人员，共40余人次参加培训。乡卫生院有职工53人，其中卫生技术人员26人。开展有内外科、妇儿科、产科、公卫科。辅助科室有检验科、B超，放射科，病床35张，使用病床35张，实际开放床位35张，有B超机2台，生化分析仪相2台，DR机1台。全年接诊病人6775人次，其中门诊6918人次，住院分别为2220人次，治愈率95%。

【人口和计划生育】 2018年，猪场乡已婚育龄妇女数4985人，出生人口392人，其中男性217人，女性175人，出生人口性别比124.00，其中一孩生育136人，计划内133人，二孩生育227人，计划内227人，多孩19人，计划内18人，符合政策生育率96.43%。死亡人口187人，人口自然增长率为8.80‰。落实各种避孕节育措施41例。

【社会治安综合治理】 2018年，应对扫黑除恶专项斗争，猪场乡认真部署，快速行动、严密摸排、形成声势，扎实开展一场扫黑除恶的正义行动。猪场乡制定了《猪场乡扫黑除恶专项斗争实施方案》、成立“扫黑除恶”工作领导小组，领导小组下设办公室，确保扫黑除恶日常工作有人抓，有人管，向全乡群众发放了相关的宣传资料共1000余份，在全乡8个行政村显著位置悬挂横幅8幅，设置了举报箱，公开举报电话，畅通了信息渠道。对辖区内的重点人群进行突击检查，坚决做到“黑恶必除，除恶务尽”，切实为社会大局稳定“保驾护航”。截至12月底，全乡排查出各类矛盾纠纷10起，调处成功5起，无重大矛盾纠纷发生；发生刑事案件4起，破案4起，抓获犯罪嫌疑人4人，全乡无重大案件发生；无赴邕进京非法上访事件发生，无信邪教人员和吸毒人员。

（吴　岛　罗　斌）

蛇场乡

【蛇场乡概况】 蛇场乡位于北纬24° 25′ 29″ ~24° 35′ 26″、东经105° 12′ 35″ ~105° 24′ 34″之间。地处自治县南部，东邻岩茶乡，南与西林县普合乡相接，西德峨乡，北与克长乡毗邻，行政区域总面积245.83平方千米。2018年，辖蛇场、乐香、新民、马场、新寨、高山、同党、新立8个村委会、101个村民小组、112个自然屯。居住的主体民族是苗族。年末总户数4293户，总人口1.86万人，其中男性9640人，女性8923人；农业人口1.84万人，非农业人口194人。

境内地处云贵高原边缘，地势南高北低，为典型的岩溶峰丛洼地地貌。最高斗峰坡海拔1950米，最低海拔800米，大部分为石山区。属亚热带温和气候，年平均气温14℃ ~16℃。有林面积2.07万公顷，森林覆盖率65.30%。麦冲水库蓄水量36万立方米，灌溉农田26.67公顷。耕地面积1289.67公顷，其中水田面积27.07公顷，人均耕地面积1.16亩。粮食作物主种玉米、水稻、小麦、黑糯米、黄豆、竹豆等，荞麦是蛇场的特产，经济作物有青麻、烟叶、桐油、油茶等，果类有核桃、板栗、酸梅、糖梨、李果等。植树造林以杉树为主，土特产品有云木耳、茶辣、蜂糖等。蛇场是隆林的主要烤烟生产基地。核桃产量8449.50千克。畜牧业以养殖隆林黄牛、黑山羊为主，是隆林黄牛产地之一。2018年，全乡工业总产值0.26亿元，比上年增长3.7%；农林牧渔业总产值0.58亿元，增长3.20%；实现农村经济总收入7268万元，财政收入603万元。农民年人均纯收入5217元。

年内，乡党政行政和事业编制47名(含各站所)实有58人。其中乡党委、人大、政府班子领导12人。

乡党委书记：王启钊(2016.04—)

乡人大主席：周万伦(2016.04—2018.11)

乡　长：王慧琳(2017.08—)

【农业】 2018年，蛇场乡冬种总面积640公顷，总产值1000万元；年末全乡存栏大型牲畜(列出)2681头(匹)、生猪5279头、黑山羊7359只、家禽11512羽。共种烤烟植面积381.33公顷，全年共收购烤烟1万余担，亩单产1.94担，烟农总收入1200万元。玉米种植700公顷，水稻种植220公顷，其他夏季作物黄豆、蔬菜、红薯、生姜等60公顷。组织各村屯开展技术培训8期，培训群众583人次，发放各类技术资料419余份，及时有效地指导群众搞好病虫害防治，防治率98%，有效保证粮食增产农民增收。

【脱贫攻坚】 2018年，蛇场乡完成263户贫困户共1198人脱贫“双认定”(帮扶责任人认定、贫困户自身认定)工作，确认脱贫出列；全乡22户贫困户参与深圳对口扶贫协作资金隆林黑猪养殖项目，共养殖黑猪110头，人均增收2000元。发放小额信用贷款71.5万元，惠及贫困户16户72人；开展贫困人口动态调整工作，累计新纳入贫困户10户45人，返贫户3户15人。

【惠农补贴】 2018年，蛇场乡兑现农资综合补贴3490户共144.77万元，发放农机补助11户1.13万元、退耕还林补助114.01万元、对近3000户进行水稻、玉米良种补贴，补贴面积1333.33公顷，补贴金额29.55万元。

【集贸市场】 2018年，蛇场乡政府驻地有集贸市场(蛇场村集贸市场)1个，面积1.30万平方米，6天为一街日，赶集大约5000人，交易商品有生活日用品、青菜、水果、猪肉、衣服、鞋子、农用工具、电子数码产品、家用电器、家具等，偶尔有牛马交易。特色商品有花红果、酸梅、竹篾制品、核桃等。集市交易有玉米、梨、苹果、核桃、花红果、酸梅、狗、猫、鸡、鸭、竹篾制品、苗族服饰等。日交易额大约5万元。

【基础设施建设】 2018年，蛇场乡共实施高山村、新民村、乐香村、新立村的通屯水泥路项目共23条54.30千米，完成蛇场坝烟区道路硬化建设；争取“一事一议”屯内道路硬化项目共2.81千米。完成乐香村12个屯的农村饮水安全巩固提升工程建设，实施农村危房改造104户，农村改厨改厕各200户。实施农村电网改造高压线路10千米，低压线路220多千米，重新安装启用变压器56站台。

【生态乡村建设】 2018年，蛇场乡开展以农村环境卫生综合整治为主要内容的攻坚行动。沿着街道设立专人负责清扫，在合适的地方放置垃圾箱。8个村各自负责相应村内的道路卫生并配备相应的工作人员和工作经费，乡里道路卫生得到较好治理。2018年，蛇场乡在乡街道和主干道路口拉横幅标语29条，向乡临街居民、个体工商户发放“门前三包”责任书400余份，向群众发放《文明新风倡议书》1000余份，向各村屯发放《村规民约》资料5000余份，向群众宣传清洁家园知识，引导农民讲文明、改陋习、树新风，在全乡营造浓厚氛围。共投入资金28.9万元，用于聘请保洁员、宣传，基础设施建设等。为妥善解决蛇场乡街道出现流动销售摊点在市场外占道经营乱象，乡政府多次加强流动销售摊点管理，做好前期摸底调查，征求经营户意见建议，引导流动摊贩入位经营，让流动摊点“安家落户”，街道拥堵的情况得到明显改善。

【社会保障】 2018年，蛇场乡落实农村最低生活保障制度，全年发放低保总额119.47万元，共129户524人享受低保补助。增设临时救济绿色窗口，对因遇重大疾病或重大灾害导致家庭困难的群众提供临时救助，发放高龄补助8.46万元。其中，80~90周岁老人125人，共补助7.50万元；90~100周岁老人8人，共补助9600元。全乡完成城乡居民基本医疗保障费用收缴96.8%，乡城乡居民基本医疗保障办按照补助政策，及时兑现住院报销费用。

【教文卫体事业】 2018年，蛇场乡有初中1所，教师33人，在校学生840人；有乡中心小学1所、村小8所、教学点8个，乡公办幼儿园1所、民办幼儿园3所。适龄儿童入学率99.90%。推进文体旅游事业，以发展民族风情旅游和农业观光旅游为重点，促进陡峰坡万亩映山红景区旅游开发；举办蛇场乡2018年“映山红·足运梦”全民健身徒步运动、“党旗引领·共建小康”原生态山歌比赛、乡村旅游助推脱贫攻坚暨民俗文化演出等文体活动，春节期间全乡8个村的文体活动开展得形式多样，精彩纷呈，丰富了广大干部职工和群众的业余生活。加大农村医疗建设，提高卫生院的医疗水平，巩固农村卫生保健网络，不断完善农村初级医疗保障体系。全乡防疫、妇幼保健等医疗卫生服务条件和医疗网络得到逐步健全。组织卫生院做好艾滋病防治宣传、梅毒和乙肝母婴阻断、各种疫苗接种，乙肝接种率100%。新生儿及时接种率100%，全乡共接种各种疫苗6003人次。

【人口和计划生育】 2018年，蛇场乡继续实施两孩政策，出生人口318人。其中，一孩107人。二孩183人，多孩28人，男婴169人，女婴149人。符合政策生育率97.20%，人口自然增长率8.83‰，计划生育完成60例，100%兑现独生子女户、双女户奖励。

【社会治安综合治理】 2018年，蛇场乡通过调整充实突发事件、综治社会治安综合治理、防范和处理邪教、禁毒、安全生产等各个社会管理综合治理工作领导小组成员；完善各类工作预案，制定和落实应急处置机制，健全各项工作制度。一年来，共受理民事纠纷17起，调解成功17起，调解成功率达100%，有效地制止民间纠纷激化，防止群体性上访，维护了社会的和谐稳定。年初与2个石场，8个村委会，5个乡直属单位以及烟花爆竹零售户、农用车业主(驾驶员)等，按内容、类别、性质划分，分别签定了

《安全生产责任状》8份,《道路交通安全责任书》8份、《食品安全目标管理责任书》8份,制定完善《蛇场乡突发事件应急预案》《水库防汛预案》《地质灾害应急预案》等15份预案,下发限期整改通知书3份。

（辛　敬）

克长乡

【克长乡概况】 克长乡位于北纬24°32′20″~24°43′19″、东经105°15′02″~105°30′04″之间。地处自治县东南部。东与隆或乡接壤,南与岩茶乡为邻,西南连蛇场乡,南邻德峨乡,北面临近新州镇,行政区域总面积286.94平方千米。乡政府驻地海长村,距县城43千米。2018年,全乡辖海长、和平、河马、烂滩、克娘、林场、梅达、大庆、猴场、新华、新合、后寨、联合13个村委会182个村小组169个自然屯。年末,总户数7190户,总人口3.10万人。居住着苗、彝、仡佬、壮、汉5个民族。其中苗族1.50万人。

境内大部分为峰丛洼地。地势四周高中间低。地面高程1150米,最高点新合村仁上屯的斗烘坡,海拔1950米,属温凉泥石交错的高寒大山区。乡内一半土山一半石山,较大的山有络尾坡等11座。乡境属喀斯特地貌,乡政府驻地附近群山环抱,溶岩奇特,溶洞密布,其中下岜山岩(聚仙岩)、江桐岩,系新石器时代遗址。有古诗曰:“百里雷声聚人游,洞城琳琅阐解愁,千古游垣无断谱,岩姿瑛府似阁楼。”有1条地下河,流入卡达水库。矿产资料有金矿、锑矿、铁矿、水晶矿、冰洲石、方解石等,其中方解石储量最多。耕地面积1631.73公顷,人均耕地面积0.06公顷。粮食作物主种水稻、玉米、旱谷、黄豆等,出产桐油、茶油。养殖业主要以猪、鸡、牛、马、骡、黄牛为主,是隆林黄牛产地之一。2000年以后,生猪、牛、马存栏量相对减少,骡子存栏量相对增加。特色物产有克长红米、高杆白谷、高杆大糯、糖梨、油桃、布郎李、蜂蜜、核桃、黄豆、米酒、木耳、山楂、酸梅、桃、葵花、茶辣、山羊、罗湾鱼、关拱鱼、达修鱼等。2018年,全乡工业总产值0.25亿元,比上年增长3.20%;农林牧渔业总产值0.52亿元,增长5.10%;固定资产投资0.65亿元,增长18%;财税收入3922.28万元,增长5.80%。农村经济总收入2.10亿元;农民人均纯收入8230元,增长7.50%。全年外出务工4879人,其中乡外县内务工807人,县外省内务工1528人,省外务工2544人,外出务工总收入约9758万元。

年内,乡党政行政事业编制60名(含各站所),实有47人。其中乡党委、人大、政府班子领导12人。

乡党委书记:曾育贵(2015.05—)

乡人大主席:杨胜祥(2016.06—)

乡　长:龙　进(2016.06—)

【农业】 2018年,克长乡水稻总播种面积633.33公顷,总产量3800吨;玉米总播种面积866.67公顷,总产量5200吨。种植烤烟面积221.20公顷,共收购烟叶6558.106担,总金额867.70万元,均价26.46元/千克,亩产量1.98担,亩产值2615.13元,上等烟比例56.60%。有效桑园面积23.33公顷,共收获蚕茧180张,产生经济价值28.50万元,种桑养蚕户45户,其中收入超过1万元以上34户。累计建设标准化蚕棚20座1400平方米,兑付标准化蚕棚补助款9.80万元。生猪存栏1万头,出栏9200头;黄牛畜存栏1868头,出栏1600头;羊存栏4085只,出栏1600只;家禽存栏45万羽,出栏40万羽,全年累计完成肉类总产量1756吨。建成标准林下养鸡场12个、养猪场3个、养羊场4个,新建种养专业合作社3家。完成松、杉、桉等造林1353.33公顷,林木采伐1.80万立方米,全乡村屯绿化完成率100%。

【脱贫攻坚】 2018年,克长乡剔除错评贫困户16户72人,新识别贫困户19户78人,退出户返贫18户72人。实现大庆、梅达2个贫困村脱贫摘帽,全乡774户3786贫困人口达到脱贫摘帽标准,如期出列,贫困发生率从上年的24.66%降至10.47%。

【惠农补贴】 2018年,克长乡发放良种补贴总面积1236.64公顷,涉及农户4933户,总补助资金227.60万元;发放农机购置补贴16.59万元,受益农户91户;发放新一轮退耕还林工程补助费45.74元、原有退耕还林工程补助费38.50万元。

【集贸市场】 2018年,全乡共有两个集贸市场,分别为克长乡政府驻地海长村当地和新合村(原长发乡政府驻地)两个集贸市场。

海长集贸市场　位于克长乡海长村,主要为露天集市,面积2300平方米。6天为一个圩日,赶圩人数约4000人。有牛马市交易场。因交通条件便利,自古来克长集贸市场为隆林县重要的一个集贸市场,四方云客聚集,市场交易活跃。特色产品有关拱鱼、芭蕉芋粉、油桃、布朗李等,年交易额1800万元。

新合村集贸市场　位于克长乡新合村长发屯,主要为露天集市圩场。面积400平方米。6天为一个圩日,赶圩人数约2500人。辐射到德峨镇,猴场、大庆等村一带。特色商品有黑山羊、辣椒骨等。年交易额950万元左右。

【基础设施建设】 2018年,克长乡坚持以农田水利、交通为重点,统筹推进路网、电网等建设。一是重视农村交通道路网络建设。通过财政一事一议、扶贫攻坚等项目,共新修硬化水泥路22条,硬化总长约75.50千米,惠及群众825户3577人;完成河马村、烂滩村、海长村屯级道路硬化项目建设,解决群众出行难问题。二是持续加大对贫困村农网改造升级项目的投资力度,提升贫困地区供电服务质量,完成大庆村电网改造,惠及群众1200人。三是完成梅达村、林场村等7个村的村级公共服务中心建设,满足农村群众精神文化需求。

【生态乡村建设】 2018年,克长乡推进村级垃圾处理设施建设。全乡共新建垃圾池25个,发放垃圾桶60个,乡村环境得到进一步改善。

【招商引资】 2018年,克长乡共招商引资5个项目。其中,广西隆林荣光农业科技发展有限公司,在大庆村马海坝新增建设百合面条加工厂,百合面条销往广东、香港、澳门等地;隆林嘉华木业有限公司在烂滩村那英屯新建木材加工厂,产品11月开始往浙江等地销售。

【社会保障】 2018年,克长乡发放农村低保金487余万元、五保金53万元。推进健康扶贫与大病救助工作,共发放大病救助资金约6万元。新增新农合参保1441人,总参保1.02万人,参保率106%。

【教文卫体事业】 2018年,克长乡有初中1所、小学10所、幼儿园11所(其中私立10所,公立1所),有初中教师19人、小学教师113人(其中:代课3人)、幼儿园教师77人(其中公办幼儿园11人,私办幼儿园66人),初中在校生502人,入学率为97%;小学在校生3019人,入学率99.5%,幼儿入园1042人,入学率99.9%。全乡3489名中小学生全部享受营养餐,2488名学生享受贫困寄宿生生活补助120万元。继续推进“幸福家园”、农家书屋建设等工作,全乡13个行政村各配备2100册文化、科技、教育等各类图书,配备农村图书管理员。河马壮戏持续发展壮大,有5个壮戏文艺队。各村在国庆、春节各种节庆时期开展送戏下村、跳坡节活动等。克长乡篮球队在2018年隆林各族自治县第三届篮球赛比赛中获男子组一等奖。有乡卫生院1所,医务人员51人,病床22张;有村卫生室9家,村医13人。新农合住院、门诊报销共计7452人次,报销金额207万元。住院分娩385例,其中在本乡住院分娩38例,住院分娩率100%,高危孕产妇2例,高危住院分娩率为100%。新法接生385例,新法接生率100%。预防接种儿童5196人,各种疫苗接种率90%。规范建立城乡居民健康档案,建档率到98%,贫困户家庭医生签约服务100%;注重普及健康知识,提高健康素养,免费发放健康教育宣传材料15种,举办健康讲坐32次。

【人口和计划生育】 2018年,全面实施二孩政策,免费开展孕前优生健康检查,免费办理人口和计划生育服务证,年内二孩出生307人,计划内出生307人,二孩符合政策生育率100%。全乡13个村均建有“幸福家园”,实现优质人口和计划生育服务全覆盖。

【社会在综合治理】 按照中央、自治区、市、自治县扫黑除恶专项斗争工作安排部署,扎实开展扫黑除恶专项斗争工作。在乡主要路口、人流密集地区,悬挂“扫黑除恶”宣传条幅标语16条。对辖区内的重点人群进行突击检查,做到“有黑扫黑、无黑除恶、无恶治乱”。共受理群众报警22起,立各类刑事案件3起,破案2起,处理行政治安案件8起,抓获各类犯罪嫌疑人2名。开展普法和依法治乡工作,利用各种民族节假日和街天进行普法宣传。排查化解矛盾纠纷,全乡共排查出各类矛盾纠纷9起,调处成功7起,成功率77.8%。加强非洲猪瘟应急防范工作,发放非洲猪瘟防控宣传单5000余份,设立临时检查点,做好生猪调运监管,防止外来猪进入辖区内。开展安全生产,落实“党政同责、一岗双责、齐抓共管”的安全生产责任体系,健全应急管理体制机制。年内共组织上路检查32人次,检查各种车辆81辆次,纠正违章24起,查处农用车、拖拉机违章搭客、人货混装9辆次。汛期执行乡干部24小时值班值守、村干部汛期轮流值守制度。强化道路交通、学校、加油站等安全检查工作。扎实做好防汛减灾、地质灾害防治、地质灾害隐患排查治理、消防安全等工作。 (侯贵英)

隆或镇

【隆或镇概况】 隆或镇位于北纬24°32′38″~24°42′20″、东经105°28′41″~105°40′47″之间。

地处自治县东南部，东邻田林县，南及西与介廷、克长、岩茶交界，西与新州镇毗邻、北与沙梨乡接壤，行政区域总面积238.57平方千米。镇政府驻地隆或村，距离县城60千米。2018年，全镇设隆或、滴岩、沙保、拉也、双多、道达、打兰、龙场、者隆、八峰、龙爽、鱼塘、伟领、马卡、马宗15个村委会173个村小组。年末，总户7208户，总人口3.16万人。居住着壮、汉、苗3个民族，其中汉族占人口总数的80%。

境内属峰丛洼地和丘岭谷地。海拔在1000米以上，最高峰野猪泥塘海拔1726米。东南部为石山区，西北部是土山区。属高寒山区，冬季气候严寒，年有霜期90天。主要河流有叉河、拉也河。森林面积1.38万公顷，森林覆盖率57.80%。矿产资源有金矿、水晶矿等，金矿主要分布在隆或当地、马宗一带，水晶矿主要分布在滴岩村、沙保村一带。野生动物有果子狸、麝、鹧鸪等，草药有金银花、黄精、首乌等。建有刘家坳、犀牛塘水库，库容量35万立方米，灌溉面积100公顷。镇耕地面积1940.67公顷，其中水田面积448.73公顷，人均耕地面积0.97亩。粮食作物以种植玉米为主，水稻次之，还有小麦、高粱、绿豆、三角麦等。经济作物有烟叶、桑蚕油菜、油茶等，烤烟收入是一项重要经济来源。养殖业以猪、鸡、牛、马、骡为主。隆或镇属严重干旱地区，只有两个村在干旱季节可抽水灌溉外，其他13个村基本靠雨水灌溉，人畜饮水时常发生困难。有地头水柜2524个，容量15.14万立方米，分布在全镇15个村，灌溉面积168.27公顷；投资193万元建成滴岩村回灌工程，解决73.33公顷烤烟的灌溉问题。2018年，全镇工业总产值0.11亿元，比上年增长6%；农林牧渔业总产值1.14亿元，增长3%；固定资产投资0.04亿元，增长2%；财税收入2840.20万元，增长2%；农民年人均纯收入7235元，增长1%。

年内，镇党政行政事业编制65名(含各站所)，实有53人。其中镇党委、人大、政府班子领导11人。

镇党委书记：李　锋(2016年6月—)

镇人大主席：谢文凤(2017年11月—)

镇　长：唐国光(2015年5月—)

【农业】 2018年，隆或镇粮食种植面积2133.33公顷以上，烤烟种植140公顷，农民经济创收600多万元；新增种桑面积种桑面积45.07公顷，总面积187.10公顷，全年养蚕产量全年累计收茧196.60吨，创造产值865.04万元，新建蚕房30间4362平方米，新建蚕沙池10个11立方米。产值65.40万元，财政补贴2.84万元，成功申报八峰养蚕镇级示范园，打造村级示范园。引进荣光公司发展百合种植，以滴岩村为示范点带动辐射其他村屯发展，种植百合面积153.33公顷，创收200多万元；油茶、核桃等面积稳固在166.67公顷以上；杉木种植面积666.67高顷以上。在马宗村马顶屯、打兰村龙旺屯，依托地理条件优势，通过流转土地资源，发展乡村旅游+产业发展。隆或黑猪庭院养殖2万头以上，黑山羊养殖0.80万只以上，分别在打兰、八峰、龙爽建成3处黄牛规模化养殖基地，全年养殖黄牛500头，出栏300头，创收100万元以上。

【脱贫攻坚】 2018年，隆或镇新增贫困户9户31人，退出户返贫11户47人，剔除6户34人，完成257户1179人脱贫出列，龙爽、拉也2个贫困村摘帽。利用财政扶持奖励资金大力发展村集体经济，其中龙爽、拉也两个预脱贫村采用“入股分红+村民合作社经营”的产业发展模式。龙爽村34.88万元、拉也村30万元入股隆林华隆公司。龙爽20万元采用村集体+专业合作社发展模式，入股龙爽黄牛养殖联赢发展，拉也村20万元投入村民合作社发展黑山羊养殖；滴岩村20万元入股荣光公司发展百合种植，打兰村20万元自主发展种桑养蚕；龙场、沙保等6个非贫困村各20万元入股隆林百矿集体。至年底，村集体经济收入3万元及以上的有八峰等6个村，其余村2万元以上。

【惠农补贴】 2018年，隆或镇发放生态公益林资金203.80万元，退耕还林资金116.80万元，耕地地力保护补贴257万元。建立健全农机服务体系，加快农机服务体系建设确保农机购置补贴落到实处。2018年共发放补助126990元，惠及160户。

【集贸市场】 2018年，隆或镇共有2个集贸市场。

隆或镇市场　位于镇政府驻地。占地面积2万平方米，市场有面积200平方米以上的超市2家，日用品批发零售店十几家，其他店铺百家以上。6天为一街日，赶集大约5000人，交易商品有篾制品、高山汉族服饰、腊肉腊肠、糖糍粑等特色商品，还有牛马交易、打铁铺等，由于商品总类繁多，吸引周边介廷、克长、沙梨等镇的群众前来赶集。每个街日交易额60万元。

龙场市场　位于龙场。占地

面积500平方米。6天为一街日，赶集大约500人，赶集多数为龙场村及龙场周边的沙梨群众，交易各类繁多。每个街日交易额5万元。

【基础设施建设】 2018年，隆或镇投入1100万元建设龙爽村10条屯级道路硬化项目；投入1736万元修建双多、者隆、龙场3个村面上通屯路；投入71.72万元建成马宗村上伟江至八峰村产业道路；争取一事一议资金92.3万元对八峰等9村10个屯屯内道路进行硬化和亮化。投资近600多万元修建隆或镇绕镇路项目，预计2019年底竣工；投资近1000万元建设隆或镇供电所，该项目在建中；投资新建龙爽等4个行政村公共服务中心，全部建成投入使用。全年实施农村危房改造150户；完成易地搬迁申请共计148户684人。其中完成抽房75户350人，百色深圳小镇44户202人，隆林城西安置点31户148人；投入近418万元建设龙爽、拉也两村安全饮水巩固提升工程。

【生态乡村建设】 2018年，隆或镇以“乡村振兴·争创五旗”活动为主要抓手，扎实开展乡村振兴工作，引导各村通过争创“产业兴旺、生态宜居、乡风文明、治理有效、生活富裕”五面红旗，树立比学赶超的竞争意识，激发村“两委”干部和广大群众参与乡村振兴的主动性和积极性，在推进任务中争先进、立标杆，示范带动全镇农业农村各项工作整体提升，为实现乡村振兴注入活力。经过各村按“五面红旗”标准自荐申报，镇党委审核后报县委审定后报市委，市委组织抽验合格后认定，打兰村被评为生态宜居红旗村；马宗村、道达村被评为治理有效红旗村；隆或村被评为生活富裕红旗村。

【社会保障】 2018年，隆或镇新农合收缴率86.70%，新农保参保覆盖率100%，共为503户1964人发放城乡低保。落实残疾人“两项补贴”（困难残疾人生活补贴和重度残疾人护理补贴）政策，发放残疾补贴182人。为112户五保户发放生活补助金；为36名优抚对象发放补助资金，为30名60周岁以上农村籍退伍军人发放生活补助，为3666人60周岁以上老人发放养老金。

【教文卫体事业】 2018年，隆或镇有初中1所，教职工77人，在校学生1038人，初中入学率94%，初中辍学率6%，毕业生229人，毕业率88.29%；小学12所，教职工189人，在校学生2712人，全镇小学适龄儿童入学率100%，辍学率0，毕业生474人，毕业率100%；全镇共有公立幼儿园1所，私立幼儿园18所，入园学生1798人。共为88名中高职贫困生申报雨露计划，申报资金达12.65万元。落实控辍保学“双线四包”责任制，全年共有43人辍学，已经全部劝返（除2人因病因残），劝返率100%。有镇卫生院1所，医务人员60人，病床33张；有村卫生室14家，村医24人。新农合住院、门诊报销共2.25万人次，报销金额344.03万元。住院分娩398例，其中在本镇住院分娩153例，住院分娩率100%。新法接生398例，新法接生率100%。预防接种儿童376人，各种疫苗接种率95%。全镇15个村均建有“幸福家园”，实现优质人口和计划生育服务全覆盖。每逢重大节假日，积极组织各村举行相应的文体活动。组织开展了春节文体活动、免费播放电影活动、扶贫攻坚文化惠民戏曲进乡村文艺会演活动及科技活动培训等形式多样、喜闻乐见的乡村文化娱乐活动。开展好农村书屋，配备和更新好设备和各类书籍，并免费向群众开放。

【人口和计划生育】 2018年，隆或镇贯彻落实“全面两孩”政策，出生人口457人，其中一孩167人，二孩244人，多孩46人；男婴249人，女婴208人。人口自然增长率7.6‰。开展国家免费孕前优生健康检查，共开展孕前优生健康检查6次，共220对夫妇接受康检。

【社会在综合治理】 2018年，隆或镇抓好纠纷调处、民主法制建设、安全生产和食品药品安全监管以及汛期安全及地质灾害点检查工作。全年共调解“三大纠纷”案件35起，非煤矿山安全检查12次，上路巡察、督导96次。烟花炮竹整治4家，食品药品检查74家，建筑领域检查15处，检查学校食堂45次，饮食服务行业52次，药店15次，并对全镇10个地质灾害点进行了检查和监测，发放地质灾害防治知识宣传手册1520本，防治地质灾害宣传单950份，共发放明白卡140余份，撤离通知书85份。（李艳妃）

岩茶乡

【岩茶乡概况】 2018年，岩茶乡位于北纬24°23′24″~24°35′53″、东经105°19′00″~105°33′36″之间。地处自治县东南部，东与隆或乡为邻，东南与介廷乡相连，西与蛇场乡毗连，北与克长为邻，行政区域总面积277.43平方千米。乡政府驻地岩茶村，距离县城63千米。2018年，全乡设岩茶、卡白、弄金、冷独、平班、者艾、龙台、弄甫、平台9个村委会158个村小组。年末总户数5535户，总人口2.15万人，居住着苗、彝、仡佬、壮、汉5个民族。

境内为典型的峰丛洼地地貌。地势由西南向东倾斜，西南部一般海拔在900~1400米之间，最高山峰公王山海拔1691米。最低冷独平布海拔950米。境内著名风景区九十九堡，介于岩茶乡和介廷乡边界，90多个小堡分布在几座大山之巅，四周全是映山红，阳春三月花开遍地，蜂蝶飞舞。年平均气温15.60℃。主要河流有岩茶河、平班河（冷平河），设有弄金、冷独水电站。矿产资源主要有锑矿，黄金、水晶、硅石等次之。耕地面积1404公顷，人均耕地面积0.91亩。粮食作物以水稻、玉米为主，小麦、黄豆、豌蚕豆、薯类为辅。经济作物以烤烟、油茶为主，竹子、甘蔗、油菜、五谷等为辅。山地造林以杉木为主，同时发展油桐、油茶等经济林。林产品有桃、李、梨、板栗、核桃、酸梅、刺梨、红花果、山葡萄、野香菇、云木耳等。药材有大环草、铁皮兰、何首乌、金不换等。野生动物有果子狸、穿山甲、野山羊、野猪、野鸡、野兔等。2018年，全乡工业总产值0.15亿元，比上年增长12%；农林牧渔业总产值0.75亿元，增长5%；固定资产投资1.6亿元，增长5%；财税收入350万元，增长5%；农民年人均纯收入6750元，增长12%。

年内，乡党政行政编制63名（含各站所），实有51人。其中乡党委、人大、政府班子领导12人。

乡党委书记：林启强（2016.04— ）

乡人大主席：李顺杰（2015.05— ）

乡　长：王　琦（2016.04— ）

【农业】 2018年，岩茶乡春烟种植233.33公顷，烤烟种植352户，其中带动153户贫困户发展烤烟种植，烤烟收购4731担，收购金额656万元；累计发展油茶林近2800公顷，改造油茶林400公顷，年产茶籽预计195万千克，产值2700余万元。以者艾村为试点，推广发展种桑养蚕产业；在龙台村、平台村发展砂糖桔、西贡蕉等种植产业。粮食播种面积2066.67公顷，粮食总产量775万千克，比上年增长5.30%。生猪存栏2.59万头、大牲畜存栏7241头（匹）、羊存栏21184只、鸡存栏72663羽、鹅存栏3854羽，分别增长5.50%、8.70%、7.10%、8.10%、6.20%。

【脱贫攻坚】 2018年，岩茶乡2个贫困村摘帽；277户贫困户、1177人贫困人口脱贫；弄甫村贫困发生率下降到2.50%，者艾村贫困发生率下降到2.60%，全乡贫困发生率由上年的14.35%下降到8.50%。

【惠农补贴】 2018年，岩茶乡共发放各项惠农资金805.98万元，其中耕地地力保护补贴发放157.85万元，退耕还林补贴发放115.18万元，农机补贴发放12.11万元，农村危房改造补助资金发放520.86万元。

【集贸市场】 2018年，岩茶乡有岩茶、龙滩2个集贸市场。

岩茶集贸市场　位于岩茶乡岩茶村当地。占地面积3000平方米。6天为一街日，人流量约为3000人次，街日交易商品百余种，有牛马骡等大牲畜交易，特色商品主要有清水鸭、山茶油、蜂蜜等，年交易额800万元左右。

龙滩集贸市场　位于岩茶乡龙台村龙滩屯。占地面积2500平方米。6天为一街日，人流量约为3000人次，街日交易商品百余种，有牛马骡等大牲畜交易，特色商品主要有清水鸭、山茶油、蜂蜜等，年交易额400万元左右。

【基础设施建设】 2018年，岩茶乡按照“集中财力办大事，握紧拳头保重点”的原则，加大基础设施建设步伐。完成预脱贫村弄甫村、者艾村通村通屯水泥路建设，达到贫困村脱贫摘帽标准，其中2018年中央专项彩票公益金扶贫项目完成升级硬化路18条45.41千米，总投资2053.82万元（含群众自筹59.82万元）；实施建设龙台村、弄金村、平班村通村通屯水泥路建设，共建设14条51.72千米，总投资1285.05万元。完成对委外、平台、老风寨3座病险水库除险加固；完成178户危房改造。

【生态乡村建设】 2018年，岩茶乡深入实施农村人居环境整治三年行动方案、乡村风貌提升三年行动方案，开展“美丽岩茶·幸福乡村”建设活动。加强农田水利、河流治理、水土流失治理工程建设；推进农村“改厨改厕”工程，“改厨”完成560户，“改厕”完成560户。加强市场管理和街道风貌卫生整治工作，开展街道乱搭乱摆、占道经营等违规违法行为整治工作，集中力量持续开展街道秩序整治行动。

【社会保障】 2018年，岩茶乡共发放五保金95.63万元、低保金675.63万元、军烈属优待慰问金11.43万元。为全乡的城乡低保对象、农村五保对象、低收入家庭重病患者办理城乡医疗救助，共办理补助23.67万元，减轻部分群众看病难，看病贵，因病致贫，因病返贫的难题。新农保参保1.15万人，参保率102.34%，其中建档立卡贫困人员3246人，参保率100%；60周岁以上老人享受养老金待遇有2616人，发放金额316.54万元，发放率100%。

【教文卫体事业】 2018年，岩茶乡有初中1所，教职工48人，在校学生572人，初中入学率99%，初中辍学率1%，毕业生122人，毕业率100%；小学7所，教职工113人，在校学生1235人，全乡小学适龄儿童入学率100%，辍学率0%，毕业生201人，毕业率100%；共有公立幼儿园1所，私立幼儿园7所，入园学生678人。做好控辍保学工作，小学适龄儿童入学率100%，初中入学率98%。完成岩茶初中学生新住宿楼建设、岩茶中心小学综合教学楼项目建设并投入使用。建立健全文化站免费开放服务机制，为9个村级文化活动室的农家书屋发放图书累计1万余册；同时为9个行政村文化活动中心配备吉他、二胡、三弦、鼓、琴等乐器，安装文化广播设备设施，建设灯光舞台等，丰富群众娱乐文化生活设备设施。做好节庆文化体育活动，丰富人民群众的日常文化生活。有乡卫生院1所，医务人员53人，病床25张；有村卫生室8个，村医4人。新农合住院、门诊报销共5315人次，报销金额175.86万元。住院分娩231例，其中在本乡住院分娩35例，住院分娩率100%，高危孕产妇3例，高危住院分娩率100%。全年，新法接生231例，新法接生率100%。预防接种儿童2531人，各种疫苗接种率95%。乡卫生院住院部大楼和职工住宿楼建成并投入使用。

【人口和计划生育】 2018年，岩茶乡开展诚信人口和计划生育的行政村和自然屯全覆盖，诚信人口和计划生育依法生育育龄妇女参与率100%，免费孕前优生健康检查工作完成率98.50%，出生婴儿性别比112%，计划生育率98.58%，完成计划生育手术51例等，各项指标均达到上级的指标要求。全乡9个村均建有“幸福家园”，实现优质人口和计划生育服务全覆盖。

【社会在综合治理】 2018年，岩茶乡落实安全生产“一岗双责”，开展重点行业领域安全生产专项整治行动。对辖区非煤矿山、道路交通安全、地质灾害点和重点隐患区进行全面排查，及时消除各类安全生产隐患。排查、调解“三大纠纷”，严厉打击各类违法犯罪行为，创建“平安岩茶”，年内共调处矛盾纠纷2起，调处率100%；共立刑事案件22起，破获12起，受理查处治安案件40起，查处22起。成立社区矫正帮教工作小组，定人定责加强监护、教育和管理，做到不漏管、不失控，全年全乡在册有17名社区服刑人员，至年底顺利解矫2名，居住地变更2名，矫正对象未出现再犯罪及脱管现象。制定严重精神障碍患者监护人“以奖代补”实施办法，做到不漏管、不失控，全年在册有22名严重精神障碍患者，送去隆林县天生桥镇安宁医院治疗2名，对冷独村南怀屯严重精神障碍患者韦某和者艾村那少屯严重精神障碍患者黄某补助共计4800元。开展“两站两员”和“一村一警务助理”建设，充实基层队伍力量。

（张明智）

介 廷 乡

【介廷乡概况】 介廷乡位于位于北纬24°22′20″~24°34′27″、东经105°28′06″~105°38′48″之间。地处自治县东南面，在隆林、田林、西林3县交界处，东临田林县平塘乡，南与西林县相接，西与岩茶乡为邻，北与隆或乡接壤，行政区域总面积198.29平方千米。乡政府乡政府驻地在介廷乡村那伞屯。距县城75千米。2018年，全乡设弄昔、那达、平利、岩怀、介廷、老寨、马窑、那桑等8个村委会104个村小组，居住着壮、汉、苗3个民族。年末，总户数3737户，总人口1.53万人，其中壮族7439人，汉族6333人。全乡外出务工2549人。

境内在观音山和遮阳山之间，地势北高南低。最高峰九十九堡，位于那桑村海拔1452米，最低点小弄河海拔454米，位于弄昔河与田林县交界处。境内多为泥山地区，土地肥沃，沿河地带土壤耕作性能较好。有少量石山，山岭连绵，海拔一般在1000~1300米之间。气候差异大，属亚热带山陵地貌季风气候。土山地区最高气温40℃，而石山地区最低气温可至零下3℃~5℃。常有倒春寒。有河流12条。最大河流为那达河，从西北至东南流经境内那达村、弄昔村，长23.50千米。支流有介廷河、平利河等。平均流量0.57立方米每秒，天然落差88.70米。山峦重叠，沟谷交错，最高海拔1483米，最低海拔665米。年降雨量1000毫米以上，平均气温19.30℃，属亚热带季风气候，泥山面积多，适宜农林牧及水果生产。境内水资源丰富，有介廷河、那达河、龙滩河3条河流穿乡而过，适宜开发梯级小水电站，开发和正在开发的有平达电站、那达一、二级电站和龙利4个水电站和涉及那新电站，其中那达二级小水电站属于自治县国有资产，设计为2台发电机装机3000千瓦容量；那达一级装机容量6000千瓦开工建设多年，由于资金等等问题，一直未建成发电。平达电站由隆林国旭水电开发有限公司收购扩容开发，完成前期工程，预计投资4400万元。有耕地面积910.87公顷，人均耕地面积0.94亩。粮食作物以玉米、水稻、小麦、黄豆、红薯为主。经济作物有烟叶、甘蔗、生姜、五谷、蔬菜、芝麻、花生、油菜、木薯等及香菇、云耳等菌类等，出产灵芝、首乌等药材。有天然杂木林，盛产木材、杉木、茶油、桐油，有林面积15533公顷，森林覆盖率77.60%。2018年，全乡实现农村经济总产值1.14亿元，比上年增长14%；固定资产完成2851万元，超额完成自治县下达任务；农民人均纯收入10980元，增长14.71%。

年内，乡党政行政编制59名（含各站所），在职44人，退休15人。其中乡党委、人大、政府班子领导12人。

乡党委书记：王天荣（2017.08—）
乡人大主席：杨俊平（2016.04—）
乡　长：王彦斌（2016.04—）

【农业】 2018年，介廷乡围绕“产业强乡富民”发展思路，抓好产业布局和发展，做大做强烤烟、桑蚕、油茶、杉木产业，规划好中草药、香菇、木耳的品种和规模。推进烟粮（稻、玉）轮作，烤烟面积稳定在233.33公顷、烟粮轮作在166.67公顷以上，实现总产值1000万元。推种桑养蚕，桑园总面积245.33公顷，收获1350张，收入269.10万元，每张2000元左右。适推中草药材，种植面积33.33公顷左右。勤推生态种养，年出栏清水鸭20万余羽，产值1600万元；黑山羊出栏3600头，产值216万元；出栏隆林黄牛0.10万头，产值800万元左右；八渡笋产值800万元；肉姜产值600万元等。实推经济林木，种植杉3733.33公顷、油茶800公顷。粮食种植973公顷，其中种植优质稻380.33公顷，优质稻380.33公顷，玉米580公顷、小麦67公顷、大豆69公顷、薯类杂粮37公顷，其他谷物10公顷，粮食总产量365.80万千克；种植烤烟170公顷，桑叶141公顷。大牲畜牛存栏1500头，马存栏530匹，牛出栏1000头；羊存栏6500只，出栏5500只；生猪存栏1.95万头，出栏8400头；家禽存栏4.4万羽，出栏7.26万羽。有1个拥有180头母猪、设计500头母猪、年产1万头黑猪仔的规范化黑猪繁殖基地，年出栏过百头的家庭养殖户3户，投资入股100万元的飞地养殖基地1个。林业种植379公顷，其中完成杉树造林258公顷。2018年，全乡实现农村经济总产值1.09亿元，比上年增长14.20%；固定资产完成2730万元，超额完成自治县下达任务；农民人均纯收入9571.60元，增长18%。

【脱贫攻坚】 2018年，介廷乡总建档立卡贫困户1055户4502人。年内完成产业奖补共192户802人，奖补75.12万元；产业巩固180户800人，奖补34.86万元。确定3+1产业路径为杉木、优质稻、生猪养殖（有的村是桑蚕）和油茶，确保每户贫困户至少有其中一项产业或托管产业作为支撑。完成那达、平利、弄昔3个村的16条屯级道路硬化40.07千米，投资额1829万元，受益群众1300多户。协助水利部门完成那桑村9个农村饮水巩固提升工程，投资额429.52万元，改善全村358户的人畜饮水问题。全面完成全乡8个行政村的电网改造，保障农户用电稳定可靠。落实24个危房改造，其中贫困户20户，已经全部动员群众建设入住。新增易地扶贫搬迁建档立卡贫困户40户164人，其中百色35户139人，城西5户25人。全乡共计易地扶贫搬迁281户1170人，其中百色深圳小镇129户530人，隆林城西安置点152户640人。抓好适龄儿童辍学调查、劝返工作，大中专学生的雨露计划、健康扶贫、扶贫资金信贷补贴等各项脱贫攻坚工作。

【惠农补贴】 2018年，介廷乡共发放惠农补贴资金356.16万元、农村低保292.88万元、五保供养资金33.84万元，退耕还林补助34.24万元，公益林补助73.6万元，雨露计划补助资金24.7万元；奖励计划生育家庭户36.77万元。

【集贸市场】 2018年，介廷乡有1个集贸市场在介廷街上，6天为一街日，赶集大约1000人，商品种类为生活用品、肉类、蔬菜等。年交易额约2000万元。

【基础设施建设】 2018年，介廷乡开工建设那达村9条屯级道路硬化项目、平利村5条通屯路；配合过境的8.78千米二级公路项目完成征地任务。平利村村级公共文化服务中心开工建设，11月完工使用。实施农村危房改造42户（其中22户为无能力建房户），竣工10户。

投入农村饮水工程606.93万元，完成工程进度25%。投入6万元对塌方路、堵塞河沟等进行修复。

【生态乡村建设】 2018年，介廷乡开展以农村环境卫生综合整治为主要内容的攻坚行动。沿着街道设立专人负责清扫，在合适的地方放置垃圾箱。8个村各自负责相应村内的道路卫生并配备相应的工作人员和工作经费，乡里道路卫生得到较好治理。面设立河长制办公室，落实主体责任人和管理制度。为各村屯建设垃圾焚烧池、垃圾处理站、垃圾车和垃圾箱等硬件设施。建成1个乡级垃圾处理场及1个村级垃圾焚烧场，投入1辆运输车和7辆垃圾收集三轮车。2018上半年下达各240户改厕改厨任务，截至8月开工改厕214户、改厨98户，验收完成改厕115户、改厨45户，预计12月完成核验及资金拨付工作。截至8月，再次上报各村屯垃圾池建设项目67处，预计年底建成，配备村级清洁员16名。执行河长制，按照要求落实乡村河长共28人，开展乡巡河48次，宣传禁渔3次，有效维护辖区生态环境。

【招商引资】 2018年，介廷乡协助投资人办理相关手续，促成介廷乡大型超市项目尽快开工建设；协助投资集团做好水力发电项目前期工作；争取新开发区农贸市场项目尽快落实。引进3个招商项目，其中隆林利桂木业有限公司200万元，广西中鑫建设有限公司1025万元，湖南老板在介廷乡街上兴建好又多购物超市80万元。

【社会保障】 2018年，介廷乡新农合收缴率95%，新农保覆盖率100%。共为209户发放城乡低保，发放残疾补贴194人。为66户五保户发放生活补助金，为17名优抚对象发放补助资金，为8名60岁以上农村籍退伍军人发放生活补助。共有4848人参加养老保险，参保率98.60%，发放1661人养老保险，发放率100%。发放基础养老金1617人，金额324万元，发放率100%；参保人员银行代扣电子签约成功4499人，完成签约任务数的100%。

【科教文卫体事业】 2019年，介廷乡举办生态养殖技术培训20期，受训农民578人次。有小学8所，教职工77人，其中代课教师12人，在校学生1349人，入学率99.3%；有幼儿园2所，教职工3人，其中代课教师1人，在园幼儿108人。有3所私立幼儿园，教职工18人，在园幼儿166人。小学适龄儿童入学率100%，初中入学率98%。开展扶贫助学活动，雨露计划帮扶贫困学生40人，资助金6.10万元。不推进农村文化设施建设，建立健全文化站免费开放服务机制，为村级9个文化活动室的农家书屋增加图书累计600余册。组织壮戏团、山歌队等开展活动。新建文化中心1个，建筑面积800平方米，图书1200册；有那达村壮剧团2个，业余演员40人。电视广播站1个，电视用户2800户，电视覆盖率100%。举办生态养殖技术培训32期，受训农民448人次。有乡卫生院1所，有职工26人。乡卫生院占地总面积1800平方米，有7个床位，门诊综合楼1幢4层1200平方米，设有门诊部、住院部、检查化验部，配有B超、半自动生化仪、尿液分析仪、心电图机、血红蛋白分析仪等设备。修缮村卫生室7所，有乡村医生6人。

【人口和计划生育】 2018年，介廷乡深入推进两孩政策的实施，已婚育龄妇女2712人，出生人口215人。其中，一孩出生85人，二孩出生127人；男婴101人，女婴105人，符合政策生育率96.66%；人口自然增长率7.92‰。人口信息核查率100%。

【社会治安综合治理】 2018年，介廷乡调整充实突发事件、综治社会治安综合治理、防范和处理邪教、禁毒、安全生产积极开展扫黑除恶斗争等各个社会管理综合治理工作领导小组成员；完善各类工作预案，制定和落实应急处置机制，健全各项工作制度，加强严重精神障碍患者等特殊人群的服务与管理，加大反邪教和禁毒宣传力度，对重点区域进行集中整治，社会大局基本稳定。截至12月底，接待来访群众14余人次，调解各类纠纷16起，成功4起；共破刑事案件6起，已处置治安案件6起。共逮捕（直诉）16人，强制戒毒1人，行政拘留赌博人员10人。开展非煤矿山安全检查检查34次，道路交通安全排查及劝导工作94次，上路巡查197次，烟花炮竹整治8家，建筑领域检查16处；对全乡6个地质灾害点进行了检查和监测，发放地质灾害防治知识宣传手册800本，防治地质灾害宣传单1600份，共发放明白卡68份，撤离通知书27份，确保了地质灾害点群众的安全。对学校食堂、饮食服务行业和药品进行监管，共检查学校食堂32次、饮食服务行业24次、药店8次，确保学生和群众使用食品药品的安全。

（郭珍裕）

人　物

先进集体和个人

表 8　　2018 年隆林各族自治县先进集体名录

单位	获得奖项	文号	获奖时间
共青团隆林各族自治县委员会	2017 年度预防青少年违法犯罪工作先进集体	百青发〔2018〕1 号	2018 年 1 月 9 日
共青团隆林各族自治县委员会	2017 年度百色市优秀志愿服务集体	百青联发〔2018〕10 号	2018 年 4 月 10 日
共青团隆林各族自治县委员会	2018 年度“智慧团建”系统组织树建立阶段工作先进单位	百青发〔2018〕54 号	2018 年 11 月 30 日
共青团隆林各族自治县委员会	2017—2018 年度百色市少先队工作先进单位	百青联发〔2018〕37 号	2018 年 10 月 13 日
共青团隆林各族自治县委员会	2017 年度预防青少年违法犯罪工作先进集体	百青发〔2018〕1 号	2018 年 1 月 9 日
共青团隆林各族自治县委员会	2017 年度百色市优秀志愿服务集体	百青联发〔2018〕10 号	2018 年 4 月 10 日
共青团隆林各族自治县委员会	2018 年度“智慧团建”系统组织树建立阶段工作先进单位	百青发〔2018〕54 号	2018 年 11 月 30 日

表 9　　2018 年隆林各族自治县先进人物表

单位	姓名	民族	称职	获奖时间
隆林各族自治县委宣传部	宁晓红	汉	百色市美丽广西乡村建设扶贫优秀工作队员	2018 年 4 月
隆林各族自治县党委	黄志东	壮	2016—2017 年度全区党委督查工作先进个人	2018 年 11 月
隆林各族自治县纪委	陈朝忠	仡佬	自治区民族团结进步模范个人称号	2018 年 11 月

表 10　　2018 年隆林各族自治县先进个人表

姓名	单位职务	获得奖项	文号	获奖时间
黄　芳	隆林各族自治县团县委书记	广西民族团结进步模范个人		2018 年 9 月
班　微	隆林各族自治县团县委副书记	2017 年度百色市优秀志愿者	百青联发〔2018〕10 号	2018 年 4 月
班　微	隆林各族自治县团县委副书记	2017 年度“百色市优秀共青团干部”	百青发〔2018〕17 号	2018 年 5 月
黄　芳	团县委书记	广西民族团结进步模范个人		2018 年 9 月

专业技术职务资格人员

表 11　　2018 年隆林各族自治县获副高以上专业技术职务资格人员名录

单位	姓名	性别	民族	职称名称	学科	获得时间
隆林各族自治县职业技术学校	彭　斌	男	壮	高级讲师	公共课类	2018 年 12 月
隆林各族自治县职业技术学校	岑树保	男	壮	高级讲师	信息技术类	2018 年 12 月
百色市隆林各族自治县介廷乡中心小学	陆福胜	男	壮	高级教师	数学	2018 年 12 月
隆林各族自治县沙梨乡中心小学	韦明德	男	壮	高级教师	美术	2018 年 12 月
隆林各族自治县沙梨乡中心小学	梁显明	男	壮	高级教师	语文	2018 年 12 月
隆林各族自治县沙梨乡中心小学	卢永静	男	壮	高级教师	语文	2018 年 12 月
隆林各族自治县者浪乡中心小学	谭佳佶	男	壮	高级教师	数学	2018 年 12 月
隆林各族自治县德峨乡常么初级中学	杨金贵	男	苗	高级教师	思想品德	2018 年 12 月
隆林各族自治县平班镇初级中学	王增德	男	壮	高级教师	数学	2018 年 12 月
隆林各族自治县沙梨乡初级中学	卢盛昌	男	壮	高级教师	美术	2018 年 12 月
隆林各族自治县沙梨乡初级中学	黄世进	男	壮	高级教师	数学	2018 年 12 月
隆林各族自治县猪场乡初级中学	杨绍松	男	壮	高级教师	地理	2018 年 12 月
隆林各族自治县德峨乡初级中学	张小玲	女	仡佬	高级教师	英语	2018 年 12 月
隆林各族自治县第二中学	王文克	男	汉	高级教师	数学	2018 年 12 月
隆林各族自治县革步乡初级中学	黄伟奋	男	汉	高级教师	语文	2018 年 12 月
隆林各族自治县金钟山乡初级中学	汪朝光	男	汉	高级教师	英语	2018 年 12 月
隆林各族自治县克长乡初级中学	周圣军	男	汉	高级教师	化学	2018 年 12 月
隆林各族自治县隆林中学	陈孟杰	男	壮	高级教师	生物	2018 年 12 月
隆林各族自治县隆林中学	卢昌财	男	壮	高级教师	数学	2018 年 12 月
隆林各族自治县隆林中学	张钰秋	女	汉	高级教师	体育	2018 年 12 月
隆林各族自治县隆林中学	黄宗朝	男	壮	高级教师	数学	2018 年 12 月
隆林各族自治县隆林中学	杨　波	男	仡佬	高级教师	数学	2018 年 12 月
隆林各族自治县隆林中学	梁春仁	男	壮	高级教师	思想政治	2018 年 12 月
隆林各族自治县隆林中学	杨慧桃	女	壮	高级教师	语文	2018 年 12 月
隆林各族自治县隆林中学	万昌国	男	汉	高级教师	数学	2018 年 12 月
隆林各族自治县隆林中学	田　飞	男	汉	高级教师	信息技术	2018 年 12 月
隆林各族自治县平班镇初级中学	韦世全	男	壮	高级教师	信息技术	2018 年 12 月
隆林各族自治县平班镇初级中学	黄定词	男	壮	高级教师	语文	2018 年 12 月
隆林各族自治县特殊教育学校	廖家锋	男	壮	高级教师	语文	2018 年 12 月
隆林各族自治县天生桥镇初级中学	蔡光忠	男	汉	高级教师	语文	2018 年 12 月
隆林各族自治县者保乡初级中学	李胜克	男	壮	高级教师	化学	2018 年 12 月
隆林各族自治县教育局	许定祥	男	汉	高级教师	电教	2018 年 12 月
隆林各族自治县民族实验小学	韦进新	男	壮	高级教师	思想品德与生活	2018 年 12 月

续表 11

单位	姓名	性别	民族	职称名称	学科	获得时间
隆林各族自治县新州第二小学	谢君香	女	汉	高级教师	数学	2018 年 12 月
隆林各族自治县新州第一小学	黄春瑗	女	壮	高级教师	语文	2018 年 12 月
隆林各族自治县人民医院	黄　宇	男	壮	副主任医师	急诊医学	2018 年 12 月
隆林各族自治县人民医院	岑　珺	女	壮	副主任护师	护理学	2018 年 12 月
隆林各族自治县人民医院	陆任林	男	壮	副主任医师	呼吸内科	2018 年 12 月
隆林各族自治县人民医院	杨爱香	女	壮	副主任医师	儿科	2018 年 12 月
隆林各族自治县人民医院	罗华平	女	壮	副主任医师	妇产科	2018 年 12 月
隆林各族自治县人民医院	姚丽琼	女	汉	副主任护师	护理学	2018 年 12 月
隆林各族自治县中医医院	唐润生	男	瑶	副主任医师	消化内科学	2018 年 12 月

高龄老人

表 12　**2018 年隆林各族自治县高龄老人名录**

姓名	性别	出生年月	乡镇	现居住地址
吴丑妹	女	1914.03	隆或镇	龙场村龙场上屯 006 号
黄阿妹	女	1914.04	德峨镇	那地村那地屯二队
杨方珍	女	1916.09	桠杈镇	龙良村下龙井屯
王刘氏	女	1918.03	天生桥镇	科沙村上科沙屯
黄公艰	男	1918.08	平班镇	民新村岩界社
廖公玄	男	1923.06	岩茶乡	弄金村弄金屯
王婆烟	女	1923.02	岩茶乡	岩茶村周同屯
肖丫头	女	1922.03	岩茶乡	弄甫村弄艾屯
马努耐	女	1919.10	岩茶乡	冷独村田房屯
梁婆猛	女	1924.03	岩茶乡	岩茶村桥头屯六队
农婆专	女	1919.02	岩茶乡	龙台村团合屯
刘开仁	男	1924.10	岩茶乡	岩茶村岩茶屯
覃奶业	女	1924.07	岩茶乡	岩茶弄金村弄金屯
林德元	男	1924.12	岩茶乡	卡白村海湾屯
侯乜德	女	1924.07	岩茶乡	岩茶村岩茶屯
郭乜笨	女	1925.04	岩茶乡	者艾村平林屯
陈乜等	女	1925.01	岩茶乡	龙台村坝来屯
黄婆驼	女	1924.08	岩茶乡	弄金村弄贤屯
谢　翠	女	1927.03	岩茶乡	弄甫村坝蚕屯
王乜桃	女	1927.04	岩茶乡	弄金村荒田屯
满红才	男	1927.06	岩茶乡	平台村崖千湾屯
陶老腰	男	1927.07	岩茶乡	弄甫村新房子屯
梁云肖	男	1926.05	岩茶乡	岩茶村那宾屯

续表 12

姓名	性别	出生年月	乡镇	现居住地址
覃婆金练	女	1926.06	岩茶乡	平班村那桃屯
陶乜林	女	1928.05	岩茶乡	岩茶村龙贵屯
杨　买	女	1928.08	岩茶乡	龙台村冲头上屯
覃婆屯	女	1928.05	岩茶乡	冷独村那岩屯
黄坤妈	女	1923.10	德峨镇	么基村杉树脚屯
马乜卫	女	1920.03	德峨镇	龙英村那用屯
黄卜荣	男	1924.06	德峨镇	八科村塘石上坝屯 012 号
韩明芬	女	1924.03	德峨镇	那地村那地街 24 号
熊贵奶	女	1920.10	德峨镇	夏家湾村大帽上屯
赵拾奶	女	1921.08	德峨镇	弄杂村干坝屯 27 号
黄很妈	女	1925.03	德峨镇	八科村塘石上坝屯
郭仁妈	女	1925.03	德峨镇	那地村那地街二队 035 号
黄荣妈	女	1925.07	德峨镇	八科村塘石上坝屯 012 号
杨春妹奶	女	1927.10	德峨镇	龙英村龙万屯
杨配济	男	1926.07	德峨镇	弄杂村上归寸屯
杨买奶	女	1923.05	德峨镇	夏家湾村东瓜林屯
王头奶	女	1928.09	德峨镇	龙英村下石板屯
黄乜席	女	1928.08	德峨镇	龙英村那用屯
杨神奶	女	1925.08	德峨镇	常么村龙那屯
王三奶	女	1926.03	德峨镇	水井村上弄艾屯
黄应妈	女	1925.10	德峨镇	么基村白泥塘 19 号
黄奶选	女	1921.02	革步乡	红岩村坝顺屯
陆奶麦	女	1919.06	革步乡	弄保村坝显屯
韦乜会	女	1923.08	革步乡	弄保村坝显屯
罗奶全	女	1918.08	革步乡	领好村领好屯
韦乜栏	女	1921.06	革步乡	革步村那烘屯
王乜英	女	1922.06	革步乡	作腾村弄伦二社
梁奶强	女	1924.05	革步乡	领好村弄央屯
万必琴	女	1922.04	革步乡	向阳村向阳平社 23 号
王公术	男	1924.03	革步乡	红岩村坝顺屯
韦公顺	男	1926.07	革步乡	马用村高桥屯
韦乜变	女	1926.03	革步乡	向阳村平类屯
何公寸	男	1925.06	革步乡	向阳村卡丛屯
王奶师	女	1927.05	革步乡	革步村革步屯
韦乜爱	女	1924.04	革步乡	革步村那烘屯
王公看	男	1923.10	革步乡	领好村牙照屯
黄卜金凤	男	1926.06	革步乡	那弄村罗干社
韦公利	男	1925.05	革步乡	领好村伟里屯
黄奶培	女	1925.11	革步乡	者彦村岩楼屯
王奶仕斤	女	1926.10	革步乡	作腾村弄我屯

续表 12

姓名	性别	出生年月	乡镇	现居住地址
韦卜树生	男	1927.08	革步乡	弄保村坝显屯
王奶术	女	1925.09	革步乡	蒙里村龙保屯
韦乜绍补	女	1927.06	革步乡	者江村那昌屯
李乜田	女	1921.06	革步乡	弄保村坝显屯
冉老咪	女	1922.11	介廷乡	马窑村杨家屯 23 号
李老满	男	1920.08	介廷乡	马窑村杨家屯 23 号
尹炳秀	女	1926.12	介廷乡	马窑村龙格闹屯
方桂梅	女	1924.08	介廷乡	平利村平斗屯
岑婆最	女	1927.03	介廷乡	平利村平斗三队
刘信秀	女	1927.07	介廷乡	那达村那达一队
黄牙川	女	1926.08	介廷乡	那达村那达三队
班廷顺	男	1925.09	介廷乡	介廷村弄烟屯
罗奶荣	女	1923.12	金钟山乡	那马村马头屯
王奶绞	女	1923.07	金钟山乡	那马村那桑屯
邓德珍	女	1920.06	金钟山乡	牛场村上尾介屯
岑乜起	女	1924.10	金钟山乡	那马村那桑屯
吴春香	女	1924.10	金钟山乡	牛场村上尾介屯
韦乜祥	女	1926.04	金钟山乡	弄八村西舍屯
许老奶	女	1922.08	金钟山乡	平流村杨家湾屯
周明香	女	1921.03	金钟山乡	牛场村未艾屯
卢奶香	女	1926.07	金钟山乡	乌冲村乌冲三社 069 号
李卜关	男	1927.01	金钟山乡	乌冲村怀鲁屯 032 号
岑云海	男	1926.07	金钟山乡	那马村团保屯
杨长济	男	1920.08	克长乡	海长村苍老屯 024 号
黄乜文	女	1922.07	克长乡	猴场村猴场屯三队 073 号
廖咪兰	女	1924.04	克长乡	烂滩屯
熊妹奶	女	1925.04	克长乡	海长村龙卡井屯 003 号
敖康奶	女	1924.11	克长乡	新合村百门屯
王林奶	女	1924.08	克长乡	海长村十屯
杨生奶	女	1920.09	克长乡	乡猴场村播妹屯
冯飞奶	女	1921.03	克长乡	联合村龙巴好屯 034 号
韦婆珠	女	1925.08	克长乡	和平村和平一队
韦公树	男	1926.10	克长乡	克娘村那夜屯
李阿买	女	1920.03	克长乡	海龙村东海屯
龙青济	男	1925.06	克长乡	克长乡敬老院
龙青奶	女	1925.03	克长乡	克长乡敬老院
张灵凤	女	1926.08	克长乡	海长村八屯 037 号
黄相云	女	1923.03	克长乡	和平村马者屯
彭小秀	女	1920.07	隆或镇	马卡村那龙屯
张乔英	女	1918.12	隆或镇	者隆村戈喃屯

续表 12

姓名	性别	出生年月	乡镇	现居住地址
李朝元	男	1920.06	隆或镇	双多村甲马岩屯
卢兆妹	女	1923.06	隆或镇	滴岩村潘家湾屯 059 号
陈伍金	男	1924.04	隆或镇	马卡村那拢屯
张七妹	女	1921.05	隆或镇	马宗村坡头上屯
徐加维	女	1920.06	隆或镇	道达村四队
杨再文	男	1919.08	隆或镇	者隆村核桃树屯
田竹妹	女	1920.07	隆或镇	者隆村毛草洞屯
陈老香	女	1920.08	隆或镇	双多村道腊屯
李清学	男	1921.01	隆或镇	双多村下洞屯
李黄氏	女	1920.01	隆或镇	双多村郭家坪屯
卢春秀	女	1919.03	隆或镇	双多村甲马岩屯
李桂凤	女	1924.08	隆或镇	沙保村大毛草坝屯
罗成妹	女	1922.03	隆或镇	拉也村四屯
毛同英	女	1922.08	隆或镇	沙保村党贯屯
王亚耍	男	1923.04	隆或镇	伟岭村凤谷屯
倪老银	男	1925.03	隆或镇	者隆村式喃屯
姚三妹	女	1925.03	隆或镇	沙保村三角山屯
代福英	女	1925.08	隆或镇	双多村双多屯 002 号
李　耍	女	1924.08	隆或镇	鱼塘村桠口寨屯 044 号
熊　抽	男	1926.07	隆或镇	鱼塘村二队 014 号
刘纯刚	男	1926.09	隆或镇	沙保村党贯屯
杨老连	女	1927.03	隆或镇	道达村四屯 029 号
代干身	女	1926.07	隆或镇	隆或乡者隆村毛坪屯
唐老香	女	1923.04	隆或镇	马宗村荒田屯 034 号
黄秀兰	女	1926.09	隆或镇	沙保村下沙保屯 091 号
达老乔	男	1923.12	隆或镇	马卡村陇岗屯
龚家义	男	1926.06	隆或镇	道达村八屯 014 号
黄老竹	女	1927.07	隆或镇	道达村八屯 014 号
李翠兰	女	1925.01	隆或镇	滴岩村小风坡冯家屯 053 号
王乜表	女	1927.02	隆或镇	八峰村那乐屯 019 号
李长秀	女	1927.09	隆或镇	滴岩村大丰坡老寨屯 055 号
杨兰英	女	1927.03	隆或镇	双多村长洞子屯 019 号
范双祥	男	1926.07	隆或镇	滴岩村范家屯 034 号
黄廷荣	男	1927.06	隆或镇	龙场村上坝忙屯 011 号
李泽珍		1927.08	隆或镇	双多村上坡岩屯 019 号
吴小莲	女	1928.04	隆或镇	隆或村三屯 010 号
班婆连	女	1928.06	隆或镇	拉也村六队 060 号
徐银莲	女	1926.01	隆或镇	打兰村坝兰屯 028 号
姚　均	男	1924.01	隆或镇	打兰村龙保田屯 022 号
岑亚米	女	1927.09	隆或镇	镇政府 055 号敬老院集体户

续表 12

姓名	性别	出生年月	乡镇	现居住地址
李　氏	女	1935.08	隆或镇	八峰村马场屯
倪贵南	男	1928.02	隆或镇	打兰村菜洞子屯 057 号
班婆花	女	1927.04	隆或镇	拉也村六队 052 号
李　氏	女	1923.09	隆或镇	打兰村龙保田屯 022 号
贾婆秒	女	1928.06	隆或镇	八峰村那乐屯
代老连	女	1927.07	隆或镇	者隆村窝子地屯 076 号
闭英盼	女	1927.03	隆或镇	镇教委办 105 号
王婆盘	女	1923.07	隆或镇	八峰村一屯
张国民	男	1927.10	隆或镇	龙场村姚家坪屯
彭全凤	女	1928.06	隆或镇	滴岩村荣满下屯
杨婆配	女	1922.03	平班镇	平班镇廷赖卡浪 6 社
黄婆秒	女	1924.03	平班镇	委哉村弄乃屯
黄婆旁	女	1923.06	平班镇	委哉村南领屯
黄婆表	女	1920.04	平班镇	管肖村管肖屯
韦公闹	男	1921.08	平班镇	岩晚村庭桑屯
黄婆调	女	1924.01	平班镇	平寨村安书屯
黄婆都	女	1921.02	平班镇	共和村雅陇屯
黄婆寒	女	1923.01	平班镇	平寨村委沟屯
黄卜华	男	1925.06	平班镇	平寨村平卡屯
黄公蒙	男	1923.08	平班镇	平寨村红岩屯
黄婆票	女	1920.07	平班镇	者合村提兰屯
黄婆密	女	1925.10	平班镇	民新村建石五社
韦婆翻	女	1926.05	平班镇	委哉村南常上屯
黄婆这	女	1906.02	平班镇	榜纳村平来上社
幸婆车	女	1924.04	平班镇	岩友村科皓二屯
黄婆达广	女	1922.04	平班镇	榜纳村那东社
李婆爽	女	1927.02	平班镇	委乐村岩坝屯
黄迷彩	女	1925.10	平班镇	管肖村平塘屯
黄婆毫	女	1926.07	平班镇	管肖村那洋屯
黄婆肖	女	1927.06	平班镇	委哉村南求屯
韦婆坤	女	1926.10	平班镇	共和村牙陇屯
黄婆肯	女	1923.09	平班镇	管肖村管肖屯
韦世信	男	1927.07	平班镇	共和村牙陇屯
黄婆晚	女	1928.08	平班镇	委乐村平坝屯
韦彩紫	女	1925.02	平班镇	民乐村委才屯
王有仁	男	1924.01	平班镇	民乐村委才屯
黄婆谁	女	1925.06	平班镇	委哉村那或屯
杨林奶	女	1921.07	蛇场乡	新寨村朱家地社
杜有弟	女	1920.10	蛇场乡	蛇场村下屯
李耍奶	女	1922.03	蛇场乡	新寨村石保屯

续表 12

姓名	性别	出生年月	乡镇	现居住地址
李云秀	女	1924.05	蛇场乡	新民村达果屯
杨林奶	女	1918.01	蛇场乡	蛇场村弯处处竹林屯
尹伍妹	女	1926.08	蛇场乡	同党村同党社
莫　运	女	1926.07	蛇场乡	同党村同党屯
安有娣	女	1926.11	蛇场乡	同党村大竹林社
王乜培	女	1923.06	天生桥镇	岩卡村那林屯八社
勾银弟	女	1920.08	天生桥镇	安然村岩磨屯
徐福芬	女	1923.09	天生桥镇	安然村风浩屯
刘王氏	女	1926.10	天生桥镇	科沙村上科沙屯
岑乜坤	女	1924.02	天生桥镇	九龙村那角屯
姚杨仙	女	1923.07	天生桥镇	安然村龙塘屯 019 号
王乜再	女	1923.08	天生桥镇	岩场村上者南屯
韦济连	女	1923.05	天生桥镇	安然村何家坳
何罗氏	女	1924.09	天生桥镇	安然村宋家坪
吴光华	男	1922.03	天生桥镇	安然村下坪屯
将银香	女	1924.09	天生桥镇	安然村二队
韦奶首	女	1924.05	天生桥镇	委果村者甫屯
王乜六	女	1925.11	天生桥镇	马窝村马窝屯
张徐代	女	1925.10	天生桥镇	安然村五队
张东英	女	1926.11	天生桥镇	安然村龙塘屯
何仁秀	女	1924.08	天生桥镇	安然村龙塘屯
勾光珍	女	1926.10	天生桥镇	风仁村马安山屯
杨光英	女	1926.09	天生桥镇	播存村龙绍屯
王现法	男	1925.12	天生桥镇	安然村五队
符龙秀	女	1927.05	天生桥镇	安然村宋家坪屯
杨时亮	女	1923.01	天生桥镇	祥播村二队
王乜远	女	1926.06	天生桥镇	九龙村委央屯
简时文	男	1927.02	天生桥镇	马窝村大平地屯
王奶了	女	1925.06	天生桥镇	九龙村委央屯
王乜标	女	1925.07	天生桥镇	风仁村风仁屯
杨　氏	女	1926.07	天生桥镇	播存村龙峰七队
周张氏	女	1927.07	天生桥镇	安然村二队
张茂秀	女	1927.09	天生桥镇	播存村龙峰六队
张小来	女	1926.07	天生桥镇	播存村张家洞屯
朱星友	女	1927.06	天生桥镇	播存村陈家洞屯
邓银昌	男	1926.08	天生桥镇	播存村甘海子屯
陈绍芝	男	1927.10	天生桥镇	科沙村科沙屯六社 013 号
杨小银	女	1927.04	天生桥镇	岩场村委要屯 024 号
王乜良	女	1927.06	天生桥镇	岩场村者合屯 018 号
潘朝芬	女	1926.12	天生桥镇	风仁村坝索屯

续表 12

姓名	性别	出生年月	乡镇	现居住地址
王奶学	女	1925.09	天生桥镇	九龙村九龙屯
王乜烟	女	1925.11	天生桥镇	马窝村马窝屯
曹贤芬	女	1927.10	天生桥镇	马窝村大平地屯
王奶现	女	1928.07	天生桥镇	镇敬老院 01 号
韦奶首	女	1924.05	天生桥镇	镇敬老院 01 号
王仁秀	女	1927.03	天生桥镇	安然村大洞子屯
卢乜高	女	1927.02	天生桥镇	岩卡村委三屯 018 号
吴小银	女	1927.08	天生桥镇	安然村岩磨屯
李乜桃	女	1928.05	天生桥镇	马窝村科风屯
周金凤	女	1927.12	天生桥镇	安然村岩领屯
杨思报	女	1928.03	天生桥镇	科沙村播妹屯 009 号
黄乜停	女	1927.08	天生桥镇	岩卡村
李乜田	女	1924.03	天生桥镇	祥播村下那安屯
岑乜田	女	1927.05	天生桥镇	祥播村祥播 2 队
王乜唐	女	1926.04	天生桥镇	祥播村祥播 3 队
韦奶成	女	1927.03	天生桥镇	岩场村月亮洞 018 号
黄乜院	女	1928.01	天生桥镇	岩场村海子屯 014 号
岑乜粉	女	1925.11	天生桥镇	九龙村九龙屯
何守分	女	1926.10	天生桥镇	安然村风浩屯
姚杨仙	女	1923.07	天生桥镇	安然村龙塘屯
吴光珍	男	1927.08	天生桥镇	安然村二队
张小长	女	1928.01	天生桥镇	安然村岩磨屯
杨小翠	女	1924.02	天生桥镇	安然村下坪屯
王乜木	女	1927.04	天生桥镇	祥播村祥播 4 队
岑奶志料	女	1927.08	天生桥镇	九龙村九龙屯
冉隆芬	女	1935.04	天生桥镇	安然村五队
王刘化	女	1928.08	天生桥镇	安然村五队
王乜思	女	1926.01	天生桥镇	岩场村隆桃屯 013 号
颜世英	女	1922.12	新州镇	新兴社区新兴街 213 号
黄阿缝	女	1923.08	新州镇	那管村那东屯
韦卜府	男	1916.09	新州镇	民权社区民权街
杨乜映	女	1923.07	新州镇	民权社区民权街
班亚做	女	1923.06	新州镇	民生社区民生街 41 号
黄婆雨	女	1923.03	新州镇	民强村那弄屯 052 号
陈彩兰	女	1923.12	新州镇	民权社区民权街 200 号
黄婆单	女	1924.02	新州镇	民福村那老屯 027 号
李有英	女	1924.02	新州镇	民权社区民生街 220 号
杨婆会	女	1923.06	新州镇	弄桑村下坝白屯 22 号
黄婆内知	女	1923.07	新州镇	马雄村委里屯 009 号
杨婆园	女	1921.07	新州镇	那烘村者林屯 011 号

续表12

姓名	性别	出生年月	乡镇	现居住地址
韦乜品	女	1919.07	新州镇	民族社区迎宾二路
凌秀兰	女	1922.06	新州镇	民族社区迎宾一路
黄正盼	女	1923.05	新州镇	新兴社区新兴街
蔡小孝	女	1924.09	新州镇	民族社区迎宾二路396号
马日光	男	1921.02	新州镇	含山村红家湾屯
李秀清	女	1924.08	新州镇	民族社区民族路01号
班婆球	女	1924.11	新州镇	者隘村者隘屯102号
杨婆会	女	1923.06	新州镇	弄桑村下坝白屯22号
宋　懋	男	1925.11	新州镇	民族社区民族路188号
黄亚顺	男	1925.03	新州镇	民生社区民生街55号
陈亚运	女	1926.10	新州镇	民生社区民生街074号
刘惠芝	女	1927.07	新州镇	民族社区民族路
黄婆在	女	1920.03	新州镇	那烘村快乐屯
韦婆堂	女	1925.10	新州镇	那烘村平坤屯
韦公面	男	1927.07	新州镇	那烘村东保屯017号
黄碧芬	女	1927.10	新州镇	民生社区民生街90号
黄乜汉	女	1927.06	新州镇	含山村泥浪屯044号
张立新	男	1927.12	新州镇	民权社区民权街088号
杨文彬	女	1928.10	新州镇	民生社区民生街244号
王阿审	女	1928.02	新州镇	民福村丁推屯003号
杜尚珍	女	1928.09	新州镇	民生社区民生街
杨奶伍	女	1925.12	新州镇	那么村卫满屯
黄寿开	男	1928.04	新州镇	含山村泥浪屯041号
潘月元	女	1928.12	新州镇	民生社区民生街213号
韦婆转	女	1928.06	新州镇	民德村红腊屯019号
左连康	男	1926.03	新州镇	民族社区民族路78号
梁仁欢	女	1926.06	新州镇	民强村那谷一社036号
张时春	女	1923.11	桠杈镇	龙良村场坝桠口屯
张何氏	女	1921.10	桠杈镇	忠义村龙干汉屯
吴陶妹	女	1921.04	桠杈镇	弄徕村火石地屯
王道政	女	1921.02	桠杈镇	生基湾村新寨屯
李兴付	男	1921.05	桠杈镇	龙良村龙坪屯
湛应荣	男	1925.02	桠杈镇	忠义村云盘屯
李姚氏	女	1924.01	桠杈镇	龙歪村上龙歪上计屯
陈应慷	男	1926.06	桠杈镇	忠义村大花地屯
湛应芬	女	1927.09	桠杈镇	忠义村小湾屯
何冉氏	女	1921.10	桠杈镇	生基湾村麻托湾屯
周念毕	女	1926.10	桠杈镇	龙歪村上林家屯
张罗氏	女	1926.10	桠杈镇	龙歪村下计兴屯
罗金莲	女	1927.10	桠杈镇	龙歪村上计兴屯

续表 12

姓名	性别	出生年月	乡镇	现居住地址
廖国芝	女	1926.06	桠杈镇	龙歪村小龙艾屯
林胡氏	女	1926.11	桠杈镇	龙歪村上龙歪屯
王永贵	男	1927.11	桠杈镇	龙良村高坎子屯
韦学芝	女	1927.02	桠杈镇	龙歪村上林家屯
贺良英	女	1928.01	桠杈镇	生基湾村田丫口屯
熊德英	女	1928.03	桠杈镇	纳贡村下六屯
陶玉芬	女	1928.08	桠杈镇	纳贡村下六屯
林学秀	女	1922.08	桠杈镇	纳贡村二屯
陈胡氏	女	1928.01	桠杈镇	忠义村陈家屯
韦乜让	女	1923.05	者保乡	作欢村那龙屯
刘星秀	女	1923.08	者保乡	巴内村上过河屯 027 号
韦奶飞	女	1920.10	者保乡	上棒村者么屯
陆乜信	女	1921.10	者保乡	雅口村那才屯
韦永芹	女	1922.07	者保乡	作欢村可兴屯
罗奶邕	女	1922.09	者保乡	雅口村东冷屯
韦奶使	女	1921.09	者保乡	雅口村那哄屯
陆阿四	男	1925.06	者保乡	同福村那吉屯
杨仁高	男	1924.07	者保乡	者保村弄江屯
韦乜留	女	1926.04	者保乡	民怀村南徕屯
梁乜浪	女	1925.11	者保乡	上棒村同坡屯
王宗寿	男	1920.08	者保乡	中棒村可力屯
杨乜妹	女	1927.06	者保乡	巴内村下者显屯
陆阿连	女	1925.03	者保乡	同福村南敢屯
王万在	女	1924.11	者保乡	者保村江合屯
韦阿琼	女	1926.06	者保乡	者保村哄弄屯
韦金婉	女	1925.07	者保乡	那平村拉停屯
韦阿信	女	1924.12	者保乡	同福村堆岭屯
陆奶广	女	1925.08	者保乡	雅口村那而屯
常恩七	男	1927.07	者保乡	中棒村破妹屯
王石新	男	1927.09	者保乡	中棒村可力屯
王阿逢	女	1926.03	者保乡	作欢村可晚屯
常玉祖	男	1926.08	者保乡	作欢村可兴屯
梁奶山	女	1925.09	者保乡	上棒村乐干屯
罗仁寿	男	1928.02	者保乡	作欢村那龙屯 021 号
韦阿欢	女	1928.06	者保乡	雅口村布蒙屯
陆寿潘	男	1926.05	者保乡	南光村可而屯
班东妹	女	1928.12	者保乡	班支花村拉弄屯
杨仁诗	男	1928.06	者保乡	中棒村坝歪屯
韦乜拾生	女	1923.10	者浪乡	者烟村那木屯
韦牙密	女	1923.11	者浪乡	央腊村江那屯

续表 12

姓名	性别	出生年月	乡镇	现居住地址
李阿妹	女	1921.12	者浪乡	那隆村堆弄屯
王乜道	女	1921.09	者浪乡	那隆村南要屯
韦奶顺	女	1925.11	者浪乡	者床村烘播屯
卢金代	男	1924.03	者浪乡	者床村拉歪屯
王卜新	男	1925.10	者浪乡	者烘村一队
班凤相	女	1928.01	者浪乡	者烘村二队
吴阿元	男	1927.04	者浪乡	者烘村二队
王乜新	女	1927.08	者浪乡	者烘村一队
叶乜快	女	1927.08	者浪乡	者烘村五队
王以言	男	1926.03	者浪乡	者烘村一队
黄婆瑶	女	1927.07	者浪乡	播立村播立屯
吴德英	男	1927.03	者浪乡	坡合村克保屯
龙婆双	女	1927.09	者浪乡	者浪村南良屯
王婆环	女	1926.01	者浪乡	那隆村平丈屯
韦亚友	男	1927.05	者浪乡	那隆村龙合屯
黄乜送	女	1927.10	者浪乡	者床村那乾屯
熊乜才	女	1928.01	者浪乡	么窝村弄保屯
陶买英	女	1928.02	者浪乡	么窝村弄保屯
王叁妹	女	1926.09	者浪乡	么窝村么窝屯
黄有志	男	1928.05	者浪乡	那隆村央计屯
卢红花	女	1928.03	者浪乡	者床村平扛屯
杨廷奶	女	1919.08	猪场乡	羊街村茶林湾社 83 号
杨廷济	男	1919.12	猪场乡	羊街村茶林湾社 83 号
陶长奶	女	1919.02	猪场乡	烂木干村弄山社 04 号
陈合奶	女	1925.06	猪场乡	猪场村生机社 023 号
韦卜再	男	1926.03	猪场乡	那岩村那碰屯
王卜米	男	1924.09	猪场乡	那岩村大田坝屯
韦乜象	女	1927.04	猪场乡	平安村平安社一队 5 号
王石奶	女	1927.03	猪场乡	猪场村松林社 19 号
杨金竹奶	女	1927.05	猪场乡	烂木干村卡规屯
王婆玉	女	1927.02	沙梨乡	开冲村开冲屯
韦婆化	女	1926.11	沙梨乡	委尧村岩蚌屯

统计资料

城乡居民收支结构

表 13　　2018 年隆林各族自治县城镇居民人均收支分项结构数表

指标名称	元	代码	隆林县		
			2018 年(元)	2017 年(元)	增速(%)
可支配收入	元	3701	30467	28961	5.20

表 14　　2018 年隆林各族自治县农村居民收支结构数表

	单位	代码	隆林县		
			2018 年(元)	2017 年(元)	增速(%)
可支配收入	元	3701	9107	8401	8.4

附　录

文件选编

关于印发《隆林各族自治县持续开展春节期间走访农村返乡人员助推脱贫攻坚和“美丽隆林”乡村建设活动方案》的通知

隆脱指办发〔2018〕4号

各乡（镇）党委和人民政府，县直各单位：

现将《隆林各族自治县持续开展春节期间走访农村返乡人员助推脱贫攻坚和“美丽隆林”乡村建设活动方案》印发给你们，请认真组织实施。

隆林各族自治县脱贫攻坚战
指挥部办公室
2018年2月12日

隆林各族自治县持续开展春节期间走访农村返乡人员助推脱贫攻坚和“美丽隆林”乡村建设活动方案

根据自治区《关于持续开展春节期间走访农村返乡人员助推脱贫攻坚和“美丽广西”乡村建设的意见》（桂开办发〔2017〕85号）及自治区扶贫开发领导小组《关于做好春节期间走访农村返乡人员助推脱贫攻坚和做好“美丽广西”乡村建设活动的通知》精神，为充分利用每年春节前后开展走访农村返乡人员活动，动员和引导广大农村返乡人员留乡就地就业创业，纵深推进隆林脱贫攻坚和“美丽隆林”乡村建设工作，结合我县实际，特制定本方案。

一、充分认识持续开展走访农村返乡人员活动的重要意义

2017年春节期间我县开展的走访农村返乡人员活动，深入宣传了扶贫、惠农、返乡人员就业创业等政策，建立了返乡人员一寸一册人才数据库，搭建了返乡人员沟通联系平台，部分返乡人员留乡就地就业创业。一年来，留乡就业创业的返乡人员积极投入到脱贫攻坚和“美丽广西”乡村建设中，有的成为当地创业致富带头人，有的成为“美丽广西”乡村建设的中坚力量，有的成为村“两委”班子成员，为推进我县经济社会发展特别是脱贫攻坚和“美丽广西”乡村建设发挥了积极的作用。

当前我县脱贫攻坚已经到了啃硬骨头、攻城拔寨的冲刺阶段，目前尚未摘帽的贫困户、贫困村由于自身基础条件差、自我发展能力弱，迫切需要龙头的带动。“美丽隆林”乡村建设已进入“宜居乡村”活动阶段，随着工作的梯度推进，面临的困难和压力也日益增大，迫切需要各方面的深度与和大力推动。确保2020年现行标准下农村贫困人口全部脱贫，贫困村、贫困县全部脱贫摘帽；要深入推进“美丽广西”乡村建设，巩固提升清洁乡村、生态乡村建设成效，持续推进宜居乡村、幸福乡村建设，让八桂大地蓝天常驻、青山常在、碧水常流，努力营造山清水秀的自然生态。

我县开展走访农村返乡人员活动已具有一定的工作基础，充分利用春节这个农村外出务工人员返乡的集中期，持续开展走访农村返乡人员活动，引导更多的熟悉乡情、素质较高、头脑灵活、掌握技术、信息灵通的返乡人员留乡就业创业、支持家乡建设，对加快打赢脱贫攻坚战和“美丽广西”乡村建设步伐具有十分重要的意义。各地部门要充分认识持续开展春节期间走访农村返乡人员的重要意义，切实增强责任感和使命感，全力抓好活动组织实施，为打赢脱贫攻坚战、推进“美丽广西”乡村建设凝聚强大合力。

二、准确把握活动时间、对象和目标

（一）活动时间。2018—2020 年，每年春节期间。

（二）走访对象。返乡的在外打工、经商办企业人员，2017 年春节以来留乡就业创业的返乡人员，尤其是村“两委”换届年要注重走访返乡党员，增加走访返乡的退休干部、复员军人、乡（镇）医生、乡（镇）教师和其他乡贤。

（三）活动目标。通过开展走访农村返乡人员活动，调查摸清本地在外出人员动态情况，动员引导一批农村返乡人员留乡创业就业、参与家乡建设，从中逐步培养一批农村致富带头人、培养一批优秀农村基层干部，为隆林脱贫攻坚和“美丽隆林”乡村建设提供人才支撑。

三、抓好活动重点工作内容

（一）进村入户走访。各乡（镇）、县直各部门要结合春节慰问、访贫问苦活动，组织单位干部、贫困村党组织第一书记、“美丽隆林”乡村建设（扶贫）工作队员开展一次拉网式调查，到返乡人员家中走访慰问，了解他们的所思、所想，问清走访对象的专业特长、创业就业方向等信息，进一步完善一村一册人才数据库和返乡人员通讯录、微信群、QQ 群，搭建好农村返乡人员沟通联系的平台。

（二）宣传讲解政策。大力宣传和讲解扶贫政策、惠农政策以及鼓励返乡创业就业的金融贷款、税费减免、项目用地、劳动力培训等方面的政策措施，以及“美丽广西”乡村建设尤其是“宜居乡村”活动内容，吸引返乡人员留乡就业创业。深入宣传村“两委”换届政策、村干部报酬待遇政策等，动员和鼓励返乡优秀党员、优秀人才等依法依规积极参与村“两委”换届选举，成为新一届村“两委”班子成员。

（三）引导留乡创业就业。自治县脱贫攻坚战指挥部公共服务专责小组要有针对性地组织返乡人员代表到产业基地、龙头企业、农民工创业园、“美丽隆林”乡村建设等现场考察，让他们实地感受家乡发展变化，增强创业就业信心；要围绕脱贫攻坚和“美丽隆林”乡村建设准备项目，列出一批特色种养、乡村旅游、农产品加工、农村电商、基础设施及公共服务设施建设等方面的项目清单，向他们进行推介；要梳理隆林急需的人才情况和岗位信息，引导他们留乡就业；要邀请返乡创业就业成功人士现身说法，介绍经验，对返乡人员创业就业进行指导，提高创业就业成功率。各乡（镇）要通过农村返乡人员通讯录，组建微信群、QQ 群等方式，建立农村返乡人员沟通联系平台。各乡（镇）和县直各部门要探索建立与返乡人员“一对一”或“一对多”的联系服务机制，有针对性地为返乡人才留乡创业就业提供政策咨询、项目申报、融资贷款、产业发展等方面的服务。对暂时不留乡创业就业的，各乡（镇）、县直各部门要保持密切联系，了他们的工作情况及当地用工需求等信息，有针对性地开展贫困劳动力就业技能培训，帮助贫困劳动力外出务工就业。

（四）动员支持家乡建设。各乡（镇）要用过召开“迎春茶话会”“返乡人才座谈会”等方式，介绍隆林经济社会发展特别是脱贫攻坚和“美丽隆林”乡村建设工作取得的成效、存在的困难、工作的打算等，让各类农村人员了解家乡变化，认清县情、乡情、村情，动员返乡人员发挥自身优势，积极为家乡特别是所在村建言献策，出资出智、投工投劳，为其产业发展、脱贫致富、村屯建设等贡献力量。动员他们通过开办企业、组建农民合作社、招收贫困劳动力等形式，用实际行动支持家乡脱贫攻坚和“美丽隆林”乡村建设。

四、明确工作要求，确保活动取得实效

（一）加强组织领导。各乡（镇）、县直各部门要切实加强对走访返乡人员活动的组织领导，制定本乡（镇）、部门活动方案，精心安排部署，扎实开展活动；要加强督促检查，及时掌握活动情况，研究解决实际问题，确保活动取得实效。

（二）突出走访对象。村党组织书记、第一书记、工作队员要走访到每一位返乡党员，乡（镇）党委要重点走访返乡人才素质较好、能力较强的可考虑作为村“两委”班子成员人选的党员。

（三）强化宣传报道。各乡（镇）、县直各部门要加强对走访返乡人员的宣传报道，充分运用广播、网络等媒体，大力宣传活动的目的、意义、做法、成效等，特别是广泛宣传活动中涌现出的先进典型、近年来返乡成功创业的先进典型，为活动开展营造良好气氛。

（四）开展督促检查。自治县脱贫攻坚战指挥部督查专责小组要加强对走访农村返乡人员活动的督促检查，对工作重视不够、推进不力、成效不明显的单位进行“黑榜”通报，对活动开展得好的通过“红榜”进行表扬。

（五）加强跟踪服务。对走访后留乡创业的返乡人员，要密切加强联系，经常过问就业创业情况，积极帮助他们解决遇到的困难和问题。要建立健全各类农村返乡人员留乡就业创业激励机制，做好政治上关心、精神上鼓励、资金上激励和发展上支持，把他们培养成为创业致富带头人。

（六）上报活动成果。各乡（镇）、县直各部门要严格按要求组织开展走访返乡人员活动，全面收集信息，填写《农村返乡人员座谈会记录》《农村返乡人员走访记录》《走访农村返乡人员情况汇总表》，并于2018年3月9日前将活动总结、活动图片及《走访农村返乡人员情况汇总表》上报自治县脱贫攻坚战指挥部公共服务专责小组进行汇总，并呈自治县脱贫攻坚战领导审定后，形成活动材料上报市指挥部公共服务组。

自治县党委办公室　自治县人民政府办公室
关于印发《隆林各族自治县2018年烤烟生产工作实施方案》的通知

隆办通〔2018〕19号

各乡（镇）党委和人民政府，自治县党委各部委办局，自治县级国家机关各单位，各人民团体：

经自治县党委、自治县人民政府同意，现将《隆林各族自治县2018年烤烟生产工作实施方案》印发给你们，请认真组织实施。

中共隆林各族自治县委员会办公室
隆林各族自治县人民政府办公室
2018年3月16日

隆林各族自治县2018年烤烟生产工作实施方案

为发挥烤烟产业扶贫优势，实现扶贫攻坚战略目标，以及实现农业增效、农民增收、财政增长，切实推进2018年烤烟生产提质、增效，特制定本实施方案。

一、指导思想

深入贯彻落实党的十九大全会精神，围绕烤烟生产“提质、增香、增效”总体要求，努力提高农业产业化水平，实现优质烤烟助推农民增收、财政增长、企业增效的总目标。

二、目标任务

2018年度全县烤烟种植面积2.5万亩，烟叶交售量5.5万担，上等烟比例达65%以上，实现产值6000万元，创税1300万元。

三、激励政策

2018年度的烟叶税100%用于扶持烤烟生产。

（一）烟农创税返还。

将本年度烟叶税的40%返还给种烟农户。

（二）县、乡（镇）、村发展烤烟产业经费。

1. 自治县发展烤烟产业经费。将重点烟区乡（镇）（即隆或镇、德峨镇、蛇场乡、岩茶乡、克长乡、介廷乡）所创烟叶税的30%和非重点烟区乡（镇）（者保乡、猪场乡）所创烟叶税的5%作为自治县发展烤烟产业经费。

2. 乡（镇）发展烤烟产业经费。重点烟区乡（镇）（即隆或镇、德峨镇、蛇场乡、岩茶乡、克长乡、介廷乡）将本乡（镇）2018年度所创烟叶税的24%返还给乡（镇）政府作为乡（镇）发展烤烟产业经费。非重点烟区乡（镇）（者保乡、猪场乡）将本乡镇2018年度所创烟叶税总额的50%返还给乡（镇）政府，作为乡（镇）发展烤烟产业经费。

3. 村级发展烤烟产业经费。根据隆办发〔2017〕36号文件要求，为鼓励烟区乡（镇）村级积极发展烤烟产业，增设村级发展烤烟产业经费。从自治县发展烤烟产业经费和各乡（镇）发展烤烟产业经费中分别提取2%作为种植烤烟村的村级集体经济收入，并作为发展烤烟产业经费。根据各村2018年度实际完成烟叶创税数额进行计算。

（三）自治县烤烟生产办公室工作经费。

将重点烟区乡（镇）所创烟叶税的6%和非重点烟区乡（镇）所创烟叶税的5%作为自治县烤烟生产办公室工作经费。

四、各项资金的使用

（一）烟农创税返还。

烟农创税返还由自治县财政局、烟办、烟草营销部和各乡（镇）共同核定，返还给烟农。烟农要严格遵守自治县烟办、烟草营销部等业务部门的各项管理制度和业务指导，特别是要做好大型密集型烤房的使用后管护。

（二）乡（镇）发展烤烟产业经费的使用。

用于乡（镇）发展烤烟产业的各项工作支出；对预脱贫户每亩补助300—500元，具体补助金额和细则由乡（镇）根据实际情况制定，补助金额从乡（镇）发展烤烟产业经费中列支。

（三）村级发展烤烟产业经费使用。

用于村级发展烤烟产业的各种会议、宣传、工作布置所产生的费用开支，以及相关办公费用支出。

（四）自治县烤烟产业发展经费使用。

1. 烟叶生产保险基金。按上级文件规定，实行烤烟生产政策性保险。我县以当年实际签订烤烟种植收购合同面积每亩提取12元作为代缴烟农保险费和损失赔偿机动金。

2. 表彰经费。将烟叶税总额的1%作为表彰经费，用于全县年度烤烟生产表彰会会议经费、表彰奖励先进集体和先进个人等。

3. 烟区基础设施建设及管护经费。将烟叶税总额的3%作为烟区基础设施建设及管护经费。

4. 优质烟“提质、增香、增效”经费。将烟叶税总额的2%作为优质烟“提质、增香、增效”补助费。烟区烟农2018年必须施用有机生物肥、交售烟叶上等烟比例达65%以上方可享受补贴。

5. 其他预备资金。在自治县发展烤烟产业经费中，除了烟叶生产保险基金、表彰经费、烟区基础设施建设及管护经费、优质烟“提质、增香、增效”补助费以外，所剩余的资金列为“其他预备资金”，用于烤烟生产抗旱、救灾、生物质烘烤设备推广、烟苗补贴等与烤烟生产相关的各种不可预知的项目开支。

（五）烟办工作经费。

主要用于扶持烤烟生产发展、开展宣传动员、技术培训、试验、示范课题、会议、差旅费等项目的开支。

五、工作措施

（一）加强领导，建立健全工作机构。

1. 建立健全烤烟生产工作机构。自治县党委、自治县人民政府决定，成立烤烟生产工作领导小组，小组成员名单如下：

组　长：钟永锋　自治县党委副书记
副组长：陈　东　自治县党委常委、人民政府副县长
　　　　张恺婧　自治县人大常委会副主任
　　　　黄桂华　自治县人民政府副县长
　　　　刘思思　自治县人民政府副县长
　　　　陈晓慧　自治县政协副主席
　　　　黎　胜　自治县人大副处级干部（负责日常协调工作）
成　员：农兰艳　自治县党委办公室副主任
　　　　李　彪　自治县人民政府办公室副主任、政府督查室主任
　　　　吴永卫　自治县烟办主任
　　　　韦定平　自治县烟草专卖局局长
　　　　陈正荣　自治县农业局局长
　　　　林世能　自治县水利局局长
　　　　刘　杰　自治县扶贫办主任
　　　　杨金福　自治县农机局局长
　　　　尹华军　自治县气象局局长
　　　　黄绍仁　自治县财政局副局长
　　　　黄贵华　自治县审计局副局长
　　　　张兴旺　自治县地税局副局长
　　　　黄国邕　自治县交通运输局副局长
　　　　农　芒　自治县质监局副局长
　　　　杨永宁　自治县工商局副局长
　　　　李传元　自治县公安局副局长
　　　　向　锋　隆林供电有限公司副总经理
　　　　周万伦　蛇场乡人大主席
　　　　李顺杰　岩茶乡人大主席
　　　　韦　键　克长乡人民政府副乡长
　　　　王　敏　隆或镇人民政府副镇长
　　　　李鸣福　德峨镇人民政府副镇长
　　　　张元庆　介廷乡人民政府副乡长
　　　　张兴祥　者保乡人民政府副乡长
　　　　刘华君　猪场乡人民政府副乡长

领导小组下设办公室，办公室设在自治县烟办，办公室成员由烟办相关人员组成，负责全县烤烟生产的组织实施、督促检查和指导等工作。

各烟区乡（镇）要相应成立本乡（镇）烤烟生产领导小组，要抽调业务精，工作能力强，事业心、责任心强的干部负责抓烤烟生产，乡（镇）主要领导要亲自抓、负总责，分管领导要具体抓、系统抓。

2. 实行自治县联系领导负责制，把烤烟生产作为中心工作一同安排部署，一同检查指导，工作业绩考评与所联系乡（镇）烤烟生产情况相挂钩；烟区乡（镇）要实行领导班子成员包片区，干部包村屯、农户的办法，负责指导烤烟生产；县直各包村单位要派出工作能力和责任心强的干部，带资金、物资到帮扶联系点抓烤烟生产。

（二）早计划、早宣传、早发动、早落实。各烟区乡（镇）要早计划、早宣传、早发动、早落实烤烟生产各项

工作。

1. 田烟面积在 2017 年 12 月下旬落实。

2. 地烟面积在 2018 年 1 月底前全面落实。

（三）科学规划，合理布局，重点推进。

2018 年度全县烟区规划在隆或、德峨、蛇场、岩茶、克长、介廷、者保、猪场等 8 个乡（镇）。其中，以隆或、德峨、蛇场、岩茶、克长、介廷等 6 个乡（镇）为重点烟区乡（镇）。

（四）鼓励烟区土地流转，合理配置土地资源。

各烟区乡（镇）要按照相对集中连片的原则，科学合理地划出烤烟种植区，在划定的范围内必须统一种烟或统一轮作。因各种原因原土地承包经营者不能种烟的，要想方设法调换耕地或将区域内耕地出租给愿意种烟的农户。在划定的烤烟种植区域内，耕地流转指导价格为：灌溉方便的保水田每亩每年转租费控制在 600 元左右，旱地（含旱田）每亩每年转租费控制在 400 元左右，具体的租金和租期由出租方和承租方在乡（镇）政府和村委会的指导下协商解决。有条件的乡（镇）要从烤烟生产工作经费中拿出一部分资金扶持大户租地种烟，具体办法由烟区乡（镇）根据本地实际情况另定。

（五）强化服务工作。

1. 加大培训力度。由自治县烟办、烟草营销部牵头，扶贫、科协等部门紧密配合，积极开展烤烟生产技术培训。要对烤烟工作队员及烟区乡（镇）领导、乡干和村干进行一次全面培训，要求烟区的乡（镇）、村干部及烤烟工作队员必须全面掌握生产技术。此外，根据各生产环节对烟农进行培训，要求种烟户劳动力培训率达到 100%。

2. 做好各种物资供应工作。自治县烟草营销部等部门要积极做好烤烟生产物资的组织、调运和供应服务工作，要想方设法降低生产资料成本，确保烤烟生产各个环节不误农时正常开展。

3. 做好田间技术指导服务工作。为有效普及推广烤烟生产技术，统一技术规范，达到优质、适产、高效益目标，自治县烟办、烟草营销部和烟区乡（镇）党委、政府要坚持派出工作人员进村入户，深入田间地头加强技术指导，为广大烟农及时提供技术服务。

4. 要切实强化基础设施建设，改善烟区生产条件。自治县扶贫办、水利局、电力局、交通局、发改局、农业局、林业局等部门在实施水、电、路等基础设施项目时，在政策允许的条件下要优先照顾烟区村屯。

5. 做好烟区农业机械化推广工作。自治县农机、烟草营销部等部门要紧密配合，认真搞好烟区农业机械化推广工作，减轻烟农劳动强度。

6. 做好气象工作。气象部门要做好天气预测预报和有关防灾减灾知识普及工作，为烟区抗旱、防雹减灾提供优质服务。

六、管理办法

（一）绩效考评。将年度收购任务或烟叶税任务完成情况列为自治县烤烟生产办公室和烟区乡（镇）年度绩效考评的依据（除去自然灾害因素）。非重点烟区乡（镇）暂不列入年度绩效考评内容。

（二）评奖条件。完成烟叶收购量 5000 担以上的烟区乡（镇）按收购任务和烟叶税任务完成情况参加烤烟生产先进评奖。

（三）评优条件。严肃年度考核评定等次（乡镇、烟办主要领导及分管领导）。完成 2018 年度收购任务和烟叶税任务的方可参加年度考核优秀等次评定；不完成任务的，年度考核不能评为优秀等次。参与组织发展烤烟生产成绩突出、政治思想等各方面表现好的县、乡（镇）干部，给予表彰奖励。

自治县党委办公室　自治县人民政府办公室
关于印发《天生桥码头专项清理整治工作方案》的通知

天生桥镇人民政府，自治县各相关单位：

根据自治区水利厅的有关检测数据显示，2018 年 1 月及 2 月，天生桥水库坝址水质为劣Ⅴ类，总氮、总磷超标。经过初步分析，天生桥水库水质不达标的主要原因是由于库区内的网箱养殖设置不合理，投放的饲料过多而引起。

为进一步加强天生桥库区隆林辖区的生态环境保护，遏制库区水质恶化，规范库区网箱养殖科学，保障下游用水安全。根据自治县党委和人民政府研究，决定于 2018 年 4 月 2 日至 3 日对天生桥新码头和老码头一带开展集中整治活动。为确保活动顺利进行，特制定本工作方案。

一、行动时间

2018 年 4 月 2 日—4 月 3 日。

二、行动地点

天生桥新码头和老码头一带。

三、现场指挥领导小组

为确保清理工作的顺利完成，成立现场指挥领导小组，负责统一指导、协调、组织相关部门全面开展清理整治工作。

指 挥 长：钟永锋　自治县党委副书记

副指挥长：罗忠胜　自治县党委常委、政法委书记

黄桂华　自治县人民政府副县长

王太兴　自治县人民政府党组成员、公安局局长

成　　员：农兰艳　自治县党委办副主任

李　彪　自治县人民政府办公室副主任、政府督查室主任

潘文高　自治县水产畜牧兽医局局长

田茂芳　自治县公安局副局长

刘　剑　天生桥镇党委书记

领导小组下设综合协调组、法制宣传组、群众思想工作组、安全维护组、依法拆除组、水上救援组、医疗保障组和宣传组。

（一）综合协调组

组　长：黄桂华

副组长：农兰艳、李　彪、潘文高、刘　剑

成　员：自治县党委办、政府办、水产畜牧收兽医局、天生桥镇抽人员组成。

工作职责：负责起草工作方案，联络、沟通信息、协调人员前往现场执行拆除任务；现场协调各工作组开展工作。

（二）法制宣传组

组　长：韦燮奕

副组长：班绍彪

成　员：从自治县司法局、环保局抽 1 人组成。

工作职责：负责组织政策法律宣传工作。

（三）群众思想工作组

组　长：刘　剑

副组长：韦　玮

成　员：从天生桥镇抽 5 人组成。

工作职责：负责涉及辖区渔民思想维稳工作。

（四）安全维护组

组　长：田茂芳

副组长：张顺淇

组　员：自治县公安局 20 名、天生桥镇派出所 2 名干警。

工作职责：

1. 负责现场周边外围警戒，确保拆除人员、船舶顺利进入现场及安全撤离现场；禁止无关人员、船舶进入拆除现场，并依法限制无关人员进行拍摄录像。

2. 负责对相关养殖户进行监控，如有采取过激行为，立即控制并强强制打击阻止其违法。负责教育劝阻违法当事人亲属，并强制带出执法现场，保证整治拆除组顺利进行。

3. 负责突发群体性事件现场的秩序维护，根据现场实际情况，对现场周围进行管制，全力配合强制拆除组处置、收缴现场所有的非法管制具械。

（五）依法拆除组

组　长：潘文高

副组长：王胜强、黄仕奇

成　员：从自治县水产畜牧兽医局（21 人）、综合执法大队（10 人）、水政执法大队（2 人）交通运输局港航所（2 人）、供电公司（2 人）等单位抽调人员组成。具体履行拆除工作职责及分工如下：

1. 断电：隆林供电有限公司负责拆断电源。

2. 强拆：由联合持法队对网箱进行剪除或拉到指定区域。

（六）水上救援组

组　长：潘文高

副组长：王胜强

成　员：由自治县水产畜牧兽医局抽调或向社会聘请熟悉水性的人员组成。

（七）医疗保障组

组　长：韦　玮

成　员：天生桥镇卫生院 5 人。

工作职责：负责准备好救治药材，参与整治过程的医疗救助。其中 3 人随执法队进入现场，其余 2 人随救护车在各执法码头待命。

（八）后勤保障组

组　长：潘文高

副组长：廖国芝、王胜强

成　员：彭　杰、郭　德、黄　芳、林　瑶。

工作职责：负责车辆安排、船舶安排以及就餐安排。

（九）宣传组

组　长：林　斌

副组长：覃贞木

成　员：从自治县外宣办、广电局抽调人员组成。

工作职责：负责做好清理整治工作的宣传报道等工作。

四、其他要求

（一）请自治县公安局、两违大队准备携带执法记录仪等执法设备，其中依法拆除组成员要携带好等拆除工具。

（二）请自治县机关事务局安排2台大巴车运送执法行动人员，请自治县林业局提供6台调式好的对讲机。

（三）各单位带队人员必须为本单位主要领导或分管领导，负责安排好行动所需的人员，并于4月2日和4月3日上午07:50前到隆林国际大酒店内停车场集中，于08:00统一乘车出发。

（四）请自治县交通运输局、水产畜牧兽医局、天生桥派出所准备4艘执法船，水产畜牧兽医局做好执法人员的快餐及饮用水保障。

（五）请自治县水产畜牧兽医局负责准备救生衣、救生圈等救生设施。

（六）本次活动所需经费由自治县水产畜牧兽医另行文向政府申请。

（七）请各单位将参加活动的人员名单于4月1日19:00前报自治县人民政府办公室六秘邮箱llzfb6m@163.com，联系电话：8202880，18577468898。

自治县党委办公室　自治县人民政府办公室
关于印发《隆林各族自治县迎接自治区卫生县城复审工作目标管理考核办法》的通知

隆办通〔2018〕36号

各乡（镇）党委和人民政府，自治县党委各部委办局，自治县级国家机关单位，各人民团体：

《隆林各族自治县迎接自治区卫生县城复审工作目标管理考核办法》已经自治县党委、自治县人民政府同意，现印发给你们，请认真组织实施。

中共隆林各族自治县委员会办公室
隆林各族自治县人民政府办公室
2018年5月8日

隆林各族自治县迎接自治区卫生县城复审工作目标管理考核办法

为加快我县迎接自治区卫生县城复审工作进程，确保如期通过自治区卫生县城复审考核，根据《广西壮族自治区卫生县城标准（试行）》、《广西壮族自治区卫生县城考核、鉴定和监督管理办法（试行）》（桂爱卫会〔2011〕13号）等文件精神和《隆林各族自治县迎接自治区卫生县城复审工作实施方案》（隆办通〔2017〕21号）的通知要求，特制定本办法。

一、考核范围及对象

各乡（镇）人民政府、新州镇下辖各社区，县级各部门、学校、医院（含垂管单位）。

二、考核内容

按照自治区卫生县城创建标准，主要考核我县迎接自治区卫生县城复审工作中各项指标任务完成情况，内容包括共性任务和个性任务。共性任务是指所有被考核对象都必须完成的创卫复审工作任务，包括爱卫、创卫组织管理、健康教育、环境卫生、病媒生物防治（除“四害”）、创卫复审档案及资料的管理等工作。个性任务是指因各单位的职责不同而特有的工作任务。

三、考核组织及方式

（一）考核组织

自治县绩效办、创卫办、爱卫办具体负责对所有被考核对象的迎接自治区卫生县城复审工作进行考核。主要考核创卫复审工作牵头单位能否按时有效组织相关责任单位开展好创卫复审各项工作，任务完成率能否达标。各迎接创卫复审责任单位（不含牵头单位）在牵头单位组织的迎接创卫复审工作中能否按时完成工作任务，所辖区域和行业的迎接创卫复审工作能否有效开展，达标情况如何；被考核单位在自治县组织的迎接创卫复审专项整治工作中完成及达标情况；是否按要求参加创卫复审工作会议和有关活动等。

（二）考核方式

1. 采取平时检查与年终考核相结合。平时检查以自治县创卫办检查结果为准，年终考核采取听取汇报、现场查看、查阅资料、走访群众、随机暗访相结合的方法进行。

2. 按照自治县迎接自治区卫生县城复审工作完成

情况及职责任务进行考评。

3.对职能单位，考核内容为共性任务和个性任务，对一般单位考核内容为共性任务。

四、考核分值及相关措施

（一）考核分值

总考核分为100分（一般单位共性任务100分；职能单位包括共性任务和个性任务分值，个性任务分值记入加分内容）。被考核单位分为：优秀、合格、基本合格、不合格四个档次：

1.95分以上（不含95分）的为优秀；

2.90~95分（不含90分）的为合格；

3.85~90分（不含85分）的为基本合格；

4.85分以下（含85分）的为不合格。

（二）加、扣分项目标准

按照在迎接创卫复审过程中完成自治县党委、自治县人民政府临时交办的重大事项，被列为迎接创卫复审先进典型或在督查检查中受到自治县、市和自治区表扬，是否有被新闻媒体曝光和群众投诉案件，情况属实且整改不力的，影响复审工作等加、扣分（详见评分细则）。

（三）相关措施

1.考核结果作为各单位党政领导班子和领导干部年度绩效考核的重要依据，凡年度总评被评为基本合格单位或不合格单位，实行党政领导班子和领导干部年度绩效考评评先评优上的“一票否决”。

2.对被通报批评或曝光一次后，经要求整改仍不改进的，按构成“较大过错”予以责任追究。对年终考核排名在所属类型中列最后一名的，经审查核实属该单位在推进创卫复审工作中不作为、乱作为、迟作为；或在自治区检查中，由于该单位工作不到位影响迎检成绩，并造成严重后果的，主要领导及直接负责人评定为不称职，同时视情节追究责任。对垂直管理单位，将考评结果报上级主管部门，并提出处理意见。

五、其他事项

（一）新州镇人民政府要参照本《办法》制定对辖区内各有关单位迎接创卫复审工作的考核办法。

（二）由自治县创卫办、爱卫办制定出迎接创卫复审工作目标管理考核评分细则进行考评，罚劣奖优。

自治县党委办公室　自治县人民政府办公室
关于印发《隆林各族自治县2018年发展壮大村级集体经济实施方案》的通知

隆办通〔2018〕41号

各乡（镇）党委和人民政府，自治县党委各部委办局，自治县级国家机关单位，各人民团体：

经自治县党委、自治县人民政府同意，现将《隆林各族自治县2018年发展壮大村级集体经济实施方案》印发给你们，请结合实际，认真组织实施。

中共隆林各族自治县委员会办公室

隆林各族自治县人民政府办公室

2018年5月31日

隆林各族自治县2018年发展壮大村级集体经济实施方案

发展壮大村级集体经济，是推进农业现代化、提高农村公共服务能力、实现乡村振兴的重要举措，是加强农村基层党的建设、巩固党在农村执政基础的重要保障。为进一步增强村级集体经济发展活力，加快农村基层组织建设，实现脱贫攻坚目标，夯实全面小康基础，结合我县实际，特制定本实施方案。

一、指导思想

全面贯彻党的十九大精神，坚持以习近平新时代中国特色社会主义思想为指导，以建立村级集体经济增收长效机制为目标，进一步加大扶持力度，创新发展模式和管理运营机制，拓宽发展路径，优化村级集体经济资源禀赋，切实增强村级集体经济自我发展和持续发展的能力，推动全县村级集体经济提质增效和空壳村全面“清零”，确保如期完成脱贫攻坚任务，加快全面建成小康社会进程。

二、基本原创

（一）坚持因地制宜、科学施策原则。从各乡（镇）、各村（社区）经济基础、地理区位、资源条件等实际情况出发，采取“因地制宜，一村一策”办法，因村施策，合理制订规划，选准合适该村的产业、项目，发展壮大村级集体经济。

（二）坚持村级主体，市场主导原则。充分发挥村级组织主体作用，增强村级组织发展集体经济的内生动力和“造血”功能，遵循市场经济发展规律，坚决防止因发展集体经济而增加对村级债务的现象发生。

（三）坚持稳妥兜底、稳定收益原则。与龙头企业签订委托经营协议，在保本金的前提下，稳妥兜底获得稳定的固定年收益，确保实现2018年每个村村集体经济年收入达2万元以上。

三、发展目标

通过一年的努力，使全县村集体经济实现“五个有”的目标，即有一个科学的发展规划，有一个懂经营和管理的团队，有一个好的发展模式，有一个稳定的收入来源，有一个健全的监管机制。到2018年底，全面消除149个村集体经济收入“空壳村”，实现村村有收入，其中58个“十三五”贫困村和9个新增深度贫困村每个村村级集体经济年收入达3万元以上，82个非贫困村（社区）每个村年收入力争达2万元以上。

四、实施对象

实施对象重点是58个贫困村、9个新增深度贫困村和82个非贫困村（社区）。

五、资金安排

由财政局统筹中央、自治区、市、自治县各项资金，确保58个“十三五”贫困村和9个新增深度贫困村按每个村不少于50万元，计3373.28万元（附件1）；82个非贫困村（社区）按每个村（社区）不少于20万元的额度注入村级集体经济发展资金，计1640万元（附件2），两项资金共计5013.28万元。

六、主要措施

结合我县实际，各村（社区）采取“委托经营分红+自主发展产业”1+1发展模式，委托经营分红指通过与县级扶贫龙头企业签订委托经营协议书，每年稳妥兜底取得固定年收益来增加村集体经济收入，自主发展产业指各村（社区）根据该村（社区）资源及环境条件，因地制宜，因村施策，探索适合当地的发展模式和增收路径，自主发展产业从以下11种模式中自主选择发展模式来增加村集体经济收入。

（一）资源开发。支持行政村对村级集体未承包到户的土地、森林、山岭、“四荒”（荒山、荒沟、荒丘、荒滩）地、园地、水面等资源，集中开发或者通过公开招标等方式开发；利用村级集体机动地、土地整理、村庄整治、移民搬迁宅基地复垦等节余的土地和新开发增加的水、土资源及其他可利用的集体所有资源，开发行政村村级集体经济组织增收项目。鼓励机关事业单位优先就近有偿利用行政村集体土地、林地、水面、房屋等资源建设生态文明教育实践基地或党性教育实训基地；鼓励多种所有制的经济组织、企业参与资源开发，增加机体经济收入。

（二）资产盘活。清查明晰行政村村级集体资产产权，盘活村级集体闲置的办公用房、门房、厂房、仓房、校舍等设施设备。具备经营条件的村，可选准主业、突出特色自主经营，或由村内有实力的家庭农场、种养大户、经济能人、合作社和企业租赁托管经营，实现集体资产保值增值。政府投资形成的农村饮水、小型灌溉、垃圾处理、文化娱乐、房产物业等资产，可交由行政村村级集体经济组织持有和管护。

（三）产业带动。结合“美丽广西·宜居乡村”建设和“产业富民”专项活动，支持行政村村级集体经济组织发展现代特色农林业、品牌农业和生态循环农业，大力打造区域品牌，形成“一村一品”、“一村多品”产业格局。靠近城郊的行政村，可依据地理优势，重点建设蔬菜、花卉、蚕桑、食用菌、畜禽、水产等特色种养基地；山区边远的行政村，可利用野生资源，重点发展木本粮油等特色经济林、珍贵树种用材林、竹藤果茶、杂粮杂豆、中草药材、野生蔬菜和野生菌类、森林食品、林下生态养殖等绿色产业。条件允许的行政村，可开发风能、光伏产业，拓宽村级集体经济收入渠道。鼓励行政村利用闲置资产与去企业合作兴办加工企业和服务企业，大力发展农产品加工、储藏保鲜等经营项目，增加集体经济收入。

（四）服务创新。支持行政村村级集体经济组织领办创办农业服务队、运输公司、益农信息社等服务实体，发展信息、农机作业、订单收购、代购代销、代种代收、统防统治、育种育苗、加工物流、集中运输等服务业，增加集体经济收入，鼓励行政村村级集体经济组织牵头组建劳务合作社或劳务中介公司，承接劳务输出、环卫清洁、河道保洁、物业管理、社区服务、村级公路养护、绿化管护、家政服务、企业后勤业务，增加集体经济收入。支持行政村级集体经济组织承担政府履行的统防统治、社会养老等服务和水利设施、农贸市场等管护业务，通过政府购买村集体提供的相关服务，增加集体经济收入。支持具备条件的行政村，通过代办通讯、电力、保险等业务，增加集体经济收入。

（五）物业租赁。鼓励和支持行政村利用村集体建设用地和留用地，采取所有权归村集体、一定年限经营权归承建单位、村集体收取租金等方式建设集体物业。

鼓励有条件的行政村，在城镇规划区等区位优势明显地区，通过异地兴建、联村共建等形式，兴建专业市场、门面商铺、仓储设施、车库泊位、厂房、码头、娱乐设施、广告设施等物业。对地理位置偏远或受规划限制、资源匮乏、就地发展困难的行政村，可探索通过行政划拨、政府购买等方式在当地县城或乡镇规划区，异地兴建或购置物业，通过物业租赁等方式增加集体经济收入。

（六）乡村旅游。鼓励具有民俗文化、田园风光和自然景观资源的行政村村级集体经济组织领办创办乡村旅游经济实体，挖掘乡村旅游资源，拓展农林多种功能，开发农家乐、渔家乐、度假村、采摘园、农耕体验、生态体验、森林人家、休闲农庄等乡村旅游项目，或引进社会资本开发乡村旅游业，行政村村级集体经济组织通过拓展配套业务，增加集体经济收入。

（七）村民联动。鼓励行政村村级集体经济组织与农户合作，依托政府扶持中小微企业相关政策，利用政府帮扶资金、集体闲置房屋、农户老宅等，挖掘当地民间传统工艺、偏方，联合创办加工制造、民族手工艺、特色食品、创意设计等企业。鼓励行政村村级集体经济组织与农户联合，流转农户承包的土地、水面、山林等，建立农产品加工原料生产基地，行政村村级集体经济组织与农户按约定联合经营，增加集体经济收入。鼓励行政村村级集体经济组织与农民建筑队组建工程施工企业，承接农村交通、农田水利、旧房改造、新居建设、农村基础设施和公共服务配套设施建设等工程，通过建筑施工等增加集体经济收入。

（八）社村共建。支持行政村村级集体经济组织与基层供销合作，发挥供销系统的组织体系和网络优势，共建农产品基地、农副产品交易市场、农村社区综合服务社、电子商务服务点等社会化服务平台，开展合作生产和经营。继续完善农产品营销体系，发展农村电子商务，开展农产品网上交易，发展农村物流，实现线上线下融合发展，促成联营共赢，为农民生产生活提供多样化综合服务，在合作经营中增加集体经济收入。

（九）社会帮扶。利用现有定点帮扶平台和机制，充分发挥各帮扶单位的优势，为行政村提供项目、资金、技术、智力等支持，帮助定点帮扶行政村加快发展村级集体经济。支持社会团体、基金会、非公经济组织等各类组织通过开展志愿服务、人才支持、扶贫募捐等形式，采取一帮一、一帮多、多帮一等办法，帮助行政村筹措资金、出思路、上项目、强产业，增加村级集体经济收入。

（十）股份工作。支持行政村村级集体经济组织与企业、合作社和其他经济组织开展股份合作。由行政村以村级集体所有的土地、山林、水面等资源性资产，闲置的房屋、建筑物、机器设备、工具器械、农业基础设施和行政村集体所持有的其他经济组织的资产份额、无线资产等经营性资产，入股或者参股农民合作社、经营稳健的工商企业开展股份合作经营；支持行政村村级集体经济组织参与水电、矿产资源开发，赋予土地被占用的行政村村集体股权；支持乡镇、村民之间打破行政区划和地域限制，开展多层次、多渠道、多方面、多要素的合作，发展“飞地经济”，增加村集体经济收入。

（十一）其他。除以上措施外，鼓励行政村“因村施策”，积极探索实施其他发展村集体经济的有效措施。

七、保障措施

（一）加强组织领导，落实责任。自治县党委、政府是发展壮大行政村村级集体经济的责任主体，要认真规划，制定年度和阶段目标，整合资源，抓好落实。各乡（镇）党委、政府是行政村村集体经济发展的工作主体，乡（镇）党委书记是第一责任人，要切实履行职责，因地制宜行政村村级集体经济发展工作方案，细化任务分解，逐村明确发展集体经济的年度目标任务，做到一村一方案。村“两委”要指导村集体经济组织抓好具体实施，行政村党组织第一书记、支部书记是直接责任人，要不断提升能力，集中精力做好发展行政村村级集体经济工作，努力完成目标任务。自治县发展改革局、财政局、农业局、林业局、水产畜牧兽医局、扶贫办、民政局、国土资源局、商务局、工商管理局、科技局、水利局、供销社等部门要按照职责分工，密切配合，为发展壮大村集体经济提供指导服务。

（二）加大财政扶持，做好资金监管。财政部门要统筹中央、自治区、市、县各项扶贫资金，确保58个“十三五”贫困村和9个新增深度贫困村按每个村不少于50万元，其余82个非贫困村（社区）按每个村（社区）不少于20万元的额度注入村级集体发展资金。审计、监察委、财政等部门要加强对扶持村级集体经济发展资金使用情况的动态监督管理，对在扶持村级集体经济发展资金管理和使用中存在违法违规行为的，依照相关法律法规进行处理；构成犯罪的，移交相关部门依法追究刑事责任。

（三）健全制度，规范“三资”管理。各乡（镇）、村（社区）要建立健全村级集体、“三资”管理制度，涉及村“三资”管理重大事项，集体资产处置或处分，重大投资项目、资产资源经营方式确定和变卖等，都要履行招标规定程序，实行民主决策，公开接受群众监督；建立健全村级财务收支预决算制度，严格收支审批，努力控制非生产性支出；建立健全村级财务审计制度，严格落实包括经济责任审计、财务收支审计、专项审计、村干部离任审计在内的村级综合审计，并向村民公开，有违法违纪行为的，严肃追究责任。加强村级债务管理，通过收欠还债、核销减债、划转冲债、减息止债等多种途径，全面清除村（社区）不良债务。

（四）加强村集体组织建设，强化监督检查。村民合作社要接受村党组织领导，协助和配合村民委员会工作，在村务监督委员会的监督下，履行村级集体资产管理、资源开发、经济发展、成员服务等职责，实行集体资产收益与村组织收入分账管理。自治县村集体经济办要联合县直各有关单位对发展壮大村级集体经济情况进行经常性跟踪督查，用“红榜”通报好做法好经验，用“黑榜”通报突出问题并提出整改要求，确保取得实效。

中共隆林各族自治县委员会
关于开展“乡村振兴·争创五旗”活动的实施意见

隆发〔2018〕18号

（2018年7月6日）

实施乡村振兴战略是党的十九大作出的重大决策部署，是打赢精准脱贫攻坚战、决胜全面建成小康社会的必然要求。为全面贯彻落实中央提出的产业兴旺、生态宜居、乡风文明、治理有效、生活富裕的乡村振兴战略总要求，进一步提升基层党组织引领发展、服务群众的能力和水平，深化“脱贫攻坚先锋行”活动，根据市委印发《关于开展“乡村振兴·争创五旗”活动的意见》（以下简称《意见》），经自治县党委研究决定，在全县所有行政村（农村社区）中开展以争创“红旗村”为主要内容的“乡村振兴·争创五旗”活动。为确保活动扎实有效开展，现制定如下实施意见。

一、指导思想

以习近平新时代中国特色社会主义思想为指导，全面贯彻党的十九大和十九届二中、三中全会精神，深入贯彻习近平总书记视察广西重要讲话精神，加强党对“三农”工作的领导，坚持抓基层、打基础，突出政治功能，以抓党建促脱贫攻坚、促乡村振兴为目标，以提升组织力为重点，以实施隆林基层党建“五大工程”和2018年“234党建工程”为抓手，不断深化拓展“民族团结携手先锋行”党建工程，提升“民族课堂”“农事集办”等隆林党建品牌，通过开展“乡村振兴·争创五旗”活动，实行标准化创建、规范化操作、经常化评选，切实把农村基层党组织建设成为宣传党的主张、贯彻党的决定、领导基层治理、团结动员群众、推动改革发展的战斗堡垒，为推动全县农业全面升级、农村全面进步、农民全面发展，实现乡村全面振兴提供坚强的组织保证。

二、总体目标

根据《意见》精神，活动将以县为单位，每年开展一次集中评选活动，2018年8月底前完成第一批“红旗村”评选工作，每个县评选“红旗村”50个，其中产业兴旺、生态宜居、乡风文明、治理有效、生活富裕等“红旗村”各10个。通过开展“乡村振兴·争创五旗”活动，引导农村基层党组织和广大党员树立比学赶超的竞争意识，助推隆林“民族团结携手先锋行”党建工程，深化“脱贫攻坚先锋行”活动，推动隆林“两黑一黄一清一白”和“三张叶子一株蕉”等特色产业，激发村“两委”干部和广大党员群众参与脱贫攻坚、乡村振兴的主动性和积极性，在推进任务中做表率、争先进、立标杆，示范带动全县农村各项工作整体提升全面进步，为实现脱贫攻坚、乡村振兴注入活力。

三、评选标准

围绕到2020年脱贫攻坚和乡村振兴的阶段性目标，由组织部门统筹协调，牵头单位共同负责，相关责任单位支持配合，按照市委统一制定的“红旗村”评定标准，组织开展推荐评选工作。

（一）“产业兴旺红旗村”具体标准

1.产业特色化。村内有特色种植业、养殖业、传统手工业，或者乡村休闲、文化传承等行业。从事特色种植的专业村土地流转面积占耕地总面积的30%以上，或连片种植面积占总种植面积的30%以上；从事养殖的专业村具有1个以上规模化养殖小区；从事工业的专业村，村内正式注册金额超200万元的加工企业达到10家以上。

2. 产品标准化。主导产品有注册商标，或通过“三品”（无公害、绿色、有机食品）认证、优质产品认证，或特色产业产品以龙头企业品牌统一销售。

3. 经营组织化。依托特色产业组建农民专业合作社或有农业龙头企业。专业合作社入社农户占从业农户数的 30% 以上，农业龙头企业年产值 500 万元以上且带动全村 30% 以上农户实现增收。属工业产业专业村的，全村企业年产值 3000 万元以上，企业吸纳本村劳动力（16~60 岁）10% 以上。

4. 销售渠道畅通。主导产品有稳定的销售渠道，或有 1 个以上农村电子商务网点。

5. 集体经济稳定增收。村民合作社等村级集体经济组织正常运行，有稳定的经营性收入来源，村级集体经济年收入达 5 万元以上。

其他业态的专业村参照执行。

（牵头单位：自治县农业局。责任单位：自治县水产畜牧兽医局、林业局、扶贫办、商务局等）

（二）“生态宜居红旗村”具体标准

1. 规划布局合理。行政村内 50 户以上村屯有经批准的规划文本，规划符合村屯发展实际。

2. 基础设施完善。严格执行村屯规划；村屯道路硬化率达到 100%；排水排污设施覆盖率达到 100%；人口集中区域道路亮化率达到 100%；村级综合服务中心建设达标；道路、村名、门牌、旅游景点等标识标牌规范设立。

3. 生态环境优美。村屯整体整洁美观，无乱搭乱建、无卫生死角、无乱采乱挖、无破坏景观现象；生活垃圾日产日清，处理率达到 100%；100% 农户用上安全饮用水；生活污水处理率达到 50% 以上；村屯绿化率达到 30% 以上；沟、河、塘等水系清洁生态。

4. 长效机制健全。卫生公约等制度机制完善，建立有村庄保洁制度、制定有“门前三包”责任制、保洁员工作职责；环卫设备、设施齐全；保洁人员配备充足，工资待遇稳定发放；垃圾处理科学合理。

（牵头单位：自治县乡村办。责任单位：自治县住房城乡规划建设局、环境保护局、人力资源社会保障局、卫生计生局等）

（三）“乡风文明红旗村”具体标准

1. 组织规范化。制定有村规民约；规范设立红白理事会、道德评议会、村民议事会和禁毒禁赌会等“四会”组织，组建文艺、体育、志愿服务、乡贤等群众性组织。

2. 阵地标准化。依托村级综合服务中心，建设讲习所、农家书屋、思想道德文化宣传阵地、篮球场、戏台；行政村通宽带网络、户户通电视信号。

3. 载体特色化。积极组织开展文明家庭、最美系列等评比活动；保护和传承当地优秀传统文化，农耕文化遗产、乡村文化遗产等得到保护和传承。

4. 活动常态化。讲习活动正常开展，“一约四会”组织按照章程规范运行；经常组织开展群众性文体活动和乡风评议活动，定期开展移风易俗、志愿服务、科普等活动；以春节、清明、壮族“三月三”、端午、七夕、中秋、重阳等节日为重点，开展弘扬中华民族传统文化的节日活动。

（牵头单位：自治县党委宣传部。责任单位：自治县文体广电局、总工会、团县委、妇联、法制办等）

（四）“治理有效红旗村”具体标准

1. 村党组织核心地位突出。村党组织被自治区党委组织部命名为四星级以上党组织。设立村级综合服务中心，正常开展就业、社保、教育、卫生、文体、法律等六项服务，实现农村基本公共服务全覆盖，农民群众办事不出村。

2. 自治德治规范有效。村规民约及“四会”组织健全完善；推行村级“四议两公开”、屯级“一组两会”（党小组、户主会、理事会）自治机制；严格落实党务村务财务公开制度。

3. 法治平安建设有效。定期开展法治宣传教育，村民自觉遵法、守法、用法；落实一村一警务助理；无“村霸”、黑恶势力、宗族恶势力；无农村非法宗教活动和境外宗教、邪教渗透破坏活动；无群体性上访或越级上访事件；无黄赌毒、传销等违法现象；无刑事案件和治安案件发生。

4. 脱贫攻坚成效明显。贫困村如期实现脱贫出列；贫困户按计划脱贫；帮扶工作群众满意度高。

（牵头单位：自治县党委组织部。责任单位：自治县党委政法委、民政局、司法局、脱贫攻坚指挥部等）

（五）“生活富裕红旗村”评比标准

1. 村民实际收入较高。村民实际收入明显高于本县（市、区）上年度农村居民人均可支配收入。

2. 社会保障政策到位。城乡居民基本医疗保险参保率 98%，城乡居民养老保险参保率达 90%。

3. 村民生活比较殷实。人均住房建筑面积达 40 平方米以上，家庭主要电器拥有率达 95% 以上，私人汽车户拥有率达 20% 以上。

4. 集体经济稳步提高。村级集体经济收入来源稳定，年收入达 10 万元以上。

5. 村民实现全面发展。义务教育阶段适龄儿童入学率达到 98% 以上，当年农村新增劳动力接受高中阶段教育达到80%以上，农村劳动力掌握1项以上实用技术或职业技能。

（牵头单位：自治县发展改革局。责任单位：自治县财政局、统计局、人力资源社会保障局、教育局等）

行政村（社区）存在以下情形的，一律不能评为“红旗村”：一是当年度有村干部发生违法违纪行为的。二是当年度被列为软弱涣散党组织，工作开展不正常或在工作中出现重大失误的。三是当年度没有完成县级下达脱贫任务的。四是当年度在安全生产、环境保护、食品药品安全、社会治安综合治理等方面发生重大事件，造成不良影响的。

四、评选程序

按照“村级自荐申报、乡（镇）分类推荐、县级集中评审确定、市级综合评审核验、兑现待遇补助”的程序进行。2018年8月底前，开展第一批“红旗村”评选，树立榜样，示范带动。自2019年开始，每年年底开展一次评选活动。已经被命名为“红旗村”的，下一年度均重新参与申报。

（一）村级自荐申报

各村召开“两委”会议，结合本村实际，对照“乡村振兴·争创五旗”评选标准，确定申报项目类型，填写申报表，报乡镇党委。

（二）乡（镇）分类推荐

乡（镇）党委对照“红旗村”的评选标准，对各村申报项目进行逐项考评、分类排队，召开党委会（乡镇领导班子会议）确定推荐对象初步名单，报自治县党委组织部。同时，提供推荐对象典型材料，纪检、综治、信访、计生、公安以及其他相关部门的证明材料。

（三）县级集中评审确定

1. 联合评审组评选。由自治县党委组织部统筹协调，组织相关牵头部门和责任单位组成联合评审小组，深入村屯对乡（镇）上报的推荐对象初步名单进行实地检查核验、对推荐对象进行评分排序，每类按1∶1.5的比例拟定推荐对象建议名单，报自治县党委常委会审定。

2. 自治县党委常委会确定。联合评审组评选排序结果提交自治县党委常委会研究，每类“红旗村”各确定10个。坚持“宁缺毋滥”原则，因条件达不到，名额不满的，按照实有数确定“红旗村”。

3. 评选结果公示。经自治县党委常委会研究确定的“红旗村”，将在一定范围内进行公示，公示时间不少于5个工作日。对公示期间收到的问题反映和举报，认真进行核查。如情况属实，取消评选资格，对空缺的名额不再递补。经公示无异议的，“红旗村”报市委组织部综合评审和抽样核验。

（四）市级随机抽样核验

市委组织部牵头，组织市直相关部门对各县（市、区）上报的各类“红旗村”进行随机抽样核验，提出“红旗村”建议名单，报市委常委会审定。

（五）统一命名、兑现补助

市委对“红旗村”进行统一命名、集中授旗，次月起兑现落实有关待遇补助。各级各部门在安排项目资金时，同等条件下将优先向“红旗村”倾斜。

五、补助标准

（一）“红旗村”补助标准。每评上一面旗，一次性给予所在村爱心超市物资补助专项经费10000元，所在村党组织书记、村民委主任工作报酬标准从次月起每人每月上调500元，其他享受月基本报酬的村干部上调300元。

（二）补助发放规则。爱心超市物资补助金和村干部工作报酬上调部分可重复累计。“红旗村”被撤销的，村干部工作报酬上调部分从当月起停止发放。

（三）补助资金来源。该项活动补助资金由市、县两级财政分担，市级财政承担一次性爱心超市物资补助专项经费，县级财政承担村干部基本报酬补助上调部分。

六、有关要求

（一）高度重视，精心组织。各乡（镇）党委和县直各有关部门要充分认识全县实施“乡村振兴·争创五旗”活动的重要意义，把此项活动作为决战脱贫决胜小康、实现乡村振兴战略目标的有力抓手，高度重视、广泛宣传、大力推动。自治县党委组织部要发挥牵头抓总的作用，扶贫、农业、发改、宣传等部门要全力配合，共同做好评选各项工作。

（二）严格程序，公正评选。评选工作要坚持“实事求是、公开公正、宁缺毋滥”原则，严格按照程序，对照具体标准，从严从实推荐，实事求是评选。对虚构事迹材料、违反评选程序等行为，一经发现，将撤销评选资格。推荐、公示期间，如有举报，要做好调查工作，根据情况作出妥善处理，确保评选出的“红旗村”，能够真正起到示范引领、激励带动作用。

（三）大力宣传，营造氛围。各级各部门要在充分发挥电视、手机、微信、网站等新闻媒介宣传作用的基础上，采取一些群众容易接受、看得见摸得着的宣传方式，对“乡村振兴·争创五旗”活动进行广泛宣传，引导村级党组织自觉对照标准，查不足、知差距，明方向、鼓干劲，营造比、学、赶、超的良好氛围，为实现乡村全面振兴凝聚强大正能量。

自治县党委办公室　自治县人民政府办公室 关于印发《隆林各族自治县2018年精准脱贫“百日攻坚”行动方案》的通知

隆办发〔2018〕31号

各乡（镇）党委和人民政府，自治县党委各部委办局、自治县国家机关各单位、各人民团体：

经自治县党委、自治县人民政府同意，现将《隆林各族自治县2018年精准脱贫“百日攻坚”行动方案》印发你们，请认真贯彻落实。

中共隆林各族自治县委员会办公室

隆林各族自治县人民政府办公室

2018年8月1日

隆林各族自治县2018年精准脱贫“百日攻坚”行动方案

为全面贯彻落实党中央关于全力推进精准扶贫战略部署，全面落实中央、自治区、百色市扶贫开发工作精神和相关政策，全力打赢打好脱贫攻坚战，经自治县扶贫开发领导小组研究同意，决定在全县范围内开展2018年精准脱贫“百日攻坚”行动。为开展好本次行动，结合我县2018年贫困村、贫困户预脱贫目标，特制定本方案。

一、指导思想

以党的十八大以来中央的重大决策部署、习近平总书记系列重要讲话精神和扶贫开发重要战略思想为指导，深入贯彻落实省、市、县决策部署，聚焦全县精准脱贫短板与不足，对标对表，重点解决贫困群众“两不愁、三保障”；同时加大资金投入，完善基础设施建设，提高产业覆盖率，发展壮大村集体经济；加大干部结对帮扶力度，坚持智志双扶，激发贫困群众内生动力，坚决打赢打好精准脱贫攻坚战。

二、行动目标

通过聚焦深度贫困、聚焦均衡发展、聚焦精准施策、聚焦脱贫标准，着力实施脱贫攻坚重点工程，抓紧抓实2018年最后一百天，集中精力，冲刺年度脱贫攻坚任务目标，确保实现2018年35个贫困村26752名贫困人口顺利脱贫摘帽。

三、行动时间安排

2018年8月1日—11月10日。

四、行动内容

通过开展精准脱贫“百日攻坚”行动，着力解决预脱贫村、预脱贫人口脱贫指标建设。一是严格按照贫困村“十一有一低于”脱贫指标，全面推进基础设施、产业发展、村集体经济、易地扶贫搬迁等重点工作，发扬长处，补齐短板；二是严格按照自治区现行贫困户“八有一超”脱贫标准，对标对表，聚焦未达标项，全力解决，确保贫困群众“两不愁、三保障”全面达标。确保2018年预脱贫村、预脱贫人口各项脱贫指标全部达标。

五、任务分解

（一）预脱贫村“十一有一低于”指标建设“百日攻坚”方面。全县2018年预脱贫35个贫困村，各预脱贫村中部分指标建设仍需加快推进。

1. 基础设施建设

(1) 完成建设20户以上屯级道路398条，其中已完成建设20条，在建310条，正在招标中47条，准备前期工作21条。自治县财政局负责65条（已完成未验收20条、在建2条、正在招标中43条）；发展改革局1条（在建）；扶贫办124条（在建124条）；移民局4条（正在招标中4条）；交通运输管理局23条（在建2条、准备前期工作21条）；民宗局9条（在建）；金钟山林场1条（在建）；华隆公司171条（在建）及2018年通屯道路712公里（正在设计，预计9月底完成财评采购、10月底完成招标工作。）。

工作计划：自治县财政局计划8月30日前完成建设20条，10月30日前完成建设45条；发展改革局8月30日前完成30%，9月30日前完成60%，10月30日前完成100%；扶贫办8月30日前完5条，10月30日完成124条；移民工作管理局共同推进4条建设任务，8月30日前完成建设30%，9月30日前完成60%，10月30日前完成100%；交通运输局8月30日前完成建设任务20%共21条、45%共1条、65%共1条，9月30日前65%共1条、70%共21条、85%共1条，9月30日完成100%建设任务；民宗局8月30日前完成建成1条，完成60%共3条、70%共5条，9月30

日前完成建成6条，完成80%共1条、90%共1条；10月30完成建成2条；金钟山林场8月30日前完成建设50%，9月30日80%，10月30日前100%；华隆公司80月30日前完成10%共2条、15%共1条、20%共1条、30%共163条、60%共1条、70%共3条，9月30日前完成70%共165条、90%共6条，10月30日前全部建成，并预计在10月底完成2018年通屯道路712公里的招标工作。(详见附件1)

工作措施：一是对已完成建设未验收的道路尽快组织验收；二是对在建的道路及时协调解决建设存在的困难，统筹建设进度，在确保工程质量的条件下加快建设速度；三是对正在招标中的项目尽快完成招标工作，督促施工队伍进场施工；四是对还在准备前期工作的，要根据建设时间要求，倒排工期，尽快完成建设任务；五是实行业主单位建设任务周报制度，"百日攻坚"行动期间，每周星期四由项目建设业主单位上报建设进度至自治县脱贫攻坚战指挥部基础设施建设专责小组。

完成时间：2018年10月30日前

责任单位：自治县财政局、发展改革局、交通运输局、扶贫办、移民工作管理局、民宗局、华隆公司、金钟山林场

责任人：蒋正杰、农良壮、韦玉坚、刘　杰、肖　兵、熊海仁、陈国宇、陆绍兵

(2)完成20个行政村公共服务设施项目(综合楼、戏台、篮球场)建设，其中进场平整场地6个，内外墙装修11个，主体施工1个，未进场2个。

工作计划：8月30日前完成建设30%共8个，60%共3个，70%共4个，91%共1个，100%共4个；9月30日前70%共8个，80%共1个，90%共6个，100%共1个；10月30日前全部完成建设。(详见附件2)

工作措施：一是对已正在开展建设的行政村，业主单位要统筹抓好建设进度，及时督促施工单位在保证质量的条件下加快施工进度；二是对未进场施工的，业主单位要核查未进场原因，及时解决存在问题，尽快落实建设任务，涉及到的部门要做好配合；三是实行业主单位建设任务周报制度，"百日攻坚"期间，每周星期四由项目建设业主单位上报建设进度至自治县脱贫攻坚战指挥部基础设施建设专责小组。

完成时间：2018年10月30日前

责任单位：自治县文体广电局

责任人：覃贞木

(3)完成26个行政村卫生室建设项目，其中正在竣工审计15个。

工作计划：8月30日前完成建设15个，剩余11个待项目资金下达后完成建设。(详见附件3)

工作措施：一是对正在竣工审计的项目，按要求完成竣工审计，及时交付使用；二是对资金未下达的项目，及时对接有关部门，协调项目资金问题，对项目建设中涉及到2018年预脱贫村的卫生室项目，业主单位要想方设法按时完成建设，交付使用；三是实行业主单位建设任务周报制度，"百日攻坚"期间，每周星期四由项目建设业主单位上报建设进度至自治县脱贫攻坚战指挥部基础设施建设专责小组。

完成时间：2018年10月30日前

责任单位：自治县卫生计生局

责任人：杨金良

(4)完成55个行政村303项饮水工程项目建设。

工作计划：8月30日前计划完成建设30%；9月30前完成70%；10月30日前全部完成建设。(详见附件4)

工作措施：一是做好项目建设安排，尽快督促施工队进场施工；二是各乡(镇)要积极做好现场施工协调配合工作，确保施工建设顺利进行；三是实行业主单位建设任务周报制度，"百日攻坚"期间，每周星期四由项目建设业主单位上报建设进度至自治县脱贫攻坚战指挥部基础设施建设专责小组。

完成时间：2018年10月30前

责任单位：自治县水利局，各乡(镇)人民政府

责任人：林世能，各乡(镇)人民政府主要领导

(5)完成农村危房改造1140户，其中已竣工95户，其余均在建设中。

工作计划：8月30日前完成总改造户数的25%，9月30提前完成60%，10月30日前完100%。(详见附件5)

工作措施：一是各乡(镇)要积极动员危改户尽快开工建设；二是自治县住房城乡规划建设局要按照有关规定做好危改资金的拨付；三是各乡(镇)对已经完成危改建设的贫困户，尽快落实好门窗安装事宜；四是实行业主单位建设任务周报制度，"百日攻坚"期间，每周星期四由项目建设业主单位上报建设进度至自治县脱贫攻坚战指挥部基础设施建设专责小组。

完成时间：2018年10月30日前

责任单位：自治县住房城乡规划建设局，各乡(镇)人民政府

责任人：尹华亮，各乡(镇)人民政府主要领导

2. 特色产业发展(详见附件 6)

⑴产业以奖代补项目。对全县未享受过产业奖补扶持的贫困户(不含退出户)进行产业项目发展扶持。贫困户通过发展特色产业项目后,经验收合格,给予奖励补助,每个建档立卡人口奖励最高上限为 1000 元。

工作计划:8 月 10 日前,各乡(镇)根据产业调查结果,进行产业覆盖对标分析,针对没有产业的贫困户提出产业发展措施;8 月 11 日起组织贫困户完成的项目申请、承诺,并启动项目建设与乡级验收工作;9 月 1 日—20 日完成项目政策兑现工作;9 月 21 日—30 日完成查缺补漏工作,并兑现缺漏部分补助。10 月 10 日前完成项目的档案归档工作。

工作措施:一是由指挥部产业组将全县产业调查结果进行统计分析,并将分析结果转各乡(镇)人民政府针对没有产业覆盖的贫困户落实产业发展措施;二是各乡(镇)组织包村工作组、第一书记、村"两委"干部、帮扶联系人入户组织贫困户进行项目申请、承诺等相关工作,并开展贫困户的产业项目验收。三是各乡(镇)脱贫攻坚指挥部整理出具各发展产业贫困户的验收结果与政策兑现相关台帐,交由当地财政进行奖励资金兑现;四是由各村第一书记、帮扶联系人对发展产业的贫困户进行享受政策筛查,有缺漏的贫困户按程序办理奖励政策兑现;五是由各乡(镇)脱贫攻坚指挥部收集贫困户产业奖补材料收集整理,形成项目独立档案,并报自治县指挥部产业组备案。

完成时间:2018 年 10 月 10 日前

责任单位:自治县农业局,各乡(镇)人民政府

责任人:陈正荣,各乡(镇)人民政府主要领导

⑵脱贫户产业扶持巩固提升项目。对全县 2016、2017 年脱贫户进行产业发展巩固扶持。脱贫户通过发展特色产业项目后,经验收合格,给予奖励补助,每户奖励最高上限为 2000 元。

工作计划:8 月 10 日前,各乡(镇)根据产业调查结果,进行脱贫户产业覆盖对标分析,针对没有产业的贫困户提出产业发展措施;8 月 30 日前组织脱贫户完成的项目申请、承诺等相关工作;9 月 1 日起启动项目建设与乡级验收工作,并完成项目政策兑现工作;10 月 10 日前完成项目的档案归档工作。

工作措施:一是由指挥部产业组将全县产业调查结果进行统计分析,并将分析结果转各乡(镇)人民政府针对没有产业覆盖的贫困户落实产业发展措施;二是各乡(镇)组织包村组、第一书记、村两干部、帮扶联系人入户组织脱贫户进行项目申请、承诺相关工作;三是各乡(镇)组织包村组、第一书记、村两干部、帮扶联系人进行脱贫户的产业项目验收,各乡(镇)脱贫攻坚指挥部整理出具各发展产业脱贫户的验收结果与政策兑现台帐,交由当地财政进行奖励资金兑现;四是由各村第一书记、帮扶联系人对发展产业的脱贫户进行享受政策筛查,有缺漏的贫困户按程序办理奖励政策兑现;五是由各乡(镇)脱贫攻坚指挥部收集脱贫户产业奖补材料收集整理,形成项目独立档案,并报自治县指挥部产业组备案。

完成时间:2018 年 10 月 10 日前

责任单位:自治县农业局,各乡(镇)人民政府

责任人:陈正荣,各乡(镇)人民政府主要领导

⑶万亩油茶扶贫产业示范园项目。示范区建设总面积 11000 亩,其中,核心区 2200 亩。拓展区 3300 亩,辐射区 5500 亩,同时配套建设基础设施游览步道 2.4km、观景平台 3 个 $300m^2$、停车场 4 个 $4700m^2$、油茶果收集分捡场 1 个、入口大门 1 座、油茶文化体验及培训中心 1 处、指示牌、标识牌、立面改造、给排水工程、供电工程等。

工作计划:8 月 15 日前,完成项目方案的审定工作,并由沙梨乡、林业局做好项目启动的前期工作;8 月 30 日前,完成 40% 项目新造林、低改工作;8 月 30 日前完成园区基础设施项目的设计与送审。9 月 10 日启动园区基础设施项目建设;9 月底前完成基础设施项目的 50% 工程量,完成造林与低改 80% 的工程量。10 月中旬完成基础设施项目 80% 的工程量;10 月中旬完成造林与低改项目建设;10 月 20 日前完成项目申报区级示范区的考评材料收集,迎接区级验收考评。

工作措施:一是自治县林业局跟踪园区总体规划方案的审定情况,并配合沙梨乡人民政府做项目建设用地的落实,为项目启动建设作好准备,督促带动企业做好项目造林与低改建设;二是自治县国土资源局、水利局、住房城乡规划建设局、发展改革局、交通运输局等部门根据项目方案做好基础设施项目的设计与送审工作。三是自治县国土资源局、水利局、住房城乡规划建设局、发展改革局、交通运输局等部门根据基础设施项目设计方案,启动项目建设;四是自治县林业局配合、督促项目实施单位确保造林与低改建设完成 80% 以上。五是自治县国土资源局、水利局、住房城乡规划建设局、发展改革局、交通运输局等部门督促施工单位加快基础设施项目建设进度,确保完成 80% 以上;六是自治县林业局督促造林施工单位,完成项目造林工

作;七是项目各涉及单位配合林业局做好示范区申报材料的收集与整理,迎接自治区考评。

完成时间:2018 年 10 月 20 日前

责任单位:自治县林业局、国土资源局、发展改革局、水利局、住房城乡规划建设局、交通运输局,沙梨乡人民政府

责任人:龙海甲、姚团结、林世能、尹华亮、韦玉坚、熊海仁,田 垚

(4)万亩板栗扶贫产业示范园项目。示范园规划面积共 15000 亩,其中规划新造林 1000 亩,板栗低产林改造 14000 亩。涉及母施、沙梨和委敢等 3 个村共 9 个屯 417 户 2162 人口,其中涉及贫困户 101 户 476 人。配套建设基础设施观光道路、观景台等。

工作计划:8 月份完成基础设施项目的采购招标工作,并启动项目建设。9 月完成基础设施项目的建设。10 月结合造林季节,启动低改与新造林工作。

工作措施:一是由自治县林业局、沙梨乡人民政府联合成立项目建设工作组,协调项目建设的用地与相关前期工作,根据项目方案做好基础设施项目的设计与送审,并在 8 月 30 日前完成项目招标工作;二是由自治县林业局、沙梨乡项目建设工作组督促施工单位按设计要求完成项目施工,并协调解决项目建设中存在的问题与困难,确保项目建设顺利实施;三是由自治县林业局组成项目造林工作组,下到实地指导项目新造与代改工作。

完成时间:2018 年 10 月 30 日前

责任单位:林业局、沙梨乡人民政府

责任人:龙海甲、田 垚

(5)万亩西贡蕉扶贫产业示范园项目。示范园规划建设面积 10000 亩,利用深圳财政 2016、2017、2018 年帮扶资金 1300 万元,在沙梨、平班、者保、桠杈等乡(镇)实施西贡蕉种植 4000 亩。

工作计划:8 月 10 日前,完成项目建设用地的规划落实工作,启动项目建设备耕工作;启动已种植部分的抚育砍草管理工作;8 月 30 日前完成项目肥料的采购工作。9 月份项目备耕与种植工作同步推进;完成项目肥料采购资金的拨付;完成抚育砍草管理工作。10 月份组织完成项目验收工作;收集相关项目档案材料。

工作措施:一是由自治县农业局、沙梨乡、平班镇、者保乡、桠杈镇成立联合工作组,进村入户落实项目建设用地;二是由自治县农业局组织完成已种植部分的砍草抚育工作;三是由自治县农业局办理项目肥料采购工作,并启动招标采购。四是成立项目建设工作组,进驻到乡(镇),跟踪指导种植工作;五是由自治县农业局根据肥料中标情况,将资金及时拨付到中标单位。六是由农业局组织施工方完成沙梨乡已种植部分的砍草抚育工作,并支付资金。七是由自治县农业局组织涉农部门、财政局完成所实施项目的验收工作。八是由自治县农业局收集项目相关档案材料报自治县协作办备案。

完成时间:2018 年 10 月 30 日前

责任单位:自治县农业局、林业局、财政局,沙梨乡、平班镇、者保乡、桠杈镇人民政府

责任人:陈正荣、龙海甲、农良壮,田 垚、覃安宁、梁雪姝、王玉芬

(6)万亩桑蚕扶贫产业示范园项目。示范园规划建设面积 6000 亩,利用深圳财政帮扶资金在新州镇水洞村、德峨镇三冲村建设 2500 平方米的蚕房。

工作计划:8 月 1—30 日完成 2500 平方米的蚕房建设。9 月份对蚕房建设项目进行验收,完成资金拨付,并移交给贫困村、贫困户使用。10 月份开展跟踪蚕房使用情况,并收集相关佐证材料报自治县协作办备案。

工作措施:一是由蚕业办成立工作组,全程跟踪项目建设进度,并执行建设进度 7 天一报制度;二是由蚕业办组织各相关单位进行项目竣工验收,出具验收报告,并于 9 月 10 日前完成项目资金拨付;三是由蚕业办收集蚕房项目的建设佐证相关材料、贫困户参与养蚕的台帐等报自治县协作办备案。

完成时间:2018 年 10 月 30 日前

责任单位:自治县蚕业办、德峨镇人民政府、新州镇人民政府

责任人:王彩琴、罗仁华、李世冠

(7)十万头黑猪扶贫产业园项目。产业园选址位于平班镇平寨村,计划建设 6 万平方米标准化猪舍,年出栏肉猪 10 万头,带动贫困户 500 户。

工作计划:在 8 月底前完成项目第一期工程的方案审定、招标,并启动实施;在 9 月底前建设完成第一期猪舍建设 3000 平方米;在 9 月底前建设完成第一期水池:4 座 ×100 立方米;在 9 月底前建设完成园区第一期“三通一平”项目、培训设施、设备、食堂、住宿、绿化、粪污设施建设;在 10 月启动建设第二期猪舍建设;在 10 月底前启动第二期水池:4 座 ×100 立方米;在 10 月底前建设完成园区第二期“三通一平”项目、培训设施、设备、食堂、住宿、绿化、粪污设施建设。

工作措施：一是自治县水产畜牧兽医局跟踪园区总体规划方案的审定情况，并启动项目建设；平班镇人民政府做好隆林黑猪产业园动员贫困户参与配合工作；二是自治县国土资源局、水利局、住房城乡规划建设局、发展改革局、交通运输局等部门根据项目方案做好基础设施项目的设计与送审工作；三是广西红谷农业投资集团启动第一期养殖配套设施建设工作；四是自治县水产畜牧兽医局继续跟踪园区建设；五是广西红谷农业投资集团负责第一期养殖投产建设；六是自治县水产畜牧兽医局启动园区第二期工程建设；七是平班镇人民政府继续做好隆林黑猪产业园发动贫困户工作；八是自治县国土资源局、水利局、住房城乡规划建设局、发展改革局、交通运输局等部门继续根据项目方案做好第二期基础设施项目的设计与送审工作，并启动建设；九是广西红谷农业投资集团启动第二期养殖配套设施建设。

完成时间：2018 年 10 月 30 日前

责任单位：自治县水产畜牧兽医局、国土资源局、水利局、住房城乡规划建设局、发展改革局、交通运输局，平班镇人民政府

责任人：潘文高、姚团结、尹华亮、林世能、韦玉坚、熊海仁，覃安宁

（8）旅游扶贫产业项目。建设隆林民族文化工艺旅游商品生产基地；隆林城西安置点、张家寨景点、蛇场乡马场弄达、马场倮倮冲 AAA 旅游公厕；隆林德峨张家寨苗冲记忆作坊提级改造旅游项目；天生湖生态旅游农家乐；隆林扎云山生态休闲风景区；腊仁欢乐水乡。

工作计划：8 月份落实规划设计单位，落实项目规划方案、项目建设书、项目可研报告编制。完成 AAA 旅游公厕工程设计方案、工程预算财政评审、工程招投标、工程开工建设。9 月份开展项目规划方案、项目建设书、项目可研报告编制工作送审与招标工作；完成 AAA 旅游公厕主体工程；10 月份完善主体工程后期工作。

工作措施：一是自治县旅游局跟踪落实项目规划方案、项目建设书、项目可研报告编制工作进度；二是隆林金百灵民族文化综合开发有限责任公司 、隆林天生桥库区旅游开发有限公司、AAA 旅游公厕工程中标单位负责项目规划方案、项目建设书、项目可研报告编制工作；三是 AAA 旅游公厕工程中标单位负责完成 AAA 旅游公厕主体工程。

完成时间：2018 年 10 月 30 日前

责任单位：自治县旅游局、隆林金百灵民族文化综合开发有限责任公司、工程中标单位、隆林天生湖旅游开发有限公司

责任人：杨朝林、相关公司负责人

3. 健康扶贫

（1）完成“一站式”报销模式建立，严格落实报销比例、治疗比例及家庭医生签约工作。

工作计划：8 月 15 日前完成“一站式”报销建立；9 月 30 日前，核准年度建档立卡贫困户因病致贫因病返贫户数；建档立卡农村贫困户人口患病住院费用享受各类保障措施后实施实际报销比例到达 90%；及时完成国家集中救治 14 种大病建档立卡农村贫困人口治疗比例大于或等于 90%、年度脱贫摘帽建档立卡因病致贫因病返贫治疗比例达到 90%、建档立卡农村贫困户家庭医生签约服务覆盖率达到 100%。（详见附件 7）

工作措施：一是尽快建立完善“一站式”报销模式；二是严格按照《关于印发隆林各族自治县因病致贫因病返贫农村贫困人口疾病分类救治分级诊疗工作方案的通知》（隆卫计发〔2017〕5 号〕开展相关工作；三是按时完成家庭医生签约服务工作，每年至少到贫困户家中开展四次健康服务，建立服务台账。

完成时间：2018 年 10 月 30 日前，部分工作因动态数据时时更新，及时完成

责任单位：自治县卫生计生局

责任人：杨金良

（2）完成城乡居民基本医疗保险。确保完成各预脱贫村城乡居民参加基本医疗保险率达 98% 以上，贫困户家庭成员 100% 参保。截止 7 月 31 日，部分预脱贫村未达到，其中全村参合率未达到 98% 的涉及 22 个村，分别是革步乡弄保村（90.1%）、者彦村（92.08%）、者江村（89.87%）；介廷乡岩怀村（95.08%）、平利村（96.82%）；克长乡梅达村（87.34%）、大庆村（95.11%）；平班镇平寨村（90%）；沙梨乡坝平村（90.33%）、委尧村（88.5%）；蛇场乡乐香村（94.5%）、同党村（91.55%）；新州镇弄桑村（82.08%）；桠杈镇纳贡村（82.34%）、生基湾村（93.21%）；岩茶乡弄甫村（87%）、者艾村（76%）；者浪乡播立村（94.4%）、者徕村（91.2%）、者烘村（84.9%）；猪场乡那伟村（96.1%）、岩圩村（95.54%）。贫困人口参合率未达到 100% 的共 12 个，分别是革步乡弄保村（97.8%）、者彦村（99.4%）；介廷乡岩怀村（96.4%）；金钟山乌冲村（95%）；克长乡梅达村（95.75、大庆村（80.15%）；沙梨乡坝平村（96.49%）、委尧村（91.5%）；蛇场乡乐香村（99%）；岩茶乡弄甫村（99.52%）、者艾村（98.9%）；者浪乡者徕

村(97.62%)。

工作计划:对未达标的村继续加大力度进行征收,确保完成目标任务,并及时兑现贫困人口参加城乡居民医疗保险缴费补助。(详见附件8)

工作措施:一是由各乡(镇)进行摸底排查,列出未缴纳城乡居民基本医疗保险的贫困户清单,反馈给各乡(镇)包村干部、各涉及帮扶责任人,组织各包村干部、涉及帮扶责任人进村入户动员征收;二是9月10日前通过一卡通存折将补助款发放至补助对象;三是于每月10日、15日、20日、30日将任务完成情况进度表报自治县脱贫攻坚战指挥部公共服务专责小组。

完成时间:2018年10月30日前

责任单位:各乡(镇)党委和人民政府,自治县人力资源社会保障局、财政局,各涉及帮扶干部所在单位

责任人:各乡(镇)党委和人民政府主要领导,周腾福、农良壮,各涉及帮扶干部所在单位主要领导,各涉及帮扶责任人

4. 教育扶贫

完成1485名适龄儿童劝返工作。其中涉及德峨镇(274人)、革步乡(61人)、介廷乡(12人)、金钟山乡(51人)、克长乡(155人)、隆或镇(48人)、平班镇(88人)、沙梨乡

(48人)、蛇场乡(86人)、天生桥镇(56人)、新州镇(196人)、桠杈镇(19人)、岩茶乡(84人)、者保乡(85人)、者浪乡(143人)、猪场乡(85人)

工作计划:9月1日达到劝返完成率达到70%、9月27日达90%、10月30日达100%。(详见附件9)

工作措施:一是8月31日前,各乡(镇)干部、村干部、村民小组、帮扶联系人等通过进村入户以及电话、短信、微信网络等方式加强劝返辍学学生工作,力争在9月1日开学前使劝返率达到70%以上。二是9月14日前,各义务教育阶段学校核实统计学生到校情况,上报自治县教育局基教股和相关乡(镇)人民政府。三是9月27日前,"双线四包"的县领导、乡(镇)干部、村干部、村民小组、教育局领导、学校领导、班主任、科任教师等再次加强对辍学学生进行劝返,使劝返率达到90%以上;四是9月28日,各乡(镇)脱贫攻坚指挥部把无法劝返的辍学学生名册分别上报自治县人民政府办公室和自治县脱贫攻坚战指挥部办公室。五是10月8日起,自治县司法局依据《隆林各族自治县法律意见书》隆法制事物字(2018)78号,联合自治县公安局、检察院、法院等部门对辍学学生依法强制劝返复学,确保在10月30日前使劝返率达100%;六是各乡(镇)于9月1日、27日,10月30日前将劝返进度表报自治县脱贫攻坚战指挥部公共服务专责小组。

完成时间:2018年10月30日前

责任单位:各乡(镇)党委和人民政府,县直各单位

责任人:"双线四包"的自治县领导、乡(镇)干部、村干部、村民小组、教育局领导班子、学校领导班子、班主任、科任教师,县直各单位主要领导及各帮扶责任人

5. 村集体经济

完成35个预脱贫村村集体经济收入达3万元以上。

工作计划:9月30日前进行第一次分红划拨,10月30日前进行第二次分红,确保实现全县88个贫困村2018年村级集体经济年收入达3万元以上。(详见附件10)

工作措施:一是由各乡(镇)负责实施,列清项目负责人、实施情况(项目开展情况、存在问题、下一步打算)、目前收入等内容,并按周报告制度上报工作进度到村集体经济办。二是由扶贫办牵头,抽调各单位对乡(镇)实施村级集体经济项目情况进行大督查。三是实行红黑榜制度,对实施项目缓慢,存在问题多的乡(镇)进行黑榜通报。

完成时间:2018年10月30日前

责任单位:自治县党委组织部、农业局、扶贫办,各乡(镇)党委和人民政府

责任人:陆韬奇、陈正荣、刘杰,各乡(镇)党政主要领导

(二)预脱贫户"八有一超"指标建设"百日攻坚"方面。全县2018年共计预脱贫6194户26752人。截止目前全部各项脱贫指标均达标的共4342户,其中某项未达标户数共1852户。(详见附件11)

1. 有稳定收入来源且吃穿不愁。已达标6004户,未达标190户,涉及介廷乡(8户)、金钟山乡(22户)、克长乡(25户)、平班镇(13户)、沙梨乡(25户)、蛇场乡(24户)、新州镇(7户)、桠镇镇(4户)、岩茶乡(15户)、者保乡(2户)、者浪乡(14户)、猪场乡(31户)

工作计划:10月30日前全面完成指标任务建设。

工作措施:一是由帮扶责任人再次对未达标户细算家庭收入情况,掌握收入底数;二是积极引导群众发展生产或转移就业,增加收入;三是做好贫困户产业奖补工作,积极引导贫困户因地制宜发展产业,确保产业覆盖率;四是实行月报制度,"百日攻坚"期间,各乡(镇)于每月30日向自治县脱贫攻坚战指挥部贫困监测专责小组报送指标建设完成任务进度表。

完成时间:2018年10月30日前

责任单位：各乡(镇)，县直各有关单位

责任人：各乡(镇)、县直各有关单位主要领导，各涉及帮扶责任人

2. 有住房保障。已达标5319户，未达标875户，涉及德峨镇(33户)、革步乡(48户)、介廷乡(9户)、金钟山乡(89户)、克长乡(48户)、隆或镇(55户)、平班镇(105户)、沙梨乡(30户)、蛇场乡(17户)、天生桥镇(62户)、新州镇(17户)、桠杈镇(165户)、岩茶乡(67户)、者保乡(7户)、者浪乡(55户)、猪场乡(68户)。

工作计划：10月30日前完成指标建设。

工作措施：一是由各乡(镇)对未达标户住房情况进行摸底调查，属危改户的，尽快动员贫困户开工建设，并动员主体完工的房屋尽快安装好门窗；二是对通过易地扶贫搬迁解决稳固住房的，自治县华隆公司要抓紧移民安置房建设工作，确保如期交付房源，自治县易地扶贫搬迁专责小组要做好统筹，合理安排搬迁进度；三是对确实达不到脱贫标准的，在10月份开展预脱贫"微调"工作时，做好调整；四是实行月报制度，"百日攻坚"期间，各乡(镇)于每月30日向自治县脱贫攻坚战指挥部贫困监测专责小组报送指标建设完成任务进度表。

完成时间：2018年10月30日前

责任单位：各乡(镇)，自治县住房城乡规划建设局、移民局、华隆公司

责任人：各乡(镇)主要领导，尹华亮、肖　兵、陆绍兵

3. 有基本医疗保障。已达标6013户，未达标181户，涉及革步乡(2户)、金钟山乡(5户)、克长乡(82户)、隆或镇(1户)、沙梨乡(70户)、蛇场乡(2户)、天生桥镇(2户)、桠杈镇(2户)、岩茶乡(15户)。

工作计划：10月30日前完成指标建设。

工作措施：一是由各乡(镇)包村工作组、第一书记、驻村工作队、帮扶责任人有针对性的入户开展宣传动员工作，设法动员贫困户及时缴纳城乡居民基本医疗保险或参加商业保险，确保预脱贫村98%居民参保，贫困户家庭成员100%参保；二是由自治县人力资源社会保障局做好全县居民参加城乡居民基本医疗保险或参加商业保险工作，确保工作落实到位；三是自治县卫生计生局做好贫困户住院报销"一站式"工作，并严格落实贫困户医疗报销达90%以上；三是对确实达不到脱贫标准的，在10月份开展预脱贫"微调"工作时，做好调整；四是实行月报制度，"百日攻坚"期间，各乡(镇)于每月30日向自治县脱贫攻坚战指挥部贫困监测专责小组报送指标建设完成任务进度表。

完成时间：2018年10月30日前

责任单位：各乡涉及(镇)，涉及派遣第一书记、驻村工作队员单位，自治县人力资源社会保障局、卫生计生局

责 任 人：各乡(镇)主要领导，涉及第一书记、驻村工作队员、各帮扶责任人，周腾福、杨金良

4. 有义务教育保障。已达标6157户，未达标37户，涉及革步乡(1户)、金钟山乡(2户)、克长乡(9户)、平班镇(7户)、沙梨乡(8户)、蛇场乡(1户)、天生桥镇(3户)、新州镇(1户)、桠杈镇(3户)、岩茶乡(1户)、猪场乡(1户)。

工作计划：10月30日前完成辍学儿童劝返工作。

工作措施：一是由各乡(镇)包村工作组、第一书记、驻村工作队、帮扶责任人有针对性的入户开展劝返工作，并强化义务教育政策宣传，加强法律法规宣传，确保成功劝返；二是有自治县教育局组织辍学学生所在学校的领导班子、班主任、科任教师开展家访劝返工作，宣传相关政策，积极动员辍学儿童返校就读；三是由自治县教育局牵头，出台针对特殊儿童接受教育工作方案，落实特殊儿童接受教育工作。四是实行月报制度，"百日攻坚"期间，各乡(镇)于每月30日向自治县脱贫攻坚战指挥部贫困监测专责小组报送指标建设完成任务进度表。

完成时间：2018年10月30日前

责任单位：各乡涉及(镇)，涉及派遣第一书记、驻村工作队员单位，涉及学校，自治县教育局

责 任 人：各乡(镇)主要领导，涉及第一书记、驻村工作队员、各帮扶责任人，涉及学校的领导班子、班主任、科任教师，杨胜奇

5. 有安全饮水。已达标6106户，未达标88户，涉及克长乡(4户)、隆或镇(12户)、沙梨乡(48户)、蛇场乡(8户)、新州镇(13户)。

工作计划：10月30日前完成指标建设。

工作措施：一是由自治县水利局加快推进农村饮水工程建设工作，及时解决贫困群众饮水困难问题，各涉及乡(镇)做好配合；二是实行月报制度，"百日攻坚"期间，各乡(镇)于每月30日向自治县脱贫攻坚战指挥部贫困监测专责小组报送指标建设完成任务进度表。

完成时间：2018年10月30日前

责任单位：各乡(镇)，自治县水利局

责任人：各乡(镇)主要领导，林世能

6. 有路通村屯。已达标5966户，未达标228户，

涉及革步乡(46户)、介廷乡(22户)、隆或镇(4户)、沙梨乡(26户)、蛇场乡(6户)、桠杈镇(2户)、岩茶乡(88户)、者保乡(8户)、者浪乡(26户)。

工作计划:10月30日前完成指标建设。

工作措施:一是由自治县财政局、发展改革局、扶贫办、移民局、交通运输管理局加快推进农村道路建设工作,确保按时完成建设任务。二是实行月报制度,“百日攻坚”期间,各乡(镇)于每月30日向自治县脱贫攻坚战指挥部贫困监测专责小组报送指标建设完成任务进度表。

完成时间:2018年10月30日前

责任单位:自治县财政局、发展改革局、扶贫办、移民局、交通运输管理局

责任人:农良壮、韦玉坚、刘 杰、肖 兵、熊海仁

7. 有电用。已达标6191户,未达标3户,涉及蛇场乡(2户)、新州镇(1户)。

工作计划:10月30日前完成该3户通电工作。

工作措施:一是由涉及的乡(镇)再次核实贫困户通电情况,查找原因,及时解决,如无法解决,及时上报;二是如该户因无通电线路到达的,由自治县供电公司做好线路规划,及时架设线路,接通生活用电;三是对确实达不到脱贫标准的,在10月份开展预脱贫“微调”工作时,做好调整;四是实行月报制度,“百日攻坚”期间,各乡(镇)于每月30日向自治县脱贫攻坚战指挥部贫困监测专责小组报送指标建设完成任务进度表。

完成时间:2018年10月30日前

责任单位:蛇场乡、新州镇,自治县供电公司

责任人:蛇场乡、新州镇主要领导,陈兴良

8. 有电视看。已达标6149户,未达标45户,涉及克长乡(10户)、沙梨乡(13户)、蛇场乡(10户)、新州镇(10户)、桠杈镇(2户)。

工作计划:10月30日前动员贫困群众购买电视机或智能手机,接通电视信号或手机通信信号。

工作措施:一是由各乡(镇)包村工作组、第一书记、驻村工作队、帮扶责任人入户开展购买电视机或智能手机动员工作;二是对已开通有线电视的村屯,动员群众开通有线电视,对未通有线电视的村屯,由自治县文广局协调安装“户户通”;三是由电信、移动、联通公司加快通信信号覆盖建设工作,确保智能手机能联网;四是实行月报制度,“百日攻坚”期间,各乡(镇)于每月30日向自治县脱贫攻坚战指挥部贫困监测专责小组报送指标建设完成任务进度表。

完成时间:2018年10月30日前

责任单位:各乡涉及(镇),涉及派遣第一书记、驻村工作队员单位,自治县文广局,中国电信、移动、联通隆林分公司

责任人:各涉及乡(镇)主要领导,涉及第一书记、驻村工作队员、各帮扶责任人,覃贞木,陆伟强、潘峰、姚明军

9. 年人均纯收入稳定超过国家扶贫标准。已达标5521户,未达标673户,涉及德峨镇(247户)、革步乡(71户)、介廷乡(25户)、金钟山乡(43户)、克长乡(39户)、隆或镇(5户)、平班镇(13户)、沙梨乡(73户)、蛇场乡(30户)、天生桥镇(20户)、新州镇(7户)、桠杈镇(15户)、岩茶乡(34户)、者保乡(3户)、者浪乡(10户)、猪场乡(38户)。

工作计划:10月30日前,实现家庭年人均收入稳定超过国家扶贫标准。

工作措施:一是由帮扶责任人再次对未达标户细算家庭收入情况,掌握收入底数;二是积极引导群众发展生产或转移就业,增加收入;三是做好贫困户产业奖补工作,积极引导贫困户因地制宜发展产业,确保收入稳定增长;四是做好贫困户全年家庭人均收入测算,对确实达不到脱贫标准的,在10月份开展预脱贫“微调”工作时,做好调整;五是实行月报制度,“百日攻坚”期间,各乡(镇)于每月30日向自治县脱贫攻坚战指挥部贫困监测专责小组报送指标建设完成任务进度表。

完成时间:2018年10月30日前

责任单位:各乡(镇),县直各有关单位

责任人:各乡(镇)、县直各有关单位主要领导,各涉及帮扶责任人

(三)易地扶贫搬迁方面。

工作计划:一是8月1日—10完成精准核实易地扶贫搬迁户数据;二是8月11日—20日完成百色深圳小镇安置点抽签交房工作;三是8月21日—31日完成金钟山乡坡白屯、多归屯整屯搬迁拆除旧房工作,及我县所有有意愿拆除旧房的搬迁户的拆除旧房工作;四是8月31日完成城西安置点1000套房源建设任务;五是9月1日—15日安排2018年预脱贫搬迁户814户3715人进行抽签入住,确保100%完成2018年搬迁任务;六是9月16日-30日完成814户3715人后续扶持创业就业等相关工作;七是10月1日-20日完成城西安置点各项软硬件基础设施建设工作(道路、绿化、水、电、医疗室、便民服务中心、超市、教育等);八是10月21—31日完成桠杈安置点建房任务并安排并安排53户238人进行抽签并搬迁入住。

工作措施：一是根据此次动态调整后的数据对我县易地扶贫搬迁户再次进行核对工作，确保各乡（镇）上报的搬迁户数据与国扶系统建档立卡贫困户数据一致；二是根据工作计划，由自治县华隆公司在确保房屋质量的前提下，督促建设单位加快施工进度，按时交付房源，并及时做好安置点各项软硬件基础设施建设；三是由自治县脱贫攻坚战指挥部易地扶贫搬迁专责小组合理安排搬迁规划，待房源交付后，及时组织搬迁群众进行抽签分房入住等工作，并做好搬迁后贫困群后续扶持工作，确保“搬得出、住得下、能致富”；四是自治县由国土资源局在规定的时限完成坡白、多归拆旧试点工作，确保自治区下达的拆旧工作任务。

完成时间：2018 年 10 月 31 日

责任单位：自治县易地扶贫搬迁专责小组成员单位、财政局、教育局、卫生计生局、林业局、农业局、人力资源社会保障局、民政局、华隆公司

责任人：肖　兵、韦玉坚、刘　杰、姚团结、尹华亮、农良壮、杨胜奇、杨金良、龙海甲、陈正荣、周腾福、虞静云、陆绍兵

六、组织保障

为统筹协调做好本次精准脱贫“百日攻坚”行动，确保行动有序开展，成效明显，特成立隆林各族自治县 2018 年精准脱贫“百日攻坚”行动工作领导小组，成员如下：

组　长：张启胜　市政协副主席、自治县党委书记
杨　科　自治县党委副书记、人民政府县长
常务副组长：钟永锋　自治县党委副书记
副组长：廖锋安　自治县党委常委、人民政府副县长
杨付文　自治县党委常委、纪委书记、监委主任
潘顺丹　自治县党委常委、宣传部部长、人民政府副县长
张素兰　自治县党委常委、组织部部长
陈　东　自治县党委常委、人民政府副县长
赵乐欣　自治县党委常委、人民政府副县长
潘乃师　自治县党委常委、人民政府副县长，自治区驻隆林脱贫攻坚（乡村振兴）工作队队长
张恺婧　自治县人大常委会副主任
赵隆生　自治县人民政府副县长
黄桂华　自治县人民政府副县长
陈晓慧　自治县政协副主席
言华东　自治县党委书记助理
郭　熠　自治县人民政府县长助理
成　员：农兰艳　自治县党委办公室副主任
杨成元　自治县党委办公室副主任、党委督查室主任
李　彪　自治县人民政府办公室副主任、政府督查室主任
吴再杰　自治县人民政府办公室副主任、应急管理中心主任
莫彩花　自治县人民政府办公室副主任
龚　平　自治县人民政府办公室副主任
周腾福　自治县党委组织部副部长、人力资源社会保障局局长
朱寿雄　自治县党委组织部副部长、老干局局长
王林鹤　自治县党委组织部副部长、基层办主任、非公党工委书记
林　斌　自治县党委宣传部副部长、文联主席
吴小平　自治县编办主任
蒙绍文　自治县纪委副书记、监委副主任
黄勇健　自治县绩效办主任
刘　杰　自治县扶贫办主任
虞静云　自治县民政局局长
韦玉坚　自治县发展改革局局长
农良壮　自治县财政局局长
杨胜奇　自治县教育局局长
陈正荣　自治县农业局局长
林世能　自治县水利局局长
龙海甲　自治县林业局局长
杨金良　自治县卫生计生局局长
尹华亮　自治县住房城乡规划建设局局长
熊海仁　自治县交通运输局局长
潘文高　自治县水产畜牧兽医局局长
梁春云　自治县统计局局长
杨金福　自治县农机局局长
王俊文　自治县商务局局长
姚团结　自治县国土资源局局长
张星军　自治县经贸局局长
覃贞木　自治县文体广电局局长
陈国宇　自治县民宗局局长
李政权　自治县审计局局长
肖　兵　自治县移民局局长
黄建新　自治县粮食局局长

黄显信　自治县环境保护局局长
阚新强　自治县工商局局长
杨朝林　自治县旅游局局长
黄立高　自治县招商局局长
吴永卫　自治县烟办主任
罗桂峰　自治县供销社主任
韦　强　团县委书记
杨　翊　自治县妇联主席
黄祖旺　自治县残联理事长
王镜程　自治县科协主席
岑　剑　国家税务总局自治县税务局局长
唐杰忠　自治县总工会常务副主席
李传元　自治县公安局副局长
曹良飙　自治县直属机关工委副书记
韦　郁　自治县科技局副局长
李家庆　人民银行隆林支行行长
王创业　农业发展银行隆林支行行长
许　毅　农业银行隆林支行行长
农定丰　隆林农村商业银行董事长
陈兴良　隆林供电公司总经理各乡（镇）党委书记

领导小组下设办公室，办公室设在自治县脱贫攻坚战指挥部办公室。办公室主任由黄桂华同志兼任，副主任由农兰艳、李彪、刘杰同志兼任。办公室下设综合组、材料收集组、督查组。综合组成员由自治县扶贫办综合股、脱贫攻坚战指挥部综合组驻组人员组成，主要负责方案制定、统筹协调各项工作开展，并做好上传下达，总结汇报撰写及领导交办事项；材料收集组，由自治县脱贫攻坚战指挥部对应的专责小组驻组成员组成，负责各项工作进度报表收集汇总上报及领导交办事项等工作；督导组成员由自治县脱贫攻坚战指挥部督查专责小组驻组成员组成，主要负责撰写督查方案，“百日攻坚”期间各项工作开展情况的督查指导及通报材料的撰写及领导交办事项等工作。

七、奖惩办法

为强化开展好本次精准脱贫“百日攻坚”行动，在行动期间，自治县脱贫攻坚战指挥部办公室将根据工作开展完成情况，实行月通报制度，对各项工作开展完成情况给予相应的奖惩。

（一）对在“百日攻坚”中提前完成任务，工作质量高，每次通报均排名前面的单位，将根据实际情况给予红榜通报；对不认真执行，不按时报送进度的单位，给予黑榜通报；并将红黑榜纳入年度绩效考评，对上红榜的单位给予一定的绩效加分，对上黑榜的单位给予相应的绩效扣分；对黑榜涉及的个人，扣所在单位相应的年底绩效分，并扣除相关个人一定的年底绩效二次分配奖励。

（二）同一单位连续两次通报排名后三名的，将约谈乡（镇）、县直单位主要领导；连续三次通报排名后三名的将追究主要领导的责任，启动组织问责程序。

（三）每次督查发现帮扶责任人未按照要求开展帮扶工作的，发现一次对个人进行提醒；发现二次对个人进行约谈；发现三次对单位主要领导进行约谈，追究对责任人责任。

（四）对抽查到第一书记、驻村工作队员对所负责贫困村的情况不熟悉，未按照要求驻村蹲点，将追究相关责任人，责任单位责任。

八、工作要求

（一）强化组织领导。各乡（镇），县直各有关单位，要结合自身实际，制定本乡（镇）、本单位精准脱贫“百日攻坚”行动方案，细化工作措施。主要领导亲自抓，确保工作落实到位，分管领导具体做，加强沟通协调，其他成员密切配合，形成合力，确保各项脱贫指标建设按时完成。

（二）强化工作落实。大力发扬“担当实干、马上就办”的作风，落实工作责任，分解工作任务，强化工作举措，认真对标对表，聚焦脱贫标准，针对问题清单，逐项研究完善政策举措，确保脱贫工作落到实处，取得扎实成效。

（三）强化督导工作。自治县脱贫攻坚战指挥部督查专责小组要细化本次行动督导方案，认真开展督导工作，确保精准脱贫“百日工期”行动取得成效。

（四）强化舆论宣传。充分利用报刊、电视、广播、网络等媒体，大力宣传精准脱贫“百日攻坚”行动的重要意义、工作重点、先进典型和取得的良好成效，通过强有力的宣传报道，教育、引导、鼓励贫困群众积极参与脱贫攻坚行动。

（五）及时总结上报。各乡（镇）、县直各有关单位，要根据方案要求，按照时间节点汇总上报各项工作进度。并在“百日攻坚”行动结束后，将本乡（镇）、本单位2018年精准脱贫“百日攻坚”行动开展情况形成书面总结材料，于2018年11月13日前报送自治县2018年精准脱贫“百日攻坚”行动工作领导小组办公室。

未尽事宜，请联系自治县2018年精准脱贫“百日攻坚”行动工作领导小组办公室。联系电话：8223599，邮箱：llxfpgj533400@163.com。

自治县党委办公室　自治县人民政府办公室关于印发《隆林各族自治县发展壮大村级集体经济三年发展规划(2018—2020年)》的通知

隆办发〔2018〕38号

各乡(镇)党委和人民政府,自治县党委各部委办局、自治县国家机关各单位、各人民团体:

经自治县党委、自治县人民政府同意,现将《隆林各族自治县发展壮大村级集体经济三年发展规划(2018—2020年)》印发给你们,请结合实际,认真组织实施。

中共隆林各族自治县委员会办公室
隆林各族自治县人民政府办公室
2018年9月20日

隆林各族自治县发展壮大村级集体经济三年发展规划(2018—2020年)

为了确保我县村级集体经济高质量发展,实现村村有集体经济收入和贫困村集体经济收入达到脱贫摘帽标准,根据《百色市发展村级集体经济三年行动计划(2018—2020年)》总体部署,结合我县实际,特制定自治县发展壮大村级集体经济三年发展规划。

一、总体要求

(一)指导思想。以习近平新时代中国特色社会主义思想为指导,以建设产业兴旺、生态宜居、乡风文明、治理有效、生活富裕的社会主义新农村为目标,抢抓中央实施乡村振兴战略的契机,认真贯彻落实中央、自治区和百色市委关于发展壮大村级集体经济工作的部署要求,以农村集体资金、资产、资源等要素的有效利用为基础,以增强村集体经济实力为目标,加大政策、资金、项目等扶持力度,探索发展产业、领办实体、服务创收、股份合作等多种集体经济发展模式,因村制宜、分类指导,突出重点、多措并举,形成稳定多元的收入来源、持续有效的增收机制和规范健全的管理制度,助推村级集体经济总量增长,进而增强村级组织带领群众致富、开展公共服务、不断改善民生的能力。

(二)基本原则。一是坚持因地制宜原则。把发展壮大村集体经济与本地产业发展方向以及群众实际需求相结合,充分利用现有资金、资产和资源,选准产业、项目和载体,坚持一村一策,探索村集体经济多种发展模式和实现形式。二是坚持统筹推进原则。把发展壮大村集体经济与发展县域经济、抓好脱贫攻坚、推进农业产业化和乡村振兴战略结合起来,统筹部署,协同推进。三是坚持村级主体原则。充分发挥村民合作社的主体作用,增强村民合作社发展集体经济的内生动力,调动农民广泛参与的积极性,运用好民主决策、民主管理和民主监督机制。四是坚持市场主导原则。遵循市场规律,尊重农民意愿,把发展村集体经济项目和市场需求紧密结合,有效对接。五是坚持实事求是原则。既要高效发展,又要量力而行,避免一哄而上、急于求成或盲目投资。

(三)目标任务。经过三年的努力,使全县村集体经济实现"五个有"的目标,即有一个科学的发展规划,有一个懂经营和管理的团队,有一个好的发展模式,有一个稳定的收入来源,有一个健全的监管机制。力争到2020年,全县村级集体经济实力明显增强,管理日趋规范,基本形成自我发展的良好机制,实现村级集体经济收益与当地农村居民可支配收入同步增长。分阶段目标任务如下:

第一阶段,到2018年底,全县179个村(社区)全面消除集体经济收入"空壳村",实现村村(社区)有收入;其中88个"十三五"贫困村和9个新增深度贫困村村级集体经济年收入达3万元以上,非贫困村(社区)力争达2万元以上。

第二阶段,到2019年底,全县88个"十三五"贫困村和9个新增深度贫困村村级集体经济年收入达4万元以上,非贫困村(社区)村级集体经济年收入力争达4万元;涌现一批有稳定的收入来源,有较强的经济实力,有健全的监管机制、运行灵活规范、发展可持续的村(社区)集体经济组织,其中村级集体经济经营性收入超10万元的村有1个以上。

第三阶段,到2020年底,建立健全消除村级集体经济薄弱村长效机制,确保88个"十三五"贫困村和9个新深度贫困村村级集体经济年收入均达5万元以上，非贫困村（社区）村级集体经济年收入力争达5万元以上；村集体经营性收入超10万元的村有3个以上。

二、发展途径

结合我县实际，各村（社区）采取“委托经营分红+自主发展产业”1+1发展模式，委托经营分红指通过与县级扶贫龙头企业签订委托经营协议书，每年稳妥兜底取得固定年收益来增加村集体经济收入，自主发展产业指各村（社区）根据该村（社区）资源及环境条件，因地制宜，因村施策，探索适合当地的发展模式和增收路径，自主发展产业从以下5种模式中自主选择发展模式来增加村集体经济收入。

（一）开发特色资源，培植农业主导产业。鼓励村民合作社结合农业综合开发，创办高效农业、设施农业、生态农业、休闲观光农业示范项目，带动农民发展优势明显和特色鲜明的主导产业，形成“一村一品”、“一村多品”产业格局。充分挖掘村域内的山、水、地、林、风景等自然资源，特别是荒山、荒地等资源潜力和少数民族文化浓郁的优势，创办集体经济实体，发展农家乐、度假村、民族旅游、休闲观光农业等，增加村级集体经济收入。

（二）流转闲置土地，盘活农村土地资源。大力推进农村土地承包经营权流转，鼓励村集体统一经营农户自愿转让的土地，实现土地规模化、集约化经营。结合村屯整治，开展土地整理和宅基地整治，增加有效耕地面积。新增的有效耕地由村集体所有和经营。村集体所有建设用地可采取自主经营、租赁、抵押、承包、作价入股等方式流转，增加集体资产收益。

（三）创办合作组织，发展服务型集体经济。适应发展现代农业，推进农业规模化、集约化、产业化经营的新趋势，构建公益性服务和经营性服务相结合、专业服务和综合服务相协调的新型农业社会化服务体系，鼓励村民合作社牵头成立各种专业合作社，采取“龙头企业+合作社+基地+农户”的发展模式，开展技术指导、信息传递、劳务服务、物资供应、产品加工、市场营销、物流运输等生产经营服务，以有偿、微利的服务方式增加集体经济收入。

（四）兴办配套企业，异地发展集体经济。引导村民合作社依托大中型企业特别是农业产业化龙头企业，配套兴办各种小型加工、服务等企业，构建企业带动、产业互动格局。围绕农村产业结构调整和农业产业化经营，兴办种植养殖企业、加工企业和物流企业等各种经济实体。同时，盘活存量优质资产，通过流转集体建设用地、组建联营公司到易地扶贫搬迁安置点和轻工业园区兴建标准化厂房创办扶贫车间，“走出去”创业增收。

（五）创新经营方式，发展自主经营型集体经济。遵循市场经济规律，创新集体经济经营组织形式和运作方式，搞活集体经济项目。村民合作社可通过独资、合资、合作经营和委托、租赁、拍卖、转让、承包经营等多种形式从事产、供、销活动获取经营收益。同时加强集体产权制度改革，建立健全产权清晰、管理规范、制度完善的集体资产经营管理体制，实行资本运营，实现集体资产的保值增值。

三、扶持措施

（一）加大财政支持力度。财政部门要结合实际，统筹整合各类涉农资金，逐村落实扶持资金，重点用于村级集体经济发展项目，确保实现村级集体经济扶持资金覆盖所有行政村，从2018年起3年内，每个行政村累计投入不少于50万元的发展资金支持村级集体经济发展。发挥财政资金引导作用，通过贴息、以奖代补等措施，加大发展村级集体经济资金扶持力度。设立村级集体经济发展基金，激活乡村自主发展的内生动力。同时要发挥财政资金杠杆作用，引进社会资本共同参与发展村级集体经济。

（二）强化部门合力推进。第一书记、帮扶单位和发展壮大村级集体经济工作领导小组成员单位要把助推村集体经济发展作为重要内容，发挥桥梁纽带作用，积极为帮扶村引进信息、资本、人才等资源条件，为集体经济薄弱村发展提供更多、更好的外部条件。各相关部门要根据各自职能，在一二三产融合发展、农旅结合和农业帮扶项目开发、美丽乡村建设和农村电子商务等新业态培育中，优先支持村级集体经济发展，引导村民合作社积极参与建设，并加大政策倾斜力度；政府投资的农业产业化经营、山区开发、绿化造林、生态保护、乡村基础设施等项目，要与发展村级集体经济结合起来，在政策允许范围内，重点向村级集体经济项目倾斜，共同促进村级集体经济发展壮大。对村企合作开发、投资兴建的项目，优先列入规划，安排道路、供水、供电等基础设施项目，并在支农项目安排上给予倾斜。

（三）落实用电用水政策。对村集体兴办的各类经济实体，相关部门要确保满足用水用电需求，发展农业、林木培育和种植业、畜牧业、渔业生产用电，农业灌溉用电，以及农业服务业中的农产品初加工用电执行农业生产用电价格；对集体兴办或参股的光伏、水电站所发电量，电网企业应优先收购。

（四）实施用地倾斜政策。国土资源部门要加大对村民合作社发展项目用地的倾斜力度，在年度建设用地指标安排时，优先落实村级集体经济发展用地，切实保障村民合作社的发展用地指标。鼓励开展农村土地综合整治，实行城乡建设用地增减挂钩节余指标有偿交易制度，所得收益归村级集体所有。依法征收的农村集体土地，要预留 2% 以上国有建设用地，用于发展村级集体经济。实施留用地政策安排土地的，要依法办理用地手续，涉及土地出让的，要在符合土地出让收入使用规定前提下，将土地出让收入收益部分安排给村民合作社。对村集体兴办项目的工业性质用地，在符合土地利用总体规划的前提下，要优先安排用地计划。符合规划和建设要求的集体房产和建设用地，要依法办理不动产登记，允许其在保全集体产权的前提下，以地上建筑物、构筑物通过入股、联营等方式联合开发经营。

（五）实行税费优惠政策。税务部门要认真落实国家有关税费优惠政策，创优对村集体兴办或参股的各类经营性主体的办税服务。对村级集体经济组织从事农、林、牧、渔业项目的所得，免征企业所得税。大力推动农村集体产权制度改革，对进行股份合作制改革后的村民合作社承受原集体经济组织的土地、房屋权属，免征契税。对村民合作社进行清产核资收回集体资产而承受土地、房屋权属，免征契税、印花税。对农村集体土地所有权、宅基地和集体建设用地使用权及地上房屋确权登记，不征收契税。

（六）拓宽金融服务领域。金融机构特别是农业银行、农发行、农商行、邮政储蓄银行等涉农金融机构要通过拓展服务领域，加大扶持力度，创新服务产品，扩大有效担保物范围，支持盘活集体资产，增加村级集体财产收入，并为村民合作社等村级集体经济组织提供贷款利率等方面的优惠政策和优质的金融服务产品。规范发展新型农村金融组织，积极破解农村融资瓶颈。

（七）盘活农村存量资产。各乡（镇）要充分挖掘各行政村的发展资源，通过盘活闲置的集体建设用地、集体房屋，挖掘历史文化村落的产业发展价值，规范流转集体土地（包括林地），试行探索集体公共服务设施有偿使用制，为村集体开辟稳定的收入来源。同时，自治县发展壮大村级集体经济领导小组成其成员单位要深入行政村组织开展发展项目的调查评估工作，帮助行政村规划发展项目，促进集体经济增收。

（八）加强人才队伍建设。加强能力培养和能人培育，选优配强村党组织带头人，注重从致富能手、复转军人、返乡创业人员、农村经纪人、专业合作社负责人、优秀大学生村官中选拔懂经济、善经营、会管理、谋发展的人才担任村党组织书记。发挥驻村第一书记的作用，鼓励优秀村党组织书记跨村任职、兼职，通过以强帮弱、以大带小，实现共同发展。组织懂政策、法律、技术、经营等方面的专业人才对集体经济发展提供服务指导，鼓励和支持村民合作社从外部引进会经营、善管理的人才参与经营管理。加强对村干部、村民合作社经营管理人员的教育培训，提高他们管理经济组织、经营资产资源、发展特色产业等方面的能力。健全激励机制，把发展壮大村集体经济的成效与村干部绩效补贴挂钩，完善管理人员薪酬奖励办法，调动村干部、村民合作社经营管理人员的工作积极性。

四、保障措施

（一）加强规划引领。要按照“一县一总规、一乡一规划、一村一计划”要求，抓紧推进县乡村三级规划编制工作，明确目标任务，落实具体政策措施、工作措施、脱壳提升数量等，把任务分解落实到乡镇并纳入乡镇、村领导干部岗位责任考核体系。并注意与乡村振兴规划相配套，与土地利用规划、产业扶贫规划等相衔接。各乡（镇）、村要结合实际，制定切实可行的规划方案，明确任务、落实责任，稳步推进。

（二）实行台账管理。建立县、乡（镇）、村（社区）三级工作台账，实行一村一策、一村一帐，每月统计上报进度。对有经营性收益的村，认真梳理，全面掌握发展现状和收入来源等情况；对集体经济空壳村，明确发展目标和途径，确定具体措施、项目、产业和责任人员，定期进行跟踪调度，实行销号管理。

（三）坚持分类指导。结合各地经济基础、区位优势、资源条件等实际，因村制宜，面向市场，分类型分村制定工作方案，重点抓好空壳村、薄弱村的集体经济发展工作，实行一村一策，选准产业、项目和载体，突出乡（镇）、村自主发展的能力，探索集体经济多种实现形式，推动集体经济又好又快发展。

（四）抓好项目建设。要建立村级集体经济项目库，明确启动时间、责任人员、投资金额、推进措施等内容，对立项项目逐个建立档案，采取挂牌销号的方式，落实项目推进各项举措。建立项目实施跟踪管理机制，由自治县发展壮大村级集体经济工作领导小组办公室牵头，每月对项目实施进度进行调度，加快项目推进速度。

（五）加强督查考核。把村级集体经济发展成效列为乡（镇）党委和政府扶贫开发成效考核的重要指标，进一步完善考核方式方法，充分发挥考核“指挥棒”作用，自治县发展壮大村级集体经济工作领导小组办公室要对发展村级集体经济情况，进行经常性跟踪督查，实行季度考核、年终总评，确保取得实效。

（六）加强日常监管。乡（镇）党委、政府要切实履行好对农村集体资产监管的职责，建立健全集体资产和财务管理的各项监管制度，要严格执行“村财乡管”制度，建立村民合作社财务公开、重大经营活动信息公开制度，推进村民委员会事务与集体经济事务分离，把村务监督委员会的外部监督与村民合作社监督委员会的内控监督紧密结合，严格控制非生产经营性开支，设立负债警戒线，有效防范和及时化解经营风险。

（七）强化宣传培训。各乡（镇）和县直相关职能部门要及时总结发展村级集体经济的扶持经验，多形式、多途径开展宣传，媒体要给予大力支持，共同营造良好氛围，进一步增强广大干部群众对发展村级集体经济的信心。加强组织培训，帮助村民合作社管理人员提高政策理论水平和经营管理能力，要以讲解经济发展路子、项目管理、经营管理等实务为主，认真抓好乡（镇）、村两级人员的业务培训，进一步提升组织领导集体经济发展的能力与水平。

索　引

索引说明

一、本索引采用主题分析方法。正文(包括条码、文献、资料、图片和表格)中凡具有独立检索意义的完整资料,均可通过本索引进行检索。少数条目名因语言环境需要,在名称前或名称后酌加修饰词;有的条目名称动词置后,有的条目名称重复的动词作省略,有的条目名称作简化。为突出图片主题,有的图片文字说明作简略处理。

二、主题词词首按汉语拼音字母(同音字按声调)顺序排列。索引范围包括类目、分目、次分目、条目、表格标题和图片。正文中的类目、分目、次分目在本索引中用黑体字标明,其余款目用宋体字排印。表格、图片在其款目后分别标明“表”“图”。

三、主题词后的数字表示其所在页码,a、b、c 分别表示左栏、中栏、右栏。

四、同一主题的内容在文中多处出现的,在其款目后用不同的页码标明。空两字起排的款目为上一主题的“附见”。内容有交叉的款目在本索引中重复出现。

五、“编辑说明”“大事记”等栏目不作索引,阿拉伯数字开头的款目排在索引的前面。

A

B

H

J

K

P

Q

R

S

T

W

X

Y

Z